Paulo Cesar Gil
Clemente Raphael Mahl

Viver e celebrar

Dinâmicas e
reflexões sobre
os Evangelhos
dominicais

ANOS
LITÚRGICOS

A

B

C

Dados Internacionais de Catalogação na Publicação (CIP)
(Câmara Brasileira do Livro, SP, Brasil)

Gil, Paulo Cesar
  Viver e celebrar : dinâmicas e reflexões sobre os evangelhos dominicais : anos litúrgicos A - B - C / Paulo Cesar Gil, Clemente Raphael Mahl. -- Petrópolis, RJ : Vozes, 2019.

  Bibliografia.
  ISBN 978-85-326-5898-2

  1. Ano litúrgico 2. Catequese - Igreja Católica 3. Celebrações litúrgicas 4. Igreja Católica - Liturgia 5. Palavra de Deus (Teologia) I. Mahl, Clemente Raphael. II. Título.

18-19006   CDD-264.02036

Índices para catálogo sistemático:
1. Celebrações litúrgicas dominicais : Igreja Católica : Cristianismo   264.02036

Cibele Maria Dias - Bibliotecária - CRB-8/9427

Paulo Cesar Gil
Clemente Raphael Mahl

Viver e celebrar

Dinâmicas e reflexões sobre os Evangelhos dominicais

ANOS LITÚRGICOS

A

B

C

Se alguém me ama, guarda minha palavra; meu Pai o amará, viremos a Ele e nele faremos morada. (Jo 14,23)

EDITORA VOZES

Petrópolis

© 2019, Editora Vozes Ltda.
Rua Frei Luís, 100
25689-900 Petrópolis, RJ
www.vozes.com.br
Brasil

Todos os direitos reservados. Nenhuma parte desta obra poderá ser reproduzida ou transmitida por qualquer forma e/ou quaisquer meios (eletrônico ou mecânico, incluindo fotocópia e gravação) ou arquivada em qualquer sistema ou banco de dados sem permissão escrita da editora.

CONSELHO EDITORIAL

Diretor
Gilberto Gonçalves Garcia

Editores
Aline dos Santos Carneiro
Edrian Josué Pasini
Marilac Loraine Oleniki
Welder Lancieri Marchini

Conselheiros
Francisco Morás
Ludovico Garmus
Teobaldo Heidemann
Volney J. Berkenbrock

Secretário executivo
João Batista Kreuch

Diagramação: Victor Mauricio Bello
Revisão gráfica: Alessandra Karl
Capa: Idée Arte e Comunicação

ISBN 978-85-326-5898-2

Editado conforme o novo acordo ortográfico.

Este livro foi composto e impresso pela Editora Vozes Ltda.

Sumário

Apresentação, 7

Introdução a uma Proposta Catequética-litúrgica, 9

Ano Litúrgico, 15

Ano Litúrgico A – Evangelho de Mateus, 19
- Tempo do Advento, 20
- Tempo do Natal, 32
- Tempo da Quaresma, 50
- Tempo Pascal, 68
- Tempo Comum, 101
- Outras Festas do Senhor, 211

Ano Litúrgico B – Evangelho de Marcos, 227
- Tempo do Advento, 228
- Tempo do Natal, 241
- Tempo da Quaresma, 249
- Tempo Pascal, 270
- Tempo Comum, 296
- Outras Festas do Senhor, 411

Ano Litúrgico C – Evangelho de Lucas, 423
- Tempo do Advento, 424
- Tempo do Natal, 438
- Tempo da Quaresma, 447
- Tempo Pascal, 469
- Tempo Comum, 495
- Outras Festas do Senhor, 623

Referências, 638

Siglas

AL   *Amoris Lætitia*, Exortação Apostólica Pós-Sinodal de Francisco.

CIgC   Catecismo da Igreja Católica.

DAp   Documento de Aparecida.

DCE   *Deus Caritas Est*, Carta Encíclica de Bento XVI.

DNC   Diretório Nacional de Catequese.

DV   *Dei Verbum*, Constituição Dogmática sobre a Divina Revelação.

EG   *Evangelli Gaudium*, Exortação Apóstólica de Francisco.

GS   *Gaudium et Spes*, Constituição Pastoral sobre a Igreja no mundo atual.

LG   *Lumen Gentium*, Constituição Dogmática sobre a Igreja.

LS   *Laudato Si*, Carta Encíclica de Francisco.

MV   *Misericordiae Vultus*, Bula de Proclamação do Jubileu da *Misericórdia de Francisco*.

NMI   Novo *Millennio Ineunte*. Carta Apostólica de João Paulo II.

PF   *Porta Fidei*, Carta Apostólica de Bento XVI.

RP   *Reconciliatio et Paenitentia*. Exortação Apostólica de João Paulo II.

SS   *Spe Salvi*, Carta Encíclica de Bento XVI.

VD   *Verbum Domini*, Exortação Apostólica de Bento XVI.

Apresentação

Caríssimo leitor e caríssima leitora

Muito me alegra apresentar-me aqui na primeira página para falar que muito me agradei com estas páginas. Esta obra *Viver e Celebrar: dinâmicas e reflexões sobre os Evangelhos dominicais,* reúne a alegria, o esforço e a reflexão de dois amigos de caminhada, Pe. Paulo Cesar Gil e Clemente Raphael Mahl.

Desde há muito vejo-os comprometidos com a catequese. Prepararam uma rica contribuição para os grupos de catequistas, agentes da pastoral para a liturgia, família e grupos de reflexão bíblica como instrumento aos que saberão utilizar com maestria as dinâmicas propostas em toda obra.

Neste livro, os autores apresentam um roteiro de encontro para o estudo, aprofundamento e atualização dos textos sugeridos para os Evangelhos dominicais e festivos nos três ciclos A, B e C. Com os roteiros propostos favorecem a aproximação com a Palavra que está em nossas mãos todos os domingos e festas litúrgicas para ser acolhida, escutada, refletida e transformada em ação.

O leitor verá que os autores, com cada tema e seus desdobramentos, fazem um convite para estar em sintonia com o objetivo da mensagem do Senhor a cada domingo. Para tanto, a cada encontro nos propõem passos para viver e celebrar, para dinamizar e refletir os Evangelhos dominicais e festivos lembrando-nos que "Há um tempo certo para cada coisa" (Ecl 3,1). Há um tempo inicial de aclamar, invocar, louvar o Senhor.

Há também um tempo de escutar e de acolher a Palavra. A intenção é ajudar o leitor a alcançar o conhecimento e reflexão do texto proposto. Há, ainda, um tempo de dinamizar e tornar a Palavra em ação, favorecendo interação e integração entre os ouvintes e testemunhas da Palavra. Há um tempo de repercutir a Palavra provocando-nos ao despertar para gestos concretos nossa vida de seguidores de Jesus Cristo.

Está também contemplado o tempo para dialogar com o autor da Palavra, falando com Ele, rezando com Ele, sempre com um caráter celebrativo. Assim ela, a Palavra, se faz mais viva e eficaz. Por fim, há um tempo de semear a Palavra que nos interpela a enfrentar os desafios e resgatar o essencial para a nossa experiência cristã, tendo como modelo o jeito de Jesus amar e caminhar.

Certamente temos aqui um ótimo instrumento que, estando nas mãos de tantos catequistas e agentes de pastoral, empenhados e animados no caminho do discipulado, buscam dar passos no seguimento de Jesus Cristo, discernindo e acolhendo sua voz.

Convido a você, querido(a) leitor/leitora, irmão/irmã de fé e esperança, à leitura desta obra e sua aplicabilidade. Acolhamos a Boa-Nova de Jesus para vivermos e celebrarmos com Ele.

Dom José Antônio Peruzzo
Presidente da Comissão Episcopal Pastoral para a Animação Bíblico-Catequética
Arcebispo de Curitiba - PR

Introdução a uma Proposta Catequética-Litúrgica

Neste livro, temos o propósito de trabalhar catequeticamente os textos sagrados em nome de Jesus Cristo que, segundo Mt 28,19, nos dá toda autoridade, dizendo:

vão

façam discípulos entre todas as nações;

batizem;

ensinem a cumprir tudo o que ensinei.

O conteúdo que ora apresentamos foi propositadamente preparado para servir de apoio para:

Catequistas

A fim de que compreendam e deem a outras pessoas as condições de acolher e assimilar os gestos e as palavras de Cristo, bem como os grandes sinais por Ele realizados.

Grupos de animação bíblica e missionária

A fim de que a Palavra Sagrada impregne a vida das pessoas e da comunidade com encantamento e vitalidade.

Equipes litúrgicas A fim de que elas, que são essencialmente equipes de estudo, reflexão, oração e ação, tenham de onde tirar seu enriquecimento e fortalecer sua espiritualidade. Podemos ser bons aliados.

Na catequese, são os leigos-sacerdotes-pelo-Batismo que se reúnem em nome do Senhor Jesus para inspirar-se em sua Palavra, em suas atitudes, em sua paixão, morte e ressurreição, e, assim, espiritualmente abastecidos, robustecidos e confortados, poderem servir de exemplo para as pessoas do ambiente em que vivem e atuam.

Nosso texto segue um esquema a fim de que catequista/animador/líder de grupo/coordenador de grupo e participantes se imponham uma certa disciplina para que aquilo sobre o que refletirem se sedimente em suas vidas e se converta em anúncio, ação apostólica e ardoroso testemunho. O apostolado é fruto do seguimento e testemunho.

No uso da proposta deste livro é possível **propiciar aos grupos darem passos** importantes em sua formação humana e cristã. Esses passos são:

Passos Familiares — As leituras, reflexões e dinâmicas propiciam aos interlocutores identificarem valores a serem cultivados na vida familiar, a reconhecerem que a presença de Cristo, invocada através da oração em família que ajuda a superar problemas, a curar as feridas e abrir caminhos de esperança.

Passos Intelectuais — O cristão deve ser intelectualmente ativo, a fim de se tornar alguém criterioso, capaz de analisar situações e verificar como é que a Palavra de Deus pode lançar luz sobre a história de hoje e dar uma guinada favorável à dignidade humana. Mediante isso, esta obra quer servir de estímulo para o encontro com Cristo, que potencializa o dinamismo da razão que procura o significado da realidade e se abre para o Mistério. Assim, no decorrer das reflexões e dinâmicas propõe-se que a Palavra seja estudada à luz da fé, capacite para o discernimento, juízo crítico e o diálogo sobre a realidade e a cultura. Desta forma almeja-se favorecer o desenvolvimento de competências em vista dos serviços eclesiais e para a adequada presença na vida secular (cf. DAp, 280c).

Passos Profissionais — A experiência de refletir e dinamizar as leituras do Ano Litúrgico A/B/C contribui também para que os cristãos se preparem da melhor forma possível para a vida profissional. Isto, a fim de que possam exercê-la com competência e justiça. Nesta perspectiva, este livro contribui para ao envolver-se com as reflexões e dinâmicas o leitor/interlocutor possa desenvolver o autoconhecimento, perceber a necessidade de conduzir bem a si mesmo para saber relacionar-se adequadamente com outras pessoas administrando os embates do cotidiano, os confrontos de insatisfação, de maneira harmônica consigo mesmo, sem projetar nos outros aspectos não resolvidos em si mesmo (GRÜN, 2007, p. 148).

Passos Criativos — A proposta da obra permite despertar a criatividade presente em todo ser humano de modo que lhe seja possível perceber que pode oferecer melhores condições de vida a muita gente. É por meio da criatividade pastoral, desenvolvida no decorrer dos textos, que se pretende mobilizar os leitores/interlocutores para que possam elaborar ações concretas em favor das necessidades das pessoas (cf. DAp, 403).

Passos **Interativos**

Ao propormos dinâmicas para as leituras do Ano Litúrgico vimos que seria uma oportunidade para atender a convocação de Jesus para que os cristãos vivam e caminhem juntos. Isto porque a vida cristã só se desenvolve na comunhão fraterna. Associando-as às reflexões esta proposta é um recurso para estabelecer a unidade entre os membros da comunidade e estes atuarem conscientes de sua vocação batismal, à maneira de fermento na massa de acordo com o projeto de Deus, estabelecendo coerência entre fé e vida.

NOSSO JEITO DE VIVER E CELEBRAR

"Há um tempo certo para cada coisa" (Ecl 3,1).

Na reflexão de cada domingo, propõe-se o seguinte esquema:

Tema do dia

⟶ É proposto um assunto predominante. Este pode conter vários desdobramentos, todos em favor do objetivo.

Objetivo

⟶ A cada tema propõe-se um objetivo, isto é, apontamos aonde queremos chegar.

I – É TEMPO INICIAL DE ACLAMAR, INVOCAR, LOUVAR O SENHOR

Após a indicação do tema e uma vez exposto o objetivo, sugerimos uma oração inspirada em Jo 14,26.

II – É TEMPO DE ESCUTAR E ACOLHER A PALAVRA

Apenas indicamos qual é o texto. Cada participante poderá encontrá-lo em sua Bíblia. Tendo diversas traduções, uma poderá ser mais fácil para seu entendimento do que a outra. E isso pode enriquecer o conhecimento e a reflexão sobre o texto.

■ **Núcleo da Palavra**

Em todo texto evangélico apontamos palavras ou até frases que formam o núcleo do texto em torno do qual queremos construir dinâmicas, fazer reflexões e também fazer uma oração, ou mais de uma, a partir dele. Tais termos ou frases podem servir de pistas para discussão, reflexão, debate e prática de vida.

■ 1ª e 2ª leituras

Fazemos menção da citação de uma e de outra e brevemente indicamos seu tema central.

III – É TEMPO DE DINAMIZAR A PALAVRA

Por que sempre incluímos uma dinâmica? Porque a dinâmica:
- ajuda a pensar coletivamente; e isso é bom;
- ajuda na interação entre os membros de um grupo;
- ajuda o conhecimento mútuo e pode levar a descobrir tesouros até então ocultos em si e/ou nos outros;
- ajuda cada qual a superar-se, a ultrapassar seus limites individuais;
- ajuda a tomar decisões coletivas que, do contrário, provavelmente não seriam tomadas por nenhum dos participantes, individualmente, por desconhecimento, por receio ou comodismo;
- ajuda no crescimento das pessoas envolvidas, desinibindo-as e, por outro lado, moderando também o "apetite" daqueles e daquelas que falam muito e talvez tenham dificuldade de escutar atentamente as pessoas ao seu redor e as mais inibidas para intervir com sua palavra.

Quem coordena a dinâmica deve saber aonde quer conduzir o grupo.

O coordenador do encontro precisa estar bem preparado para saber como desenvolver a dinâmica. Se ele encontra dificuldade, é melhor não tentar a prática da dinâmica por nós proposta. Quem sabe, surja outra, melhor ainda e mais fácil. Quem coordena, providencie também previamente o material necessário, se for o caso.

Toda dinâmica tem um objetivo, explícita ou implicitamente colocado. É bom ficar atento a isso.

IV – É TEMPO DE REPERCUTIR A PALAVRA

É o momento em que extraímos do Evangelho do dia, pensamentos, considerações históricas, teológicas, catequéticas e pastorais, sempre com a preocupação de traduzir a riqueza do Evangelho em gestos concretos na nossa vida de seguidores de Jesus Cristo. As nossas reflexões, ora mais curtas, ora mais extensas, são roteiros que colocamos à disposição para contribuir na interação litúrgico-catequética.

V – É TEMPO DE DIALOGAR COM O AUTOR DA PALAVRA

Sempre a oração proposta revela diversos estados de espírito da alma humana, ora esperançosa, ora parecendo estar sem rumo. Ora confiante, ora desconfiada de si, dos outros e até de Deus. Mas ainda assim, oração de quem não se entrega, de quem quer permanecer em pé até o fim. Oração que expresse para o/a catequista o que foi ou o que ainda será vivido. Sugerimos acrescentar uma oração coletiva, espontânea, dando-lhe um caráter celebrativo, louvando, agradecendo, denunciando desvios humanos dos caminhos da paz e da justiça, pedindo graças, suplicando por perdão e misericórdia. Esta proposta pode ser mesclada com algum canto que todos acompanhem, quer ao som de algum instrumento musical ou mesmo sem ele. Convém que a oração proposta para o encontro seja compartilhada com os participantes.

VI – É TEMPO DE SEMEAR A PALAVRA

Todos nós já sabemos que quem não quer enfrentar desafios, não cresce. O cristão que não encara desafios está agonizando... Tristemente agonizando, ou permanece sempre infantilizado. O desafio proposto, ora pode ser enfrentado individualmente, ora em dupla ou em grupo. O essencial de tudo é a verdade de que FÉ e AÇÃO andem sempre juntas.

A nossa proposta escrita do desafio pode chegar concretamente às mãos de cada participante, como também ser algo proposto pelo próprio grupo depois da reflexão.

COM QUEM VAMOS CAMINHAR!

Tendo como modelo o jeito de Jesus caminhar, conectado com o seu tempo, com as pessoas, com a cultura de sua gente, Ele comunicava a Boa-nova formando comunidade, nós queremos com os grupos de *catequistas,* de *animação bíblica e missionária* e *equipes litúrgicas,* acolher a Boa-nova de Jesus para vivermos e celebrarmos com Ele.

O Ano Litúrgico, naturalmente, tem uma estrutura pré-montada com muito cuidado e que se desenvolve de acordo com a sequência dos eventos da história salvífica: encarnação, vida, missão, sofrimento, crucifixão, morte, ressurreição e ascensão de Jesus Cristo, bem como de sua presença invisível prometida para todos os dias.

No entanto, **a reflexão de qualquer grupo não precisa, necessariamente, seguir a ordem da exposição por nós indicada.** Às vezes, **o grupo poderá adotar como roteiro de reflexão uma só parte do Ano Litúrgico** (Advento, Natal, Páscoa ou Tempo Comum) ou escolher alguns temas que vêm indicados. O importante é que **o conteúdo proposto e desenvolvido se transforme em testemunho de vida dos indivíduos e grupos que buscam no livro apoio e meio facilitador.**

Gostaríamos de fazer nossas as palavras do apóstolo Paulo:

O nosso desejo não é aparecer como aprovados, mas sim que vocês pratiquem o bem, ainda que devamos passar como não aprovados... E nos alegramos todas as vezes que nos sentimos fracos, enquanto vocês se sentem fortes. E o que pedimos em nossas orações é que vocês se tornem sempre mais perfeitos. (2Cor 13,7-9)

Ano Litúrgico

O que é liturgia? É a reunião da Igreja toda, isto é, de Cristo como cabeça e seus membros. Cristo Sacerdote preside, e os membros, como assembleia litúrgica, manifestam sua fé, buscando proximidade cada vez maior com Ele. Todo ato litúrgico tem seu rito especial e rito é ação humana e religiosa cheia de significado.

O que é o Ano Litúrgico? A Igreja desde seu início celebra a obra salvífica de Jesus Cristo – sua Encarnação, Vida, Paixão, Morte, Ressurreição e Ascenção, como também o dia de Pentecostes. Ela o faz especificamente ao longo de cada semana, escolhendo para tanto "o primeiro dia da semana" que chamamos de domingo, e de modo mais solene, celebrando a Páscoa do Senhor. O escritor francês Matias Augé diz: "O Ano Litúrgico não é... uma sucessão de festas mais ou menos importantes, mas é uma pessoa: Jesus Cristo" (AUGÉ, 2004, p. 282).

COMO ESTÁ DIVIDIDO O ANO LITÚRGICO?

Podemos dizer que o Ano Litúrgico está dividido nos seguintes tempos:

1 – TEMPO DO ADVENTO

Quatro semanas antes do Natal, contando com quatro domingos. É tempo de uma boa reforma na nossa casa interior. "Ao celebrar cada ano a _liturgia do Advento,_ a Igreja atualiza esta espera do Messias: comungando com a longa preparação da Primeira Vinda do Salvador; os fiéis renovam o ardente desejo da sua Segunda Vinda" (CIgC, 524).

Quantas semanas dura o Advento? Só quatro semanas.

Quanto durou o advento da sua mãe até você nascer? Nove meses ou por volta de 38 semanas.

Será que um coração muito especial esperou por você? Um coração, não! Dois corações que se uniram para preparar a sua chegada, não foi? Chegando mesmo a contagiar outras pessoas numa agradável expectativa em relação à criança cujo nascimento é aguardado. Não importa tanto se você chegou a este mundo depois de ter sido esperado por alguém que via a barriga ou o coração crescer. O que importa mais é que sua chegada foi sinal de muita esperança. Você era aguardado para ocupar o seu lugar exclusivo no mundo. Lugar só seu. Onde você pisa, ninguém mais consegue pisar ao mesmo tempo que você.

Já pensou toda essa expectativa, toda essa esperança ao aguardar Jesus?

2 – TEMPO DO NATAL

⟶ A Vigília da Noite de Natal e o dia do Natal celebram a recordação do mistério da Encarnação e Natividade de Jesus Cristo. Este tempo vai até o Batismo do Senhor, inclusive, e termina no mês de janeiro, seguindo-se algumas semanas do Tempo Comum até chegar à Quaresma.

Historicamente Ele nasceu uma vez e não vai nascer uma segunda vez. Espiritualmente, porém, Ele nasce todos os anos no berço chamado coração do ser humano. A história não sabe, os cientistas não sabem, nenhum religioso sabe o dia exato em que Jesus nasceu. Ele é assim mesmo: nasce em qualquer dia, a qualquer hora no coração que se abre para lhe dar as boas-vindas. Nasce naqueles que o esperam, que o desejam, que o procuram, que o querem como companheiro. Nasce naqueles que se decidem a segui-lo como Salvador.

3 – TEMPO DA QUARESMA

⟶ Diz o Catecismo da Igreja Católica que "a Igreja associa-se a cada ano, através dos quarenta dias da *Grande Quaresma,* ao mistério de Jesus no deserto" (CIgC, 540). E mais: A Igreja "revive todos esses grandes acontecimentos da história da salvação no 'hoje' de sua liturgia. Mas isso exige também que a catequese ajude os fiéis a se abrirem a esta compreensão 'espiritual' da economia da salvação, tal como a liturgia da Igreja a manifesta e no-la faz viver" (CIgC, 1095). É caminhada bem difícil para a nossa ressurreição. Esse tempo inclui cinco domingos e a Semana Santa. Vai desde a Quarta-feira de cinzas até a Liturgia Vespertina da Quinta-feira Santa.

"Mestre, sabemos que és sincero, pois com franqueza ensinas o caminho de Deus" (Mt 22,16).

O caminho para a Páscoa não é asfaltado. É estrada de terra, com pedras, curvas, passagens estreitas, tentações, assaltantes, dores, gemidos, sofrimento, muito sofrimento, morte e... só depois da morte a ressurreição. Mas antes de Jesus passar por todos os sofrimentos pelos quais passou, Ele avisou: "*Se o grão de trigo* [também podia ser outra semente como o feijão, por exemplo] não cai na terra e não morre, fica só. Mas se morre, produz muito *fruto*" (Jo 12,24).

4 – TEMPO PASCAL

⟶ Esse período litúrgico prolonga a profunda alegria da Ressurreição e encerra, ao final de cinquenta dias, com a vinda do Espírito Santo na festa de Pentecostes. A unidade própria desse tempo expressa o mistério pascal comunicado para ser plenamente vivido e celebrado.

Tríduo Pascal

O Tríduo Pascal não aparece no Tempo da Quaresma, embora pertença à Semana Santa, mas já constitui uma única celebração da Páscoa, configurando assim uma unidade de temas.

- **Quinta-feira Santa:** Conforme o Lecionário Dominical (2008, p. 99), na Quinta-feira Santa, a "recordação do banquete que precedeu o êxodo ilumina o exemplo de Cristo ao lavar os pés dos discípulos e as palavras de Paulo sobre a instituição da Páscoa cristã na Eucaristia."
- **Sexta-feira Santa:** Celebração da morte de Jesus: Ação Litúrgica, Liturgia da Palavra (não há missa), Adoração de Jesus na cruz, Comunhão.
- **Sábado Santo:** Vigília da Noite Pascal. Celebração da Luz, Proclamação da Palavra, do Batismo e da Eucaristia.

Páscoa da ressurreição

A Páscoa é "a festa das festas, como a Eucaristia é o sacramento dos sacramentos" (CIgC, 1169). Para nós cristãos, Páscoa, é a grande festa, onde tudo se completou, mas tudo ainda está para ser cumprido... Nossa esperança está em Cristo, fundamento da nossa fé, que continua vivo entre nós. Permanece presente entre nós de vários modos, principalmente no modo sacramental, pela Sagrada Eucaristia. Páscoa é uma festa sem data fixa. Para nós cristãos, celebramos a Páscoa no primeiro domingo após a 1ª lua cheia da primavera no hemisfério norte. No hemisfério sul, início do outono. Conforme a tradição, antes de tudo veio a celebração semanal da Páscoa, e mais tarde a celebração anual. Desse modo, podemos dizer que o domingo tornou-se o dia da ressurreição, o dia semanal da Páscoa.

Ascensão

Jesus exerce gloriosamente o seu sacerdócio/serviço no céu, à direita do Pai e, "*por isso é capaz de salvar totalmente aqueles que, por meio dele se aproximaram de Deus*" (Hb 7,25). Essa festa é celebrada no 7º domingo da Páscoa, quando recordamos que Jesus ficou 40 dias com os discípulos e subiu ao céu e prometeu: "E quando eu for elevado na terra, atrairei todos os homens a mim" (Jo 12,32). A glorificação de Jesus revela sua nova situação. Ele sobe para o céu e compartilha do Pai como Filho eterno e verdadeiro homem. Aquele que venceu o pecado e a morte. Jesus Cristo, o único sacerdote da nova e eterna Aliança, que não "entrou em um santuário feito por mão humana... e sim no próprio céu, a fim de comparecer agora diante da face de Deus a nosso favor" (cf. Hb 9,24), exerce, no céu, o seu sacerdócio e salva aqueles que, por meio dele, são atraídos para o Pai.

Pentecostes

O Catecismo da Igreja nos diz que "O Espírito Santo é o artífice das 'obras-primas de Deus', que são os sacramentos da Nova Aliança" (CIgC, 1091). O tempo da Páscoa é o tempo do Espírito, pois o mistério pascal é a celebração da unidade dos grandes eventos: morte, ressurreição, ascensão, e vinda do Espírito em Pentecostes. A festa de Pentecostes é celebrada 50 dias após a Páscoa. Assim, o Tempo Pascal vai da quarta-feira de cinzas até o término da semana de Pentecostes.

5 – TEMPO COMUM

Celebrado, primeiramente, em diversas semanas depois do Batismo de Jesus, quando interrompido para a realização do Tempo da Quaresma e Tempo Pascal, sendo retomado após a Festa de Pentecostes até o 1º domingo do Advento do Ano Litúrgico seguinte, perfazendo um total de 34 semanas.

O Tempo Comum, para cada Ano Litúrgico, propõe refletir especialmente:

Ano A - Evangelho de **Mateus.**
Ano B - Evangelho de **Marcos.**
Ano C - O Evangelho de **Lucas.**

O Evangelho de João é apresentado em alguns domingos e festas de cada ano.

O Ano Litúrgico termina com uma festa muito significativa: Jesus Cristo, Rei do universo. Rei de amor. Rei de valores que de fato constroem. Rei do universo interior, no qual não há depreciação de bens à medida que avançam no tempo, nem traça que corroa as riquezas possuídas. O Ano Litúrgico se inicia com o mistério da encarnação e termina com a glorificação de Jesus. Neste dia também se celebra o DIA DO LEIGO. Este, por força e graça do seu Batismo, torna-se apto a desempenhar uma função tríplice: a de sacerdote, de rei e de profeta. Função própria à sua condição de leigo, não de ministro ordenado, sendo que este recebe um sacramento específico. Se você não leu ainda, leia quanto antes o documento da CNBB n. 105, que trata sobre os cristãos leigos e leigas na Igreja e na sociedade.

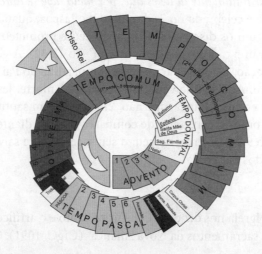

Evangelho de Mateus

Ano Litúrgico A

Se não é exclusiva a abordagem do Evangelho de Mateus neste Ano Litúrgico, é ao menos predominante. É universalmente conhecido o ano de 70 d.C. como aquele em que os romanos que já estavam na Palestina desde 63 a.C., desta vez tomaram completamente a cidade de Jerusalém e destruíram o Templo judaico. A partir daí e já um pouco antes os judeus se dispersaram e também as comunidades cristãs saíram da cidade. Provavelmente, foi em torno do ano 80 d.C. que Mateus, contando com a memória de gente de sua comunidade, escreveu o seu Evangelho, talvez em Antioquia, na Síria. Mateus trabalha com muito esforço a sua intenção de demonstrar que há certos episódios da vida de Jesus que realizam à saciedade as profecias do Antigo Testamento. Numa parábola, citando o Salmo 118,22, Jesus dirá que haverá um novo povo de Deus que contará até com pessoas sem serem judias, tal será sua abrangência (cf. 21,41-43).

O que é importante hoje?

Temos um Ano Litúrgico inteiro a percorrer para renovar e aprofundar nossos propósitos de vida cristã, quer individualmente quer no dinamismo de nossas comunidades.

Para isso temos o Evangelho que não envelhece. Em torno dele podemos planejar de novo e renovar nosso estilo de vida, de cuidar do planeta, de trabalhar a economia e a distribuição das riquezas de uma maneira justa, que atenda uma vida digna para todos.

Os textos litúrgicos para o Ano A em sua maioria do Evangelho de Mateus vão nos guiar em nossa peregrinação de vida cristã em meio ao Reino que se há de edificar sobre a Rocha.

Tempo do Advento

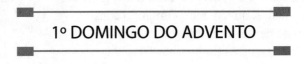

1º DOMINGO DO ADVENTO

Tema do dia

→ Preparativos para receber Jesus.

Objetivo

→ Preparar-se para a vinda espiritual de Jesus neste Advento e no Natal, desenvolvendo uma atitude vigilante.

I – É TEMPO INICIAL DE ACLAMAR, INVOCAR, LOUVAR O SENHOR

■ **Rezar com os participantes**

Ó Pai, tu que enviaste o Espírito Santo para recordar-nos tudo o que teu Filho Jesus disse e ensinou, dá-nos a força para vivenciarmos e anunciarmos ao mundo a Boa-nova, confiantes na tua Palavra (cf. Jo 14,26).

II – É TEMPO DE ESCUTAR E ACOLHER A PALAVRA: Mt 24,37-44

■ **Núcleo da Palavra**

A vigilância e preparativos para a nova vinda de Jesus.

■ **1ª leitura: Is 2,1-5**

Haverá uma peregrinação dos povos em busca da paz e haverá todo um trabalho concreto nesse sentido. Não haverá mais fabricação de armas visando a cultura da morte. Caminhar à luz de Deus só pode produzir uma convivência de paz.

■ **2ª leitura: Rm 13,11-14**

Paulo fala de um novo tempo. De uma madrugada que o antecede. A noite vai avançada e o grande dia de alegria se aproxima. Temos que vibrar pela vinda do Senhor. Preparar-nos bem interiormente, como indivíduos e como comunidade. Longe de nós bebedeiras, ações corruptas, brigas, ciúmes, palavras de inverdade. Sejamos homens e mulheres de verdade, que têm fibra e não se deixam levar pela correnteza dos instintos.

III – É TEMPO DE DINAMIZAR A PALAVRA

■ **Material necessário**

Quatro folhas de papel em branco para anotações.

■ **Desenvolvimento**

- Organizar os participantes da seguinte forma:
  - ○ Escolher um participante para representar Jesus.
  - ○ Escolher um participante para ser o vigia e que ficará junto à porta ou em local apropriado para receber Jesus.
  - ○ Formar quatro grupos com os demais participantes.
  - ○ Cada grupo poderá escrever coletivamente uma mensagem a Jesus.
  - ○ Apresentar a seguinte motivação:
    - □ Quando Jesus chegar, vamos apresentar nossa mensagem a Ele.
  - ○ Orientar os grupos para que escrevam na folha de papel que receberam uma pequena mensagem para Jesus, pois, no momento oportuno, serão lidas.
  - ○ Depois desse momento, entoar ou ouvir um canto do Advento.
  - ○ Terminado o canto, o vigia que está junto à porta diz: "Atenção! O Senhor chegou! Jesus está entre nós!".
  - ○ Cada grupo dirige-se a Jesus e lhe apresenta a sua mensagem.

Partilha

- Ao final refletir com os participantes sobre as mensagens lidas – quais são as expectativas que temos para esse Tempo do Advento?

IV – É TEMPO DE REPERCUTIR A PALAVRA

Vindas, adventos, chegadas espirituais de Jesus acontecem todos os dias. E são muitas as que acontecem. Chegadas para ficar com crianças, com jovens, com adultos e com idosos. Com gente vendendo saúde e com pessoas passando por doenças sérias. Jesus é bem acolhido a toda hora na vida de muitas pessoas. Já na vida de outras muitas Ele não é acolhido nem um pouco. Não é aceito. Apesar disso, Jesus continua presente por toda parte, fazendo o bem (cf. At 10,38). Jesus não precisa ser vigiado para que nada de mal lhe aconteça porque Ele já superou todos os males, todos os sofrimentos e a própria morte.

Jesus está no meio de nós, mas Ele também chega constantemente quando chama nossa atenção ao dizer como hoje: "fiquem vigiando". Agora é nosso tempo, tempo de a Igreja pregar e viver a justiça. Mais viver do que pregar! Vigiar com acertos, com boas obras!

■ Complementar a repercussão da Palavra dialogando

1. Vigiamos nossa boca, nossos ouvidos, nossas mãos e nossos pés para não nos afastarmos desse amigo chamado Jesus?
2. Sabemos o que Ele disse em Mt 25,40?... (*Dar um tempo para ler o versículo*).
3. Vigiar é fazer todo o possível para afastar as ameaças, os perigos e a morte. Alguém tem uma ideia de como fazer isto?
4. Algumas das ideias que foram dadas, poderíamos colocá-las em prática com outras pessoas, na comunidade, na escola, em nossas casas? Como? Quando? Quem poderá nos ajudar?

V – É TEMPO DE DIALOGAR COM O AUTOR DA PALAVRA

Jesus, meu amigo, se não fosses Tu, meu referencial maior, meu Senhor, em quem deposito minha fé e em quem confio, eu talvez fizesse tantas coisas erradas, principalmente por minhas palavras, por minhas mãos distribuindo socos e por meus pés dando pontapés de verdade.

Jesus, eu conto contigo para eu ser bem vigilante, bem cuidadoso com meu corpo, com os meus sentidos, com a minha mente e a minha alma. Já pensou? Eu e Tu celebrando um Natal bem alegre? O seu Natal fica sendo o meu Natal também! Muito obrigado, mil vezes obrigado a ti, Jesus, Deus encarnado no meio de nós.

VI – É TEMPO DE SEMEAR A PALAVRA

Motivar os participantes para assumir a ação concreta relativa à pergunta 4 do item IV.

2º DOMINGO DO ADVENTO

Tema do dia

A conversão é uma exigência para seguir Jesus.

Objetivo

Reconhecer a importância da conversão e de Jesus como guia do nosso coração e de nossos atos diários.

I – É TEMPO INICIAL DE ACLAMAR, INVOCAR, LOUVAR O SENHOR

▪ Rezar com os participantes

Ó Pai, tu que enviaste o Espírito Santo para recordar-nos tudo o que teu Filho Jesus disse e ensinou, dá-nos a força para vivenciarmos e anunciarmos ao mundo a Boa-nova, confiantes na tua Palavra (cf. Jo 14,26).

II – É TEMPO DE ESCUTAR E ACOLHER A PALAVRA: Mt 3,1-12

▪ Núcleo da Palavra

Conversão é ação: preparem o caminho do Senhor. É compromisso: é preciso dar provas de conversão. É acolhimento da Boa-nova: Ele vos batizará com o Espírito Santo e com fogo.

▪ 1ª leitura: Is 11,1-10

Ah! Virá o dia em que dominarão os dons do Espírito e se erguerá uma sociedade na qual se imporá a justiça. Ninguém proferirá alguma sentença "só por ouvir dizer". Isaías profetiza sobre como será o novo tempo de Jesus. Ele se empenhará por um mundo novo. Ele trará vida nova.

▪ 2ª leitura: Rm 15,4-9

A vinda de Jesus exigirá gestos largos de preparação. Paulo aponta para alguns desses gestos: – nós que somos fortes (pelo Batismo) devemos suportar a fraqueza de outros; – em vista do bem, haveremos de agradar ao nosso próximo; que perseveremos na esperança; que sintamos pelos outros os sentimentos que Cristo nutre por nós.

III – É TEMPO DE DINAMIZAR A PALAVRA

■ **Material necessário**

Uma fita ou um barbante; folhas de jornal.

■ **Desenvolvimento**

- Dividir o local do Encontro em dois espaços.
- Distribuir folhas de jornal aos participantes.
- Definir que um lado do espaço será o "reino do céu" e o outro será o "reino do mal".
- Apresentar aos participantes a motivação:
  - ☐ O que faz parte do reino do céu e do reino do mal?
  - ○ Solicitar ao grupo que indiquem palavras relacionadas ao reino do céu e ao reino do mal.
  - ○ Orientar que ao dizer a palavra, cada participante, deverá amassar a folha de jornal e jogar no campo correspondente: céu ou mal.
  - ○ Ao final, escolher um time para cada lado para iniciar o jogo:
  - ○ Cada time vai chutar as bolas de papel para o outro campo, ou seja, de um reino para o outro; e o jogo continua até o coordenador dar um sinal para finalizar.

Partilha

- Conversar com os participantes sobre o desempenho dos grupos sobre tentar invadir o reino do outro inserindo as suas palavras nele.
- Avaliar o resultado do jogo:
  - ○ Quem conseguiu inserir, mais ou menos, palavras no reino do outro?
  - ○ Como cada grupo se organizou para defender o seu reino?
  - ○ Como é possível reverter esse jogo para que as palavras fiquem nos respectivos reinos?
- Lançar a seguinte questão:
  - ○ Como promover uma verdadeira conversão e disponibilidade para construir o Reino de Deus nos ambientes em que vivemos?

IV – É TEMPO DE REPERCUTIR A PALAVRA

Quem quer ficar do lado do Reino de Deus tem de *converter-se*. Já prestaram atenção? No próprio trânsito existe a conversão. Há placas indicativas ou proibitivas de conversão à direita ou à esquerda. Fazer a conversão é dirigir-se para uma ou outra direção. E *converter-se a Jesus*? Converter-se a Jesus é sentir, pensar, rezar e agir como Ele. Converter-se a Jesus é olhar bem para todo tipo de realidade e agir de tal maneira que todos possam viver com dignidade e paz interior que se reflete em seu ambiente. Dignidade inclui: comida, casa, cobertor, escola, trabalho, lazer, bom relacionamento com os outros. Dignidade inclui também condições para poder tomar cuidados com o corpo e o espírito. Devemos estar sempre com as palavras de João Batista na mente e na hora da ação: *"Façam coisas que provem que vocês se converteram"* (Mt 3,8).

■ Complementar a repercussão da Palavra dialogando

1. Qual é a frase que se repete em Gn 1,10; 12; 18; 21; 25; 31?
   No versículo 31 há uma palavrinha a mais. Qual? Que diferença faz?
2. E em Gn 4,3-10 de que se trata?
3. Por que no nosso tempo vale a pena converter-se a Jesus de todo coração, de toda a mente e com toda a vontade?
4. O que podemos fazer para anunciar às pessoas de nossa casa e da comunidade que estamos em tempo de conversão, de verdadeira mudança de atitudes?

V – É TEMPO DE DIALOGAR COM O AUTOR DA PALAVRA

Jesus, eu ainda sei bem pouco sobre ti. Ajuda-me a escutar com atenção o teu Evangelho, pois nele encontro a Boa Notícia de como seguir os teus passos e fazer parte do teu Reino. Revela-me mais coisas a teu respeito para que eu crie cada vez mais gosto em conhecê-las e apreciá-las, porque assim, à medida que meu coração se apaixonar por ti, posso dizer que sou convertido. Que meu testemunho seja prova viva de que me converti a ti. Que eu jamais te perca de vista.

VI – É TEMPO DE SEMEAR A PALAVRA

Motivar a concretização da resposta à questão 4 do item IV, questionando e propondo: Vamos encará-la sozinhos ou em grupo? Decida e execute! Não nos contentemos com palavras apenas, partamos para ações. Aí, sim, você se converterá e o nosso Natal com Jesus será mais Natal!

3º DOMINGO DO ADVENTO

A

Tema do dia

⌐→ É maravilhoso pertencer ao Reino de Deus.

Objetivo

⌐→ Conhecer o que é uma vida fundamentada na solidariedade como caminho de seguimento a Jesus.

I – É TEMPO INICIAL DE ACLAMAR, INVOCAR, LOUVAR AO SENHOR

■ Rezar com os participantes

Ó Pai, tu que enviaste o Espírito Santo para recordar-nos tudo o que teu Filho Jesus disse e ensinou, dá-nos a força para vivenciarmos e anunciarmos ao mundo a Boa-nova, confiantes na tua Palavra (cf. Jo 14,26).

II – É TEMPO DE ESCUTAR E ACOLHER A PALAVRA: Mt 11,2-11

■ Núcleo da Palavra

João leva os seus discípulos ao conhecimento da verdade sobre Jesus. O messianismo não é meramente uma teoria, mas uma atividade concreta.

■ 1ª leitura: Is 35,1-6a.10

Haverá, sim, tempos de grande alegria. Deus há de trazer um grande prêmio para nós. Eles nos salvará.

■ 2ª leitura: Tg 5,7-10

Não queiramos queimar etapas. Tenhamos paciência como o agricultor, que acompanha as fases da sua plantação até chegar a colheita.

III – É TEMPO DE DINAMIZAR A PALAVRA

■ Desenvolvimento

- Convidar três participantes para representar a Comissão dos Direitos Humanos.
- Convidar um participante para representar um "homem ferido".
- Orientar os três participantes para que se declarem da Comissão dos Direitos Humanos e para que se dirijam ao outro participante que estará representando um homem ferido. A ele devem se apresentar e informar que querem ajudar. Para isso irão fazer a ele algumas perguntas (cf. abaixo).
- Orientar o participante – homem ferido – que para todas as perguntas que lhe forem feitas deverá sempre responder NÃO.
- Antes de iniciar a encenação apresentar a seguinte motivação:
  - ○ Diante de uma situação extrema, de alguém que espera ser ajudado, precisamos ter respostas que brotem do coração. Ser solidário é assumir concretamente a dor de quem sofre Assim fez Jesus! Vamos refletir sobre o que vamos ver e ouvir.
- Iniciar a encenação – o homem cai no chão e se contorce de dor; aproximam-se três representantes da Comissão dos Direitos Humanos, se apresentam e conversam com ele fazendo perguntas.

○ **Perguntas da Comissão dos Direitos Humanos**:
  ☐ Você tem comida em quantidade e qualidade todos os dias?
  ☐ Você consegue falar no jornal, na TV e no rádio sobre as suas necessidades?
  ☐ Você é ouvido pelas autoridades do lugar em que mora?
  ☐ Você tem casa?
  ☐ Você tem boas roupas?
  ☐ Você tem trabalho, emprego?
  ☐ Você tem seu tempo de lazer?
  ☐ Você tem oportunidade de estudar?
  ☐ Você tem remédio fácil quando precisa?

- Depois da encenação, motivar os participantes para uma roda de conversa, sugerindo que troquem suas impressões sobre o que viram e ouviram, retomando, se necessário, a motivação apresentada.

Partilha

- O que podemos dizer sobre as perguntas e respostas que ouvimos na encenação? Caso isso um dia aconteça com a gente, como poderemos ajudar, concretamente, a quem precisar de nós?

IV – É TEMPO DE REPERCUTIR A PALAVRA

A Trindade Santa, o Pai, o Filho e o Espírito Santo, no princípio, criou tudo na mais perfeita ordem. "E Deus viu tudo o que havia feito, e tudo era muito bom" (Gn 1,31). O ser humano quebrou a harmonia criada por Deus. O ser humano revirou o mundo e deixou muita coisa de cabeça para baixo. E Deus, claro, não se deu por vencido porque como nos lembra sempre o papa Francisco: Deus não se cansa de amar. E por amor Ele mandou seu Filho para restabelecer a ordem. Jesus, com a sua vinda, tem a intenção de restaurar a sociedade. Intenção só, não! Ele quer inverter os valores. Ajudar primeiro os que estão "lá embaixo", pisoteados pelos pés dos outros. Leia novamente o versículo 5. O primeiro público-alvo dele são: os cegos, os paralíticos, os leprosos, os surdos, os mortos. Isto mesmo: também os mortos! E ainda os pobres. Por si mesmos eles não conseguem melhorar sua condição na sociedade. Começar por onde? Falta-lhes tudo. Quem se dispõe a ajudar? Os cristãos, por abraçarem a Jesus deveriam ser os primeiros. E são? "Onde e quando, em nossas comunidades, os cegos veem, os paralíticos andam, os leprosos são curados, os surdos ouvem, os mortos ressuscitam?" (BORTOLINI, 2006, p. 24).

Somos chamados para uma vida que ganha sentido à medida que se transforma em instrumento de solidariedade, de comunhão e de paz. Com a resposta de Jesus aos discípulos de João somos provocados a fazer o mesmo em nossas comunidades.

Nós cristãos, como João Batista, somos anunciadores. Por isso precisamos cuidar para não nos deixar manipular por interesses que não zelam pelo respeito ao direito do próximo. É preciso também aderir sinceramente aos ensinamentos do Evangelho e às orientações da Igreja. Não somos o Messias. Pois ai dos cristãos que se põem a manipular o Cristo e dão uma versão pessoal sobre o Evangelho. O papa Francisco alerta claramente que há cristãos que buscam poder, prestígio e segurança econômica. Não zelam por uma adesão sincera à Igreja, pois alimentam dentro de si um espírito de contenda. Não atuam em nome da Igreja e ainda atrapalham outros que querem atuar com o espírito mais generoso possível (cf. EG, 98).

■ Complementar a repercussão da Palavra dialogando

1. Ainda hoje existem casos assim, de pessoas pisoteadas, humilhadas? Já viram? Já ouviram falar?
2. O que o Evangelho de hoje diz sobre esses casos?
3. O que podemos fazer em relação às pessoas oprimidas, diminuídas, ou portadoras de necessidades especiais?

V – É TEMPO DE DIALOGAR COM O AUTOR DA PALAVRA

Jesus, eu não tenho direito de me queixar quando me falta alguma coisa, quando tomo consciência de que o oprimido, o pobre, o excluído da vida normal da sociedade não tem nada ou quase nada para viver. Será certo isso? Será justo? Abundância só para uma porcentagem de pessoas? Essa consciência de ser mais solidário é o que eu preciso ter sempre. Eu sei que Tu distribuis graças para que eu possa perseverar nesse modo de pensar e agir, na busca de vida digna para os que mais precisam. Peço Jesus, que as minhas ações acompanhem de perto as minhas intenções. Se eu praticar a justiça e o amor, aí sim, posso dizer de peito aberto: é maravilhoso pertencer ao Reino de Deus! E outros, beneficiados, dirão o mesmo.

VI – É TEMPO DE SEMEAR A PALAVRA

Natal sensibiliza muitas pessoas. Você já sentiu compaixão de outros que não têm o que você tem? Veja como você individualmente ou em grupo pode pôr em prática a questão 3, já exposta. Volte a ela. Marque: Para quem? Como? Quando? Com quem?

Você vai ver: é muito mais gostoso dar do que receber. "Nunca o dar deverá ser menor que o receber", disse uma mãe americana, que tendo já duas filhas, adotou mais quatro meninas porque a vizinha, divorciada, morreu de um câncer no cérebro e antes de morrer confiou suas filhas ao casal vizinho.

4º DOMINGO DO ADVENTO

Tema do dia

→ Deus conosco.

Objetivo

→ Compreender que Jesus, "Verbo de Deus", Palavra que precisa ser assimilada na mente testemunhada por meio de nossas atitudes.

I – É TEMPO INICIAL DE ACLAMAR, INVOCAR, LOUVAR O SENHOR

■ Rezar com os participantes

Ó Pai, tu que enviaste o Espírito Santo para recordar-nos tudo o que teu Filho Jesus disse e ensinou, dá-nos a força para vivenciarmos e anunciarmos ao mundo a Boa-nova, confiantes na tua Palavra (cf. Jo 14,26).

II – É TEMPO DE ESCUTAR E ACOLHER A PALAVRA: Mt 1,18-24

■ Núcleo da Palavra

Maria grávida pela ação do Espírito Santo dará à luz a um menino que se chamará Jesus, pois Ele vai salvar o povo dos seus pecados.

■ 1ª leitura: Is 7,10-14

O rei Acaz tem um filho e é dele que a rainha está grávida. O Novo Testamento vê naquela jovem a figura da Virgem Maria, e em seu filho, a pessoa do Filho de Deus, encarnado.

■ 2ª leitura: Rm 1,1-7

Paulo, que nem conhece ainda os cristãos romanos, fala-lhes do Filho de Deus, feito homem, e que descende do rei muito amado, que foi Davi. E diz que esse Filho de Deus ressuscitou dos mortos. Por isso que, graças a Ele, Paulo se tornou seu apóstolo. E acrescenta: "Vocês também são chamados por Jesus Cristo".

III – É TEMPO DE DINAMIZAR A PALAVRA

■ Material necessário

Algumas bíblias e um cartão com as seguintes citações: Gn 1,1.27; Mt 16,15-19; Mt 28,18-20; Jo 6,54-58; Jo 15,7-11; Gl 4,4-7.

■ Desenvolvimento

- Orientar a divisão dos participantes em pequenos grupos.
- Cada grupo deverá ler um dos textos sugeridos e conversará sobre como Deus se faz presente em momentos diferentes e até de modos diferentes.

Partilha

- Depois do tempo de leitura e conversa em grupo, reunir toda a turma para uma reflexão: a partir dos textos indicados como podemos dizer aos outros que Jesus é o Emanuel – Deus conosco, aquele que está sempre no meio de nós?
- Cada grupo fala a partir do texto trabalhado.

IV – É TEMPO DE REPERCUTIR A PALAVRA

"Deus conosco" é o Pai com seus filhos. Sempre motivados por Ele a serem amorosos, presente na Criação, na história que o ser humano vai construindo. Deus conosco é o Pai enviando seu Filho, que assume corpo, sangue, ossos, nervos e músculos como nós, passando pela experiência humana. Dá para confiar em um Deus assim que se doa, que se iguala a nós? Muito antes que João escrevesse em sua primeira carta: "Se alguém disser: "amo a Deus", mas odeia seu irmão, é mentiroso; pois quem não ama o seu irmão, a quem vê, não poderá amar a Deus, a quem não vê" (1Jo 4,20), Deus enviou o seu Filho como o Deus-Verdade para o ser humano não se perder na mentira. Enviou seu Filho para ser visto, para o ser humano não precisar recorrer ao imaginário para ter seu Deus por perto.

Jesus veio em extrema simplicidade morar no nosso meio. A única coisa de diferente é que Ele foi concebido pelo Espírito Santo no útero de uma virgem. Virgem imaculada. Não fosse assim, Jesus seria apenas filho de José e Maria, e não Filho de Deus. O Senhor tem seus planos de amor e executa-os com originalidade.

■ Complementar a repercussão da Palavra dialogando

1. As palavras em Gn 1,26 dão a entender que olhando para o homem e a mulher podemos dizer: "Deus está conosco"?
2. Mesmo acontecendo tanta coisa negativa em nosso mundo, "Deus está conosco". Acreditamos nisso? Sabemos que Ele é Pai e que jamais abandona seus filhos?

Temos consciência de que também os pais, em geral, permitem que seus filhos errem, mas a maioria nem por isso os abandona, como também não concorda com o erro que os filhos cometem?

3. Como reagir diante das dificuldades quando sabemos que Deus está no meio de nós?

4. A presença de "Deus conosco" me fortalece em quê? Como anunciar a sua presença?

V – É TEMPO DE DIALOGAR COM O AUTOR DA PALAVRA

Ó Deus, creio que Tu és um Deus presente, sempre perto, atento, atuante em nossa vida. Tu até mandaste o teu Filho para Ele ficar no meio de nós. Quero ter essa consciência sempre e por meio de meus atos agir de acordo com o amor que Jesus demonstrou para conosco. Estou feliz por ter um Deus amoroso, justo e cheio de misericórdia, que dia e noite olha por mim e por toda a humanidade por Ele criada. Fico até pensando: diante da ação ininterrupta de Deus, o que não posso de jeito nenhum, é ficar parado.

VI – É TEMPO DE SEMEAR A PALAVRA

Que tal se todo mundo conhecesse Jesus, se todo mundo depositasse extrema confiança e ilimitada esperança nele, se houvesse uma grande partilha de amor recíproco entre você e Ele, Ele e você?!!! Não acha que o coração do mundo estaria pulsando melhor? Desafiamos você a tomar uma atitude que contribua, ainda que seja com bem pouco, para que haja amor onde ferve o ódio; para que haja esperança onde parece existir só o precipício do nada; para que haja fé onde só há engrandecimento do "eu". Vamos refletir e mudar o nosso agir.

Tempo do Natal

VIGÍLIA DE NATAL

Tema do dia

→ Obrigado, Jesus, porque tu vieste.

Objetivo

→ Acolher Jesus que vem para nos salvar.

I – É TEMPO INICIAL DE ACLAMAR, INVOCAR, LOUVAR O SENHOR

■ **Rezar com os participantes**

Ó Pai, tu que enviaste o Espírito Santo para recordar-nos tudo o que teu Filho Jesus disse e ensinou, dá-nos a força para vivenciarmos e anunciarmos ao mundo a Boa-nova, confiantes na tua Palavra (cf. Jo 14,26).

II – É TEMPO DE ESCUTAR E ACOLHER A PALAVRA: Lc 2,1-14

■ **Núcleo da Palavra**

Um anúncio da Boa-nova de Deus foi dirigido aos pastores de Belém: Nasceu o Salvador, o Messias, o Senhor.

■ **1ª leitura: Is 9,1-6**

O povo se alegrará, da mesma forma que se alegram aqueles que veem os frutos maduros de suas plantas. Por obra e zelo de Deus virá aquele por Ele enviado e aí a paz será sem fim.

■ **2ª leitura: Tt 2,11-14**

Cristo, nosso Deus e Senhor, veio nos resgatar dos males e nos purificar, pois somos um povo que a Ele pertence.

III – É TEMPO DE DINAMIZAR A PALAVRA

■ Material necessário

Bíblia e papel para anotação (uso pessoal)

■ Desenvolvimento

- Envolver todos os participantes na dinâmica.
- Apresentar a seguinte motivação:
  - ○ Salvar significa livrar de males, de perigos. Mas no caso de Jesus significa isto e muito mais. Significa também *participar ativamente* nas riquezas de Deus a nós oferecidas por meio de Jesus Cristo. *"E, se somos filhos, somos também herdeiros de Deus e coerdeiros de Cristo, se, de fato, sofremos com Ele, para sermos também glorificados com Ele"* (Rm 8,17). Agora, nós estamos em perigo e precisamos encontrar uma saída.
- Sugerir que cada participante procure nos textos bíblicos a resposta para as perguntas: De que é que Jesus nos salva? Como?
- Solicitar que escrevam a resposta.

■ Textos

Lc 1,77; Lc 1,79; Lc 5,12-13; Lc 7,47-50; Lc 8,54-55; Jo 6,10-12; At 14,15

Partilha

- Ao final, abrir um debate para abordar sobre o acolhimento a Jesus que nos liberta de muitos males e perigos.

IV – É TEMPO DE REPERCUTIR A PALAVRA

Quem salva restitui a liberdade. Quem salva não precisa ser rico nem poderoso. Tempos atrás uma mãe lançou-se nas águas de um rio para salvar a filha que estava se afogando. A mãe usou todo o seu amor pela filha e como por milagre, salvou-a, mas ela mesma, não sabendo nadar, morreu. Salvar é oferecer as melhores condições de vida incluindo as condições espirituais, isto é, para que o Espírito de Deus projete luzes sobre o caminho da pessoa. O patriarca da Igreja cristã ortodoxa de Moscou, Kirill, ao celebrar o Natal segundo o calendário da Igreja russa, em 7 de janeiro de 2016, em sua pregação indagou: "O que é mais pobre do que uma gruta e mais humilde que os panos em que a riqueza divina resplandece? Ao escolher a pobreza extrema para o mistério da nossa redenção, Cristo renuncia a tudo o que este mundo considera importante: poder, riqueza, glória, origens nobres e *status* social. Ele propõe outra lei de vida: a lei da humildade e do amor, que vence o orgulho e a maldade" (ALETEIA, 2016).

O anjo anunciou uma Boa Notícia aos pastores, que será grande alegria para todo povo. E disse mais: na cidade de Davi, nasceu para vocês um Salvador, o Messias, o Senhor (cf. Lc 2,10-11). "É *Salvador* porque traz a libertação definitiva; é o *Messias* que, através do Espírito de Deus, traz o reino da justiça que leva à paz (Lc 1,78-79; Is 11,1-9); e é o *Senhor,* porque vence todos os obstáculos e produz uma sociedade e história novas, conforme o projeto de Deus, que quer a liberdade e a vida para todos" (STORNIOLO, 2006, p. 27).

O nosso papa Francisco, ao falar da Boa Notícia ou Boa-nova, se expressou assim:

> A Boa-Nova é a alegria de um Pai que não quer que se perca nenhum dos seus pequeninos. Assim nasce a alegria do Bom Pastor que encontra a ovelha perdida e a reintegra no seu rebanho.[...] O Evangelho possui um critério de totalidade que lhe é intrínseco: não cessa de ser Boa-nova enquanto não for anunciado a todos, enquanto não fecundar e curar todas as dimensões do homem, enquanto não unir todos os homens à volta da mesa do Reino. (EG, 237)

■ Complementar a repercussão da Palavra dialogando

1. Como se celebra o Natal na nossa casa? Em geral, quantas pessoas se reúnem? O que é feito? Alguma forma de oração também está incluída?
2. Jesus ressuscitado intervém na nossa história? Vamos ler Mt 28,20!
3. Se pedíssemos para Jesus intervir, em que pontos nós gostaríamos que Ele interviesse?
4. O que há de positivo ou negativo na maneira de nossas famílias e nossa sociedade comemorarem o Natal?

V – É TEMPO DE DIALOGAR COM O AUTOR DA PALAVRA

Jesus, peço que não me deixes cair em pecado, que é separação de ti. Peço que a mim e a todos salves da escuridão. Escuridão de coração, de mente, de alma. Peço que nos livres da doença e se por circunstâncias próprias do ser humano tivermos alguma, que não percamos a esperança, que olhemos sempre confiantemente para ti, Jesus, que ofereceste tua vida por todos nós, mas também garantiste que assim como a oferecias, assim também tinhas o poder de retomá-la, salva-nos, de nós mesmos. Não podemos, não devemos olhar só para nós mesmos. Milhares de pessoas nos cercam. E, assim como nós, elas também têm suas necessidades. Não queremos prejudicar ninguém. Queremos, em teu nome, amar e servir muita gente. Assim teremos uma consciência leve, limpa e viveremos felizes. Felizes, porém sem descansar. Mas espiritualmente felizes, ainda mais nesta época tão querida do ano, quando o calendário cristão marca a festa do Natal, quando os que verdadeiramente creem querem viver em união com os seus e com o seu Salvador, Messias e Senhor.

VI – É TEMPO DE SEMEAR A PALAVRA

Fale a verdade: nesses dias antes do Natal, o que é que mais preocupa e ocupa você? Na sua preocupação para o Natal está presente algum "ingrediente" espiritual? Qual? Se estiver ausente, corra, introduza um. Seja criativo. Faça alguma coisa para o seu bem espiritual e por alguma pessoa de algum modo necessitada. Quem sabe um contato, uma visita, uma atitude de perdão, um pedido de desculpas, uma prece por alguém, uma ajuda a quem muito precisa. Não, não deixe o Natal passar batido. Essa data de dois mil anos é importante demais para ser comemorada só com presentes, o comer e o beber. O desafio é você viver e engrandecer este momento!

E para concluir, uma pequena lição de vida: **O espírito de Natal**

Apelido perfeito: Peteleco. De tão magro, era só levar um peteleco e seria capaz de tombar onde estivesse. Pela manhã ia à escola. Á tarde ficava ali no Shopping Center, estudando a maneira de ganhar uns trocados para driblar a pobreza. Um dia, no estacionamento, viu uma carteira cair do bolso de um senhor, carregado de pacotes. Pegou-a e teve a tentação dos diabos de levá-la embora com todo recheio. Aí se lembrou da lição do pai: "Pobre, sim, mas limpo por fora e por dentro". Peteleco correu até alcançar o homem que já estava ao volante do carro, mas ainda em baixa velocidade. Este nem duvidou e sua generosidade foi lá em cima; deu-lhe duas notas graúdas e disse: "Garoto, isto é para o seu Natal, porque você foi honesto. Deus o abençoe".

Dia seguinte, brilhou o espírito de Natal. Peteleco comprou um sapatênis para seu pai e com a pequena sobra, um brinquedo para si. O procedimento correto deu frutos: as compras, a alegria, a consciência tranquila e a partilha com o pai.

DIA DE NATAL

Tema
→ "E a Palavra se fez homem e habitou entre nós".

Objetivo
→ Buscar entender mais claramente a Encarnação do Filho de Deus.

I – É TEMPO INICIAL DE ACLAMAR, INVOCAR, LOUVAR O SENHOR

■ Rezar com os participantes

Ó Pai, tu que enviaste o Espírito Santo para recordar-nos tudo o que teu Filho Jesus disse e ensinou, dá-nos a força para vivenciarmos e anunciarmos ao mundo a Boa-nova, confiantes na tua Palavra (cf. Jo 14,26).

II – É TEMPO DE ESCUTAR E ACOLHER A PALAVRA: Jo 1,1-18

■ Núcleo da Palavra

Antes da criação, o Filho já existia em Deus. O Filho, Palavra de Deus, é a luz que ilumina e que deseja que todos se tornem filhos de Deus. Para isso Ele se faz homem e veio habitar entre nós.

■ 1ª leitura: Is 52,7-10

O mensageiro autêntico anuncia a paz, é portador de Boa Notícia e arauto da salvação. O Senhor se compadece de seu povo.

■ 2ª leitura: Hb 1,1-6

Deus preparou o seu povo, falando-lhe de diversos modos. Agora, de maneira definitiva fala por meio de seu Filho.

III – É TEMPO DE DINAMIZAR A PALAVRA

■ Material necessário

Uma lâmpada acesa e uma vela acesa.

■ Desenvolvimento

- Apresentar ao grupo uma lâmpada acesa, disposta em lugar fixo, que não possa ser movida e uma vela acesa sobre uma mesa, ou lugar visível a todos.
- Convidar os participantes para a experiência de olhar somente para a lâmpada acesa por algum tempo.
- Depois de um tempo, convidá-los a olhar para a vela acesa.
- Apresentar a seguinte motivação:
  - A lâmpada ilumina, mas é estática. Não se movimenta. A vela é diferente! Graças ao ar, a chama se movimenta. Buscando semelhanças e diferenças entre a luz e a chama, vamos refletir: Qual o efeito da luz de Deus em nós?

Partilha

- Propor aos participantes uma roda de conversa sobre o que refletiram.

IV – É TEMPO DE REPERCUTIR A PALAVRA

O texto do Evangelho, proclamado e contemplado na celebração eucarística do dia de Natal, é conhecido como Prólogo de João. "Prólogo", por aproximação de sentido poderíamos dizer: "a primeira palavra", "a abertura" do Evangelho de João. São numerosos os autores que enxergam nesse texto um verdadeiro hino de exaltação a Jesus Cristo, que, desde a eternidade está junto de Deus, e é Deus, e é chamado de Palavra de Deus, que acampou no meio da nossa realidade (cf. Jo 1,1.14). Este texto de João é muito rico. Mas como compreender esse texto e acolhê-lo como verdade de fé? Fiquemos com três considerações: *Como Deus se explicou para nós; nós somos vida da vida; e recebemos a luz porque precisamos dela.*

a. *Como Deus se explicou para nós.* O uso do verbo explicar, aqui, serve para ajudar a entender como Deus se revela, se manifesta, se mostra, se pronuncia. Ele se explica por meio da Palavra... Por meio da Palavra foi feito tudo e para dar um reforço ao que se diz, o texto ainda acrescenta: Sem a Palavra *"nada foi feito de tudo o que existe"* (Jo 1,3). Deus se revelou ou Deus se explicou por meio da criação e pela sua própria palavra encontrada no Antigo Testamento e, por fim, por seu Filho, que acampou entre nós. Isso indica a provisoriedade de sua permanência na terra, pois o acampamento é algo provisório, não definitivo.

b. *Nós somos vida da vida.* "A Palavra era Deus"... E *"nela estava a vida"* (Jo 1, 1.4). Portanto, Deus é a fonte da vida. Não há vida que não proceda dele. A palavra de Jesus vem acompanhada de uma ação em favor da vida. Ele ordena e sua palavra gera vida nova: Jesus encontra um homem enfermo, totalmente dependente e cura-o com a força de sua palavra, isto é, concede-lhe os movimentos, liberta-o da prisão da imobilidade. Ele cura o cego, ligando fortemente a vida à luz. Nos dois casos Jesus despertou esperança e deu condições dignas de vida. De novo Jesus, com base em seu modo de agir, diz com autoridade: *"Eu vim para que tenham vida, e a tenham em abundância"* (Jo 10,10). Essa é a missão de Jesus: Comunicar vida e levá-la à plenitude.

Mas é bom para nós mesmos considerarmos o outro lado, exatamente o oposto do cego retratado no capítulo 9 de João. Ele queria ver. O que ele mais queria: ver. Aqui, recordemos as palavras do papa Francisco quando diz que há pessoas que não querem ver porque as coisas poderão tirar-lhes seu atual estilo de vida, impulsionar a sair de sua zona de conforto:

> Se nos detivermos na superfície, para além de alguns sinais visíveis de poluição e degradação, parece que as coisas não estão assim tão graves e que o planeta poderia subsistir ainda, por algum tempo, nas condições atuais. Este comportamento evasivo serve para mantermos os nossos estilos de vida, produção e consumo. É a forma como o ser humano se organiza para alimentar todos os vícios autodestrutivos; tenta não vê-los, luta para não reconhecê-los, adia as decisões importantes, age como se nada tivesse acontecido. (LS, 59)

Isso é muito sério. Precisamos de muita clareza de consciência e de ações proativas a fim de não cometer qualquer agressão à nossa casa comum.

c. *Recebemos a luz porque precisamos dela.* Na Palavra *"estava a vida e a vida era a luz dos homens. Luz que brilha nas trevas, e as trevas não conseguiram apagá-la"* (Jo 1,4-5). É forte isso. A vida era a luz dos homens. A vida precisa de luz. E a luz da Palavra brilha nas trevas. É bem a ação de Deus. O seu amor, a sua misericórdia. Deus não faz da luz e das trevas realidades opostas. Mesmo que os seus não receberam a Palavra e sua luz, ela não deixa de brilhar nas trevas. Ela continua a iluminar e a aquecer, sem ser apagada. Infelizmente, o seu efeito não é notado. Há os indiferentes. Há os que prefeririam que a luz se apagasse e sobreviesse um túmulo de silêncio eterno. Mas *"Deus é luz e nele não há trevas"* (1Jo 1,5). Então, nele não há trevas, mas elas subsistem porque o ser humano se cobre com elas, como se tivesse fotofobia usando-as como proteção. O *Catecismo da Igreja Católica n. 1704,* de modo bastante conciso, diz assim: "A pessoa humana participa da luz e da força do Espírito divino. Pela razão é capaz de compreender a ordem das coisas estabelecidas pelo Criador. Por sua vontade, ela [a pessoa humana] é capaz de ir ao encontro de seu verdadeiro bem". E a luz se torna muito mais intensa ainda com Jesus acampado na "casa comum" da humanidade.

A luz divina identifica-se com a vida que Cristo comunica para que todo aquele que a recebe se torne luz do mundo.

■ Complementar a repercussão da Palavra dialogando

1. Aquilo que o Evangelho disse e o que comentamos são coisas que têm a ver com a gente?
2. Respiramos e defendemos a vida que é Jesus?
3. Como vemos as coisas ao nosso redor e no campo mais amplo: como é tratada a vida entre os seres humanos?
4. Esse quadro que se apresenta nos satisfaz? O que fazer diante dele?

V – É TEMPO DE DIALOGAR COM O AUTOR DA PALAVRA

Senhor Deus, como poderíamos conhecer-te, sentir-nos próximos a ti, como poderíamos falar de ti e falar contigo, se o teu Filho não tivesse vindo acampar bem no meio de nós? O que sabemos de ti, é o que nos foi "contado", é o que nos foi revelado por teu Filho. Jamais agradeceremos adequadamente o fato de teres enviado teu próprio Filho como ponte e único mediador entre ti e a humanidade; e o fato de estabeleceres a missão do Espírito Santo em lembrar-nos de tudo que o Filho nos ensinou. Maravilhoso é o teu Projeto de prolongar a missão do teu Filho e a do Espírito Santo mediante a missão da Igreja. Graças te damos, ó Deus, pois o teu Filho criou vínculos com o teu povo amado.

VI – É TEMPO DE SEMEAR A PALAVRA

Perguntemos a nós mesmos e ao nosso grupo se o que nos foi revelado em Jo 1,14 ajuda-nos a compreender e contemplar o mistério de Cristo, sua presença no meio de nós.

DIA DA SAGRADA FAMÍLIA

Tema do dia

↳ Jesus, Maria e José.

Objetivo

↳ Reconhecer que a obediência a Deus nos aproxima dele e nos faz sentir o seu amor por nós.

I – É TEMPO INICIAL DE ACLAMAR, INVOCAR, LOUVAR O SENHOR

■ Rezar com os participantes

Ó Pai, tu que enviaste o Espírito Santo para recordar-nos tudo o que teu Filho Jesus disse e ensinou, dá-nos a força para vivenciarmos e anunciarmos ao mundo a Boa-nova, confiantes na tua Palavra (cf. Jo 14,26).

II – É TEMPO DE ESCUTAR E ACOLHER A PALAVRA: Mt 2,13-15.19-23

■ Núcleo da Palavra

O anjo avisa José o que deverá fazer para proteger Jesus menino. O Egito, antes terra de escravidão, agora se tornou lugar seguro. Na volta do Egito a escolha é morar na Galileia, em Nazaré.

■ 1ª leitura: Eclo 3,2-6.12-14

O texto apresenta a importância da honra que os filhos devem prestar a seus pais. Quem honra também receberá honra quando tiver seus próprios filhos. Que os filhos cuidem bem de seus pais na velhice.

■ 2ª leitura: Cl 3,12-21

Pratiquem o perdão. Sejam agradecidos. Alegrem-se em Deus. Façam tudo em nome do Senhor Jesus.

III – É TEMPO DE DINAMIZAR A PALAVRA

■ Desenvolvimento

- Orientar os participantes a preparar mímicas, gestos para expressar algo de que queiram fugir.

- Cada um terá um tempo para apresentar sua mímica ao grupo a fim de que adivinhem o motivo de sua fuga. Determinar um tempo.
- Ao final das apresentações, aqueles que o grupo não descobrir o que os gestos representam explicam o que fizeram.

Partilha

- Como cada um se sentiu ao tentar se expressar?
- Sobre as fugas, o que elas representam? Cada um pode expor os seus motivos.

IV – É TEMPO DE REPERCUTIR A PALAVRA

Se quisermos ser obedientes a Deus, seguir a vontade dele, às vezes temos de fugir de certas coisas que não são boas para construir a nossa vida sendo obedientes a Deus. A Sagrada Família: Jesus, Maria e José eram extremamente obedientes a Deus. Veio o primeiro aviso: vão para o Egito e fiquem lá. Foram e ficaram. Novo aviso: voltem para o meio do povo de Israel, o povo de Deus, pois o perigo passou: os que planejavam matar Jesus, ainda menino, haviam morrido todos. A família voltou, mas um novo perigo estava rondando a vida de Jesus, Maria e José. O aviso era para ser levado em conta: não ficar na Judeia, onde estava o perigo, mas na Galileia, ao norte da Palestina. Assim foi feito e a Sagrada Família teve paz por vários e vários anos, após Jesus também ter passado pela experiência de imigrante. As pessoas que querem seguir a Jesus têm que praticar a obediência. José foi extremamente obediente como mostra o Evangelho de hoje. Reparem uma coisa no texto do Evangelho e analisem um pouco. "José não foi um autômato. O Anjo do Senhor lhe indica genericamente o lugar onde deverá residir [ao voltar do Egito]. Cabe a José o discernimento. Ele investiga e acaba sabendo que Arquelau reinava na Judeia, como sucessor de seu pai Herodes e tem medo de ir para lá. José não confia em Arquelau, que reproduz a crueldade de seu pai. E por isso foge para Nazaré, na Galileia" (BORTOLINI, 2006, p. 38) .

Maria também foi exemplo de obediência. Para o anjo, mensageiro de Deus, ela disse: "Faça-se em mim conforme a sua vontade" (Lc 1,38). E Jesus, diz o apóstolo Paulo, "foi obediente até a morte e morte de cruz" (Fl 2,8). Obediência tem a ver com docilidade, e docilidade é o oposto de birra, o contrário de se agarrar à opinião própria custe o que custar.

■ Complementar a repercussão da Palavra dialogando

1. O que é que a gente precisa fazer para obedecer a Deus? Podemos dar alguns exemplos?
2. Pelo que refletimos, o que significa: obedecer aos pais?
3. E o que pode significar obedecer à Igreja?

V – É TEMPO DE DIALOGAR COM O AUTOR DA PALAVRA

Glorioso São José! Queremos viver as tuas virtudes, sustentados com o teu auxílio.

(Esta oração é tão pequena, que alguns a chamam de mantra. Nós a podemos repetir várias vezes ao dia. Experimentemos: Vamos sentir uma paz extraordinária).

VI – É TEMPO DE SEMEAR A PALAVRA

Vamos, sejamos sinceros. Não escondamos nada de nós mesmos. Não vamos varrer as sujeiras para debaixo da mesa. Recordemos: quais são as nossas fugas? Sejamos mais fortes do que essas coisas negativas. Não podemos nos habituar com aquilo que nos atrapalha de viver a alegria do Evangelho como o papa Francisco nos diz:

> Como é perigoso e prejudicial este *habituar-se* que nos leva a perder a maravilha, a fascinação, o entusiasmo de viver o Evangelho da fraternidade e da justiça! A Palavra de Deus ensina que, no irmão, está o prolongamento permanente da Encarnação para cada um de nós; *"Sempre que fizestes isto a um destes meus irmãos mais pequeninos, a mim mesmo o fizestes"* (Mt 25,40). O que fizermos aos outros, tem uma dimensão transcendente: *"Com a medida com que medirdes, assim sereis medidos"*(Mt 7,2). (EG, 179)

O hábito carrega consigo o perigo do fazer por fazer, sem produzir algo que edifique espiritualmente. Esta é uma revisão que temos de fazer de tempos em tempos. Como pretendemos fazer e ajudar as pessoas a realizar uma revisão de vida à luz da Palavra refletida neste Encontro?

FESTA DA MÃE DE DEUS

Tema do dia

→ Solidariedade deve ser a marca do cristão sempre.

Objetivo

→ Valorizar a ação solidária como forma de crescimento humano e cristão.

I – É TEMPO INICIAL DE ACLAMAR, INVOCAR, LOUVAR O SENHOR

▉ Rezar com os participantes

Ó Pai, tu que enviaste o Espírito Santo para recordar-nos tudo o que teu Filho Jesus disse e ensinou, dá-nos a força para vivenciarmos e anunciarmos ao mundo a Boa-nova, confiantes na tua Palavra (cf. Jo 14,26).

II – É TEMPO DE ESCUTAR E ACOLHER A PALAVRA: Lc 2,16-21

▉ Núcleo da Palavra

Os pastores encontram o menino na manjedoura. Em seguida, espalharam o que o anjo contou a respeito do menino. Os ouvintes ficaram maravilhados. Maria meditava sobre os fatos em seu coração. Os pastores voltaram para casa dando glória e louvores a Deus.

▉ 1ª leitura: Nm 6,22-27

A bênção é um sinal de presença e proteção de Deus no meio do seu povo, com quem Ele sustenta uma Aliança.

▉ 2ª leitura: Gl 4,4-7

O Filho de Deus nasceu de uma mulher e nós fomos adotados por Deus como filhos. Nós não somos escravos, mas filhos; e se somos filhos, somos também herdeiros.

III – É TEMPO DE DINAMIZAR A PALAVRA

▉ Desenvolvimento

- Organizar os participantes em dois grupos.
- Apresentar a seguinte motivação:
  - Atenção! Uma mocinha de 14 anos acaba de dar à luz uma criança a duas quadras de onde estamos. Pensem rápido o que podem fazer. No momento, só está por perto um antigo morador de rua, que parece não ter nenhuma iniciativa para socorrer.
- Propor aos dois grupos: Pensar na ação solidária em favor da jovem que acaba de dar à luz.
- Todos deverão participar apresentando suas ideias para a ação.

Partilha

- Cada grupo apresenta aos outros o que foi combinado.
- Refletir com o grupo sobre as necessidades de uma criança.
- Acolher a contribuição dos grupos, o que planejaram fazer: os meios, as dificuldades, os medos...

- Por fim, se possível, ainda propor a participação de todos numa campanha que envolva toda a comunidade em favor de crianças recém-nascidas.

IV – É TEMPO DE REPERCUTIR A PALAVRA

Solidariedade! Palavra comprida, como que querendo lembrar a gente de que ela deve estar presente em toda a nossa vida, nos momentos às vezes mais inesperados. Aí temos de sair totalmente de nós para ajudar o outro. Os pastores, combinados a agir em grupo, foram correndo prestar ajuda e em seguida correram de novo e contaram a meio mundo o que havia acontecido porque acreditaram no Salvador. E os ouvintes dos pastores ficaram maravilhados. Podemos estar certos de que ainda hoje, com todo o recurso da tecnologia, há homens e mulheres que ficam maravilhados com as coisas de Deus que, normalmente, vêm de forma muito simples. As maiores maravilhas são aquelas que vêm acompanhadas do testemunho. Aqui, no Evangelho, temos logo dois tipos de testemunho: o dos pastores, que usaram da palavra; e o de Maria, que se valeu do silêncio e que *"meditava sobre os fatos em seu coração"* (Lc 2,19). Maria, atentamente, acompanhava todos os acontecimentos e meditava sobre eles, e assim, passo a passo, descobria quais eram os caminhos de Deus. Está aí um exemplo claro, belo e permanente para todos nós: prestar bem atenção como Deus age e agir assim também. Só isso será um aprendizado para a vida inteira.

▮ Complementar a repercussão da Palavra dialogando

1. Que exemplos de solidariedade temos para contar?
2. Sabemos de pessoas ou grupos que praticam a solidariedade?
3. Por que, como cristãos, precisamos ser sempre solidários?

V – É TEMPO DE DIALOGAR COM O AUTOR DA PALAVRA

Eu preciso de muita coisa, Jesus. Mas outras pessoas às vezes precisam de muito mais. Educa assim meu coração, Jesus. Sempre aberto para quem precisa da minha ajuda. Não quero esperar "para mais tarde, um dia..." praticar a ajuda para os outros. Aliás, eu também preciso da ajuda dos outros; e quantas vezes e por quantas razões diferentes. Jesus, permite-me, hoje, buscar inspiração nos pastores que foram rápidos para saberem o que havia ocorrido; e com o coração cheio de maravilhas que tu causaste neles, partiram para a ação, para o anúncio, o *querigma*. Já Maria contemplou, meditou e orou muito. Mas tanto os pastores quanto Maria encontraram-se pelo mesmo motivo: glorificar e louvar a Deus. Tenho muito, e toda a comunidade cristã tem muito para aprender, deles e de ti.

VI – É TEMPO DE SEMEAR A PALAVRA

Solidariedade é o meu desafio. O nosso. Se eu não praticar a solidariedade nunca, serei ilha. Ilha deserta. Repetir esse pensamento ao longo do dia e compartilhá-lo com as pessoas com quem convivo.

> ***Os textos bíblicos e as mesmas abordagens desta festa da Mãe de Deus vão se repetir nos Anos "B" e "C".**

FESTA DA EPIFANIA

Tema do dia

└─▶ Sinceridade e falsidade não podem existir na mesma pessoa.

Objetivo

└─▶ Reconhecer que é preciso assumir *a santidade e a sinceridade que vêm de Deus.*

I – É TEMPO INICIAL DE ACLAMAR, INVOCAR, LOUVAR O SENHOR

■ **Rezar com os participantes**

Ó Pai, tu que enviaste o Espírito Santo para recordar-nos tudo o que teu Filho Jesus disse e ensinou, dá-nos a força para vivenciarmos e anunciarmos ao mundo a Boa-nova, confiantes na tua Palavra (cf. Jo 14,26).

II – É TEMPO DE ESCUTAR E ACOLHER A PALAVRA: Mt 2,1-12

■ **Núcleo da Palavra**

Jesus nasceu em Belém, no tempo do rei Herodes Magno. Recebe a visita dos magos que, vindos do Oriente, prestam homenagem ao menino.

■ **1ª leitura: Is 60,1-6**

Em termos de profecia, Jerusalém será restaurada. Deus brilhará sobre ela e habitará em meio a seu povo. Haverá um movimento de unificação e resplandecerá a paz.

■ **2ª leitura: Ef 3,2-3.5-6**

Paulo fala de um mistério. Mistério que por meio de Jesus Cristo vai revelando-se como o Projeto de Deus. Todos os povos estão convidados a dele participar.

III – É TEMPO DE DINAMIZAR A PALAVRA

■ **Material necessário**

Garrafas plásticas ou PET – algumas transparentes e outras pintadas de maneira que seu conteúdo não fique visível, conforme o número de participantes. As garrafas pintadas devem conter água com má qualidade, misturar terra ou detergente, para que não possam ser bebidas. As garrafas transparentes devem conter água potável. Providenciar papeletas/tarjas de papel com valores de reais (R$ 5,00) para que possam comprar as águas tanto de um quanto de outro comerciante.

■ **Desenvolvimento**

- Convidar 4 participantes para a dinâmica – dois serão comerciantes e dois serão os vendedores.
- Dar aos outros participantes notas/papéis com o valor de R$5,00 para a compra da mercadoria.
- Cada comerciante prepara os seus entregadores com os seguintes argumentos:
- Comerciante 1– **Empresa Água Limpa**: Vejam nossas garrafas são pintadas, coloridas. Ao apresentar a água para o cliente devem dizer que as garrafas são todas pintadas porque a água, não pegando diretamente raios solares, se mantém pura por mais tempo. Tudo isso por apenas R$ 5,00.
  - ○ Orientar quem representar esse comerciante a pensar em argumentos para o caso de receber reclamações sobre a má qualidade de seu produto.
- Comerciante 2 – **Empresa Água Viva**: Em nossa empresa a garrafa é transparente e a água é limpa, água pura de verdade! Tudo isso por apenas R$ 5,00.
- Apresentar ao grupo a seguinte motivação:
  - ○ Num lugarejo muito carente, falta água, falta tudo. Dois comerciantes, ao saberem da necessidade do povo, empenham-se para atender aos pedidos de água.
- Orientar sobre a participação de todos para que escolham livremente de quem irão comprar água.
- Explicar, antecipadamente, aos vendedores que devem levar as garrafas de água e convencer o grupo a comprar (cada participante deverá comprar uma garrafa de água). As garrafas da Empresa Água Limpa contêm "água torneiral". Tem até cheiro de cloro. As garrafas da Empresa Água Viva contêm água pura;
- Após todos terem suas garrafas em mãos, solicitar aos participantes que não coloquem nada na boca, que abram e analisem o conteúdo: cheiro, cor...

A

- Alguns compradores vão verificar a qualidade da água e descobrir que a água do comerciante 1 é turva, é água "torneiral". Estes devem ser orientados a se reunirem para pensar como vão reclamar seus direitos.
- Os participantes vão encaminhar a reclamação junto à empresa que enganou os clientes, e saber qual será a solução para o problema.
- Enquanto o grupo resolve o problema os outros participantes observam a negociação.

Partilha

- Dar um tempo para que os participantes digam o que observaram;
- Considerações por parte do coordenador: como sabemos, "argumentos não necessariamente vendem a Verdade"! Como encaminhar de maneira responsável nossas reivindicações?

IV - É TEMPO DE REPERCUTIR A PALAVRA

Sinceridade a pessoa tem quando nela se manifesta o equilíbrio entre:

Pensamento < > Palavra < > Ação

A palavra não contradiz o pensamento. A ação não vai em sentido contrário ao pensamento nem à palavra. Consequência: a pessoa se sente feliz, em paz, cria a confiança dos outros nela mesma. Instala-se um bem-estar entre as pessoas que se relacionam.

Já a falsidade é uma guerra entre:

Pensamento > < Palavra < > Ação

Tudo isso na mesma pessoa. O autor da falsidade morre de medo, de insegurança quando se propõe a enganar os outros. (Pense no rei Herodes). O apóstolo Paulo, um verdadeiro apaixonado por Jesus Cristo, tem dois pensamentos muito bonitos sobre consciência e sinceridade: *"O motivo de nosso orgulho é o testemunho da consciência de que temos vivido no mundo, e especialmente entre vós, com a santidade e a sinceridade que vêm de Deus"* (2Cor 1,12). Depois ele diz: *"Nós não somos daqueles que falsificam a Palavra de Deus; pelo contrário, é com sinceridade... que falamos a respeito de Cristo na presença de vocês"* (2Cor 2,17).

■ **Complementar a repercussão da Palavra dialogando**

1. É hora da verdade: cuidamos bem dessa plantinha da sinceridade?
2. Por que vale a pena a sinceridade?
3. Usamos de sinceridade com os pais, professores, com os catequistas, com o padre, com os irmãos, com os amigos... o marido com a esposa e vice-versa?

V – É TEMPO DE DIALOGAR COM O AUTOR DA PALAVRA

Jesus, eu tenho consciência de que a *sinceridade* é, em primeiro lugar, uma conversa comigo mesmo, mas também contigo e com as pessoas com as quais eu convivo. Ajuda-me a ser assim: transparente, sem ter medo da verdade, pois, tu mesmo disseste, Jesus: "*A verdade libertará vocês*" (Jo 8,32).

VI – É TEMPO DE SEMEAR A PALAVRA

Faça um teste ao longo de uma semana, que consiste em: usar sempre de sinceridade em suas palavras, pensamentos, atitudes.

Anote, discretamente, em um papel, as vezes que conseguir ou não conseguir ser sincero. Ao término, analise o uso que fazem da sinceridade.

DIA DO BATISMO DE JESUS

Tema do dia

└──▶ Batismo é adesão e seguimento.

Objetivo

└──▶ Compreender que o Batismo é adesão e seguimento de Jesus Cristo que nos leva a cumprir a justiça do Reino de Deus.

I – É TEMPO INICIAL DE ACLAMAR, INVOCAR, LOUVAR O SENHOR

■ **Rezar com os participantes**

Ó Pai, tu que enviaste o Espírito Santo para recordar-nos tudo o que teu Filho Jesus disse e ensinou, dá-nos a força para vivenciarmos e anunciarmos ao mundo a Boa-nova, confiantes na tua Palavra (cf. Jo 14,26).

II – É TEMPO DE ESCUTAR E ACOLHER A PALAVRA: Mt 3,13-17

■ Núcleo da Palavra

A humildade de João e também de Jesus revela que o Espírito de Deus se torna sensível no ser humano; O Pai dá testemunho da fidelidade do Filho amado.

■ 1ª leitura: Is 42,1-4.6-7

O Servo é o Novo que Deus prepara para implantar a justiça entre o povo.

■ 2ª leitura: At 10,34-38

Deus deu a conhecer a Boa Notícia da paz em Jesus Cristo, que veio "fazendo o bem e curando todos os que estavam dominados pelo diabo".

III – É TEMPO DE DINAMIZAR A PALAVRA

■ Material necessário

Uma caixa surpresa com cartões trazendo, de um lado, as seguintes palavras: compaixão – misericórdia – ódio – raiva – paciência – liderança – amor – injustiça – humildade – vingança – abandono dos outros – mentira – bebedeira – Batismo; pequenos pedaços de velcro. Sendo um para cada participante.

■ Desenvolvimento

- Distribuir aos participantes um pequeno pedaço de velcro e palavras retiradas da caixa.
- Pedir para eles verificarem em que materiais se adere o velcro que receberam: roupa, vidro, papel, couro de sapato, ferro etc. (Ouvir os participantes).
- Motivá-los para um "bate-papo": Pedir para dizerem que palavras receberam e quais delas nos aderem a Jesus e quais não. Por quê? (Ouvir os participantes).
- Para concluir, refletir com os participantes que ser cristão é viver uma vida de adesão a Jesus Cristo.

IV – É TEMPO DE REPERCUTIR A PALAVRA

O batizado adere a Jesus. Por que se dá essa adesão?

O nosso Batismo é o Batismo no Espírito. É o ser humano por inteiro que adere a Jesus e ao Espírito. E quem adere para valer se identifica e quer fazer o que Jesus faz e o que o Espírito faz. Portanto, o Batismo é adesão e consequentemente seguimento. Não é adesão de coisa com coisa, mas adesão consciente de pessoa humana à pessoa de Jesus Cristo e à pessoa do Espírito Santo. E como se dá o seguimento de Jesus? *"Ele (Jesus) andou por toda parte fazendo o bem"* (At 10,38). Seguir Jesus é fazer o bem, sempre. Jesus tornou-se íntimo de todo ser humano para libertá-lo do pecado e torná-lo filho de Deus. Desse modo, cada batizado se une intimamente à pessoa de Jesus Cristo, e o caminho percorrido por Ele deverá ser o caminho do cristão. Não há um só momento de conversão. Deve haver muitos no sentido de entrega e no sentido de jogar fora o que não leva a Jesus Cristo, bem como à comunidade trinitária.

■ Complementar a repercussão da Palavra dialogando

1. No Batismo, o que é mais importante: a água ou o Espírito?
2. Jesus, de acordo com o trecho do Evangelho, estava na água ou não quando recebeu o Espírito?
3. O Batismo que você recebeu foi um só "no Espírito", não foi? Então, não lhe parece que a sua adesão a Deus e ao seu Filho, Jesus Cristo, é também uma só e definitiva?

V – É TEMPO DE DIALOGAR COM O AUTOR DA PALAVRA

Jesus, mostra-nos sempre os meios para não te perdermos de vista, mas, pelo contrário, identifica-nos sempre mais contigo: amando, sendo solidários, rezando, sendo humildes, para que o Pai também possa dizer a respeito de cada um: *"Este é meu filho amado, que muito me agrada"*.

VI – É TEMPO DE SEMEAR A PALAVRA

- Levemos para a vida o que aprendemos sobre:
- Batismo,
- Adesão a Jesus,
- Seguimento de Jesus.
- Busquemos nos disciplinar na vida cristã e dar passos cada vez mais firmes, perseverantes.

A

Tempo da Quaresma

1º DOMINGO DA QUARESMA

Tema do dia

→ As tentações são sinais de contramão.

Objetivo

→ Escolher maneiras de agir para resistir às tentações que levam para longe do amor de Deus.

I – É TEMPO INICIAL DE ACLAMAR, INVOCAR, LOUVAR O SENHOR

■ **Rezar com os participantes**

Ó Pai, tu que enviaste o Espírito Santo para recordar-nos tudo o que teu Filho Jesus disse e ensinou, dá-nos a força para vivenciarmos e anunciarmos ao mundo a Boa-nova, confiantes na tua Palavra (cf. Jo 14,26).

II – É TEMPO DE ESCUTAR E ACOLHER A PALAVRA: Mt 4,1-11

■ **Núcleo da Palavra**

Tentação, jejum, fome, diabo, reinos do mundo, poder, todas essas palavras nos lembram que Jesus ensina como vencer as tentações: unindo-se à vontade do Pai.

■ **1ª leitura: Gn 2,7-9; 3,1-7**

Deus formou o homem. Deu-lhe o sopro da vida e o pôs no jardim do Éden. A serpente tentou Eva e Adão; e tanto fez até que o casal caiu em sua conversa. Foi aí que "os olhos de ambos se abriram" (Gn 3,7).

2ª leitura: Rm 5,12-19

O pecado entrou no mundo por um só homem. Mas sobre toda a multidão humana se derramou a graça de Deus, por meio de Jesus Cristo.

III – É TEMPO DE DINAMIZAR A PALAVRA

Desenvolvimento

- Propor aos participantes a formação de dois grupos.
- Dar a seguinte orientação:
  - O grupo 1 vai preparar 3 tipos de tentações em forma de perguntas para o grupo 2.
  - O grupo 2 vai se organizar para uma concentração: preparar-se para os questionamentos do grupo 1 a fim de demonstrar coragem, espírito de participação e fé.
- Em seguida, preparar-se para o "confronto".
- Formar dois campos (espaços) no local do encontro: O lado do grupo 1 e o lado do grupo 2.
- O grupo 1 inicia a dinâmica, fazendo as três perguntas (uma de cada vez) e escolhe um participante do grupo 2 para responder; se o representante do grupo 2 errar a resposta, um integrante do grupo 1 invade o espaço do grupo 2.
- Ao final das três perguntas, verificar o número de participantes em cada espaço; Desfazer os espaços e os grupos para iniciar a partilha.

Partilha

- O coordenador vai conversar com os participantes em relação à impressão que tiveram sobre: as perguntas, as respostas, as atitudes, o empenho dos participantes.
- Refletir sobre quais são as tentações para nós cristãos nos dias de hoje e a importância de buscar alternativas para superá-las.

IV – É TEMPO DE REPERCUTIR A PALAVRA

A tentação sempre apresenta coisa vantajosa, boa, desejável. Em Gn 3,6: O que se apresentava à mulher (Eva) "era uma delícia para os olhos e desejável...". Somos assim mesmo, como seres humanos: capazes de fazer um bem enorme e, ao mesmo tempo, temos inclinação, impulsos para seguir o que as tentações sugerem. Por isso, desde cedo, em nossa vida, precisamos aprender a distinguir entre "ser tentado" e "consentir" ou dizer "sim" à tentação. A tentação nos quer pregar uma mentira e se nela cairmos, vamos diminuir a nossa dignidade de filhos de Deus e, em vez de fazer um pacto de amizade com Ele, vamos dar as mãos ao inimigo. Não é bom negócio. Não serve para o cristão que quer seguir Jesus Cristo. O diabo promete muitas e muitas coisas a Jesus, principalmente, muita riqueza e poder. "O diabo é aquele que tem um projeto social capaz de perverter o projeto de Deus... [O diabo] pode ser uma intuição, um projeto, um tipo de sociedade, um partido político etc." (BORTOLINI, 2006, p. 58). O diabo disse a Jesus que lhe dava "todos os reinos". Reparem! O diabo queria que Jesus tivesse só para si, cada vez mais para si, sem nada repartir com os que nada tinham. O ser humano não é o juiz maior que vai dizer o que é bom e o que não é. Acima dele está Deus. E quem presta atenção ao que Deus diz não cai em tentação. Hoje, refletindo sobre as tentações, podemos trazer à tona a crítica que o papa Francisco faz às formas de poder que derivam da tecnologia. Na encíclica *Laudato si, ele* sugere outras maneiras de entender a economia e o progresso em que sobressaia a salvaguarda da dignidade do ser humano sempre. Temos de estar bem atentos a essa questão. Como ela nos afeta no nosso entorno.

■ **Complementar a repercussão da Palavra dialogando**

1. Vamos pensar: Em que área nos sentimos mais tentados? No comer? No beber? Ou no não querer comer? No uso do dinheiro, quanto ao modo de adquiri-lo ou quanto à maneira de gastá-lo? Na vida sexual e afetiva? Na não aceitação das pessoas? Nos preconceitos? Na resistência ao perdão? De não querer fazer nada em casa? De não dar a devida atenção a pessoas da família? De esconder a verdade, talvez? De caluniar pessoas? De não participar de nada na comunidade?
2. Tentações sempre as teremos, mas quedas nas tentações só dependem da nossa vontade somada à graça de Deus. Em que ponto deveremos fazer mais esforço nesta Quaresma para que a nossa Páscoa seja alegre, cheia de sentido, verdadeira festa de vitória sobre nossos pontos fracos?

V – É TEMPO DE DIALOGAR COM O AUTOR DA PALAVRA

Vamos rezar a oração do Pai-nosso com muita concentração, para que justamente o Pai nos dê toda força e toda graça para não cairmos em tentação: Pai nosso...

VI – É TEMPO DE SEMEAR A PALAVRA

Peguemos a nossa "mochila" para a caminhada e se nela houver tentações, pensemos numa estratégia para esvaziá-la aos poucos até a Páscoa. Páscoa é vida nova. Nada de ilusões. Só realismo na dimensão do Espírito de Deus.

2º DOMINGO DA QUARESMA

Tema do dia

→ Escutem e pratiquem o que diz o Mestre Jesus.

Objetivo

→ Perceber que pela força da palavra e ensinamentos de Jesus é possível realizar a experiência de encontro com Ele.

I – É TEMPO INICIAL DE ACLAMAR, INVOCAR, LOUVAR O SENHOR

■ Rezar com os participantes

Ó Pai, tu que enviaste o Espírito Santo para recordar-nos tudo o que teu Filho Jesus disse e ensinou, dá-nos a força para vivenciarmos e anunciarmos ao mundo a Boa-nova, confiantes na tua Palavra (cf. Jo 14,26).

II – É TEMPO DE ESCUTAR E ACOLHER A PALAVRA: Mt 17,1-9

■ Núcleo da Palavra

A transfiguração de Jesus é um convite para escutar o que Ele diz: Não ter medo.

■ 1ª leitura: Gn 12,1-4

Deus diz para Abraão deixar sua casa e sua terra, e andar pelo caminho que Ele, Deus, lhe indicar.

■ 2ª leitura: 2Tm 1,8b-10

Somos chamados por causa do plano de salvação de Deus. Ele destruiu a morte e fez brilhar a vida (2Tm 1,10).

III – É TEMPO DE DINAMIZAR A PALAVRA

■ Desenvolvimento

- Convidar os participantes para se dirigirem ao centro da sala, falando todos em voz alta, sem parar, qualquer coisa que lhes passar pela cabeça.
- Colocar o grupo em movimento e dar um tempo para que, andando pela sala, falem o que quiserem. Depois de um tempo, o coordenador orienta a parar a "conversa" e pergunta:

○ Alguém entendeu o que a pessoa ao seu lado estava dizendo?

○ O que os outros ficaram dizendo?

○ É essa "algazarra" que devemos aprontar na hora de escutar Jesus? Em caso negativo, por que não? O que nos impediu de entender o que falavam? É assim que devemos agir na hora de escutar Jesus? Em caso negativo, por que não?

Partilha

- Cada participante expõe sua opinião e ao final o coordenador conclui com um pensamento que valorize o tempo de silêncio e escuta, necessários para ouvir a voz de Jesus.

IV – É TEMPO DE REPERCUTIR A PALAVRA

Costumamos dizer que a língua grega é a língua-avó da língua portuguesa, pois a língua-mãe é a latina. Por que estamos dizendo isso? Porque um autor: Santiago Silva Retamales, pesquisou... pesquisou e concluiu que dois verbos em grego têm a mesma raiz: *Escutar e obedecer*. Então, diz ele: "*Escutar é obedecer, isto é,* submeter-se livremente à vontade de quem fala; é a disposição fundamental na relação "Mestre-discípulo." Querer escutar faz o discípulo, o seguidor. Querer escutar e pôr a palavra de Jesus em prática faz o seguidor completo. Consideremos o que diz Paulo, o apóstolo arrojado e fiel seguidor de Jesus Cristo: "*não se envergonhe, portanto, de dar testemunho de nosso Senhor, nem de mim, seu prisioneiro; pelo contrário, participe do meu sofrimento pelo Evangelho, confiando no poder de Deus* " (2Tm 1,8).

Jesus é tão transparente em suas palavras e atitudes, que nesta passagem do Evangelho, Ele se transfigura, assim como pode transfigurar-se quem ouve e quem consegue praticar as palavras de Jesus.

Já vimos no Evangelho de Mateus 4,8 que o diabo conduziu Jesus a um alto monte e garantiu-lhe todos os reinos do mundo e suas riquezas. "Eu te darei tudo isso, se te ajoelhares diante de mim, para me adorar". Satanás não foi bem-sucedido. Na presente passagem, a cena envolvendo Jesus, alguns discípulos, Moisés e Elias, se passa também numa alta montanha. Jesus se transfigurou. Algo muito forte apresentou-o de uma nova forma. Num "agora" provisório Jesus demonstra o que virá depois de sua ressurreição. Com a transfiguração Pedro já fica satisfeito. O "momento" poderia "perpetuar-se". Os discípulos, quando ouviram uma voz vindo da nuvem ficaram assustados e confusos. Mas Jesus tocou neles e disse: "*Levantem-se e não tenham medo*" (Mt 17,7). Estava com eles tão somente Jesus, que pediu que não contassem para ninguém a visão. Por que não? Porque mais tarde se haveria de contar à sociedade que Jesus ressuscitou, que Ele de forma gloriosa se transfigurou de modo definitivo. E qual a lição a tirar disso? Que agora estamos em fase de trabalho, onde uns precisam dos outros, mas não deveremos jamais perder de vista o Cristo Jesus, já morador na glória à direita do Pai.

■ **Complementar a repercussão da Palavra dialogando**

1. O que diz Mt 8,24 sobre o nosso tema de hoje: ouvir e praticar a Palavra?
2. Somos capazes de dar um exemplo de como se pratica a Palavra de Jesus? Pensemos no Evangelho! Pensemos nas palavras e nas atitudes de Jesus para responder.
3. Como será possível ouvir e praticar o que Jesus, o Mestre, diz?

V – É TEMPO DE DIALOGAR COM O AUTOR DA PALAVRA

Jesus, gosto muito quando Tu dizes que no caso de certas pessoas acontece como no caso da semente que cai em terra fértil. Essas pessoas acolhem a Palavra de coração aberto, conservam essa Palavra para si e dão fruto na perseverança. Peço, Jesus, que eu possa contar com a tua força para que, na vida toda, possa ter bem mais acertos do que erros. Mais qualidades do que defeitos. Mais escuta e mais seguimento de sua palavra. Não quero ter vergonha de ser cristão e sim ser um cristão transfigurado, transparente. Nada a esconder e tudo a mostrar, pois o que temos a mostrar é aquele para o qual o Pai apontou e disse do meio da nuvem: *"Este é meu Filho amado, que muito me agrada"* (Mt 17,5). Era de ti, Jesus, que o Pai estava falando. Isto é tão maravilhoso, que eu te peço: Ajuda-me a trazer mais gente para perto de ti. Ajuda-me a dizer para os outros e para o mundo que nós cristãos temos uma proposta e a proposta és Tu.

Nem tudo é maravilhoso na Igreja. Somos homens e mulheres, e cada homem, cada mulher, infelizmente, tem sua "coleção de defeitos", mas a Cabeça desse povo que crê és Tu, o Cristo, *"cordeiro sem defeito e sem mancha"* (1Pd 1,19). Então, já sei: vale a pena escutar o que Tu dizes.

VI – É TEMPO DE SEMEAR A PALAVRA

Lembremo-nos de algumas pessoas, vivas ainda, que nos parecem transfiguradas, transparentes, e que demonstram uma coerência, quase uma lógica natural entre o que dizem e o que fazem. Busquemos nesses exemplos uma lição para a sua vida.

3º DOMINGO DA QUARESMA

Tema do dia

→ Jesus, a água viva que sacia.

Objetivo

→ Despertar a vontade de assumir o compromisso de ser solidário e fraterno com as pessoas de suas casas e da comunidade.

I – É TEMPO INICIAL DE ACLAMAR, INVOCAR, LOUVAR O SENHOR

■ Rezar com os participantes

Ó Pai, tu que enviaste o Espírito Santo para recordar-nos tudo o que teu Filho Jesus disse e ensinou, dá-nos a força para vivenciarmos e anunciarmos ao mundo a Boa-nova, confiantes na tua Palavra (cf. Jo 14,26).

II – É TEMPO DE ESCUTAR E ACOLHER A PALAVRA: Jo 4,5-42

■ Núcleo da Palavra

Cansaço de Jesus: "Dê-me de beber". Aquele que pede um pouco de água é quem revela o dom da água viva. O encontro com a mulher excluída pelo judaísmo torna-se a revelação do salvador do mundo.

■ 1ª leitura: Ex 17,3-7

O povo, muito sedento, reclama a falta de água, diante de Moisés. Não teria sido melhor ter permanecido no Egito? Deus mandou bater no rochedo no monte Horeb. "Ali os israelitas puseram à prova o Senhor, dizendo: 'O Senhor está no meio de nós, ou não?'" (Ex 17,7).

■ 2ª leitura: Rm 5,1-2.5-8

Estamos justificados pela fé e em paz com Deus. Temos motivo de nos ufanarmos na esperança. E temos também a certeza de que Deus nos ama porque Cristo morreu por nós.

III – É TEMPO DE DINAMIZAR A PALAVRA

■ Material necessário

Cartolina, pincéis atômicos ou canetas, pote com água.

■ Desenvolvimento

- Dividir os participantes em pequenos grupos.
- Solicitar que, em primeiro lugar, reflitam rapidamente sobre o Evangelho de Jo 4,14: *"E a água que eu lhe darei, vai se tornar dentro dele uma fonte que jorra para a vida eterna"*.
- Após o tempo da reflexão o coordenador leva o pote de água até os grupos e o mesmo deve ser passado de mão em mão... (A ideia é passar a água para os outros... Não reter a água só para si).
- Em seguida, os grupos farão um desenho de uma fonte jorrando água, inspirados na seguinte frase: Aquele que crê e age de acordo com Jesus será fonte por causa da Fonte (que é Ele).

Partilha

- Solicitar aos grupos uma apresentação dos desenhos e para fechar a dinâmica, motivar os participantes para uma pesquisa: *Verificar nos textos bíblicos indicados a preocupação de Jesus em ser alimento e bebida:* Mt 26,28; Jo 4,10; Jo 6,35; Jo 6,51; Jo 6,54; Jo 6,55:
- Depois da pesquisa pronta conversar sobre os resultados obtidos e sobre a questão:
  - ○ Como podemos levar esse "alimento" aos outros?

IV – É TEMPO DE REPERCUTIR A PALAVRA

"O poço é símbolo da Lei, das instituições e da sabedoria. A partir de agora não se deve mais beber água da Lei ou das instituições, porque foram superadas pela fonte de água viva que é Jesus" (BORTOLINI, 2006, p. 65). Algo de incomum se passa ali. A samaritana busca água ao meio dia. Nenhuma outra faria isso. Seria por que sua sede era grande? Que sede? E é Jesus que lhe pede água, para início de conversa, quebrando preconceitos. Seriam os judeus superiores aos samaritanos? Um homem não poderia conversar publicamente com uma mulher não judia e completamente desconhecida? Jesus não pode ficar sem falar. Ele tem que falar, pois Ele tem algo a oferecer: "água *viva*" (Jo 4,10). Mulher curiosa, aquela samaritana. Quer saber de onde Jesus vai tirar aquela água viva. Jesus continuou o seu raciocínio e insistiu com segurança na oferta que tinha: *"Aquele que beber a água que eu vou dar, esse nunca mais terá sede. E a água que eu lhe darei, vai se tornar dentro dele uma fonte de água que jorra para a vida eterna"* (Jo 4,14). Já, então, Jesus inspira confiança. Ele tem para oferecer uma água perene. Um manancial que corre no interior do ser humano e que o faz nascer para uma vida nova. E a mulher lhe pede dessa água. Quando os discípulos voltam do vilarejo com mantimentos, a samaritana larga o balde (pois já não precisa dele) e vai para o meio de sua comunidade, contando com vivo interesse ter encontrado um homem capaz de saciar toda sede. E de todos. Ele chegou a declarar que era Ele o Messias esperado. Ela contou tudo isso na comunidade. E a reação foi imediata: *"O pessoal saiu da cidade e foi ao encontro de Jesus"* (Jo 4,30), pois todos queriam da água nova, perene. O Evangelho diz que muitos acreditaram em Jesus pelo bonito testemunho dado pela mulher. Ela foi instrumento eficaz de Jesus em meio ao povo do qual ela fazia parte. Mais adiante as pessoas diziam: *"Já não cremos por causa daquilo que você [mulher] disse. Agora, nós mesmos ouvimos e sabemos que este é, de fato, o salvador do mundo"* (Jo 4,42). O testemunho da samaritana foi muito valioso para o seu povo, mas a experiência pessoal que as pessoas tiveram com Jesus, ah, essa foi insuperável.

■ Complementar a repercussão da Palavra dialogando

1. Quais as duas coisas do dia a dia que Jesus sente, de acordo com este trecho do Evangelho?
2. Vamos refletir um pouco e dar a nossa resposta: O que será que Jesus quer dizer com a frase: "adorar em espírito e verdade"?
3. De que coisas positivas nós mais temos sede? E o que estamos fazendo para saciar essa sede? O que podemos fazer para saciar a sede dos outros?

V – É TEMPO DE DIALOGAR COM O AUTOR DA PALAVRA

Jesus, muita gente está com sede de coisas espirituais, inclusive eu. Ensina-me, continuamente, a beber da água que és Tu, para que eu não tenha sede de coisas que vão contra a tua vontade, para que me deixe conduzir, aproximar e assemelhar mais a ti. Que eu dialogue mais como a samaritana fez para extravasar a alegria de sempre encontrar a ti.

VI – É TEMPO DE SEMEAR A PALAVRA

O desafio, hoje, é bem simples e atual. Percebemos no Evangelho que Jesus é a ÁGUA VIVA que sacia a sede do espírito? Façamos uma revisão de vida e digamos a Jesus, em oração, que queremos saciar nossa sede. Coragem! Busquemos saciar nossa sede com a água que Ele pode oferecer e que renovará nossa vida.

4º DOMINGO DA QUARESMA

Tema do dia

→ A cegueira voluntária é a pior.

Objetivo

→ Refletir sobre a cegueira voluntária que nos impede de viver a vontade de Deus.

I – É TEMPO INICIAL DE ACLAMAR, INVOCAR, LOUVAR O SENHOR

■ Rezar com os participantes

Ó Pai, tu que enviaste o Espírito Santo para recordar-nos tudo o que teu Filho Jesus disse e ensinou, dá-nos a força para vivenciarmos e anunciarmos ao mundo a Boa-nova, confiantes na tua Palavra (cf. Jo 14,26).

II – É TEMPO DE ESCUTAR E ACOLHER A PALAVRA: Jo 9,1-41

■ Núcleo da Palavra

Deficiência física desde o nascimento é castigo de Deus? A ousadia de Jesus em curar o cego no sábado revela que sua atividade está em sintonia com as obras do Pai. O cego curado torna-se discípulo de Jesus e faz uma declaração de fé.

■ 1ª leitura: 1Sm 16,1.6-7.10-13a

Samuel, até quando vai chorar por Saul se Deus não mais o quer como rei? Quem será o novo rei? E foi escolhido o filho mais novo de Jessé, chamado Davi.

■ 2ª leitura: Ef 5,8-14

Quem é filho da luz que proceda como filho da luz. Aí virão os frutos da luz: bondade, justiça e verdade.

A

III – É TEMPO DE DINAMIZAR A PALAVRA

■ Material necessário

Folhas de papel para anotação.

■ **Desenvolvimento**

- Em duplas, marcar num papel duas colunas de cegueiras:
  - ○ 1ª coluna: escrever quais são os males circunstanciais para o ser humano. Ex.: a cegueira dos olhos...
  - ○ 2ª coluna: escrever quais são os tipos de "cegueira voluntária" que ameaçam a vida do ser humano. Ex.: não ajudo os pobres de rua porque não querem trabalhar...

Partilha

- Todas as duplas apresentam o levantamento realizado.
- Ao final, o coordenador faz suas considerações.

IV – É TEMPO DE REPERCUTIR A PALAVRA

Deus intervém para que o homem cego saia da condição em que se encontra e Jesus toma a iniciativa. Ele se revela sempre empenhado na libertação das pessoas, à luz do dia. Os sinais de Jesus despertavam muita curiosidade e espanto. As pessoas da vizinhança quiseram saber como se abriram os olhos do cego para que pudesse ver. Chegaram a perguntar ao cego que imediatamente respondeu: *O homem que se chama Jesus fez barro, ungiu meus olhos e me disse: "Vá se lavar em Siloé. Eu fui, me lavei e comecei a enxergar"* (Jo 9,11). Também, os pais do ex-cego, foram submetidos a um verdadeiro interrogatório pelas autoridades dos judeus e sentiram muito medo, porque se eles confessassem que Jesus era o Messias, seriam expulsos da sinagoga. Há pelo mundo, situações semelhantes a essa, não há? O medo imobiliza, causa em muitos casos uma cegueira voluntária. Como reagem os cristãos hoje? Com que coragem anunciamos Jesus o Bom Pastor que continuamente vem abrir nossos olhos?

Voltando ao texto, depois de tanto interrogatório e humilhações, aquele que era cego dá seu testemunho: *"Vocês não sabem de onde Ele [Jesus] é. No entanto, Ele abriu os meus olhos. Sabemos que Deus não ouve os pecadores, mas ouve aquele que o respeita e faz a sua vontade. Nunca se ouviu dizer que alguém tenha aberto os olhos de um cego de nascimento. Se esse homem não vem de Deus, não poderia fazer nada"* (Jo 9,30-33). O que ele sabe é que alguém o curou. Um homem chamado Jesus, o servo enviado por Deus, que é profeta, que veio em nome de Deus. Depois desse claro testemunho, o homem foi expulso da sinagoga. As autoridades, como que cegos, não conseguem testemunhar o bem.

A pior cegueira é a cegueira voluntária: eu me basto, não preciso de Deus, não preciso de Igreja, não tenho necessidade de ter uma religião, não quero ser santo. Ninguém vai mandar em mim, nem Deus. Faço da minha vida o que eu quiser. Afinal, por que Deus me dá o livre-arbítrio? Não é para fazer minha opção? Assim pensam muitos.

Estão aí sempre dois caminhos! Qual deles você acha mais construtivo, mais de acordo com o coração humano e com a vontade de Deus?

Existem pessoas de todos os tipos na rua: os distraídos, que só "enxergam seus pensamentos", os que não veem os buracos da calçada, os que esbarram a toda hora nos outros, os "alto-falantes", os que não veem nenhuma vitrine, os que não perdem detalhes de nenhuma vitrine. Há os cegos para tudo e há os que veem tudo, até Deus nos outros.

Escolha o melhor caminho para você!

■ **Complementar a repercussão da Palavra dialogando**

1. Como é que no cego do Evangelho se manifestaram as obras de Deus?
2. O que é que o cego interior não enxerga?
3. Que tipo de atitudes Jesus tomou depois que Ele fez o cego ver? Nós também tomamos atitudes parecidas com as dele?

V – É TEMPO DE DIALOGAR COM O AUTOR DA PALAVRA

Jesus, se eu vejo, muito obrigado pela boa visão. Se eu não vejo, muito obrigado pelo fato de me dar outro jeito de ver a mim mesmo, as pessoas, o mundo e o teu próprio rosto, ó Jesus. Muito obrigado, pelo fato de tornar mais apurados os meus outros sentidos. Eu, como aquele cego curado, acredito firmemente em ti, meu Senhor. Chamo-te de Senhor, porque creio que tens o domínio sobre as coisas, as pessoas, o universo. "*De fato, Deus colocou tudo debaixo dos pés de Cristo e o colocou acima de todas as coisas*" (Ef 1,22). Por isso, Jesus, eu te vejo grande, poderoso. Alegro-me e fico agradecido por ter-te "*como cabeça da Igreja, a qual é seu corpo, a plenitude daquele que plenifica tudo em todas as coisas*" (Ef 1,23).

VI – É TEMPO DE SEMEAR A PALAVRA

Pesquisemos na Internet sobre o que se está fazendo com as pessoas com necessidades especiais de visão.

Verifiquemos se os deficientes visuais estão conseguindo sua cidadania plena. Se esse item for difícil, pesquisemos em alguma livraria católica ou de nossa igreja para saber o que as comunidades cristãs estão fazendo para melhorar a vida desses irmãos e dessas irmãs. Ou ainda: falemos com o pároco de nossa comunidade se ele conhece alguma iniciativa concreta que presta ajuda a deficientes visuais. E, por último, tendo informações, endereço, animemo-nos para visitar e ver de perto como são desenvolvidos esses trabalhos.

5º DOMINGO DA QUARESMA

Tema do dia

→ A esperança de vida e a ressurreição, triunfo do amor.

Objetivo

→ Identificar os sinais de morte que ameaçam a vida da humanidade.

I – É TEMPO INICIAL DE ACLAMAR, INVOCAR, LOUVAR O SENHOR

■ Rezar com os participantes

Ó Pai, tu que enviaste o Espírito Santo para recordar-nos tudo o que teu Filho Jesus disse e ensinou, dá-nos a força para vivenciarmos e anunciarmos ao mundo a Boa-nova, confiantes na tua Palavra (cf. Jo 14,26).

II – É TEMPO DE ESCUTAR E ACOLHER A PALAVRA: Jo 11,1-45

■ Núcleo da Palavra

A doença e a solidariedade para com o doente; O amor de Jesus por Marta, Maria e Lázaro era real e reconhecido por muitos. Ele ressuscita Lázaro e como consequência desse sinal houve novas adesões ao seu projeto.

■ 1ª leitura: Ez 37,12-14

O povo há de recobrar a vida, pois o Senhor diz e faz.

■ 2ª leitura: Rm 8,8-11

Paulo ressalta a vida no espírito e não a vida que se guia pelos instintos, ou seja, a vida "segundo a carne".

III – É TEMPO DE DINAMIZAR A PALAVRA

■ Desenvolvimento

- Formar um círculo para uma roda de conversa;
- Cada participante indica para quais pessoas ou grupos humanos poderiam dizer: **"Vem para fora"** (Jo 11,43), mude sua situação, mude de vida.

Partilha

- Depois de ouvir os participantes o coordenador completa a reflexão.

IV – É TEMPO DE REPERCUTIR A PALAVRA

No Evangelho de Jo 9,1-41, "vimos que a doença não era para a morte, mas para que o Filho de Deus seja glorificado por meio dela" (Jo 11,4). A doença não é indicativo de que Jesus não ama a pessoa. Muito pelo contrário. Jesus amava muito seus três amigos: Lázaro, Marta e Maria. Por isso diz Jesus: *"Eu vou acordá-lo"* (Jo 11,11). Quando Jesus chega ao local, Marta o aborda: *"Senhor, se estivesses aqui, meu irmão não teria morrido"* (Jo 11,21). Então, ela reconhece que Jesus tem poder sobre a vida e a morte. Jesus diz: *"Seu irmão vai ressuscitar"* (Jo 11,23). E Marta retruca: *"Eu sei que ele vai ressuscitar na ressurreição, no último dia"* (Jo 11,24). Então, Jesus: *"Eu sou a ressurreição e a vida. Quem crê em mim, ainda que morra, viverá"* (Jo 11,25). Nesse sentido, não se precisa esperar nada. Ele mesmo é a ressurreição e a vida, pois Ele está presente. Eis que chega Maria, que repetiu todas as palavras de Marta: *"Senhor, se estivesses aqui, meu irmão não teria morrido"* (Jo 11,32). Jesus ficou comovido. Foram ao túmulo. "Jesus levantou os olhos para o alto e disse: *'Pai, eu te dou graças porque me ouviste. Eu sei que sempre me ouves. Mas eu falo por causa das pessoas que me rodeiam, para que acreditem que Tu me enviaste'.* Dizendo isso, gritou bem forte: *'Lázaro, saia para fora!'* O morto saiu[...] Então, muitos judeus, que tinham ido à casa de Maria e que viram o que Jesus fez, acreditaram nele" (Jo 11,41-45).

Entre mil coisas, a Bíblia nos ensina esta com a fala de Jesus: "Eu vim para que tenham vida, e a tenham em abundância" (Jo 10,10). Em abundância? Sim, em quantidade, qualidade e sintonia com a vida de Deus.

Você já andou dentro de um hospital? Quem já viu doentes lá dentro? Quem é que sabe que fora dos hospitais existem mais doentes ainda?

O mundo está cheio de doentes. E as doenças não fazem parte do projeto do Pai e de seu Filho, Jesus Cristo. Jesus quer a vida, a liberdade, a saúde. Mas os seres humanos não podem esperar que Deus resolva tudo, não. Nós, de qualquer idade, precisamos andar com os nossos próprios pés e agir com as nossas próprias mãos. Imaginem se nós precisássemos de óculos e Jesus tivesse que arranjá-los para nós! De nossa parte, não gostamos de ler em carros, camionetes, vans ou em outros veículos: *"Presente de Deus!"* Parece-nos um Deus injusto e nada misericordioso que só atende a certa categoria e em determinadas condições, mediante negociação, e que não é um Deus que atende por aquilo que se espera dele e que Ele mesmo promete: por gratuidade. Não, a relação nossa com Jesus não é assim, nem a dele para conosco. É mais profunda e tem uma meta que nenhuma instituição humana pode oferecer: a plenitude da ressurreição, a plenitude da vida.

A morte não pode ser situação permanente. Já pensamos nisso? Homens e mulheres, cheios de sonhos, planos, projetos, esperanças... de repente morrem e tudo acaba? Que crueldade a da vida humana!!! Seria justo? Seria prêmio ou castigo?

Jesus, a seu modo, diferente de todos os modos de as pessoas agirem e consolarem, prestou solidariedade às amigas Marta e Maria. *"Eu sou a ressurreição e a vida. Quem acredita em mim, mesmo que morra, viverá. E todo aquele que vive e acredita em mim, não morrerá para sempre. Você acredita nisso?"* (Jo 11,25-26).

■ **Complementar a repercussão da Palavra dialogando**

1. O que sentimos diante da doença e da morte?
2. Por que doença e morte fazem até sentido para quem crê e espera na ressurreição?
3. O que o texto do Evangelho diz sobre a doença?
4. Quem de nós já ajudou a cuidar de uma pessoa doente em casa? Quem era? O que aprendemos com isso?

V – É TEMPO DE DIALOGAR COM O AUTOR DA PALAVRA

Meu Jesus: Gostei muito da oração que ensinaste por meio do Evangelho deste domingo, quando falaste com o Pai: *"Eu te dou graças porque me ouves. Eu sei que sempre me ouves. Mas eu falo por causa das pessoas que me rodeiam, para que acreditem que Tu me enviaste"*. Jesus, eu sei também que me ouves, porque uma vez disseste que era só pedir para receber. Então, mais uma vez eu peço que conserves a minha fé. Que eu veja com amor os doentes que eu encontrar em minha família e se for preciso que eu faça o melhor que eu puder por eles: um carinho, uma conversa, um favor qualquer, porque eu já sei que pessoa doente fica frágil e precisa do apoio dos outros. Peço também, Jesus, que fique acesa a minha esperança na ressurreição. Nessa chama acesa de fé e esperança peço pelos jovens que morrem em acidentes ou como vítimas de outras formas de violência. Que Tu sejas para eles, Jesus, um porto seguro de salvação e de luz que não se apaga. E para as pessoas com necessidades especiais, mostra o teu Evangelho para elas; revela a beleza de tua vida e de teu amor para elas por meio de pessoas sadias, portadoras de calor humano e amor. Não deixes ninguém desamparado. Dá um toque em muita gente acomodada para que estenda a mão a quem precise.

VI – É TEMPO DE SEMEAR A PALAVRA

Façamos uma visita a uma pessoa doente. Levemos nosso carinho e algo mais se pudermos. Visitemos a quem nosso coração indicar. Não adiemos. Executemos o desafio. Vamos sozinhos ou arranjemos companhia.

DOMINGO DE RAMOS

Tema do dia

→ Jesus cumpre com perfeição sua missão e não abandona os discípulos que o abandonaram.

Objetivo

→ Reconhecer a importância de confiar em Jesus como fiel amigo.

I – É TEMPO INICIAL DE ACLAMAR, INVOCAR, LOUVAR O SENHOR

■ Rezar com os participantes

Ó Pai, tu que enviaste o Espírito Santo para recordar-nos tudo o que teu Filho Jesus disse e ensinou, dá-nos a força para vivenciarmos e anunciarmos ao mundo a Boa-nova, confiantes na tua Palavra (cf. Jo 14,26).

II – É TEMPO DE ESCUTAR E ACOLHER A PALAVRA: Mt 26,14-75; 27,1-66

■ Núcleo da Palavra

Jesus, Filho de Deus que fala pelo silêncio. É inocente, mas não ingênuo. Fala sobre a traição: é trocado por um punhado de dinheiro. Jesus se dá na Eucaristia, é preso, acusado e condenado à morte.

■ 1ª leitura: Is 50,4-7

O Servo dá alento aos desanimados; abre os ouvidos e não vê sentido em ficar revoltado. Se Deus é o maior aliado, como se sentir derrotado?

■ 2ª leitura: Fl 2,6-11

Jesus despojou-se de si mesmo e se tornou servo.

III – É TEMPO DE DINAMIZAR A PALAVRA

■ Desenvolvimento

- Hoje a dinâmica vai consistir em preparar uma encenação livre do trecho do Evangelho de Mt 26,69-75. Mas antes, em pequenos grupos, refletir sobre o que este texto tem a ver com a nossa vida hoje.

IV – É TEMPO DE REPERCUTIR A PALAVRA

A narração da paixão e morte de Jesus engloba quase dois capítulos inteiros do Evangelho Segundo Mateus. Judas foi até os chefes dos sacerdotes e perguntou o que lhe dariam se ele lhes entregasse Jesus. Combinaram então trinta moedas. Na verdade, a elite religiosa sabia quem era Jesus. No entanto, aceitaram o pagamento porque, afinal, era interessante para eles contar com alguém que antes andava em companhia de Jesus e fazia parte dos Doze. Bem que Jesus diz: *"Ai daquele que trair o Filho do Homem"* (Mt 26,24). Foi um grande escândalo. Mas Jesus é muito claro a respeito: "É inevitável que aconteçam escândalos, mas ai do homem que causa escândalo" (Mt 18,7). Antes do desfecho que se desencadeia a partir da traição, tem lugar a Páscoa e a instituição da Eucaristia, quando Jesus distribuiu o pão aos discípulos, isto é, neste gesto Jesus fez o oferecimento de si mesmo. A mesma coisa ao dar-lhes o cálice, como doação de sua própria vida.

Os discípulos ficaram desorientados, pois, pela última vez, Jesus faz um chamado para o caminho da cruz, estando à frente e acima dela a vitória da ressurreição. Pedro, ficou todo cheio de coragem naquela hora, mas Jesus disse que seria traído também por ele, que o negaria diante das pessoas, ao que afirmou que não faria tal coisa. Pedro não suportou o peso de suas próprias palavras e sucumbiu. Sucumbiu, mas graças à força de Jesus que nele agia, levantou-se ao chorar amargamente. E os outros discípulos também. O fato é que todos se redimiram de sua fraqueza e a ressurreição de Jesus, de fato, deu-lhes vida nova. Jesus, o fiel amigo, levantou um a um com seu amor.

Em Jo 26,39.44, Jesus suplica: *"Meu Pai, se é possível, afaste-se de mim este cálice. Contudo, não seja feito como eu quero, e sim como Tu queres"*. Perseverantemente, por mais duas vezes Jesus se dirigiu ao Pai, diz o texto, *"repetindo as mesmas palavras"*. Jesus reza para ser poupado do horror da crucificação, mas diante do silêncio do Pai assumiu toda sorte de sofrimentos que, afinal, faziam parte de sua obra de salvação.

Já sendo julgado, feito joguete entre o poder romano e a elite religiosa dos judeus, Jesus é obrigado a passar por longos interrogatórios, sofrimentos e humilhações. Pilatos *"soltou Barrabás, mandou flagelar Jesus, e o entregou para ser crucificado"* (Jo 27,26). Gente de altos postos zombava dele: *"A outros Ele salvou... a si mesmo não pode salvar. É Rei de Israel... Desça agora da cruz, e acreditaremos nele"* (Jo 27,41-42). E nós, cristãos e cristãs, estamos livres de zombarias? Não estamos, não. Às vezes elas vêm de mais perto do que imaginamos. Porém, é então que devemos fortalecer a nossa identidade, pois seguimos os passos de Jesus. E o mais cruel sacrifício de Jesus produziu frutos imediatos, pois *"o oficial e os soldados que estavam com ele guardando Jesus [...] disseram: De fato, Ele era mesmo Filho de Deus"* (Jo 27,54). Aquele oficial e seus soldados, bem como todos os povos serão incluídos no povo de Deus.

■ Complementar a repercussão da Palavra dialogando

1. O que se diz no final de Mt 26,75 sobre Pedro? Será que isso valeu de alguma coisa? Nós também procuramos essa saída?
2. O que sabemos do final da vida de Pedro? Ele negou Jesus sempre? O que diz o apóstolo Pedro em At 10,39-43?

V – É TEMPO DE DIALOGAR COM O AUTOR DA PALAVRA

Jesus, eu quero receber sempre de ti a coragem de dizer que creio em ti, que Tu foste e és tão bom que dás tua vida por mim, por nós até o fim. Preciso mesmo de coragem. Os perigos são grandes e constantes na rua, na escola, na internet, dentro dos locais de trabalho e até dentro das quatro paredes das casas e apartamentos. Encontro muita coisa, mas nem tudo leva ao amor como Tu amaste. Preserva meu coração, minha mente. Preserva e aumenta a minha fé para eu não negar a tua grandeza, a tua bondade e a tua infinita misericórdia. Estou caminhando para a Páscoa. Amanhã posso servir-te melhor transformando negações em testemunho, em provas de amor. Graças a ti, Jesus, sei que isso é possível, mesmo hoje, século XXI, tempo já tão distante do dia em que Tu te ofereceste na cruz para salvar a todos os homens e a todas as mulheres de todos os tempos.

VI – É TEMPO DE SEMEAR A PALAVRA

Está na hora de educar o nosso espírito de cristão.
Aqui vão algumas dicas para adotar na semana santa. Motivemo-nos para:

- Participar dos atos litúrgicos da quinta, da sexta e do sábado santos.
- Confessar-se nesta semana santa para passar por essa experiência mais uma vez.
- Munir-se de bastante humildade e reconciliar-se consigo mesmo, com outros e com Deus.
- Fazer alguma coisa que signifique vida nova para alguém. O quê? Quando?

Tempo Pascal

QUINTA-FEIRA SANTA

Tema do dia

→ O serviço por amor, sem nada exigir em troca.

Objetivo

→ Reconhecer Jesus como companheiro, Mestre e Senhor.

I – É TEMPO INICIAL DE ACLAMAR, INVOCAR, LOUVAR O SENHOR

■ Rezar com os participantes

Ó Pai, tu que enviaste o Espírito Santo para recordar-nos tudo o que teu Filho Jesus disse e ensinou, dá-nos a força para vivenciarmos e anunciarmos ao mundo a Boa-nova, confiantes na tua Palavra (cf. Jo 14,26).

II – É TEMPO DE ESCUTAR E ACOLHER A PALAVRA: Jo 13,1-15

■ Núcleo da Palavra

Jesus tem consciência de que a sua morte está próxima e de que seu amor o acompanhou até o fim. Amor não reconhecido por aquele que o há de trair. Jesus se diz Mestre e Senhor para que seus discípulos façam o que aprenderam com Ele.

■ 1ª leitura: Ex 12,1-8.11-14

O texto fala do ritual da Páscoa judaica, da atualização celebrativa da libertação do Povo de Deus da opressão no Egito.

■ 2ª leitura: 1Cor 11,23-26

Eucaristia sem a prática da fraternidade é um não senso. Eucaristia é, justamente, alimento para sustentar a prática do amor fraterno.

III – É TEMPO DE DINAMIZAR A PALAVRA

■ Desenvolvimento

- Se possível, providenciar uma sessão de filme e debate – filme "Madre Teresa de Calcutá".
- Se não for possível, trazer um pouco da história de Madre Teresa de Calcutá.

Partilha

- Dialogar sobre o conteúdo apresentado ou fazer uma análise do filme de acordo com a experiência vivida pelo grupo.

IV – É TEMPO DE REPERCUTIR A PALAVRA

O amor-doação exige que deixemos de dar importância a nós mesmos para dar importância para quem aparentemente não tem nenhuma. Aí já entra um valor cristão: considerar o outro como igual, não como desigual. Todo mundo, inclusive muitos garotos e garotas, a partir dos 16 anos (conforme permissão da lei brasileira e da OIT – Organização Internacional do Trabalho) têm necessidade de trabalhar para ganhar um salário por um trabalho, mas o amor-doação não recebe pagamento. Só satisfação interior de ter ajudado e ter considerado o outro como irmão. O próprio apóstolo Pedro acha que o mundo tem que ser desigual. Jesus diz que não. Que todos têm que ser iguais em direitos (não necessariamente em posses!) E, segundo Jesus, se todos forem iguais, se todos lavarem os pés uns dos outros, aí sim, vai crescendo o Reino de Deus. E Jesus, o modelo universal, puxou a fila dos que sabem amar se doando, pois Ele *"amou os seus que estavam no mundo e amou-os até o fim"* (Jo 13,1).

■ Complementar a repercussão da Palavra dialogando

1. Já praticamos um amor-doação parecido com o testemunho da Madre Teresa? Teríamos coragem de fazer isso em nome da fé no outro como irmão?
2. O Evangelho de hoje é mais ou menos fácil de entender, não é mesmo? Vamos dar mais uma espiada nele para saber o que mais chama a nossa atenção?
3. Em Jo 13,15, Jesus diz: *"Eu lhes dei um exemplo: vocês devem fazer a mesma coisa que eu fiz"*. Vamos refletir: aos poucos Jesus vai se tornando modelo de vida para nós? Como?

V – É TEMPO DE DIALOGAR COM O AUTOR DA PALAVRA

Jesus, tu és Mestre e Senhor. Não pediste para ninguém lavar os teus pés e também ninguém se ofereceu para isto. Mas de Mestre Tu te fizeste servo, servente.

Só por amor. Sempre por amor. E não disseste uma palavra de raiva, de indignação ou desprezo contra aquele que te traiu. Que domínio espetacular tinhas sobre ti mesmo. Quero me inspirar na tua sabedoria, no teu equilíbrio, para que eu também saiba me dominar. Tenho que começar cedo para que não fique tarde demais.

VI – É TEMPO DE SEMEAR A PALAVRA

Existe algum desafio já apresentado anteriormente que você concordou com ele, mas não o praticou? Após ouvi-los, comente para que não se acumulem desafios. Não deixemos nenhum para trás.

Busquemos crescer como cristão, como cristã. Lá no Evangelho de Jo 17,6-19 vamos encontrar a oração de Jesus pelos seus seguidores. Já no seu tempo Ele estava rezando por nós! Agora, vamos ler e rezar o texto, oferecendo o nosso gesto, a nossa oração pela Igreja, pelos cristãos todos e, talvez, entenderemos que este nosso desafio é realmente pequeno diante os imensos desafios que a Igreja de hoje tem diante de si.

SEXTA-FEIRA SANTA

Tema do dia

→ É Jesus de Nazaré quem procuramos!

Objetivo

→ Despertar para o desejo de se comprometer com Jesus.

I – É TEMPO INICIAL DE ACLAMAR, INVOCAR, LOUVAR O SENHOR

■ Rezar com os participantes

Ó Pai, tu que enviaste o Espírito Santo para recordar-nos tudo o que teu Filho Jesus disse e ensinou, dá-nos a força para vivenciarmos e anunciarmos ao mundo a Boa-nova, confiantes na tua Palavra (cf. Jo 14,26).

II – É TEMPO DE ESCUTAR E ACOLHER A PALAVRA: Jo 18,1–19,1-42

■ Núcleo da Palavra

Jesus com os discípulos no jardim e prestes a ser preso, manifesta sua soberania. É interrogado e segue para o calvário até ser crucificado. Dois discípulos fiéis sepultam Jesus.

■ 1ª leitura: Is 52,13-53,12

O Servo ficou desfigurado e entregou à morte a própria vida. Carregou os pecados do povo e intercedeu pelos que cometeram crimes.

■ 2ª leitura: Hb 4,14-16; 5,7-9

Nosso Sumo Sacerdote, Jesus, foi provado em tudo "sem todavia pecar" (4,15). Imploremos sua graça. Ele foi por Deus proclamado Sumo Sacerdote (5,10).

III – É TEMPO DE DINAMIZAR A PALAVRA

■ Material necessário

Confeccionar alguns ossos em cartolina, isopor ou madeira. Poderá ser também um esqueleto humano, se houver possibilidade de ter um; panos ou jornais. Preparar cópias do texto "O diálogo com Deus" apresentado no Desenvolvimento.

■ Desenvolvimento

- Convidar dois participantes para reproduzirem o texto "O diálogo com Deus". Um vai interpretar o animador e o outro a voz de Deus.
- Dar ao participante que interpretará a voz de Deus o texto com as suas falas, para que ele se prepare para o momento do diálogo com o animador.
- Preparar um local no chão da sala e cobrir os ossos com panos ou jornais.
- Formar um círculo ao redor dos ossos cobertos de jornal ou panos para que os participantes possam observar.
- O animador tira as folhas de jornal ou os panos para que todos vejam os ossos e inicia o diálogo com Deus:

  Diálogo com Deus (inspirado em Ez 37,1-6)

  Animador: O espírito me fez circular em torno desses ossos, por todos os lados (faz a volta toda). São ossos todos secos.

  A voz de Deus: Criatura humana, será que esses ossos poderão reviver?

  Animador: Meu Senhor e meu Deus, isto és Tu que sabes!

  A voz de Deus: Então fale assim para eles: Ouçam a palavra de Deus.

  Animador: (se aproximando mais dos ossos, diz a todos:) Ouçam a palavra de Deus.

  A voz de Deus: Vou colocar dentro de vocês todos os ossos; um espírito e vocês viverão.

  Animador: Vejam! Somos mais que um monte de ossos... Fomos revestidos de nervos, de carne e de pele.

A voz de Deus: Agora vou colocar o meu espírito em vocês e vocês viverão para sempre. Agora vocês estão sabendo que eu sou o seu Deus e Senhor.

Animador: Sim, agora sabemos, agora sentimos que Tu és o autor da vida.

IV – É TEMPO DE REPERCUTIR A PALAVRA

No Livro do Apocalipse 3,14-22, fala-se de uma cidade chamada Laodiceia, que ficava próxima a Éfeso. Existia lá um fenômeno curioso da natureza. A água da cidade vinha de fontes quentes, mas ao chegar às casas estava apenas morna. O autor sagrado, tendo observado o fenômeno e inspirado por Deus, escreveu: *"Conheço sua conduta: você não é frio nem quente. Quem dera que fosse frio ou quente! Porque é morno, nem frio nem quente, estou para vomitar você da minha boca"* (Ap 3,16). Em Mt 12,30, Jesus é muito claro: *"Quem não está comigo, está contra mim. E quem não recolhe as coisas comigo, as espalha".* Claro! Ao aderir a Jesus, ao se comprometer com as coisas que Ele defendia: justiça, igualdade entre as pessoas, fraternidade, amor-doação, ninguém se transforma em "anjo de pureza", mas tem um caminho traçado a seguir, e Jesus mesmo é esse "Caminho" (Jo 14,6). No Evangelho há os *frios*: chefes dos sacerdotes, sumo sacerdote, certos soldados, pessoas do povo. Há os *quentes*: Maria, mãe de Jesus, o discípulo João, Madalena, José de Arimateia e Nicodemos. Há os *mornos*: naquelas circunstâncias, o próprio Pedro, Pilatos que, naturalmente, não era seguidor de Cristo, mas era de personalidade morna, pessoa que ficava "em cima do muro", isto é, difícil de se decidir.

Sejamos transparentes. É tempo de decidir. Sejamos seguidores de Jesus para valer. Busquemos a alegria do Evangelho, como tão bem nos orienta o papa Francisco. Tornemos nosso o que foi lido na Quinta-feira Santa: *"Jesus amou os seus até o fim"* (Jo 13,2). Entre esses amados até o fim, estávamos nós. Cada um de nós, com nome e sobrenome, quando Jesus deu sua vida por nós (*"Eu sou a Vida"* – Jo 14,6). Milhões, bilhões de pessoas já disseram, já testemunharam que vale a pena seguir Jesus e comprometer-se com os valores que Ele defendeu. Experimentemos isso desde agora. Não se pode ser cristão ou cristã sozinho, sozinha. Isso não vai dar certo. Não pode o ramo permanecer verde e dar bons frutos sem ficar unido à videira. Os cristãos creem juntos, se alegram juntos, se entristecem juntos, celebram juntos e se fortalecem juntos. Os bispos da América Latina e do Caribe, reunidos em Aparecida, no mês de maio de 2007, disseram claramente: "Nossos fiéis procuram comunidades cristãs, onde sejam acolhidos fraternalmente e se sintam valorizados e eclesialmente incluídos" (DAp, 226b). Por isso, como é importante as comunidades saberem acolher com amor, dar lugar aos novos que chegam. Que a Sexta-feira Santa seja santa por causa do Senhor que se deu na totalidade do seu ser. Que seja santa, também por causa de nós que nos decidimos seguir a Jesus, testemunhando-o com coragem e ações até as últimas consequências.

Hoje, unindo-nos a Jesus no dia do seu derradeiro sofrimento, podemos reafirmar a nossa fé, renovar o nosso Batismo, pois *"pelo Batismo fomos sepultados com Ele [Jesus Cristo] na morte, para que, assim como Cristo foi ressuscitado dos mortos por meio da glória do Pai, assim também nós possamos caminhar numa vida nova"* (Rm 6,4).

■ **Complementar a repercussão da Palavra dialogando**

1. O que é que às vezes nos impede de darmos um novo passo para ficar mais próximos de Jesus e do próximo?
2. Temos condições de aceitar sobre nós mesmos compromissos de vida cristã? Será que estamos fazendo isso?

V – É TEMPO DE DIALOGAR COM O AUTOR DA PALAVRA

Tu, Jesus, declaraste: *"Vim ao mundo para dar testemunho da verdade. Todo aquele que está com a verdade, ouve a minha voz"* (Jo 18,37). Sabes que eu preciso muito da tua ajuda, justamente para eu também dar testemunho da verdade. E noutro lugar do Evangelho disseste: *"Eu sou a verdade"*(cf. Jo 14,6). Ensina-me, me mostra e me orienta para eu andar de acordo com a Verdade que és Tu. Que eu não tenha medo de andar na tua companhia e testemunhar isso onde quer que seja. Que eu não seja "morno" nem covarde no sentido de não saber para que lado ir. Em ti eu encontro segurança, garantia de que não serei enganado em meus passos. A propósito da minha vida cristã: Não, não permite, Jesus, que eu dê passos para trás. Dizem que o caranguejo anda para trás. Só o caranguejo. Eu não!

VI – É TEMPO DE SEMEAR A PALAVRA

Na Sexta-feira Santa, tornemos santa a sexta-feira por nossas atitudes. Controlemos os sentidos, principalmente nossa língua e também nosso estômago. Nesse dia, recordemos o gesto de amor de Jesus que assumiu sobre si os erros, os pecados de todos. Os nossos também!

VIGÍLIA DE PÁSCOA

Tema do dia

→ Ele não está aqui. Ressuscitou, como havia dito.

Objetivo

→ Comprometer-se com a missão de anunciar Jesus como as mulheres, os onze discípulos e tantos outros.

I – É TEMPO INICIAL DE ACLAMAR, INVOCAR, LOUVAR O SENHOR

■ Rezar com os participantes

Ó Pai, tu que enviaste o Espírito Santo para recordar-nos tudo o que teu Filho Jesus disse e ensinou, dá-nos a força para vivenciarmos e anunciarmos ao mundo a Boa-nova, confiantes na tua Palavra (cf. Jo 14,26).

II – É TEMPO DE ESCUTAR E ACOLHER A PALAVRA: Mt 28,1-10

■ Núcleo da Palavra

Duas mulheres visitando o sepulcro de Jesus encontram o anjo que dá a notícia da ressurreição e que pede a elas que a mensagem seja levada aos discípulos. Em seguida, Jesus vai ao encontro delas e pede: "Vão anunciar aos meus irmãos que se dirijam à Galileia. Lá eles me verão" (Mt 28,10).

■ Leituras

As diversas leituras para este dia narram a história da salvação.

III – É TEMPO DE DINAMIZAR A PALAVRA

■ Material necessário

Uma Bíblia e uma vela.

■ Desenvolvimento

- Formar um círculo com os participantes.
- Fazer a seguinte motivação: Temos em nossas mãos a Palavra de Deus, luz para o nosso caminho. Deixemo-nos tocar pela presença do Senhor que em suas palavras nos convida para ficar junto dele.
- Colocar a vela acesa no centro do grupo.
- Fazer passar, de mão em mão, a Bíblia aberta no Evangelho de Mt 28,1-10.
- A última pessoa que receber a Bíblia em suas mãos pode colocá-la junto à vela no centro de grupo.
- Siga a Leitura Orante que ocupa o espaço tanto da dinamização da Palavra como da repercussão da Palavra.

IV – É TEMPO DE REPERCUTIR A PALAVRA

- Iniciemos individualmente com a Leitura Orante do texto: Mt 28,1-10.
- Em grupo, vamos seguir os passos já conhecidos por nós:
  1. O que o texto deste Evangelho diz em si?
  2. O que o texto diz para mim (para nós)?
  3. O que o texto me leva a dizer ao Senhor?
  4. O que podemos fazer?

1. *A ESCUTA DA PALAVRA* – **O que o texto deste Evangelho diz em si ?**

Na manhã do dia seguinte ao sábado, Maria Madalena e a outra Maria foram ver a sepultura de Jesus. Houve um grande tremor de terra. O anjo do Senhor desceu do céu, retirou a pedra da sepultura e sentou-se nela. A aparência do anjo era como a de um relâmpago e suas vestes brancas como neve. Os guardas tremeram de medo diante do anjo e ficaram imóveis. O anjo disse para as mulheres não terem medo, que ele sabia que elas procuravam Jesus, o crucificado. E deu a notícia: "Ele não está aqui. Ressuscitou, como havia dito. Venham ver o lugar onde Ele estava"(Mt 28,60). E disse mais: "Vão de pressa contar aos discípulos que Ele ressuscitou dos mortos, e que vai à frente de vocês para a Galileia. Lá eles o verão"(Mt 28,7). As mulheres sentiram medo. Saíram depressa do túmulo e foram ao encontro dos discípulos e, com alegria, contaram-lhes a notícia. Antes, porém, de chegarem ao seu destino, Jesus foi ao encontro delas e disse: *"Alegrem-se"*(cf. Mt 28,9). As mulheres chegaram perto, e diante dele se ajoelharam e abraçaram os seus pés. Foi então que Jesus disse a elas: "Não fiquem com medo. Anunciem aos meus irmãos que se dirijam à Galileia. Lá eles me verão"(Mt 28,10).

2. *MEDITAÇÃO DA PALAVRA* – **O que este texto diz para mim (para nós)?**

Por volta de 40 horas após o sepultamento de Jesus, duas Marias foram ver a sua sepultura. Foram ver só a sepultura? O Evangelho, em seu todo, nos faz crer que não. Elas estavam a par do que Jesus dizia aos discípulos em diversas ocasiões, como neste Evangelho de Mateus 17,19: *"O Filho do Homem vai ser entregue nas mãos dos homens. Eles [referindo-se às autoridades] o matarão, mas no terceiro dia Ele ressuscitará"*. Elas deviam ter essa expectativa pela aguda intuição feminina, mas não só por isso, e sim, por dedução porque tiveram oportunidades diversas de ouvir de Jesus mesmo que Ele morreria e haveria de ressuscitar. Veio um anjo que pôs em prática a vontade de Deus e removeu a pedra do túmulo. Desfez o obstáculo para quem a considerasse obstáculo. Era um anjo bom do Senhor. Todo luminoso. Vestes muito brancas, como as de Jesus na transfiguração (cf. Mt 17,2ss.; Mc 9,2ss.; Lc 9,29ss.). Os guardas tremeram porque nem eles nem seus chefes eram capazes de impedir a ação de Deus. E o anjo veio dizer o quê? Primeiramente, seu gesto de sentar-se em cima da pedra significava o domínio divino sobre ela e sobre a morte. O anjo recomenda a elas que deixem de ter medo.

O que ele tem a contar, não comporta medo. Só alegria e vontade de contar para todo mundo. O lugar onde Ele se encontrava, estava vazio. Perdeu sua importância. Era para elas contarem aos discípulos duas coisas: que Ele havia ressuscitado e que os esperaria em lugar conhecido, longe do poder terreno, isto é, de novo na Galileia, a partir de onde a missão seria toda em equipe: Ele, as mulheres, os onze discípulos e outros mais. Hoje, também nós precisamos nos libertar do medo que nos impede de constatar a verdade de que a vida vence a morte. Como vencer o medo que nos paralisa? Jesus disse que esperava por seus discípulos na Galileia. Como aconteceu na história, Galileia poderia mudar de nome e chamar-se São Paulo, Manaus, Iraque, Haiti, Jerusalém, Medina, Meca, Dubai... São lugares onde deve correr a notícia de que Jesus está Vivo, Ressuscitado. O que o texto me diz que me ajude a assumir a missão de ser portador de uma boa notícia para mundo novo?

No momento do anjo, a notícia gerou alegria, mas ainda não completa, porque as mulheres não tinham visto o causador da notícia. Ou será que aquele anjo sentado era o próprio Jesus que lhes disse: *"Alegrem-se"*. Quando elas identificaram Jesus, chegaram perto dele, ajoelharam-se e abraçaram seus pés. Se ainda lhes restava qualquer dúvida, ela, então se desfez. Ele era real, não um vulto fantasmagórico. Nele se podia tocar. Com Ele se podia conversar, tomar iniciativas, buscar calor, afeto, ardor missionário, viver um grande amor do jeito que Ele nos amou.

- Como o sinto presente em minha vida?

3. ORAÇÃO INSPIRADA NA PALAVRA – *O que o texto me leva a dizer ao Senhor Ressuscitado?*

Ó Cristo Ressuscitado, as duas mulheres, tocadas por teu amor do qual já anteriormente foram testemunhas, vão à tua sepultura. Presenciam um tremor de terra e Tu mesmo te manifestaste sob a forma de um anjo, abrindo o túmulo, como a dizer que não estavas lá, que tens o poder de não te sujeitar à violência nem à morte a que te condenaram. Maravilhoso quando te identificas diante das mulheres e lhes entregas um plano a cumprir, constando de três coisas: que se alegrem, pois não há mais motivos de tristeza; que não tenham mais medo, pois terão a tua companhia para sempre; e que digam aos irmãos que se dirijam à Galileia, onde eles te verão ressuscitado.

- O que mais podemos dizer ao Senhor? Como expressar o nosso desejo de dar continuidade à missão de anunciar e praticar a justiça, o perdão e a misericórdia?

4. CONTEMPLAÇÃO DA PALAVRA – *O que podemos fazer?*

Ó Deus vivo e verdadeiro, Pai, Filho e Espírito Santo. Como te preocupas com as tuas criaturas e de maneira muito especial com aqueles e aquelas que creem. Que maravilhosa sensibilidade despertaste e cultivaste nas duas mulheres que foram ao túmulo de teu Filho, atrás de notícias. Elas testemunham até um tremor de terra, como a transmitir que não era momento de acomodar-se, e sim, de agir, pois a maior página da História humana havia acabado de ser escrita. Depois o mensageiro a contar sobre a vitória de teu Filho, repetindo pela enésima vez o que tantas vezes disseste ao teu Povo: que não tivesse medo, chegando o apóstolo Paulo, inspirado por ti, a dizer: "*Se Deus é por nós, quem será contra nós?*" (Rm 8,31). Depois o teu Espírito fez as mulheres correr e levar com alegria a notícia da Ressurreição de teu Unigênito aos discípulos. Tu mesmo ratificaste a notícia por meio de teu Filho que foi ao encontro delas. Assim, Ó Deus, de maneira soberana e cheia de amor te mostraste o Senhor absoluto da vida que precisa de colaboradores para que ela preserve o alto sentido que lhe atribuíste e ela efetivamente seja defendida, valorizada e enriquecida com o dom da esperança, como a dizer que esta vida daqui é breve e provisória, mas que na tua casa há muitas e definitivas moradas (cf. Jo 14,2), na companhia de teu Filho, nosso Salvador e o Espírito Santo, Espírito de Sabedoria, Consolador e Santificador.

Ó Pai, só podemos agradecer o teu infinito amor pela humanidade e procurar, com todas as nossas forças, corresponder a Ele.

V – É TEMPO DE DIALOGAR COM O AUTOR DA PALAVRA

Já vivenciamos no momento da Leitura Orante proposta.

VI – É TEMPO DE SEMEAR A PALAVRA

Vivamos com intensidade a NOSSA MAIOR FESTA: A PÁSCOA. Se possível, convidemos outras pessoas a fazer o mesmo.

PÁSCOA

Tema do dia

→ Ressurreição é vida nova transformada; não é volta ao mesmo nível de vida terrena.

Objetivo

→ Dialogar com Jesus Ressuscitado, vivo e presente no meio de nós, buscando inspirar-se em seus ensinamentos para realizar transformações pessoais.

I – É TEMPO INICIAL DE ACLAMAR, INVOCAR, LOUVAR O SENHOR

■ Rezar com os participantes

Ó Pai, tu que enviaste o Espírito Santo para recordar-nos tudo o que teu Filho Jesus disse e ensinou, dá-nos a força para vivenciarmos e anunciarmos ao mundo a Boa-nova, confiantes na tua Palavra (cf. Jo 14,26).

II – É TEMPO DE ESCUTAR E ACOLHER A PALAVRA: Jo 20,1-9

■ Núcleo da Palavra

Primeiro dia da semana – domingo, o Dia do Senhor. Vão até o túmulo: Maria Madalena, Pedro e o "outro discípulo", provavelmente João. Este discípulo "viu e acreditou" (Jo 20,8).

■ 1ª leitura: At 10,34a.37-43

O povo de Deus é formado por todos os que o procuram, respeitam e praticam a vontade dele. Seu filho, Cristo Jesus, fez isso: praticou o bem por toda parte.

■ 2ª leitura: Cl 3,1-4

Quem ressuscita com Cristo deve viver as coisas do alto, sem desprezar as coisas terrestres.

III – É TEMPO DE DINAMIZAR A PALAVRA

■ Material necessário

Roteiro para reflexão, o suficiente para todos.

■ Desenvolvimento

- Cada participante receberá o roteiro para preenchê-lo depois de um tempo de reflexão.
- Motivar os participantes para um momento de oração pessoal, de um diálogo transparente com Jesus, o Senhor Ressuscitado, vivo e presente no meio de nós.
- Em seguida, entregar o roteiro para a reflexão, dizendo: Ressurreição é transformação em vida melhor, nova, definitiva. Mas nos passos que damos a cada dia, também pode haver transformações para melhor.
  - Roteiro para reflexão:
    - Aqui vou mencionar algumas transformações positivas que eu, inspirado nos ensinamentos de Jesus e por minha vontade, já consegui realizar em minha vida...
    - Algumas transformações para melhor que já observei no meu grupo de amigos...

- ☐ Algumas transformações para melhor que já observei na minha escola / no meu trabalho...
- ☐ Algumas transformações para melhor de que já ouvi falar em nosso país...

Partilha

- ■ Em seguida, todos apresentam suas respostas. Pode ser em pequenos grupos.

IV – É TEMPO DE REPERCUTIR A PALAVRA

Ressurreição é muito mais que reanimar um corpo. É dar o espírito de vida nova para um nível superior, onde, definitivamente, não haverá mais doença, sofrimento, problemas sem solução, nem morte. Ressurreição é vitória total. Cristo já a alcançou e a prometeu para nós também. Ressurreição acontece quando o ser humano mortal alcança a imortalidade, quando a morte for engolida pela vitória (cf. 1Cor 15,54).

Aqui, o pequeno trecho do Evangelho menciona sete vezes a palavra *túmulo*. E o túmulo estava vazio. Isso causou perturbação em Maria Madalena. Ela percebeu que a pedra que fechava o túmulo havia sido retirada. Quis, então, compartilhar o que havia observado e foi contar tudo a Pedro e ao outro discípulo. Não satisfeitos com o que Madalena havia contado, foram pessoalmente ao túmulo. O outro discípulo não entrou no túmulo, mas viu os panos de linho no chão. Já Pedro entrou no túmulo e viu bastante coisa modificada: os panos de linho no chão e o sudário arrumado em um lugar à parte (cf. Jo 20,5-9).

A sucessão de fatos na prisão, paixão e morte de Jesus foi muito rápida. Maria Madalena e os dois discípulos de quem fala a passagem do Evangelho, viram-se confusos e não tiveram em mente todas as coisas que Jesus lhes havia dito. Solução apaziguadora, por exemplo, poderiam ter encontrado, tivessem eles lembrado de certa vez em que Jesus disse claramente: *"Ninguém tira a minha vida; eu a dou livremente. Tenho poder de dar a vida e tenho poder de retomá-la. Esse é o encargo que recebi do meu Pai"* (Jo 10,18). Nem sequer os tocara outra passagem em que Jesus disse: *"Daqui a pouco vocês não me verão mais, porém, mais um pouco, e vocês me tornarão a ver"* (Jo 16,16). Assim aconteceu com aqueles três representando a comunidade. Assim acontece conosco. Quantas vezes precisamos ouvir a Palavra do Senhor? Ela é eficaz. Nós é que somos ineficazes e lentos para pô-la em prática.

■ Complementar a repercussão da Palavra dialogando

1. Pensemos em algumas realidades do mundo de hoje que se mostram bem limitadas. Vamos citar algumas.
2. Como é que adolescentes, jovens, adultos, idosos podem afirmar que creem na ressurreição de Jesus Cristo numa sociedade em que ocorrem tantas mortes estúpidas, absurdas, a troco de nada?
3. Quando é que falamos de Páscoa, de ressurreição ao nosso redor? Como podemos anunciar aos outros a presença de Jesus Vivo em nossa vida?

V – É TEMPO DE DIALOGAR COM O AUTOR DA PALAVRA

Jesus, Tu mesmo disseste que és o CAMINHO. Que maravilhoso! Tu já chegaste vitoriosamente ao fim dele e de novo o percorres para nos fazer companhia. Tu estás na glória, em estado de alegria sem fim. Espero de ti a força, a graça de também seguir o bom CAMINHO, de acertar o meu passo com o teu, a ponto e deixar as marcas de uma só pegada, ressuscitar e estar contigo definitivamente. Quero também estar atento: há tantas coisas maravilhosas a serem feitas. Que eu, em seu nome, as faça com fé e esperança, junto aos meus, com os meus.

VI – É TEMPO DE SEMEAR A PALAVRA

Meditemos com o poema.

É PÁSCOA

A tempestade serenou. A água da enchente baixou. O sol brilha de novo para todos. É PÁSCOA.

Passou aquele momento de raiva. Voltei ao bom humor. É PÁSCOA.

Silenciei na hora de dever falar. Mas já voltei a falar com ponderação. É PÁSCOA.

Parei de só criticar gente da empresa, da escola, da Igreja, do meio familiar, e passei a colaborar.

É PÁSCOA.

Deixei a TV e a Internet desligadas. Venci meu triste comodismo e saí para contato com pessoas material, moral ou espiritualmente necessitadas. É PÁSCOA.

Viva! Que vitória! Venci o cigarro, tão pequenino. É PÁSCOA.

Eu, no caminho sozinho, não estava dando certo. Fiquei muito machucado. Integrei-me na comunidade. Agora ofereço ajuda e sou ajudado. Acostumei-me a andar em via de mão dupla. É PÁSCOA.

Declaro e não escondo. Acredito firmemente no meu Irmão maior, o Cristo Senhor. Ele é a Verdade que tudo conhece, que tudo fala, que tudo revela com clareza.

Não nego meus tropeços. Amo e, em seguida, caio de novo no egoísmo. Mas, apesar de tudo, não fico estirado no chão. Levanto de novo esperançoso porque... É PÁSCOA.

Também tenho meu Calvário, minha sexta-feira de agonia. Peço até cantando triste com Chico Buarque de Holanda: *"Pai, afasta de mim este cálice, de vinho tinto de sangue"*. E se não for possível afastar o cálice de amargura que atravessa minha vida, que eu seja capaz de suportar o gosto desagradável do conteúdo que ele contém.

E assim, no domingo... ah! no domingo também sou PÁSCOA, também sou RESURREIÇÃO, não por mim, mas por força dele, o CRISTO que ressuscitou por primeiro.

2º DOMINGO DA PÁSCOA

Tema do dia

→ Grande fruto da ressurreição de Jesus: a comunidade.

Objetivo

→ Acolher o grande fruto da ressurreição de Jesus: a comunidade.

I – TEMPO DE ACLAMAR, INVOCAR, LOUVAR O SENHOR

■ Rezar com os participantes

Ó Pai, tu que enviaste o Espírito Santo para recordar-nos tudo o que teu Filho Jesus disse e ensinou, dá-nos a força para vivenciarmos e anunciarmos ao mundo a Boa-nova, confiantes na tua Palavra (cf. Jo 14,26).

II – É TEMPO DE ESCUTAR E ACOLHER A PALAVRA: Jo 20,19-31

■ Núcleo da Palavra

Era o primeiro dia da semana e ao anoitecer os discípulos estavam reunidos. Jesus apareceu, desejou paz e mostrou os sinais da crucifixão. Não há interrupção entre a missão de Jesus e dos discípulos, eles recebem o Espírito Santo e o poder de perdoar os pecados.

■ 1ª leitura: At 2,42-47

Gente da primeira comunidade de seguidores de Jesus, o que fazia? Seguia o seu dia a dia, mas exatamente como seguidores de Jesus tinha um programa especial de vida: 1) Ouvia bem o que os apóstolos (testemunhas oculares) pregavam; 2) Uniam-se em fraternidade; 3) Unia-se e reunia-se em volta da fração do pão; 4) E não abria mão da oração em comum.

■ 2ª leitura: 1Pd 1,3-9

O Batismo dá força para participar da vida de Jesus Ressuscitado. O Batismo projeta o cristão para uma vida plena. No caminho há percalços do mesmo jeito como Jesus os encontrou. Mas o Cristo sempre há de apontar para a alegria da ressurreição.

III – É TEMPO DE DINAMIZAR A PALAVRA

■ Material necessário

Cartolinas para os grupos; um cartão para cada participante com as seguintes frases:

☐ Há comunidade quando as pessoas do grupo moram sob o mesmo teto.

☐ Há comunidade quando as pessoas do grupo pensam do mesmo jeito.

☐ Há comunidade quando as pessoas do grupo mantêm relações interpessoais.

☐ Há comunidade quando se pertence à mesma tribo.

☐ Há comunidade quando as pessoas do grupo adotam o mesmo modo de se vestir.

☐ Há comunidade quando as pessoas do grupo vivem e trabalham por uma nova visão da pessoa humana, salva por Jesus Cristo, amada por Deus.

☐ Há comunidade quando as pessoas do grupo estão bem fechadas em si mesmas.

☐ Há comunidade quando as pessoas do grupo crescem no amor, na solidariedade e na compaixão.

☐ Há comunidade quando as pessoas do grupo estão unidas entre si e cumprem a sua missão.

☐ Há comunidade quando as pessoas do grupo procuram impedir as pessoas de pensar individualmente, de ter uma consciência pessoal.

☐ Há comunidade quando as pessoas do grupo evoluem no amor, no perdão mútuo, na oração e na adoração de Deus.

■ Desenvolvimento

- ■ Apresentar aos participantes a seguinte motivação:
  - ○ Vamos construir uma comunidade de vida e fé.
- ■ Entregar aos participantes a relação de frases que indicam o que é preciso para a construção da comunidade. Pedir que cada um assinale as frases que considerar mais importantes no cartão que recebeu.

Partilha

- ■ Cada participante partilha em grupo suas escolhas.
- ■ Em seguida, escolher cinco frases que parecem ser as que melhor expressam o conceito de comunidade.
- ■ Em pequenos grupos ou duplas, inspirados por essas frases, apresentar em uma cartolina como imaginam esta comunidade.
- ■ Ao final, cada grupo irá apresentar a todos a proposta de comunidade que criaram.

IV – É TEMPO DE REPERCUTIR A PALAVRA

Praticamente, não houve interrupção entre a missão de Jesus e a da primeira comunidade cristã. Aliás, de lá para cá nunca houve interrupção no anúncio do Evangelho, e é por isso que a Igreja é apostólica; nunca houve interrupção no testemunho dos cristãos; nunca houve interrupção no serviço dos cristãos prestado aos necessitados e aos ainda não cristãos; nunca houve completa interrupção no diálogo entre cristãos e entre cristãos e não cristãos. A comunidade dos seguidores de Jesus, a Igreja, também passa pelas mesmas provações de Jesus.

Sempre haverá os que aceitarão Jesus Cristo como Salvador, Libertador, como o primeiro a ressuscitar para a glória definitiva na Casa do Pai. Sempre haverá os de coração endurecido (cf. Ez 36,26), os indiferentes, os acomodados, os que não mais acolhem as palavras e o exemplo de Jesus, e não mais encontram sentido em batizar os seus filhos e educá-los de acordo com a Igreja. Nesse sentido, perde-se a apostolicidade da Igreja, pois tais pessoas não encontram mais os elos todos que ligam Jesus, os apóstolos, os séculos todos de atuação da Igreja até eles próprios. Também sempre haverá os que são lobos para as outras pessoas, que não querem saber do amor fraterno, e que são conformados com o mundo do jeito que está: negativo, cruel, vingativo, com sede de morte. São conformados e cúmplices, embora se queixem desse quadro negativo.

Esses aspectos negativos têm algo a ver com vida em comunidade?

Para que a comunidade expresse a sua vitalidade "...é necessário assumir a centralidade do Mandamento do amor, que Ele [Jesus] quis chamar seu e novo: "*Amem-se uns aos outros, como eu os amei*" (Jo 15,12). Este amor, com a medida de Jesus, com total dom de si, além de ser o diferencial de cada cristão, não pode deixar de ser a característica de sua Igreja, comunidade-discípula de Cristo, cujo testemunho de caridade fraterna será o primeiro e principal anúncio: "*Todos reconhecerão que sois meus discípulos*" (Jo 13,35)" (DAp, 138).

■ **Complementar a repercussão da Palavra dialogando**

1. Há anos a paróquia, dentro da própria Igreja, começou a ser chamada de "comunidade das comunidades". Quebre um pouco a cabeça e procure entender por que será que a paróquia foi e agora é chamada assim.
2. Uma comunidade de jovens para que é que serve? O que poderá fazer? Um grupo de pessoas da terceira idade em que é que poderá colaborar para a comunidade cristã?
3. Qual é a qualidade mais importante de uma comunidade: a amizade, a paciência, a tolerância, o perdão, o amor?

V – É TEMPO DE DIALOGAR COM O AUTOR DA PALAVRA

Jesus, Tu formaste uma bela comunidade e preparaste essa comunidade para continuar a tua missão de salvação e libertação. Ajuda o nosso grupo a ser comunidade, isto é, a relacionar-nos como irmãos, a crermos com convicção, a fazermos trabalhos de amor coletivos e também a perdoarmos as imperfeições uns dos outros. Protege-nos para não cairmos na tentação de sermos cristãos sozinhos, do nosso jeito. Daí somente resultaria uma caricatura de cristianismo. Só existe um jeito de ser cristão. O jeito que Tu, Jesus, nos passaste foi de ensinamentos, de muita misericórdia, de perdão, de sofrimento assumido, de morte humilhante, de ressurreição, decretando a morte da morte. Jesus, fica do nosso lado, para que cheguemos a evoluir em comunidade com o mesmo espírito com que Tu conduziste a tua.

VI – É TEMPO DE SEMEAR A PALAVRA

1. Individualmente ou em grupo, fazer um levantamento sobre as atividades que a comunidade paroquial desenvolve, e buscar conhecer mais os trabalhos realizados.
2. Que tal visitar uma comunidade religiosa masculina ou feminina e aprender dela o que ela tem a dizer sobre vida comunitária.

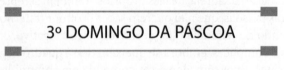

3º DOMINGO DA PÁSCOA

Tema do dia

→ Jesus, nosso companheiro.

Objetivo

→ Entender que Jesus é nosso companheiro e nos faz sentir sua presença solidária.

I – É TEMPO DE ACLAMAR, INVOCAR, LOUVAR O SENHOR

■ **Rezar com os participantes**

Ó Pai, tu que enviaste o Espírito Santo para recordar-nos tudo o que teu Filho Jesus disse e ensinou, dá-nos a força para vivenciarmos e anunciarmos ao mundo a Boa-nova, confiantes na tua Palavra (cf. Jo 14,26).

II – É TEMPO DE ESCUTAR E ACOLHER A PALAVRA: Lc 24,13-35

■ **Núcleo da Palavra**

Os discípulos de Jesus estão preocupados com os últimos acontecimentos a respeito dele. A decepção e a frustração diante da morte de Jesus são vencidas pela iniciativa de Jesus, que se põe a conversar com os discípulos e diante deles parte e reparte o pão: nisso os discípulos o reconheceram e valorizaram, dispensando até sua presença física.

■ **1ª leitura: At 2,14.22-33**

Pedro tomou a palavra para dizer: Jesus foi o homem que Deus confirmou no meio de vocês, mediante milagres e tantos sinais que vocês bem conhecem. Vocês, através de mãos más o mataram, mas Deus o ressuscitou.

■ **2ª leitura: 1Pd 1,17-21**

Pedro disse: nada de precioso desse mundo resgatou vocês. Quem os regatou foi o precioso sangue de Cristo. A fé e a esperança que vocês têm, tem fundamento em Deus.

III – É TEMPO DE DINAMIZAR A PALAVRA

■ **Material necessário**

Roteiro do diálogo (encenação) para todos os participantes.

■ **Desenvolvimento**

- Preparar uma pequena encenação definindo as personagens entre os participantes (um diálogo ao redor da mesa).

Jesus: Na verdade, eu sou hóspede nesta casa, mas quero fazer uma celebração com vocês. (Tira um pão redondo de sua sacola e diz): abençoado seja este pão que quero partir e repartir entre nós.

Cléofas: Agora, ao partir o pão, vejo que é Jesus ressuscitado que está no meio de nós. Ele trouxe alimento. Ele é alimento para nós.

O outro discípulo: Nós te adoramos, Jesus, porque és verdadeiramente o Filho de Deus.

Cléofas: Mas como? Ele se foi? Que rápido! Se bem que o nosso coração ardia de emoção quando Ele nos ensinava pelo caminho.

O outro discípulo: É que, ressuscitado, Ele já está todo em cada um de nós. Com sua ação, com sua Palavra.

Cléofas: Agora, sim, entendo melhor a conversa dele conosco, quando nos explicava como Mestre, todas as passagens que, mesmo antes dele vir, falavam sobre Ele.

O outro discípulo: Tendo o efeito de sua ação e de sua Palavra sobre nós, estamos com o Cristo vivo em nosso meio.

Partilha

- Cada um pode compartilhar o que vivenciou e aprendeu.

IV – É TEMPO DE REPERCUTIR A PALAVRA

Os discípulos consideravam Jesus um "profeta poderoso em ação e palavras", mas pelo que aconteceu, ficaram decepcionados. Viram tanto nele. Ouviram tanto dele. E... agora... ficaram decepcionados. Para eles o tombo foi muito grande. Jesus era grande. Era. Agora morreu. Triste fim. Mas aquele homem que se põe a conversar com eles na estrada, parece querer mudar o rumo da conversa. E a conversa foi se tornando tão interessante, mas tão interessante, que o convidam para ficar na casa deles. Ele fica e em gestos que Ele praticava muito: abençoou o pão, dividiu aquele pão entre os três e aí Ele foi reconhecido. E quando foi reconhecido, o seu gesto se completou. Gesto de verdadeiro companheiro.

Jesus é um grande companheiro. Até esta palavra ajuda a entendê-lo assim: com + pane + eiro. Isto é: aquele que carrega o pão (= pane) consigo, aquele que jamais se apresenta de mãos vazias ou de coração vazio no convívio com os outros. Aquele que sempre tem algo a oferecer. E, acima de tudo, a si mesmo.

■ Complementar a repercussão da Palavra dialogando

1. Já ficamos decepcionados com alguém na vida? Como foi? Preparem-se; vai acontecer mais vezes. Ficamos decepcionados com as atitudes dos outros. Entendemos mal as pessoas, assim como os discípulos haviam entendido mal o que acontecera com Jesus. A decepção também pode ser só fruto do seu próprio preconceito. Nós também podemos ser motivo de decepção para outros. Cuidado!

2. Para nós, Jesus é mesmo um companheiro dia após dia? Nós o entendemos assim? O sentem assim? Creem nele como companheiro? Leia-se Mt 28,20.

V – É TEMPO DE DIALOGAR COM O AUTOR DA PALAVRA

Jesus, eu sou como pedra que precisa ser trabalhada para se tornar linda figura. O grande artista és Tu. Podes me ajudar com tuas ações, com tua palavra, com o teu Evangelho para eu dar mais e mais passos na tua companhia? Espero que assim seja. Amém.

VI – É TEMPO DE SEMEAR A PALAVRA

Hoje queremos testar-nos para ver se enfrentamos os desafios de verdade.

Vamos convidar mais dois companheiros de fé, procuremos um lugar tranquilo e, enquanto estivermos andando, leiamos e discutamos o texto do Evangelho que ouvimos. Façamos uma espécie de reconstituição daquele acontecimento de Emaús e tiremos suas conclusões.

Ou:

Façamos trinta minutos de adoração a Jesus, vigilante e silencioso no sacrário. Façamos uma meditação sobre o mesmo Evangelho.

4º DOMINGO DA PÁSCOA

Tema do dia

→ Jesus, o enviado pelo Pai, que veio trazer vida em abundância.

Objetivo

→ Identificar Jesus como o Bom Pastor.

I – TEMPO INICIAL DE ACLAMAR, INVOCAR, LOUVAR O SENHOR

■ **Rezar com os participantes**

Ó Pai, tu que enviaste o Espírito Santo para recordar-nos tudo o que teu Filho Jesus disse e ensinou, dá-nos a força para vivenciarmos e anunciarmos ao mundo a Boa-nova, confiantes na tua Palavra (cf. Jo 14,26).

II – É TEMPO DE ESCUTAR E ACOLHER A PALAVRA: Jo 10,1-10

■ Núcleo da Palavra

Jesus, a porta de entrada para o abrigo das ovelhas. As ovelhas identificam logo a voz do pastor. Jesus é o pastor que caminha na frente das ovelhas. Jesus é a porta que deixa entrar e sair. E quem sai encontra pastagem, alimento. O ladrão rouba, subtrai, mata, destrói. Jesus veio para trazer vida abundante.

■ 1ª leitura: At 2,14a.36-41

Jesus derrama seu Espírito sobre todas as pessoas. Diz Pedro: vocês mataram Jesus, mas Deus o tornou Senhor. O que as pessoas devem fazer? Converter-se. Fazer uma reviravolta na própria vida, e batizar-se e receber o Espírito Santo.

■ 2ª leitura: 1Pd 2,20b-25

Cristo sofreu por vocês, diz Pedro. Sigam seus passos. Ele deu esse exemplo e não cometeu pecado algum. Não revidou diante dos algozes. Depositou nossos pecados na cruz. Fomos curados pelos ferimentos dele.

III – É TEMPO DE DINAMIZAR A PALAVRA

■ Desenvolvimento

- Formar um grande círculo.
- Dividir os participantes em dois grupos: grupo 1: Jesus e seus amigos, grupo 2: as ovelhas.
- Solicitar ao grupo 2 que inicie pedindo para Jesus (grupo 1) para entrar no seu rebanho usando argumentos que toquem o coração dele.
- O grupo 1 (Jesus) vai elaborar respostas aos pedidos e argumentos do grupo 2 (reforçando as propostas para uma vida nova com exigências para uma vida comunitária e comprometida com as novidades do Reino).
- O grupo 2, com liberdade, vai tomar a decisão de entrar ou não pela porta que é Jesus. Qual será a decisão?
- O coordenador deve observar o que os grupos vão dizer. Que argumentos vão usar para motivar o momento de partilha.

Partilha

- Todos podem falar sobre o que conversaram: A autenticidade dos argumentos... As exigências de Jesus...

IV – É TEMPO DE REPERCUTIR A PALAVRA

Deus não manda qualquer um para que as suas nobres criaturas, os seres humanos, tenham vida em abundância. Ele envia o seu Filho como líder, como aquele que conduz, como aquele que se apresenta como "porta", "passagem". Para quem entra no "abrigo das ovelhas de Deus" Jesus é "a segurança". Para quem sai do "abrigo", Jesus é "a liberdade" (BORTOLINI, 2006, p. 107). E quando Jesus conduz as ovelhas, Ele vai à frente delas. Ele não anda atrás, dando ordens e gritos e se protegendo enquanto "suas ovelhas" se expõem aos perigos, ao desconhecido. Jesus é o grande líder enviado do Pai para comunicar vida, dando a sua até o último suspiro e a última gota de sangue. Ele quer tudo para suas ovelhas, nada para si. Ele é líder verdadeiro, não um explorador. O explorador arranca as coisas dos outros, rouba, isto é, não é honesto, decente. O explorador destrói, porque é incapaz de admitir que o outro cresça. Em Ezequiel, Deus tem uma palavra bem dura contra os falsos pastores: "*Ai dos pastores de Israel que são pastores de si mesmo. Não é do rebanho que os pastores deveriam cuidar?... Vocês não procuram fortalecer as ovelhas fracas, não dão remédio para as que estão doentes, não curam as que se machucaram, não trazem de volta as que se desgarraram e não procuram aquelas que se extraviaram...*" (Ez 34,4). E o texto profético ainda continua. Jesus é totalmente o contrário: para si não quer nada, mas para o outro a abundância, o melhor. Será que há muita gente parecida com Jesus nesse modo de pensar, falar e agir?

■ Complementar a repercussão da Palavra dialogando

1. Podemos apontar algumas situações na sociedade em que não existe vida em abundância?
2. Podemos apontar alguns aspectos na sociedade em que existe vida em abundância.
3. E agora, vamos deixar tudo como está? O que podemos fazer para combater a falta de abundância? Falta de abundância em sentido: material, de comportamento, de respeito, de vivência religiosa!

V – É TEMPO DE DIALOGAR COM O AUTOR DA PALAVRA

Jesus. Duas coisas me impressionaram: A primeira: Tu nunca dizes: "Vai, vai, vai", mas sempre diz: "Vem, eu vou na sua frente" porque Tu és o líder exemplar que sabe motivar as pessoas. Tua palavra tem ação. A segunda coisa que me impressiona: Tu queres qualidade de vida interior para as pessoas. E para ter qualidade de vida interior, também precisa qualidade e quantidade na mesa, na casa, na escola, no posto de saúde, na vida que se prega nas igrejas. Vale a pena seguir-te porque Tu dizes o que fazes e fazes o que dizes. Conserva bem aceso o meu entusiasmo que o Evangelho de hoje despertou em mim. Jesus, ajuda-me e aos meus irmãos de fé a sermos sinal de confiança e instrumentos de caridade no meio dos demais irmãos e irmãs.

VI – É TEMPO DE SEMEAR A PALAVRA

Eis o desafio!

Façamos um levantamento para verificar em que situações somos como o Bom Pastor para os outros: como estudante; namorado/namorada; marido/esposa; avô/avó; como administradora do lar; como profissional liberal; empregado/ empregador; como membro da comunidade etc.

5º DOMINGO DA PÁSCOA

Tema do dia

→ "Eu sou o Caminho, a Verdade e a Vida".

Objetivo

→ Reconhecer que Jesus é o caminho para o Pai, nos prepara uma casa, um lugar ao seu lado.

I – É TEMPO INICIAL DE ACLAMAR, INVOCAR, LOUVAR O SENHOR

■ Rezar com os participantes

Ó Pai, tu que enviaste o Espírito Santo para recordar-nos tudo o que teu Filho Jesus disse e ensinou, dá-nos a força para vivenciarmos e anunciarmos ao mundo a Boa-nova, confiantes na tua Palavra (cf. Jo 14,26).

II – É TEMPO DE ESCUTAR E ACOLHER A PALAVRA: Jo 14,1-12

■ Núcleo da Palavra

Diante do desânimo e perturbação dos discípulos, Jesus faz um apelo para acreditar em Deus e nele mesmo. Ele vai voltar para o Pai e preparar um lugar. Ele é o Caminho, Verdade, Vida. Está no Pai e entre nós.

■ 1ª leitura: At 6,1-7

Ainda no tempo dos apóstolos, os cristãos aumentaram rapidamente em número, e dentro desse número aumentou também o número de pessoas necessitadas, principalmente viúvas. Houve, então, uma assembleia e se decidiu que uns, por exemplo, iriam se dedicar mais à pregação da Palavra e à prática de oração intensa, outros abraçariam por inteiro o cuidado para com as viúvas e os pobres.

■ **2ª leitura: 1Pd 2,4-9**

Os apóstolos e os cristãos que os sucederam no tempo são pedras vivas graças ao Cristo, pedra angular da edificação do Reino.

III – É TEMPO DE DINAMIZAR A PALAVRA

■ **Desenvolvimento**

- Formar dois grupos.
- Motivar os grupos para uma conversa sobre a afirmação de Jesus: Eu Sou o Caminho, a Verdade e a Vida – O que entendemos por caminho, verdade e vida? Porque Ele disse isso aos discípulos? Qual era a real dificuldade dos discípulos Tomé e Felipe?

Partilha

- Cada grupo apresenta uma síntese do que conversaram.
- Apresentar a seguinte motivação:
  - ○ Jesus, em Jo 14,1-12, se apresenta como um espelho e se olharmos bem para Ele, vamos enxergar o rosto do Pai.
- Perguntar aos participantes: Como podemos fazer refletir a presença de Deus em nós?
- Ao final, convidar os participantes para rezar o Pai-nosso.

IV – É TEMPO DE REPERCUTIR A PALAVRA

Com o texto do Evangelho de Jo 14,1-12, percebemos que o Pai tem uma casa que poderá ser nossa também. Assim como na terra habitamos um lugar que é de Deus e nosso também, poderemos igualmente alcançar sua morada em Jesus. Ele é o ponto de chegada! Deus Pai pode ser conhecido nele, visto nele e age em Jesus. Eu sou o Caminho, disse Jesus. Disse isso para nos mostrar que é preciso caminhar, mover-se e dirigir-se para Ele. É preciso fazer uma caminhada de fé. O verbo *crer* aparece seis vezes nesse trecho do Evangelho: "em Deus, em Jesus, que Jesus está no Pai e vice-versa, crer ao menos nas obras, crer nelas para fazer maiores" (BORTOLINI, 2006, p. 112).

Com fé, temos mais chances de entender melhor: Jesus: Caminho-Verdade-Vida. As obras de Jesus "não foram relâmpago momentâneo e deslumbrante, mas princípio de nova atividade em favor do ser humano... sua presença e atividade no mundo significa reviravolta na história; Jesus veio para mudar o seu rumo, e cabe aos discípulos continuar a direção impressa por Ele" (MATEOS & BARRETO, 1999, p. 621).

■ **Complementar a repercussão da Palavra dialogando**

1. Pensemos em uma passagem qualquer do Evangelho que dê uma dica de que Jesus é CAMINHO. Qual?
2. Eu mesmo, minha família e minha comunidade da Igreja estamos recorrendo a Jesus: CAMINHO, VERDADE, VIDA? Comente um pouco como isto acontece.

V – É TEMPO DE DIALOGAR COM O AUTOR DA PALAVRA

Jesus, eu te peço que intervenhas com luz, com força e com a tua graça na vida dos cristãos desanimados, nas famílias que parecem não ter rumo, nem entendimento. Peço também que a nossa Igreja Católica e também as outras deem toda atenção e acolhida às pessoas mais desprotegidas na sociedade e que façam uso de carinho e de gestos concretos.

VI – É TEMPO DE SEMEAR A PALAVRA

Façamos um exercício de reflexão em vista dos passos que devemos dar no seguimento de Jesus:
1. Escutando alguns irmãos / irmãs na fé: O QUE É A VERDADE?
2. Para mim, o que é a VERDADE?

6º DOMINGO DA PÁSCOA

Tema do dia

→ Jesus, o Pai, a comunidade dos cristãos, o Espírito e o mundo.

Objetivo

→ Abrir-se para o acolhimento do Amor-exigente de Jesus.

I – É TEMPO INICIAL DE ACLAMAR, INVOCAR, LOUVAR O SENHOR

■ **Rezar com os participantes**

Ó Pai, tu que enviaste o Espírito Santo para recordar-nos tudo o que teu Filho Jesus disse e ensinou, dá-nos a força para vivenciarmos e anunciarmos ao mundo a Boa-nova, confiantes na tua Palavra (cf. Jo 14,26).

II – É TEMPO DE ESCUTAR E ACOLHER A PALAVRA: Jo 14,15-21

■ Núcleo da Palavra

Amor e observância dos mandamentos andam juntos. Para o seguidor de Jesus que perseverar no amor e nos mandamentos virá o Espírito da Verdade e permanecerá para sempre. O mundo ignora o Espírito da Verdade.

■ 1ª leitura: At 8,5-8.14-17

Filipe anunciava o Cristo na região da Samaria. E somaram-se a ele outros apóstolos. O fervor e o anúncio deles era de maravilhar a todos.

■ 2ª leitura: 1Pd 3,15-18

O cristão deverá ser exaltado se ele suportar os sofrimentos por causa da justiça. O Cristo não morreu como justo pelos injustos?

III – É TEMPO DE DINAMIZAR A PALAVRA

■ Desenvolvimento

- Apresentar a seguinte motivação aos participantes:
  - ○ Vocês sabem o que é o verbo gramatical, não sabem? Mas vamos ajudar um pouco: verbo é uma palavra que varia em pessoa, em número e quanto ao tempo. O verbo exprime três coisas: ou uma ação, ou um estado (situação) ou um fenômeno. Quer exemplos?
    - □ Lucas **leu** o Evangelho. (= ação).
    - □ A Bíblia **está** aqui. (= estado, situação).
    - □ **Trovejou** toda noite. (= fenômeno da natureza).

- Em duplas, ler novamente o texto bíblico (Jo 14,15-21) e registrar quantas vezes Jesus já praticou ou promete praticar uma ação.

Partilha

- Motivar os participantes para uma conversa informal. Que verbos Jesus usa no texto que lemos? E qual o complemento desses verbos (a que ou a quem eles se referem)?.

IV – É TEMPO DE REPERCUTIR A PALAVRA

O seguidor AMA Jesus e SEGUE os mandamentos. Jesus PEDE um defensor permanente para os seguidores (o Espírito Santo). O mundo DESCONHECE esse Espírito da Verdade. Mas os seguidores o CONHECEM. Mais um pouco e o mundo não VERÁ Jesus, mas vocês, sim. Os seguidores conhecerão que Jesus está no Pai e o Pai em Jesus. Os seguidores estarão em Jesus e Ele nos seguidores e serão amados pelo Pai. O amor só se imporá se houver entrosamento entre: Jesus, o Pai, o Espírito Santo e o seguidor de Jesus.

"Se vocês me amam, observarão os meus mandamentos" (Jo 14,15). O amor é tão nobre, que aquele que o vive, também segue as "dicas" que Deus dá: os mandamentos. Para o seguidor de Jesus não tem outra saída: amar é dar a vida, em todos os seus momentos. Jesus é o exemplo maior de amor. O mundo não para, não consegue entender o amor de Jesus nem o Espírito Santo como defensor. O mundo esperneia porque diz que existem injustiças, mas não tem a menor percepção de que existe o jeito novo de Jesus de superar injustiças, mágoas, ódios, pelo amor, pelo perdão, pela misericórdia.

Jesus é a ponte entre o Pai e a humanidade. Ponte iluminada pelo Espírito Santo. Parte da humanidade é atingida e acalentada por essa luz; outra parte não quer essa luz, rejeita-a, prefere a escuridão, embora maldiga a escuridão.

Havendo uma identificação entre Jesus e quem o ama, os mandamentos não carregam consigo nenhum caráter de imposição. Cumprir os mandamentos significa ser como Jesus é, e quem realiza essa grande "proeza" é a força interior do Espírito Santo.

Os discípulos tomam como seus os mandamentos recebidos de Jesus e os cumprem até as últimas consequências. Em Atos dos Apóstolos, capítulo 5, as autoridades dos judeus proíbem que os apóstolos preguem usando o nome de Jesus. Eles não obedeceram e em consequência foram açoitados. Depois de soltos, "*os apóstolos saíram do conselho muito contentes por terem sido considerados dignos de injúrias por causa do nome de Jesus*" (At 5,41). Uma força assim só pode vir de Deus. Eles ficam contentes porque para eles, uma derrota diante das autoridades religiosas dos judeus, é uma vitória porque os leva a viver os mesmos valores que Jesus e assumir as mesmas atitudes que Ele. Assim deve ser também entre nós. O amor verdadeiro não pode ser somente algo que nutrimos interiormente, mas algo que se faz visível.

■ Complementar a repercussão da Palavra dialogando

1. Parece que o Evangelho de João quer dizer que aqueles que seguem Jesus têm uma percepção mais aguda das coisas do que aqueles que desconhecem o Espírito. Concordamos com isso? Onde nos parece estar escrito no Evangelho?
2. Será que nós chegamos a entender de que forma concreta podemos viver entrosados com Jesus, o Pai e o Espírito Santo?
3. Fora da Igreja ouvimos falar de Jesus, do Pai e do Espírito Santo? Na escola? Na família? No shopping? Na quadra de esportes?...

V – É TEMPO DE DIALOGAR COM O AUTOR DA PALAVRA

Meu Jesus! É incrível a tua preocupação para conosco e não nos deixar órfãos. Tu irias pedir ao Pai por nós. E o Pai nos enviará o Espírito Santo, nosso Advogado e Defensor. Eu, pequeno, fraco, limitado, que vivo dentro da comunidade cristã, tenho a graça de experimentar a força de Jesus ressuscitado que me ama e que se manifesta em mim. Acho bom, Jesus, fazer uma parceria comigo: você empresta a sua força e eu o meu esforço para que eu busque construir um mundo novo com sinais de justiça, de verdade e de acolhida aos mandamentos do Pai.

VI – É TEMPO DE SEMEAR A PALAVRA

1. Registrar em um bloco de anotações os vários desejos e sonhos que alimento.
2. Registrar, também, os vários desejos que eu conduzo como coisas planejadas, principalmente, que envolvam decisões que também beneficiem outras pessoas.
3. Refletir sobre isso por alguns dias.

FESTA DA ASCENSÃO

Tema do dia

→ Jesus, o grande "ausente-presente" e o seu mandato.

Objetivo

→ Compreender o seu papel na realização de uma ação missionária.

I – É TEMPO INICIAL DE ACLAMAR, INVOCAR, LOUVAR O SENHOR

■ **Rezar com os participantes**

Ó Pai, tu que enviaste o Espírito Santo para recordar-nos tudo o que teu Filho Jesus disse e ensinou, dá-nos a força para vivenciarmos e anunciarmos ao mundo a Boa-nova, confiantes na tua Palavra (cf. Jo 14,26).

II – É TEMPO DE ESCUTAR E ACOLHER A PALAVRA: Mt 28,16-20

■ **Núcleo da Palavra**

Os onze (sem Judas Iscariotes) foram para a Galileia, iniciar a missão. Viram e adoraram Jesus, mas houve os que duvidaram dele. Jesus passa a autoridade dele para os discípulos. Missão deles: fazer discípulos não deles próprios, mas de Jesus. Manda-os batizar. Ensinando os seguidores a andar conforme ao que Ele ordenou. Garantia: Jesus continua sendo o Deus-conosco. E sempre o será.

■ **1ª leitura: At 1,1-11**

Jesus se mostrou vivo aos apóstolos depois de sua paixão e morte. E diante deles Ele ascendeu ao céu. Prometeu o Espírito Santo e entregou-lhes todo o trabalho da missão, até que Ele venha de novo.

■ **2ª leitura: Ef 1,17-23**

Grande é a herança de Deus e de seu Filho Jesus Cristo, destinada ao seu povo. É Deus agindo em nosso favor. Deus colocou seu Filho "acima de todas as coisas, como Cabeça da Igreja" (Ef 1,23).

III – É TEMPO DE DINAMIZAR A PALAVRA

■ **Desenvolvimento**

- Motivar os participantes para um momento de descontração.
- Solicitar que os participantes se preparem para o jogo de mímicas.
- Apresentar a seguinte motivação:
  - O cristianismo é uma religião de ação. Você foi enviado por Jesus para ser seu discípulo. O que você está fazendo para perseverar no seu discipulado?
- Cada participante deve responder dando dicas através da mímica e os demais tentarão adivinhar a resposta.

IV – É TEMPO DE REPERCUTIR A PALAVRA

Jesus se ausenta da terra em que viveu com os Doze e se faz universalmente presente como ressuscitado. A partir do Evangelho lido os discípulos, os seguidores, prolongam sem interrupção as palavras e as ações do Mestre Jesus. O que se fala, o que se faz, acontece em nome dele.

Jesus é o líder que fala e faz o melhor. Jesus é o líder que quer novos líderes. Que passa a autoridade própria dele para os discípulos de todos os tempos. Então eles podem trabalhar para ganhar outros seguidores. Podem ensinar em nome dele. Eles podem batizar e introduzir novas pessoas na comunidade cristã. E Jesus garante: vai permanecer na comunidade dos cristãos (cf. Mt 28,20).

A autoridade que Jesus delega é muito clara:

Vão: a mobilização é imediata. "*Foram para a Galileia*".

Façam discípulos: O papa Francisco nos ajuda a entender como se deve fazer isso hoje:

> A nova evangelização deve implicar um novo protagonismo de cada um dos batizados. Essa convicção transforma-se num apelo dirigido a cada cristão para que ninguém renuncie ao seu compromisso de evangelização, porque, se uma pessoa experimentou verdadeiramente o amor de Deus que salva, não precisa muito tempo de preparação para sair a anunciá-lo (EG, 120). E é tão esclarecedor acrescentar ainda: "Ser discípulo significa ter a disposição permanente de levar aos outros o amor de Jesus; e isto sucede espontaneamente em qualquer lugar: na rua, na praça, no trabalho, num caminho". (EG, 127)

Batizem. Batismo é mergulho no Cristo e mergulho do Espírito Santo em nós, a fim de que a missão de Jesus se prolongue até o fim da história.

Ensinem a cumprir tudo o que lhes ordenei. Fazer discípulos e não ensinar seria promover falsos discípulos. Falsos por ignorância. A missão é fazer novos discípulos, ou seja, iniciá-los na fé cristã e na dinâmica da vida comunitária para que assimilem os ensinamentos e, considerando-os como tesouros seus, possam dizer: "Por meio deles, faço a vontade de Deus".

Cumprir o que Ele ordenou significa observar os seus ensinamentos sempre. Hoje continuamos a observar seus ensinamentos expressos:

Na sua presença viva, em seu estado de ressuscitado, glorioso, Senhor da história e da glória;

Na Palavra (o Evangelho, "Diário de Notícias de Jesus");

Nos sacramentos (sinais sagrados que confirmam a presença de Jesus);

Na Igreja que fala, age, celebra em nome do Senhor Jesus, pois ela é organismo vivo com cabeça e membros. A cabeça é Jesus, os membros são aqueles que o seguem.

■ **Complementar a repercussão da Palavra dialogando**

> Vamos pensar para responder!
>
> ☐ Aceito de mente e coração abertos Jesus em minha vida?
>
> ☐ Acho mesmo que Ele é muito importante para os planos de minha vida?
>
> ☐ Já duvidei dele?
>
> ☐ Tenho medo de caminhar com Ele e como Ele?
>
> ☐ Recuo na caminhada quando se trata de me comprometer com palavras e ações como aquelas de Jesus? Exemplos: justiça, verdade, igualdade entre todos, respeito pelo outro sem olhar idade, condição social, cor da pele?

V – É TEMPO DE DIALOGAR COM O AUTOR DA PALAVRA

Jesus, meu Salvador, nosso Salvador, cabeça de nossa comunidade, peço que nos alertes, que nos faças lembrar se às vezes não estamos muito ligados em ti. Nós nos distraímos tanto com os "brinquedos" aqui da terra! É isso! As luzes, as cores do mundo nos atraem e distraem! Olha só como somos. Às vezes temos até vergonha de ti. Nem sabemos por que, mas temos. E também temos muita preguiça. Tu e nós mesmos podemos dar um jeito em todos nós, a fim de que carreguemos menos alegrias passageiras, sem morrer de saudade, sem olhar para trás, e mais daquelas que são consistentes. A tua mensagem é fonte de alegria: *"Manifestei-vos estas coisas, para que esteja em vós a minha alegria, e a vossa alegria seja completa"* (Jo 15,11). *A nossa alegria cristã brota da fonte do seu coração transbordante.[...] [Tu prometes e sabes o que* prometes]: '*Vós haveis de estar tristes, mas a vossa tristeza há de converter-se em alegria* (Jo 16,20). E insiste: **'Eu hei de ver-vos de novo! Então,** *o vosso coração há de alegrar-se e ninguém vos poderá tirar a vossa alegria*" (Jo 16,22) (EG, 5).

VI – É TEMPO DE SEMEAR A PALAVRA

Todo cristão é chamado a assumir o seu Batismo e com alegria anunciar o Evangelho. Busquemos ser um instrumento de Deus para a santificação do mundo por meio do testemunho de nossa própria vida de fé. Persevere no amor.

DOMINGO DE PENTECOSTES

Tema do dia

→ "O Espírito é que dá a vida" (2Cor 3,6).

Objetivo

→ Compreender que o Espírito comunicado por Jesus age na extensão e em suas obras.

I – É TEMPO DE ACLAMAR, INVOCAR, LOUVAR O SENHOR

■ Rezar com os participantes

Ó Pai, tu que enviaste o Espírito Santo para recordar-nos tudo o que teu Filho Jesus disse e ensinou, dá-nos a força para vivenciarmos e anunciarmos ao mundo a Boa-nova, confiantes na tua Palavra (cf. Jo 14,26).

II – É TEMPO DE ESCUTAR E ACOLHER A PALAVRA: Jo 20,19-23

■ Núcleo da Palavra

Era dia de Páscoa: festa de vida nova, ressurreição, alegria. Jesus ressuscitado aparece aos discípulos e eles ficaram contentes. Enviado do Pai, Ele também envia seus discípulos com autoridade para perdoar.

■ 1ª leitura: At 2,1-11

O que faz? Entrega o seu Espírito para selar a Nova Aliança, não mais com um só povo, mas com todos eles.

■ 2ª leitura: 1Cor 12,3b-7.12-13

Se podemos dizer: "Jesus é o Senhor", é pelo Espírito Santo que o podemos dizer. E os diversos dons são concedidos pelo Espírito Santo. E nesse Espírito fomos batizados para formarmos *unidade* porque somos um só corpo; para sermos *diferentes* porque cada qual tem dons intransferíveis; e para sermos solidários, tomando cuidados mútuos, uns para com os outros.

III – É TEMPO DE DINAMIZAR A PALAVRA

■ Desenvolvimento

- Ler e refletir o texto: At 2,42-47 individualmente.
- Iniciar o diálogo com os participantes:
  - Quais eram os pontos de destaque das primeiras comunidades cristãs?
  - Será possível a existência de comunidades semelhantes hoje? Será que existem mesmo?
  - Que experiências nós poderíamos fazer em grupo para, na prática, ficarmos parecidos com o modelo comunitário em Atos?
  - Como dar os primeiros passos?

IV – É TEMPO DE REPERCUTIR A PALAVRA

Na introdução deste livro vimos que o chamado "mistério pascal" é celebrado como uma grande unidade só: morte, ressurreição, ascensão de Jesus e vinda do Espírito Santo.

Para João, Pentecostes acontece no próprio dia da ressurreição de Jesus. Hoje, até o comércio, neste ponto, "sem querer querendo" acerta ao fazer a tal da "Colomba pascal" para a Páscoa. A "Colomba" chama-se assim, porque "Colomba" significa "Pomba" e retrata a vinda do Espírito Santo de Deus. Para Lucas, que escreveu para comunidades gregas, Pentecostes aconteceu cinquenta dias depois da Páscoa, como aquele Pentecostes dos judeus, que comemorava a entrega da Lei no monte Sinai.

Pentecostes é comunicação do Espírito. É força transformadora que gera novo vigor, vida nova na comunidade de Jesus. No Pentecostes começa para valer a Igreja. É que o Espírito Santo que agiu em Jesus, agora age na extensão da sua obra. Por isso, Jesus envia os discípulos assim como Ele foi enviado pelo Pai e deixa com eles o Espírito.

A comunidade da Igreja tem que ficar esperta: nada de entrar no espírito do mal: o espírito do pecado-dominação, exploração, exclusão. Tudo isso está ligado a um mundanismo que mora sob práticas religiosas dissimuladas, que consiste em reuniões infecundas dentro da Igreja e que capricha em belos discursos vazios (EG, 207). O pecado é pecado porque também é uma escolha. Mas escolha negativa, que divide, separa. Já Jesus garantiu vida abundante para todos (cf. Jo 10,10).

■ **Complementar a repercussão da Palavra dialogando**

1. Qual é o espírito que nos anima? O Espírito de Deus? Que defende a vida, o meio ambiente? Que constrói a paz? A harmonia? O entendimento? O discernimento? A dignidade a que todos têm direito? Ou... aquele espírito que nos provoca a dizer: "deixa pra lá", "não é comigo", "problema seu", "não tenho nada com isso", "dane-se"?
2. Somos agentes de ordem ou de confusão: em casa, na escola, na rua, em locais de festa ou diversão?...
3. Em Jo 20,19 o texto fala que os discípulos estavam com as portas fechadas por medo. Na parte religiosa somos como portas fechadas ou abertas?

V – É TEMPO DE DIALOGAR COM O AUTOR DA PALAVRA

Vamos rezar e invocar o Espírito Santo como fazem as comunidades católicas e a maioria dos grupos, movimentos e associações na Igreja: Vinde, Espírito Santo, enchei...

VI – É TEMPO DE SEMEAR A PALAVRA

Para ler, refletir e transformar em um gesto concreto:

> O Espírito Santo, que o Pai nos presenteia, identifica-nos com Jesus-Caminho, abrindo-nos a seu mistério de salvação para que sejamos filhos seus e irmãos uns dos outros; identifica-nos com Jesus-Verdade, ensinando-nos a renunciar a nossas mentiras e ambições pessoais; e nos identifica com Jesus-Vida, permitindo-nos abraçar seu plano de amor e nos entregar para que outros "tenham vida nele". (DAp, 137)

Tempo Comum

2º DOMINGO DO TEMPO COMUM

Tema do dia

→ Experiência de Jesus.

Objetivo

→ Entender que a experiência do encontro com Jesus não é apenas apresentação de algo sobre Ele.

I – É TEMPO INICIAL DE ACLAMAR, INVOCAR, LOUVAR O SENHOR

■ **Rezar com os participantes**

Ó Pai, tu que enviaste o Espírito Santo para recordar-nos tudo o que teu Filho Jesus disse e ensinou, dá-nos a força para vivenciarmos e anunciarmos ao mundo a Boa-nova, confiantes na tua Palavra (cf. Jo 14,26).

II – É TEMPO DE ESCUTAR, ACOLHER A PALAVRA: Jo 1,29-34

■ **Núcleo da Palavra**

João Batista, rodeado por seus discípulos, revela quem é Jesus: o Cordeiro de Deus que tira o pecado do mundo. João Batista não conhecia Jesus, mas o Espírito pousa sobre Ele, que é batizado com o Espírito Santo. Desfaz-se toda dúvida: Ele é o Filho de Deus.

■ **1ª leitura: Is 49,3.5-6**

O Servo recebe uma missão: a de anunciar a Palavra de Deus e reunir o seu povo que se encontra disperso.

■ **2ª leitura: 1Cor 1,1-3**

Paulo diz que ele e outros foram chamados a dirigir-se aos batizados em Jesus Cristo e chamados a ser santos, isto é, a ofertar sua vida a Deus.

III – É TEMPO DE DINAMIZAR A PALAVRA

■ Material necessário

Uma jarra com água, uma garrafa de suco de uva, açúcar e copos para os participantes.

■ Desenvolvimento

- Apresentar a seguinte motivação:
  - ○ Aqui está uma jarra com água e cada um tem seu copo. Vamos procurar entender que a experiência os leva a sentir o gosto, o sabor do que recebemos... Estar com Jesus nos ajuda a sentir o gosto de sua presença...
- Dar as seguintes instruções:
  - ○ Cada participante enche seu copo com água.
  - ○ Contemplar o copo com água.
- **Promover um questionamento em dois momentos:**
  - ○ **1º Momento:** Como estamos nos envolvendo com as pessoas e as coisas coletivas na família, na escola, na Igreja? Estamos ficando "muito por fora"? Vamos adicionar suco de uva à água. (Dar tempo para que todos adicionem suco de uva à água.)
  - ○ **2º Momento:** Às vezes nos misturamos como o suco na água? Participamos de maneira "legal" das coisas da família, da escola, da Igreja? Mas é verdade que às vezes não procuramos ser mais, saber mais, saber fazer mais, participar mais, somar forças? Vamos adicionar açúcar e mexer com a colher. (Dar tempo para que todos adicionem açúcar e mexam.)
- **Comentar e orientar:** Para o suco ficar bem gostoso e para os elementos ficarem bem misturados. Parece que aos poucos demonstramos que sabemos o que queremos. Será mesmo? Chegou a hora boa. Vamos beber o suco. (Dar tempo para que todos bebam.)
- **Concluir comentando:** Só agora podemos dizer que ficou gostoso de verdade porque experimentamos. Assim é com Jesus, sabia?

Não adianta saber o nome dele, ler trechos do Evangelho. Adianta só quando Ele, de verdade, se mistura com a sua vida. Pode ser que você tenha de acrescentar mais um pouco de açúcar no suco. Experimente de novo. Assim entre os cristãos: o gostoso se experimenta, se sente, quando se participa de tudo que for possível. Pode acontecer de pôr sal em vez de açúcar no suco. Acontece. Mas você sabe que a vida é assim: dividem-se alegrias e tristezas; encaram-se juntamente os problemas e planejam-se possíveis soluções.

Partilha

- Cada participante faz comentários sobre a dinâmica.

IV – É TEMPO DE REPERCUTIR A PALAVRA

A vida cristã tem muito da dinâmica de hoje. Conhece-se bem a Jesus, quando se deixa que Ele entre para valer em nossa vida. E aí se pode fazer como João Batista e também dizer como ele: *"Eu vi, e dou testemunho de que este é o Filho de Deus"* (Jo 1,34). Mas João Batista também disse: *"Este é o Cordeiro de Deus que tira o pecado do mundo"* (Jo 1,29). O Espírito pousa permanentemente sobre Jesus e por isso Ele sempre age em favor da vida de seu povo. E qual é exatamente a ação de Jesus? Será uma ação de libertação e de plenitude de vida. Isto significa o contrário daquilo que é o pecado no mundo. O pecado no mundo gera opressão, desigualdade gritante, injustiças que massacram o povo, pouco se importando se tem condições dignas de vida. Por isso o Batista tem razão quando diz que Jesus é mais forte e mais importante do que ele.

■ Complementar a repercussão da Palavra dialogando

1. O Evangelho nos diz que Jesus se aproximou de João Batista. Como descrever algumas ocasiões em que nos aproximamos dele?
2. Por que vale a pena viver na intimidade com Jesus?
3. Afinal, o que é que Ele tem que outros não têm?
4. Jesus não tinha bens, não tinha casa própria, não tinha nem onde reclinar a cabeça como diz o Evangelho. Mesmo assim, por que será que há tantas pessoas que ainda hoje se aproximam dele e se dispõem a segui-lo?

V – É TEMPO DE DIALOGAR COM O AUTOR DA PALAVRA

Jesus, tu és chamado "esposo da Igreja". O esposo tem que conhecer a esposa, assim como esta tem que conhecer bem o esposo. Você é o esposo da minha espiritualidade de cristão. Por vezes misturo sal em vez de açúcar nas minhas atitudes; mas estou descobrindo cada vez com maior nitidez o mundo, a mim mesmo e a ti. Às vezes faço confusão. Mas tenho convicção de que Tu és a referência maior da minha vida. Ajuda-me a seguir o CAMINHO que és Tu. Os que assim fizeram de verdade, jamais se arrependeram.

VI – É TEMPO DE SEMEAR A PALAVRA

"Dou testemunho de que este é o Filho de Deus", disse João Batista no Evangelho. Podemos dizer o mesmo? Busquemos dar testemunho por toda parte de que Jesus é, de fato, o Filho de Deus.

- ■ Observemos por um certo período, uma semana, quinze dias se estamos dando testemunho de Jesus. Afinal, que tipo de cristãos somos nós?

3º DOMINGO DO TEMPO COMUM

Tema do dia

→ Jesus inicia sua missão.

Objetivo

→ Relacionar a presença de Jesus como luz que ilumina o nosso agir.

I – É TEMPO INICIAL DE ACLAMAR, INVOCAR, LOUVAR O SENHOR

■ Rezar com os participantes

Ó Pai, tu que enviaste o Espírito Santo para recordar-nos tudo o que teu Filho Jesus disse e ensinou, dá-nos a força para vivenciarmos e anunciarmos ao mundo a Boa-nova, confiantes na tua Palavra (cf. Jo 14,26).

II – É TEMPO DE ESCUTAR E ACOLHER A PALAVRA: Mt 4,12-23

■ Núcleo da Palavra

João Batista sai de cena. Entra em cena Jesus: Grande luz. Ele prega. Ele chama seguidores e quer que pesquem homens, que se convertam e convertam outros "porque o Reino do Céu está próximo" (Mt 4,17). Jesus: ensinava, pregava o Reino, curava os males do povo.

■ 1ª leitura: Is 8,23b-9,3

Em 732 a.C. os assírios tomam a Galileia, mas Isaías defende que Deus se porá ao lado dos oprimidos e reinstalará a paz. Como assim? O profeta prevê que há de vir um chefe sábio, fiel a Deus, cuja força se estenderá sobre as terras ora dominadas.

■ 2ª leitura: 1Cor 1,10-13.17

Os libertados da escravidão por Moisés queixavam-se das condições de vida. Bem que Paulo, o apóstolo, diz que Deus não há de permitir que os seguidores de Jesus sejam tentados acima de suas forças.

III – É TEMPO DE DINAMIZAR A PALAVRA

■ Desenvolvimento

- Apresentar a seguinte motivação:
  - ○ Perto daqui, há umas 30 pessoas vítimas de um desastre aéreo numa montanha. Por enquanto, só nós, pela proximidade do local, podemos ajudar. Pensemos como é que vamos iniciar essa atividade. Tudo muito urgente, mas tem que ser feito tudo coordenadamente para não gerar confusão.
- Iniciar com todos os participantes um plano de ação.
- Todos os participantes podem colaborar com suas ideias.
- Ao final, o coordenador apresenta o plano de ação e com ele as dificuldades que percebeu para a sua elaboração.

Partilha

- Refletir com os participantes: A ação de um grupo precisa ser planejada, precisa de uma liderança e muita disponibilidade para a ação, mas com muita flexibilidade e criatividade. Foi isso que aconteceu? Sim? Não? Por quê?
- Todos podem interagir apresentando suas percepções.

IV – É TEMPO DE REPERCUTIR A PALAVRA

Jesus (o Senhor que salva) inicia a sua "organização", a sua atividade que salva de uma escuridão que, sem Ele, pode durar uma vida inteira; salva do pecado que é desvio intencional do melhor caminho; salva das doenças, e salva da morte porque Ele tem um projeto que dá um golpe final e definitivo na morte e garante vida e alegria que não conhecerão fim.

Neste mundo há muita escuridão interior, que atinge adultos e jovens. O que as pessoas normalmente fazem, quando, por exemplo, num quarto falta luz? Estendem o braço para apalpar, para sentir se encontram a parede, o trinco da porta. Jesus, hoje, é apresentado como a grande luz. Luz diferente da luz elétrica. A luz elétrica não desperta emoções, não constrói equilíbrio de sentimentos e muito menos ainda, acende o dom da fé. Quem faz isso é só Jesus. E onde Jesus entra como Luz, a percepção da vida humana muda, nova claridade se instala e novos valores começam a dominar o ambiente interior do ser humano.

Jesus, Filho de Deus, era poderoso, mas não se fez poderoso. Pelo contrário, desde o início de sua atividade Ele quis partilhar sua missão com mais doze. Os doze, logo encantados por Ele, o seguiram "imediatamente" diz o Evangelho. Mas isso custou alguma coisa para eles. Não em dinheiro, mas em afeto, em apego. As redes ficaram lá. O barco ficou para outros e Tiago e João também se separaram do pai companheiro e foram com Jesus. Os discípulos deixaram o certo pelo incerto. Viram o melhor em

Jesus, mas correram risco. E o risco se transformou em grande alegria de companheiros ao redor de Jesus.

Cada um de nós tem um projeto de vida. Às vezes pode ser que esse projeto não esteja muito bem definido, mas é um projeto de vida. Sabemos o que queremos fazer amanhã, não sabemos? O que queremos ou precisamos comprar, o que vamos fazer domingo que vem, que amigos queremos encontrar, o que queremos ou precisamos estudar e para quê.

Jesus tinha um projeto bem definido, não tinha?

■ Complementar a repercussão da Palavra dialogando

1. Como podemos seguir Jesus? Não daqui a 20 anos, quando já tivermos nossa vida feita ou quase, mas agora? Como é que vou "pescar pessoas" para Jesus?
2. Lá no fundo do coração achamos que vale a pena "pescar pessoas" para Jesus? Somos capazes de raciocinar e responder por que isso vale a pena? Como vamos fazer?
3. Somos capazes de citar nomes de pessoas da comunidade que "pescam pessoas" para Jesus? Como elas nos inspiram?

V – É TEMPO DE DIALOGAR COM O AUTOR DA PALAVRA

Tu, Jesus, sabes que várias vezes eu me sinto desorientado, e por isso recorro a ti que és luz. Luz não do ambiente, mas lá dentro do coração, da minha consciência. Luz que guia a minha fé e meu ainda pequeno amor pelos outros. Tu és luz que jamais se apaga. Um dia, a tua missão teve um início na minha vida. Dar um início e não dar continuidade é ruim, não constrói, não realiza projeto algum. Então, Jesus, eu sozinho não consigo, mas com a tua companhia posso participar do teu projeto e podes ajudar a realizar os meus projetos pessoais de ser humano, de cristão. Pode ser assim?

VI – É TEMPO DE SEMEAR A PALAVRA

Agora é com cada um de nós:
a. Já nos sentimos chamados por Jesus?
b. Para que nos sentimos chamados?
c. Como estamos atendendo a esse chamado?

4º DOMINGO DO TEMPO COMUM

Tema do dia

→ Um projeto de construção da felicidade.

Objetivo

→ Entender que a felicidade de ser cristão precisa ser duradoura, permanente, embora contando com obstáculos e dificuldades.

I – É TEMPO INICIAL DE ACLAMAR, INVOCAR E LOUVAR O SENHOR

■ **Rezar com os participantes**

Ó Pai, tu que enviaste o Espírito Santo para recordar-nos tudo o que teu Filho Jesus disse e ensinou, dá-nos a força para vivenciarmos e anunciarmos ao mundo a Boa-nova, confiantes na tua Palavra (cf. Jo 14,26).

II – É TEMPO DE ESCUTAR E ACOLHER A PALAVRA: Mt 5,1-12a

■ **Núcleo da Palavra**

Jesus ensina os discípulos. – Quem, segundo Jesus, serão os felizes? – Os pobres em espírito; os aflitos; os mansos; os que têm fome e sede de justiça, isto é, os que defendem a justiça, os que praticam a justiça; os misericordiosos; os puros de coração; os que promovem a paz; os que são perseguidos por causa da justiça; os insultados e perseguidos.

■ **1ª leitura: Sf 2,3; 3,2-13**

Segundo o profeta, procurem a Deus, procurem a justiça e a verdadeira pobreza. Será um povo que se refugiará em Deus. Haverá uma libertação diante de injustiças e de mentiras.

■ **2ª leitura: 1Cor 1,26-31**

Deus, para realizar os seus projetos faz Aliança com os pobres. É nos pequeninos que Deus manifesta a sua grandeza.

III – É TEMPO DE DINAMIZAR A PALAVRA

■ Material necessário

Cartões com as palavras: Fome e sede de justiça – misericórdia – promotor da paz – dominado por aflição – desânimo e a volta por cima – coragem – medo – insegurança – participante de várias iniciativas em diversas áreas – bom de conversa – tem o poder de motivar pessoas – é bom para liderar grupos – pratica a solidariedade – valoriza bastante a parte religiosa – não gosta de ser mandado, mas aceita com facilidade o diálogo – capaz de perdoar.

■ Desenvolvimento

- Cada participante recebe por sorteio uma palavra ou um conjunto de palavras.
- Propor um momento de silêncio para cada qual coordenar seu pensamento a respeito do que representam para cada um, se tem relação com seu modo de viver ou projeto de vida.

Partilha

- Pedir para que cada participante fale sobre as palavras que lhe caíram no sorteio. Não há comentários dos outros, só mesmo do sorteado. É, sobretudo, a hora do saber ouvir.
- Motivar o grupo para analisar quais palavras usadas na dinâmica podem ser relacionadas com o projeto de felicidade que Jesus propõe. Questionar como e quais destas palavras podem ser aplicadas concretamente no projeto de vida que cada um vem construindo para si.

IV – É TEMPO DE REPERCUTIR A PALAVRA

O mundo do consumo oferece muitos projetos de felicidade. Eles, em geral, não coincidem com o projeto de felicidade de Jesus. Os projetos do mundo são perecíveis, passageiros e rapidamente têm que ser substituídos. Os produtos, então, são mais passageiros ainda. Você, por exemplo, compra um celular da mais recente tecnologia. Sabe o que acontece? Enquanto você compra esse que é o mais moderno, lá na fábrica já está em andamento a produção de um outro, com mais inovações.

O projeto de felicidade ensinado e vivido por Jesus é perene; começa aqui e vai alargando horizontes até atingir o infinito de Deus.

Jesus faz uma sociedade com os pobres, porque os não pobres em espírito têm outras sociedades que descartam Jesus. Jesus não é sócio nunca. Então Jesus oferece seu Reino aos pobres porque eles não têm outro reino. Aos aflitos, porque um dia as aflições desaparecerão. Aos mansos, a terra. É triste, frustrante, revoltante pisar na terra e não ter um palmo de chão como seu, quando, na verdade, a terra é criação de Deus para que todos possam dela usufruir. O papa Francisco, já várias vezes defendeu os 3 "ts": terra, teto, trabalho para todos.

Felizes os que têm fome e sede de justiça, isto é, felizes os que têm consciência de que todos têm direito aos seus direitos de seres humanos, a fim de que possam viver com dignidade. Felizes os misericordiosos, isto é, o que têm coração aberto, capaz de acolher e perdoar. Os que são capazes de "passar uma esponja" por cima das fraquezas dos outros. Eles próprios também precisam do coração aberto e do perdão dos outros. Felizes os puros de coração: aqueles que não invadem o coração dos outros por nada, que não se julgam mais fortes nem mais poderosos do que os outros. Felizes os que promovem a paz por atitudes corretas, por denúncias, por participação em atos públicos, por celebrações de caráter religioso para invocar Jesus, o "Príncipe da Paz" e nele buscar forças.

Paz não se espera, paz se conquista. Felizes os perseguidos por causa de Jesus. Jesus é mais do que todos os bem-estares juntos. O que se diz em Mt 5,12 , de ficar contente por sofrer perseguições e calúnias por causa de Jesus, vai encontrar o efeito prático de vida cristã em At 5,41: quando "os apóstolos saíram do Conselho muito contentes por terem merecido sofrer insultos por causa do nome de Jesus". Isso não é querer sofrer por sofrer (masoquismo), mas sofrer por causa de Alguém que se entregou por nós e a quem muito se ama.

Há reflexões do papa Francisco, que vêm ao encontro das nossas reflexões sobre o tema de hoje que procura esclarecer onde buscar a verdadeira felicidade, onde é que ela efetivamente mora:

> Só pode ser missionário quem se sente bem procurando o bem do próximo, desejando a felicidade dos outros. Esta abertura do coração é fonte de felicidade, porque "a felicidade está mais em dar do que em receber" (At 20,35). Não se vive melhor fugindo dos outros, escondendo-se, negando-se a partilhar, resistindo a dar, fechando-se na comodidade. Isto não é senão um lento suicídio. (EG, 272)

E diz mais:

> Nisto está a verdadeira cura: de fato, o modo de nos relacionarmos com os outros que, em vez de nos adoecer, nos cura é uma fraternidade *mística,* contemplativa, que sabe ver a grandeza sagrada do próximo, que sabe descobrir Deus em cada ser humano, que sabe tolerar as moléstias da convivência agarrando-se ao amor de Deus, que sabe abrir o coração ao amor divino para procurar a felicidade dos outros como a procura o seu Pai bom. (EG, 92)

■ Complementar a repercussão da Palavra dialogando

1. Até onde seremos capazes de praticar um gesto grandioso, ainda que nos imponha algum sacrifício em nome da fé que dizemos ter em Jesus?
2. Quem já pensou em participar ou já participou de algum ato público pela paz?
3. É difícil viver que aqui contemplando, não é? Mas é difícil também ir para a escola todo dia, não é? É difícil trabalhar oito ou nove horas por dia, não é? E deixamos de fazer essas coisas essenciais, assim, facilmente?
4. Então, o programa de felicidade sugerido por Jesus, e tão vigorosamente reproposto pelo nosso papa, não vale a pena ser seguido?

V – É TEMPO DE DIALOGAR COM O AUTOR DA PALAVRA

Tu, Jesus, nunca disseste que construir o teu projeto de felicidade era fácil. Porém, mostraste que é um projeto que se constrói aos poucos, com perseverança, seguindo os vários itens que ele contém; mostrou que é um projeto que constrói felicidade que dura... até avançar na vida eterna, que prometeste. Sei que posso confiar naquilo que prometeste. Que o teu programa seja o meu, na alegria e na tristeza, como dizem os noivos no momento do compromisso na celebração do casamento.

VI – É TEMPO DE SEMEAR A PALAVRA

A Igreja, por diversas vezes, por meio de seu líder maior, o papa, já afirmou e reafirmou que a paz é fruto da justiça. Assimile isso em sua consciência. Lute por essa causa e seu nome constará na lista dos bem-aventurados, dos que Jesus declara felizes.

5º DOMINGO DO TEMPO COMUM

Tema do dia

→ Sal e claridade.

Objetivo

→ Compreender o sentido de ser sal e luz na personalidade do seguidor de Jesus.

I – É TEMPO INICIAL DE ACLAMAR, INVOCAR, LOUVAR O SENHOR

■ **Rezar com os participantes**

Ó Pai, tu que enviaste o Espírito Santo para recordar-nos tudo o que teu Filho Jesus disse e ensinou, dá-nos a força para vivenciarmos e anunciarmos ao mundo a Boa-nova, confiantes na tua Palavra (cf. Jo 14,26).

II – É TEMPO DE ESCUTAR E ACOLHER A PALAVRA: Mt 5,13-17

◼ Núcleo da Palavra

O cristão-sal; o cristão-tempero; o cristão-sabor; cristão-claridade, brilho, luz. Convém que as boas obras sejam vistas por outros. O bem precisa ser mostrado. Assim, aquele que faz o bem pode mostrá-lo ao mundo, sem perder a humildade, mas para que o mundo saiba que as boas obras são praticadas em nome do Senhor.

◼ 1ª leitura: Is 58,7-10

O que Deus quer: acabar com as injustiças; pôr fim às opressões; dar abrigo aos pobres; socorrer a própria comunidade. Fazendo isso, Deus também fará o mesmo para conosco.

◼ 2ª leitura: 1Cor 2,1-5

Paulo apóstolo não se apresenta como protótipo diante da comunidade. Simplesmente ele quer anunciar Jesus Cristo. Ele, Paulo, se apresenta, sim, como cheio de fraqueza. O que o fazia pregar era o poder do Espírito Santo.

III – É TEMPO DE DINAMIZAR A PALAVRA

◼ Material necessário

Venda para os olhos (três lenços), papéis e canetas.

◼ Desenvolvimento

- Posicionar o grupo no centro da sala, em círculo.
- Solicitar que os participantes escrevam na folha de papel uma boa obra possível entre os cristãos.
- Vendar os olhos de três participantes.
- Colocar as folhas pelo chão sugerindo um caminho a percorrer.
- Pedir ao primeiro participante com os olhos vendados que procure seguir o caminho; repetir a dinâmica com os outros dois participantes.
- Os demais observam e constatam que não é tão fácil encontrar "tais obras".

Partilha

- Qual foi a real dificuldade de encontrar o caminho das boas obras?
- Deixar que os participantes comentem a dinâmica.
- Se nem tudo ficou claro, pode-se completar: Os três participantes tiveram dificuldade porque faltou luz, claridade. Para seguir o caminho da fé é preciso sal (obra boa), é preciso ser de luz (claridade). E nós? Estamos sendo sal da terra e luz do mundo?

IV – É TEMPO DE REPERCUTIR A PALAVRA

O trecho do Evangelho é continuação daquele em que Jesus apontava oito manei-ras de experimentar a felicidade de quem o segue com autenticidade (cf. Mt 5,1-12). Dois elementos devem fazer parte da personalidade do seguidor de Jesus: sal e luz. É da natureza do sal dar sabor. É também da natureza do cristão dar sabor. Como? Sendo sal e preservando traços de alegria no rosto; sendo sal que mantém sadias as relações com as demais pessoas; sendo sal que purifica os sentimentos e os pensa-mentos; sendo sal que torna mais apreciada a vida humana sustentada pela fé. Sendo sal e assumindo o compromisso de viver e espalhar boas obras pelo mundo.

E luz. A luz "não se ilumina". A luz se projeta, a luz ilumina o ambiente, ilumina o caminho dos outros e a luz dos cristãos tem o poder de penetrar no íntimo das pessoas. A luz implanta as boas obras (pensemos no fenômeno da fotossíntese, no qual se verifica que a luz gera energia) e as boas obras não são para engrandecer aque-le que as implantou, mas para dar louvores ao Pai, como fez Jesus.

■ Complementar a repercussão da Palavra dialogando

1. Já pensamos nisto: Nós luz do mundo? De modo bem concreto: o que significa isso?
2. E "sal da terra"? Analisemos um pouco: onde é que podemos servir maior sa-bor (ser sal) para os outros? Em casa, na escola, na comunidade, no grupo de jovens, em algum tipo de trabalho, dentro ou fora da Igreja?

V – É TEMPO DE DIALOGAR COM O AUTOR DA PALAVRA

Jesus, Tu foste bem incisivo ao dizer: "Vocês são o sal... vocês são a luz." Muito bem! Mas eu sou apenas um pequeno "satélite" que gravita em torno da grande força do sol e da grande fonte de luz que és Tu. Senhor, "Luz da luz", peço a tua constante presença para que eu, por tua iniciativa e graça, ajude aos que me procuram sendo como sal, dando sabor a suas vidas por meio da palavra, motivando a vivência da fé, mobilizan-do-os a praticar o bem nas atitudes, fortalecendo-os para que sejam testemunho dos valores do Evangelho. E se eu for luz, que eu propague meus raios, meu calor e seja o teu apropriado instrumento, a fim de que outros, vendo as minhas obras, não agradeçam a mim, mas "louvem o Pai que está no céu".

VI – É TEMPO DE SEMEAR A PALAVRA

Temos alguma intimidade no manuseio dos livros bíblicos? Se tivermos, ótimo. Se não tivermos, orientemo-nos pelo índice dos livros que, em geral, encontraremos no começo da Bíblia. Hoje, pelo tema abordado no Evangelho, gostaríamos de fazer referência à carta do apóstolo Paulo aos Colossenses. Paulo, aliás, inovou, criou um jeito novo de entrar em contato com as comunidades cristãs. Para elas escrevia cartas. Tanto assim, que ele não conheceu pessoalmente a comunidade da cidade de Colossas, porém, enviou-lhe uma mensagem em forma de carta. Era o que havia de mais atual naquele tempo. Nela, o apóstolo alerta para o fato de que a comunidade deve estar preparada e disposta e dar testemunho mantendo-se unida. Que haja um grande e permanente respeito mútuo.

- Pois bem! Procuremos nessa *Carta aos Colossenses* o capítulo 4, versículo 6. Vejamos como, de certa forma, ele entra no assunto do Evangelho que estamos abordando.

Como nos posicionamos diante do que o apóstolo diz naquele versículo?

6º DOMINGO DO TEMPO COMUM

Tema do dia

→ O relacionamento de irmão para irmão.

Objetivo

→ Dedicar-se em construir com dignidade, respeito e amor, o seu relacionamento diário de irmão para irmão.

I – É TEMPO INICIAL DE ACLAMAR, INVOCAR, LOUVAR O SENHOR

Rezar com os participantes

Ó Pai, tu que enviaste o Espírito Santo para recordar-nos tudo o que teu Filho Jesus disse e ensinou, dá-nos a força para vivenciarmos e anunciarmos ao mundo a Boa-nova, confiantes na tua Palavra (cf. Jo 14,26).

II – É TEMPO DE ESCUTAR E ACOLHER A PALAVRA: Mt 5,17-37

Núcleo da Palavra

Jesus: aquele que leva a Lei ao seu cumprimento, aquele que dá espírito à Lei. Respeito pelo outro por: palavras e obras. Respeito máximo pela vida. Capacidade de reconciliar-se. Amor *versus* adultério. Não jurar falso, que é a defesa de uma mentira, mas ser verdadeiro.

■ 1ª leitura: Eclo 15,16-2

Por que querer esconder-se de Deus? Não adianta, quer se tenha algo de bom para apresentar, quer se tenha só coisas erradas, o que nos causa vergonha. Mas como esconder se Ele é o autor da vida e atravessa toda a história?

■ 2ª leitura: 1Cor 2,6-10

Paulo diz que ele mesmo ensina uma coisa misteriosa e escondida: a sabedoria de Deus, revelada a nós pelo Espírito.

III – É TEMPO DE DINAMIZAR A PALAVRA

■ Desenvolvimento

- Em pequenos grupos, ensaiar e apresentar uma cena, inspirados em Mt 5,23-26.
- **Apresentar a seguinte motivação:** Nas relações de irmão para irmão deve existir de fato a prática do perdão e da reconciliação.

Partilha

- No final das apresentações propor aos participantes um momento de interação onde possam partilhar suas apreciações.

IV – É TEMPO DE REPERCUTIR A PALAVRA

Existe a Lei, existe a Letra e existe o Espírito. Este é que dá vida àquelas. Assim se espera que a justiça praticada pelo seguidor de Jesus seja maior do que aquela proclamada por quem só conhece a Lei. Os doutores da Lei eram os teólogos da época. Nem sempre ensinavam direito o que Deus pedia. Certas coisas eles escondiam, não as passavam para o povo. Poderia alguém querer usurpar o poder que eles tinham. E dividir o poder? Jamais! Tantos séculos depois, vem o papa latino-americano dar uma interpretação muito simples a respeito disso, quando diz: "Não se vive melhor fugindo dos outros, escondendo-se, negando-se a partilhar, resistindo a dar, fechando-se na comodidade. Isto não é senão um lento suicídio" (EG, 272). Um primeiro princípio do Espírito de Deus é a defesa da vida a qualquer preço. Não é nada raro, em nossos dias, existirem matanças morais: manifestação de ódio, raiva, vingança, mentira, calúnia. Pode haver um renascer e um recomeçar pela reconciliação, que é o abraço de paz depois da desavença.

Jesus fala também do adultério e do divórcio. O adultério, às vezes, nem é trair sexualmente o cônjuge, mas trair pelo coração, como sugere o Evangelho de Mt 5,28. Já o divórcio é separação, exclusão recíproca. No lugar dele, pelo que Jesus espera e deseja, é implantar o amor verdadeiro entre homem e mulher. Muitos conseguirão viver essa proeza, outros não terão forças para suportar e estimular um ao outro, nem por forças humanas, nem, muito menos, pela força da graça de Deus, porque não a captam, muito menos a implantam em si.

Nas relações de irmão para irmão não pode existir a mentira. Esta é sempre a tentativa de passar o outro para trás, de bancar o esperto, de vencer pelo que se criou na mente e não pelo que é na realidade segundo a verdade.

Por fim, um apelo do Evangelho à coerência. Em primeiro lugar, acreditar naquilo que "se diz" a si mesmo. Assim também não se há de alimentar a inclinação de querer enganar os outros.

■ **Complementar a repercussão da Palavra dialogando**

1. Onde é que falha o relacionamento de irmão para irmão, segundo o Evangelho de hoje?
2. Como é que a Palavra de Deus e a fé podem ajudar o relacionamento de irmão para irmão?
3. Como podemos implantar na prática de nossa vida o trecho do Evangelho teatralizado hoje?

V – É TEMPO DE DIALOGAR COM O AUTOR DA PALAVRA

Primeiramente, Jesus, disseste que vieste dar pleno cumprimento à Lei com o teu espírito. Letra sem espírito frustra e mata. É o espírito que dá vida. Também para mim. É o espírito que me dá a vontade de acertar, a determinação de fazer o melhor.

Depois, Tu lembraste o Êxodo: "Não matar!" É muito triste um ser humano eliminar outro ser humano. Tu não queres isso. Tu queres a vida, sem um destruir o outro. Tu queres vida com qualidade.

Também não queres o adultério. Queres sempre o melhor: que homem e mulher andem e vivam juntos, construam juntos, se amem, se perdoem reciprocamente, se aperfeiçoem. A tua misericórdia bem que fala mais alto do que os corações dos que se separam e se excluem mutuamente.

Nas relações humanas as mentiras têm pernas curtas, os juramentos falsos são para enganar. Então, meu Jesus, peço por mim e por outros que são vítimas de suas próprias fraquezas. Peço a tua luz para que eu me preserve nos valores por ti apontados, e sempre altamente positivos, e peço pelos que em um ou outro ponto do Evangelho de hoje fracassaram. Ergue Jesus, o espírito deles para que se voltem para ti, modelo de vida e santidade, peçam-te perdão, e se corrijam enquanto houver tempo.

VI – É TEMPO DE SEMEAR A PALAVRA

Vamos reforçar a nossa reflexão.
■ Qual a nossa opinião sobre o casamento?
■ O casamento religioso acrescenta algo? O quê?

Aproveitemos os assuntos abordados hoje, concernentes à família, e vamos ler a Exortação Apostólica *Amoris Laetitia – Alegria do Amor*, que o papa lançou em 2016, buscando encontrar nela pistas para viver melhor nossa relação familiar.

7º DOMINGO DO TEMPO COMUM

Tema do dia

→ A capacidade do amor: avançar sempre.

Objetivo

→ Compreender que é preciso evoluir na vida cristã buscando se aproximar cada vez mais do projeto de Jesus.

I – TEMPO INICIAL DE ACLAMAR, INVOCAR E LOUVAR O SENHOR

■ **Rezar com os participantes**

Ó Pai, tu que enviaste o Espírito Santo para recordar-nos tudo o que teu Filho Jesus disse e ensinou, dá-nos a força para vivenciarmos e anunciarmos ao mundo a Boa-nova, confiantes na tua Palavra (cf. Jo 14,26).

II – É TEMPO DE ESCUTAR E ACOLHER A PALAVRA: Mt 5,38-48

■ **Núcleo da Palavra**

Não à vingança e à violência. Amor ao inimigo, ou seja, àquele que por alguma razão se apresenta como problema em nosso caminho.

■ **1ª leitura: Lv 19,1-2.17-18**

É o capítulo que contém o chamado "código da santidade": que o povo seja santo como seu Deus é santo. Em resumo: não carregar ódio; usar a correção fraterna; jamais usar de vingança, nem guardar rancor. "Ama teu próximo como a ti mesmo" (Lv 19,18).

■ **2ª leitura: 1Cor 3,16-23**

Paulo apóstolo aponta para os batizados e diz: vocês são templos do Espírito Santo. Portanto, não destruam esse templo, essa casa. Tudo é de vocês. Vocês são de Cristo e Cristo é de Deus.

III – É TEMPO DE DINAMIZAR A PALAVRA

■ Material necessário

Cinco copos de tamanhos diferentes contendo água.

■ Desenvolvimento

- Os participantes serão divididos em pequenos grupos e cada grupo será encaminhado para um lugar na sala.
- Quando cada grupo já estiver no lugar que lhe foi indicado, colocar sobre uma mesa, no centro da sala, cinco copos de tamanhos diferentes, contendo diferentes quantidades de água. Um só estará cheio de água.
- Apresentar a seguinte motivação:
  - O cristianismo tem todas as condições para apontar o caminho da perfeição. Mas o caminho precisa ser percorrido.
- Motivá-los a refletir sobre as semelhanças que encontram entre os copos, à luz do texto: "*Sejam perfeitos como é perfeito o Pai de vocês que está no céu*"(Mt 5, 8).

Partilha

- Cada grupo exporá aos demais as suas considerações.

IV – É TEMPO DE REPERCUTIR A PALAVRA

Este é o sentido de Lucas 5,4: "*Avance para águas mais profundas*". Quer dizer que ainda há muita coisa a ser explorada em nós mesmos e na sociedade, para que esta se aproxime mais do projeto de vida, libertação e crescimento implantados por Jesus. Portanto, na prática da vida cristã não se pode ficar parado, é preciso caminhar.

O mundo já foi salvo por obra de Jesus Cristo. Mas o mundo ainda carrega consigo violências e inúmeras injustiças. O que falta? Falta o ser humano fazer a sua parte, aceitar e defender o projeto de Jesus Cristo, que no dizer de nossa profetisa e teóloga, Ana Flora Anderson, é 100% divino e 100% humano.

Jesus não quer e não espera que os seus seguidores vivam de modo semelhante aos seus não seguidores, que não o conhecem. Jesus foi odiado, espancado, cuspido e faltando pouco para morrer, Ele conversou com o Pai e disse: "*Pai, perdoa-lhes porque eles não sabem o que fazem*" (Lc 23,34). Ora, o que é isso? Amor pelo inimigo. Amor por aquele que nos faz algum mal. É difícil? Bem difícil? É! Impossível, não.

Não podemos, como cristãos, alimentar o ódio, pois quem irá ficar com o coração e a consciência pesados não será o outro, mas nós mesmos.

Quando chegarmos ao ponto de estar abertos para com aqueles que nos odeiam, nos caluniam, nos perseguem, nos invejam, estaremos caminhando para um amor pleno, perfeito, dentro dos limites humanos. E exemplos nunca faltaram na Igreja de

Deus. Pena que não sejam mais numerosos. Se há uma nítida fronteira entre o humano e o divino, há também o que a desmancha positivamente: é o amor pelo inimigo, em nome de Deus e de seu Filho, Jesus Cristo, que se ofereceu por todos na morte de cruz, sem fazer a menor distinção de pessoas.

Sem dúvida, amar de verdade os inimigos, isto é, aceitá-los verdadeiramente como criaturas humanas iguais a nós, salvos pelo sangue de Jesus, reconhecê-los como irmãos nossos, em Cristo Jesus, é um estágio avançado de vida e experiência cristãs. Se não chegamos a tanto ainda, precisamos pelo menos perceber que temos pela frente mais um trecho de caminho a percorrer. Para confortar-nos, citamos uma vez mais o papa Francisco: "Cada ser humano é objeto da ternura infinita do Senhor, e Ele mesmo habita na sua vida. Na cruz, Jesus Cristo deu o seu sangue precioso por essa pessoa. Independentemente da aparência, cada um é *imensamente sagrado e merece o nosso afeto e a nossa dedicação*". Vale a pena avançar um pouco mais naquilo que o bispo de Roma adota como resposta quando diz: "Por isso, se consigo ajudar uma só pessoa a viver melhor, isso já justifica o dom da minha vida. É maravilhoso ser povo fiel de Deus. E ganhamos plenitude, quando derrubamos muros e o coração se enche de rostos e de nomes!" (EG, 274).

A desigualdade pode gerar aumento da violência? O papa Francisco argumenta dizendo que sim. Diz ele

> A desigualdade social gera uma violência que as corridas armamentistas não resolvem nem poderão resolver jamais. Servem apenas para enganar aqueles que reclamam maior segurança, como se hoje não se soubesse que as armas e a repressão violenta, mais do que dar solução, criam novos e piores conflitos. Alguns se comprazem simplesmente em culpar, dos próprios males, os pobres e os países pobres, com generalizações indevidas, e pretendem encontrar a solução em uma "educação" que os tranquilize e transforme em seres domesticados e inofensivos. (EG, 60)

■ **Complementar a repercussão da Palavra dialogando**

1. Que admitamos a mais pura verdade: temos algum inimigo?
2. Como é que lemos, interpretamos o texto de Mt 5,44? Aqui, que tipo de gesto concreto envolve o "amem seus inimigos?" O que é que precisamos fazer para dizer: "eu amo meu inimigo".
3. O lugar onde moro tem paz ou não?
4. Se fosse citar três pessoas que refletem amor em suas atitudes, quem eu citaria?

V – É TEMPO DE DIALOGAR COM O AUTOR DA PALAVRA

Mestre e amigo Jesus. Olho para os lados e vejo muita violência, sofrimento e dor. Sinto por vezes que estou correndo o risco de querer pagar as ofensas de igual por igual, de julgar e sentir incapaz de aplacar o ódio no meu e nos outros corações. Que o teu amor me ajude a amar mais. Amar os que já amo e os que ainda não recebem meu amor. Sede perfeitos, Tu disseste! Eu aceito o desafio. Restaura as minhas forças para que eu não desanime e decida parar. Quero buscar a integridade da minha vida, orientado por teu amor. Conto contigo!

VI – É TEMPO DE SEMEAR A PALAVRA

Motivar os participantes a estender ainda um pouco mais a reflexão de hoje, no próprio local ou em casa:
- O que está escrito no Evangelho de Lucas 23,34?
- O que esse texto tem em comum com o Evangelho de Mt 5,38-48, apresentado nesse tema?

8º DOMINGO DO TEMPO COMUM

Tema do dia

→ Libertação e beleza de pertencer ao Reino do céu.

Objetivo

→ Identificar o que é "Reino do céu" e o que isto implica na prática de vida.

I - É TEMPO INICIAL DE ACLAMAR, INVOCAR E LOUVAR O SENHOR

Rezar com os participantes

Ó Pai, tu que enviaste o Espírito Santo para recordar-nos tudo o que teu Filho Jesus disse e ensinou, dá-nos a força para vivenciarmos e anunciarmos ao mundo a Boa-nova, confiantes na tua Palavra (cf. Jo 14,26).

II – É TEMPO DE ESCUTAR E ACOLHER A PALAVRA: Mt 6,24-34

Núcleo da Palavra

Libertação das coisas que prendem à terra, o Reino de Deus é confiança no Deus que projetou esse Reino.

■ 1ª leitura: Is 49,14-15

Pode o Deus-Pai-e-Mãe se esquecer de seus filhos e de suas filhas? Ele promete ao seu povo: "Eu não me esquecerei de você" (v. 15).

■ 2ª leitura: 1Cor 4,1-5

Quem será bom juiz em causa própria? O Senhor, sim. Ele "manifestará as intenções dos corações" (v. 5).

III – É TEMPO DE DINAMIZAR A PALAVRA

■ Material necessário

Papéis e canetas.

■ Desenvolvimento

- Em pequenos grupos, os participantes vão se sentar juntos e construir uma escada com dez degraus, que pode ser chamada de "escada de valores". Numa ordem de importância, do menor ao maior. O grupo define as palavras que representam o que é menos e o que é mais importante, segundo a visão coletiva. As palavras são: roupa – ser humano – flores do campo – Deus – pássaros – justiça – comida – água – honestidade – casa.

Partilha

- Cada grupo deverá justificar a ordem escolhida.
- Dar oportunidade para se comparar a linha ascendente construída por cada grupo.
- Refletir com os participantes sobre a hierarquia de valores. Dentre as palavras escolhidas destacam-se algumas que não são valores, mas alcançam um nível de importância na vida das pessoas.

IV – É TEMPO DE REPERCUTIR A PALAVRA

Vamos fazer a nossa reflexão começando quase pelo fim deste Evangelho: "*Em primeiro lugar busquem o Reino de Deus e a sua justiça, e Deus dará a vocês, em acréscimo, todas essas coisas*" (Mt 6,33). O Reino de Deus é o projeto dele mesmo que caminha para a plenitude. Deus sempre é o primeiro agente, aquele que por primeiro toma qualquer iniciativa. Mas o Reino de Deus precisa ser expandido por mãos e corações humanos. Quem e o que encontramos no Reino de Deus? Encontramos gente feliz (cf. Mt 5,1-12, do quarto domingo do Tempo Comum). Encontramos pessoas realizadas (porém, não sem problemas, pois se trata do Reino de Deus instalado aqui na terra, longe de atingir a sua plenitude). Encontramos missionários e missionárias que anunciam a obra salvífica de Jesus Cristo e convidam a outros para ingressarem no Reino. Encontramos profetas que denunciam, anunciam e dão testemunho; encontramos pregadores que falam e fazem; encontramos justos praticantes do amor fraterno. É um Reino aberto, com "entrada franca". Mas tem que querer entrar. Não se entra empurrado. Não é para pessoas cheias de si e de coisas efêmeras, as quais hoje são o último lançamento e amanhã, objetos obsoletos, descartáveis. As riquezas do Reino de Deus não conhecem ferrugem, nem depreciação.

O Evangelho de hoje não é muito simples de ser compreendido nem de ser vivido. Mas quando se tem por objetivo o Reino de Deus tal como acabamos de apresentá-lo, mudará o enfoque da vida, pois o Reino de Deus e seu protagonista que é Deus mesmo, terá seu lugar de destaque acima de roupa, comida, máquinas, conta bancária. Não é que não se possa valorizar tais coisas, mas o referencial, o ponto de chegada a ser buscado é mais em cima e colocado em primeiro lugar.

Outra coisa: quem quiser fazer parte do Reino de Deus precisa ter confiança absoluta em Deus. Crer que Deus é verdadeiro, crer que Deus mandou o seu Filho para o meio da humanidade, crer que Jesus entregou a sua vida para salvar a humanidade do pecado, da escuridão, das enfermidades e do apego a si mesma. Quem confia, em Deus, a ele, sim, *"Deus dará todas essas coisas"*(Mt 6,33) de que fala o Evangelho. O ter comida, bebida, roupa, flores do campo para admirar fará sentido se a prioridade for o Reino de Deus ao qual pertencem todas essas coisas.

■ Complementar a repercussão da Palavra dialogando

1. Somos capazes de resumir com nossas palavras o que entendemos por Reino de Deus? Vamos tentar!
2. Já ouvimos falar em "inversão de valores"? Temos exemplos para citar?
3. O que nos pareceu de maior destaque no tema de hoje?
   — Pesquisar a hierarquia das necessidades humanas de Abraham Maslow. Reunir-se e conversar sobre o que este autor diz. Se necessário e possível, convide-se um psicólogo que a conheça (a hierarquia) para orientar e conversar.

V – É TEMPO DE DIALOGAR COM O AUTOR DA PALAVRA

Jesus, conto muito contigo para que eu possa ter acesso e marcar presença no Reino que seu Pai projetou. Nele predomina a liberdade, brilha a justiça e dele parte a promessa de que Deus dará todas as demais coisas. Ajuda-me a entender a "escada de valores", que juntos construímos, e a subir com alegria por ela.

VI – É TEMPO DE SEMEAR A PALAVRA

Vamos ler de novo o Evangelho. Primeiro, sozinhos. Em segundo lugar, com outra pessoa do nosso convívio diário ou que esteja ao nosso lado. Que se siga uma meditação e uma troca de ideias. Vejamos até onde conseguimos chegar, não sob o simples olhar subjetivo de nós mesmos, mas sob o olhar rico, amoroso, universal, valorativo de Jesus.

9º DOMINGO DO TEMPO COMUM

Tema do dia

→ Solidez e superficialidade.

Objetivo

→ Reconhecer a importância de decidir adotar e seguir princípios do Evangelho e exercitar a prudência na vida cristã.

I - É TEMPO INICIAL DE ACLAMAR, INVOCAR E LOUVAR O SENHOR

■ Rezar com os participantes

Ó Pai, tu que enviaste o Espírito Santo para recordar-nos tudo o que teu Filho Jesus disse e ensinou, dá-nos a força para vivenciarmos e anunciarmos ao mundo a Boa-nova, confiantes na tua Palavra (cf. Jo 14,26).

II - É TEMPO DE ESCUTAR E ACOLHER A PALAVRA: Mt 7,21-27

■ Núcleo da Palavra

Só da boca para fora? A vivência da vontade de Deus. Ouvir e praticar a Palavra de Deus. A solidez da construção. A superficialidade e a inadequação do "material" empregado.

■ 1ª leitura: Dt 11,18.26-28.32

Vocês receberão a bênção do Senhor se obedecerem aos seus mandamentos.

■ 2ª leitura: Rm 3,21-25a.28

Agora a justiça de Deus se realiza por meio da fé em Jesus Cristo, atingindo a todos aqueles que nele creem.

III - É TEMPO DE DINAMIZAR A PALAVRA

■ Desenvolvimento

- Dar um número para cada participante e separá-los em dois grupos: ímpares e pares.

- Os números ímpares são arquitetos, mestres de obra, pedreiros. Eles formam um grupo que constrói casas para si e para outros, sempre objetivando o melhor. Juntos vão conversar sobre:
  - Que material eles usam na construção?
  - Onde eles constroem?
  - Que dificuldades encontram?
  - Quais os resultados?
  - O que os clientes deles esperam?
- Os números pares também são arquitetos, mestres de obra e pedreiros. Eles formam um grupo que constrói casas para si e para outros, mas pensam no mais rápido, no mais fácil, no mais barato, nem se importando com o que é profissionalmente correto. Juntos vão conversar sobre:
  - Que material eles usam na construção?
  - Onde eles constroem?
  - Que dificuldades encontram?
  - Quais os resultados?
- Apresentar a seguinte motivação:
  - Por meio desta dinâmica, vamos ficar preparados para tornar a nossa vida cristã sólida e não superficial, em "área de risco".
- Dar tempo para o trabalho em grupos.

Partilha

- Os dois grupos comentam seu trabalho em plenário. O grupo todo responde às perguntas:
  - Quem será a rocha a que se referem em Mt 7,24-25?
  - Descubram no texto, que benefícios terá a pessoa que ouve e pratica a palavra de Deus.
  - O que acontecerá com aquele / aquela que ouve a palavra, mas não a pratica.
  - Como poderia ser definido o homem prudente (Mt 7,24)?
  - Por que em Mt 7,26 o homem é chamado de "sem juízo"?

IV – É TEMPO DE REPERCUTIR A PALAVRA

A pessoa humana é um todo compacto. Não é feito de "departamentos". "Ah! eu quero me unir a Deus só com os lábios. Com o coração, com as mãos, com a mente, não quero, não!" Está lá, claro no Evangelho de hoje, "Só entrará (no Reino do céu) aquele que põe em prática a vontade do meu Pai".

E o que é a vontade de Deus? Como se pratica a vontade de Deus? Entre outras muitas respostas, é possível trazer para cá um texto do papa João Paulo II (+ 2005), que ele incluiu na Carta Apostólica *Novo millennio ineunte,* n. 43, [No início do novo milênio], Vejamos:

É preciso *promover uma espiritualidade da comunhão...* Espiritualidade da comunhão significa em primeiro lugar ter o coração voltado para o mistério da Trindade, que habita em nós e cuja luz há de ser percebida também no rosto dos irmãos que estão ao nosso redor. Espiritualidade da comunhão significa também a capacidade de sentir o irmão de fé na unidade profunda do Corpo místico, isto é, como "um que faz parte de mim", para saber partilhar as suas alegrias e os seus sofrimentos... Espiritualidade da comunhão é ainda a capacidade de ver antes de mais nada o que há de positivo no outro, para acolhê-lo e valorizá-lo como dom de Deus... Por fim, espiritualidade da comunhão é saber "criar espaço" para o irmão, levando "os fardos uns dos outros" (Gl 6,2).

Onde se "lê" a vontade de Deus? No coração humano. No homem e na mulher que cuidam com dignidade de sua pessoa e de seu semelhante. "Lê-se" no rosto de Cristo ressuscitado, o Senhor da glória e da história. Na Palavra de Jesus, registrada no Evangelho, e vivida, sofrida, tinta de sangue e concluída assim: "tudo está consumado" (Jo 19,30). Na vivência da fraternidade.

O mundo moderno que, em boa parte, se quer ver livre daquele que o criou, esse mundo moderno, dominado pelo mercado, dificilmente cederá espaço para a fraternidade. Será obra de gigante "furar esse bloqueio" da sociedade que cria escudo contra seu Deus, mas é a missão dos cristãos cultivar a solidez, eles que têm sua rocha, sua única rocha como alicerce: Cristo Jesus (cf. Mt 28,16-20).

Solidez existe quando há um alicerce adequado, "material de construção" de boa qualidade, lugar certo para erguer o "edifício" da vida humana.

Superficialidade há quando não foram lançados bons fundamentos, quando o "material de construção" é fraco, inadequado para o local e para a finalidade da obra.

Solidez e superficialidade coexistem lado a lado na humanidade, na Igreja, na mesma casa e, às vezes, se manifestam até na mesma pessoa.

Solidez é o que procura o homem prudente que sabe construir sua casa sobre a rocha firme.

Superficialidade é o que busca o homem sem juízo, insensato, que não se preocupa em construir sua casa sobre a areia.

O papa Francisco nos convida a refletir:

> Vivemos numa sociedade da informação que nos satura indiscriminadamente de dados, todos postos ao mesmo nível, e acaba por nos conduzir a uma tremenda superficialidade no momento de enquadrar as questões morais. Por conseguinte, torna-se necessária uma educação que ensine a pensar criticamente e ofereça um caminho de amadurecimento nos valores. (EG, 64)

Chega o Senhor para supervisionar a obra e encontra só restos ou escombros de um material frágil em cima da areia. Nenhuma construção. E o homem insensato, ao relento, sem realização nenhuma na vida. Aconteceu no tempo de Jesus, hoje também. Aconteceu com judeus naquele tempo. Acontece com cristãos, hoje também. E com muçulmanos, e com budistas, e com outros...

■ **Complementar a repercussão da Palavra dialogando**

1. A partir da data de hoje, o que podemos fazer para dar maior solidez à nossa vida cristã?
2. Conhecemos uma pessoa ou um grupo que consideramos de princípios sólidos, conforme o sentido que o Evangelho nos aponta aqui? Comentemos alguma coisa a respeito disso.

V – É TEMPO DE DIALOGAR COM O AUTOR DA PALAVRA

Jesus, alertaste que é preciso pôr as tuas palavras em prática. Ouvir e agir. Estou aprendendo isso de ti, que muitas vezes conversaste com o Pai, ouviste o Pai, até pediste que Ele afastasse o cálice da amargura de ti. Disseste: *"O que o Pai faz, o Filho também faz"* (Jo 5,19). Então, Jesus, Tu fazes as coisas com a mesma autoridade que o Pai. E quem faz "a vontade do Pai" é quem tem entrada franca no Reino de Deus. Sou teu aprendiz, Jesus. Meio oficial de pedreiro. Ensina-me continuamente a construir com solidez, prudência e sabedoria a minha vida. Que o mesmo se dê com meus irmãos e irmãs de fé e manifestação na nossa experiência de Deus.

VI – É TEMPO DE SEMEAR A PALAVRA

Dê continuidade ao que refletimos hoje! Veja como ser perseverante no caminho do discipulado. Que tal fazer um projeto de vida cristã? Identificar o que pode ser um compromisso pessoal ou comunitário.

10º DOMINGO DO TEMPO COMUM

A

Tema do dia

→ A justiça em permanente processo e a misericórdia que não discrimina nem exclui.

Objetivo

→ Identificar o ensinamento de Jesus explícito em sua atitude e palavras.

I – É TEMPO INICIAL DE ACLAMAR, INVOCAR E LOUVAR O SENHOR

■ **Rezar com os participantes**

Ó Pai, tu que enviaste o Espírito Santo para recordar-nos tudo o que teu Filho Jesus disse e ensinou, dá-nos a força para vivenciarmos e anunciarmos ao mundo a Boa-nova, confiantes na tua Palavra (cf. Jo 14,26).

II – É TEMPO DE ESCUTAR E ACOLHER A PALAVRA: Mt 9,9-13

■ **Núcleo da Palavra**

Jesus chama Mateus para segui-lo. Jesus come em casa de Mateus, juntamente com outros cobradores de impostos e pecadores. Jesus é motivo de escândalo para os fariseus. Jesus garante que são os doentes que precisam de médico. Alguém discorda disso?

■ **1ª leitura: Os 6,3-6**

Deus quer amor e não sacrifícios. Deus quer em nós uma mudança pela raiz, o que é mais do que simplesmente estar num culto.

■ **2ª leitura: Rm 4,18-25**

Quem não fraqueja na fé pode alcançar mais do que espera. Não foi assim que aconteceu com Abraão? Já bem idoso se tornou o pai de muitas nações.

III – É TEMPO DE DINAMIZAR A PALAVRA

■ **Desenvolvimento**

- Motivar e convidar seis participantes para uma simples apresentação – Jesus e cinco pessoas que vão se aproximar dele para fazer-lhe um pedido.
- O grupo vai apresentar o diálogo sugerido: Jesus dirige-se ao centro e os cinco, um de cada vez, aproxima-se para apresentar-lhe o seu pedido:
  1. Jesus, estou com uma dor de cabeça danada. O que pode fazer por mim?
     Resposta de Jesus: Indico-lhe a farmácia mais próxima, ali, dobrando a esquina, à direita. Ao persistirem os sintomas, consulte seu médico.
  2. Jesus, estou com a consciência pesada... pesada, porque eu causo muita dor de cabeça aos meus pais, pois sou usuário de drogas e de quinta a domingo me excedo em bebidas alcoólicas também.
     Resposta de Jesus: Me aguarde no meu consultório. Fica ali na igreja. Você precisa de um tratamento mais prolongado.
  3. Jesus, eu sou empresário. Não aguento mais. Estou ficando louco. Meus empregados agora só ficam exigindo direitos. Que é isso?! Como que pode?! Eles não entendem a complexidade do que é administrar uma empresa.

Resposta de Jesus: Olhe, filho. Pratique a justiça com eles. Preocupe-se com isso. Faça o possível para que eles tenham condições de viver com dignidade. Aí, eles até trabalharão melhor. Depois me procure no consultório, ali na igreja.

4. Jesus, eu não consigo perdoar o meu pai. Ele foi agressivo comigo. Aliás, sempre é. Não perdoo e pronto. Mas você me perdoa, não perdoa?

   Resposta de Jesus: Vamos combinar o seguinte: volte para casa, dê um abraço de perdão em seu pai e diga que você também não será mais estúpido com ele. A partir daí você terá o meu perdão também. Mas sobre isso vamos conversar no meu consultório, ali na Igreja, depois, está bem?

5. Jesus, eu estou bem desorientado. Já pensei até em suicídio. Religiosamente, não sei o que fazer... São tantas as religiões...

   Resposta de Jesus: Filho, EU SOU O CAMINHO. Eu não vim à terra para os que têm saúde para dar e vender. Vim para os doentes, para os pecadores. Vamos conversar muito. (*Saem abraçados.*)

Partilha

- Todos os participantes podem comentar o que entenderam das respostas de Jesus para cada situação.

IV – É TEMPO DE REPERCUTIR A PALAVRA

A justiça é o fio condutor de todo o Evangelho de Mateus. O evangelista destaca a justiça dos que vivem as bem-aventuranças; a justiça dos que se alimentam das coisas do espírito e que não se limitam a dizer "sim" só ao que está escrito; a justiça dos que se relacionam com respeito e amor com os outros; a justiça dos que acolhem o diferente e que eliminam de seu comportamento o espírito de vingança; a justiça dos que avançam no amor até o terreno dos próprios inimigos.

Fala da justiça do Reino, a justiça praticada e anunciada por Jesus. Ao entrar na casa de Mateus, Jesus pratica a justiça, pois está à procura do pecador. Ele vai ao encontro do pecador e o respeita. O respeito é um valor que se atribui a outra pessoa. E se nela reconhecemos um valor, a tratamos com atenção e consideração. Respeito é um dos nomes do amor. Quando manifesto o meu respeito, é provável que a reação da outra pessoa será no mesmo tom e, assim, de nós dois nasce o respeito mútuo. Jesus respeitou a pessoa e a casa de Mateus, sentou-se com ele e seus convidados. Para anunciar a justiça do Reino, Jesus responde aos fariseus, aqueles que se julgavam diferentes, distintos e até superiores aos outros por cumprirem a Lei. Os fariseus não viram isso com bons olhos. Aí veio a pergunta de como é que Jesus, tido como mestre, podia se misturar com os impuros cobradores de impostos e pecadores? Os cobradores de impostos eram como profissionais "terceirizados" que trabalhavam para o imperador romano. Portanto, eram impuros. Jesus deixa definitivamente claro:

É de dentro do coração das pessoas que saem as más intenções, como a imoralidade, roubos, crimes, adultérios, ambições sem limite, maldades, malícia, devassidão, inveja, calúnia, orgulho, falta de juízo. Todas essas coisas más saem de dentro da pessoa, e são elas que as tornam impuras. (Mt 7,21-23)

Aos olhos dos fariseus, Jesus comete algo muito grave: vai até a casa de Mateus e come com uma turma de gente nada recomendada pela comunidade dos próprios fariseus. Mas Jesus, evidentemente, está consciente daquilo que faz e responde aos fariseus: "*As pessoas que têm saúde não precisam de médico, mas só as que estão doentes*" (Mt 9,12). E acrescenta: "*Eu quero a misericórdia e não o sacrifício*" (Mt 9,13).

Jesus foi muito sutil. Que doentes? Entre outros, os próprios fariseus. Por quê? Porque muito agarrados à Lei, à letra, ao papel ou pergaminho de então. Sempre estavam em dia para com ela e isso os tornava quites com o povo e com Deus. Nada os incriminava. Eram "justos". Jesus mostra que não é desses "justos" o Reino de Deus, porque eles têm um plano só deles a construir, que não coincide com o plano de Deus. A JUSTIÇA do plano de Deus tem uma irmã gêmea: a MISERICÓRDIA e esta se debruça sobre o outro sem perguntar quem é. Perdoa, socorre, orienta, levanta, ajuda a andar, ampara, se compadece, ama sem esperar retorno de amor, dá ao outro sempre a chance de poder começar de novo. Por isso, a misericórdia não discrimina, não separa, não refuga, nem exclui.

Quem quiser seguir a Boa-nova, tem de seguir por este caminho que também tem seu custo-benefício. É uma escolha. Mateus atendeu ao chamado. Muitos atenderam antigamente, ontem e muitos atendem hoje. Se são suficientes para trabalhar na demanda do Reino de Deus é outra questão. Enfim, há os que se posicionam claramente a favor do Reino. E eu e você, como estamos?

Quer sejamos ligados à catequese, à animação bíblica e missionária, quer zelosamente comprometidos em tornar sempre mais bela a celebração litúrgica, assumamos como dirigida a nós a palavra do papa Francisco:

A Igreja tem a missão de anunciar a misericórdia de Deus, coração pulsante do Evangelho, que por meio dela deve chegar ao coração e à mente de cada pessoa. A Esposa de Cristo assume o comportamento do Filho de Deus, que vai ao encontro de todos sem excluir ninguém. No nosso tempo, em que a Igreja está comprometida na nova evangelização, o tema da misericórdia exige ser reproposto com novo entusiasmo e uma ação pastoral renovada. É determinante para a Igreja e para a credibilidade do seu anúncio que viva e testemunhe, ela mesma, a misericórdia. A sua linguagem e os seus gestos, para penetrarem no coração das pessoas e desafiá-las a encontrar novamente a estrada para regressar ao Pai, devem irradiar misericórdia. (MV, 12)

■ Complementar a repercussão da Palavra dialogando

1. Que ideia fazemos dos fariseus? Existe gente desse tipo ainda hoje? Essa gente serve de modelo de vida?

2. Fica para respondermos com nossas palavras: O que Jesus quis dizer com: "as pessoas que têm saúde não precisam de médico, mas só as que estão doentes"?
3. A última frase do Evangelho de hoje se aplica a nós? Por quê?

V – É TEMPO DE DIALOGAR COM O AUTOR DA PALAVRA

Jesus, a tua convivência com os discípulos, cobradores de impostos e pecadores foi criticada, mas Tu me deste uma lição de não discriminação, de tratar todos por igual. Você deixou claro também que veio cuidar e curar os espiritualmente doentes, entre os quais me incluo. Eu quero ficar curado, cuida, pois, de mim. Com mais saúde espiritual poderei usar de mais misericórdia para com muitos. Não da boca para fora, como você já nos repreendeu, mas de coração limpo, aberto e com ações efetivas.

VI – É TEMPO DE SEMEAR A PALAVRA

Se pedimos para Jesus nos curar de males espirituais precisamos cuidar para fazer a nossa parte, reagir bem. Reagir positivamente para obter "alta" quanto antes. Vamos nos empenhar nesse sentido?

11º DOMINGO DO TEMPO COMUM

Tema do dia

→ Constatação de Jesus, providência de Jesus e envio dos discípulos.

Objetivo

→ Reconhecer a atividade libertadora do homem e da mulher que buscam responder ao chamado de Jesus.

I – É TEMPO INICIAL DE ACLAMAR, INVOCAR E LOUVAR O SENHOR

Rezar com os participantes

Ó Pai, tu que enviaste o Espírito Santo para recordar-nos tudo o que teu Filho Jesus disse e ensinou, dá-nos a força para vivenciarmos e anunciarmos ao mundo a Boa-nova, confiantes na tua Palavra (cf. Jo 14,26).

II – É TEMPO DE ESCUTAR E ACOLHER A PALAVRA: Mt 9,36-10,8

■ Núcleo da Palavra

Jesus tem compaixão das multidões. Multidões cansadas e abatidas como ovelhas sem pastor. Jesus, então, chamou os Doze, deu-lhes recomendações e os enviou para as ovelhas perdidas da casa de Israel. Receberam de graça, deem também de graça.

■ 1ª leitura: Ex 19,2-6a

Quando o povo se sentiu livre o que Deus fez? Propôs uma Aliança e o povo a aceitou. O povo será para Deus uma nação santa.

■ 2ª leitura: Rm 5,6-11

Cristo morreu pelos pecadores por puro amor. Foi assim que nos tornamos justos e reconciliados com Deus por parte dele. Falta fazer a nossa.

III – É TEMPO DE DINAMIZAR A PALAVRA

■ Desenvolvimento

- Apresentar ao grupo a motivação:
  - A vida de cada pessoa é importante demais para deixarmos que homens e mulheres vivam desanimados, sem motivação. É preciso despertar-lhes a vontade de reagir, ajudá-los a amenizar o cansaço e superar as adversidades.
- Formar duplas para ler Mt 9,36 e dizer quais podem ser os motivos por que a sociedade, em boa parte, está "cansada e abatida".
- Conversar sobre alguma providência que a dupla tomaria para deixar a sociedade ou parte dela menos cansada e abatida.

Partilha

- Se alguém, em nome do Senhor Jesus, nos convidasse para colaborar em algum trabalho para diminuir o cansaço e o abatimento de pessoas ou de um grupo inteiro, nós participaríamos?
- Como é que Jesus conseguiu e consegue deixar as pessoas menos cansadas e abatidas?

IV – É TEMPO DE REPERCUTIR A PALAVRA

Jesus pregava a Boa Notícia do Reino e fez uma constatação: as multidões estavam cansadas e abatidas. A Boa Notícia não chegava até elas ou se chegava, não despertava interesse por causa do cansaço. Quem está supercansado quer ficar onde está, de preferência em casa, portanto, sem se importar com qual rumo tomar. E quem está abatido, não tem ânimo, não tem motivação, não tem vontade própria que faça a pessoa reagir.

Jesus "teve compaixão" (Mt 9,36) das multidões cansadas e abatidas. Ter compaixão é ter muito. "Ter dó" é ter pouco e não oferecer nada. "Ter compaixão" é sofrer com quem sofre, é desdobrar-se por quem está "dobrado" pelo cansaço e pelo abatimento. "Ter compaixão" é arregaçar as mangas, é fazer algo concreto que amenize cansaço e abatimento. Segundo Mateus, Jesus havia chamado um pouco antes um colaborador: o próprio Mateus. Mas para tirar uma multidão do cansaço, do estresse, da desmotivação é preciso poder contar com mais pessoas, com mais líderes, com mais animadores. Assim, é hora de pedir a Deus, "*o dono da colheita, que mande trabalhadores para a colheita*" (Mt 9,38). Mas não precisa pedir trabalhadores que venham de longe. Eles podem estar bem perto de nós, podem já fazer parte do nosso convívio.

Constatado o problema da multidão, Jesus chama e forma seu grupo, dando-lhe o mesmo poder que Ele tem. A missão de Jesus: libertar, "desamarrar" do lugar do cansaço e da falta de rumo; é também a missão dos discípulos. Esses criam um vínculo profundo com o Mestre, tão profundo que eles caminham com Ele na missão e se unem a Ele também na hora da paixão, da Sexta-feira Santa e da ressurreição.

Jesus recomenda que os discípulos vão por primeiro "**às ovelhas perdidas da casa de Israel**" (Mt 10,6). É a mesma coisa que Jesus dizer hoje: vão primeiro chamar de novo os já batizados, os seus padrinhos que prometeram orientação e acompanhamento ao pé do ouvido do afilhado, da afilhada; os próprios pais que encontraram alguma razão para levar o filho, a filha à pia batismal para que ele ou ela, desde pequeno mergulhasse na vida do Cristo libertador, ressuscitado.

O Reino está aí. Esse Reino que não tem contornos geográficos, mas que se faz notar, ainda que com muita discrição, onde há expressão de fraternidade e onde cresce a justiça. O Reino de Deus não é colocar um novo poder político no lugar do que já existe, mas tornar concreta a aliança existente entre Deus e seu povo, tudo a ser construído em cima de alicerces muito sólidos, a dizer, em cima da justiça e do seu derivado: a paz. Tudo isso é um trabalho de transformação, um grande trabalho de transformação.

É urgente correr e abraçar de novo os cristãos afastados, cansados, abatidos, desiludidos, como ovelhas sem pastor para que não ocorra outro perigo extremo de o pastor ficar sozinho, sem ovelhas. Quem são as ovelhas cansadas, abatidas? Os doentes, os vivos-mortos, os leprosos, os endemoninhados.

E a última recomendação de Jesus: ofereçam de graça o que de graça receberam. A obra da divulgação do Evangelho não pode ser obra de mercenário: "Quanto você me paga? Quanto você me dá?". Não, assim não. Esse modo de pensar e agir não brota do coração, nem da fé em Jesus Cristo. Ou há gratuidade, disponibilidade ou não se evangeliza. Há muita gente para ser buscada ou pescada de novo: gente cansada, porque é sem saúde; gente desanimada, porque é sem teto nem cobertor; gente sem trabalho, porque no lugar dela trabalham eficientes máquinas que não interrompem para almoçar, que não reclamam aumento de salário, nem se ausentam por um mês no ano para tirar férias.

■ **Complementar a repercussão da Palavra dialogando**

1. Já tivemos compaixão de alguém? O que e como aconteceu? O que fizemos?
2. Temos clareza quanto à nossa vocação? Ao sacerdócio? À vida religiosa (vida consagrada)? À vida de leigo (membro do povo cristão, batizado, organizado e atuante)? A uma vida participativa em um apostolado, pastoral ou voluntariado?
3. O que pensamos e o que fazemos com relação ao chamado de Jesus?

V – É TEMPO DE DIALOGAR COM O AUTOR DA PALAVRA

Certo dia, Tu disseste: *"Não foram vocês que me escolheram, mas fui eu que escolhi vocês"*(Jo 15,16). Sinceramente não sei por que eu e não outros! Construo tão pouco, erro tanto e ainda confias em mim, contas comigo. Além disso, quantas vezes ocorre que não preencho bem meu espaço de cristão. E o que é lastimável: os vazios deixados por mim, por vezes, são preenchidos por outros que nem querem trabalhar na tua colheita. Então eu tenho de recorrer a ti, Jesus. Reforça em mim o ânimo, a coragem, a disponibilidade que de mim espera. Estende-me a tua mão nesse sentido. E que, graças a ti, eu esteja cercado de homens e mulheres que também se dispõem a trabalhar na colheita da tua vinha.

VI – É TEMPO DE SEMEAR A PALAVRA

Façamos alguma coisa de concreto para atender ao chamado de Jesus. Inovemos. Criemos. Isso mesmo: o amor tem que ser criativo!

12º DOMINGO DO TEMPO COMUM

Tema do dia

⌐→ Nada de medo, e sim, dar testemunho do Senhor Jesus.

Objetivo

⌐→ Reconhecer que o maior testemunho de Jesus é assumir com coragem a participação na construção do Reino.

I - É TEMPO INICIAL DE ACLAMAR, INVOCAR E LOUVAR O SENHOR

■ **Rezar com os participantes**

Ó Pai, tu que enviaste o Espírito Santo para recordar-nos tudo o que teu Filho Jesus disse e ensinou, dá-nos a força para vivenciarmos e anunciarmos ao mundo a Boa-nova, confiantes na tua Palavra (cf. Jo 14,26).

II - É TEMPO DE ESCUTAR E ACOLHER A PALAVRA: Mt 10,26-33

■ **Núcleo da Palavra**

Não ter medo (dos que se opõem a Jesus). Tudo será revelado. Não temer a morte do corpo, e sim da alma. Dar testemunho de Jesus significa que Jesus dará testemunho dele diante do Pai.

■ **1ª leitura: Jr 20,10-13**

O profeta compara Deus a um valente guerreiro que tem a seu lado. Ele há de envergonhar os que perseguem o profeta. Por isso, que se entoem cânticos a Deus.

■ **2ª leitura: Rm 5,12-15**

O que conseguirão os adversários se o meu Deus estiver do meu lado? E porque ele está com toda força comigo, merece louvores, porque livrou a vida de inúmeros pobres.

III - É TEMPO DE DINAMIZAR A PALAVRA

■ **Desenvolvimento**

- Apresentar a seguinte motivação:
  - ○ É necessário ter coragem para prosseguir na construção desse Reino. Se Deus está do nosso lado, a quem temer?
- Lanças as seguintes questões para que respondam:
  - ○ De que temos medo?
  - ○ Nós, como grupo, temos coragem de fazer o quê? Vamos relacionar algumas coisas que podemos fazer?

Partilha

- O que pensamos fazer é viável, quer dizer, temos condições de praticar a ideia? O que pensam? Como executar?

IV – É TEMPO DE REPERCUTIR A PALAVRA

O que é o medo? É a sensação ou a percepção de que existe algo ao redor de nós que ameaça a nossa integridade física, moral ou espiritual.

No Evangelho, é para não ter medo de quem? A resposta já está em Mt 10,17: *"Tenham cuidado com os homens, porque eles entregarão vocês nas sinagogas deles".* É tudo o que não deveria acontecer. Homens condenando homens. Homens religiosos entregando religiosos. Mas Jesus quer conduzir os seus seguidores dando-lhes condições de enfrentar as piores consequências: maledicências, perseguições, julgamentos nos tribunais e mortes para vencerem o medo e abraçarem o Reino com toda coragem. O discípulo quer ir até o fim sendo fiel ao Mestre? Pois bem, terá de fazê-lo percorrendo o mesmo caminho que Jesus palmilhou, tanto assim que nessa caminhada não aparecem quatro pegadas dos pés, mas só duas: as do Mestre, pois a marca que fica é a identidade entre o Mestre e o discípulo missionário.

Alguém quer eliminar ou mesmo diminuir o Cristo? Alguém quer ridicularizar a Igreja? A comunidade? Que esta seja tão transparente e autêntica que pegue em flagrante as armadilhas daqueles que têm em mente planos contra a justiça. Isto não é tarefa fácil, porque homens e mulheres da Igreja nem sempre, nem em todo lugar têm essa percepção. Isso, inclusive, porque como diz o papa numa rápida passagem da *Laudato si*, n. 196, que hoje há setores econômicos que detêm mais poder que os próprios Estados em si. Portanto, aí não se vê transparência e podem prevalecer favores recíprocos e pode despertar para um caminho comum: a corrupção.

O testemunho, em sentido amplo, é a condição de o cristão, por meio da fé e de ações, viver o Evangelho. Dar testemunho significa dar um depoimento em favor de alguém. Portanto, de acordo com o Evangelho sobre o qual estamos meditando, o cristão é aquele que pela sua vida dá provas, dá demonstrações de que tem Jesus como seu Senhor. E o Senhor é aquele que conduz, que guia; e o fiel é o que se deixa conduzir. Como consequência, Jesus dará testemunho e dirá diante de seu Pai: este é verdadeiramente meu discípulo.

Declarar-se a favor de Jesus é ter consciência dos riscos que isso implica: calúnias, perseguições, chacotas, dissabores, perseguições e em casos não tão raros: a morte, a morte por martírio, isto é, ao entregar a vida do corpo, mas não entregando a alma.

Ser cristão, de acordo com o Evangelho de hoje, é algo como "pegar ou largar". E quem "pega" tem que agarrar o Cristo por inteiro e também o próximo por inteiro. É como Jesus vai dizer mais adiante em Mt 22,37: *"Ama ao Senhor teu Deus com todo o teu coração, com toda a tua alma, e com todo o teu entendimento".*

Segundo Bortolini (2006, p. 171) o versículo 28 do capítulo 10 de Mateus fala da

> morte do corpo e da morte da alma, como se o corpo fosse de menor importância em relação ao espírito. O versículo afirma que só Deus tem

o poder de decidir o destino da pessoa em sua totalidade (corpo e alma), ao passo que os outros não têm esse poder, mesmo quando se julgam donos da vida alheia, e os matam para defender interesses.

Em Mt, 10,32-33 coloca-se em perspectiva o que há de acontecer com o seguidor de Jesus que lhe for fiel, e que já se sabe de antemão que será uma fidelidade experimentada e vivida em meio a muitos contratempos, reveses e toda sorte de conflitos. Viver em conflito é encontrar-se em uma encruzilhada com enormes indagações: Para que lado vou? Que estrada tomo a partir deste ponto? Para o cristão convicto e fiel, normalmente, é fácil tomar a decisão, isto é, pegar a estrada que Jesus pegaria se fisicamente estivesse em nosso meio.

■ Complementar a repercussão da Palavra dialogando

1. Indagados em qualquer circunstância, temos, de fato a coragem de declarar: eu sou cristão, eu estou disposto a dar testemunho, a dar prova por meio de minha vida de que Jesus é o Senhor?
2. Cremos firmemente que esse Jesus que ressuscitou está todos os dias presente entre nós até o nosso fim?

V – É TEMPO DE DIALOGAR COM O AUTOR DA PALAVRA

Em cada Encontro nosso torno-me mais consciente de que Tu, Jesus, és de fato modelo de vida, que tens um programa, uma meta, um ponto de chegada e um grupo de gente a seu serviço. Grupo nada pequeno, por sinal. Embora nem todos estejam tão comprometidos assim! Não é possível que eu me deixe levar pelo medo. Pelo contrário, que eu me espelhe em tua vida e vá para onde Tu fores. Dar testemunho, sem medo, mas com coragem e alegria, este deve ser o meu programa de vida em meio aos meus afazeres do dia a dia. Aliás, Tu não queres que eu dissocie vida cristã, espiritualidade, vida religiosa, dos afazeres que assumo e retomo sobre mim todos os dias. Jesus, companheiro de viagem, peço só isto: coragem para prosseguir e clareza, bem como determinação nas minhas decisões.

VI – É TEMPO DE SEMEAR A PALAVRA

Motivar-nos a nós mesmos e ao grupo a acompanhar a História da Igreja. Em maio de 2007, centenas de bispos da América Latina e do Caribe reuniram-se em Aparecida e emitiram um documento eclesial chamado *Documento de Aparecida*. Em seu número 140, o documento diz: "Identificar-se com Jesus Cristo é também compartilhar seu destino: *Onde eu estiver, aí estará também o meu servo*" (Jo 12,26). O cristão vive o mesmo destino do Senhor, inclusive até a cruz: "*Se alguém quer vir após mim, negue-se a si mesmo, carregue a sua cruz e me siga*" (Mc 8,34).

Respondamos para nós mesmos e para o Cristo:

- Estamos onde o Cristo está?
- Assumimos a nossa cruz com esperança, com fé e com muita consciência e alegria?
- Queremos continuar fiéis ao Cristo até o fim? E nesse caminhar fazer o que pelo nosso irmão e nossa irmã?

13º DOMINGO DO TEMPO COMUM

Tema do dia

→ A fidelidade a Jesus e a colocação de outros relacionamentos em um plano inferior.

Objetivo

→ Valorizar a importância de buscar dar prioridade à fidelidade a Jesus.

I – É TEMPO INICIAL DE ACLAMAR, INVOCAR E LOUVAR O SENHOR

■ Rezar com os participantes

Ó Pai, tu que enviaste o Espírito Santo para recordar-nos tudo o que teu Filho Jesus disse e ensinou, dá-nos a força para vivenciarmos e anunciarmos ao mundo a Boa-nova, confiantes na tua Palavra (cf. Jo 14,26).

II – É TEMPO DE ESCUTAR E ACOLHER A PALAVRA: Mt 10,37–42

■ Núcleo da Palavra

O compromisso de carregar a cruz e a entrega da vida nas mãos de Deus em pequenos gestos garantem grandes recompensas.

■ 1ª leitura: 2Rs 4,8-11.14-16a

Eliseu dava testemunho de uma vida digna e assim tornou-se hóspede de um casal que tinha posses. E diante de Deus Eliseu conseguiu que a mulher sunamita, que vivia no meio do povo, engravidasse, embora seu marido já fosse idoso. O menino, ainda pequeno, morreu. Eliseu tanto fez que conseguiu ressuscitá-lo.

■ **2ª leitura: Rm 6,3-4.8-11**

Pelo mergulho do Batismo fomos sepultados com Cristo, e assim como o Cristo foi ressuscitado, também nós caminharemos numa vida nova para a ressurreição.

III – É TEMPO DE DINAMIZAR A PALAVRA

■ **Material necessário**

Etiquetas e canetas.

■ **Desenvolvimento**

- Formar pequenos grupos.
- Cada grupo escolherá um participante que fará o papel de Jesus.
- Em grupo, conversar sobre a nossa fidelidade para com Jesus. Um do grupo anota esses pontos. Terminada a discussão, o grupo passará os pontos todos para pequenos autoadesivos (etiquetas) e os colará nas roupas de "Jesus".

Partilha

- Cada grupo apresentará o seu "Jesus" com todos os pontos que demonstrem a nossa fidelidade para com Ele.
- Em seguida, conversar sobre: o que foi comum para os grupos, o que parece ser difícil de se aplicar no dia a dia.

IV – É TEMPO DE REPERCUTIR A PALAVRA

É muito educativo o texto de Mateus. O que está em Mt 10,37-42 poderia vir junto do texto que está em Mt 6,25-34, pois o Pai bem sabe de que é que precisamos e qual a importância que devemos dar a cada valor. Aqui, o Evangelho quer deixar-nos tranquilos no sentido de que quem for fiel no muito também será fiel no pouco. Quem ama a Jesus, sem dúvida nenhuma, ama também seus pais e seus filhos. O que o Evangelho propõe é apenas não inverter os "amores". Diz o Evangelho: "mais do que a mim". Isto é, não elimina, não subestima o amor para com o pai ou para com os filhos.

Ora, ser fiel a uma hierarquia de valores é bem difícil e requer equilíbrio mental, afetivo e espiritual muito grande. Exige que se carregue conscientemente a cruz, mesmo se o Pai não afastar de nós o cálice do sofrimento. Afinal, não nos decidimos seguir Jesus para onde quer que Ele vá? Em Mt 10,39 encontramos dois horizontes: um bem estreito, escuro, sem grandes esperanças daqueles que procuram *conservar a própria vida*. O outro horizonte é o dos que *perdem a vida por causa de Jesus*, dos que a doam, dos que a ofertam. É um perder, cedendo-a, entregando-a a outrem. Esse horizonte não pode ser visto, não pode ser alcançado em seu todo agora, mas virá a hora em que Jesus dará a recompensa. Já agora por um simples copo de água fresca. Depois... *"voltarei e levarei vocês comigo, para que onde eu estiver, estejam vocês também"* (Jo 14,3).

A intimidade com Jesus não passa pela ameaça da separação, pois não sofre interrupção. Ele é o grande referencial e digno será o homem, digna será a mulher, que a Ele prometer amor e fidelidade, colocados em primeiro lugar.

No dia a dia isso requer renúncia, cruz, rearranjo de valores, mas o desafio é esse. E Jesus quando estabelece desafios, pensa alto... assim como pensam alto os "donos do mundo", só que o campo de atuação de Jesus é outro. As metas a serem alcançadas são outras. As recompensas, então, nem se comparam. A escolha é nossa. Qual o caminho a tomar? E se tomarmos aquele proposto por Jesus, quantos passos poderemos dar por dia?...

Paulo apóstolo, aquele que demonstrou coragem de pregar o Evangelho entre tantos não judeus, renovava em si a esperança de conhecer mais e mais a Cristo a fim de alcançar a ressurreição. Diz ele:

> *não que eu já tenha conquistado o prêmio ou que já tenha chegado à perfeição; apenas continuo correndo para conquistá-lo, porque eu também fui conquistado por Jesus Cristo. Irmãos, não acho que eu já tenha alcançado o prêmio, mas uma coisa eu faço: esqueço-me do que fica para trás e avanço para o que está na frente. Lanço-me em direção à meta, em vista do prêmio do alto, que Deus nos chama a receber em Jesus Cristo.* (Fl 3,12-14)

■ **Complementar a repercussão da Palavra dialogando**

1. Fidelidade é cumprir o compromisso de batizado: passar para o lado de Jesus, mergulhar nele, comungar ideais de vida com Ele, caminhar pelo mesmo caminho (E O CAMINHO É ELE). Seguir seu exemplo "dando a vida na cruz", não semelhante a Ele, mas a reservada para cada um. Ser fiel a Jesus é seguir seu programa, passar adiante seu Evangelho, falando e aplicando-o em atitudes concretas, desde a mais simples, como aquela de estender um copo de água para saciar a sede de alguém. Como estamos comprometidos? Com quais dessas atitudes? Todos nós estamos quites?

2. Estamos sabendo que cada homem, cada mulher tem direito a três grandes paixões ou três grandes amores em sua vida? Pois prestemos atenção: "Ame ao SENHOR SEU DEUS com todo o seu coração". "Ame ao seu PRÓXIMO como a SI MESMO" (Mt 22,37.39). Portanto, queremos avançar um pouco mais nessa direção? O que podemos fazer para que isso aconteça?

V – É TEMPO DE DIALOGAR COM O AUTOR DA PALAVRA

Jesus, aceitar a tua proposta de vida traz consigo muitos desafios. Praticamente todos os dias temos de fazer escolhas. E tudo tem um preço, não em dinheiro, mas exatamente pela escolha que se faz: dificuldades, problemas, cruzes-encruzilhadas, dúvidas.

Para ser fiel a ti preciso e quero simplesmente entregar-me a ti. Fortalece-me com o calor do teu espírito, com o dinamismo da tua ação, com a eficácia de tua comunicação.

VI – É TEMPO DE SEMEAR A PALAVRA

Buscar um tempo para refletir sobre a Fidelidade:
- Quando pensamos em fidelidade, o que ela representa para nós?
- Vamos discutir esse tema com outras pessoas.

14º DOMINGO DO TEMPO COMUM

Tema do dia

→ Jesus instaura o Reino de Deus. Os sábios e inteligentes já têm o deles.

Objetivo

→ Perceber que participar de um reino ou de outro é opção, pois Deus dá a liberdade, o livre acesso.

I - É TEMPO INICIAL DE ACLAMAR, INVOCAR E LOUVAR O SENHOR

Rezar com os participantes

Ó Pai, tu que enviaste o Espírito Santo para recordar-nos tudo o que teu Filho Jesus disse e ensinou, dá-nos a força para vivenciarmos e anunciarmos ao mundo a Boa-nova, confiantes na tua Palavra (cf. Jo 14,26).

II – É TEMPO DE ESCUTAR E ACOLHER A PALAVRA: Mt 11,25-30

Núcleo da Palavra

As coisas do Reino de Deus são reveladas aos pequeninos. O Pai confiou tudo ao Filho Jesus que se apresenta como modelo: manso e humilde.

■ 1ª leitura: Zc 9,9-10

O rei está chegando, mas não é um rei com força militar. É o rei Messias. Ele, sim, saberá falar com autoridade e anunciará a paz a todas as nações.

■ 2ª leitura: Rm 8,9.11-13

Os instintos egoístas, quando se vive segundo eles, não podem agradar a Deus. No entanto, superando-os com a ajuda do Espírit, é que brotará vida.

III – É TEMPO DE DINAMIZAR A PALAVRA

■ Material necessário

Uma corda.

■ Desenvolvimento

- Dividir os participantes em dois grupos.
- Esticar a corda e orientar para que cada grupo se organize de um lado da corda, para brincar de cabo de guerra.
- Pode se estabelecer um tempo e explicar que ao dar sinal (apito/palmas) o grupo para e larga a corda no chão.
- Terminado o tempo, o coordenador a frente aos grupos, tira de seu bolso ou sua bolsa um bilhete em que está escrito: "Ninguém sabia, mas a equipe do **lado A** (relacionar com o grupo ganhador): representaram os que têm compromissos com Jesus. A equipe do **lado B** (relacionar com o grupo perdedor) defendeu seus compromissos com os poderosos, fraudulentos e corruptos. Portanto, como vocês viram, ganhou a equipe do meu **lado A**".

Partilha

- Conversar sobre quais compromissos vão assumir com Jesus. Pergunta direcionada a todos.

IV – É TEMPO DE REPERCUTIR A PALAVRA

Então Jesus louva o Pai porque o Pai escondeu o projeto do seu Reino aos sábios e entendidos. Deus está excluindo alguém? Absolutamente, não. O que sucede é que os sábios e entendidos se excluem. Por que entrar no Reino de Deus se eles já têm o Reino próprio, cheio de bens, conquistas, conhecimentos, teorias, manobras, manipulações, falcatruas, espertezas (inteligência)...? Há um grande número de pessoas desfavorecidas: não são doutores, não esquentaram bancos de escola por muito tempo, não têm um coração dominado de esperteza. São como uma ninhada de passarinhos novos, de bico aberto, esperando a revelação, a comida do Deus-mãe (cf. Is 49,15).

Os sábios e espertos são autossuficientes. Olham só para cima. Para grandes conquistas que os satisfazem. Assim, o Pai, na verdade não quer ocultar nada de ninguém, pelo contrário, manda até o Filho para o meio dos pequeninos, mas também para a grande roda dos sábios e dos inteligentes, espertos; mas os sábios e inteligentes ficam tão embevecidos, tão extasiados com as suas conquistas, com a sua visão de mundo que, de tão sábios e inteligentes, se tornam incapazes de compreender o projeto de Deus. Sábios e entendidos, autossuficientes e espertos descobrem tudo por si; para tudo a ciência ou a habilidade de negociata lhes dá resposta satisfatória e eles não precisam, de forma alguma, da revelação vinda de Deus.

Já os pequeninos, os que não estão "entupidos", "empanturrados" de bens, de teorias, de conquistas científicas como resposta definitiva, aceitam o Filho, ouvem sua Palavra, veem seus prodígios, admiram sua mansidão e aderem ao seu projeto, caminhando junto com Ele. De fato, a revelação mais profunda do Pai mediante seu Filho Jesus se dá a partir do momento em que a pessoa humana, o "pequenino", não completo em si mesmo, começa a pensar como Jesus, agir como Jesus, a relacionar-se como Jesus se relacionou, a doar-se como Jesus se doou. Paulo se coloca entre os "pequeninos" do Evangelho ao dizer: "*Eu sou o menor dos apóstolos e não mereço ser chamado apóstolo, pois persegui a Igreja de Deus. Mas aquilo que sou, eu o devo à graça de Deus; e sua graça dada a mim não foi estéril*" (1Cor 15,9-10).

O apóstolo Paulo, evidentemente, sempre inspirado pelo Espírito de Deus, foi muito feliz ao dizer também que

> *a linguagem da cruz é loucura para aqueles que se perdem. Mas, para aqueles que se salvam, para nós, é poder de Deus. Pois a Escritura* [Is 29, 14] *diz: Destruirei a sabedoria dos sábios e rejeitarei a inteligência dos inteligentes*" (1Cor 1,18-19). E continua: "*Onde está o sábio? Onde está o homem culto? Onde está o argumentador deste mundo? Por acaso Deus não tornou louca a sabedoria deste mundo?*" (1Cor 1,20). E ainda: "*entre vocês não há muitos intelectuais, nem muitos poderosos, nem muitos da alta sociedade. Mas Deus escolheu o que é loucura no mundo para confundir os sábios; e Deus escolheu o que é fraqueza no mundo, para confundir o que é forte. E aquilo que o mundo despreza, acha vil e diz que não tem valor, isso Deus escolheu para destruir o que o mundo pensa que é importante*"(1Cor 1,26-28).

Em Mt 11,28 Jesus revela o que é carregar o desafio da própria vida, o peso que isso tem e propõe que os homens e as mulheres o procurem e nele encontrem seu ponto de descanso. Nele encontrem a paz, não descansando, mas agindo.

E como Jesus pregou ao anunciar as "oito felicidades", as "oito bem-aventuranças" em Mt 5,5? Assim: "Felizes os mansos...". E aqui Jesus confirma: ele fala e assim é. É manso. Ele chega, age em silêncio, propõe também sem ruído, e em momento algum avança, agride, usa de violência. Só propõe, acolhe e oferece amparo. Os que ingressam em seu Reino "encontrarão descanso em suas vidas... suavidade na carga". Ele mesmo é o suporte de todos os pesos. Um só homem, Cireneu, ajudou Jesus a carregar a cruz. Um só, o próprio Jesus, ajuda a carregar a cruz de todos.

Os sábios e entendidos têm o Reino deles. Nem todos os sábios, cientistas e homens inteligentes que têm o domínio do conhecimento, têm seu próprio Reino. Muitos aceitam e creem no transcendental. Mas os autossuficientes, os que se bastam, eles estão saciados, mas ao mesmo tempo inquietos, porque seria bom – assim pensam – que cada vez menos tivessem mais para poderem dominar, inclusive o intruso Deus que não pesquisa, que não avança em suas teses.

Para que lado pende o nosso coração, a nossa inteligência?

■ Complementar a repercussão da Palavra dialogando

1. Sabíamos que a maior revelação de Deus é seu Filho Jesus Cristo?
2. Sabíamos que Jesus disse que o Reino dele não é deste mundo? (cf. Jo 18,36). Portanto, Ele tem um Reino e Ele é rei. Mas não um rei pomposo, e sim, manso, humilde e que não pede excesso de trabalho de seus seguidores, nem deles pede impostos, mas lhes oferece descanso, carga suave e fardo leve, tudo por uma estreita união com Ele, sem nunca prometer isenção de dificuldades.
3. Qual o papel que desempenhamos dentro do projeto de Jesus?

V – É TEMPO DE DIALOGAR COM O AUTOR DA PALAVRA

Jesus, Tu louvas o Pai porque Ele dá a conhecer o seu projeto aos "pequeninos" e o esconde aos poderosos, aos tidos "sábios" e "inteligentes." Os "pequeninos" que tantas vezes foram roubados em sua liberdade e em seu direito, a partir de sua simplicidade conseguem entender que o projeto do Pai é que sobressaia a justiça. Que ela prevaleça, de fato. Sim, a justiça instalada faça com que os "pequeninos" tenham dignidade, liberdade e o vigor da vida. Podemos pedir-te isso confiantemente, pois és o mediador do Pai, que defende a justiça até as últimas consequências. Os "pequeninos" sabem, pressentem e sentem que estás do lado deles e que é pelo espírito combativo que eles têm, que um novo mundo será criado. Faze, Jesus, que os "pequeninos" abracem e disseminem cada vez mais o teu Evangelho.

VI – É TEMPO DE SEMEAR A PALAVRA

"Conhecer a Jesus é o melhor presente que qualquer pessoa pode receber; tê-lo encontrado foi o melhor que ocorreu em nossas vidas, e fazê-lo conhecido com nossa palavra e nossas obras é nossa alegria" (DAp, 29). Podemos, em consciência, fazer nossas essas palavras? Se sim, vamos semeá-las!

- ■ O que vamos fazer para alimentar a nossa alegria de tornar Jesus conhecido com nossa palavra e nossas obras?

15º DOMINGO DO TEMPO COMUM

Tema do dia

→ A Palavra faz festa no coração e faz agir por impulso dela.

Objetivo

→ Analisar a semelhança entre a semente e a Palavra e o ser humano como canteiro que a recebe, no qual se desenvolve.

I – É TEMPO INICIAL DE ACLAMAR, INVOCAR E LOUVAR O SENHOR

■ Rezar com os participantes

Ó Pai, tu que enviaste o Espírito Santo para recordar-nos tudo o que teu Filho Jesus disse e ensinou, dá-nos a força para vivenciarmos e anunciarmos ao mundo a Boa-nova, confiantes na tua Palavra (cf. Jo 14,26).

II – É TEMPO DE ESCUTAR E ACOLHER A PALAVRA: Mt 13,1-23

■ Núcleo da Palavra

O próprio Jesus encontra dificuldade de ser compreendido pela massa do povo e começa a falar em parábolas. A força e a eficácia da Palavra e o mistério do Reino.

■ 1ª leitura: Is 55,10-11

Deus tem um projeto que diz respeito a nós, semelhante a um fenômeno da natureza: a chuva não volta a ser nuvem de novo sem antes fecundar a terra. Assim é a Palavra de Deus. Ela não volta para a boca de Deus sem antes ter realizado o que Deus quer ver realizado.

■ 2ª leitura: Rm 8,18-23

Paulo, apóstolo, julga que não há comparação entre o nosso sofrimento e a glória futura que nos será mostrada e concedida.

III – É TEMPO DE DINAMIZAR A PALAVRA

■ Material necessário

Areia, pedrinhas de construção civil, espinhos, que podem ser dessas plantas espinhentas e um pouco de terra; planta verde; jornais velhos.

■ Desenvolvimento

- O grupo todo vai montar um ambiente (pequeno cenário), inspirados na parábola Mt 13,3-9; distribuindo todo o material pelo chão, mas em cima de jornais velhos.
- Montada a paisagem da parábola, todos, enquanto possível, também se sentam no chão, ao redor do cenário. E, devagarinho, vão entremeando a leitura do texto de Mt 13,18-23, com comentários.
- Intervir nos comentários trazendo a parábola para a nossa realidade.

IV – É TEMPO DE REPERCUTIR A PALAVRA

A semente da parábola é a Palavra e a expressão mais forte da Palavra de Deus é seu Filho, Jesus Cristo. Em Mt 13,3-9 a semente de Deus encontra opositores, aqueles que a rejeitam. Mais concretamente: há sempre aqueles que mandam Jesus calar a boca, mandam Deus calar a boca. Eles já têm muita coisa e muita gente para ouvir. Muitos assuntos para pôr em dia!

Exposta a primeira parte da parábola, segue-se uma conversa entre Jesus e os discípulos. Quem quiser entender o mistério do Reino do céu, tem que fazer-se discípulo de Jesus. Aí ele terá as coisas em abundância. Para quem não quiser seguir Jesus, os olhos vão se tornando turvos e os ouvidos surdos. A fé, se existir, vai se tornando sem brilho, enfraquecendo, e nenhum compromisso será assumido na religião professada em nome do Senhor Jesus. Já os discípulos são chamados felizes porque optaram por seguir Jesus; nos anos que passaram junto com Ele ouviram e viram muito sobre o Reino de Deus.

Na parte da explicação da parábola, entendemos que o semeador é Jesus. A semente é a Palavra dele e o ser humano é o terreno no qual cai a semente-palavra.

Houve quatro semeaduras. Aqui, segundo a parábola, a semente-palavra caiu só em 25% de terra boa, fértil, produtiva. Há uma forte disposição espiritual de os discípulos quererem ouvir e entender a Palavra. A terra boa é a disposição apropriada para entender o Reino de Jesus e a forma como ele é pregado (= Palavra). As terras não produtivas não são todas iguais. Há as que não são boas porque falta a disposição para compreender. Aí chega o Maligno e leva a Palavra embora.

Outra terra não produtiva: a da superficialidade. A Palavra cai lá, mas a terra não é profunda o suficiente para lançar raízes. A plantinha brota fraca, raquítica. Basta uma rajada de vento e a plantinha murcha e morre. A Palavra que cai no meio dos espinhos leva espetadas dos próprios espinhos. Quem manda cair no meio deles! Coitada! Vai morrer asfixiada. Os brilhos do mundo e as riquezas que ele oferece são muito mais atraentes do que a Palavra saída da boca de Deus. E essa Palavra e essa terra ficam sem dar fruto.

O cristão "compreende a Palavra; e porque assim age é terra boa... Será que ele compreende a Palavra porque é terreno bom, ou é bom terreno enquanto vai compreendendo a Palavra e a faz frutificar? Devemos ser bons para acolher a Palavra, ou começamos a ser bons quando a acolhemos e a pomos em prática?" (BORTOLINI, 2006, p. 185). A Palavra de Deus não vem pronta. Ela vai sendo proferida na experiência de vida e implica muitas coisas: desafios, amarguras, dores, derrotas e vitórias, lágrimas e alegrias, além de muito trabalho.

E as palavras puramente humanas? Ah! Elas podem causar sorrisos, provocar gargalhadas, motivar, encorajar, despertar a fé, apontar para a esperança e também ser expressão de amor. Por outro lado, adultos, jovens e também crianças precisam ter consciência de que palavras podem ferir como uma ponta de faca. Podem provocar uma ferida que custa a sarar e deixa cicatrizes. É o tipo de cicatriz que não dá para fazer desaparecer com cirurgia plástica.

O Reino de Jesus, aqui, no nosso planeta, está apenas começando. Não é Reino acabado, perfeito. Perfeito é só Ele, a Cabeça, o Rei. Dentro desse Reino há os que produzem 100%. Convivendo com eles, estão os que produzem resultados de 60%. Uma outra porção produz só 30%. Se fosse só para considerar o mercado de trabalho humano, no mínimo, a outra enorme parcela que só produz resultados de 30% deveria ser demitida, pois é gente incompetente, que não corresponde às expectativas e às metas da empresa e dos proprietários da empresa. No Reino de Jesus não é assim. Os que dão frutos de 30% já são elogiados. E os 70% de déficit? Deus supre esse déficit, esse "rombo" com a sua "carteira de misericórdia", mas pede que ninguém se contente só com 30%.

Na pequena carta que escreve a seu amigo Tito, responsável por uma comunidade cristã na ilha de Creta, diz Paulo: Deus *"nos salvou, não por causa dos atos justos que tivéssemos praticado, mas porque fomos lavados por sua misericórdia mediante o poder regenerador e renovador do Espírito Santo. Deus derramou abundantemente o Espírito sobre nós, por meio de Jesus Cristo nosso Salvador"* (Tt 3,5-6).

■ Complementar a repercussão da Palavra dialogando

1. Com qual tipo de terreno nos identificamos mais? Já estamos felizes assim ou queremos mudar alguma coisa para melhor? Como vamos melhorar?
2. Conhecemos pessoas que se dedicam a compreender bem a Palavra de Jesus? Podemos citar exemplos? Já pensamos em nos associar a um grupo assim?

V – É TEMPO DE DIALOGAR COM O AUTOR DA PALAVRA

Jesus, no fim deste Encontro ainda fica uma pergunta: o que Tu queres dizer para mim no Evangelho de hoje? Continua falando, que eu, seu seguidor, estou aqui para escutar-te (cf. 1Sm 3,10). Fica aqui, Jesus, habitando na casa apertada do meu coração. Transforma os meus pensamentos e os meus passos. Aliás, quantos passos dou por dia na tua direção, Senhor, e na direção do meu irmão e minha irmã?

VI – É TEMPO DE SEMEAR A PALAVRA

- Motivar a mesmos e a outros a pensar mais e mais sobre Mt 13,1-23.
- Questionar:
  - Quantas vezes a Palavra de Deus apenas caiu perto de nós e nem nos mexemos, ficamos imóveis?
  - Quantas vezes a Palavra de Deus encontrou pedras bem duras em nós?
  - Quantas vezes a Palavra de Deus já se enroscou em espinhos que nos arranharam por dentro?
  - Quantas vezes a Palavra de Deus já encontrou terra boa em nós? Quantos por cento dessa terra cultivamos exemplarmente?
- Diante do resultado, qual o propósito que vamos assumir?

16º DOMINGO DO TEMPO COMUM

Tema do dia

→ O Reino do céu é como a minúscula semente e como o fermento, com enorme potencial para se desenvolver.

Objetivo

→ Reconhecer a participação no Reino de Deus, as potencialidades para se desenvolver nele e que Jesus garante os meios para que isso ocorra.

I – É TEMPO INICIAL DE ACLAMAR, INVOCAR E LOUVAR O SENHOR

■ Rezar com os participantes

Ó Pai, tu que enviaste o Espírito Santo para recordar-nos tudo o que teu Filho Jesus disse e ensinou, dá-nos a força para vivenciarmos e anunciarmos ao mundo a Boa-nova, confiantes na tua Palavra (cf. Jo 14,26).

II – É TEMPO DE ESCUTAR E ACOLHER A PALAVRA: Mt 13,24-43

■ Núcleo da Palavra

A semeadura da boa semente. O inimigo semeia o joio. Os empregados atentos se dispõem a arrancar o joio. O dono não deixa, para não arrancar o trigo também. A menor semente (mostarda) dá uma árvore enorme que acolhe as nações em seus ramos. O fermento que faz crescer. Quem semeia é o Filho do Homem [Dn 7,13]. A boa semente: os que pertencem ao Reino. O joio: os que pertencem ao Maligno. No final da colheita os praticantes do mal terão dores de consciência terríveis. Já os justos brilharão.

■ 1ª leitura: Sb 12,13.16-19

Há um só Deus que cuida de todas as coisas. Ele é justo e misericordioso. Não gosta, porém, dos insolentes e arrogantes, que cavam sua própria ruína.

■ 2ª leitura: Rm 8,26-27

Ficamos desorientados, mas o Espírito intercede por nós. Assim, temos a possibilidade de saber quais os desejos do Espírito.

III – É TEMPO DE DINAMIZAR A PALAVRA

■ Desenvolvimento

- **Apresentar a seguinte motivação:** Somos todos chamados a fazer parte do Reino.
  - ○ Conversar com os participantes sobre os meios que Jesus nos apresenta para que participemos do Reino.

IV – É TEMPO DE REPERCUTIR A PALAVRA

Jesus fala por meio de parábolas e dá a entender que em seu Reino, que tem início aqui na terra, coabitam ao mesmo tempo bons e maus e que não é para tirar do meio do seu Reino o joio, os maus, agora. Diz também que o seu Reino começa de um quase nada: uma semente pequenina e de um fermento misturado à massa: massa de pão e massa de gente. Jesus semeia. O inimigo que não quer nada com Jesus, nem com justiça, também está presente. Em todo caso, não é para usar de violência para arrancar os maus, pois junto com eles podem sucumbir também os bons. Por enquanto, quem é do Reino e está decidido a seguir Jesus, tem que viver em meio a diferenças, a situações conflituosas. A nosso ver, eis aqui um argumento bíblico muito forte contra a pena de morte, *"porque pode acontecer que, arrancando o joio, vocês arranquem também o trigo"* (Mt 13,29).

O Reino, além de semente, é fermento. Faz crescer e até transbordar. Daí a bonita imagem a respeito do seguidor de Jesus que transborda, a fim de que muitos outros sigam a Jesus.

Pela segunda vez Jesus explica uma parábola. Mais uma vez os discípulos não haviam captado o seu sentido. Jesus explica: Ele semeia no mundo a boa semente *"que são os que pertencem ao Reino"* (Mt 13,8).

A ideia da pertença é muito apropriada para os nossos dias. Muitos dizem crer sem pertencer a religião alguma. Mas até onde sustentarão sua fé "independente"? Quem será referência para eles? Pertença é o ato de pertencer a alguém, não no sentido de ser propriedade, mas de fazer sua entrega total a Ele. Assim, o apóstolo Paulo diz com toda firmeza: *"Eu vivo, mas já não sou eu que vivo, pois é Cristo que vive em mim. E esta vida que agora vivo, eu a vivo pela fé no Filho de Deus..."* (Gl 2,20) Paulo é conduzido pelo Cristo porque ele, Paulo, assim quer. Assim ele se sente livre, entregue ao Cristo. Na 1ª Carta aos Coríntios 6,19, Paulo diz: *"Vocês já não se pertencem a si mesmos"*. Portanto, a pertença, a entrega é feita de modo livre e incondicional ao Cristo.

Quanto a marido e mulher, Paulo declara: *"os dois serão uma só carne"* (Ef 5,31). A pertença será mútua em profundidade para os casais que caminharem no amor. O mesmo se diga daquele cristão, daquela cristã que vê o Cristo no rosto daqueles com os quais ele mesmo quis se identificar (cf. Mt 25,35-36). Pertença é ainda aquela profunda consciência de João Batista diante da grandeza de Jesus, o Messias: "É preciso que *Ele cresça e eu diminua*" (Jo 3,30).

■ Complementar a repercussão da Palavra dialogando

1. Que tipo de semente somos?
2. Somos fermento que faz crescer? Onde?

V – É TEMPO DE DIALOGAR COM O AUTOR DA PALAVRA

Senhor Jesus, bem que eu quero desenvolver-me como boa semente, como fermento "dentro do prazo de validade". Mas desenvolver-me sozinho eu não consigo, não! Assim como o fermento não cresce sozinho, mas só com a farinha. E os inimigos estão aí só me espreitando. Ao meu redor, pode ter gente corrupta que se apodera do que não lhe pertence, gente violenta, gente sem ter o que comer, embaixo da ponte, gente morrendo agora por doença, por abandono, por assassinato e Tu disseste que é para eu aprender a conviver com esse cenário, sem precisar concordar com tudo. Ensina-me a ser forte nessa situação, nessas circunstâncias. Eu quero pertencer ao teu Reino. Quero ter ouvidos para ouvir-te. Ouvir e pôr em prática. O mundo em que vivo é um imenso canteiro de obras, Senhor. Sou aprendiz, mas quero ser o teu operário.

VI – É TEMPO DE SEMEAR A PALAVRA

Cuidemos de nós mesmos sendo trigo guardado no celeiro, depois replantado; jamais como joio, que será queimado.

17º DOMINGO DO TEMPO COMUM

Tema do dia

→ A compra do tesouro e da pérola e o lançamento da rede de pesca no mar.

Objetivo

→ Identificar a riqueza do Reino expressa na justiça, alegria e paz que ele nos traz.

I – É TEMPO INICIAL DE ACLAMAR, INVOCAR E LOUVAR O SENHOR

▉ Rezar com os participantes

Ó Pai, tu que enviaste o Espírito Santo para recordar-nos tudo o que teu Filho Jesus disse e ensinou, dá-nos a força para vivenciarmos e anunciarmos ao mundo a Boa-nova, confiantes na tua Palavra (cf. Jo 14,26).

II – É TEMPO DE ESCUTAR E ACOLHER A PALAVRA: Mt 13,44-52

▉ Núcleo da Palavra

Reino do céu: um tesouro, uma pérola, uma rede cheia de peixes bons, aproveitáveis. Quem encontra isso fica cheio de alegria.

1ª leitura: 1Rs 3,5.7-12

Deus perguntou a Salomão: "O que lhe posso dar?". E Salomão, ainda jovem, respondeu: "Ensina-me a ouvir, para que eu possa governar o teu povo e discernir entre o bem e o mal".

2ª leitura: Rm 8,28-30

A circuncisão tem valor quando acompanhada da justiça e de toda retidão.

III – É TEMPO DE DINAMIZAR A PALAVRA

■ Material necessário

Oito cartões – em cada cartão escrever as seguintes palavras: ser humano, tesouro, cheio de alegria, campo, pérola, rede, peixes bons, REINO DO CÉU; bombons para todos os participantes.

■ Desenvolvimento

- Formar duplas.
- Os cartões indicando diferentes tesouros estarão escondidos no local de encontro ou até em algum lugar externo.
- Cada dupla sairá à procura do tesouro: REINO DO CÉU.
- Dar um tempo para a busca – "caça ao tesouro".

Partilha

- Ao retornarem para o local do encontro, terminada a busca pelos cartões, cada grupo vai apresentar o tesouro encontrado, dando o seu significado.
- A dupla que tiver encontrado o tesouro: REINO DO CÉU vai dizer por que é bom pertencer a esse Reino e ganhará uma caixa de bombons, para ser dividida com todos.

IV – É TEMPO DE REPERCUTIR A PALAVRA

O desejo de Deus é que seus filhos e filhas vivam em paz, em harmonia e plenos de vida. Vida em abundância como promete Jesus (Jo 10,10). Essa vida se torna possível quando o Reino cresce entre nós e se torna opção para o bem que Ele quer nos comunicar.

O que são todos os bens diante do tesouro ao qual é comparado o Reino do Céu? Quem é desse Reino, sabe que riqueza ele representa, sente-se cheio de alegria, pois diz o apóstolo Paulo: "*O Reino de Deus é justiça, paz e alegria no Espírito Santo*" (Rm 14,17). Não é difícil de entender isto: onde há justiça e paz, existirá uma companheira de ambas: a alegria. Embora na segunda parábola o texto não fale da alegria, é evidente que ela brota justamente em decorrência da aquisição da pérola que substitui todas as demais posses.

Nas parábolas encontramos o convívio dos contrários: trigo-joio; peixes bons e os que não prestam. Deus permite esse convívio porque não é pela violência, nem pela "lavagem cerebral" que se acende a luz da fé e o fogo do amor. E Jesus pergunta aos discípulos se eles compreendem essa coexistência, se eles sabem discernir, distinguir uma coisa da outra. Eles dizem que sim, o que é um sinal de amadurecimento em comparação a parábolas anteriores, segundo as quais os discípulos também não entendiam o que Jesus queria dizer. Aos poucos, a palavra, a ação e o convívio com Jesus parecem produzir efeito nos seus mais próximos seguidores. Eles começam a discernir as coisas. Poderíamos até dizer que a Bíblia é um grande fio condutor acionado por Deus para justamente propiciar ao ser humano o discernimento.

O que é o discernimento? É a capacidade que o ser humano tem de analisar de modo claro e sensato as coisas. Por isso, é importantíssimo que homens e mulheres de fé, desde a sua juventude saibam discernir os sinais dos tempos de que tanto se fala. Que saibam discernir com sensatez o que é que aponta para Deus e para seu Filho Jesus Cristo e o que aponta para o que é rasteiro, que não eleva o coração humano, mas antes, o compromete porque há tantas coisas que corrompem e destroem o próprio ser humano.

O apóstolo Paulo, de maneira muito convicta e convincente diz: "*Não extingam o Espírito... examinem tudo e fiquem o que é bom*" (1Ts 5,19.21). O que é "examinar tudo" senão saber discernir as coisas que são de Deus e as que não são?

É fácil discernir? Nem sempre. Porém, é mais fácil para quem tem fé e para quem tem algum conhecimento e sabe manusear as Escrituras. A própria Igreja, a guardiã das Sagradas Escrituras, lida com sutilezas que as pessoas comuns não entendem e até apontam nisso sinais de contradição, de "becos sem saída".

Há pessoas – conhecemos algumas na comunidade – que têm o dom de discernir. Às vezes até parecem tirar leite de pedra. Sugam o néctar de uma conversa complicada e entregam aos seus interlocutores a essência daquilo que possa interessar para a vida espiritual. Às vezes são pessoas que não têm grande currículo acadêmico, mas têm este dom de discernir, examinar e sintetizar. São pessoas iluminadas e iluminadoras.

No fechamento do Evangelho deste Encontro, é valorizado o antigo que passa a inserir-se no novo do Evangelho de Jesus Cristo, assim como de uma semente já existente nasce uma planta nova, viçosa e vistosa. Por isso, Paulo, convertido integralmente ao Cristo Jesus disse com tanta propriedade: "*Se alguém está em Cristo, é nova criatura. As coisas antigas passaram; eis que uma realidade nova apareceu. Tudo isso vem de Deus*" (2Cor 5,17-18).

■ Complementar a repercussão da Palavra dialogando

1. Estamos na "escola" do discernimento, isto é, costumamos analisar certas atitudes nossas ou de outros ou nos deixamos arrastar para qualquer lado em que o vento soprar?

2. Na nossa vida cristã "deixamos muita coisa por fazer" ou discernimos muito bem as coisas?

3. Procuro tirar dúvidas sobre as coisas que leio e ouço sobre religião e sobre o que dizem de Jesus Cristo e da sua Igreja?

V – É TEMPO DE DIALOGAR COM O AUTOR DA PALAVRA

Os participantes podem aprender a rezar esta oração atribuída a São Francisco de Assis.

Senhor, dá-me a coragem de mudar o que pode ser mudado.
A humildade de aceitar o que não pode ser mudado,
E a sabedoria para discernir entre uma coisa e outra.

VI – É TEMPO DE SEMEAR A PALAVRA

Expressemos com nossas palavras por que pertencemos ao Reino de Deus.

18º DOMINGO DO TEMPO COMUM

Tema do dia

→ A distribuição do pão para saciar a fome da humanidade.

Objetivo

→ Sensibilizar-se as necessidades dos outros e identificar meios para ajudá-los a satisfazê-las.

I - É TEMPO INICIAL DE ACLAMAR, INVOCAR E LOUVAR O SENHOR

Rezar com os participantes

Ó Pai, tu que enviaste o Espírito Santo para recordar-nos tudo o que teu Filho Jesus disse e ensinou, dá-nos a força para vivenciarmos e anunciarmos ao mundo a Boa-nova, confiantes na tua Palavra (cf. Jo 14,26).

II – É TEMPO DE ESCUTAR E ACOLHER A PALAVRA: Mt 14,13-21

■ **Núcleo da Palavra**

A compaixão de Jesus é gesto concreto em favor dos doentes que são curados. Cabe aos discípulos seguir o Mestre: dar de comer à multidão.

■ **1ª leitura: Is 55,1-3**

O profeta Isaías coloca a vida como bem superior e, por isso, todos têm direito à comida e à bebida e que lhes dê dignidade. Esse é o projeto verdadeiro.

■ **2ª leitura: Rm 8,35.37-39**

O apóstolo Paulo pergunta: O que nos poderá separar do amor de Cristo. Ele mesmo, em resumo, responde: nada.

III – É TEMPO DE DINAMIZAR A PALAVRA:

■ **Material necessário**

Um pão que será repartido entre todos.

■ **Desenvolvimento**

- Se possível, todos os participantes, poderão apresentar um fato sobre pessoas que suplicaram por um pedaço de pão (comida, atenção, roupa, saúde, educação etc.).
- O que foi feito para saciar a fome dessa gente?
- Em seguida, formar um círculo.
- Pegar o pão e entregá-lo ao participante do lado esquerdo.
- Quem recebe o pão, parte um pedaço e passa tanto o pedaço como o pão para o próximo, que fica com o pedaço que recebeu e passa o pão adiante para que o próximo participante retire o seu pedaço, e assim sucessivamente até chegar a vez de alimentar o último, que foi o primeiro a receber o pão. A sobra, ele a coloca sobre a mesa.

Partilha

- Comentários livres dos participantes.
- O coordenador poderá comentar com as próprias palavras ou ler:
Jesus se recusa a seguir a lógica matemática. Ele segue a lógica do atendimento dos mais necessitados e de cinco pães ainda sobraram doze cestos cheios. Partindo e repartindo houve soma. Houve sobra. Os doze cestos estão para serem distribuídos porque há famintos, porque a distribuição do pão não se dá como deveria, porque não levamos a sério o que diz a Palavra: "*vocês é que têm de lhes dar de comer*" (Mt 14,16). E se a distribuição não mais acontece como deveria ser é porque o sangue quente do coração humano congelou. Não permitamos que isso aconteça com o nosso.

IV – É TEMPO DE REPERCUTIR A PALAVRA

Mesmo sem ter ainda um contato mais próximo, Jesus "*teve compaixão*" (Mt 14,14) das pessoas, isto é, sofreu junto com elas, pensou o que podia ser feito por elas. Mas esperou pela reação dos discípulos que queriam despedir a multidão por causa do avançado da hora e da fome de todos. Jesus não deixa que despeçam as multidões. "*Vocês é que têm de lhes dar de comer*"(Mt 14,16). É como se Jesus tivesse dito com outras palavras: "Busquem uma saída para essa gente toda, sem mandá-la embora de mãos e de estômago vazios." Os discípulos tiveram vergonha de dizer: "Só temos cinco pães e dois peixes"(cf. Mt 14,17). Jesus agradece aquela refeição prestes a começar. Após Jesus pronunciar a bênção, os discípulos distribuíram os pães aos milhares de presentes.

Jesus não fez aquele milagre para se tornar o ator principal de um espetáculo, enchendo primeiramente cestos e mais cestos de pão. Os cestos e mais cestos apareceram no final e o milagre foi acontecendo à medida que o povo todo ficou saciado. E os cestos cheios já ficaram prontos para saciar a fome de outras multidões, que se aglomeram até hoje para receber o pão. O pão-pão, bem como o pão-justiça, o pão-teto, o pão-escola, o pão-trabalho, o pão-saúde, o pão-afeto, o pão-amizade, o pão-livro, o pão-remédio, o pão-liberdade, o pão-leitura, o pão-cultura, o pão-lazer, o pão-Eucaristia.

Atualmente, padecemos pela falta de valores de referência e de certo modo nos asfixiamos no consumismo. Ele nos dá uma sensação de que algo em nós se torna pleno. Quando não temos abertura para o outro, nós também o consumimos. O outro só é bom para nós enquanto tiramos proveito dele, enquanto o tratamos como objeto ou simples peça útil do nosso negócio, ou pior: da nossa negociata. Aí não há espírito de partilha, e sim de exploração, de esquartejamento do outro, "vendido" como objeto de leilão.

Quem parte e reparte vive melhor. A própria psicologia social detecta e confirma isso.

Por isso, ao falar do discernimento, para termos pelo menos uma certa abertura para partilhar, é bom colocarmos em dúvida as promessas do mundo da publicidade.

Há muitas formas e muitos campos em que se pode partilhar. A do Evangelho é uma. Outras: saúde, escola, moradia, lazer, cultura, catequese, o anúncio do Evangelho, a arte, o caminho da técnica e hoje, de maneira cada vez mais acentuada, a preservação do meio ambiente.

É bonito ver como há uma tarefa compartilhada entre Jesus e os discípulos. Jesus partiu os pães e os discípulos os entregaram. Resultado: os que comeram ficaram saciados. E esse "ficar saciados" com a personalidade de Jesus e a pregação do seu Evangelho acompanhado do testemunho não tem fim. A ação coletiva entre Jesus e os discípulos produziu um efeito transformador e efetivamente marcou o início de uma práxis eclesial, isto é, comunitária, de assembleia, de trabalho conjunto em que o resultado foi maior do que a soma do esforço de cada um.

Assim a Igreja, comunidade do Pão, passou a repetir o gesto solidário de Jesus e vida de fé foi ganhando força com as obras de misericórdia. A construção do reino requer atos de caridade, de solidariedade e amor. Vejamos um fato concreto sobre um grupo de moradores de determinado bairro que fez uma campanha para uma economia de água em várias ruas próximas. O grupo foi mal-entendido e mal recebido por certos moradores. Resultado: dias depois a água chegou de maneira racionada e prejudicou tanto os que agiam coletivamente quanto os que julgavam ter um bom motivo para gastar água como queriam. Sobre esse assunto a psicóloga Rosely Sayão escreveu, em seu artigo *"Agir coletivamente"* de 3 de maio de 2007, no jornal *Folha de S. Paulo*: "O problema é que, ao vivermos na lei do "cada um por si", deixamos de ter o sentimento de pertença, esquecemos que somos interdependentes e perdemos a noção de que buscar o bem comum resulta em benefício para cada indivíduo".

Se não houver multiplicação da partilha no Reino de Deus, haverá alargamento das cercas das injustiças, da corrupção, que não se restringem só ao campo político, mas também da violência que anda solta tanto nas grandes como nas pequenas cidades, da miséria abjeta, da fome em meio ao aumento de toneladas de grãos produzidos a cada ano, da doença e das novas doenças, da morte que rouba a vida por quaisquer R$ 10,00, por um par de tênis ou por um troco na catraca do ônibus.

A sociedade e a Igreja precisam se unir para não continuar assistindo passivamente a tudo isso.

■ Complementar a repercussão da Palavra dialogando

- ■ Alguma vez já encontramos uma solução nova para um problema que vinha se arrastando? Podemos falar disso rapidamente?
- ■ Além do pão da mesa, que outro pão achamos que as pessoas do nosso meio mais precisam? Quem está cuidando para providenciar esse pão?

V – É TEMPO DE DIALOGAR COM O AUTOR DA PALAVRA

Partilhar é difícil, Jesus. Mas sob o teu olhar vou fazer um renovado esforço para tornar programa de vida para mim o que Tu disseste: "*Vocês é que têm de lhes dar de comer*".

Vou partilhar o teu amor com o meu olhar atento aos sofrimentos dos meus irmãos e irmãs;

Vou partilhar a tua esperança com minhas mãos solidárias;

Vou partilhar a tua presença com a minha fé mais autêntica e comprometida;

Vou partilhar a tua vida presente na minha para que muita gente tenha saciada a fome de justiça e de pão.

VI – É TEMPO DE SEMEAR A PALAVRA

Não esquecer as palavras de Jesus: "*Vocês é que têm de lhes dar de comer*." Coloquemos em prática essas palavras.

19º DOMINGO DO TEMPO COMUM

Tema do dia

→ A pesca malsucedida e o socorro do Senhor Jesus.

Objetivo

→ Perceber o papel e as ações de Jesus e dos discípulos.

I – É TEMPO INICIAL DE ACLAMAR, INVOCAR E LOUVAR O SENHOR

■ **Rezar com os participantes**

Ó Pai, tu que enviaste o Espírito Santo para recordar-nos tudo o que teu Filho Jesus disse e ensinou, dá-nos a força para vivenciarmos e anunciarmos ao mundo a Boa-nova, confiantes na tua Palavra (cf. Jo 14,26).

II – É TEMPO DE ESCUTAR E ACOLHER A PALAVRA: Mt 14,22-33

■ **Núcleo da Palavra**

Jesus mandou os discípulos para a missão enquanto Ele orava. Jesus se mostrou o Senhor daquilo que criou: andou sobre as águas, disse ser a fonte da coragem. Foi reconhecido e declarado: Filho de Deus.

■ **1ª leitura: 1Rs 19,9.11-13a**

O profeta Elias é perseguido porque denunciou uma política opressora. Deus mandou que ele se refugiasse no alto de uma montanha, onde houve grande tempestade. Refugiou-se numa gruta, à noite. Quando novamente teve contato com o Senhor, ele disse que o zelo de Deus o consumia e que os israelitas abandonaram a Aliança com Deus. Os inimigos mataram os profetas e quem sobrou foi ele, Elias.

■ **2ª leitura: Rm 9,1-5**

Com quanta coisa contam os israelitas: adoção filial, a legislação, o culto e as promessas. Em seu meio também surgiram os pariarcas e deles nasceu Jesus, que está acima de tudo.

III – É TEMPO DE DINAMIZAR A PALAVRA

■ Desenvolvimento

- Formar duplas.
- Cada dupla irá representar o *medo* só por mímica.
- Em seguida, cada dupla representará a *coragem*.

Partilha

- Promover um momento de comentários sobre as apresentações e confrontar com alguns momentos de medo e coragem vividos pelos participantes, motivando-os a explorar também a confiança em si e em Deus.

IV – É TEMPO DE REPERCUTIR A PALAVRA

Jesus "obrigou" os discípulos a entrar na barca e sair em missão pelo Reino para o outro lado do mar. Ele iria orar. Era a oração pessoal de Jesus conversando com o Pai. Oração pessoal que também para nós é absolutamente necessária. Cada um já tem ou precisa encontrar sua forma, seu ritmo de oração pessoal, bem como o lugar ou os lugares. Para uns, serão horas; para outros, minutos. Uns se debruçam sobre o texto da Bíblia, outros sobre um livro de espiritualidade, outros ainda sobre uma oração como o Pai-nosso. E há os que desfiam as contas do terço, proferindo em seus lábios a oração da Ave-Maria, enquanto sua mente e o coração se unem ao meditar nos mistérios do Cristo, desde a sua concepção até a contemplação dos mistérios gloriosos: ressurreição de Jesus, sua ascensão ao céu, a vinda do Espírito Santo, a assunção de Nossa Senhora e a coroação de Maria no céu. E ainda os mistérios luminosos, quais sejam: o Batismo de Jesus no rio Jordão, Jesus que se revela nas Bodas de Caná, Jesus que anuncia o Reino de Deus, Transfiguração no monte Tabor, a instituição da Eucaristia.

Há quem se sinta muito à vontade em convidar Jesus para ser "copiloto" ao dirigir o carro pelas ruas congestionadas das metrópoles e há quem diga que um ótimo lugar para fazer a oração pessoal é o banheiro. Ora, tudo isso é razoável. O importante mesmo é a oração pessoal, a conversa de amigo para amigo, entre o crente e seu Deus, pois pela oração se criam asas para voar e sentir-se disponível para socorrer o outro. Rezar é dizer a Jesus: isso e isso eu não sou capaz de realizar, mas Tu és. Por isso Tu és chamado "Senhor". Rezar é demonstrar confiança no Pai e em seu Filho Jesus e dizer: faça-se em mim segundo a tua palavra.

A pesca dos discípulos não foi boa. O vento lhes era adverso. Tudo aos discípulos parecia muito ruim naquela noite. Na hora da necessidade Jesus veio socorrê-los como Senhor de tudo até dos fenômenos da natureza. Pedro reconhece que é o que é: medroso, e pede então: "Senhor, salva-me!"(Mt 14,30). E Jesus estava pronto para estender-lhe a mão. E foi reconhecido como "Filho de Deus." Antes, porém, Pedro demonstrou fraqueza na fé. Duvidou, embora já tivesse chamado Jesus de "Senhor". E Pedro disse bem. Ele estava diante do Senhor, o único Senhor.

E vale a pena valer-nos mais um pouco das palavras de Leonardo Boff em nosso discurso sobre a fé e a confiança no Senhor:

> Hoje, a grande maioria dos que creem não mostra esse tipo de entrega, porque não chegaram a conhecer e a fazer uma experiência radical de Deus-pastor. Cercam-se de um panteão de santos e santas fortes, orações poderosas e infalíveis... medalhas e escapulários metidos nos bolsos e velas bentas, distribuídos por cada canto da casa. [...] É a fé em coisas e em realidades que mais ocultam do que revelam a presença de Deus. (BOFF, 2004, p. 91)

Precisamos cuidar para que o medo não nos impeça de perceber a presença do Senhor. O medo pode se tornar o inimigo da alegria de viver. Sim! O medo destrói a segurança e a confiança em si mesmo e nos outros. Pode ser medo da solidão, medo de ser ilha, de sentir-se desamparado. E vem Jesus e reverte a situação ao dizer: "Coragem! Sou eu".

O medo, a insegurança, são como a "matéria-prima" da falta de Deus. Mas Jesus é solícito e tranquiliza: *"Não tenham medo"* (Mt 14,27) Logo nasce a confiança em Pedro, mas não muita. Faltava ainda um longo amadurecimento. Na ocasião seguinte, Pedro grita: *"Senhor, salva-me!"* (Mt 14,30). E a salvação aconteceu. E a serenidade também. E brotou um ato de fé: *"Tu és o Filho de Deus"* (Mt 14,33).

■ Complementar a repercussão da Palavra dialogando

1. Podemos garantir que temos fé em Jesus? O que nos leva a crer nele? O que é que encontramos nele? Ele, pobre como os pobres. Não deixou bens. Não tinha onde reclinar a cabeça (Mt 8,20). Morreu desprendido da terra e desprendido do céu. Teve de ser enterrado num túmulo alheio. Vamos mesmo atrás dele?
2. Às vezes duvidamos de Jesus e das coisas de religião, não duvidamos, não? E aí, o que fazemos? A quem você procura para esclarecer suas dúvidas e fortalecer a sua fé?
3. Nossa fé é só uma luzinha escondida dentro de nós que a carregamos como lâmpada que irradia luz.

V – É TEMPO DE DIALOGAR COM O AUTOR DA PALAVRA

Senhor, Jesus! Não sei quantas vezes Tu dizes no Evangelho: *"Não tenham medo"*. Contudo, eu continuo tendo medo, principalmente de abraçar a ti e a tua causa para valer e de segui-lo, porque tenho medo de largar de mim. Fico preso a mim e, não poucas vezes, afundo e, de novo, Tu me socorres, me estendes a mão, me seguras. Até quando continuarei a vacilar se tenho em ti o *"Senhor que salva"* porque és verdadeiramente o *"Filho de Deus"*?

VI – É TEMPO DE SEMEAR A PALAVRA

Motivar o grupo a que corra o desafio da travessia das águas, certo de que o Senhor sempre estende a mão e nos garante segurança.

20º DOMINGO DO TEMPO COMUM

Tema do dia

→ Invocação do Senhor e fé podem vir de qualquer parte.

Objetivo

→ Compreender que invocar o Senhor é uma graça e manifestar a fé é um dom.

I – É TEMPO INICIAL DE ACLAMAR, INVOCAR E LOUVAR O SENHOR

■ **Rezar com os participantes**

Ó Pai, tu que enviaste o Espírito Santo para recordar-nos tudo o que teu Filho Jesus disse e ensinou, dá-nos a força para vivenciarmos e anunciarmos ao mundo a Boa-nova, confiantes na tua Palavra (cf. Jo 14,26).

II – É TEMPO DE ESCUTAR E ACOLHER A PALAVRA: Mt 15,21-28

■ **Núcleo da Palavra**

Uma mulher estrangeira (não judia) procura o Senhor Jesus. Os discípulos acham que a mulher está importunando o Mestre. Jesus se mostra reticente diante da mulher, mas ela insiste e Ele a atende. Grande era a fé daquela mulher. Jesus cura a filha dela.

■ **1ª leitura: Is 56,1.6-7**

Diz Deus: pratiquem a justiça, pois o povo de Deus deve estar aberto a outros povos.

■ **2ª leitura: Rm 11,13-15.29-32**

Se o Evangelho não é bem acolhido por uma parte do povo de Israel, é hora de anunciá-lo em meio aos que são de outros povos.

III – É TEMPO DE DINAMIZAR A PALAVRA

■ **Desenvolvimento**

- Apresentar a seguinte motivação:
  É hora de refletir e agir. Uma mulher estrangeira, carregando a seu lado, sua filha, uma menina de uns 11 ou 12 anos, com perturbações mentais, psicológicas e espirituais também. Elas não têm onde morar. A mãe não sabe para qual hospital levar a filha e o dinheiro está se tornando cada vez mais curto.
- Formar dois grupos para uma conversa sobre a motivação.
- Solicitar aos grupos para que conversem e encontrem soluções para a situação, considerando:
  - ○ Que tipo de ajuda nós, homens e mulheres sensíveis, que damos importância à vida em Jesus Cristo, podemos oferecer a essas duas criaturas de Deus, sem defesa?
  - ○ Não se pode pensar dar ajuda em dinheiro. É preciso buscar soluções que não dependam de dinheiro.

Partilha

- Cada grupo apresenta suas soluções. Pode ser que nesta hora surjam outras ideias de como ajudar mãe e filha.

IV – É TEMPO DE REPERCUTIR A PALAVRA

Em primeiro plano, no Evangelho que agora temos diante de nós, aparece uma mulher estrangeira. Ela grita e invoca o Senhor: *"Senhor, filho de Davi, tem piedade de mim. Minha filha está sendo cruelmente atormentada por um demônio".* Jesus é o único Senhor de todos, de judeus e gregos (cf. Rm 10,12). E a mulher o chama de Filho de Davi. Este foi o mais célebre rei de Israel por volta do ano 1000 a.C. Entre os judeus, na época de Jesus acreditava-se que o Messias Salvador seria um descendente de Davi. Assim, "Filho de Davi" passou a ser um dos títulos atribuídos a Jesus.

E a mulher cananeia, com muita espontaneidade invoca Jesus, pelo menos por três vezes chamando-o de Senhor. Invocar quer dizer chamar em auxílio, pedir proteção, é pedir ajuda a quem tem poder para tal. Ela queria ser atendida, mas não pedia por ela. Clamava a atenção de Jesus para curar sua filha. Com certeza, a mãe daquela filha atingida por perturbações, não fazia considerações teológicas, mas expressava a sua fé e a sua confiança, pois acreditava naquele a quem recorria e até o tratou por "Senhor" reconhecendo nele *status* de Rei e poder de Deus. Ela invocou Jesus. Não foi atendida. Insistiu de novo e foi atendida. Os discípulos, por sua vez, se sentiram incomodados com os gritos da mulher. Bom seria se Jesus atendesse logo a mulher para que eles pudessem se ver livres dela. Também Jesus, a princípio, não falou nada e nem fez nada por ela. Não parou de andar e nem lhe deu atenção.

Os dizeres de Jesus neste Evangelho são fortes. Compara até os não judeus a cachorrinhos, ao passo que os judeus são filhos de Deus. Ao que a mulher apresentou um argumento também muito forte: *"Também os cachorrinhos comem as migalhas que caem da mesa de seus donos"*(Mt 15,27). Aí, sim, Jesus atende a mãe aflita que havia assumido sobre si os sofrimentos todos da filha: *"Mulher é grande a sua fé. Seja feito como você quiser"* (Mt 15,28).

A fé é grande quando se conclui logo que não se é tão poderoso como às vezes se imagina. Quando se deposita muita confiança em alguém de maior poder.

Jesus é o enviado do Pai com uma grande missão. Desempenha-a de maneira exemplar e de modo algum igualado pelo desempenho de qualquer outro. Os discípulos se dispõem a trabalhar, o que é um bom sinal. E querem saber o que fazer para realizar as obras de Deus, e Jesus responde que é preciso acreditar nele. *"A obra de Deus é que vocês acreditem naquele que Ele* [o Pai] *enviou"* (Jo 6,29). E Paulo, sempre o apóstolo inflamado, louco pelo Cristo e pela sua Igreja, ainda em fase inicial, declara com a maior sinceridade que a fé em Cristo é indispensável para a salvação. *"Não me envergonho do Evangelho, pois ele é força para a salvação de todo aquele que acredita..."* (Rm 1,16). Evangelho é a Boa-nova. E a Boa-nova é *"Jesus, o Messias, o Filho de Deus"* (Mc 1,1).

Em 9 de maio de 2007, o papa Bento XVI declarou que "a fé garante a beleza da vida." Por que será? Ora, porque torna o horizonte da vida muito mais amplo, mais otimista, mais belo; porque a fé marcha junto com a sua irmã gêmea, a esperança, em direção à realização agora e ao transcendente como corolário final perfeito; porque não há satisfação com o que é limitado; porque a fé faz realizar o que sem ela se poderia julgar insensato; porque a fé entrega o bastão da condução do ser humano ao supremo Pai, ao Deus Emanuel e ao Espírito que é Luz para os povos; porque com a fé a vida humana se torna mais leve. O fardo não é carregado por um só, e sim por dois amigos: o crente e seu Deus. E por falar em fardo, lembramo-nos de uma pequena história, bem conhecida do público cristão: Um dia, um menino carregava em seus braços o seu irmão mais velho e bem machucado, após uma briga. Os curiosos, que nunca faltam, perguntaram ao menino: "Não é muito peso para você?" Ao que ele respondeu: "Não, não! Ele é meu irmão!" Algo parecido aconteceu com um padre bem conhecido em São Paulo. Ele limpava as feridas de sua mãe. O médico que viu aquilo, disse: "O senhor gosta de fazer isso. Tem tanto jeito, não é?" – "Doutor, não é que eu goste de fazer isso! Ela é minha mãe!" – respondeu o padre.

Diante desses dois fatos poderíamos dizer que nas dificuldades a minha vida é leve porque Deus me sustenta com a sua graça e eu carrego Deus em mim pelo dom da fé que Ele implantou em mim.

Mais um pequeno caso real, que nos impressionou muito. Numa viagem de São Paulo a Porto Alegre, uma senhora jovem estava sentada com seus dois filhos na primeira fileira de poltronas do lado direito do avião. Um dos filhos era criança de colo e o menino mais velho devia ter seus cinco anos, possivelmente. Assim que a aeronave decolou e chegou a furar o bloqueio da primeira camada de nuvens, o menino maiorzinho, em pé, olhou para fora, viu nuvens e ainda um pouco da paisagem, com toda espontaneidade fez sua oração e seu ato de fé, dizendo: "Ó Deus! Em que lugar lindo você mora!" Cremos que com essa fé cultivada desde a infância, esse menino, quando adulto, jamais deixará de crer, porque Deus se manifestou para ele por entre as nuvens do céu.

■ **Complementar a repercussão da Palavra dialogando**

1. Confiamos no poder de Jesus como a mulher cananeia? Que pedidos temos hoje para fazer-lhe?
2. Se Jesus aparecesse agora para nós e nos chamasse pelo nome, Ele poderia dizer: N..........., é grande a sua fé?
3. A mulher fez algo concreto com a fé dela: invocou Jesus, pediu-lhe ajuda. Nós, o que fazemos de concreto com a fé que dizemos ter?

V – É TEMPO DE DIALOGAR COM O AUTOR DA PALAVRA

Senhor, Filho de Davi, tem piedade de mim.
Senhor, Filho de Davi, tem piedade de mim.
Senhor, Filho de Davi, tem piedade de mim.

VI – É TEMPO DE SEMEAR A PALAVRA

Vamos observar e acolher melhor as pessoas que estão clamando pela atenção e Jesus. O que podemos fazer?

21º DOMINGO DO TEMPO COMUM

Tema do dia:

→ "E vocês, quem dizem que eu sou?"

Objetivo

→ Conhecer melhor a pessoa de Jesus.

I – É TEMPO INICIAL DE ACLAMAR, INVOCAR E LOUVAR O SENHOR

■ Rezar com os participantes

Ó Pai, tu que enviaste o Espírito Santo para recordar-nos tudo o que teu Filho Jesus disse e ensinou, dá-nos a força para vivenciarmos e anunciarmos ao mundo a Boa-nova, confiantes na tua Palavra (cf. Jo 14,26).

II – É TEMPO DE ESCUTAR E ACOLHER A PALAVRA: Mt 16,13-20

■ Núcleo da Palavra

Na opinião do povo: quem é Jesus? João Batista, Elias, Jeremias? E para os discípulos? Em nome deles responde Pedro: o Messias, o Filho de Deus vivo. O que Pedro diz é uma revelação de Deus. Jesus declara Pedro alicerce e ministro com grandes poderes.

■ 1ª leitura: Is 22,19-23

Há substituição na liderança a fim de que melhore a política de Aliança. Mesmo assim, os interesses pessoais e familiares ofuscam o desempenho que se pudesse chamar: imparcial.

■ 2ª leitura: Rm 11,33-36

Paulo lembra que os pensamentos de Deus são insondáveis. O que fazer? Inclinar-se diante dele.

III – É TEMPO DE DINAMIZAR A PALAVRA

■ Material necessário

Folhas de papel sulfite para os participantes.

■ Desenvolvimento

- Os participantes pesquisarão e responderão com breves comentários o que dizem os seguintes textos evangélicos sobre Jesus:
  - ○ Mt 21,8-9: Que atitudes tomou o povo e o que gritava a multidão? Faz lembrar alguma invocação que ocorre na celebração da Eucaristia?
  - ○ Lc 6,19: Qual o comportamento do povo e por quê?
  - ○ Lc 9,7-9: O que dizer das reações de Herodes?
  - ○ Jo 7,40-43: Como o povo se posiciona?
  - ○ Jo 8,59: O que fizeram os inimigos?
  - ○ Jo 11,51-53: O que acontece e o que se planeja nesse trecho?

2. O que Jesus falou de si mesmo?

- Mt 11,27
- Jo 10,11
- Jo 10,30
- Jo 13,13
- Jo 15,1
- Jo 15,9

IV – É TEMPO DE REPERCUTIR A PALAVRA

O cenário do trecho de Evangelho se passa em Cesareia de Filipe, Norte da Palestina. Jesus, o catequista por excelência, como outras tantas vezes, faz refletir, levantando uma pergunta: "Quem dizem os homens que é o Filho do Homem?" (Mt 16,13). O título: "Filho do Homem" tem sua origem no profeta Daniel 7,13s. e "é usado para designar "alguém como um homem" que aparece sobre as nuvens perante o Ancião e recebe o Reino. Esta figura simboliza Israel" (McKENZIE, 1984, p. 351). Jesus sintetiza o novo Israel, por isso ele atribui o título a si mesmo.

Os discípulos, provavelmente, ouviam coisas do povo, que certamente não chegavam aos ouvidos de Jesus. Então os discípulos, falando pelo povo disseram que o Filho do Homem, Jesus, era João Batista ressuscitado. Outros comentavam que Ele era Elias que deveria voltar para acompanhar a instalação do Reino de Deus e outros ainda diziam que Jesus poderia ser Jeremias, já que corria a impressão quanto às semelhanças entre esse profeta e Jesus.

Hoje as opiniões seriam mais numerosas.

Jesus?

- Um profeta
- Um mágico
- Uma personagem criada que nem existiu historicamente
- Um subversivo na sociedade de seu tempo
- Um sonhador
- O marido de Maria Madalena
- Um líder religioso que, como tantos outros, fracassou ao morrer vergonhosamente numa cruz.
- Mas Pedro, em nome dos discípulos respondeu à pergunta de quem é Jesus: "*Tu és o Messias, o Filho do Deus vivo*". O Messias, aquele que salva. O Filho do Deus vivo. "O Filho único e herdeiro que manifesta o Pai aos homens e que goza de uma união íntima e exclusiva com o Pai." (McKENZIE, 1984, p. 351).
- "Foi concebido pelo poder do Espírito Santo; nasceu da Virgem Maria; padeceu sob Pôncio Pilatos, foi crucificado, morto e sepultado. Desceu à mansão dos mortos; ressuscitou ao terceiro dia; subiu aos céus, está sentado à direita de Deus Pai todo-poderoso, donde há de vir a julgar os vivos e os mortos." (Símbolo dos Apóstolos)

Que dizem de Jesus, hoje, os batizados católicos, evangélicos, os teólogos leigos, os sacerdotes, bispos, cardeais? O que diz dele o magistério da Igreja? Para este nosso grupo quem é Jesus? Para cada componente deste grupo quem é Ele?

A respeito desse Evangelho, o papa João Paulo II, em sua Carta Apostólica *Novo millenio ineunte [no início do novo milênio*, 2001, n.20] tem uma bela página explicativa sobre a declaração de Pedro de que Jesus é o Messias, o Filho de Deus vivo:

> Como Pedro chegou a essa fé? E o que se requer de nós, se quisermos seguir de forma cada vez mais convicta as suas pegadas? Mateus dá-nos um indício esclarecedor nas palavras com que Jesus acolhe a confissão de Pedro: *"Não foram a carne nem o sangue que revelaram isso, mas meu Pai que está no céu"* (Mt 16,17). A expressão "carne e sangue" evoca o homem e o seu modo comum de conhecer que, no caso de Jesus, não basta. É necessária uma graça de "revelação" que vem do Pai.... à plena contemplação do rosto do Senhor, não chegamos pelas nossas simples forças, mas deixando a graça conduzir-nos pela sua mão. Só *a experiência do silêncio e da oração* oferece o ambiente adequado para amadurecer e desenvolver-se um conhecimento mais verdadeiro, unido e coerente daquele mistério cuja expressão culminante aparece na solene proclamação do evangelista João: "*E o Verbo se fez carne e habitou no meio de nós; e nós vimos a glória dele, glória que lhe vem do Pai como a Filho único, cheio de graça e de verdade*" (Jo 1,14).

Afinal, como se sabe quem é Jesus? O texto do Evangelho diz que é pela revelação do Pai, e nós acrescentamos, que é pela experiência que fazemos dele: fazendo o que Ele fez e como Ele fez, criando cada vez mais intimidade com Ele, seguindo seu Evangelho, partilhando também a sua Palavra; construindo o seu Reino e, nesse sentido, dando passos firmes todos os dias. É possível? É. Falem por nós os exemplos de santos canonizados ou não, que nos precederam e viveram heroicamente, imitando a Jesus Cristo em todos os séculos de história do cristianismo.

■ Complementar a repercussão da Palavra dialogando

1. No íntimo de nós mesmos: quem é Jesus para nós? Quem somos nós para Jesus Cristo? De 1 a 10 que importância tem Jesus em nossa vida?
2. De que meios dispomos para conhecer melhor a Jesus? Estamos nos empenhando na utilização desses meios?
3. Somos felizes por termos Jesus por nosso mediador que já está sentado na glória, à direita do Pai? Sentimo-nos felizes em saber que Jesus está conosco todos os dias até o fim dos tempos e que o mesmo Cristo Jesus que está conosco está também com qualquer outra pessoa: corrupta, terrorista, extremamente pobre, suja, abandonada?

V – É TEMPO DE DIALOGAR COM O AUTOR DA PALAVRA

Repitamos várias vezes:
Creio que Jesus é o Messias, o Filho de Deus vivo, presente e atuante na história.
Creio que Jesus é o Messias, o Filho de Deus vivo, presente e atuante na história.
Creio que Jesus é o Messias, o Filho de Deus vivo, presente e atuante na história.

VI – É TEMPO DE SEMEAR A PALAVRA

"Quando cresce no cristão a consciência de pertencer a Cristo, em razão da gratuidade e alegria que produz, cresce também o ímpeto de comunicar a todos o dom desse encontro" (DAp, 145). Vivemos a experiência de Jesus como o texto sugere? Que tal anunciar, com alegria, a nossa fé em Jesus Cristo?

22º DOMINGO DO TEMPO COMUM

Tema do dia

→ A trilha por onde seguir é uma só: a de Jesus.

Objetivo

→ Identificar o estilo de vida que Jesus nos propõe.

I – É TEMPO INICIAL DE ACLAMAR, INVOCAR E LOUVAR O SENHOR

■ **Rezar com os participantes**

Ó Pai, tu que enviaste o Espírito Santo para recordar-nos tudo o que teu Filho Jesus disse e ensinou, dá-nos a força para vivenciarmos e anunciarmos ao mundo a Boa-nova, confiantes na tua Palavra (cf. Jo 14,26).

II – É TEMPO DE ESCUTAR E ACOLHER A PALAVRA: Mt 16,21-27

■ **Núcleo da Palavra**

Jesus a caminho do sofrimento e morte. Pedro, pedra de tropeço: não pensa nas coisas de Deus, mas dos homens. Seguimento de Jesus, só carregando a cruz. Perder a vida por causa de Jesus. A recompensa virá.

1ª leitura: Jr 20,7-9

Aqui está um dos célebres dizeres de Jeremias: *"Tu me seduziste, Senhor, e eu me deixei seduzir".*

2ª leitura: Rm 12,1-2

"Façam de si mesmos, irmãos, uma oblação agradável a Deus".

III – É TEMPO DE DINAMIZAR A PALAVRA

Material necessário:

Várias cruzes de papel, canetas e barbante para estender um varal.

Desenvolvimento

- Apresentar a seguinte motivação:
  - ○ A cruz aponta para o infinito de Deus, mas também para a vastidão do horizonte onde mora nosso irmão. Renunciar-se a si mesmo é carregar a cruz como prova de amor.
- Entregar para cada participante uma cruz e solicitar que escreva nela palavras que lembrem renúncia a si mesmo.
- Terminado o tempo, será montado um "varal" em que aparecerão todas as cruzes com as renúncias.

Partilha

- Discutir em plenário porque vale a pena seguir um programa desses, que vai na direção da cruz.

IV – É TEMPO DE REPERCUTIR A PALAVRA

Hoje, o Filho do Deus vivo diz que vai se encaminhar para Jerusalém, onde se sujeitará a sofrimentos e dores. De Filho do Deus vivo passará para a experiência da morte e, em seguida, da ressurreição. É o Filho de Deus assim prefigurado:

> *Desprezado e rejeitado pelos homens, homem do sofrimento e experimentado na dor... Todavia, eram as nossas doenças que Ele carregava, eram as nossas dores que ele carregava em suas costas. E nós achávamos que Ele era um homem castigado, um homem ferido por Deus e humilhado. Mas Ele estava sendo transpassado por causa de nossas revoltas, esmagado por nossos crimes. Caiu sobre Ele o castigo que nos deixaria quites; e por suas feridas veio a cura para nós. Foi preso, julgado injustamente; e quem se preocupou com a vida dele?... O meu servo justo devolverá a muitos a verdadeira justiça, pois carregou o crime deles.* (Is 53,3-5.8.11)

No Evangelho, quando Pedro procura dissuadir Jesus de afrontar sua fase de sofrimentos, Jesus o chama de Satanás, isto é, aquele que de todo modo quer atrapalhar o andamento da justiça e do amor entre semelhantes.

É bom observar que Pedro foi chamado de "feliz" porque o Pai revelou a ele que Jesus é o Filho do Deus vivo. Já agora Pedro é Satanás, preso às coisas dos homens. Antes Pedro era pedra como alicerce. Agora Pedro é pedra pela dureza do seu coração, muito envolvido com as coisas deste mundo.

Em seguida, Jesus faz um convite aos discípulos incluindo Pedro: convite para segui-lo, mostrando as condições:

— renunciar a si mesmo (o "eu" é muito pesado quando carregado "de si mesmo")

— carregar a cruz (doenças, envelhecimento, dificuldades, adversidades)

— e sob o peso da cruz seguir a quem convidou e caminhar como Jesus sugerir

E o trecho do Evangelho prossegue dizendo que sai muito caro segurar a vida só para si mesmo. Que é infinitamente melhor doá-la para encontrá-la transformada, leve, gloriosa.

É preciso revestir a fé de uma prática diária para entender o Evangelho. Justamente no nosso tempo em que tudo deve soar a facilidade, menor esforço possível, proveito próprio, conforto, vantagem, ausência de dor, anestesia, só bem-estar.

Mas Jesus sabe o que faz. Seu Evangelho é Boa Notícia, aqui e agora. Não é coisa mofada, sua Palavra não encerra páginas amareladas. Jesus tem planos para nós. Não nos promete ausência de dor, mas participação na sua glória. Uma vez, um pastor não católico disse em tom bem-humorado: "Vocês conhecem o Salmo 23, certo? "O Senhor é meu Pastor, nada me faltará!" E o líder religioso acrescentou: "Pois é! Nada faltará. Nem sacrifícios, nem dores, nem dissabores". É isso mesmo. Em momento algum Jesus disse que ficaríamos livres dessas coisas. Disse, sim, que seguindo-o nosso fardo se tornaria leve.

O que Jesus faz é uma proposta. Só isto. Uma proposta: "se alguém quer me seguir..." A proposta pode vir acompanhada de motivação e de exemplo. Ora, motivação e exemplos não faltaram para quem viveu perto de Jesus. Já a primeira resposta à proposta tem de ser a liberdade, visto que sem ela não há proposta, e sim, imposição; e a imposição é própria do ser humano, de sua fraqueza e insegurança, jamais de Deus e de seu Filho que aqui veio estabelecer um Reino de amor, de justiça e de grande liberdade.

Há muitas propostas banais que o mundo oferece. Uma das propostas mais comuns do nosso mundo de hoje é o lucro. Produzir, ganhar e ganhar sem se importar com os meios, a ética, o decoro profissional.

A pressa, a adrenalina, o imediatismo, o "era para ontem" são outros aspectos dessa mesma proposta do mundo.

Já a proposta de Jesus é serena, sem ser, porém, menos exigente. É serena porque não vai querer que toda casa seja construída num só dia, mas será exigente, porque requer que todos os dias sejam dados passos ao carregar a cruz, a companheira indispensável e inseparável para quem quiser se encontrar com Jesus em sua glória. Já citamos um antigo mestre de espiritualidade, São João da Cruz, que dizia: "não progredir na vida espiritual é regredir". Tem lógica isso. Pensemos em um cristão que por anos a fio vive e convive com suas fraquezas espirituais dominantes sem dar-lhes um basta. Esse cristão não consegue sustentar-se na fé, não tem alicerces para construir "uma casa melhor". Cair em certas fraquezas como o apóstolo Pedro caiu e recaiu é ainda sinal de que a pessoa quer corrigir-se, melhorar, levantar-se. Agora, ficar estirado no chão, "dar corda" nos próprios defeitos, não é cristão, pois assim o "seguimento" de Cristo se interrompe.

Se Jesus passa pelo sofrimento e seu discípulo tem de passar igualmente por ele, "também está claro que tal sofrimento não é uma tolerância passiva, mas uma forma de vida ativa. Trata-se do sofrimento por causa de Jesus. "Tomar a cruz" significa "orientar-se em Jesus como modelo de vida e saber que o apoio vem do Senhor, que foi exaltado por Deus. O seguimento começa com o convite à negação própria. Negar-se a si mesmo significa uma opção deliberada: a renúncia aos próprios interesses vitais na entrega a Cristo" (CASTAÑO FONSECA , 2007, p. 49).

Nossos irmãos cristãos não católicos, não fazem o sinal da cruz e não exibem a cruz com o crucificado em seus templos, pois para eles, o que importa é viver em companhia de Jesus ressuscitado. Faz muito sentido isso. Porém, o que fazem os católicos também está repleto de sentido. Diz o *Catecismo da Igreja Católica* no n. 2157: "O cristão começa o seu dia, as suas orações e ações com o sinal da cruz, 'em nome do Pai, do Filho e do Espírito Santo. Amém'. O batizado dedica a jornada à glória de Deus e invoca a graça do Salvador, que lhe possibilita agir no Espírito como Filho do Pai. O sinal da cruz nos fortifica nas tentações e nas dificuldades". Além do mais, ostentamos a cruz e o crucificado sabendo que agora é a nossa vez de passar por essa fase da cruz, do calvário. Sem cruz assumida e carregada com amor não há ressurreição.

Teria até um sentido catequético se entre nós difundíssemos o crucifixo semelhante àquele que vimos, feito na Grécia; de um lado, Jesus crucificado; e do outro, Jesus ressuscitado. Ótima maneira de, por meio da imagem, conduzir Àquele que ela representa (cf. Ex 25,17-22; 1Rs 6,23.29).

■ Complementar a repercussão da Palavra dialogando

1. Em que meios nos agarramos para perseverar no seguimento de Jesus?
2. Como somos quanto à nossa personalidade? Perseveramos ou desistimos logo de cara em certas tarefas ou compromissos? Em termos de vida, de perseverança, costumamos nadar até a metade do rio e voltamos atrás ou nadamos até o fim?
3. Nós nos achamos treinados e maduros para enfrentar e assumir as dificuldades, as cruzes do dia a dia?

V – É TEMPO DE DIALOGAR COM O AUTOR DA PALAVRA

Jesus, pelo Evangelho de hoje eu entendo que devo negar certas coisas a mim mesmo. Uma criança, por exemplo, não pode se alimentar só de chocolate. Não faz bem. Assim eu, já crescido, para curtir uma boa saúde espiritual sei que tenho de negar para mim a preguiça, a inveja, a mentira, as brigas, as falas bobas da minha língua. Minha consciência me diz que devo ser mais aberto para com os outros, olhar com esperança para o amanhã, defender a justiça com palavras e atitudes, amar a verdade e participar em iniciativas que defendam as "coisas de Deus". Sozinho eu não consigo isso. Então, Tu, Jesus, que junto com o Pai e o Espírito Santo és fonte de todo bem e toda graça, dá-me esse impulso inicial, a fim de que, de fato, eu valorize minha vida fazendo dela um oferecimento para o que é bom, belo e justo, pois nisto é que consiste o Reino por ti estabelecido.

VI – É TEMPO DE SEMEAR A PALAVRA

Diz-se que Deus não dá cruz maior do que aquela que a pessoa possa suportar. Mas... há pessoas que não têm condições físicas, psíquicas, nem espirituais de suportar o peso da cruz. Podemos demonstrar como estamos sendo "Cireneu" para aliviar a cruz de outras pessoas?

23º DOMINGO DO TEMPO COMUM

Tema do dia

↳ Correção entre irmãos.

Objetivo

↳ Reconhecer que a correção fraterna gera harmonia e comunhão.

I - É TEMPO INICIAL DE ACLAMAR, INVOCAR E LOUVAR O SENHOR

▪ Rezar com os participantes

Ó Pai, tu que enviaste o Espírito Santo para recordar-nos tudo o que teu Filho Jesus disse e ensinou, dá-nos a força para vivenciarmos e anunciarmos ao mundo a Boa-nova, confiantes na tua Palavra (cf. Jo 14,26).

II – É TEMPO DE ESCUTAR E ACOLHER A PALAVRA: Mt 18,15-20

■ Núcleo da Palavra

Quando há um desvio de rota, o pecador merece correção fraterna de uma pessoa ou da comunidade. Jesus está na roda dos que se reúnem em nome dele.

■ 1ª leitura: Ez 33,7-9

Cabe ao profeta advertir o injusto sobre a necessidade de mudar seu comportamento.

■ 2ª leitura: Rm 13,8-10

O apóstolo averte: não fiquem devendo nada a ninguém, a não ser mais amor.

III – É TEMPO DE DINAMIZAR A PALAVRA

■ Desenvolvimento

- Formar uma roda de conversa.
- Apresentar a seguinte motivação:
  - ○ *Onde dois ou três estiverem reunidos em meu nome, eu estou no meio deles.*
- Refletir com os participantes:
  - ○ Geralmente nos reunimos para...? Deixar que todos falem;
  - ○ O que podemos destacar de positivo nos nossos encontros: com amigos, familiares...?
  - ○ Mas quando nos reunimos, *em nome de Jesus, nos reunimos para?*
  - ○ E esses encontros nos ajudam em quê?

IV – É TEMPO DE REPERCUTIR A PALAVRA

Podemos dizer que para nós, cristãos, mundo novo é a realização do Reino, reino de justiça, de perdão e de verdadeiro convívio fraternal. O Evangelho indicado ao menos recomenda viver tudo isso na comunidade cristã.

"*Se o seu irmão pecar*", assim diz o trecho do Evangelho, deve haver quatro instâncias para recuperar o convívio fraternal e a reintegração plena do irmão, da irmã na comunidade.

■ A primeira instância

Você está com todo o seu direito de mostrar o erro dele. Note bem: o Evangelho não diz que você tem direito de gritar e avançar contra ele, mas ser contra o erro dele. Se ele der ouvidos, você o ganhará de volta para o convívio pleno na comunidade. Talvez ele resista, revide e não queira sequer admitir o erro. Mas você agiu bem. Você foi evangelicamente correto.

■ A segunda instância

Então você chamará duas testemunhas. Se ele ainda se fechar em si, você e as testemunhas apelarão à comunidade da Igreja.

■ A terceira instância

"Se nem mesmo à Igreja ele der ouvidos, seja tratado como se fosse um pagão ou um cobrador de impostos". Ficará entregue a si mesmo, à própria sorte, com a chance de cair em si, reerguer-se e voltar para o meio da comunidade eclesial.

■ A quarta instância

Esgotados todos os meios das três instâncias anteriores, ainda resta um recurso extremamente forte, mesmo na ausência do irmão que pecou. É a da comunidade ou ao menos parte dela se reunir contando com a presença do Senhor entre os reunidos. Aí, sim, se pedirá livremente pelo irmão que caiu e que ainda não decidiu levantar-se. É o poder de reconvocação do irmão, da irmã que a oração contém.

Dois temas se destacam no trecho do Evangelho: a correção fraterna e a tolerância.

■ Correção fraterna

Infelizmente, não é palavra da moda nas comunidades cristãs. Antes, elas pecam muito pela língua, interpretam mal palavras e atitudes alheias e interpretam até pensamentos jamais expressos como, por exemplo, "nosso pároco não gosta disto ou daquilo" sem que ele se tenha pronunciado a respeito. Falando da língua, o apóstolo Tiago, cuja carta faz parte dos nossos Livros Sagrados e inspirados, diz dela: "é um pequeno membro e, no entanto, se gaba de grandes coisas. Observem uma fagulha, como acaba incendiando uma floresta imensa! A língua é um fogo, o mundo da maldade. A língua, colocada entre os nossos membros, contamina o corpo inteiro, incendeia o curso da vida..." (Tg 3,5-6).

Porém, falemos da correção fraterna. A correção de irmão para irmão. A correção que aplica a própria finalidade da Escritura, pois como diz o extraordinário apóstolo Paulo ao seu amigo Timóteo, a Escritura é inspirada por Deus para desempenhar quatro funções: *"para ensinar, para argumentar, para corrigir, para educar na justiça"* (2Tm 3,16). A correção fraterna exerce a função de corrigir.

São vários os textos sagrados que ensinam a correção fraterna. Lc 17,3 diz que se o irmão assumir más atitudes é para repreendê-lo e perdoar-lhe tantas vezes quantas ele suplicar por perdão. Já Mateus 7,1-5 diz que não é para julgar o irmão que errou e, além do mais, é para olhar primeiro para os próprios erros e defeitos. Aos Gálatas 6,1, Paulo afirma: *"Se alguém for apanhado em alguma falta, cabe a vocês, que são espirituais, corrigir com mansidão a essa pessoa. E cada um que se cuide, para não ser tentado também".* Já em Eclo 19,17, se expressa a Voz da Sabedoria:

"Indaga o próximo, antes de ameaçá-lo..." E um pouco mais adiante, o mesmo livro diz que a correção jamais deverá ser desprezada, e sim, recebida com humildade: *"Quem despreza a correção segue o caminho do pecador, mas quem teme ao Senhor se arrepende sinceramente"* (Eclo 21,6).

Reconhecemos que correção fraterna é um ato de caridade, uma virtude difícil de ser praticada, mas é ela que consolida a comunidade. Quem erra tem o direito de recomeçar certo e quem acompanha a vida de quem errou, como cristão, tem o dever de dar-lhe a mão e reconduzi-lo à apreciação dos valores evangélicos vividos em comunidade.

Como dissemos, outro tema que se destaca no Evangelho é a tolerância. Se fôssemos falar de intolerância seriam desnecessárias explicações, pois boa parte das pessoas é rápida em desferir flechas de conceitos ou preconceitos contra outros.

Há alguns anos, passou uma peça publicitária com o foco em uma marca de televisor. Dizia que de nada adiantava falar da excelente qualidade se o telespectador não tinha aquela marca. Assim, como falar de tolerância, se as pessoas não curtem essa virtude? Como corrigir se não sabemos ouvir? Como corrigir o irmão se não cedemos um milímetro da nossa opinião própria? Como falar de tolerância se não temos o menor respeito pelo diferente? O Evangelho de hoje é o Evangelho da tolerância. Quem errou pode até ter um coração de pedra, mas a comunidade cristã não tem o direito de ser intolerante. Ela tem que ver a realidade sob outro ângulo. O ângulo sob o qual o Cristo via e vê: tolerância e perdão sempre. Misericórdia, sobretudo! Não fosse assim, estaríamos aniquilados. A tolerância é a abertura do intelecto e da alma em admitir que o outro tenha sentimentos, gostos, modos de pensar e de agir diferentes dos nossos. E que pode cair em erro. A tolerância necessita de um longo aprendizado. Cremos que tão longo quanto forem longos os nossos dias de vida.

Tenha-se por acertado que a tolerância não pode ser confundida com concordância. Tolerar é saber administrar diferenças. Já concordar sempre, é dar-se por vencido nos princípios, nos valores, incluídos aí os valores religiosos. Ser tolerante não significa aprovar o descartável, os deslizes éticos. Mas nada de "murro em ponta de faca". O diferente, seja ele o antipático, o que mora embaixo da ponte, o indivíduo violento, o desajustado, precisa, sim, ser alvo de ações que envolvam respeito, justiça e a oração, naturalmente. Quem sabe, as diferenças diminuam. A esperança caminha nesse rumo.

■ Complementar a repercussão da Palavra dialogando

1. Já falamos com outra pessoa sobre um erro dela? Outra pessoa já conversou conosco sobre um erro que cometemos? Pode contar o resultado disso?
2. Em que ocasiões nos vemos reunidos com Jesus? Sentimo-nos confortados por Ele?

V – É TEMPO DE DIALOGAR COM O AUTOR DA PALAVRA

Senhor Jesus, como és compreensivo e misericordioso para com todos; que sempre contando contigo, eu ame cada vez mais as pessoas como elas são: que eu as ame sem preconceitos, sem violências verbais ou atitudinais. Se eu tiver propostas que façam outras pessoas crescer, que Tu sejas louvado. E, ao mesmo tempo, que eu também tenha o espírito bem aberto para acolher propostas que sirvam para o meu desenvolvimento humano e espiritual.

VI – É TEMPO DE SEMEAR A PALAVRA

Pensemos seriamente se no nosso grupo cristão não há alguma correção fraterna a fazer. Decidindo-nos pela correção fraterna, sigamos, pois, os passos do Evangelho sobre o qual refletimos e rezemos muito pedindo as luzes do Espírito Santo.

24º DOMINGO DO TEMPO COMUM

Tema do dia

⌐→ "Perdoa as nossas ofensas, assim como nós perdoamos a quem nos tem ofendido" (Mt 6,12).

Objetivo

⌐→ Reconhecer que é preciso perdoar para restabelecer a união com o Projeto do Pai.

I – É TEMPO INICIAL DE ACLAMAR, INVOCAR E LOUVAR O SENHOR

■ **Rezar com os participantes**

Ó Pai, tu que enviaste o Espírito Santo para recordar-nos tudo o que teu Filho Jesus disse e ensinou, dá-nos a força para vivenciarmos e anunciarmos ao mundo a Boa-nova, confiantes na tua Palavra (cf. Jo 14,26).

II – É TEMPO DE ESCUTAR E ACOLHER A PALAVRA: Mt 18,21-35

▪ Núcleo da Palavra

Aceitar o perdão e conceder o perdão aos outros. Jesus assumiu sobre seus ombros os nossos pecados para que nós perdoemos aos que têm alguma culpa conosco.

▪ 1ª leitura: Eclo 27,33-28,9

Saber controlar-se. Reconhecer o serviço dos médicos, mas é de Deus que vem a cura. Deus deu a ciência aos homens para que possam glorificá-lo.

▪ 2ª leitura: Rm 14,7-9

No breve texto da segunda leitura de hoje, Paulo nos diz que nós, efetivamente, não pertencemos a nós mesmos, que não somos donos absolutos de nós mesmos, mas que em qualquer situação de nossa vida, pertencemos ao Senhor.

III – É TEMPO DE DINAMIZAR A PALAVRA

▪ Desenvolvimento

- Formar dois grupos.
- Cada grupo lerá de novo o Evangelho.
  - ○ Refletir sobre a necessidade de se dar e pedir perdão.

Partilha

- Quais são as nossas resistências para a reconciliação? Como mudar?

IV – É TEMPO DE REPERCUTIR A PALAVRA

A parábola se passa assim:

▪ Ambiência

Reino do Céu e a sua justiça.

▪ Rei-Deus

Sem prévio aviso decide acertar as contas com seus empregados.

▪ Primeiro empregado

Endividado até o pescoço. "Devia dez mil talentos." Para algum estudioso bíblico detalhista, isso daria 400 toneladas de prata. Dívida simplesmente impagável; portanto, voltaria à condição de escravo, o que já foi demonstrado em 2Rs 4,1. Ele recorre. Pede um tempo. Promete pagar. Sua súplica mexeu com o patrão, que "teve compaixão, soltou o empregado (tirou-o novamente da condição de escravo), e lhe perdoou a dívida".

■ Primeiro empregado e um subordinado deste

O primeiro empregado estava totalmente aliviado, sem dívida, quite com o patrão-Deus. Não por seus méritos, seus esforços, seu trabalho para pagar a dívida, mas por uma ação livre e espontânea de compaixão do patrão-Deus. O primeiro empregado, começando a usufruir sua liberdade e sua emancipação econômica já que a ninguém devia, começou a pensar em lucros. Logo encontrou um subordinado que também lhe devia.

■ Primeiro empregado

"Pague logo o que me deve". E usou logo de violência física, agarrando o subordinado pelo pescoço para asfixiá-lo. E se o asfixiasse até matá-lo receberia o que o subordinado lhe devia?

■ Subordinado

"Dê-me um prazo, e eu pagarei você." Usou quase as mesmas palavras que o primeiro empregado perante o patrão-Deus. E o primeiro empregado não atendeu ao apelo do subordinado. Podia dar um prazo e teria de volta o que lhe emprestara. Assim, o primeiro empregado foi néscio, estúpido para com o subordinado e até para consigo mesmo. Deixou de ganhar o que era de direito. Preferiu dar uma demonstração de força, de poder. Mandou prender o devedor. "E a gente se pergunta: como poderia pagar se foi posto em prisão? Além de não sermos capazes de perdoar, impedimos que os outros andem e tenham liberdade, exatamente ao contrário do que Deus faz conosco!" (BORTOLINI, 2006, p. 223).

PATRÃO-DEUS E O PRIMEIRO EMPREGADO

■ Patrão-Deus

"Empregado miserável! Eu lhe perdoei toda a sua dívida, porque você me suplicou. E você, não devia também ter compaixão do seu companheiro, como eu tive de você?"

O patrão mandou entregar o primeiro empregado aos torturadores, "até que pagasse toda a sua dívida". E por essa tortura de consciência também nós vamos passar se não perdoarmos ao nosso irmão. Perdoar é um ato explícito da vontade.

O Catecismo da Igreja Católica fala de maneira elegante e profunda do perdão: "Não está em nosso poder não mais sentir e esquecer a ofensa; mas o coração que se entrega ao Espírito Santo transforma a ferida em compaixão e purifica a memória transformando a ofensa em intercessão" (CIgC, 2843).

Por que perdoar? O teólogo e psicólogo, Jean Yves Leloup (2002, p. 83) tem uma boa resposta: "O Eu não sabe perdoar. Mas há um Eu maior do que nós mesmos. E quando nos abrimos a esta dimensão de nós mesmos, tornamo-nos capazes de perdoar o imperdoável".

E mais adiante, o autor, sempre com uma boa carga de psicologia acrescenta: "... dizemos no Pai-nosso: Perdoai-nos como nós perdoamos. Como se a comunicação do dom divino dependesse da abertura do nosso coração. Se o nosso coração está fechado, se existir rancor, se não há perdão, a vida não pode circular em nós..." (LELOUP, 2002, pp. 98-99).

O perdão faz parte da justiça do Reino de Deus. O Evangelho do Senhor Jesus Cristo nos cerca de todos os lados com o intuito de que não carreguemos qualquer resquício de rancor ou vingança em nossos corações, enquanto partícipes de seu Reino. Assim, perdoem "setenta vezes sete" é o novo nome do *amem os seus inimigos, e rezem por aqueles que perseguem vocês!"* (Mt 5,44).

▪ Complementar a repercussão da Palavra dialogando

1. Já perdoamos algo mais sério? Se perdoamos, foi difícil?
2. O perdão que se oferece muda alguma coisa em quem perdoa?
3. Já tomamos consciência de quantas vezes recebemos o perdão de pai, mãe, adultos, chefe na empresa, de irmãos nossos na Igreja etc.? Já pensamos o que seria de nós se não tivéssemos uma segunda chance? E, pensando nisso, faz ou não faz sentido o perdão?

V – É TEMPO DE DIALOGAR COM O AUTOR DA PALAVRA

Pai nosso, que estás no céu, santificado seja o teu nome, venha a nós o teu Reino, seja feita a tua vontade, assim na terra como no céu.

O pão nosso de cada dia nos dá hoje, perdoa-nos as nossas ofensas, assim como nós perdoamos aos que nos têm ofendido, e não nos deixes cair em tentação, mas livra-nos do mal.

VI – É TEMPO DE SEMEAR A PALAVRA

Busquemos perdoar de coração o nosso irmão.

25º DOMINGO DO TEMPO COMUM

Tema do dia

→ Que se faça a justiça desde o primeiro até o último.

Objetivo

→ Identificar que a justiça acontece quando se atende as necessidades do outro e se resgata uma vida mais digna e plena.

I - É TEMPO INICIAL DE ACLAMAR, INVOCAR E LOUVAR O SENHOR

■ **Rezar com os participantes**

Ó Pai, tu que enviaste o Espírito Santo para recordar-nos tudo o que teu Filho Jesus disse e ensinou, dá-nos a força para vivenciarmos e anunciarmos ao mundo a Boa-nova, confiantes na tua Palavra (cf. Jo 14,26).

II – É TEMPO DE ESCUTAR E ACOLHER A PALAVRA: Mt 20,1-16

■ **Núcleo da Palavra**

O patrão convoca trabalhadores em diversos horários do dia. Manda pagar a mesma diária para todos. Houve protestos por parte dos que foram convocados por primeiro. Mas o patrão havia combinado uma moeda de prata. O patrão-Deus não pode fazer o que quer com o que lhe pertence? A generosidade desperta ciúme?

■ **1ª leitura: Is 55,6-9**

É bem conhecida a máxima que Deus nos comunica: *"Os meus projetos não são os projetos de vocês, e os caminhos de vocês não são os meus caminhos".*

■ **2ª leitura: Fl 1,20c-24.27a**

Por causa da comunidade, Paulo acha melhor continuar vivo para estar a serviço dela.

II – É TEMPO DE DINAMIZAR A PALAVRA

■ **Material necessário**

Um pacote de balas com número igual ao número de participantes.

▪ Desenvolvimento

- Formar um círculo com as cadeiras.
- Apresentar a seguinte motivação:
  - os últimos serão os primeiros e os primeiros serão os últimos.
- Iniciar, entregando as balas ao primeiro que estiver ao seu lado e pedir que passe adiante, até que cada participante tenha uma bala em mãos.
- Quando isso acontecer, o último a receber a bala diga uma palavra que incentive a prática da justiça e degusta sua bala. Segue assim, até chegar ao participante que tinha iniciado a distribuição das balas.

Partilha

- Já vivenciamos algo semelhante? Quando?

IV – É TEMPO DE REPERCUTIR A PALAVRA

Enxergamos um patrão-Deus extremamente solícito para com pessoas e mais pessoas desempregadas. É um patrão-Deus que quer tratar com justiça aquele número grande de desocupados que ele encontra pela manhã, no correr da jornada e outros, já no crepúsculo do dia. A justiça do mercado de trabalho manda pagar a cada um o que ele merece, pelo que fez. A justiça do Reino de Deus manda pagar aquilo que o trabalhador necessita para levar a vida com dignidade. O patrão-Deus disse ao administrador: "*Chame os trabalhadores, e pague uma diária a todos. Comece pelos últimos, e termine pelos primeiros*" (Mt 20,8). Mais adiante, ele diz ao contratado bem cedo, o qual não se sentiu nem um pouco satisfeito nem mesmo adequadamente remunerado: "*Eu não fui injusto com você. Não combinamos uma moeda de prata? Eu quero dar também a esse, que foi contratado por último, o mesmo que dei a você*" (Mt 20,13-14). É diferente. O patrão-Deus quer que todos aqueles desocupados recebam uma diária, o que significa que ela os ajudará a passar o dia a dia com dignidade.

Sobre o trabalho e suas condições diz o Concílio Vaticano II, na Constituição Pastoral "*Gaudium et Spes*", preservando esse princípio da justiça conforme as necessidades quando diz: "O trabalho deverá ser remunerado de tal modo que se ofereça ao ser humano *a possibilidade de manter dignamente a sua vida e a dos seus, sob o aspecto material, social, cultural e espiritual...*" (GS, 67). Mas também, frisa com muita clareza o mesmo documento:

> É preciso, portanto, que se tornem acessíveis ao ser humano todas aquelas coisas que lhe são necessárias para levar uma vida verdadeiramente humana. Tais são: alimento, roupa, habitação, direito de escolher livremente o estado de vida e de constituir família, direito à educação, ao trabalho, à boa fama, ao respeito, à conveniente informação, direito de agir segundo a norma reta de sua consciência, direito à proteção da vida particular e à justa liberdade, também em matéria religiosa. (GS, 26)

O mundo de hoje, em parte, é bem servido pela ciência, pela tecnologia e pela arte. Por que será que continua havendo desempregados na praça de manhã, ao meio-dia e à tarde? Por que continua rodando o filme focando as cenas de gente debaixo da ponte? Por que as economias mundiais geram tantas riquezas e continuam os que não recebem "diária" nenhuma? Por que as comunidades cristãs, as paróquias não se dedicam mais ao aspecto: dignidade humana = trabalho, alimentação, habitação, saúde, educação? *"Se a justiça de vocês não superar a dos doutores da Lei e dos fariseus, vocês não entrarão no Reino do Céu"* (Mt 5,20).

E chegaram diante do patrão-Deus os que foram contratados primeiro, esfregaram as mãos, certos de que iriam receber mais. Porém, também eles receberam uma moeda de prata como, aliás, fora combinado com eles. Resmungaram muito. O dia deles foi muito mais penoso. Mas o patrão-Deus demonstrou que ele foi justo e que ninguém poderia recriminá-lo por ser generoso. Pode alguém ser criticado por ser generoso?

E aquela turma da primeira fileira inicial começou a reclamar. Parece até que ainda se ouve o eco dessa gente, hoje, nas mais diversas situações: Por que eu ganho só essa merreca? Sou inteligente, assíduo ao trabalho, tenho formação excelente, estou sempre me atualizando. Por que eu? Justamente eu! Por essa doença eu não esperava?

Por que meu filho? Justamente ele! Recebeu boa educação, carinho e agora metido nas drogas? Por que isso aconteceu comigo? Lá na comunidade alguém discutiu e brigou comigo. Não fico mais lá, não participo mais. Não vou mais à igreja. Por que uma coisa dessas? Fui esposa carinhosa, sempre presente e solícita com meu marido e agora ele me troca por uma garota daquelas, nada atraente e que não tem a metade da cultura que eu tenho e que não mexe uma palha com relação aos afazeres domésticos. Por que meu pai não larga esse vício da bebida? Ele destrói a todos e a si mesmo. Aliás, minha irmã também anda tomando doses cada vez mais exageradas nos finais de semana. Por que, meu Deus? Por que a morte dessa criança inocente? Onde está Deus? Se Ele é justo, por que permite uma coisa dessas?... Sabe duma coisa? Ele nem existe. Não entendo como ainda há gente que o chama de Pai. Se Ele existisse e fosse aquele Pai, viria em socorro imediato dos seus filhinhos pequeninos.

E temos que dar a mão à palmatória. Humanamente não temos respostas prontas para essas desafiadoras indagações. Talvez a melhor resposta esteja na Primeira leitura de hoje: *"Procurem o Senhor enquanto Ele se deixa encontrar; chamem por Ele enquanto está perto..."* Diz Deus: *"Os meus planos não são os planos de vocês, e os caminhos de vocês não são os meus caminhos... Tanto quanto o céu está acima da terra, assim os meus caminhos estão acima dos caminhos de vocês, e os meus planos estão acima dos seus planos"* (Is 55,6.8-9). E como está escrito em Mt 20,15: *"Por acaso não tenho o direito de fazer o que eu quero com aquilo que me pertence?"*. Por que eu teria direito a "amarrar" o meu Deus ao meu modo de pensar, às minhas expectativas, aos meus projetos? Por que Deus não pode ter o direito de alterar a ordem das coisas como está no Evangelho?

■ Complementar a repercussão da Palavra dialogando

1. Nós concordamos com o texto e a interpretação do Evangelho? Achamos que a justiça consiste mesmo nisso como o Evangelho demonstra: ou seja, atender necessidades?

2. Questionamos muito a Deus? Ficamos revoltados?
3. As palavras de Isaías nos parecem sensatas? Elas podem servir de força para muita gente desconsolada, inconformada?

V – É TEMPO DE DIALOGAR COM O AUTOR DA PALAVRA

Senhor, Jesus. Não quero pedir nada para mim. Quero só pedir que Tu olhes e dês uma força para aqueles e aquelas que estão nas filas há tanto tempo à espera de um trabalho. Eles têm responsabilidades. Mas como desempenhá-las sem condições dignas de trabalho e sustento? Jesus, Tu és um Deus presente, generoso, como vimos hoje. Olha por eles e por elas.

VI – É TEMPO DE SEMEAR A PALAVRA

Santo Agostinho nos pode ajudar a completar a reflexão de hoje:

> No que se refere à retribuição, todos seremos iguais: os últimos como primeiros e os primeiros como últimos, pois aquele denário (moeda) é a vida eterna, e na vida eterna todos serão iguais... no que se refere a viver eternamente, nem este viverá mais do que aquele, nem aquele mais do que este. Todos viverão uma vida sem fim, embora cada um com seu brilho e auréola peculiar. Aquele denário (aquela moeda) é a vida eterna. (*Lecionário Patrístico Dominical*, 2016, p. 220)

Façamos de nossa vida uma oferta ao outro. Você pode! Tente! Eu posso, e também vou tentar!

26º DOMINGO DO TEMPO COMUM

A

Tema do dia

→ O Reino de Deus, impregnado de justiça.

Objetivo

→ Ampliar o entendimento sobre o conhecimento e experiência da justiça dentro do Reino de Deus.

I – É TEMPO INICIAL DE ACLAMAR, INVOCAR E LOUVAR O SENHOR

■ Rezar com os participantes

Ó Pai, tu que enviaste o Espírito Santo para recordar-nos tudo o que teu Filho Jesus disse e ensinou, dá-nos a força para vivenciarmos e anunciarmos ao mundo a Boa-nova, confiantes na tua Palavra (cf. Jo 14,26).

II – É TEMPO DE ESCUTAR E ACOLHER A PALAVRA: Mt 21,28-32

■ Núcleo da Palavra

A conversão à justiça. O falante não praticante. Cobradores de impostos e prostitutas terão lugar no Reino do Céu.

■ 1ª leitura: Ez 18,25-28

Diz Deus: *"Será que não é justa a minha maneira de agir, ou é a maneira de vocês que não é justa?"*

■ 2ª leitura: Fl 2,1-11

Que não haja divisões na comunidade de Filipos e que ela se volte para o Evangelho da cruz.

III – É TEMPO DE DINAMIZAR A PALAVRA

■ Material necessário

Cinco cartões com as seguintes declarações:
1. Jesus jamais entrou na cidade de Jerusalém.
2. O apóstolo André era irmão do apóstolo João.
3. Quando Jesus era pequeno, teve de fugir para o Egito com seus pais.
4. Jesus garantiu que as prostitutas vão entrar no céu antes mesmo que os chefes dos sacerdotes.
5. Jesus jamais disse: "A verdade libertará vocês".

■ Desenvolvimento

- Formar um círculo.
- Convidar cinco participantes para dirigir-se ao centro do círculo.
- Entregar para cada um dos cinco um cartão.
- Um participante de cada vez fará a sua declaração e aguardará o seu julgamento.
- A cada declaração, o coordenador pergunta aos demais: Ele merece ser perdoado, disse a verdade? Merece ser libertado?
- Se o participante for libertado, volta ao seu lugar... Caso não seja libertado, permanece de pé, no centro do círculo.

- Caso sobre algum participante preso no círculo, o coordenador pergunta aos demais: O que aconteceu? Qual deve ser a atitude de quem ficou preso? Como ele pode se justificar?

Partilha

- Apresentar a seguinte motivação: Jesus é a verdade que nos liberta.
- De que precisamos nos libertar para acreditar e anunciar a verdade proclamada por Jesus?

IV – É TEMPO DE REPERCUTIR A PALAVRA

Ao falar da parábola de hoje, Jesus está em Jerusalém, a cidade de referência política, econômica e religiosa. Jesus não é um ser acomodado, mas o Filho de Deus encarnado, em constante confronto com os opositores que defendem o *status quo*, principalmente os chefes dos sacerdotes e os anciãos do povo. Os primeiros constituem o poder religioso desde antes de Jesus e ainda no tempo dele. Os anciãos, por sua vez, representam outro poder: o econômico, pois eram proprietários de terras. A justiça de que Jesus fala e que Ele vivencia não é a mesma de que eles falam.

Na parábola, o filho mais velho fala sem pensar. Reflete em seguida e volta atrás. E vai trabalhar na vinha. É a partir de então novo operário do Reino. Foi trabalhar na vinha. Não foi lá como inspetor, espectador, mas como trabalhador. Antes de ir ao trabalho, o filho mais velho se arrependeu. O arrependimento é o passo decisivo para o novo rumo de vida. Quem se arrepende põe um ponto final na palavra ou na ação errada anterior.

Na exortação apostólica de João Paulo II (1984): *Reconciliação e Penitência* nos diz que a penitência tem seu "valor de *conversão,* termo com o qual se procura traduzir a palavra do texto grego *metánoia,* que literalmente significa um *reviramento* do espírito para o fazer voltar-se para Deus... 'Trata-se de um primeiro valor da penitência que se prolonga no segundo: penitência significa também *arrependimento.* O arrependimento, assim como a conversão, [...] é uma verdadeira reviravolta da alma'" (RP, 26).

Há aí uma semelhança com os cobradores de impostos e prostitutas, de início, gente moralmente suja, desonesta, pecadora, que vai mudando de vida diante da mensagem e da ação de Jesus e, assim, vai entrando no Reino.

O filho mais novo é muito polido com o pai. Diz que vai, mas não vai. Não se engaja em nada. Não se desinstala. Não participa. Não cumpre a palavra dada. Para ele, tudo bem como está. Então, para que fazer um esforço para entrar no Reino se em sua situação já está tudo maravilhoso?

"A dinâmica da parábola dos dois filhos também estava presente no ministério de João. A conversão dos coletores de impostos e dos pecadores ao caminho da justiça devia inspirar os adversários de Jesus a aceitar sua pregação e não julgá-lo com suspeita e hostilidade" (BERGANT & KARRIS, 1999, p. 36).

É forte, muito forte a palavra de Jesus: "*Os cobradores de impostos e as prostitutas acreditaram nele*" e "*vão entrar antes de vocês no Reino*" (Mt 21,31-32). Aliás, convém assinalar que o Reino é maior que a Igreja. O Reino está onde se espalham os seus construtores. É o caso de prostitutas que sujeitam seus corpos ao negócio do prazer para terem um meio de sobrevivência e para dar de comer aos seus filhos. É o caso daquele Fiscal da Fazenda que no interior de Santa Catarina aplicou a multa devida e preferiu transferir-se para longe a corromper-se. É o caso de dez funcionários, três ateus e sete cristãos católicos, que em um país europeu pediram demissão numa indústria de armas por não concordarem em trabalhar em uma empresa que tinha por finalidade contribuir para matar pessoas.

Quantos passos estamos dando para implantar a justiça do Reino, que não tolera o mal? "*Que o amor de vocês seja sem hipocrisia: detestem o mal e apeguem-se ao bem*" (Rm 12,9).

■ Complementar a repercussão da Palavra dialogando

1. Normalmente, nós agimos como o primeiro filho ou como o segundo?
2. Já nos arrependemos seriamente por causa de uma palavra dada a outra pessoa e não cumprida?
3. Cremos, de verdade, que Jesus deu prova de coerência durante a sua vida, entre suas palavras e suas ações?

V – É TEMPO DE DIALOGAR COM O AUTOR DA PALAVRA

Eu já tive um comportamento como o primeiro e também como o segundo filho. Minhas fraquezas ficaram expostas. E para curar-me, sempre de novo tenho de recorrer a ti para não ser joio no seu Reino, mas um trabalhador / uma trabalhadora incansável para que a beleza do seu Reino salte aos olhos da sociedade descrente de hoje.

VI – É TEMPO DE SEMEAR A PALAVRA

Façamos acontecer em nossa vida uma verdadeira transformação; digamos sim a Deus e ao seu Reino, e ajamos de acordo com as suas exigências.

27º DOMINGO DO TEMPO COMUM

Tema do dia

→ Nosso trabalho dentro do Reino: produzir bons frutos.

Objetivo

→ Selecionar ideias e atividades que encaminhem para a produção de bons frutos.

I - É TEMPO INICIAL DE ACLAMAR, INVOCAR E LOUVAR O SENHOR

■ Rezar com os participantes

Ó Pai, tu que enviaste o Espírito Santo para recordar-nos tudo o que teu Filho Jesus disse e ensinou, dá-nos a força para vivenciarmos e anunciarmos ao mundo a Boa-nova, confiantes na tua Palavra (cf. Jo 14,26).

II – É TEMPO DE ESCUTAR E ACOLHER A PALAVRA: Mt 21,33-43

■ Núcleo da Palavra

Infidelidade e violência dos agricultores. A prefigura de Jesus (pedra angular). Um novo povo de Deus em gestação e a necessidade de produzir bons frutos.

■ 1ª leitura: Is 5,1-7

Deus fez tudo para que seu povo vivesse segundo o direito e a justiça. Mas deu-se o contrário!

■ 2ª leitura: Fl 4,6-9

Vocês têm necessidades? Apresentem-nas a Deus. Então a paz de Deus cobrirá os corações de vocês. Peçam, mas também agradeçam. Pratiquem o que em mim vocês observaram. Assim, o Deus da paz estará com vocês.

III – É TEMPO DE DINAMIZAR A PALAVRA

■ Desenvolvimento

- Em duplas reunir as seguintes informações:
  - ○ As ações do proprietário que aparecem no texto.
  - ○ As ações praticadas pelos agricultores arrendatários.
  - ○ As coisas que Jesus disse neste trecho do Evangelho.
- Terminado o levantamento das duplas, será formado um círculo, quando todos poderão expressar-se.

Partilha

- Quando comparadas as falas e as ações o que nos parece? Onde é que nós entramos nessa história?

IV – É TEMPO DE REPERCUTIR A PALAVRA

O proprietário (= Deus) deixa a sua vinha na maior ordem e segurança. A finalidade da vinha é dar frutos: uva, vinho. Social e religiosamente falando, o proprietário-Deus quer equilíbrio, justiça, direitos respeitados.

Mas... chegou a época da colheita. Quais os resultados? Espancamentos, muita violência, mortes. E a uva? Nenhum grão. Muito menos ainda cachos inteiros. O tanque para pisar a uva ficou lá à toa, sem uso. Aparentemente foi um empreendimento malsucedido. Eliminaram até o filho do proprietário-Deus. "[...] Jogaram para fora da vinha, e o mataram" (Mt 21,39). A justiça à moda de Deus incomoda e muito. Chefes dos sacerdotes e anciãos do povo não a querem porque ela exige olhar para o outro, repartir, admitir maior igualdade, acabar com a escandalosa concentração de renda. O quadro é muito diferente hoje, em nosso país, por exemplo? Incomoda a muitos poderosos e corruptos distribuir bens, terras e proporcionar acesso a escolas e hospitais. E "empregados" do Reino continuam a ser perseguidos e mortos.

"A vinha será arrendada a outros (à Igreja ou a alguém fora dela) e o povo de Deus em Cristo produzirá colheita abundante" (BERGANT & KARRIS, 1999, p. 36). Então não haverá o perigo de o Reino fracassar? Não, não haverá. Pode, sim, oscilar entre maior e menor colheita na vinha. "O Reino de Deus será tirado de vocês (chefes dos sacerdotes, anciãos do povo, líderes políticos, religiosos), e será entregue a uma nação que produzirá seus frutos"(Mt 21,43) É o que interessa ao Reino: vinha que produza frutos. Agricultores voltados para a finalidade da vinha. Convertidos. Ou os líderes políticos, religiosos, empresariais e sindicais abrem os olhos, a inteligência e o coração e se convertem ou o proprietário-Deus vai mandar de novo "outros empregados". Se não houver maior justiça na terra do que a do momento, a humanidade se autodestruirá, impedindo que a vinha produza abundantes frutos.

■ **Complementar a repercussão da Palavra dialogando**

1. Neste texto do Evangelho, onde é que nós nos encaixamos? Por que nos colocamos neste ou naquele lugar?
2. A quem se refere esta expressão: pedra angular?
3. Com toda convicção podemos dizer que pertencemos "a uma nação que produzirá frutos?" Já estamos produzindo? Vamos explicar isso.

V – É TEMPO DE DIALOGAR COM O AUTOR DA PALAVRA

Jesus, não é nada fácil ser empregado de tua vinha. Há muitas ameaças. Muitos perigos. Gente sem escrúpulos e sem remorsos. E eu não posso ceder. Há um caminho bonito a percorrer. Esse da justiça, de maior igualdade, de menor ganância. É o caminho que escolhi porque é o mais digno. Aliás, é o teu. O teu não. És Tu, pois Tu disseste: EU SOU O CAMINHO. Ajuda-me a seguir adiante. Que junto comigo venham outros discípulos, mais outros...

VI – É TEMPO DE SEMEAR A PALAVRA

É claro que o centro é Jesus. Só Ele. Sempre Ele. Porém, estamos sempre em foco porque somos os destinatários da Palavra e de toda a riqueza que provém de Deus.

Criemos familiaridade com o Evangelho. Que frutos podemos produzir com o nosso testemunho de fé?

28º DOMINGO DO TEMPO COMUM

Tema do dia

→ Todos são convidados, mas é preciso preparar-se para participar da festa.

Objetivo

→ Entender a importância de assumir posição a favor do Reino, onde se espalham a justiça e a liberdade.

I - É TEMPO INICIAL DE ACLAMAR, INVOCAR E LOUVAR O SENHOR

▪ Rezar com os participantes

Ó Pai, tu que enviaste o Espírito Santo para recordar-nos tudo o que teu Filho Jesus disse e ensinou, dá-nos a força para vivenciarmos e anunciarmos ao mundo a Boa-nova, confiantes na tua Palavra (cf. Jo 14,26).

II - É TEMPO DE ESCUTAR E ACOLHER A PALAVRA: Mt 22,1-14

▪ Núcleo da Palavra

Convite do rei para o casamento do filho. Os primeiros convidados rejeitaram o convite e não foram. Até maltrataram e mataram empregados do rei. O rei mandou convidar gente de todo tipo. Um deles não estava com trajes apropriados e foi excluído. Poucos são os escolhidos do Reino.

▪ 1ª leitura: Is 25,6-10a

Deus quer que todos estejam conectados entre si e todos com Ele. Deus fala de um banquete com carnes gordas e vinho à vontade. É então que Deus destruirá a morte. Nada mais ficará oculto. Não haverá mais lágrimas nem vergonha. Afinal, tudo é obra maravilhosa de Deus. Não é em vão que nele esperamos.

▪ 2ª leitura: Fl 4,12-14.19-20

O apóstolo testemunha que ele aprendeu a viver tanto na penúria como na abundância e os filipenses tomaram parte no tempo em que Paulo estava em grande aflição. Deus atenderá com generosidade as necessidades da comunidade.

III - É TEMPO DE DINAMIZAR A PALAVRA

▪ Desenvolvimento

- Convidar o grupo para realizar uma encenação inspirada no texto do Evangelho.
- Dividir os participantes em dois grupos.
- O coordenador do grupo representará o rei.
- Cada grupo deverá pensar e escolher uma coisa boa que já tenha realizado pelo Reino, a ser apresentada a quem representará o rei.
- O rei chama os componentes do grupo para que apresentem o que fizeram pelo Reino.
- Depois dos dois grupos se apresentarem, o rei (coordenador) vai se dirigir a um dos participantes e repetir a mesma atitude do rei apresentada no Evangelho (cf. Mt 22,13).

Partilha

- Saber dos participantes o que acharam da atitude do rei. Ele foi severo demais?
- Coordenador complementa a partilha dizendo: "Uma coisa é verdadeira: não porque Deus é misericordioso que Ele não é exigente. Sim, Ele é duro. É exigente. A festa do rei tem que ser a mais bela. Na parábola, o rei é Deus, o filho é Jesus e a humanidade é a noiva".

IV – É TEMPO DE REPERCUTIR A PALAVRA

Jesus está outra vez no templo de Jerusalém contando parábolas. Provavelmente Ele também as explicava porque de algumas delas é difícil entender o seu verdadeiro sentido. Na primeira fileira sentavam os chefes dos sacerdotes e os anciãos do povo. "Parece estranho que esse rei convide, em primeiro lugar, os que detêm o poder econômico e político (os chefes dos sacerdotes e anciãos formavam maioria no Sinédrio). É que as lideranças são as primeiras responsáveis por uma sociedade justa e fraterna" (BORTOLINI, 2006, p. 241).

Na parábola, os primeiros convidados não querem ir ao banquete do rei e do seu filho (o noivo). Os convidados têm seus afazeres, seus interesses e seus bens para cuidar. Aceitar um convite de casamento que levaria a um compromisso para um novo reino de igualdade e justiça seria ceder demais. Claro que seria demais para almas encardidas, sem nenhum aspecto saudável, sem qualquer abertura para compartilhar com quem quer que fosse. Pior ainda: agarravam os empregados do rei, batiam neles e os matavam. Seus olhos tinham a visão turva.

Os empregados do rei começaram todo o trabalho dos convivas do casamento outra vez. "Reuniram todos os que encontraram, maus e bons" (Mt 22,10). Lá dentro, quando viesse a hora do banquete seria feita a separação. E, de fato aconteceu. Um deles não portava traje de festa, principalmente daquela festa que continha uma temática. A temática da justiça que seria a tônica dominante no reino. O convidado não adequadamente vestido foi excluído.

"Muitos são os chamados, poucos os escolhidos"(Mt 22,14) para construir o Reino. Se poucos os escolhidos, talvez seja por isso que muitos saem da Igreja, ou melhor, das Igrejas porque não é fácil ser cristão. Seguir a Jesus não é fazer excursão. É um exercício constante de virtudes e de superação de tentações que nos atiçam por todos os lados. Mestre Eckhart, filósofo e teólogo alemão, da ordem dos Dominicanos, no século XIII, disse certa vez que todos nós devemos assumir o papel de mães de Deus, pois, segundo ele, cabe a nós pôr Deus no mundo (LELOUP, 2002, p. 171).

█ Complementar a repercussão da Palavra dialogando

1. Está mais clara para nós a ideia do que seja o Reino de Deus? O que fazem os que decidem trabalhar nele?

2. Aceitar o convite do casamento do filho do rei garante a participação do mesmo, de acordo com o texto deste domingo?
3. Comentemos um pouco: achamos que no nosso mundo da internet, de satélites no espaço, de comunicação extremamente rápida, de entretenimento com fartura, ainda há lugar para falar e instalar o Reino de Deus a partir daqui do nosso planeta?

V – É TEMPO DE DIALOGAR COM O AUTOR DA PALAVRA

Jesus, eu quero ficar entre os que procuram o bem. Assim encontrarei paz. A paz que Tu prometeste dar. Eu sei que também para ti, promessa é dívida. Dá-me, pois, a tua paz e o senso e a prática de justiça, para que também um pouco por meio do meu esforço, outros possam viver com dignidade como eu de certa forma já consigo viver.

VI – É TEMPO DE SEMEAR A PALAVRA

Ser cristão requer estudo. Crescer no conhecimento das verdades da fé reveladas por Deus nos leva a ter consciência, condições para uma transformação interior e das relações. Apropriando-se das verdades reveladas teremos em nossas mãos as ferramentas necessárias para a renovação da vida em vista de si mesmo e dos outros. Faça a diferença! Dedique-se a estudar para crescer no conhecimento das verdades reveladas e seja instrumento de paz na construção do Reino. Visite uma pessoa que necessita de uma palavra de esperança, ajudando-a com seu conhecimento, convidando-a para celebrar a Vida!

29º DOMINGO DO TEMPO COMUM

Tema do dia

→ A que reino pertencemos?

Objetivo

→ Entender o que significa fazer opção em favor de um reino que implanta justiça, liberdade, igualdade ou de um reino que oprime.

I – É TEMPO INICIAL DE ACLAMAR, INVOCAR E LOUVAR O SENHOR

■ **Rezar com os participantes**

Ó Pai, tu que enviaste o Espírito Santo para recordar-nos tudo o que teu Filho Jesus disse e ensinou, dá-nos a força para vivenciarmos e anunciarmos ao mundo a Boa-nova, confiantes na tua Palavra (cf. Jo 14,26).

II – É TEMPO DE ESCUTAR E ACOLHER A PALAVRA: Mt 22,15-22

■ **Núcleo da Palavra**

Fariseus e partidários de Herodes fazem falsos elogios a Jesus. E fazem também uma consulta: pagar ou não imposto ao império estrangeiro? Jesus se posiciona: *"Devolvam a César o que é de César, e a Deus o que é de Deus".*

■ **1ª leitura: Is 45,1.4-6**

Deus tem seu próprio projeto e para realizá-lo Ele se vale da história dos povos, até de um rei, como é o caso de Ciro, um pagão. Mas Deus lhe diz quem Ele mesmo é: Javé, e fora dele não há outro. Diz Deus, dei a você condições de combate, embora você, sequer me conheça.

■ **2ª leitura: 1Ts 1,1-5**

Paulo e seus auxiliares têm o que agradecer à comunidade de Tessalônica. A fé ativa. O amor capaz de fazer sacrifícios. A Esperança que a comunidade deposita em Jesus Cristo.

III – É TEMPO DE DINAMIZAR A PALAVRA

■ **Material necessário**

Confeccionar uma moeda que tenha de um lado a imagem de César tirada da internet ou de um livro, e do outro, a imagem de Jesus.

■ **Desenvolvimento**

- Formar dois grupos A: Jesus e B: César.
- Explicar que será jogada uma moeda para cima, tendo de um lado a face de Jesus e do outro a de César. Ao cair no chão, a imagem que ficar para cima indicará o grupo para o qual a pergunta será feita. O grupo vai responder todas as vezes que a imagem correspondente cair voltada para cima até terminar o repertório de respostas.
  - ○ **Para o grupo de Jesus**: o que o grupo oferece, em termos de qualidades, para alcançar Jesus?
  - ○ **Para o grupo de César:** o que o grupo oferece, em termos de qualidades para ficar ao lado de César, imperador de Roma.

Partilha

- Seguem-se comentários espontâneos de todos. Afinal, o que é importante para seguir Jesus ou para seguir a César? De que lado vamos permanecer?

IV – É TEMPO DE REPERCUTIR A PALAVRA

O texto do Evangelho diz que os *"fariseus se retiraram"*. De onde? Certamente, também eles estavam no templo quando Jesus falava em parábolas. A eles e aos simpatizantes de Herodes Antipas, que governou até 39 d.C., Jesus nunca satisfez, pois eles temiam que Ele quisesse tomar a sua posição de liderança. Assim, fariseus e amigos de Herodes estudam uma forma de surpreender Jesus. Para não passarem algum tipo de vexame, não vão pessoalmente; como políticos sagazes mandam assessores que, em nome de seus chefes fazem os maiores elogios a Jesus: que Ele é Mestre, que Ele é verdadeiro, que Ele ensina o caminho de Deus, que Ele trata a todos de maneira igualitária e que para Ele não interessam as aparências, mas que se importa com o que vai dentro da casca, no íntimo da pessoa. E despejam em cima dele uma pergunta vital: "É lícito ou não é, pagar imposto a César?" (Mt 22,17). A pergunta era capciosa, reconhecidamente muito bem colocada. Se Jesus dissesse que sim, estaria intimamente batendo palmas para o império romano que dominava a Judeia desde 63 a.C. Se respondesse que não, seria considerado líder subversivo dentro do império, sujeito a todas as consequências que lhe poderiam ser imputadas pelos tribunais. Jesus, porém, não se deixa apanhar em alguma palavra. Contudo, a resposta dele não tarda. Primeiramente, por uma só palavra a respeito dos adversários: *"Hipócrates!"* Isto é, pessoas que não poupam esforços para se apresentar como gente boa, mas que verdadeiramente não é gente boa assim, visto que tais pessoas defendem coisas e causas que não visam à dignidade humana ao alcance de todos. Em seguida, Jesus responde perguntando. Aliás, uma tática frequente de Jesus para dar aos interlocutores a oportunidade de fazerem colocações criteriosas.

Jesus constata que os adversários têm uma moeda do imperador e certamente já baixaram a cabeça e já pagaram impostos a ele. No final do trecho, Jesus, com as suas palavras desafia "os adversários a serem tão observantes no pagamento de suas dívidas a Deus quanto o são para pagar suas dívidas com o imperador" (BERGANT & KARRIS, 1999, p. 37). E acrescentamos dizendo que os desafiava também a serem solícitos quanto à prática da justiça para com tantos liderados que jamais chegariam a um nível considerável de dignidade por sua própria conta.

Complementar a repercussão da Palavra dialogando

1. Levamos muito em conta as aparências da outra pessoa? Aparência é essência? Uma peça publicitária que passava na televisão na década de 1980 dizia:

"Bela camisa, Fernandinho!" Fernandinho era um funcionário praticamente desconhecido. Mas seu modo de vestir-se, sua aparência, especialmente suas camisas chamavam a atenção de todos, inclusive do chefe; e cada vez mais, Fernandinho vai ocupando um lugar mais perto dele, até receber um elogio em público do próprio chefe: "Bela camisa, Fernandinho!" A nosso ver, aparências promovem? A pessoa vale o que veste?

2. Até que ponto os presidentes que governam e morrem, os reis que governam e também morrem são os senhores de nossas vidas?

3. Nós realmente cremos que Jesus Cristo, o Filho de Deus, que veio mostrar como se deve viver neste nosso planeta, que tem um Reino espiritual, que tendo passado e triunfado sobre a morte pela ressurreição, tem muito mais poder como verdadeiro Senhor de nossas vidas?

4. Como traduzir de forma mais simples quando se diz que o Estado tem por função zelar pelo bem comum?

V – É TEMPO DE DIALOGAR COM O AUTOR DA PALAVRA

Jesus, eu achei difícil a compreensão do teu Evangelho hoje. O que entendi é que os adversários teus só pensavam neles. Nos outros, nada. Nos seus liderados, que passavam por mil e uma necessidades, nada. Eu não posso concordar com isso. Também não posso fazer tudo. Mas pelo menos a minha parte posso fazer, assim, como o beija-flor que com as gotinhas de água que caíam de seu bico em cima da floresta em chamas contribuía para diminuir o incêndio. Permita Jesus encontrar outros e outras que também se disponham a dar *a Deus o que é de Deus* e ao outro o que é do outro: o direito de viver plenamente.

VI – É TEMPO DE SEMEAR A PALAVRA

Convite aos participantes: Na encíclica *Deus caritas est* [Deus é amor], o papa Bento XVI tratou com clareza inspiradora a complexa relação entre justiça e caridade. Foi então que ele nos disse que "a ordem justa da sociedade e do Estado é tarefa principal da política" e não da Igreja. Mas a Igreja "não pode nem deve colocar-se à margem da luta pela justiça". (DCE, 28). O que nos solicita este texto eclesial? O que podemos realizar a partir do que aprendemos com ele?

30º DOMINGO DO TEMPO COMUM

Tema do dia

⟶ O amor-doação é possível, pois o Reino do amor, de fato, está sendo construído.

Objetivo

⟶ Relacionar sentimentos, palavras e planos de vida que devem desembocar no amor a Deus e ao próximo.

I – É TEMPO INICIAL DE ACLAMAR, INVOCAR E LOUVAR O SENHOR

■ Rezar com os participantes

Ó Pai, tu que enviaste o Espírito Santo para recordar-nos tudo o que teu Filho Jesus disse e ensinou, dá-nos a força para vivenciarmos e anunciarmos ao mundo a Boa-nova, confiantes na tua Palavra (cf. Jo 14,26).

II – É TEMPO DE ESCUTAR E ACOLHER A PALAVRA: Mt 22,34-40

■ Núcleo da Palavra

Jesus apresenta o principal mandamento recorrendo a Antigo Testamento.

■ 1ª leitura: Ex 22,20-26

Não prestar culto a deuses falsos, mas também dar as condições para que os mais necessitados tenham sobrevida. Deus os ouvirá porque é compassivo e misericordioso.

■ 2ª leitura: 1Ts 1,5c-10

Paulo elogia os tessalonicenses pelo fato de eles terem seguido o exemplo dele (apóstolo) e o de Jesus Cristo, acolhendo a Palavra com toda alegria.

III – É TEMPO DE DINAMIZAR A PALAVRA

■ Material necessário

Três folhas grandes de papel; canetas ou lápis de cor para desenhar e colorir.

■ Desenvolvimento

- Formar três grupos ou duplas.

Grupo 1: desenhará uma árvore cheia de frutos de amor a Deus (dar nome a esses frutos).

Grupo 2: desenhará uma árvore cheia de frutos de amor ao próximo (dar nome a esses frutos).

Grupo 3: desenhará uma árvore cheia de frutos de amor a si mesmo (dar nome a esses frutos e buscar inspiração em Gn 1,26-27. Quem ama a Deus também se entrega ao próximo).

- Apresentação em plenário.

Partilha

- Todos apresentam seu trabalho e acolhem os comentários.
- Os trabalhos poderão ser expostos para a comunidade.

IV – É TEMPO DE REPERCUTIR A PALAVRA

O cerco em torno de Jesus vai se fechando. Os adversários vão fazendo conchavos políticos para incriminar Jesus. Chefes dos sacerdotes e anciãos do povo já o desafiaram e também foram desafiados por Ele. Dessa vez, os fariseus ouviram dizer que Jesus tinha feito os saduceus se calarem na controvérsia sobre a ressurreição. Fariseus e saduceus não se entendiam, mas dessa vez formam uma coalizão para terem mais força posicionando-se contra Jesus que poderia desinstalá-los de seus postos confortáveis e vantajosos.

Uma questão que preocupava os fariseus era a de saber qual seria o maior mandamento já que para eles existiam algumas centenas deles, não só os dez. Ao ser indagado a respeito, Jesus, como bom judeu, responde com o que está em Deuteronômio: "*Ame o Senhor seu Deus com todo o seu coração, com toda a sua alma, e com todo o seu entendimento*" (Dt 6,5). Com todo o coração, isto é, quem ama precisa vibrar, emocionar-se ao oferecer amor ao ser amado. Com toda a alma. O amor é a linguagem do espírito, indescritível por palavras. Com todo entendimento. Quem ama também precisa raciocinar e muito, e com clareza. Saber por que ama e a quem ama. E Jesus acrescentou o segundo, dizendo que era semelhante: "*Ame o seu próximo como a si mesmo*" (Lv 19,18). Se eu tenho casa, comida, roupa, saúde, escola, trabalho e se Deus é a fonte primeira de tudo isso por que o meu próximo não pode também ter essas coisas?

Entretanto, para os adversários de Jesus, por que as prostitutas, as viúvas, os pobres, os analfabetos vão ter essas coisas? Será que esse pensamento já saiu completamente de moda?

Ao finalizar o trecho do Evangelho, Jesus dá a entender que desses mandamentos é que emanam tanto a Lei como os profetas. A respeito disso, o pastor Juanribe Pagliarin (2005, p. 298), diz:

> Se eu amar a Deus de todo o meu coração, de toda a minha alma, de todo o meu entendimento e de todas as minhas forças, não haverá espaço para adorar nenhuma outra pessoa, viva ou morta, e nenhuma

outra entidade ou divindade. Igualmente, se eu amar de verdade o meu semelhante, nem preciso me preocupar em observar os mandamentos, porque jamais farei algo para prejudicá-lo.

■ Complementar a repercussão da Palavra dialogando

1. Considerando a síntese que Jesus fez dos mandamentos, como nos consideramos diante dos dois mencionados por Ele:
   - ■ frios?
   - ■ mornos?
   - ■ quentes?
2. Qual é nosso empenho em realmente contribuir para transformar algum aspecto da sociedade no local em que moramos:
   - ■ nulo?
   - ■ pequeno?
   - ■ razoável?
   - ■ bom?

Temos exemplos para dar?

3. Como nos sentimos quando por alguma ação concreta "amamos o nosso próximo como a nós mesmos?"
   - ■ espiritualmente indiferentes?
   - ■ espiritualmente fortalecidos?

V – É TEMPO DE DIALOGAR COM O AUTOR DA PALAVRA

Convidar os participantes a fazer uma leitura orante com o texto do apóstolo Paulo em 1Cor 13,1-7, orientando:
- ■ Que eles tomem diante de si um dos textos mais lindos sobre o amor, contido na Bíblia. O autor inspirado é o apóstolo Paulo, diríamos de modo até redundante, que ele foi o apóstolo mais apostólico, mais missionário, mais dedicado àqueles que o Senhor lhe confiou; o mais sofredor, o mais perseguido, o mais trabalhador, o mais corajoso, o mais decidido a imitar Jesus Cristo, fazendo-se *"tudo para todos"* (1Cor 9,22).
- ■ Que eles orem, meditando o texto de Paulo. Que eles deixem a Palavra inspirada inspirá-los. Que deixem a Palavra penetrar em sua alma assim como a chuva penetra na terra fofa e até nas fendas abertas no meio do asfalto.
- ■ Que deixem o silêncio falar. Deixem Deus falar por meio de Paulo. Viver este texto é construir o Reino de Deus.

VI – É TEMPO DE SEMEAR A PALAVRA

Vamos aplicar o amor de forma concreta em nossa vida e fazer a diferença na vida dos outros. Vivamos o amor fraterno!

31º DOMINGO DO TEMPO COMUM

Tema do dia

→ O dizer e o servir, idealmente, devem andar juntos.

Objetivo

→ Analisar que a palavra sem o serviço não edifica.

I – É TEMPO INICIAL DE ACLAMAR, INVOCAR E LOUVAR O SENHOR

■ Rezar com os participantes

Ó Pai, tu que enviaste o Espírito Santo para recordar-nos tudo o que teu Filho Jesus disse e ensinou, dá-nos a força para vivenciarmos e anunciarmos ao mundo a Boa-nova, confiantes na tua Palavra (cf. Jo 14,26).

II – É TEMPO DE ESCUTAR E ACOLHER A PALAVRA: Mt 23,1-12

■ Núcleo da Palavra

Palavra e ação. Fardos pesados impostos aos outros. – Ocupação de lugares de honra pelos fariseus. Só Deus é Pai. Quem quer ser grande tem que servir.

■ 1ª leitura: Ml 1,14b-2,2b.8-10

Como Deus vai abençoar os seus se os seus não põem fé na bênção? E se não põem fé na bênção, esta não pode se converter em maldição? Sacerdotes, por que enganamos uns aos outros?

■ 2ª leitura: 1Ts 2,7b-9.13

Tratamos vocês com a bondade de mãe e oferecemos-lhes nossa própria vida. Agrademos a vocês porque acolheram a Palavra de Deus como ela realmente é, *"que age com eficácia"*.

III – É TEMPO DE DINAMIZAR A PALAVRA

■ Desenvolvimento

- Dividir os participantes em pequenos grupos.

- Solicitar para que anotem:
  - O que os fariseus têm de negativo, de acordo com o Evangelho.
  - Comentem duas coisas negativas dos fariseus.
  - Descrevam, segundo o grupo, por que negativas?
- Cada grupo apresentará um exemplo de coerência e um exemplo de incoerência, tirado de sua observação ou experiência.

Partilha

- Comentários finais livres. Jesus se denomina "líder", "Mestre". Nós o vemos assim?

IV – É TEMPO DE REPERCUTIR A PALAVRA

Pelo texto indicado, quem Jesus tinha a seu lado? O povo e seus discípulos.

Do outro lado, quem estava? Doutores da Lei e fariseus. Os doutores da Lei eram os intelectuais mais bem preparados em matéria religiosa e, portanto, interpretavam com habilidade o Antigo Testamento que até então existia. Já os fariseus, em grande número no meio do povo judeu, tinham o orgulho de observar com estrita fidelidade a Lei. Na verdade, os fariseus falavam demais da observância, mas não a punham em prática. Portanto, observar o que eles dizem, sim, praticar o que eles praticam, não.

Eram opressores, pois não era de seu agrado que o povo, para o qual Jesus falava, pudesse participar de seus conhecimentos, de seu modo de vida. E isso pesava no ombro do povo, sempre sufocado, nunca com a chance de melhorar as suas condições de vida. Portanto, os fariseus contribuíam para a existência de um reino raquítico, querendo impor o reino da injustiça.

Os fariseus querem ser vistos. Usam adereços no corpo para mostrarem que são diferentes. Correm logo para os melhores lugares nos banquetes e também nas sinagogas; afinal, eles é que observam a Lei melhor do que qualquer outro, portanto, na lógica deles, devem servir de espelho. Gostam de ser cumprimentados nas ruas e praças, bajulados, receber tapinhas nas costas. Gostam de receber um grande título: "mestre". Faz tempo que alguém disse certa vez: quem tem a si mesmo como mestre, tem como mestre um burro, pois se fecha em si mesmo, não tem abertura de pensamento, não capta as coisas com clareza, não escuta ninguém e se basta a si mesmo, sem sequer considerar a interdependência entre os seres humanos.

Jesus não concorda com essa falsidade e hipocrisia. E os discípulos e o povo devem saber:

Que só Deus merece o título de Pai.

Que um só é o Líder, o Cristo, o Messias.

Que quem quiser ser grande sirva a quem precisa, que faça como ou semelhante ao nosso santo Frei Galvão que manuseou com amor a colher de pedreiro para maior glória de Deus e maior bem-estar de seus irmãos e irmãs.

Que quem se humilha dá a mão a quem aparentemente está em nível mais baixo e ambos, por este gesto de um, se elevam no patamar da justiça e da fraternidade.

■ Complementar a repercussão da Palavra dialogando

1. Já nos aconteceu de encontrar uma pessoa com algum problema que ela não conseguia resolver sozinha? Nós fomos solidários?
2. Nós temos consciência de que Jesus nos dá todos os meios espirituais para nós resolvermos nossos problemas, mas de que Ele não é paternalista e não os resolve no nosso lugar? Afinal, nós não achamos que temos potencialidades que precisam ser acionadas e desenvolvidas? Pois é, aí entra Jesus e nos dá uma ajuda. Diz João no início de seu Evangelho: Da plenitude do Cristo "*todos nós recebemos graça sobre graça*" (Jo1,16).
3. Somos donos do nosso nariz, mas não somos donos absolutos das profundezas do nosso ser e é aí que Deus atua. Confiemos a Ele o que a Ele compete realizar.
4. Nós realmente aceitamos Jesus como nosso Mestre? Se sim, então, por favor, o que é que Ele já ensinou para nós? E estamos praticando a lição aprendida?
5. Somos pessoas de coração aberto para servir, para doar-nos, para somar com a comunidade ou fugimos quando convidados a "sair um pouco de nós mesmos", da nossa zona de conforto?

V – É TEMPO DE DIALOGAR COM O AUTOR DA PALAVRA

Jesus, hoje Tu expressas que és o único Mestre e que na comunidade que formaste e vens formando, todos são irmãos, permanentemente convidados e convocados para praticar a justiça, o serviço mútuo e para bendizer a Deus, que é teu Pai e nosso Pai. Às vezes ficamos confusos e até perdidos no meio dessas verdades. Mas seria tão bom que nós, com sinceridade, pudéssemos dizer como Tu: "Eu não estou aqui para ser servido, mas para servir". Isso transformaria toda a nossa vida. Tu nos ajudarias a sair mais de nós mesmos, do nosso comodismo, do nosso individualismo e também do consumismo que de algum modo é um novo nome para dizer escravidão. As tentações são diárias e vêm de todas as direções. Que a Boa Notícia de hoje nos sirva de roteiro de vida, de novo ânimo de discípulos que querem aprender, que não querem ficar parados, que não se contentam em ver o mundo e o nosso país do jeito que estão.

VI – É TEMPO DE SEMEAR A PALAVRA

Diretamente de Jesus para os participantes: "*O maior de vocês deve ser aquele que serve a vocês*" (Mt 23,11).

E diante disso, como ficamos?... E agora José,... Maria, Paulina, João, Alzira, Cosmilda, Aracy, Anita, Alípio, Marcílio, Renato, Flávio, Bruna, Losita, Margarida, Nair, Paulo, Clemente, Mara, Daniel, Lourdes, Regina, Luciana, Luciara, Marcelo, Felipe, Luana, Bianca, Fernando, Júlio, Gisele, Miro, Lucas, Bianca, Rosinaldo, Fátima, Tatiana, Guilherme e todos os cristãos que se encontram espalhados por este nosso planeta terra?!... E agora, como ficamos? O que faremos?

32º DOMINGO DO TEMPO COMUM

Tema do dia

→ Viver cristãmente é encontrar o grande sentido de viver, e viver com fidelidade, em tempo de esperança, mesmo correndo riscos.

Objetivo

→ Refletir como estamos construindo o Reino no dia a dia.

I - É TEMPO INICIAL DE ACLAMAR, INVOCAR E LOUVAR O SENHOR

■ Rezar com os participantes

Ó Pai, tu que enviaste o Espírito Santo para recordar-nos tudo o que teu Filho Jesus disse e ensinou, dá-nos a força para vivenciarmos e anunciarmos ao mundo a Boa-nova, confiantes na tua Palavra (cf. Jo 14,26).

II – É TEMPO DE ESCUTAR E ACOLHER A PALAVRA: Mt 25,1-13

■ Núcleo da Palavra

A insensatez não se preocupa com os preparativos para a chegada do noivo que é Jesus. A prudência, sim.

■ 1ª leitura: Sb 6,12-16

A sabedoria tem brilho especial. Ela se deixa encontrar por aqueles que a buscam. Aliás, antes mesmo que a busquem, ela se dá a conhecer. Refletir sobre ela, mostra o que é a perfeição. Quem cuida dela não terá com que se preocupar.

■ 2ª leitura: 1Ts 4,13-18

Ao que parece, a comunidade cristã de Tessalônica tinha sua dúvida: será que os já falecidos não iriam estar presentes na nova vinda de Jesus? Paulo tranquiliza a comunidade dizendo que primeiro ressuscitarão os que morreram no Senhor e depois virá a vez dos ainda vivos. Ele, então, nos arrebatará e nos levará consigo para estarmos com Ele para sempre.

III – É TEMPO DE DINAMIZAR A PALAVRA

■ **Material necessário**

Uma faixa de tecido ou papel; pincel atômico.

■ **Desenvolvimento**

- Fazer um grande painel com palavras inspiradoras para a construção do Reino de Deus.

Partilha

- Em seguida, refletir sobre as atitudes de pessoas prudentes e imprudentes que nos ajudam a decidir o que levar para a nossa vida.
- Qual tem que ser o nosso óleo que não podemos deixar faltar?

IV – É TEMPO DE REPERCUTIR A PALAVRA

O Evangelho de hoje é chamado de texto escatológico, isto é, que fala por meio de uma parábola sobre o capítulo final de nossas vidas.

No percurso da vida acontece de tudo: santidade, isto é, uma corrida apaixonada atrás de Jesus e daqueles que já foram salvos por Ele, mas que precisam de acompanhamento na corrida terrena. Acontece de tudo mesmo: gente que abraça Jesus, mas que ao mesmo tempo também se recusa a largar de si mesma; gente que é de boa índole, tem até boa orientação de berço, mas que não quer assumir qualquer compromisso em favor da promoção do outro. Muitos são os educados, poucos os comprometidos com a causa da justiça do Reino. Dá-lhes aflição pensar nisso; há gente que até crê, mas nem sabe em quem crê (por isso até rezamos na parte central de algumas missas: "Recebe, Senhor, em teu Reino aqueles cuja fé só Tu conheceste"); gente que pratica até boas ações, mas que também nada ou quase nada faz para vencer seus vícios; gente que até pratica bons atos, mas que não pratica bons atos por hábito, muito menos ainda, por uma opção permanente de vida; gente que passa a vida sem pensar qual o sentido dela; gente que não gosta de si, e, logicamente também não gosta dos outros; gente que se acha demais, de sobra, e está desistindo de viver; entre eles, adolescentes, jovens, adultos, idosos, pois o horizonte acabou ou nunca existiu; gente que tem a morte como princípio de vida, destruindo, violentando, matando.

Sem rodeios, o noivo da parábola é Jesus, que um dia disse: "*Quando eu for* [para o Pai] *e lhes tiver preparado um lugar, voltarei e levarei vocês comigo, para que onde eu estiver, estejam vocês também*" (Jo 14,3). É com esse noivo que a humanidade inteira vai se encontrar. "*Então as dez virgens se levantaram, e prepararam as lâmpadas*" (Mt 25,7). O "dez" simboliza número redondo, a totalidade da humanidade. Trata-se de manter a lâmpada cheia de óleo e acesa. Note-se que nenhuma das noivas foi cuidar do cabelo, do vestido, da maquiagem. "Prepararam as lâmpadas." Prepararam a prestação de contas de seus compromissos assumidos, não assumidos, ignorados, detestados. Na melhor das hipóteses: compromissos de respeito, aceitação, tolerância, fraternidade, amor dentro do Reino em formação.

As condições de vigilância são oferecidas a todos. A consciência nos orienta todo dia o que convém fazer ou não; nos diz o que é prudente ou insensato. Só um insano, por um desvio grave de comportamento não obedecerá à voz da consciência.

Um dia, o nosso percurso chegará ao fim. O tempo de vigilância também. O que sobrará? Aquilo que se construiu. Não haverá mais carga nem recarga de óleo, pois quem vende também fechará as contas do seu percurso e não venderá mais nada. A porta se fechará. E o noivo dirá: *"Não as / os conheço"* para quem nada acumulou em termos de virtudes, de amor concretamente praticado. Também como Ele vai conhecer certa gente que nunca procurou por Ele, que nunca moveu uma palha em favor de quem quer que seja; que nunca passou pela ponte que leva do puro egoísmo ao altruísmo? Como conhecer essa gente, se é gente que até fez pouco caso dos que creem, dos que se desdobram em benefício dos necessitados? Como conhecer essa gente, se é gente que não teve o menor escrúpulo e enfiou no próprio bolso dinheiro proveniente do povo para o crescimento do bem comum? Como conhecer essa gente, se é gente que enriquece e muito, destruindo vidas, muitas vidas com drogas e vícios os mais diversos? Como conhecer essa gente que tira a farofa da boca do povo, engendrando, promovendo ou batendo palmas e bumbos para escândalos e práticas de corrupção?

Para nós, a porta ainda não fechou. Para nós ainda vale o *"fiquem vigiando"*. O relógio ainda dá suas repetidas voltas. Os dias se sucedem. Como se o noivo estivesse falando: Vejam se vocês têm bom óleo para queimar e que dure bastante. Óleo da retidão, da dignidade, da abertura para com o outro, da humildade diante de Deus que nos dá inúmeras chances, mas que um dia pedirá satisfação de todos para verificar se realmente fomos prudentes, dignos de estarmos presentes no Reino definitivo que nos está sendo preparado pelo noivo. Nós temos a nossa preparação. O noivo também tem a dele, já citada em Jo 14,3.

Para finalizar:

Quem é insensato?

- quem não usa sequer o bom-senso;
- quem não faz uso da razão, só dos instintos;
- quem não analisa o que é uma justa medida;
- quem não é dotado de justo equilíbrio emocional, afetivo;
- quem delira por seu espírito destruidor por extrema inveja;
- quem nada pondera e não leva em conta qualquer consequência pela prática de seus atos.

Quem é prudente?

- quem se deixa guiar pelo critério da consciência;
- quem leva uma vida de sobriedade e autodomínio;

- quem não iguala a prudência ao medo;
- quem... quem? Não é o motorista que vai a 40 por hora que é prudente, mas o motorista que tem consciência de seus limites pessoais, das condições do seu veículo, bem como das condições da estrada e do tempo;
- quem é ousado, respeitando, porém, os limites pessoais e externos;
- quem busca a realização na prática da justiça;
- quem se abastece de óleo para iluminar a noite e reconhecer o rosto do noivo assim que ele chegar;
  - quem não se realiza na autossuficiência, e sim, depositando confiança no Senhor.

■ Complementar a repercussão da Palavra dialogando

1. Não importa qual a nossa idade, mas importa perguntar: o que pensamos da morte? Se tivéssemos só mais três dias de vida, quais as três coisas prioritárias que ainda se proporíamos a fazer?
2. No texto do Evangelho o que mais chamou nossa atenção? Por quê?
3. Estamos vivendo nossa fase de preparação para um dia encontrar-nos com Jesus. O que achamos dessa fase de preparação? Já estamos satisfeitos com o que construímos ou queremos construir mais? Vale a pena mergulhar mais e mais nos ensinamentos do Evangelho e no exemplo extremo de amor que Jesus nos deu?

V – É TEMPO DE DIALOGAR COM O AUTOR DA PALAVRA

Tu, Jesus, disseste que ias ficar conosco sempre e cumpriste e estás cumprindo tua promessa legando-nos tua Palavra, a Igreja como mãe-orientadora; os sacramentos como sinais visíveis de tua presença invisível; a oração como canal de comunicação rápida e eficaz entre ti e nós. Os meios são muitos, a nossa vontade de aplicá-los, no entanto, é falha e lenta. Teu recado é claro e cheio de misericórdia: "*Voltarei e levarei vocês comigo*" (Jo 14,3). O dia e a hora de chegares Tu não revelas justamente para nós não brincarmos com a vida nem com a irmã morte. Tu não soltas "cheque pré-datado", não é? Entendi o teu recado, Jesus! Obrigado por isso!

VI – É TEMPO DE SEMEAR A PALAVRA

O Evangelho merece ser lido, relido e dele extrair lições e mais lições que podem tornar nossa vida mais bela e combativa ao lado de Jesus! Pensemos como aplicar a Palavra proclamada em gestos concretos.

33º DOMINGO DO TEMPO COMUM

Tema do dia

└──▶ Rendimento máximo das potencialidades humanas, a fim de que a justiça prevaleça.

Objetivo

└──▶ Compreender a importância de construir uma vida capaz de acolher Deus e disponível para o seu Reino.

I – É TEMPO INICIAL DE ACLAMAR, INVOCAR E LOUVAR O SENHOR

■ Rezar com os participantes

Ó Pai, tu que enviaste o Espírito Santo para recordar-nos tudo o que teu Filho Jesus disse e ensinou, dá-nos a força para vivenciarmos e anunciarmos ao mundo a Boa-nova, confiantes na tua Palavra (cf. Jo 14,26).

II – É TEMPO DE ESCUTAR E ACOLHER A PALAVRA: Mt 25,14-30

■ Núcleo da Palavra

Nada de passividade. Faz-se necessária a ação para produzir frutos, cada um conforme os dons recebidos. No dia do julgamento o patrão-Deus pedirá contas, como é de seu direito.

■ 1ª leitura: Pr 31,10-13.19-20.30-31

A mulher forte traz felicidade. Ela estende a mão ao pobre. Assim, a mulher que teme a Deus é digna de louvor.

■ 2ª leitura: 1Ts 5,1-6

Vocês sabem que o Senhor virá inesperadamente. Como vocês não vivem nas trevas, esse dia não há de surpreendê-los.

III – É TEMPO DE DINAMIZAR A PALAVRA

■ Material necessário

Folhas de papel para a confecção de barquinhos e nove barquinhos prontos.

▓ Desenvolvimento

- Organizar três grupos ou duplas da seguinte maneira:
  O grupo/dupla A receberá quatro barquinhos de papel e deverá construir outros quatro.
  O grupo/dupla B receberá três barquinhos de papel e deverá construir outros três.
  O grupo/dupla C receberá dois barquinhos de papel e deverá construir outros dois.
- Determinar um tempo para a realização da tarefa e apresentar a seguinte motivação:
  - ○ Nossa missão é exatamente do tamanho da nossa capacidade.
- Quando os grupos/duplas terminarem a tarefa, verificar:
  - ○ Quem conseguiu cumprir a tarefa?
  - ○ Aos que executaram o que foi pedido, o coordenador pedirá que analisem o texto Mt 25,21.
  - ○ Aos que não conseguirem executar a tarefa, o coordenador pedirá que revejam o que diz o texto Mt 25,28.

Partilha

- Quando é que desperdiçamos mais o nosso tempo e talentos? Se é que isso está ocorrendo?
- Dar tempo para a partilha das respostas.

IV – É TEMPO DE REPERCUTIR A PALAVRA

O trecho do Evangelho aqui trazido para primeiro plano passa também uma visão escatológica, isto é, ligada ao fim dos tempos. Na hora de prestar contas, os seres humanos responderão a uma só pergunta: comprometeram-se ou não com o Reino de Deus, onde tudo deve ser da melhor qualidade para poder "participar da alegria dele"(Mt 25,23).

Quando nos EUA, morreu o famoso economista, Milton Friedman (1912-2006), da escola de Chicago, muitos outros economistas e jornalistas não conheciam grande coisa a respeito dele. Mas uma frase dele, claro que dita com uma conotação econômica, repercutiu pelo mundo todo. Frase muito simples: "There is no free lunch" [Ninguém ganha almoço de graça, em tradução livre]. O pensamento transportado aqui para o nosso assunto de catequese tem a sua aplicação direta. Deus nos entrega seus bens, mas a nós cabe fazer render esses bens, *cada qual de acordo com a própria capacidade*" (Mt 25,15).

Vemos na parábola que o patrão-Deus vai voltar para o acerto de contas, para o balanço final. Aqueles que dobram o rendimento dos talentos são "bons e fiéis", porque trabalharam na construção do Reino desde quando o patrão-Deus lhes entregou os bens até a sua volta do exterior. Trabalharam na construção do Reino nem se importando com o bem próprio, mas com o dos verdadeiramente necessitados. Os dois primeiros saíram-se bem, receberam elogios do patrão-Deus e até o convite para participar da alegria dele. O terceiro homem ficou com medo do patrão e nada fez para aquele seu talento render alguma coisa. O patrão-Deus o chama de preguiçoso.

Claro, nada mais fez do que enterrar o talento. Não se empenhou para multiplicar o talento em favor de outros "empregados desempregados" do Senhor sem condições de trabalho. E a preguiça sequer lhe permitiu indagar o sentido da vida. Viveu-a sem saber por quê. Se o patrão-Deus o admitisse em seu Reino definitivo ele não saberia dizer por que, e continuaria preguiçoso, o que seria inadmissível.

O patrão-Deus não quer nada para si. Também, o que faria Deus com mais cinco talentos, com mais dois talentos? Tampouco ficaram com os talentos o primeiro e o segundo empregados. Quando o Senhor voltou, Ele disse: "*Eu lhe confiarei muito mais*" (Mt 25,21). Não em talentos, mas em recompensa ao participar da alegria do Senhor. Que alegria é essa? É a alegria da Casa de Deus, descrita assim no Livro do Apocalipse 21,23: "*A cidade não precisa de sol nem de lua para ficar iluminada, pois a glória de Deus a ilumina e sua lâmpada é o Cordeiro.*"

■ **Complementar a repercussão da Palavra dialogando**

1. Podemos dizer que talento é potencialidade. E potencialidade é capacidade não explorada, não aproveitada ainda. Ex.: As águas do Iguaçu, no Paraná, tinham uma potencialidade enorme para gerar energia, mas não eram aproveitadas para esse fim. Atualmente, já faz anos, são aproveitadas. Aí é simples um potencial de uma força da natureza, mas nós aproveitamos bem nossos talentos, nossas potencialidades? Nós as aproveitamos bem para o bem?
2. Já escondemos talento nosso? Talento direcionado à arte, à criatividade, à solidariedade? Por que fizemos isso? Medo de Deus? Medo de nosso comprometimento com uma causa nobre? Por indiferença? Por preguiça?
3. Se o Senhor Deus nos chamasse agora, os talentos que Ele nos deu, já teriam dado bons resultados, bom rendimento?

V – É TEMPO DE DIALOGAR COM O AUTOR DA PALAVRA

Senhor Jesus, que eu tenha alegria de ser cristão / cristã.

Que eu tenha alegria de conhecer cada vez mais a seu respeito.

Que eu tenha alegria de contar com companheiros e companheiras na evangelização.

Que eu tenha alegria de ter recebido dons e talentos do Espírito Santo.

Que eu tenha alegria por estar trabalhando pelo Reino do céu aqui na terra.

Que eu tenha alegria de saber que Tu estás invisivelmente presente todos os dias entre nós.

Que eu tenha alegria de poder um dia participar da sua alegria, na companhia do Pai e do Espírito Santo. Amém.

VI – É TEMPO DE SEMEAR A PALAVRA

Ah, essa é para todos nós: "Pelos seus frutos vocês os conhecerão" (Mt 7,16). Vamos pensar sobre os frutos que podemos oferecer com a nossa vida de fé.

34º DOMINGO DO TEMPO COMUM: FESTA DE CRISTO REI

Tema do dia

O julgamento definitivo já está se processando.

Objetivo

Entender que justiça e solidariedade traduzidas em ações concretas formam o arco da porta de entrada no Reino definitivo, sustentado pela "pedra angular": o Cristo.

I - É TEMPO INICIAL DE ACLAMAR, INVOCAR E LOUVAR O SENHOR

▨ Rezar com os participantes

Ó Pai, tu que enviaste o Espírito Santo para recordar-nos tudo o que teu Filho Jesus disse e ensinou, dá-nos a força para vivenciarmos e anunciarmos ao mundo a Boa-nova, confiantes na tua Palavra (cf. Jo 14,26).

II – É TEMPO DE ESCUTAR E ACOLHER A PALAVRA: Mt 25,31-46

▨ Núcleo da Palavra

Cristo é o Rei e Juiz que separa ovelhas de cabritos. As ovelhas são os que com mansidão ativamente lutam para que a justiça seja implantada ao seu redor. Os cabritos são os que dão saltos sem qualidade, sem expressão de comunhão e solidariedade.

▨ 1ª leitura: Ez 34,11-12.15-17

O Senhor mesmo irá procurar suas ovelhas e as reunirá de todas as partes. Trará de volta a que se perder. Curará a que estiver machucada e à fraca dará forças.

▨ 2ª leitura: 1Cor 15,20-26.28

Por um homem veio a morte e por um homem veio a ressurreição. Tudo será submetido a Cristo e Ele próprio "se submeterá àquele que tudo lhe submeteu, para que Deus seja tudo em todos".

III – É TEMPO DE DINAMIZAR A PALAVRA

■ Material necessário

Uma cruz.

■ Desenvolvimento

- Reunir o grupo diante de uma Cruz e lançar as seguintes questões:
  - ○ O que é que um rei tem?
  - ○ O que é que o Rei Jesus tem?
  - ○ O que Jesus tem de bom para oferecer?
- Dar um tempo para que respondam individualmente.

Partilha

- Apresentar a seguinte motivação:
  - ○ No julgamento final, o Senhor simplesmente nos mostrará o que é a verdade e se nós estamos espelhados nela. Agora simplesmente nos posicionamos diante dela ou dela fugimos. Estamos todos os dias fazendo nossas escolhas?
- Dar tempo para um momento de silêncio e meditação pessoal.
- Em seguida, partilhar as respostas.

IV – É TEMPO DE REPERCUTIR A PALAVRA

Quando o Filho do Homem, Cristo Jesus, *"vier na sua glória, acompanhado de todos os anjos, então se assentará em seu trono glorioso. Todos os povos da terra serão reunidos diante dele, e Ele separará uns dos outros, assim como o pastor separa as ovelhas dos cabritos"* (Mt 25,31-32). A festa de hoje é chamada de Festa de Cristo Rei, e como tal, seria de esperar festa de "homenagem" a Ele. No entanto, diríamos, sem sermos originais no nome, é antes uma "Festa das Nações". Jesus, aquele que veio para nos salvar do pecado, mas não só, pois também da falta de luz, da doença, da incredulidade deste mundo e da própria morte. E àqueles que se salvaram de tudo isso porque deram sua parcela de trabalho duro na obra de Jesus para instalar e aperfeiçoar seu Reino já aqui na terra, Ele os chama para a sua direita, o lugar de honra, e os bendiz, bem como lhes entrega a "herança do Reino". Em um afresco, o pintor alemão, Johann Baptist Zimmermann (século XVIII), representou Jesus, no dia de julgamento final, de um modo muito curioso, sentado num arco-íris. Os do lado direito de Jesus, o que eles fizeram? Atenderam a Jesus, presente no irmão salvo por Ele, praticando a justiça e demonstrando amor, saciando, dando de beber, acolhendo peregrinos estrangeiros, refugiados, cobrindo corpos nus, sarando doentes e alguns participando da pastoral carcerária.

Na observação de José Bortolini (2006, p. 265), "o interessante é que os justos ignoram ter ajudado o Filho do Homem na pessoa dos empobrecidos. Por isso é que perguntam, impressionados: '*Senhor, quando foi que fizemos isso a ti?*' (Mt 25,37-39). É que a justiça do Reino não pode ser calculada nem medida segundo nossos critérios." Aqui há uma semelhança com uma historinha que lemos certa vez. Um peixinho de um córrego foi convidado a nadar no mar. Nadou, nadou, mas no fim perguntou: "Tudo bem, havia muita água, muita água mesmo, mas, afinal, onde está o mar?" Há tantos que fazem o bem e não sabem que é a Jesus glorioso que o fazem, Jesus escondido nos "irmãos menores".

Aos "cabritos" não é oferecido lugar de honra porque nada fizeram por merecê-lo. Não mataram fome nem sede. Quando Jesus veio de longe, não lhe deram guarida, quando lhe faltaram roupas, não o cobriram, quando estava doente, não cuidaram dele, nem o visitaram, nem o confortaram quando estava preso. Agora estão lá, sem óleo na lamparina, no escuro, de mãos vazias. Desperdiçaram todas as chances. Na trajetória de sua vida foi-lhes perguntado inúmeras vezes: Quantos passos deram em companhia de Jesus, o CAMINHO? O que fizeram pelo irmão, pela irmã? Eles, porém, não se puseram a contar os passos de ações justas que poderiam ter dado e não deram. Eles deixaram de servir "os pequeninos", os indefesos. Eles não deixaram nascer os nascituros. Merecerão prêmio? Não, castigo. Castigo que eles procuraram. Castigo que eles se impuseram. O texto é explícito: "castigo eterno" porque se envergonharão de olhar para o Filho do Homem na sua glória e para os que não foram atendidos por eles na hora da fome, da sede, da nudez, da doença, da prisão. Haverá um momento em que dirão até "não" à misericórdia de Deus.

■ Complementar a repercussão da Palavra dialogando

1. Estamos dando passos de solidariedade ou de retirada?
2. Neste fim de Ano Litúrgico, estamos mais conscientes de que o Reino de Deus é o Reino onde se faz justiça, onde se pratica fraternidade e onde se cultiva o amor como virtude maior? Seguir por aí é um desafio para nós? Vamos prosseguir ou parar? Gestos concretos é que têm que ser praticados.
3. Qual é a nossa conclusão sobre esta trajetória do Ano Litúrgico "A"?

V – É TEMPO DE DIALOGAR COM O AUTOR DA PALAVRA

Senhor, tem piedade de nós... porque ainda não aceleramos suficientemente os passos nos requisitos de tua palavra: "*Eu estava com fome, e vocês me deram de comer; eu estava com sede, e me deram de beber; eu era estrangeiro, e me receberam em sua casa; eu estava sem roupa e me vestiram; eu estava doente, e cuidaram de mim; eu estava na prisão, e vocês me foram visitar*" (cf. Mt 25,31-39). Vem em nosso socorro, Senhor.

VI – É TEMPO DE SEMEAR A PALAVRA

Os pontos centrais de nossa preocupação: pobreza de espírito, mansidão, misericórdia, busca da justiça, pureza de coração, promoção da paz, felicidade encontrada na perseguição por causa da justiça, a fome saciada, a sede desfeita, o estrangeiro se sentindo em casa, a doença vencida, a prisão relaxada, a felicidade que gera paz e a busca da mais perfeita alegria em Cristo, nosso Senhor.

O papa Francisco, com toda a sua sensibilidade apostólico-missionária e espiritualidade que transborda diariamente, diz com todas as letras que

> a misericórdia de Deus não é uma ideia abstrata, pela qual Ele revela o seu amor como o de um pai e de uma mãe que se comovem pelo próprio filho até o mais íntimo das suas vísceras. É verdadeiramente caso para dizer que se trata de um amor "visceral". Provém do íntimo como um sentimento profundo, natural, feito de ternura e compaixão, de indulgência e perdão. (MV, 6)

Esse amor visceral é o que nos deve atrair, crendo e formulando as razões da nossa fé, celebrando o que Jesus nos legou como Nova Aliança, e agindo missionariamente não só para dentro da Igreja, mas, com força testemunhal também fora dela, para que, mesmo que haja muitos que não vejam razões para acreditar em Jesus Cristo, creiam pelo menos em suas obras (cf. Jo 10,38).

Com a festa de Cristo Rei, no Brasil inteiro também se celebra o Dia Nacional dos Leigos e das Leigas. Cabe aos próprios leigos planejar anualmente como celebrar solenemente esta data. Que tal darmos a nossa contribuição?

Encerra-se este Ano Litúrgico, mas nossa batalha de cristãos continua. Outro ano litúrgico começa. É tempo de balanço final. Qualquer casa comercial faz o seu fechamento de caixa no final do dia e com mais cuidado ainda no final do ano. Progredimos na vida cristã ou ficamos presos a amarras por conta do nosso extravagante egoísmo e de um deslavado individualismo?

A festa de Cristo Rei, no final do Ano Litúrgico faz todo sentido porque Ele mesmo na sua glória, à direita do Pai, realiza um balanço final da história salvífica. Ele é rei do mundo interior, onde não há depreciação de bens à medida que envelhecem, nem traças que corroam as riquezas possuídas.

Acompanhamos Mateus ao longo da exposição do seu Evangelho. Jesus quer um Reino de justiça estabelecido e consolidado já aqui e agora, embora permita que coexistam nele o trigo e o joio (cf. Mt 13,25), as ovelhas e os cabritos (cf. Mt 25,32).

Nós estamos ativos no hoje do nosso tempo. Nem sabemos se haverá amanhã.

> *Animem-se uns aos outros a cada dia, enquanto dura a proclamação desse **hoje**, a fim de que ninguém de vocês se endureça, enganado pelo pecado. De fato, nós nos tornamos participantes de Cristo, contanto que mantenhamos firme até o fim a confiança que tivemos desde o início. (Hb 3,13-14)*

Outras Festas do Senhor

DOMINGO DA SANTÍSSIMA TRINDADE
ANO LITÚRGICO A

Tema do dia

→ A graça de Jesus, o amor do Pai e a comunhão do Espírito Santo estejam conosco.

Objetivo

→ Levar nossa comunidade a se embeber do amor comunitário da Trindade.

I - É TEMPO INICIAL DE ACLAMAR, INVOCAR E LOUVAR O SENHOR

■ Rezar com os participantes

Ó Pai, tu que enviaste o Espírito Santo para recordar-nos tudo o que teu Filho Jesus disse e ensinou, dá-nos a força para vivenciarmos e anunciarmos ao mundo a Boa-nova, confiantes na tua Palavra (cf. Jo 14,26).

II – É TEMPO DE ESCUTAR E ACOLHER A PALAVRA: Jo 3,16-18

■ Núcleo da Palavra

Gratuidade e intensidade do amor de Deus: deu-nos seu Filho. Para que todos tenham a vida eterna. O Filho não veio para condenar, e sim, para salvar o mundo e o ser humano. É o próprio ser humano que se condena, se confina em seus limites, ao que é pequeno, ao "si mesmo" (*self*).

■ 1ª leitura: Ex 34,4b-6.8-9

Deus da graça e da verdade se revela a Moisés. Ele revela o seu íntimo. Com sua bondade e fidelidade mostra que sua misericórdia não tem fim, mostrando sempre pronto para perdoar.

■ 2ª leitura: 2Cor 13,11-13

Conhecendo a atuação das três pessoas divinas será possível entender o mistério de Cristo. O amor do Pai, a graça de Jesus Cristo e a comunhão do Espírito Santo anima a vida da Igreja, envolvendo a todos na alegria que vem do Deus do amor e da paz.

III – É TEMPO DE DINAMIZAR A PALAVRA

■ Desenvolvimento

- Formar um círculo e dentro dele três participantes se sentarão representando as três pessoas da Trindade.
- O primeiro se levanta e aponta para o segundo e diz:
  Fala do Pai: "*Este é meu Filho amado, que muito me agrada. Escutem o que Ele diz*" (Mt 17,5).
- O segundo se levanta e aponta para o terceiro e diz:
  Fala do Filho: "*O Pai e eu somos um*" (Jo 10,30). "*Se eu não for embora, o Defensor não virá para vocês. Mas se eu for, eu o enviarei. ... Ele vai desmascarar o mundo, mostrando quem é pecador, quem é o Justo e quem é o condenado*" (Jo 16,7-8).
- O terceiro se levanta e diz:
  Fala do Espírito Santo: Eu sou o Espírito Santo. Normalmente, não falo por palavras, mas por gestos, por ações, pelo completo silêncio através do qual eu sussurro aos ouvidos e aos corações. No dia de Pentecostes fiz descer um forte vento sobre os que estavam reunidos. Eles tremeram porque era para tremer e mudar seus corações e mentes. Fiz aparecer línguas de fogo, símbolos abrasadores do amor; e aquelas pessoas, entre as quais a mãe de Jesus, não mais se continham de ansiedade e espontaneamente davam testemunho de Jesus que deu sua vida por todos para que todos tivessem vida em abundância (cf. Jo 10,10). Não me fiz visível como o Filho, que é um só Deus com o Pai e comigo, mas naquela hora era eu mesmo que desci sobre pelo menos 120 pessoas reunidas, naquela ocasião e naquele local.
- Ao final, os três participantes convidam os outros a se juntar com eles e promovem um abraço coletivo.

IV – É TEMPO DE REPERCUTIR A PALAVRA

Deus é tudo e está em toda parte, menos no segundo andar da minha casa – disse Luquinha para a catequista.

— Por que não? – quis saber ela.

— Simples – disse Luquinha, babando de satisfação. – É que minha casa é térrea. Não é sobrado. Sim, Deus é tudo, mas nem tudo é Deus, porque se assim fosse, estaríamos defendendo um *panteísmo*, muito do agrado do pensador Baruch Spinoza (1632–1677), para quem Deus se confunde com a natureza. Deus é tudo. O Absoluto. O autossuficiente por excelência. O restante é obra sua e sobre a sua obra se derrama o seu amor. Não a condenação. Não o castigo.

Antes de entrarem na estação do Metrô de São Paulo, o menino deixa cair o sorvete.

E a mãe: – Tá vendo? Deus castiga. Eu disse pra você não tomar sorvete por causa dessa tosse. Deus castiga.

Deus castiga:

a. Por que fez cair o sorvete?

b. Por que fez o menino ficar com tosse?

c. Por que presenteou aquele menino com aquela mãe?

d. Por que a mãe pensa que Deus castiga?

e. Ou é por que a mãe quer que o filho pense que Deus castiga?

Explica-se quantas pessoas crescem cronologicamente e continuam a engolir os mesmos falsos conceitos sobre Deus. Um Deus-juiz que não deixa passar nada no campo das criaturas humanas, um Deus com jeito de policial intransigente, sempre pronto para punir as pessoas. É bom ler a Bíblia para combater esses preconceitos. É bom ficar atento ao Evangelho de hoje. *"Deus amou de tal forma o mundo, que entregou seu Filho único"* (Jo 3,16). Jesus, uma vez entre nós, revelou o Deus do amor, da verdade, apaixonado pelas pessoas como ou mais do que o artista que se apaixona por sua escultura que saiu tão perfeita que só falta falar. Deus é um Deus amoroso que penetra fundo na beleza, na pobreza, na vergonha do assassino, no arrependimento do que quer pegar outra estrada na vida. Não, Deus que é Pai não quer condenar. Seu Filho, Jesus Cristo, não veio para condenar, mas para salvar do desequilíbrio, para curar quaisquer tipos de males, para reconstituir a integridade da pessoa que havia ficado com o seu fluxo de vida interrompido.

O Pai não é o Filho porque são duas pessoas distintas. O Pai é pessoa porque é ser livre, inteligente e independente do Filho, mas a união e o amor são recíprocos e da mesma ordem de grandeza, isto é, infinitos.

O Filho não é o Espírito Santo porque são duas pessoas distintas. O Filho é pessoa porque é ser livre, inteligente e independente do Espírito Santo, mas a união e o amor são recíprocos e da mesma ordem de grandeza, isto é, infinitos.

O Espírito Santo não é o Pai porque são duas pessoas distintas. O Espírito Santo é pessoa porque é ser livre, inteligente e independente do Pai, mas a união e o amor são recíprocos e da mesma ordem de grandeza, isto é, infinitos.

Poderíamos entrar no arroubo da alma de Santo Agostinho e exclamar: "ó feliz culpa!" Nós, seres humanos, somos objeto do amor salvífico de Deus. Ele não abre mão disso. Ele não quer perder esse seu objeto de amor. Não objeto-coisa, mas objeto-alvo, objeto-pessoa. Deus, declaradamente se diz um "Deus ciumento" e não admite que as suas criaturas amadas se prostrem em adoração diante de ídolos (Ex, 20,5). Deus não deixará de ter o ser humano como objeto de seu amor, como também não admitirá que o ser humano tenha como objeto de seu amor supremo, alguém outro que não seja Ele, Deus. "Não terás outros deuses além de mim" (Ex 20,3). O ciúme, essa complexa reação emocional se faz presente quando uma pessoa requer para si algo ou alguém que não lhe compete ter. O papa Francisco, numa audiência pública, disse certa vez que a inveja e o ciúme são pecados muito feios, que não fazem as pessoas felizes. O mesmo sentimento ronda por dentro de uma pessoa quando dela é tomado algo ou alguém a que ela por alguma aliança, por algum pacto, tem direito. O ciúme de Deus não é doentio, mas justificadamente e em plenitude de amor, Ele não tolera nenhum ídolo, qualquer que seja seu nome: Sol, Júpiter, Dionísio, Afrodite, Dinheiro, Fazendas, Carrões, Iates, Prédios inteiros. Ele não quer que as criaturas humanas o substituam por qualquer um deles. Pode o homem possuir tais coisas como dinheiro, fazendas, carrões, iates, prédios inteiros? Pode, contanto que nem seu coração, nem sua mente, nem sua alma sejam dominados por essas coisas. Contanto que tais coisas não esgotem o seu potencial de amor e rejeitem a Deus.

É nosso desejo acrescentar alguns pensamentos de Jean Vanier, quase nonagenário, cristão leigo, de profunda espiritualidade que, como tal escreve com muita autoridade. A respeito do nosso tema ele diz:

> Homem e mulher precisam um do outro. Enquanto as três pessoas da Trindade... não precisam uma da outra: cada qual é plenamente Deus. A Trindade não é uma hierarquia de poder, mas uma comunhão de amor. Na origem, antes de todos os tempos, existe esta vida, o amor e a luz; esta alegria, comunhão e êxtase entre o Pai e o Filho, o abraço eterno do qual procede a Terceira Pessoa da Trindade, o Espírito Santo, totalmente igual ao Pai e ao Filho, totalmente uno com eles. (VANIER, 2004, p. 80-81)

O que podemos extrair da celebração desse mistério tão excelso, tão sublime?

1º - Que Deus é tudo. Por isso, temos tão pouco a dizer a respeito dele.

2º - Que Deus é a comunidade-comunhão perfeita. Nós não somos perfeitos. Porém, podemos dar o melhor de nós mesmos para ajudar Jesus a salvar o mundo. Nós nos reportamos agora à dinâmica do Sétimo Domingo do Tempo Comum. A mensagem que deixamos lá, é que não importa para nós o tamanho do copo, mas que ele esteja cheio de conteúdo.

■ **Complementar a repercussão da Palavra dialogando**

1. Deus se revela aos seres criados. Cremos nisto?
2. Maior ainda a sua revelação falando e agindo em seu Filho, Jesus Cristo. Nós temos certeza disso?
3. A ação de Deus continuou e continua, concordamos? A resposta está aqui: continua agindo pelo Espírito Santo, pois ele conduz os crentes à verdade do Evangelho.

V – É TEMPO DE DIALOGAR COM O AUTOR DA PALAVRA

Glória e louvor, ó Pai, por ser de fato o Pai perfeito e por tolerar as imaturidades dos pais humanos a quem falta amor, muito amor.

Glória e louvor, ó Filho, pois por teu amor nos fizeste passar da condição → *de escravos* para a condição → *de filhos*. E não só de filhos, mas também → para a condição *de herdeiros* de Deus.

Glória e louvor, ó Espírito Santo, que sopra, que aquece, que abrasa, que faz até mudar substancialmente um coração de pedra em coração de carne.

VI – É TEMPO DE SEMEAR A PALAVRA

Temos logo dois desafios para nós.

■ Ler o seguinte trecho bíblico repetidas vezes. É Jesus respondendo a uma pergunta dos que estavam reunidos: "*O Espírito Santo descerá sobre vocês, e dele receberão força para serem as minhas testemunhas em Jerusalém, em toda a Judeia e Samaria, e até os extremos da terra*" (At 1,8).

■ Vamos pegar nossa Bíblia e conferir em Mt 28,19 como é que se faz para batizar...!

FESTA DE CORPUS CHRISTI
ANO LITÚRGICO A

Tema do dia

└→ "Quem come a minha carne e bebe o meu sangue vive em mim e eu nele".

Objetivo

└→ Perceber que a vida humana torna-se mais plena quando se vive e se age em favor do próximo.

I – É TEMPO INICIAL DE ACLAMAR, INVOCAR E LOUVAR O SENHOR

■ **Rezar com os participantes**

Ó Pai, tu que enviaste o Espírito Santo para recordar-nos tudo o que teu Filho Jesus disse e ensinou, dá-nos a força para vivenciarmos e anunciarmos ao mundo a Boa-nova, confiantes na tua Palavra (cf. Jo 14,26).

II – É TEMPO DE ESCUTAR E ACOLHER A PALAVRA: Jo 6,51-58

■ Núcleo da Palavra

Jesus, o pão vivo. Autoridades dos judeus discordam. Quem recebe o Senhor Jesus como alimento, viverá por Ele.

■ 1ª leitura: Dt 8,2-3.14b-16

Deus fez seu povo percorrer um longo caminho para pô-lo à prova. Será esse povo fiel aos mandamentos de Deus ou não? Entenderá o povo que ele não há de viver só de pão, mas de tudo o que sabe sai da boca de Deus. Máxima essa que Mateus vai retomar em 4,4. Ao povo cabe não se esquecer de que foi Deus que conseguiu a liberdade desse mesmo povo. Tirou-o da escravidão e fez jorrar água da pedra mais dura. Deus é sustento de seu povo.

■ 2ª leitura: 1Cor 10,16-17

Os membros do novo povo de Deus não estão unidos por um propósito comum, mas formam uma comunidade, um só corpo. O pão também é único. Aqui não há sacrifícios aos deuses; aqui se come o pão único e se bebe o cálice do Senhor.

III – É TEMPO DE DINAMIZAR A PALAVRA

■ Desenvolvimento

- Preparar um momento de adoração ao Santíssimo.
- Seguir o roteiro de meditação: Os passos de Jesus
  1º PASSO: Jesus se encarnou, isto é, se fez ser humano como nós e veio morar no meio da gente.
  2º PASSO: Jesus, também chamado Filho do Homem, ou Filho da humanidade, veio para servir, e para dar a sua vida.
  3º PASSO: Jesus fez uma refeição com os seus discípulos. Foi a última que Ele tomou em companhia deles.
  4º PASSO: Jesus passou a vida fazendo o bem.
  5º PASSO: Jesus se dá a toda sua comunidade como alimento e vida.
- Acompanhemos, diante do Santíssimo Sacramento, a leitura dos cinco passos de Jesus em nosso favor.
  1º PASSO: ler Jo 1,14.
  2º PASSO: ler Mt 20,25-28.
  3º PASSO: ler Mt 26,26-29.
  4º PASSO: ler At 10,37-41.
  5º PASSO: ler Jo 6,51-58.

Partilha

- O que significa a entrega total de Jesus em nosso favor? Alguém quer comentar? Vamos partilhar.

IV – É TEMPO DE REPERCUTIR A PALAVRA

Vamos por partes com esse capítulo 6 de João.

Versículo 51: "*Eu sou o pão vivo que desceu do céu*". Para realizar o milagre eucarístico era preciso que Jesus, primeiro, se encarnasse, se inculturasse em nossa humanidade, buscando intenso encontro conosco e trazendo toda comunicação destinada a nós da parte de Deus.

Versículo 52: As autoridades dos judeus, que certamente não escutavam o que Jesus dizia, eram incapazes de assimilar o que Jesus queria dizer com "dar a sua carne para comer".

Versículos 53-54: "*Se vocês não comem a carne do Filho do Homem e não bebem o seu sangue não terão a vida em vocês*". Participar do banquete da vida requer disponibilidade para a comunhão com Cristo que se dá como alimento para que tenhamos vida.

Versículo 55: "*Minha carne é verdadeira comida e meu sangue verdadeira bebida*". Por isso Ele disse que o fizéssemos em sua memória (cf. 1Cor 11,25).

Versículos 56-57: "*Quem come a minha carne e bebe o meu sangue vive em mim e eu vivo nele*". Há uma comunicação mútua. E o menor, o ser humano, se beneficia da doação e da comunicação do maior, do divino-humano. Isto se tornará ainda mais claro ao se conhecer bem o texto de Jo 15,1-7, onde o ramo tem que se nutrir da videira, isto é, do todo.

Versículo 58: "*Quem come deste pão viverá para sempre*" (cf. Jo 4,14). Sabemos que a Eucaristia é o memorial da plena doação de Cristo, por isso acolher Jesus presente no pão e no vinho, e assim comer o seu corpo e beber o seu sangue, garante vida que não termina. Afinal, quem entenderá a grandeza da Eucaristia? Noutra ocasião, Jesus queria saber dos discípulos: para eles, quem Ele era. E Pedro tomou a palavra e disse que Ele era o Messias, o Filho de Deus vivo. Em seguida, as palavras que Jesus usou lá podiam ser usadas também aqui porque estamos diante de uma realidade que requer fé: "*Você é feliz, Simão, porque não foi um ser humano que lhe revelou isso, mas o meu Pai que está no céu*" (Mt 16,17).

■ **Complementar a repercussão da Palavra dialogando**

1. João Batista, no Evangelho de João 1,29 chama Jesus de "Cordeiro de Deus, aquele que tira o pecado do mundo". Qual teria sido a realidade de Antigo Testamento que teria feito o Batista se expressar desse modo?

2. Jesus, em João 6,67, faz uma pergunta duríssima aos discípulos. Se dele ouvíssemos algo assim, que resposta daríamos ou que atitude tomaríamos?

3. Sabemos por que há pessoas que abandonam a Igreja Católica? Vamos conhecer o que o papa Francisco disse a respeito? Vejamos o que diz a *Evangelii Gaudium,* n. 70.

V – É TEMPO DE DIALOGAR COM O AUTOR DA PALAVRA

Senhor, Tu queres de toda maneira estar na proximidade dos teus, na intimidade das tuas. Quiseste que alguns dos teus seguidores contribuíssem para que tuas palavras de vida eterna se perpetuassem, juntamente com a descrição dos teus gestos e tuas comoções. Quiseste que tuas palavras, gestos e ensinamentos ecoassem entre todos os povos e nós ainda estamos trabalhando nessa missão sob a tua autoridade. Quiseste que os sacramentos, por ti doados, e por nós recebidos, lançassem pontes entre realidades visíveis e invisíveis, humanas e divinas. Quiseste que a tua Eucaristia se tornasse nosso alimento forte, a fim de que teu corpo e teu sangue atraiam a ti todos aqueles e aquelas que os recebem. Tua Eucaristia, Senhor, também é chamada "ação de graças". É isto mesmo que nos propomos a fazer: dar ação de graças pelas muitas riquezas que nos proporcionas para fortalecer a nossa fraqueza. Agradecer também a tua Igreja à qual pertencemos, pois ela é mãe para ensinar, corrigir e santificar. Que dentro dela caminhemos na caridade. Com teu apóstolo temos uma indicação de como proceder: *"não amemos com palavras nem com a língua, mas por atos e em verdade"* (1Jo 3,18).

VI – É TEMPO DE SEMEAR A PALAVRA

Vamos verificar se a nossa comunidade oferece as melhores condições para que nela se celebre a Eucaristia:

- A igreja é limpa desde as paredes até o piso?
- O sistema de som é satisfatório?
- O presbitério (a parte do presidente das celebrações e de seus auxiliares) está bem em ordem ou há elementos "sobrando"?
- Os folhetos de missa são em número suficiente?
- Alguém os oferece na hora da acolhida das pessoas?
- As pessoas que cantam se posicionam em lugar adequado ou atrapalham o contato visual que os fiéis procuram ter com o presidente da assembleia?
- Há outros detalhes que lhe chamam atenção? Como podemos ajudar a melhorar?

FESTA DA TRANSFIGURAÇÃO
ANO LITÚRGICO A

Tema do dia

→ Já podemos, por antecipação, participar da vitória e da glória de Jesus.

Objetivo

→ Orientar para o engajamento na luta pela vitória da vida sobre a morte.

I - É TEMPO INICIAL DE ACLAMAR, INVOCAR E LOUVAR O SENHOR

■ Rezar com os participantes

Ó Pai, tu que enviaste o Espírito Santo para recordar-nos tudo o que teu Filho Jesus disse e ensinou, dá-nos a força para vivenciarmos e anunciarmos ao mundo a Boa-nova, confiantes na tua Palavra (cf. Jo 14,26).

II – É TEMPO DE ESCUTAR E ACOLHER A PALAVRA: Mt 17,1-9

■ Núcleo da Palavra

Jesus se transfigurou diante dos discípulos. Jesus é o novo Moisés que nos traz libertação e o reino de justiça. Elias representa os profetas. Jesus pode dispensar Moisés e Elias, porque Ele mesmo vai cumprir as profecias. Deus declara que Jesus é seu Filho amado. É preciso escutá-lo. Mas essa obra se cumprirá apenas quando Jesus for proclamado o Senhor.

■ 1ª leitura: Dn 7,9-10.13-14

Com certeza, Deus (ancião) age na história. E dá poder de vencer as "feras" opressoras.

■ 2ª leitura: 2Pd 1,16-19

O que dizemos sobre a vinda do Senhor, não provém de fábulas, mas o que dizemos vem do fato de sermos testemunhas oculares dele. Nós mesmos ouvimos quando o Pai o chamou de Filho amado. Isso tudo nos faz acreditar com firmeza nas palavras dos profetas. E vocês – diz Pedro – fazem bem se o considerarem como luz que brilha na escuridão e em seus corações.

III – É TEMPO DE DINAMIZAR A PALAVRA

■ Desenvolvimento

- Combinar previamente com um dos participantes que, ao convite para mudar de ambiente, ele resista e coloque suas motivações (inspirado na atitude de Pedro); o coordenador não insiste com o participante que não quer mudar de ambiente, apenas convida a todos para irem para outro ambiente. Podem sair para uma oração na igreja, no pátio, em outra sala.
  - ○ Pode ocorrer de que mais alguém do grupo opte por ficar no espaço. Neste caso é necessário apresentar as suas motivações para isso.
- O participante que não quer sair permanece na sala até que o grupo volte.

Partilha

- Ao retornarem motivar a todos para uma avaliação sobre a atitude de "Pedro". Sobre a sua decisão, seus argumentos, sobre as facilidades, pois sempre podemos decidir visando facilidades.
- Deixar que todos se manifestem e depois revelar que estava tudo combinado (para evitar problemas no grupo).
- Pedir que reflitam sobre o que pensaram, disseram e o que tiveram vontade de fazer.
- Para encerrar, um abraço de paz.

IV – É TEMPO DE REPERCUTIR A PALAVRA

Vamos começar pelo versículo 5: Deus declarou seu Filho *"Filho amado, que muito me agrada. Escutem o que Ele diz"*(Mt 3,17). Deus, de uma *"nuvem luminosa"*, interrompeu a conversa de Pedro, que não falava coisa importante. O que ele queria era perpetuar o que no seu impacto seria apenas coisa de momento, dentro do interminável 6º dia da criação do Deus que não cessa de trabalhar (cf. Jo 5,17). Para ouvir o que Deus tinha a dizer, Jesus tomou três dos seus discípulos e foram para uma montanha como se ela fora o lugar apropriado de Deus falar de seu trono (Sl 2,4; 48,2). Foi então que Jesus se transfigurou. Alterou-se sua figura, de normal para outra que ia além da normal, o que se viu em seu rosto e até em suas roupas, quando apareceram Moisés e Elias, duas figuras "fundacionais na formação do povo de Deus" (CARTER, 2002, p. 441). Deus, ao falar, dá legitimidade ao que Jesus ensina (cf. Mt 17,5). Tanto é que, em seguida, as figuras de Moisés e Elias são dispensadas (cf. Mt 17,8). Moisés representa a Lei e Elias o importante papel dos profetas. Agora basta que Jesus ensine e quem quiser seguir o que Ele ensina *escute-o*. Escutar, entender, assumir a própria cruz faz parte essencial do ser discípulo. E ser discípulo não é arroubo do momento. É decisão renovável dia após dia.

Quando Deus apontou para Jesus e fez sua declaração, os discípulos ficaram com medo. Não medo de Jesus, mas medo da sua própria fidelidade em escutá-lo. Jesus então aproximou-se dos discípulos, tocou-os com um gesto de ternura e disse: "*Levantem-se, e não tenham medo*" (Mt 17,7). Quando Jesus e os discípulos desceram da montanha Ele lhes deu uma ordem: "*Não contem a ninguém essa visão, até que o Filho do Homem tenha ressuscitado dos mortos*" (Mt 17,9).

Isso deve ter suscitado uma enorme interrogação na cabeça dos três. "*Visão*", "*glória*", sim! Mas Jesus passar pelo sofrimento e pela morte, ah, isso não fazia parte da lógica dos três. Mas a transfiguração serviu de um antegozo, quase de uma "pré-degustação" do que seria a glória definitiva. A vitória sempre requer luta primeiro, esforço máximo. Ainda faltava muito para os discípulos entenderem isso, mas o momento de encanamento certamente permanecia inesquecível.

■ Complementar a repercussão da Palavra dialogando

1. Olhando para nós mesmos, analisemos nosso comportamento: em geral, conduz até o fim as tarefas assumidas ou facilmente paramos no meio?
2. Seríamos capazes de descrever algumas "transfigurações" pelas quais já passamos ou não? (Não necessariamente uma transfiguração tem de ter o mesmo sentido e tamanho que aquele experienciado por Jesus).

V – É TEMPO DE DIALOGAR COM O AUTOR DA PALAVRA

Senhor Jesus, obrigado pelos convites que de ti já recebemos para "transfigurações" que já nos proporcionaste, ou seja, pequenas ou grandes alegrias que nos elevaram até quase tocarmos o céu. Transfigurações de conversão. Transfigurações a partir do Batismo. Transfigurações graças à graça da Crisma. Transfigurações em catequizandos, em animadores bíblicos graças à força da tua Palavra, e transfigurações em equipes litúrgicas, que se sentem espiritualmente sublimadas pela força dos sacramentos, sendo Tu a fonte propulsora de todos eles. Obrigado pelo Evangelho de hoje, em que o Pai nos orienta a escutar-te melhor. Este Evangelho nos faz entender que ainda é tempo de plantar e de ter cuidado com o que já está plantado. A colheita, naturalmente, virá no tempo oportuno. No fim deste Evangelho Tu deste a entender que ainda não é hora de "cantar vitória", e sim, hora de trabalhar com ânimo e sem medo, como disseste. Por isso, naquele momento, não era hora de espalhar o fato da transfiguração. Marcos e Lucas relatam que eles de fato nada falaram a respeito do que foi visto, mas uma coisa, segundo Marcos os intrigava: o que queria dizer: "*ressuscitar dos mortos*" (Mc 9,10).

VI – É TEMPO DE SEMEAR A PALAVRA

Ajudemos pessoalmente a proporcionar alegrias ao pessoal do nosso grupo, aos animadores bíblicos, às equipes litúrgicas, que lidam tão de perto com as coisas tão próximas de Deus. Fora disso, é grande virtude proporcionar alegria a pessoas doentes, idosos, pessoas com necessidades especiais. Pensemos nisso com carinho e construamos algo concreto com mais alguém.

Talvez você e amigos seus têm outra coisa na mente e no coração, que possa ajudar outras pessoas. Compartilhe. Você quase se sentirá flutuando por ter feito um bem concreto a um irmão, a uma irmã.

FESTA DA EXALTAÇÃO DA SANTA CRUZ
ANO LITÚRGICO A

Tema do dia

⟶ Prova de amor não há, que doar a vida pelo irmão.

Objetivo

⟶ Descobrir a necessidade de alcançar uma vida nova como Jesus, movida por amor extremo.

I – É TEMPO INICIAL DE ACLAMAR, INVOCAR E LOUVAR O SENHOR

■ **Rezar com os participantes**

Ó Pai, tu que enviaste o Espírito Santo para recordar-nos tudo o que teu Filho Jesus disse e ensinou, dá-nos a força para vivenciarmos e anunciarmos ao mundo a Boa-nova, confiantes na tua Palavra (cf. Jo 14,26).

II – É TEMPO DE ESCUTAR E ACOLHER A PALAVRA: Jo 3,13-17

■ **Núcleo da Palavra**

O Filho do Homem, Jesus, é o caminho entre o céu e a terra. Levantado na cruz, Ele dá prova de que quem nele crê, terá a vida definitiva. Ele veio para salvar a humanidade e para que "nenhum se perca".

1ª leitura: Nm 21,4b-9

Entre os antigos havia quem cultuasse a serpente. Até o povo de Israel assimilou essa prática. Aqui, na leitura, o texto mostra que a serpente feita de bronze é um símbolo da proteção de Deus. Segundo o Evangelho de João, a imagem da serpente-símbolo aparece outra vez, aplicando-a a Jesus, se oferecendo como salvador da humanidade.

2ª leitura: Fl 2,6-11

Quem era Jesus? O modelo que Deus queria ver no ser humano, mas este privou Deus de poder ver essa maravilha. Ao Cristo sem pecado e sem mácula foi concedido gozar a incorruptibilidade, dentro da qual o próprio Adão foi criado. Agora vem o exemplo simplesmente insuperável, estupendo: Cristo Jesus usou esse seu direito, não para si, mas percorrendo um caminho que envolvia sofrimento, tortura e morte, o que fez dele o salvador de todos aqueles e aquelas que acompanharam Adão no pecado.

III – É TEMPO DE DINAMIZAR A PALAVRA

Material necessário

Uma cruz.

Desenvolvimento

- Formar um círculo e passar de mãos em mãos a cruz e convidar os participantes para um momento celebrativo de contemplação.
- Cada participante depois de alguns instantes, tendo a cruz em suas mãos, diz: "Nós vos adoramos Senhor e vos bendizemos!".
- Todos respondem: "Ó Cristo, pela tua santa cruz redimiste o mundo".

Partilha

- O que achamos? É verdade que por meio da cruz Jesus releva uma vida nova?

IV – É TEMPO DE REPERCUTIR A PALAVRA

O pequeno texto de hoje vem emendado ao diálogo entre Jesus e Nicodemos, onde fica clara a necessidade de nascer do alto, isto é, do Espírito, mesmo que já tenha nascido há muito tempo. Jesus é Ele mesmo o Caminho (cf. Jo 14,6). Ele mesmo transita por esse caminho descendo para a humanidade pela encarnação, mas também faz a subida pelo Caminho. Lá no tempo de Moisés, quando o povo com extrema dificuldade andava pelo deserto, o próprio povo murmurou muito contra Deus e este mandou serpentes venenosas que foram causa da morte de muitos. O povo, então, arrependido foi falar com Moisés, pedindo que Deus cessasse de enviar serpentes venenosas. Deus, então, deu a seguinte ordem: *"Faze uma serpente venenosa e coloca-a sobre uma haste, aquele que for mordido, mas olhar para ela ficará com vida"* (Nm 21,8). Moisés fez, pois, uma serpente de bronze e colocou-a em cima de uma haste. O texto de Números ainda diz que quando uma pessoa era mordida por uma serpente venenosa, era só olhar para essa serpente de bronze e essa pessoa ficava curada do veneno. O episódio narrado no Livro de Números, em que o povo de Israel assimilou algo do culto pagão, esse episódio passa a ser lembrado e a ser elemento de comparação: "Jesus ser levantado", num entendimento até fácil, significará que Jesus doará por amor a sua vida na "haste" da cruz e significará também o seu triunfo definitivo. E todo o que nele crer, não terá apenas cura, mas a vida eterna. A vida do amor nascerá do alto, pela graça, como se diz neste mesmo capítulo de João, ao falar do Batismo. "A vida que Jesus elevado comunica aos que lhe dão adesão supera a vida passageira comunicada pela serpente de bronze" (BORTOLINI, 2006, p. 777).

E o nosso texto prossegue: *"Deus amou de tal forma o mundo* [isto é, a humanidade], *que entregou o seu Filho único, para que todo aquele que nele crer não morra, mas tenha a vida eterna"* (Jo 3,16). O Filho do Homem, Jesus, "levantado à vista de todos é ao mesmo tempo o Filho único de Deus (cf. 12,34); essa é a sua realidade escondida, que se revela ao ser levantado ao alto e mostrar assim o amor de Deus ao mundo" (MATEOS & BARRETO, 1999, p. 188). O oferecimento da própria vida de Jesus pela humanidade terá seu ponto culminante quando Ele for levantado no alto, lembrando a oferta que Abraão fez de seu filho Isaac (cf. Gn 22). E o texto do Evangelho de hoje prossegue, caminhando para o seu final: *"Deus enviou o seu Filho ao mundo, não para condenar o mundo, e sim para que o mundo seja salvo por meio dele"* (Jo 3,17), o mediador. Jesus não veio para condenar o mundo por causa de seus pecados. Condenar seria rejeitar suas próprias criaturas, elevados a filhos e até herdeiros. Naturalmente, tudo isso *"Por graça de Deus"* salienta bem Paulo (Gl 4,7). E para salvar a humanidade Deus usa a prova do seu amor e da sua misericórdia. Não há exceção nesse ponto. Quem não estiver incluído é porque nega a adesão a Jesus e não liga para o seu infinito amor. *Salvar-se* é passar da morte à vida definitiva. No estágio atual, temos de verificar se de fato cremos nisso e fazer uma opção profunda e clara, posicionando-nos a favor da vida, sempre a favor da vida e do amor. Em 2016, fazendo uma homilia sobre Jo 13,31-33a.34-35, o papa Francisco alerta que o amor não se realiza em palavras, mas em ação. Portanto, o amor tem que ser concreto, demonstrado, comprovado. Isto custa, mas é possível e os exemplos nos milhares de anos de cristianismo são inumeráveis.

■ **Complementar a repercussão da Palavra dialogando**

1. Em que sentido a sua, a nossa comunidade precisa "nascer de novo"? No ardor da fé? No trabalho da catequese? Em maior animação bíblica? No esclarecimento das riquezas litúrgicas? Na conversão pastoral?
2. Estamos mesmo firmes na nossa opção fundamental pela vida e pelo amor que brota de Jesus Cristo?

IV – É TEMPO DE DIALOGAR COM O AUTOR DA PALAVRA

Ó Deus, Pai amoroso e cheio de misericórdia, nós, tuas criaturas humanas, quando nos incluíste na obra da Criação *viste tudo o que havias feito e tudo era muito bom*. Infelizmente, não tivemos nem temos a sensibilidade suficiente para agradecer a tua iniciativa, até pelo contrário, reconhecemos que já muitas e muitas vezes fomos ingratos e Tu, o que nos deste em troca? Simplesmente o teu Filho único. E com selo de garantia: quem nele crer terá a vida eterna. Hoje Ele está na glória, contigo. Nem ontem Ele quis, nem hoje Ele quer a condenação da humanidade, e sim, a salvação. Ainda hoje o teu Filho continua a se entregar na Palavra, na abundância de graças, nos sacramentos, nos testemunhos que dele dão cristãos e cristãs. Tudo isto é motivo de reconhecer humildemente a gratuidade de tuas graças, a salvação consumada por teu Filho levantado na cruz e a chuva incessante dos dons do Espírito Santo.

V – É TEMPO DE SEMEAR A PALAVRA

Ousar nas três chamadas que aqui fazemos.

Arriscar: convidar pessoas para se deixar conduzir pela fé;

Tomar iniciativa no sentido de "endireitar os caminhos" no nosso micromundo familiar, dentro da vida cristã em nossa Igreja;

Semear a Palavra, sempre lembrando da reta orientação de Francisco, bem apropriada ao Evangelho que nos foi apresentado hoje:

> Não poderemos jamais tornar os ensinamentos da Igreja uma realidade facilmente compreensível e felizmente apreciada por todos; a fé conserva sempre um aspecto de cruz, certa obscuridade que não tira firmeza à sua adesão. Há coisas que se compreendem e apreciam só a partir desta adesão que é irmã do amor, para além da clareza com que se possam compreender as razões e os argumentos. Por isso, é preciso recordar-se de que cada ensinamento da doutrina deve situar-se na atitude evangelizadora que desperte a adesão do coração com a proximidade, o amor e o testemunho. (EG, 42)

Evangelho de Marcos

Ano Litúrgico B

Na linha do tempo, Marcos foi o primeiro a escrever seu Evangelho que, logo em seu título expõe a essência do que queria dizer: *"Começo da Boa Notícia de Jesus, o Messias, o Filho de Deus"* (cf. Mc 1,1). "É um Messias que seguirá o caminho da cruz, que se fará o último e o servo de todos" (PAGOLA, 2011, p. 531). É o *Filho de Deus*, não assim chamado apenas por Pedro (cf. Mc 8,9), mas assim chamado pelo próprio Pai (cf. Mc 1,11). Mais tarde, no episódio da transfiguração a mesma declaração é dada de novo. E o Filho de Deus tem o que dizer. Por isso é preciso escutá-lo (cf. Mc 9,7). Por fim, o Filho foi rejeitado, humilhado, torturado, destinado a carregar vergonhosamente a cruz. E nessa situação, não de um Deus que se impõe autoritariamente, mas de um Filho de Deus feito servo por indescritível amor, na hora menos esperada, foi reconhecido como Filho de Deus (cf. Mc 15,39).

Provavelmente, Marcos escreveu seu Evangelho em Roma, por volta dos anos 67-68. É de se notar que a *Boa Notícia de Jesus,* não é apenas a *Boa Notícia* que Ele protagoniza mais em suas ações do que em grande quantidade de palavras; a *Boa Notícia é Ele mesmo.*

Essa *Boa Notícia* a queremos para nós neste Ano Litúrgico. Queremos lê-la e relê-la. Meditá-la. Compartilhá-la. Transformá-la em oração e ação. Levá-la a cenas de dinâmica para com ela elucidar quem precisa e quer ser luz para outras pessoas. Hoje, o que precisamos fazer é ver e escutar atentamente o mesmo Jesus, encarnado em nossa geografia, em nossos costumes, em nossa cultura, em nossa história humana, pois Ele deu a palavra de que estaria conosco todos os dias (cf. Mt 28,20).

Tempo do Advento

1º DOMINGO DO ADVENTO

Tema do dia

→ A presente vida avança, e não sabemos quando virá o seu fim natural.

Objetivo

→ Reconhecer que o Senhor vem ao nosso encontro todos os dias.

I – É TEMPO INICIAL DE ACLAMAR, INVOCAR, LOUVAR O SENHOR

■ Rezar com os participantes

Ó Pai, tu que enviaste o Espírito Santo para recordar-nos tudo o que teu Filho Jesus disse e ensinou, dá-nos a força para vivenciarmos e anunciarmos ao mundo a Boa-nova, confiantes na tua Palavra (cf. Jo 14,26).

II – É TEMPO DE ESCUTAR E ACOLHER A PALAVRA: Mc 13,33-37

■ Núcleo da Palavra

Precisamos ficar vigilantes, pois não sabemos quando o Senhor virá. A todos o Senhor faz esse alerta.

■ 1ª leitura: Is 63,16b-17.19b;64,2b-7

O Senhor é nosso libertador. Ele faz tudo para quem tudo dele espera. Ele, alegre, se encontra com quem pratica a justiça. Nós somos o barro. Ele o oleiro. Nós uma obra saída de suas mãos.

2ª leitura: 1Cor 1,3-9

No Senhor vocês foram enriquecidos com a palavra e o conhecimento. Que vocês sejam irrepreensíveis até o fim, quando chegar "o dia de Nosso Senhor Jesus Cristo".

III – É TEMPO DE DINAMIZAR A PALAVRA

Material necessário

Papéis e canetas.

Desenvolvimento

- Motivar os participantes para que, individualmente, pensem e registrem no papel um plano para receber uma visita muito especial em sua casa, listando: O que precisa ser providenciado? O que não se pode deixar para a última hora? O que vai ser mais importante quando isso acontecer?
- Depois de ter feito isso, cada participante apresenta o seu plano.
- Promover um debate com a seguinte questão: O que o plano elaborado tem a ver com o ADVENTO e com o NATAL?
- Pode-se tirar daí uma boa conclusão.

IV – É TEMPO DE REPERCUTIR A PALAVRA

A nossa Igreja, em sua sábia estrutura e distribuição da riqueza bíblico-litúrgica, presenteou-nos nesta abertura do Advento com um texto evangélico muito claro, de fácil entendimento. Vejamos: O "dono da casa" se ausentou. Deixou lá um porteiro como supervisor e confiou a cada empregado as tarefas pelas quais cada um seria responsável e, no fim, cobrado. Se aquele que se ausentou é o "dono da casa", então os que ficaram são responsáveis pelo bom andamento da casa, e nela são também "inquilinos". A casa não é deles. O dono voltará, quer dizer que a estada dessas pessoas nessa casa é passageira.

O texto ajuda a reconhecer que esta vida é passageira. Mas não tem um fim... ela nos prepara para o tempo que será eterno. Como vimos no texto, se o dono fica atento aos que travam luta entre o *ficar acordado* e o *cair no sono*, é porque a história não termina ali, mas tem um outro lado, uma continuação de vida, na vida eterna. Ambrósio de Milão, bispo nos primeiros séculos de cristianismo chegou a dizer: "Não devemos chorar a morte, que é a causa da salvação universal" (SS, 10). Um ditado popular todo mundo conhece: "Tudo é muito incerto, a única coisa que é certa é a morte". Não concordamos com isso. Para o cristão, de acordo com a sua fé, a morte é certa sim, mas também a vida eterna. Aliás, o papa Bento XVI, recorda o que se passa no rito do Batismo. Os pais, perguntados o que é que eles pedem, são instruídos a dizer "a fé". E o que se alcança pela fé? A vida eterna.

O espírito desse Evangelho também nos faz lembrar da Unção dos Enfermos, como sacramento, chamado de *"Preparação para a última passagem"*. Pode ser administrado às pessoas que sofrem de doenças graves e mais ainda às que estão à porta da morte. No número 1681, o Catecismo da Igreja Católica diz textualmente: "O sentido cristão da morte é revelado à luz do mistério pascal da Morte e Ressurreição de Cristo, em quem repousa a nossa única esperança. O cristão que morre em Cristo Jesus 'deixa este corpo para ir morar junto do Senhor' (2Cor 5,8)".

Então, diante desta vida provisória, estejamos preparados. Não é como entregar a Declaração do Imposto de Renda às 23h59. Tem de haver uma preparação a vida inteira. Por isso, ao fazer o que fazemos, percorremos os três Anos Litúrgicos, em clima de preparação. Seria temerário dizer "a longo prazo", pois ninguém sabe quando expirará o seu "prazo de vencimento". Para uns será na infância, para outros na juventude, interrompendo sonhos e um acúmulo de energia, para outros em tempo de consolidação da fase adulta ou para os mais avançados em anos. Que ninguém se preocupe com o "quando", mas sim, "como" desempenhar sua missão neste mundo e prestar atenção à Palavra de Jesus: *"O que eu digo a vocês, digo a todos. Fiquem vigiando"* (Mc 13,37).

■ Complementar a repercussão da Palavra dialogando

- Em que situação está a "casa da nossa vida?" Bem por fora e por dentro? Precisando de reforma? Especificamente, qual a reforma mais urgente?
- Já percebemos que o Evangelho de hoje incentiva ao agir e ficar muito atento para não nos tornarmos presa da ociosidade?

V – É TEMPO DE DIALOGAR COM O AUTOR DA PALAVRA

Com toda singeleza do coração, por assim dizer, apropriemo-nos da oração de São João Maria Batista Vianney para dialogar com o Senhor que vem ao nosso encontro para nos dar Vida:

> *Meu Deus, eu vos amo, e meu único desejo é amar-vos até o último suspiro de minha vida. Meu Deus infinitamente amável, eu vos amo e preferiria morrer amando-vos a viver sem vos amar. Senhor, eu vos amo, e a única graça que vos peço é amar-vos eternamente... Meus Deus, se minha língua não pode dizer a cada instante que eu vos amo, quero que meu coração repita isso tantas vezes quantas eu respiro.* (CIgC, 2658)

VI – É TEMPO DE SEMEAR A PALAVRA

Tomemos este texto e leiamos. Ele foi escrito tendo em vista o contexto de Mc 13,33-37.

Marcos convida a comunidade do discipulado a viver na história com olhos abertos, para olhar em profundidade os acontecimentos presentes, superando as reivindicações conflitantes dos que visam ao poder. Eles devem procurar descobrir e atacar as verdadeiras raízes da opressão e da violência que conservam a história humana como refém. A vinda do reino nada tem a ver com triunfalismo; ela vem de baixo, em solidariedade com a família humana em sua noite escura de sofrimento. O mundo é o "Getsêmani" e nós somos chamados para a "insônia histórica" . (MYERS, 1992, p. 420)

Alerta! Nós temos uma vida a preservar. Que nela se ouça e se viva a verdade, a justiça, a honestidade, a abertura ao serviço, isto é, querer servir, não se servir de.

2º DOMINGO DO ADVENTO

Tema do dia

→ A Boa Notícia vai ser anunciada por Jesus, Filho de Deus.

Objetivo

→ Apresentar João Batista como mensageiro que prepara os caminhos do Senhor.

I – É TEMPO INICIAL DE ACLAMAR, INVOCAR, LOUVAR O SENHOR

■ Rezar com os participantes

Ó Pai, tu que enviaste o Espírito Santo para recordar-nos tudo o que teu Filho Jesus disse e ensinou, dá-nos a força para vivenciarmos e anunciarmos ao mundo a Boa-nova, confiantes na tua Palavra (cf. Jo 14,26).

II – É TEMPO DE ESCUTAR E ACOLHER A PALAVRA: Mc 1,1-8

■ Núcleo da Palavra

Começo da Boa Notícia de Jesus. Antes de Jesus entrar em cena, João Batista o anuncia como o mensageiro que caminha à frente do Messias enviado por Deus.

B

■ 1ª leitura: Is 40,1-5.9-11

O tempo da libertação está chegando e os erros foram perdoados. Abram os caminhos para o Senhor. Deus vai cuidar de seu rebanho e reuni-lo. Ele carregará o seu povo como o pastor carrega os cordeirinhos em seu colo.

■ 2ª leitura: 2Pd 3,8-14

Pagar o mal com o mal? Jamais. Cultivem as virtudes. "Se sofrem por causa da justiça, felizes de vocês!"

III – É TEMPO DE DINAMIZAR A PALAVRA

■ Desenvolvimento

- Coordenador lança as seguintes perguntas aos participantes:
  - O O que temos para endireitar?
  - O Como analisamos a dinâmica e o testemunho cristão no meio religioso em que atuamos?
  - O No nosso bairro ou centro, estamos satisfeitos com as políticas aplicadas ou o que falta, ou o que não está certo?
  - O A nossa mãe terra clama contra o mal que lhe provocamos por causa do uso irresponsável e do abuso dos bens que Deus nela colocou. Percebemos problemas desse gênero em nosso ambiente?
- Com a participação de todos, aprofundar uma das questões e propor a busca de uma ação concreta que deverá ser assumida por todos, sobre a problemática que aborda. O que fazer? Quem coordena? Quem será envolvido além do grupo? Que prazo daremos?

IV – É TEMPO DE REPERCUTIR A PALAVRA

A abertura do Evangelho de Marcos, a nosso ver, não é pomposa, mas humilde. Fala apenas do começo. *"Começo da Boa Notícia de Jesus, o Messias, o Filho de Deus"* (Mc 1,1). Aos poucos, Marcos vai mostrando de maneira muito direta o lado humano de Jesus. Por isso, no início de seu Evangelho ele apresenta João Batista, com todas as suas características, profundamente humano, preparando os corações para o acolhimento do Messias. Ele fala da pessoa de Jesus Cristo.

Mas voltemos ao nosso texto. A citação de Marcos, no seu todo, é formada pelo profeta Malaquias 3,1: *"Estou mandando o meu mensageiro para preparar o caminho à minha frente"* e Isaías 40,3: *"Uma voz grita: abram no deserto um caminho para Javé: na região da terra seca, aplainem uma estrada para o nosso Deus"*.

Antes de Jesus, entram em cena: os profetas e João. Ele ainda permanece nos bastidores.

Os textos proféticos mencionados, na verdade, falam da abertura de um caminho. Diríamos hoje, da construção de uma rodovia por onde se possam escoar produtos e transportar pessoas. Afinal, trata-se de um novo caminho, preparado por um mensageiro-construtor que tem por incumbência preparar os caminhos do Senhor. E quem prepara, grita no deserto, longe do poder, mas nas periferias geográficas e existenciais, as quais se refere com tanta ênfase o papa Francisco. Nas periferias há menos ruído, mais possibilidades do Batismo de conversão. É aí que João Batista assume seu papel de "pregador do Advento". "Como o Templo não era apenas o centro religioso, mas também o centro econômico e político, já podemos afirmar que a preparação do caminho de Deus se realiza à margem do Centro, à revelia do poder religioso, político e econômico dominante" (BALANCIN, 2007, p. 17). Aquele pregador das periferias desérticas era primo de Jesus. Praticava um Batismo de conversão; vivia numa simplicidade admirável, pois comia do que lhe oferecia a mãe natureza; pregava como profeta e anunciava que depois dele viria alguém mais forte do que ele. Mais forte e mais importante, pois batizaria, já não com água somente, e sim, com o Espírito Santo (cf. Jo 3,5). Portanto, falava daquele que haveria de dar toda força para combater todos os tipos de males. E se males há, é preciso saber endireitar os caminhos para que os males não subsistam. O Espírito Santo concede os dons e, estes, uma vez aplicados, produzem frutos. O apóstolo Paulo aponta vários frutos que nascem do Espírito: "*amor, alegria, paz, paciência, amabilidade, bondade, lealdade, mansidão, autodomínio*" (Gl 5,22).

■ Complementar a repercussão da Palavra dialogando

1. Como está a abertura do nosso coração, da nossa mente? Estamos mesmo dispostos a mudar algo para melhor em nossa vida, a partir deste Advento?
2. Não vamos querer fazer isso sozinho, vamos? Como motivar outras pessoas para essa missão: preparar os caminhos do Senhor? Precisamos contar com a ajuda daquele que é maior e mais forte do que João Batista.

V – É TEMPO DE DIALOGAR COM O AUTOR DA PALAVRA

Senhor Jesus, temos encontrado a tua Boa Notícia, nas ruas e nas estradas, desenhada nos gestos de pessoas prestando socorro, nos hospitais, nas casas de repouso, em orfanatos, nos casais que adotam uma ou mais de uma criança, nas famílias que não te expulsam de seu meio, nas igrejas que rezam e que também fazem o possível para que a oração feita se converta em gesto concreto. Nós te temos encontrado naqueles homens e naquelas mulheres que, em atenção à sua consciência limpa, buscam a verdade, mesmo sem saber que a VERDADE és Tu. Quantas vezes já te encontramos na flor que teima em distribuir perfume em monturos de lixo. Nós te temos encontrado como Boa Notícia, como luz de esperança na escuridão e no mal-estar que causam as más notícias. Jamais fostes nem nunca serás "notícia requentada", mas sempre "notícia de primeira mão". Tu, Senhor Jesus, és a maior notícia de todos os tempos. Tu és a fonte primeira delas. Tu és o caminho pelo qual podemos transitar livremente, "sem pedágio", para te ouvir contar tuas boas notícias, aquelas que nos servirão de alicerce para construirmos algo de bom e que seja do agrado teu e de nosso Pai.

VI – É TEMPO DE SEMEAR A PALAVRA

Vamos trabalhar com empenho, em nossa família e na comunidade, esse tempo de preparação para a chegada de Jesus no Natal. Quais são os caminhos, ou seja, quais dificuldades existem entre nós e devemos corrigir para receber Jesus no Natal?

3º DOMINGO DO ADVENTO

Tema do dia

→ Ser testemunhas da Verdade.

Objetivo

→ Identificar os ensinamentos de João para sermos boas testemunhas e darmos bons testemunhos.

I – É TEMPO INICIAL DE ACLAMAR, INVOCAR, LOUVAR O SENHOR

■ Rezar com os participantes

Ó Pai, tu que enviaste o Espírito Santo para recordar-nos tudo o que teu Filho Jesus disse e ensinou, dá-nos a força para vivenciarmos e anunciarmos ao mundo a Boa-nova, confiantes na tua Palavra (cf. Jo 14,26).

II – É TEMPO DE ESCUTAR E ACOLHER A PALAVRA: Jo 1,6-8.19-28

■ Núcleo da Palavra

João foi enviado por Deus para dar testemunho da luz. Diante de autoridades que queriam saber quem ele era, disse: Eu sou a voz que grita no deserto e assume a missão de batizador.

■ **1ª leitura: Is 61,1-2a.10-11**

O profeta é enviado por Deus para dar a Boa Notícia aos pobres, curar os feridos e proclamar a libertação dos escravos. Por isso, o profeta se alegra no Senhor, que faz brotar a justiça por toda parte.

■ **2ª leitura: 1Ts 5,16-24**

O que fazer em favor da comunidade? Viver alegremente, rezar, agradecer por tudo. Reconhecer sempre a ação do Espírito. Ser criterioso ao analisar as coisas e ficar com o que é bom.

III – É TEMPO DE DINAMIZAR A PALAVRA

■ **Material necessário**

Cartões com textos para o trabalho (conforme o número de participantes); sugestão de textos:

Cartão 1: Nós atuamos na catequese. Recebemos preparação e com alguma semelhança com João Batista preparamos gente pequena ou grande para dar seus passos no conhecimento do Salvador esperado, aquele que com seu exemplo e sua ação nos dirá com toda autoridade: *"Se vocês tiverem amor uns para com os outros, todos reconhecerão que vocês são meus discípulos"* (Jo 13,35).

Cartão 2: Nós somos um grupo de animação bíblica e missionária. Certo dia, Jesus estava na margem do lago. A multidão se apertava ao seu redor para ouvir a Palavra de Deus. Jesus, subindo numa barca, que era de Simão Pedro, ensinava as multidões (cf. Lc 5,3). Jesus ensinava a todos os interessados em ouvir. O povo, chegando bem perto de Jesus, mostra que tem sede da Palavra de Deus. Por que será? Porque Jesus, com a sua pregação, sempre clareia as mentes e ilumina os corações. Faz conhecer as coisas importantes da vida e provoca no povo um novo modo de agir.

Cartão 3: Nós formamos uma equipe litúrgica. Nós somos um pouco parecidos com João Batista. Ele preparou a chegada do Salvador e fez também preparativos para o rito do Batismo com a água que ele celebrava. Preparamos as celebrações dos grandes acontecimentos da nossa salvação. Celebrar é cercar de alegria momentos centrais da vida. Celebrar requer providenciar coisas concretas: material a ser usado, preparar a música, distribuir as tarefas e cuidar bem da acolhida dos convidados. Celebrar é festa porque Deus não para de nos amar e também porque se renova a nossa fome espiritual. É bom termos fome do Senhor! *"Por isso, povos todos, batam palmas, aclamem a Deus com vozes de alegria"* (Sl 47,2).

■ **Desenvolvimento**

- Apresentar a seguinte motivação: Somos como João Batista. Preparamos o caminho para a chegada de Jesus, que nos traz vida e luz, mas Ele é vida, Ele é luz. O ungido de Deus, Cristo Jesus.

- Distribuir um cartão para cada participante que deverá refletir em duplas ou em pequenos grupos o texto nele sugerido, tentando relacionar com o que foi apresentado na motivação.

- Propor aos participantes que leiam o que está no cartão e conversem sobre o tema proposto.

Partilha

- Coordenador incentiva conversar sobre:
  - O que foi refletido tem relação com o testemunho de João? O que podemos destacar?

IV – É TEMPO DE REPERCUTIR A PALAVRA

O trecho do Evangelho de Jo 1,6-8.19-28 começa a falar de um homem mandado por Deus. E fica-se sabendo que ele foi enviado para ser testemunha, falar sobre a luz e levar todos a crer.

- **Ser testemunha** de um contemporâneo e parente. Eram primos. Enviado para ser testemunha da luz. Do portador da luz, pois ele mesmo, o Batista, não era a luz.
- **Falar sobre a luz** era parte da missão, pois afinal, era um mandado de Deus, um mensageiro. Um reflexo da luz. Ele foi questionado sobre a sua identidade. Seria ele o Messias esperado? Certamente a frase de João: *"Eu não sou o Messias"(Jo 1,20)*, prepara a revelação e Jesus à mulher samaritana, quando disse: *"Sou eu, que estou falando com você"* (Jo 4,26). Seria ele Elias, o profeta cuja morte não foi registrada por ninguém, pois foi arrebatado ao céu (cf. 2Rs 2,1-11). Elias é sempre lembrado por insistir continuamente no Deus único e em repudiar qualquer culto que se preste a outros deuses, reverenciados em grande número e pelos quais sentiam inclinação não poucos pertencentes ao povo de Deus. É perguntado, então, se ele era o profeta. Curioso o texto. Não perguntam se João é *um* profeta, mas *o* profeta. Os sacerdotes e levitas investigadores sabiam, aqui, o que estavam perguntando. O título de "o profeta" faz alusão a Dt 18,15: *"O Senhor teu Deus fará surgir um profeta como eu no meio de ti, dentre os teus irmãos, e vocês o ouvirão"*. Mas João estava voltado para o que pudesse vir no futuro e não era, nem representava Elias, homem corretíssimo, que prega a fidelidade que é devida à Lei vinda desde Moisés, pois, repercutia entre o povo a convicção de que se houvesse perfeita observância da Lei estava garantida a vinda do Messias, o ungido. Por isso: João era preparador do caminho para uma personagem muito mais importante do que ele. Finalmente, João declara: *"Eu sou uma voz que grita no deserto: endireitem o caminho do Senhor, como disse o profeta Isaías"* (cf. Is 40,3).
- **Levar todos a crer**. João batiza com água para que os seus seguidores se preparem para a vinda de Jesus. Para que creiam não nele, João, que é apenas *testemunha*, mas no Messias já esperado.

O Evangelho nos fala que João foi enviado a ser testemunha da luz e da verdade. O Batismo de João era para uma verdadeira mudança e espera do Messias. João propõe um Batismo como um rito de penitência, como preparação ao verdadeiro Batismo (At 19,4).

João prepara os seus discípulos para a chegada e o Batismo de Jesus. Entre os dois podemos observar que existe uma continuidade: *"aquele que vem depois de mim..."* (Mt 3,11). João fala de Jesus como aquele que vem, aquele que vai chegar para acolher os que vão aderir ao projeto daquele que ele anuncia, ou seja, o Messias. Mas como entender a diferença entre o Batismo e outro? Bem, "a água pertence ao mundo físico e unicamente com o físico pode ter contato; o Espírito penetra no próprio interior do ser humano. A água pode simbolizar a transformação; o Espírito, que é força divina, é o único que pode realizar a transformação" (MATEOS & BARRETO, 1999, p. 90).

■ **Complementar a repercussão da Palavra dialogando**

1. Já demos testemunho de Jesus em público?
2. "Deserto" pode significar lugares onde Jesus não foi anunciado ainda. Já fomos a algum lugar assim? Nós iríamos, sobretudo em grupo?

V – É TEMPO DE DIALOGAR COM O AUTOR DA PALAVRA

Senhor Jesus, pelo Evangelho de João, sabemos o que disseste de ti mesmo. Tu te declaraste *luz do mundo*. Também João, o Batista, deu testemunho de ti, vida e luz. Senhor, quem te segue *terá a luz da vida* (cf. Jo 8,12). E nós, batizados no teu Espírito, atuantes na tua Igreja e na sociedade, o que somos? Somos também testemunhas para dar testemunho de que Tu és a fonte de vida e gerador de luz. Alimentamos a nossa vida na tua vida e acendemos nossa luz da tua. Queremos que essa união permaneça para servirmos de instrumentos teus junto a tantos e tantas que *amam mais as trevas do que a luz* (Jo 3,19). Isto é, agem de modo perverso, têm satisfação e até prazer em espalhar mentiras, implantar injustiças e fazer uso da violência para oprimir pessoas e até acabar com elas. Jesus, já que és fonte de vida e luz, torna-nos fortes em dar testemunho de ti perante o mundo, que em boa parte nem te leva em consideração. Concede-nos graça, luz, entusiasmo para sermos determinados como João, o batizador, e parecidos com o teu grande seguidor, o apóstolo Paulo, para como ele, podermos dizer: *"Com os fracos, tornei-me fraco, a fim de ganhar os fracos. Tornei-me tudo para todos, a fim de salvar alguns a todo custo"* (1Cor 9,22).

VI – É TEMPO DE SEMEAR A PALAVRA

Vejamos objetivamente o que é caminhar na luz! O que em nossa vida precisa ser mudado? Faça diariamente, até o Natal, o bom propósito de anunciar Jesus nos diversos lugares onde ainda sua pessoa e seus ensinamentos precisam ser conhecidos e acolhidos.

4º DOMINGO DO ADVENTO

Tema do dia

→ Jesus Cristo, o Filho de Deus, se encarnou em nossa história.

Objetivo

→ Apresentar Maria como a escolhida de Deus para a chegada de Jesus.

I – É TEMPO INICIAL DE ACLAMAR, INVOCAR, LOUVAR O SENHOR

■ Rezar com os participantes

Ó Pai, tu que enviaste o Espírito Santo para recordar-nos tudo o que teu Filho Jesus disse e ensinou, dá-nos a força para vivenciarmos e anunciarmos ao mundo a Boa-nova, confiantes na tua Palavra (cf. Jo 14,26).

II – É TEMPO DE ESCUTAR E ACOLHER A PALAVRA: Lc 1,26-38

■ Núcleo da Palavra

O anjo anuncia a gravidez de Maria. Ela logo passa da *perturbação* à serenidade. Seu filho será chamado Jesus: o Deus que salva. Maria confia no anjo; apenas quer saber como tudo se dará. Tudo sucederá por obra do Espírito Santo. Maria sabe que a voz do anjo transmite a voz de Deus e aceita que tudo se faça conforme a vontade dele.

■ 1ª leitura: 2Sm 7,1-5.8b-12.14a.16

O texto de hoje assinala que Deus não vai construir uma casa, mas uma tenda e fixará, sob Davi, um lugar para o povo de Israel. O trono de Davi se estabelecerá para sempre.

■ 2ª leitura: Rm 16,25-27

Paulo não conhece o Evangelho de Marcos, mas sim, os fatos nele narrados, pois fala de um mistério envolvido no silêncio, porém, manifestado pelos escritos proféticos para conduzir à obediência da fé. Ora, esse mistério é motivo de grande alegria.

III – É TEMPO DE DINAMIZAR A PALAVRA

■ Material necessário

Uma imagem de Nossa Senhora.

■ Desenvolvimento

- Reunir todos os participantes ao redor da imagem da Virgem Maria.
- O coordenador conduz o momento orante com a seguinte motivação:
  - ○ É tempo de acreditar e agir... Inspirados pela Palavra de Deus, vamos rezar, meditando, com o Sl 40,12-14.17-18.

■ Coordenador conclui dizendo

Que Deus cuide e abençoe a cada um de nós, assim como cuidou com seu Amor a Virgem Maria em sua vida. Ela, que se fez serva para servir ao Senhor, é nossa intercessora, por isso rezemos: **Ave Maria...**

IV – É TEMPO DE REPERCUTIR A PALAVRA

Este Evangelho vai nos deixar esta mensagem: ou nós mergulhamos profundamente no mistério ou não entenderemos a pessoa de Jesus Cristo a ponto de abraçá-lo pela fé e amá-lo em espírito e verdade, nem, tampouco, nos integraremos com convicção na Igreja à qual dizemos pertencer!

A passagem do Evangelho começa a falar no "sexto mês", isto é, sexto mês da gravidez de Isabel, prima de Maria, o que nos diz que João Batista e Jesus também eram primos. O anjo *"foi a uma virgem, prometida em casamento, a um homem chamado José, que era descendente de Davi"* (Lc 1,27). Se Maria era prometida em casamento, de acordo com o direito judaico, ela já era desposada, mas ainda não coabitava com José, descendente do rei Davi.

Com a saudação do anjo à Maria podemos dizer que propriamente um novo tempo teve início, o Novo Testamento. Com o "alegre-se", abre-se imediatamente também a porta para os povos do mundo; tem-se uma alusão à universalidade da mensagem cristã e é retomada e atualizada a profecia de Sofonias 3,14-15, que diz: *"Rejubila-te, filha de Sião, solta gritos de alegria, Israel [...] o Senhor, teu Deus, está no meio de ti"* (BENTO XVI, 2012, p. 31).

E o nome de Jesus, como se deve entendê-lo? É o anjo que faz referência a ele, tanto em Mateus 1,21 como em Lucas 1,31. Seu significado? "Deus salva". "A salvação que o menino prometido traz, manifesta-se na instauração definitiva do reino de Davi. Na verdade, fora prometida ao reino de Davi uma duração perpétua: '*A tua casa e a tua realeza subsistirão para sempre diante de mim* – diz Deus – *e o teu trono se estabelecerá para sempre*' (2Sm 7,16) – anunciará o profeta Natã, por incumbência do próprio Deus" (BENTO XVI, 2012, p. 33).

Acompanhemos um pouco o procedimento de Maria, ainda jovem de tudo. Ouvindo o anjo pela primeira vez, Maria *perturbou-se, e perguntou a si mesma o que a saudação queria dizer* (Lc 1,29). Num segundo momento, ouvir de novo o anjo dizendo que ela ficaria grávida, teria um filho, daria a ele um nome, ele seria chamado Filho do Altíssimo, que herdaria o trono de Davi; tudo isso era muita coisa. Maria fica atenta – já não se diz que ela continuava perturbada – mas, afinal, ela tem todo direito de perguntar: *"Como vai acontecer isso, se não vivo com homem algum?"* (Lc 1,34). Maria quer conhecer a razão de sua fé. E o anjo, então, lhe descreve o papel do Espírito Santo e fala também do acontecido com sua prima Isabel. Maria, então, considera que a explicação dada era o bastante. Portanto, já não havendo perturbação nem necessidade de mais explicações, Maria, já em estado de serenidade de espírito, dá sua resposta de aceitação: *"Eis a serva do Senhor. Faça-se em mim conforme a tua vontade"* (Lc 1,38).

E o trecho do Evangelho em pauta, ainda conclui assim: *"E o anjo a deixou"*. Poderia parecer apenas uma frase conclusiva, sem maior importância, mas "Maria fica sozinha com a tarefa que verdadeiramente supera toda a capacidade humana. Não há anjos ao seu redor; ela deve prosseguir pelo seu caminho, que passará através de muitas obscuridades, a começar pelo espanto de José perante a sua gravidez... quantas vezes, em tais situações, Maria terá interiormente voltado à hora em que o anjo de Deus lhe falara, terá escutado de novo e meditado a saudação *alegre-se, cheia de graça"*, e as palavras de conforto: *"não temas!"* O anjo parte, a missão permanece e, juntamente com esta, matura a proximidade interior com Deus, o íntimo ver e tocar a sua proximidade" (BENTO XVI, 2012, p. 38).

▣ Complementar a repercussão da Palavra dialogando

1. Vejamos quantas "providências o próprio Deus tomou" para a encarnação de seu Filho amado.
2. Vejamos com que delicadeza Maria é convidada para ser a mãe do Salvador!
3. O comentário final até diz que Maria teve de atravessar muitas obscuridades. O que isto nos diz, diante daquela outra palavra de conforto: *"Não temas"*?
4. Diante do grande mistério que o Evangelho de hoje contém, tenhamos presente o que dizia Santo Agostinho: "Se a religião cristã não contivesse nenhum mistério, ela não seria uma religião vinda de Deus; e se fosse uma religião constituída só de mistérios, não seria religião para o ser humano".

V – É TEMPO DE DIALOGAR COM O AUTOR DA PALAVRA

Eis aqui as servas e os servos do Senhor. Cumpra-se em nós a tua palavra. Torna-nos instrumentos dóceis nas tuas mãos.

VI – É TEMPO DE SEMEAR A PALAVRA

"Quem de nós, diante da situação da maioria do povo pobre, poderia imaginar que do meio desse povo, que Deus suscitaria o anúncio de uma nova era e, mais ainda, a realização dessa era de justiça e paz (Jesus), para que todos tenham vida?" (STORNIOLO, 2006, p. 19). Busquemos encontrar Jesus nas pessoas de nossos irmãos e irmãs mais pobres... Tente contemplar a presença de Deus neles. É possível. Tente!

Tempo do Natal

FESTA DA SAGRADA FAMÍLIA

Tema do dia

→ Os pais são como que os alicerces da casa e todos os filhos constituem as pedras vivas da família.

Objetivo

→ Reconhecer o valor da vida familiar com dom de Deus, Senhor da Vida.

I – É TEMPO INICIAL DE ACLAMAR, INVOCAR, LOUVAR O SENHOR

■ **Rezar com os participantes**

Ó Pai, tu que enviaste o Espírito Santo para recordar-nos tudo o que teu Filho Jesus disse e ensinou, dá-nos a força para vivenciarmos e anunciarmos ao mundo a Boa-nova, confiantes na tua Palavra (cf. Jo 14,26).

Missa da Noite de Natal (Ver e seguir o Ano Litúrgico A)

Missa do Dia de Natal (Ver e seguir o Ano Litúrgico A)

II – É TEMPO DE ESCUTAR E ACOLHER A PALAVRA: Lc 2,22-40

■ Núcleo da Palavra

Tempo de purificação de Maria e de Jesus. Este, levado ao templo para ser consagrado ao Senhor. Simeão teve a graça de ver Jesus antes de morrer. Ana falava do menino para os que esperavam grande libertação. Cumprido tudo o que havia para cumprir, Jesus, Maria e José voltaram para sua "igreja doméstica" em Nazaré.

■ 1ª leitura: Eclo 3,2-6.12-14

O amor entre pais e filhos e vice-versa. O cuidado pelos pais na idade avançada servirá de reparação pelas próprias faltas cometidas.

■ 2ª leitura: Cl 3,12-21

O que há de predominar nos escolhidos de Deus: compaixão, bondade, humildade, mansidão, paciência, o suportar-se mutuamente e também o perdão mútuo. A visibilidade do amor e a paz de Cristo. Haja gratidão, a presença da Palavra de Deus e a alegria. O amor mútuo entre esposos e entre pais e filhos.

III – É TEMPO DE DINAMIZAR A PALAVRA

■ Desenvolvimento

- Propor aos participantes que, em duplas ou pequenos grupos, leiam novamente Lc 2,22-40 e conversem sobre:
  - ○ A importância de cada personagem no texto.
  - ○ A nossa importância como filhos e filhas amados por Deus.
  - ○ Como fazer uso positivo da verdade de que somos filhos e filhas amados por Deus numa sociedade conflitante em que vivemos?

Partilha

- Cada participante apresenta com uma palavra o que vai levar para sua vida do que foi discutido hoje.

IV – É TEMPO DE REPERCUTIR A PALAVRA

Havia se passado quarenta dias do parto de Maria, segundo a Lei de Moisés, explicitada em Ex 13,2 e Lv 12,1-8. Acontecia a purificação da mãe e a apresentação do filho. Por isso, José e Maria levaram o menino para ser consagrado a Deus. O texto de Ex 13,2 diz assim: *"Consagrem a mim todos os primogênitos, todo aquele que por primeiro sai do útero materno entre os filhos de Israel..."*. Na tradição, o primeiro filho era o responsável pela descendência: consagrá-lo era reconhecimento de que somente Deus é o Senhor da vida e o responsável pela continuidade do seu povo. Os pais também deveriam fazer uma oferta no Templo pela solenidade da purificação. Como não tinham posses, fizeram a oferta mais simples: "um par de rolas".

A apresentação de Jesus no Templo tornou-se mais que um cumprimento da Lei, uma revelação. Simeão, homem *"justo e piedoso"* (Lc 2,25) que vivia em Jerusalém, alimentava também uma grande expectativa: a consolação de Israel, isto é, poder ver o novo libertador de seu povo. E o Espírito Santo não só estava com ele, mas lhe segredou que ele não morreria sem ver o Messias prometido. Guiado pelo Espírito Santo ele foi ao Templo. E por um acontecimento conduzido pela Providência encontrou lá os pais e o menino. Simeão, então, pôde tomar o menino em seus braços e proferiu louvores a Deus, dizendo: *"Agora, Senhor, conforme a tua promessa, podes deixar teu servo partir em paz. Porque meus olhos viram a tua salvação, que preparaste diante de todos os povos: luz para iluminar as nações e glória do teu povo, Israel"* (Lc 2,29-32).

José e Maria mostravam-se maravilhados por tudo quanto se dizia do menino. Simeão, por sua vez não era só alegria e otimismo, mas alguém, cheio do Espírito Santo, como vimos, diz abertamente que Jesus será sinal de contradição. Haverá os que querem se aproximar dele, mas também os que o rejeitarão. Todos diante dele devem fazer a sua opção. Bem que Jesus, em Jo 12,32, vai dizer que ele atrairá todos a si, mas há os que não se deixarão atrair.

Diz o *Catecismo da Igreja Católica* "que muitos atos e palavras de Jesus constituíram um 'sinal de contradição', para as autoridades religiosas de Jerusalém. Suas relações com os fariseus não foram exclusivamente polêmicas" (CIgC, 575). Para Maria, Simeão disse que *"uma espada há de atravessar-lhe a alma"* (Lc 2,35). Maria jamais cessou de crer no cumprimento da Palavra de Deus (cf. CIgC, 149). A Conferência de Aparecida oferece-nos uma bela reflexão sobre o texto de Lucas que temos diante de nós ao afirmar que:

> O acontecimento da Apresentação do Templo, coloca-nos diante do encontro das gerações: as crianças e os anciãos. A criança que surge para a vida, assumindo e cumprindo a Lei, e os anciãos, que a festejam com a alegria do Espírito Santo. Crianças e anciãos constroem o futuro dos povos. As crianças porque levarão adiante a história, os anciãos porque transmitem experiência de suas vidas. (DAp, 447)

■ Complementar a repercussão da Palavra dialogando

1. Nós chegamos a maravilhar-nos com atitudes positivas e iniciativas apostólicas de nossos irmãos na fé? Nossos irmãos na Igreja?
2. Cada um de nós, o que é que consegue ver de edificantes em Simeão e na viúva Ana?

V – É TEMPO DE DIALOGAR COM O AUTOR DA PALAVRA

Em 19 de março de 2016, solenidade de São José, o papa Francisco promulgou a Exortação Apostólica *Amoris Laetitia – Alegria do amor*. O pontífice houve por bem coligir as contribuições dos dois Sínodos em tempo recente realizados sobre a família e acrescentou outras considerações sobre o tema que possam ajudar "as famílias na sua doação e nas suas dificuldades" (AL, 4). Como já se tornou praxe em vários documentos do papa, ele os conclui com uma oração. É o caso nesta Exortação Apostólica. É a *"Oração à Sagrada Família"*, que aqui reproduzimos:

> Jesus, Maria e José,
> em vós contemplamos
> o esplendor do verdadeiro amor,
> confiantes, a vós nos consagramos.
> Sagrada Família de Nazaré,
> tornai também as nossas famílias
> lugares de comunhão e cenáculos de oração,
> autênticas escolas do Evangelho
> e pequenas igrejas domésticas.
> Sagrada Família de Nazaré,
> que nunca mais haja nas famílias
> episódios de violência, de fechamento
> e divisão;
> e quem tiver sido ferido ou escandalizado
> seja rapidamente consolado e curado.
> Sagrada Família de Nazaré,
> fazei que todos nos tornemos conscientes
> do caráter sagrado e inviolável da família,
> da sua beleza no projeto de Deus.
> Jesus, Maria e José,
> ouvi-nos e acolhei a nossa súplica.
> Amém!

VI – É TEMPO DE SEMEAR A PALAVRA

Ler o texto sugerido e buscar no dia a dia resgatar o vínculo de amor que nos identifica como família.

> Sabemos que "nenhuma Família é uma realidade perfeita e confeccionada de uma vez para sempre, mas requer um progressivo amadurecimento da sua capacidade de amar. Avancemos, famílias; continuemos a caminhar! O que nos é prometido é sempre mais. Não percamos a esperança por causa dos nossos limites, mas também não renunciemos à procura da plenitude de amor e comunhão que nos foi prometida. (AL, 325)

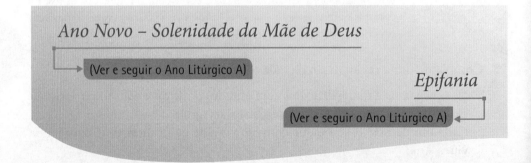

Ano Novo – Solenidade da Mãe de Deus
(Ver e seguir o Ano Litúrgico A)

Epifania
(Ver e seguir o Ano Litúrgico A)

BATISMO DO SENHOR

Tema do dia

→ Jesus é o Filho amado do Pai.

Objetivo

→ Reconhecer a vida divina presente em nós, graças ao Batismo.

I – É TEMPO INICIAL DE ACLAMAR, INVOCAR, LOUVAR O SENHOR

■ Rezar com os participantes

Ó Pai, tu que enviaste o Espírito Santo para recordar-nos tudo o que teu Filho Jesus disse e ensinou, dá-nos a força para vivenciarmos e anunciarmos ao mundo a Boa-nova, confiantes na tua Palavra (cf. Jo 14,26).

II – É TEMPO DE ESCUTAR E ACOLHER A PALAVRA: Mc 1,7-11

■ Núcleo da Palavra

Jesus declarado como mais forte do que João Batista. Ele batizará com o Espírito Santo. No entanto, Jesus foi batizado por João, no rio Jordão. E o Espírito desceu sobre ele. Fez-se ouvir a voz do Pai chamando-o de "Filho amado".

■ 1ª leitura: Is 42,1-4.6-7

Deus fala de seu servo como seu escolhido, que conta com todo agrado. Nele está o espírito de Deus para que estabeleça a justiça entre as nações. Ele será a luz para as nações. Especialmente para os cegos, para os que merecem ser libertados e não a prisão.

■ 2ª leitura: At 10,34-38

A Deus agrada quem pratica a justiça, seja qual for a nação a que pertença. Vocês sabem o que aconteceu em toda a Judeia, com Jesus de Nazaré. Foi ungido com o Espírito Santo e andou por toda parte fazendo o bem, curando todos os dominados pelo diabo.

B

III – É TEMPO DE DINAMIZAR A PALAVRA

■ Material necessário

Uma imagem do Batismo de Jesus cortada em quatro partes, feito um quebra-cabeça; no verso de cada parte inserir um texto bíblico e uma pergunta, propostos em quatro momentos:

1º momento: um chamado à fé. –Mt 3,13-17. Podemos entender essa palavra como um chamado à fé? Como?

2º momento: um chamado à Igreja. – 1Pd 2,9. Podemos acolher essa palavra como um convite para pertencer à Igreja? Como?

3º momento: um chamado à vida cristã. – Rm 6,4-5. Como o texto sugere que devemos ter uma vida cristã ativa?

4º momento: um chamado à missão. – 1Cor 9,16. Encontramos no texto um convite para colaborarmos ativamente nos trabalhos da Igreja e em meio à sociedade?

■ Desenvolvimento

- Distribuir no espaço do encontro as quatro partes da imagem do Batismo de Jesus, deixando-as com certa distância entre elas.
- Solicitar para que os participantes circulem observando as imagens e escolham uma para ficar ao lado.
- Orientar as equipes formadas junto à parte escolhida:
  - Ler o texto bíblico indicado no verso.
  - Responder a questão proposta.
  - Pensar como vão apresentar a resposta aos demais.

Partilha

- Apresentação das respostas conforme a ordem dos momentos.
- O Coordenador conclui destacando a importância do nosso Batismo.

IV – É TEMPO DE REPERCUTIR A PALAVRA

Depois de algumas semanas, voltamos a contemplar um breve trecho do Evangelho de Marcos sobre o Batismo de Jesus.

> Entre o outono do ano 27 e a primavera de 28 surge no horizonte religioso da Palestina um profeta original e independente que causa um forte impacto em todo o povo. Seu nome é João, mas as pessoas o chamam de o "Batizador", porque pratica um rito inusitado e surpreendente nas águas do Jordão. É, sem dúvida, o homem que marcará como ninguém a trajetória de Jesus.(PAGOLA, 2011, p. 88-89)

Esse "Batizador" fazia um bem enorme a muita gente. Mas também era mortal. Pois bem! Quem viria depois dele? Alguém mais forte, preparado para superar os conflitos. Justamente porque os conflitos se apresentam para serem vencidos. O "mais forte" batizará com o Espírito Santo, isto é, com toda a potencialidade para transformar verdadeiramente, a partir de uma clareza de percepção das coisas que são de Deus e as que não são.

A passagem do Evangelho de Mc 1,9 diz que Jesus foi batizado por João. E o texto evangélico prossegue. Não diz que enquanto Jesus estava na água, mas diz que "*logo que Jesus saiu da água, viu o céu se rasgando, e o Espírito, como pomba, desceu sobre ele. E do céu uma voz: Tu és meu Filho amado; em ti encontro meu agrado*" (Mc 1,10-11). O céu se rasgou? É a figura para dizer que Deus tem misericórdia da miséria do seu povo maltratado no Egito e vai *descer* para socorrê-lo e libertá-lo (Ex 3,7-8).

O texto de Isaías nos ajuda a entender o Filho amado, o servo escolhido. "*Ele é meu servo escolhido, nele tenho meu agrado. Eu coloquei sobre Ele o meu espírito, para que promova o direito entre as nações*" (Is 42,1). Se o Primeiro Testamento já tratou disso e agora também o Segundo, deduz-se que essa missão de promover o direito e a justiça, é própria de Jesus, o servo de Deus e a nossa também. Esse é o significado e a força do Batismo no Espírito Santo, que impulsiona, que sempre faz lembrar o que Jesus ensinou (cf. Jo 14,26). Por aí Marcos conclui que Jesus é o Messias, não como qualquer um, que se apresenta como tal, mas como Filho de Deus, e aos poucos vai revelando em que consistem a realeza e o serviço de Jesus.

■ Complementar a repercussão da Palavra dialogando

1. Quer tenhamos sido batizados como criança, quer como pessoa adulta, temos consciência da importância do nosso Batismo? Poderíamos dizer em três frases em que consiste essa importância?
2. Sabemos em que data foi o nosso Batismo? De vez em quando paramos para pensar nele?

V – É TEMPO DE DIALOGAR COM O AUTOR DA PALAVRA

Senhor Jesus Cristo, que graça enorme a de termos *mergulhado* em ti ao receber o Batismo. Por isso, tivemos e temos a chance de abraçar-te para valer. A possibilidade de ir para onde fores. De exercer missão junto com Paulo, Pedro e os inumeráveis seguidores que se esforçam para pisar onde deixaste as tuas pegadas. Os efeitos do Batismo são inesgotáveis. Vamos, portanto, colocar-nos a serviço de tua Igreja a fim de dar-te glória e alegria, bem como vida nova para quem muito precisa de ti. Dá-nos Jesus a tua graça para que, somando o teu e o nosso trabalho, façamos renascer muitas pessoas da água que simboliza e do Espírito Santo que verdadeiramente transforma.

VI – É TEMPO DE SEMEAR A PALAVRA

Motivados pela reflexão do papa Francisco sobre o Batismo, busquemos refletir e responder:

"Como vai o caminho cristão que iniciei no Batismo?

Está parado?

Errei o caminho?

Fico vagando continuamente e não sei aonde ir espiritualmente?

Paro diante das coisas que me atraem: a mundanidade, a vaidade

ou vou sempre adiante tornando concretas as bem-aventuranças e as obras de misericórdia.

O caminho de Jesus é tão repleto de consolações, glória e também de cruzes, mas traz paz à alma" (FRANCISCO, 2016).

Tempo da Quaresma

1º DOMINGO DA QUARESMA

Tema do dia

Convertam-se e creiam no Evangelho.

Objetivo

Apresentar a importância de anunciar o Evangelho com alegria e criatividade.

I – É TEMPO INICIAL DE ACLAMAR, INVOCAR, LOUVAR O SENHOR

Rezar com os participantes

Ó Pai, tu que enviaste o Espírito Santo para recordar-nos tudo o que teu Filho Jesus disse e ensinou, dá-nos a força para vivenciarmos e anunciarmos ao mundo a Boa-nova, confiantes na tua Palavra (cf. Jo 14,26).

II – É TEMPO DE ESCUTAR E ACOLHER A PALAVRA: Mc 1,12-15

Núcleo da Palavra

O Espírito impeliu Jesus para o deserto onde foi tentado. Depois Jesus se dirige à Galileia e proclama a Boa Notícia e convida a fazermos o mesmo, convertendo-nos.

1ª leitura: Gn 9,8-15

Deus estabelece uma aliança com Noé e seus filhos: de tudo o que existe, nada mais será destruído pelas águas do dilúvio.

2ª leitura: 1Pd 3,18-22

O justo morreu pelos injustos. Mas ele alcançou a vitória. Agora é a água do Batismo que nos salva, assim como uma Aliança com Deus salvou Noé e os seus.

III – É TEMPO DE DINAMIZAR A PALAVRA

■ Desenvolvimento

- Ler Is 11,1-9, texto com uma linguagem cheia de poesia, que aponta para um mundo ideal. Mundo ideal é desafio para qualquer sociedade, para qualquer governante.
- Solicitar que algum participante leia novamente o texto.
- Apresentar a seguinte questão: Como seria um mundo ideal e, ao mesmo tempo, agradável a Deus?
- Qual a relação do texto lido com a Boa-nova anunciada por Jesus?

Partilha

- Promover uma roda de conversa a partir das respostas.

IV – É TEMPO DE REPERCUTIR A PALAVRA

Pela sequência do Evangelho de Marcos, o de hoje está ligado ao do Batismo de Jesus. A começar do Batismo, Jesus conta com o Espírito Santo, que o leva para o deserto para enfrentar-se com satanás. E há de vencê-lo (cf. Mc 1,12-13). Marcos não dá pormenores a respeito das tentações pelas quais passou Jesus, como fazem Mateus (4,1-11) e Lucas (4,1-13). Há os que defendem que Marcos não dá essa parada de reflexão porque tentações vão surgindo ao longo de toda a vida de Jesus.

O Espírito Santo impeliu Jesus para o deserto. Deserto é o que não falta em Israel e nos outros países do Médio Oriente. Era nas dificuldades e carências do deserto que o povo de Israel se encontrava com Deus e às vezes também lhe levavam suas queixas. O deserto, pelo que se pode ler nas linhas e entrelinhas da Bíblia, é o lugar apropriado para se encontrar Deus. O deserto expressa uma ligação forte com a libertação do Egito. E ali Jesus ficou por quarenta dias, que representam um período de preparação para uma nova e gloriosa passagem, à semelhança daquela do mar Vermelho. E satanás tenta Jesus. Marcos realmente não dá detalhes. E quem é esse ser tentador? O *Catecismo da Igreja Católica* diz textualmente: "A Escritura e a Tradição da Igreja veem neste ser um anjo destronado, chamado satanás ou diabo (cf. Jo 8,44; Ap 12,9). A Igreja ensina que ele tinha sido anteriormente um anjo bom, criado por Deus. Com efeito, o diabo e outros demônios foram por Deus criados bons em sua natureza, mas se tornaram maus por sua própria iniciativa" (CIgC, 391). Como poderia satanás vencer a Jesus, se justamente Jesus pede ao Pai que nós sejamos um assim como Ele e o Pai são um. Satanás, não. Satanás é a desordem total. Aquele que separa. Que causa divórcios, que quer ver separação. Foi assim que ele caiu. Separando-se. Além de satanás ainda havia animais selvagens, famintos, que o ameaçavam. Tais animais, ao que parece, podiam ser entendidos até de dois modos distintos: ou eram de fato perigos naturais do deserto (cf. Is 34,11-5) ou, por outro lado, significavam harmonia dos tempos salvíficos, em que os diferentes se entreadmiravam e se completavam, o que se pode ver no belíssimo texto de Isaías (cf. Is 11,6-9). Mas os anjos, isto é, os anjos bons o serviam (cf. Mc 1,13).

E o texto de Marcos prossegue e registra a prisão do mensageiro, daquele que batizava, a fim de que as pessoas se purificassem e transformassem suas vidas, tomando rumo novo, porque, afinal, o Messias estava aí, bem próximo. Mas por que João Batista foi preso? Em o que ele errou, se é que errou? Nada estava errado no procedimento de quem queria estabelecer uma nova ordem das coisas, de quem denunciava em tom profético o pecado generalizado e de quem não perdia sua coragem diante da atitude escandalosa de Herodes Antipas, agora rei, e filho de Herodes Magno. Esse fez de Herodíades, até então sua cunhada, sua esposa. Esse escândalo rompeu uma estabilidade que se firmara entre o rei e a família de Herodíades. João Batista fala publicamente, condenando a atitude do rei Herodes Antipas, e não era para menos. Aí eclodiu a situação, tornando-se incontrolável. E foi então que João Batista depois de ser encarcerado foi executado.

Quase certo que Jesus, a partir de então se radica em Cafarnaum, na casa de Pedro e André. Jesus percorria as aldeias convidando a todos para o acolhimento do Reino de Deus.

> Jesus abandona a linguagem dura do deserto. O povo deve ouvir agora uma Boa Notícia [cf. v. 14]. Convida as pessoas a olhar a vida de maneira nova. Começa a contar parábolas que o Batista jamais teria imaginado. O povo fica seduzido. Tudo começa a falar-lhe da proximidade de Deus: a semente que [...] [o povo] semeia e o pão que [...][assa], os pássaros do céu e as colheitas do campo, as bodas em família e as refeições em torno de Jesus.
>
> Com Jesus tudo começa a ser diferente. O temor de juízo dá lugar à alegria de acolher a Deus, amigo da vida. (PAGOLA, 2011, p. 106)

Jesus voltou para a Galileia e ficou longe do centro. Longe da capital Jerusalém. Longe de todo tipo de poder. Jesus queria ação livre, serviço onde se manifestasse uma necessidade; e o Evangelho todo demonstra que as necessidades eram intermináveis. Ele dizia que o tempo havia se completado. O tempo novo já estava sendo vivido. Esse tempo novo requer transformação. Se não houver transformação não será tempo novo. E é nessa transformação que consiste o Reino de Deus.

■ Complementar a repercussão da Palavra dialogando

B

1. Podemos entrar na questão de dizer quais são as nossas maiores tentações? Quais as nossas estratégias para combatê-las?
2. Estamos proclamando o Evangelho? De que maneira o fazemos?
3. Estamos convertidos de pensamento e sentimento, de palavra e ação voltados para Deus?

V – É TEMPO DE DIALOGAR COM O AUTOR DA PALAVRA

Mais em Mateus do que em Marcos mostraste, Senhor Jesus, como venceste as tentações. Venceste-as com a tua vontade de servir com fidelidade absoluta ao Pai. As tentações venceste uma a uma com a força da própria Palavra de Deus. Com a Palavra de vida refutaste a palavra de mentira e de promessas vazias do demônio. Que nós também recorramos à Palavra Sagrada para sairmos vencedores, sempre que formos tentados. No Evangelho de hoje também está dito que eras servido pelos anjos. Nós também lhes imploramos o auxílio de intercessão (cf. LG, 50), de modo especial ao nosso Anjo da Guarda. E assim como nós, um dia, aprendemos a rezar implorando-lhe proteção, assim também, Senhor, saibamos transmitir às novas gerações a devoção ao nosso Anjo da Guarda, pedindo-lhe constante proteção. Então, Senhor, permite que a ele rezemos e ensinemos a rezar:

Santo Anjo do Senhor, meu zeloso guardador, se a ti me confiou a piedade divina, sempre me rege, me guarda, governa e ilumina. Amém.

VI – É TEMPO DE SEMEAR A PALAVRA

Pensemos com o nosso grupo uma maneira bem criativa e corajosa de semear a Palavra em nossas famílias e comunidade, no trabalho e nas escolas. Não deixemos só no papel. Executemos.

2º DOMINGO DA QUARESMA

Tema do dia

→ Jesus transfigurou-se diante dos discípulos que o acompanhavam.

Objetivo

→ Demonstrar que é possível viver momentos de extrema alegria, mas não é possível querer que sejam permanentes.

I - É TEMPO INICIAL DE ACLAMAR, INVOCAR, LOUVAR O SENHOR

■ **Rezar com os participantes**

Ó Pai, tu que enviaste o Espírito Santo para recordar-nos tudo o que teu Filho Jesus disse e ensinou, dá-nos a força para vivenciarmos e anunciarmos ao mundo a Boa-nova, confiantes na tua Palavra (cf. Jo 14,26).

II - É TEMPO DE ESCUTAR E ACOLHER A PALAVRA: Mc 9,2-10

■ **Núcleo da Palavra**

Jesus se transfigura diante dos discípulos. Pedro, entusiasmado, quer permanecer na montanha. O Pai dá testemunho de seu Filho amado. Jesus pede segredo sobre o acontecido, que terá sua plenitude só na ressurreição.

■ **1ª leitura: Gn 22,1-2.9a.10-13.15-18**

Abraão oferece seu filho em sacrifício em uma montanha. Abraão construiu um altar e sobre ele colocou seu filho. Abraão empunhou a faca. Mas Deus ordenou: não lhe faças nenhum mal. E pelo anjo, o Senhor lhe disse: "Por não teres recusado teu filho, eu te abençoarei".

■ **2ª leitura: Rm 8,31b-34**

Se Deus está a nosso favor, quem estará contra nós? Ele entregou seu Filho por nós. Nada mais temos a temer.

III - É TEMPO DE DINAMIZAR A PALAVRA

■ **Material necessário**

Cartolinas e gizes de cera.

■ **Desenvolvimento**

- ■ Perguntar aos participantes:
  - ○ Quais as sombras que nos dificultam avançar na confiança total em Deus, como Abraão confiou?
  - ○ Vislumbramos algum tipo de solução?
- ■ Confeccionar um painel com as palavras relacionadas às soluções apresentadas.

B

IV – É TEMPO DE REPERCUTIR A PALAVRA

Sempre no dia 6 de agosto, em pleno Tempo Comum do Ano Litúrgico, a Igreja celebra a Transfiguração de Jesus. Se a liturgia nos lembra da planície que estamos percorrendo, a Transfiguração nos lembra de novo da transformação total com a ressurreição. É um pré-viver a alegria da ressurreição.

Jesus levou consigo três dos Doze. Pedro, o mais atento, o mais aberto para falar e até para polemizar com Jesus (cf. Mt 16,23). Depois os irmãos Tiago e João. Quem sabe, para dar-lhes o gostinho de estarem com Jesus na hora da transfiguração; justamente os dois irmãos, cuja mãe tanto implorou que eles se assentassem um à direita e outro à esquerda de Jesus, em seu Reino (cf. Mt 20,21). Por pouco tempo, os três têm uma antevisão de Jesus, todo resplandecente, em sua glória, transfigurado. Externamente, suas roupas *"ficaram brilhantes e tão brancas, como nenhuma lavadeira do mundo as poderia alvejar"* (Mc 9,3). Justamente o branco. Exatamente a cor branca que absorve em si mesma todas as demais cores, assim como Jesus atrai todos a si (cf. Jo 12,32). Houve também a aparição de Moisés e Elias, para significar que agora não era mais Moisés a representar a Lei, mas o próprio Jesus que não veio para revogar a Lei, mas aperfeiçoá-la (cf. Mt 5,17). Já Elias, quem era? Um profeta que fala e defende com extrema convicção o Deus único e repudia de toda maneira qualquer tipo de culto a outros deuses. Jesus assume em plenitude o que Elias representava em finitude.

Pedro, sensível como era, queria congelar aqueles momentos de felicidade em ver o que jamais havia visto, nem ele nem os dois companheiros. Pedro estava tão feliz, que nem pensou em ter uma tenda para si e os outros dois apóstolos. Ponto positivo para Pedro. Pensou logo e tão somente nas personagens maiores, construindo uma tenda para cada uma delas, nesta ordem: uma para Jesus, uma para Moisés e uma para Elias (cf. Mc 9,5). O Evangelista comenta que os três não sabiam o que dizer, pois estavam aterrorizados (cf. Mc 9,6). Para Pedro aquele era o ponto de chegada. O seu horizonte era muito curto. Aquele gozo triunfalista de um momento só. Em seguida, *"desceu uma nuvem e os cobriu com a sua sombra. E da nuvem saiu uma voz: "Este é meu Filho amado. Escutem o que Ele diz!"* (Mc 9,7). A voz do céu confirma o que ela proferiu em Mc 1,11. Quem estava ali era o "Filho amado", aquele que devia ser escutado, porque falava e agia com autoridade. Não era questão de todos permanecerem naquela visão panorâmica da montanha, sendo que o mundo se agitava em conflitos aos pés da montanha. *"Olhando em volta não viram mais ninguém, apenas Jesus com eles"* (Mc 9,8). É que a missão de Jesus não se havia cumprido e a dos apóstolos, mal começara. Por isso, não deviam os três espalhar o que tinham visto (cf. Mc 9,9).

As nossas vitórias particulares, se tornam eternas na experiência de sentir a presença de Deus em nossa vida. Em Jesus, nos alegramos por ver que o Reino de Deus é uma proposta para uma nova realidade. Não devemos nos acomodar diante das feridas abertas em nossa sociedade: a exploração, a marginalização, a escravidão, o preconceito. Precisamos nos comprometer com Ele e com sua prática libertadora.

■ **Complementar a repercussão da Palavra dialogando**

1. Já tivemos uma espécie de "transformação" tão grande a ponto de não mais caber em nós mesmos de tanta alegria e satisfação.
2. A vontade semelhante a de Pedro, ou seja, a de querer acomodar-se em situação prazerosa também já tomou conta de nós? Quanto tempo durou?
3. O que devemos fazer como cristãos quando sentimentos triunfalistas estão prestes a tomar conta de nós?

V – É TEMPO DE DIALOGAR COM O AUTOR DA PALAVRA

Jesus, Tu também tiveste momentos de alegria com teus discípulos e com teus amigos. Assim, é natural que haja certas "transfigurações", festas, aplausos, mas não queremos perder a serenidade quando tais momentos fugazes se findarem. Ainda estamos a caminho da Páscoa. Faze-nos companhia pelo caminho. Ajuda-nos a perseverar na fidelidade a ti.

VI – É TEMPO DE SEMEAR A PALAVRA

Façamos uma pesquisa na comunidade para identificar luzes e sombras na busca de fidelidade ao pedido de Deus: "Este é o meu Filho amado. Escutai-o!" (Mc 9,7).

Perguntemos às pessoas: Você tem escutado a voz de Jesus? Tem procurado fazer o que Ele nos pede? Sim, não, por quê? O que tem dificultado a escuta e a acolhida de sua Palavra?

3º DOMINGO DA QUARESMA

B

Tema do dia

→ A religião em defesa da vida, da justiça e da liberdade.

Objetivo

→ Propor o respeito pelo sagrado, principalmente acompanhado de testemunho.

I – É TEMPO INICIAL DE ACLAMAR, INVOCAR, LOUVAR O SENHOR

■ **Rezar com os participantes**

Ó Pai, tu que enviaste o Espírito Santo para recordar-nos tudo o que teu Filho Jesus disse e ensinou, dá-nos a força para vivenciarmos e anunciarmos ao mundo a Boa-nova, confiantes na tua Palavra (cf. Jo 14,26).

II – É TEMPO DE ESCUTAR E ACOLHER A PALAVRA: Jo 2,13-25

■ **Núcleo da Palavra**

Proximidade da Páscoa dos judeus. Jesus expulsa os que praticam o comércio nas dependências do Templo. Jesus fala em reconstruir o Templo do seu corpo em três dias. Muitos creram nele, mas Ele não confiava neles, pois os conhecia muito bem, até mesmo interiormente.

■ **1ª leitura: Ex 20,1-17**

O decálogo reconhece que Deus está acima de todos e de tudo. Ele é um Deus "ciumento", sem concorrente, que ama a vida e a disciplina entre as criaturas humanas.

■ **2ª leitura: 1Cor 1,22-25**

Que querem os judeus? Querem sinais da parte de Jesus. Os gregos procuram a sabedoria. E os seguidores de Jesus anunciam o grande projeto de Deus: Jesus Cristo que foi crucificado, escândalo para uns e Messias "para os que são chamados" (1Cor 1,24).

III – É TEMPO DE DINAMIZAR A PALAVRA

■ **Material necessário**

Um espelho pequeno, uma cruz com o crucificado, uma bacia com água e toalha.

■ **Desenvolvimento**

- Apresentar a seguinte motivação: Somos um Templo Vivo! É tempo de uma limpeza interior.
- Passar o espelho para os participantes e cada um, por um momento, vai se vir no espelho e pensar: O que eu preciso tirar de dentro de mim para promover uma limpeza interior?
- Em seguida, todos se aproximam do crucificado e refletem sobre: O que precisamos tirar da comunidade e da sociedade para promover uma limpeza geral?
- Ao final, conduzir os participantes para um ato penitencial espontâneo, com a seguinte orientação:

- ○ A cada dois ou três pedidos de perdão, todos proclamam: Senhor, tende piedade de nós!
- ■ Ao final, o coordenador motiva para o gesto de lavar as mãos (rito de purificação) e para o abraço fraterno de paz, expressando adesão a Jesus Cristo no compromisso da reconciliação e paz.

IV – É TEMPO DE REPERCUTIR A PALAVRA

Hoje se enquadra bem o Evangelho de João porque a Páscoa dos judeus estava próxima e Jesus se dirigia a Jerusalém. O ritual da Páscoa está longa e minuciosamente descrito em Ex 12,1-28. Pouco mais adiante, o texto vai dizer que nenhum estrangeiro pode participar da Páscoa e que só os circuncidados têm direito a dela tomar parte. No Livro de Nm 28,16 se fala expressamente da Páscoa do Senhor. Já em Dt 16,11 a Páscoa é apresentada como momento de distensão, momento em que desaparecem as desigualdades, pois até os escravos têm direito a participar dela. Em 2Rs 23,21-23, o próprio rei Josias ordena que se celebre *"a Páscoa em honra de Javé"*. Esse era o verdadeiro espírito: celebrar em honra de Javé que libertou seu povo dos sofrimentos e da humilhação da escravidão no Egito.

Agora, em João, quando se fala em "Páscoa dos judeus", ela se "torna festa do regime opressor, mostra que seu sentido foi desvirtuado: não resta mais do que a fachada da festa, o povo voltou à escravidão. Será Jesus que proporá o seu Êxodo na segunda Páscoa (Jo 6,4) e o levará a efeito com sua paixão e morte (Jo 18,1). Ele será o libertador que fará entrar os seus na Terra Prometida (Jo 6,49)" (MATEOS & BARRETO, 1999, p. 155).

No Templo, o que se vê são pessoas, inclusive o sumo sacerdote transformando a festa da Páscoa em benefício próprio, sem interesse de comemorar a festa em honra do Senhor. O culto se tornou um pretexto para o comércio, com o objetivo de se garantir o lucro (cf. Mc 11,17), mas Jesus, num gesto profético expulsa os vendedores: *"Tirem isso daqui! Não transformem a casa de meu Pai num mercado"* (Jo 2,16).

Pode-se conferir que em João 13,1 já não se fala de "Páscoa dos judeus", pois aqui o que se celebra é a Páscoa de Jesus, o Cordeiro que passará deste mundo para o Pai, *"tendo amado os seus que estavam no mundo, amou-os até o fim"* (Jo 13,1). "Sua passagem para o Pai será a cruz, na qual se entregará para dar vida ao homem. É a última etapa, a chegada à Terra Prometida" (MATEOS & BARRETO, 1999, p. 576).

As autoridades dos judeus exigem credenciais de Jesus. Com que direito Ele expulsa toda gente envolvida no comércio? Mas já que eles querem um sinal que comprove seu modo de agir, Jesus, então, deve ter apontado para o seu próprio corpo e ter dito assim: *"Destruam este Templo, e em três dias eu o levantarei"* (Jo 2,19). Os dirigentes dos judeus não entenderam absolutamente nada.

A fé e a confiança dos discípulos em Jesus precisaram de tempo para amadurecer. E mais: não bastaram as repetidas palavras de Jesus. Os fatos precisaram se sobrepor às palavras para que tudo se aclarasse: *"Quando ele ressuscitou, os discípulos se lembraram do que Jesus tinha dito e acreditaram na Escritura e nas palavras de Jesus"* (Jo 2,22). As autoridades dos judeus não acompanharam o "sinal" até ele acontecer. Já os discípulos, embora à distância, o acompanharam e após Jesus dizer para Maria Madalena: *"Não me segures, pois ainda não subi para junto do Pai. Mas vai dizer aos meus irmãos: subo para junto do meu Pai e Pai de vocês, meu Deus e Deus de vocês"* (Jo 20,17), nos discípulos fortaleceram-se a fé e a confiança em Jesus, e dele deram testemunho, acompanhados sempre do Espírito Santo.

■ **Complementar a repercussão da Palavra dialogando**

1. Nós vivemos pedindo mais milagres, sinais fortes, ou mais a graça e a misericórdia de Deus?
2. Olhando para a nossa própria adesão a Jesus reconhecemos que:
   ○ Ela é quase nula.
   ○ Ela se resume só a palavras.
   ○ Ela é puramente superficial, porque, na verdade, não sabemos dizer quem Ele é e o que Ele já fez e ainda está fazendo.
   ○ Ela, a nossa adesão a Jesus, é firme porque Ele tem palavras de vida eterna. Só Ele (cf. Jo 6,68). Por isso nele depositamos nossa fé confiante e dele damos testemunho.

V – É TEMPO DE DIALOGAR COM O AUTOR DA PALAVRA

Ó Jesus, como zelaste pelo Templo, "a casa de teu Pai". Não permitiste que fosse desvirtuada a sua finalidade. Não deixaste que se transformasse em casa de comércio. Inadmissível que a casa de oração seja aproveitada para obter lucro e até enganar o povo. Assim, hoje, Senhor, nós que cremos, nós que recebemos o dom da fé, temos dois templos para zelar. Primeiro, o templo-igreja, nosso lugar de oração, onde nos reunimos e reconhecemos que *"há um só Senhor, uma só fé, um só Batismo"* (Ef 4,5). Onde Tu, no sacrário permaneces em silêncio, mas certamente orando ao Pai pedindo misericórdia pela humanidade que não sabe o que faz. Temos esse templo de tijolos e cimento a zelar para que tenha condições dignas, para que nos receba para orar, para adorar-te, para fazer ensaios litúrgicos, para celebrarmos os mistérios da nossa salvação. Que jamais o transformemos em balcão de negócios, embora sabendo que também essa tentação exista na nossa Igreja. O outro templo, Senhor, nos pertence. Mas também o teu amado discípulo Paulo lembrou que os nossos corpos são membros do teu. Ele também nos interroga se sabemos ou não que o nosso corpo é templo do Espírito Santo, e que esse Espírito nos foi dado por Deus. Portanto, diz o teu apóstolo, nós já não nos pertencemos, pois pagaste alto preço pelo nosso resgate. Por isso é justo, é nosso dever, que glorifiquemos a Deus em nosso próprio corpo.

VI – É TEMPO DE SEMEAR A PALAVRA

Disse Jesus: *"Eu mesmo dei a eles [aos discípulos] a glória que Tu me deste"* (Jo 17,22). O Templo era a casa exclusiva de Deus, já o ser humano é a casa inclusiva. Nenhum dos seres humanos é excluído de morar com seu Deus. *"Se alguém me ama, guarda a minha palavra, e meu Pai o amará. Eu e meu Pai viremos e faremos nele a nossa morada"* (Jo 14,23).

Dá para conduzir nossa vida nessa intimidade, não dá? Dá para "contagiar" outros com essa intimidade? O que podemos efetivamente realizar?

4º DOMINGO DA QUARESMA

Tema do dia

→ Jesus nos revela todo o amor do Pai.

Objetivo

→ Reconhecer que Deus fez um dom total de si mesmo para que todos tenham vida, a vida eterna.

I – É TEMPO INICIAL DE ACLAMAR, INVOCAR, LOUVAR O SENHOR

Rezar com os participantes

Ó Pai, tu que enviaste o Espírito Santo para recordar-nos tudo o que teu Filho Jesus disse e ensinou, dá-nos a força para vivenciarmos e anunciarmos ao mundo a Boa-nova, confiantes na tua Palavra (cf. Jo 14,26).

II – É TEMPO DE ESCUTAR E ACOLHER A PALAVRA: Jo 3,14-21

Núcleo da Palavra

Deus nos faz partícipes de sua vida eterna, enviando-nos seu Filho. Apesar de o Cristo ter salvo o mundo, sobre nós ainda pairam tanto luzes quanto sombras.

B

■ **1ª leitura: 2Cr 36,14-16.19-23**

No tempo do rei Sedecias muitos crimes aconteceram e o Templo foi profanado, mas Deus "quis poupar o seu povo e sua habitação". Os caldeus incendiaram o Templo e saquearam Jerusalém e levaram o povo para o exílio na Babilônia.

■ **2ª leitura: Ef 2,4-10**

Deus, rico em misericórdia, deu-nos a vida em Jesus Cristo.

III – É TEMPO DE DINAMIZAR A PALAVRA

■ **Desenvolvimento**

- Apresentar a motivação: Estamos na Quaresma. Todo ano passamos pelo treinamento peculiar a esse tempo. A ressurreição é um fato; e a Quaresma nós a percorremos anualmente para nos aproximarmos do Ressuscitado, aguardando que também nós cheguemos à alegria da ressurreição.
- Leve em conta três enfoques e trabalhe-os livremente com o grupo:
  - o Primeiro enfoque: Estamos na proximidade de comemorar solenemente a Festa da Ressurreição de Nosso Senhor Jesus Cristo.
  - o Segundo enfoque: "*Deus não mandou o seu Filho ao mundo para condenar o mundo, mas para que o mundo seja salvo por ele*" (Jo 3,17).
  - o Terceiro enfoque: A ressurreição de Cristo "não é algo do passado; contém uma força de vida que penetrou o mundo. Onde parecia que tudo morreu, voltam a aparecer por todo lado os rebentos da ressurreição..." (EG, 276). Sua força nos impele ao dinamismo de ação evangelizadora.

IV – É TEMPO DE REPERCUTIR A PALAVRA

Logo na abertura do Evangelho deste Encontro se fala de uma serpente que Moisés ergueu no deserto. Na verdade, o que Moisés fez e por quê? Temos que voltar para um dos cinco primeiros livros da Sagrada Escritura; o Livro de Números 21,1-9. Lá se diz que certo rei atacou os filhos de Israel. Dominou-os e fez prisioneiros alguns deles. Então os filhos de Israel fizeram uma promessa a Deus. Se ele entregasse esse povo inimigo, o povo de Israel o destruiria completamente. Assim aconteceu. Em seguida, o povo de Deus tomou o caminho do mar Vermelho. Muitos não suportaram a viagem e murmuraram não somente contra Moisés, mas contra o próprio Deus. Sucedeu, então, que Deus mandou serpentes venenosas e suas picadas mataram muita gente. Contudo, o povo caiu em si, reconheceu o erro e pediu para afastar as serpentes. Moisés, então, pediu em favor do povo. E Deus deu uma resposta bem difícil de entender. Disse ele para Moisés: "*Faça uma serpente venenosa e coloque-a sobre um poste; quem for mordido e olhar para ela, ficará curado*" (Nm 21,8). Então, Moisés, não fez uma serpente venenosa, pois não tinha esse poder criador, mas fez uma serpente de bronze e a colocou em local bem visível, no alto de um poste. E o texto bíblico continua dizendo que, quando alguém era picado por uma serpente venenosa, olhava para aquela de bronze e ficava curado. "A cura das mordidas está ligada à obediência e à fé. E, por ironia, a fonte de cura é semelhante à do castigo" (BERGANT & KARRIS, 1999, p. 172).

Assim a título de comparação, Jesus também será levantado para dar vida eterna. E aí, até para entender melhor, temos a palavra do apóstolo Paulo, em 2Cor 5,21: *"Aquele que não tinha a ver com o pecado, Deus o fez pecado por nós, a fim de que por meio dele sejamos reabilitados por Deus ".*

O que Deus não permitiu que acontecesse com Isaac, filho de Abraão (Gn 22), Ele permitiu que acontecesse com seu próprio Filho. Deus fez um dom total de si mesmo, para que quem crê não morra, não perca a vida, mas tenha a vida eterna. Deus enviou o seu Filho, não para uma passada momentânea, mas dando-lhe uma missão, isto é, não condenar o mundo, mas salvá-lo. Mundo aqui, é a humanidade inteira. O evangelista João deixa claro que Jesus não veio só para um povo, uma só nação. Isto "significa também mudança da imagem do próprio Deus: antes acreditávamos num Deus que havia escolhido um povo e se desinteressado dos outros; agora percebemos a imagem de um Deus universal, menos particular, que não se reduz nem se prende a um único povo, está em relação com todos os povos, sem exceção" (VIGIL, 2007, p. 23). O povo de Deus não era povo eleito porque Deus o escolheu preterindo todos os outros, mas porque entre os outros o povo de Israel teve consciência de que Deus só podia ser um só. Supremo. Entretanto, também vale relembrar o dizer bíblico de que Deus é sempre aquele que ama por primeiro (cf. 1Jo 4,19).

O texto de João é bastante pesado: *"Quem crê nele (no Filho único), não está condenado; quem não crê, já está condenado"* (Jo 3,18).

> Embora Jesus tenha vindo para salvar e não para condenar, os atos humanos desempenham sua parte para determinar a salvação ou a condenação. A salvação é crer em Jesus, acompanhada por atos realizados em Deus. A condenação é um processo que vem de dentro, consistindo em não crença na luz que é Jesus, acompanhada pelas más ações realizadas na escuridão. (BERGANT & KARRIS, 1999, p. 113)

Quem diz de coração "creio", se relaciona. Quem diz "não creio", se isola porque pensa que não precisa relacionar-se. Ele ou ela se basta. Os que creem deixam florescer o amor. Os que não creem se envaidecem com seu egoísmo. Quem crê confia em quem crê; portanto, abre-se para receber a luz que vem de fora. Quem não crê, não tolera a luz, porque esta pode mostrar às claras as suas ações irresponsáveis; justamente ele ou ela que pensa não dever satisfação a ninguém.

Conhecemos pessoas que se dizem não crentes, agnósticas, ateias. Não estamos nos pronunciando contra elas. Estamos falando de um mundo em que Deus se encarna para ajudar a iluminar a humanidade e orientá-la para que fique claro que os horizontes são muito maiores do que os olhos e a razão humana podem alcançar. Ai, sim, ficamos felizes porque alguém de fora nos trouxe algo novo. O Deus invisível, já sabendo que temos dificuldade em crer nos enviou o seu Filho para que nos contasse toda a verdade. E *"quem age conforme a verdade, se aproxima da luz"* (Jo 3,21).

■ **Complementar a repercussão da Palavra dialogando**

1. Jesus deu de fato a sua vida por amor. – Foi por amor! Isso também nos cabe fazer porque, afinal, não nascemos da água e do Espírito Santo?
2. "Para que todo o que crer nele não morra" (Jo 3,16). Ora, assim, o autor da vida veio para que homens e mulheres tenham a defesa da vida como prioridade absoluta. Se não está acontecendo isso, onde está a grande falha?
3. O Filho de Deus se encarnou para salvar o mundo. Nós também fazemos o possível e o impossível para conferir dignidade a quem está vivendo à margem? Como?

V – É TEMPO DE DIALOGAR COM O AUTOR DA PALAVRA

Tu, ó Pai, cedeste tudo que podias ceder, pois amaste tanto o mundo por ti criado, que nos deste o teu Filho único, o teu Filho amado em quem puseste todo o teu agrado, para que todo o que nele crer, tenha vida, muita vida, que se estenda para além desta que conduzimos agora. Se cedeste tudo quanto podias ceder, o que é que nós cedemos por amor para estarmos mais próximos de ti, do teu Filho e de nossos irmãos e irmãs? Solta nossas amarras, ó Pai, a fim de que nossa Páscoa seja de libertação, alegre e verdadeira porque vivida em comunhão com teu Filho, o vencedor primeiro da morte e com o Espírito que renova a face da terra.

VI – É TEMPO DE SEMEAR A PALAVRA

Estamos a poucas semanas da Festa da Páscoa. O que nos falta para, sem traição, chegarmos à Páscoa íntegros, crentes maduros, atuantes no grande campo missionário, que vai desde o espaço entre as paredes de nossa casa até os confins do nosso planeta? Busquemos o Sacramento da Reconciliação para suplicar o amor e a misericórdia de Deus nosso Pai.

5º DOMINGO DA QUARESMA

Tema do dia

→ "Quando eu for levantado da terra, atrairei todos a mim" (Jo 12,32).

Objetivo

→ Demonstrar que o seguimento de Jesus exige de todos nós determinação para seguir seus passos.

I – É TEMPO INICIAL DE ACLAMAR, INVOCAR, LOUVAR O SENHOR.

■ Rezar com os participantes

Ó Pai, tu que enviaste o Espírito Santo para recordar-nos tudo o que teu Filho Jesus disse e ensinou, dá-nos a força para vivenciarmos e anunciarmos ao mundo a Boa-nova, confiantes na tua Palavra (cf. Jo 14,26).

II – É TEMPO DE ESCUTAR E ACOLHER A PALAVRA: Jo 12,20-33

■ Núcleo da Palavra

Jesus veio para todas as nações. A hora de completar sua missão chegou. O servo pode estar onde estiver o seu Senhor. Jesus, uma vez na glória, atrairá todos a si.

■ 1ª leitura: Jr 31,31-34

Mais uma aliança se dá entre Deus e Israel. É estabelecida uma proximidade muito grande entre Deus e o coração humano. Todos terão a grande chance de ter uma larga experiência de Deus. Uma coisa, porém, deve ser salientada: essa nova aliança só é possível porque Deus perdoa, porque Deus é misericórdia.

■ 2ª leitura: Hb 5,7-9

Jesus, obediente através de seus sofrimentos. Ele jamais se apresentou como sumo sacerdote, mas aqui, a *Carta aos Hebreus* diz que o próprio Deus o proclamou sumo sacerdote, admitindo-se que a ele se refere o Salmo 110 (109),4.

III – É TEMPO DE DINAMIZAR A PALAVRA

■ Desenvolvimento

- Propor um "papo aberto" com os participantes.
- Apresentar a seguinte motivação: Todo dia temos a missão de mostrar às pessoas quem é Jesus (cf. Jo 12,21). Vamos refletir juntos!

- 1º para quem solicita vê-lo:
  - O que diremos em palavras?
  - O que descreveremos como testemunho?
  - O que sugerimos como oração?

- 2º para quem aceita conhecer a proposta de Jesus levada por nós em nossos trabalhos de "Igreja em saída":
  - Que convite lhe estenderemos?
  - Como o(a) acompanharemos no início de sua caminhada?

B

IV – É TEMPO DE REPERCUTIR A PALAVRA

O que Jesus fazia já chegara ao conhecimento até de gente de além-fronteiras. Seriam os "gregos" de quem se fala, recém-convertidos à religião judaica? Ao que parece, sim, porque tinham ido para "adorar a Deus" (cf. Jo 12,20). Mas não foram só para isso. Por alguma razão, foram atrás de Jesus. Disseram a Filipe: "Queremos ver Jesus" (Jo 12,21). Filipe não foi sozinho, mas em companhia de André, falar com Jesus. À primeira vista, Jesus não deu importância ao assunto. Não entabulou conversa com os gregos, nem se apresentou diante deles. Mas aos dois discípulos Ele explicou por que agia assim: *"Chegou a hora em que o Filho do Homem vai ser glorificado. Eu garanto a vocês: se o grão de trigo não cai na terra e não morre, fica sozinho. Mas se morre, produz muito fruto"* (Jo 12,23-24). Como a dizer: Vocês gregos, vocês estrangeiros, vocês do mundo inteiro: não vale a pena me verem agora. Estou a caminho da minha glorificação e da transfiguração definitiva. Eu sou semente. Devo morrer. Vou entrar na cova da terra e na aurora da ressurreição, aí sim, eu serei glorificado e despontarão novos frutos. Cada grão é fecundo. A comunidade toda é fecunda. Não vou preservar a minha vida neste mundo, quero elevá-la à vida eterna. Cada grão "morre no parto", mas salvam-se às centenas os novos grãos.

"Se alguém quer servir a mim, que me siga" (Jo 12,26). Logo, logo, na leitura da Paixão e morte de Jesus Cristo segundo Marcos, vamos encontrar um belo exemplo das mulheres que já no ministério de Jesus na Galileia serviram a Jesus (cf. Mc 1,31) e o seguiram até a sua morte (cf. Mc 15,40). Todo um serviço seguido por uma promessa de quem sabia que podia prometer: *"E onde eu estiver, aí também estará o meu servidor"* (Jo 12,26). E não foi aí que o serviço e o seguimento das mulheres cessaram. Isso tudo é extremamente positivo e desde o início demonstração da fecundidade do cristianismo. Por outro lado, "não se faz discípulo sem disposição para o serviço, e muito menos se serve a Jesus sem o serviço aos irmãos e irmãs".

Jesus confessa toda a realidade: *"Sinto agora grande perturbação. Que devo dizer? Pai, livra-me desta hora? Mas foi precisamente para esta hora que eu vim"* (Jo 12,27). Assim, nessa declaração final se dá o coroamento de tudo que Jesus fez por todos a vida inteira.

Jesus sentiu a perturbação, sim. Mas sua firme decisão é assistida pelo Pai. No final, "Jesus é o rejeitado que atrai. Também nisso realiza-se hoje o julgamento de Deus. O marginalizado e crucificado continua atraindo, e todos os sofredores 'querem ver Jesus'" (BORTOLINI, 2006, p. 316).

■ Complementar a repercussão da Palavra dialogando

1. Como entendemos aquela afirmação de Jesus: quem ama a sua vida vai perdê-la?
2. Em Jo 12,26, Jesus fala em "servir". Servir como? É mesmo tarefa de cada cristão? Por qual razão?

V – É TEMPO DE DIALOGAR COM O AUTOR DA PALAVRA

Senhor Jesus, bem que Paulo, teu grande apóstolo missionário, lembra que não há diferença entre judeu e grego, pois todos têm a ti como o mesmo Senhor, generoso com todos que te invocam. E o que esperas de nós já o declaraste na Boa Notícia de hoje: se quisermos servir-te que te sigamos. Às vezes somos reticentes, mesmo porque não temos a maturidade igual à tua, principalmente nas horas de perturbação e angústia em que se tem que tomar decisões firmes e rápidas. Como grãos vivos que também temos de passar pela cova da terra, pedimos-te muita coragem. Que não nos desviemos do foco, isto é, que nos deixemos atrair cada vez mais decididamente por ti. Confiamos totalmente em ti; e não apenas confiamos em ti, mas nos confiamos inteiramente a ti, Senhor. E se essa confiança existe entre nós, ela também seja base sólida entre os casais cristãos, pois o teu servo, o papa Francisco deixou isso muito claro ao dizer:

> É precisamente esta confiança (entre os dois) que torna possível uma relação em liberdade. Não é necessário controlar o outro, seguir minuciosamente os seus passos, para evitar que fuja dos meus braços. O amor confia, deixa em liberdade, renuncia a controlar tudo, a possuir, a dominar. (AL, 115)

Que nossa crescente confiança em ti, faça também crescer o amor entre homens e mulheres, justamente porque a confiança em ti é a transparência tão necessária nas relações humanas, em qualquer estado de vida.

VI – É TEMPO DE SEMEAR A PALAVRA

Se queremos seguir Jesus, nós e o nosso grupo já estamos com o traje apropriado para a Festa da Páscoa? (cf. Mt 22,12). Façamos por esses dias uma profunda e verdadeira revisão de vida, preparando o nosso coração para acolher e anunciar Jesus.

DOMINGO DE RAMOS

Tema do dia

→ Jesus caminha à frente de seus discípulos.

Objetivo

→ Comparar as atitudes dos apóstolos, na Paixão e morte de Jesus Cristo, e suas semelhanças conosco.

I - É TEMPO INICIAL DE ACLAMAR, INVOCAR, LOUVAR O SENHOR

■ Rezar com os participantes

Ó Pai, tu que enviaste o Espírito Santo para recordar-nos tudo o que teu Filho Jesus disse e ensinou, dá-nos a força para vivenciarmos e anunciarmos ao mundo a Boa-nova, confiantes na tua Palavra (cf. Jo 14,26).

II - É TEMPO DE ESCUTAR E ACOLHER A PALAVRA: Mc 14,1-15,47

■ Núcleo da Palavra

Jesus perto de Jerusalém. Jesus celebra a Páscoa com os seus. No Getsêmani. Pedro comete traições. Ou Jesus ou Barrabás. Já no Calvário. A morte na cruz. Do seu lado, só algumas mulheres. José de Arimateia, homem do Supremo Tribunal Judaico, providencia o sepultamento de Jesus.

■ 1ª leitura: Is 50,4-7

O servo de Javé é o que vai levar ânimo aos desanimados, a fim de que a vida se refaça. Ele há de sofrer para cumprir seu ministério.

■ 2ª leitura: Fl 2,6-11

Como o justo à toda prova, Jesus, sem dúvida é a imagem perfeita de Deus. Seria Ele tratado como Deus? Não, fez-se servo.

III - É TEMPO DE DINAMIZAR A PALAVRA

■ Desenvolvimento

Em pequenos grupos ou duplas refletir sobre:
- Quais foram as ações de Judas Iscariotes? (Cite as passagens).
- Quais foram as ações de Pedro? (Cite as passagens).
- Todos os apóstolos repetiram uma frase dita por Pedro. Qual foi? (Cite a passagem).
- Nesta Paixão de Jesus Cristo segundo Marcos, quais seguidores estavam ao redor da cruz quando Jesus morreu?
- O oficial do exército romano, que não era judeu nem seguidor de Jesus, ao ver que este já estava morto, disse o que mesmo? (Cite a passagem).
- O que lhe pareceu o mais negativo nesta Paixão? Por quê? O que lhe pareceu o mais positivo nesta Paixão? Por quê?
- Preparar uma só frase, respondendo à questão, para apresentar no momento da partilha: O que tirar de proveito para nós, hoje?

Partilha

- Cada grupo/dupla apresenta a frase escolhida como síntese do trabalho realizado. Depois de todos apresentarem comparar as semelhanças e diferenças propostas nas respostas dos grupos/duplas.

IV – É TEMPO DE REPERCUTIR A PALAVRA

Os quatro evangelistas falam de Jesus aclamado como rei ao entrar em Jerusalém. Um dos símbolos de que Jesus se valeu foi o de montar em uma jumenta, não em um cavalo alazão (cf. Jr 8,6), símbolo de um rei guerreiro, cercado de imenso número de soldados, fortemente armados.

Mateus, como descreve o quadro? Ao falar da jumenta em que Jesus montou, faz referência a Is 62,11 e a Zc 9,9. Grande parte da multidão estendeu seus próprios mantos no chão em homenagem a Jesus e a outra parte cortava ramos de árvores e com eles enfeitava o caminho. A multidão, seguindo Jesus ou, em parte, caminhando à frente dele, cantava, como ainda fazemos hoje, após o prefácio da missa: *Bendito aquele que vem em nome do Senhor! Hosana no mais alto do céu* (cf. Mt 21,1-9; cf. Sl 118, 26). Segue em Mateus, a seguinte descrição: *Quando Jesus entrou em Jerusalém, toda a cidade ficou agitada, e perguntavam: "Quem é ele?" E as multidões respondiam: "É o profeta Jesus, de Nazaré da Galileia"* (Mt 21,10-11).

Marcos, que descrição ele faz? Jesus montado em um jumentinho (animal macho) nunca antes montado (cf. Mc 11,2). Animal chucro, não domado, portanto.

As pessoas também estenderam mantos e espalharam ramos. Em seguida, cantaram como descreve Mateus. Havia os que andavam na frente de Jesus e os que vinham após Ele. Em vozes estridentes gritavam: *"Bendito seja aquele que vem em nome do Senhor! Bendito seja o Reino que vem, o Reino de nosso pai Davi"* (Mc 11,9-10).

Quais as peculiaridades de Lucas? Também Lucas fala de um jumentinho, nunca antes montado (cf. Lc 19,30). As pessoas só estenderam seus mantos. Não se fala de ramos recém apanhados para estender no caminho. Mas há uma observação particular de Lucas. As pessoas *"começaram, alegres, a louvar a Deus em voz alta, por todos os milagres que tinham visto"* (Lc 19,37). Há estudiosos que sobre essas palavras de Lucas fazem comentário dizendo que essa entrada de Jesus em Jerusalém é também uma *transfiguração*. Lucas, portanto, deu ênfase à alegria, que tinha sua razão de ser desde os tempos do salmista. Relatou também, somente Lucas, que Jesus, quando estava à entrada de Jerusalém, começou a chorar. Predisse então, mais uma vez, a destruição da cidade. Segue-se a narração dos vendedores-profanadores do Templo (cf. Lc 19,41-44).

Para João, como transcorreu o episódio? Circulava entre as pessoas uma conversa de que Jesus, possivelmente, poderia estar presente em Jerusalém por ocasião das festas da Páscoa. Quando a possibilidade se converte em realidade, a multidão vai ao seu encontro e estende ramos de palmeira no chão por onde Jesus haveria de passar.

E cantaram parte do Salmo, como consta nos três Evangelhos sinóticos. Jesus chegou à borda da cidade montado em um jumentinho.

Os discípulos não entenderam o que se passava. Mas João se adianta e diz: "*Mas, quando Jesus foi glorificado, eles se lembraram que haviam feito com Jesus aquilo que a Escritura dizia*" (Jo 12,16). E houve um "racha" entre os fariseus: "*Então os fariseus disseram uns aos outros: Vejam como vocês não conseguem nada. Todo mundo vai atrás de Jesus*" (Jo 12,19).

Jesus oferece, sim, uma alternativa. Ele veio para tirar o pecado do mundo. Os fariseus não são bobos e percebem que a multidão pende para o lado de Jesus. E eles se acusam mutuamente.

A Paixão de Jesus é uma medição de forças entre a salvação e o pecado. Jesus é o "*Cordeiro de Deus, aquele que tira o pecado do mundo*" (Jo 1,29). Cordeiro de Deus, aquele enviado pelo Pai, que substitui de maneira definitiva o cordeiro pascal. Pedro, ungido pelo Espírito Santo, fala à comunidade: "*Vocês foram resgatados pelo precioso sangue de Cristo, como o de um cordeiro sem defeito e sem mancha*" (1Pd 1,19; cf. Ex 12,5).

Usa-se no texto de João o singular: "pecado do mundo". Os pecados dos seres humanos podem e devem ser expiados, mas o pecado do mundo (singular) "já existe antes de Jesus começar sua atividade: eliminá-lo será sua missão [...]. O pecado consiste, portanto, em opor-se à vida que Deus comunica, frustrando assim o seu projeto criador" (MATEOS & BARRETO, 1999, p. 96). E as autoridades dos judeus, ao matar Jesus, convictos estavam de acabar com o projeto criador, simplesmente eliminando o executor desse projeto. Tramaram tudo, mas não conseguiram. Passados três dias, o projeto criador deu prosseguimento. As trevas são o oposto da vida. O texto diz: "*E a luz brilha nas trevas, e as trevas não conseguiram apagá-la*" (Jo 1,5). Mesmo nas trevas brilha a luz. Aqueles que quiseram apagá-la não conseguiram. O papa Francisco já lembrou diversas vezes que essa "luz de emergência", inextinguível, está sempre acesa para quem quiser sair das trevas. Das trevas da sepultura emergiu a luz da glória e a ressurreição.

Quem testemunha a favor de Jesus?
- O oficial do exército romano: "*De fato, esse homem era mesmo Filho de Deus*" (Mc 15,39).
- José de Arimateia, homem do Sinédrio, foi ele que retirou Jesus da cruz (cf. Mc 15,43).
- O mesmo oficial do v. 39 informa a Pilatos que Jesus já está morto e entrega o corpo de Jesus a Arimateia (cf. Mc 15,45).
- Arimateia sepulta Jesus e sela o túmulo (cf. Mc 15,46).
- Algumas mulheres, que serviram e seguiram a Jesus, ficaram olhando onde Jesus foi sepultado (cf. Mc 15,47).

Dentro da perspectiva de Marcos, "nem *todos* abandonaram Jesus no Getsêmani. As mulheres agora se transformaram na "linha de salvação" da narrativa do discipulado" (MYERS, 1992, p. 469).

■ Complementar a repercussão da Palavra dialogando

1. O que é que dá para citar como luz no mundo que nos rodeia? O que podemos fazer para que em certos casos essa luz se torne mais intensa?
2. Nós não queremos viver nas trevas, não é mesmo? Mas o que vemos como sendo algo que faça parte do mundo das trevas?
3. Podemos, então, concluir pelo longo texto que Jesus é rei, não podemos? Mas que tipo de rei?

V – É TEMPO DE DIALOGAR COM O AUTOR DA PALAVRA

Ah, Senhor, como devemos caminhar corretamente para esta próxima Páscoa, como também para a definitiva? Permitir que Tu nos laves não apenas os pés, mas todo o nosso ser, para que depois da ressurreição possamos encontrá-lo em nossa terra de missão; nas megalópoles, nos nossos pontos cardeais: Norte, Sul, Leste e Oeste, na Amazônia dos rios, das florestas, da biodiversidade, do açaí e do cupuaçu, nos pampas e nas coxilhas do Sul, nos imensos campos plantados do Centro-Oeste, nas praias de gente minimamente vestida, nos campos de futebol e de outros esportes, nas ruas e avenidas, nas empresas onde se produzem mercadorias para o nosso consumo, nos bancos onde se visam lucros, nas repartições públicas dentro do Município, do Estado ou da União. Que o encontremos respeitado nesses lugares e aqui onde nos encontramos neste momento, como prometeste estar conosco dia após dia.

VI – É TEMPO DE SEMEAR A PALAVRA

Faltam poucos dias para a Páscoa. Páscoa de vitória total de Jesus. Há de ter em nós também uma Páscoa parcial, ainda longe de ser plena, não é isso mesmo? O que vamos celebrar como vitórias em nossa vida? Busquemos resgatar e se alegrar com as vitórias confirmadas em nossa vida ou com as que já vêm se anunciando.

B

Tempo Pascal

VIGÍLIA PASCAL

Tema do dia

→ "Ele ressuscitou! Não está aqui!".

Objetivo

→ Favorecer a contemplação da presença de Jesus no meio de nós.

I – É TEMPO INICIAL DE ACLAMAR, INVOCAR, LOUVAR O SENHOR

■ **Rezar com os participantes**

Ó Pai, tu que enviaste o Espírito Santo para recordar-nos tudo o que teu Filho Jesus disse e ensinou, dá-nos a força para vivenciarmos e anunciarmos ao mundo a Boa-nova, confiantes na tua Palavra (cf. Jo 14,26).

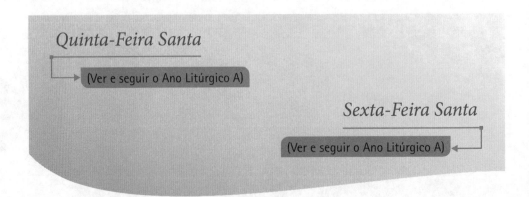

Quinta-Feira Santa
(Ver e seguir o Ano Litúrgico A)

Sexta-Feira Santa
(Ver e seguir o Ano Litúrgico A)

II – É TEMPO DE ESCUTAR E ACOLHER A PALAVRA: Mc 16,1-7

■ Núcleo da Palavra

Maria Madalena, Maria, mãe de Tiago e Salomé quiseram ungir o corpo de Jesus com perfume. Um jovem, sentado do lado direito do túmulo, disse que Jesus não estava mais lá, que havia ressuscitado. Disse também que o túmulo estava vazio. Disse ainda para as mulheres que contassem aos discípulos e a Pedro que o ressuscitado iria à frente deles para a Galileia. Lá eles o veriam. Jesus havia garantido isso.

■ Leituras

As diversas leituras para este dia narram a história da salvação.

III – É TEMPO DE DINAMIZAR A PALAVRA

■ Material necessário

Uma Bíblia e uma vela.

■ Desenvolvimento

- Formar um círculo com os participantes.
- Fazer a seguinte motivação: Temos em nossas mãos a Palavra de Deus, luz para o nosso caminho. Deixemo-nos tocar pela presença do Senhor que em suas palavras nos convida a ficar junto dele.
- Colocar a vela acesa no centro do grupo.
- Fazer passar, de mão em mão, a Bíblia aberta no Evangelho de Mc 16,1-7.
- A última pessoa que receber a Bíblia em suas mãos pode colocá-la próxima à vela no centro de grupo.

IV – É TEMPO DE REPERCUTIR A PALAVRA

- Iniciemos individualmente com a Leitura Orante do texto: Mc 16,1-7.
- Em grupo, vamos seguir os passos já conhecidos por nós:
  1. O que o texto deste Evangelho diz em si?
  2. O que o texto diz para mim (para nós)?
  3. O que o texto me leva a dizer ao Senhor?
  4. O que podemos fazer?

1. *ESCUTA DA PALAVRA – **O que o texto deste Evangelho diz em si ?** –* Passado o sábado, dia de descanso, três mulheres compraram perfumes para ungir

o corpo de Jesus. Ao nascer do sol, no dia seguinte ao sepultamento, dirigiram-se ao túmulo e enquanto isso se indagavam: *"Quem poderá tirar para nós a pesada pedra da entrada do túmulo?"* A surpresa foi que ao chegar ao túmulo, a pedra já havia sido tirada. Entraram no túmulo e viram um jovem, vestido de branco, sentado do lado direito do túmulo. As mulheres ficaram muito assustadas. O jovem disse: *"Não fiquem assustadas! Vocês procuram Jesus, o nazareno, que foi crucificado? Ele ressuscitou! Não está aqui! Vejam o lugar onde o puseram".* Agora vocês devem ir e contar aos discípulos de Jesus e notadamente a Pedro: *"Ele vai à frente de vocês para a Galileia. Lá vocês o verão, como Ele mesmo disse a vocês".*

2. *MEDITAÇÃO DA PALAVRA – **O que o texto diz para mim?*** – O Nazareno humilhado e crucificado parecia estar aniquilado, mas não para quem o conhecia, para quem o tinha ouvido falar e quem o tinha visto agir. Três admiráveis mulheres, por um amor reverencial, quiseram ungir o corpo daquele homem inocente com perfumes. Tomaram a iniciativa no dia subsequente ao sábado, logo ao nascer do sol. Tinham, porém, uma preocupação: quem removeria a pedra grande da entrada do túmulo? Ao chegar ao local, logo constataram que a pedra já havia sido removida. O que isto poderia significar? Certamente, que ainda havia vida por ali. De fato, ao entrar no túmulo, as mulheres não encontraram o corpo de Jesus, mas encontraram vida. Que alento! Havia vida e, decerto, informação. Viram, mas não abordaram "um jovem" do lado direito do túmulo. Lado direito? Um dos lados disputados por Tiago e João quando Jesus estaria na sua glória? (cf. Mc 10,37). O lado direito, no caso, o lado direito do Pai que seria reservado para o próprio Jesus. E mais: O "jovem vestido de branco" (Mc 16,5) igualzinho a Jesus na transfiguração? (cf. Mc 9,3). Eram sinais magníficos e evidentes de vida. Mesmo assim, as mulheres não testemunharam diretamente a explosão de vida nova, de trigo novo, depois de inchar até explodir no seio da terra (cf. Jo 12,24). A primeira coisa que o "jovem" fez com suas palavras, foi tranquilizar as três mulheres; não deixá-las preocupadas. Mas que informação ele trazia? Não havia mais "Jesus de Nazaré", nem "Jesus crucificado", nem mesmo "Jesus morto e sepultado". Elas não viram nem ouviram, mas houve a explosão de vida nova, o momento do Ressuscitado. Essa é a Notícia que elas devem levar aos discípulos e notadamente a Pedro (cf. 1Cor 15,5). O texto me diz que, por escolha de Jesus Ressuscitado, eu sou um dos prolongadores da divulgação desta Notícia. Na *Galileia* ou em outra parte do planeta tudo começa ou recomeça sem cessar jamais. Nada de triunfalismo, e sim, muita simplicidade e humildade. *"Lá vocês o verão"*. "Lá e cá o veremos", caminhando à nossa frente. É sempre hora de aplicar o perfume que as três mulheres, com tanto zelo e carinho, levaram para Jesus.

■ Como posso aplicar isso em minha vida?

3. *ORAÇÃO INSPIRADA NA PALAVRA* – **O que o texto me leva a dizer ao Senhor Ressuscitado?** – Senhor, as duas Marias e Salomé vêm ao teu túmulo para pagar o amor que despertaste nelas ao longo do peregrinar junto a ti. Estavam entre a conformidade e a esperança. Teriam que sujeitar-se à conformidade e ungir teu corpo inerte? Era só o que queriam: dar-te ao menos um sepultamento digno? A pedra, àquela altura, já havia sido removida. Encontram um "jovem" "sentado à direita" do túmulo, como Tu, glorioso, à direita do Pai. Aquele "jovem" estava "vestido de branco" como os mártires "lavados" no sangue do Cordeiro (cf. Ap 7,13). As mulheres não te viram – e se te viram, não te reconheceram, pois é totalmente incomum ver um ressuscitado. Mas ouviram a mensagem a teu respeito, proferida pelo "jovem". A mensagem não dizia respeito a outrem, e sim a ti, tão somente a ti, com a tua identidade inquestionável: "Jesus de Nazaré, o crucificado". Era a Notícia mais gloriosa de toda a História, que dizia que "havias ressuscitado. Não estavas mais lá" naquele confinamento frio, escuro, no qual nem o ouvido mais apurado seria capaz de ouvir qualquer palpitar de um coração. O lugar onde estavas antes se conservava sem vida, vazio. Retomaste a tua vida para dá-la para o mundo, impedindo fosse ela tragada pelas tênebras da morte (cf. Jo 10,18). A mensagem em si aludia a uma vida nova, imperecível, posto que ela devia ser Notícia comunicada aos discípulos todos, e especialmente a Pedro. Haveria um novo encontro (cf. 1Cor 15,5). Antes, a comunidade se havia desintegrado: os discípulos permanecendo escondidos para pôr-se a salvo, Pedro te negando por mais de uma vez, e Tu mesmo pregado na cruz como malfeitor, mas na tua ótica, pendente na cruz por amor, só por amor. Na Galileia a comunidade se reconstrói. Tu, à frente de todos, e por intermédio dos discípulos haverias de realizar obras ainda maiores (cf. Jo 14,12). Somos testemunhas delas e, com alegria, caminhamos unidos a ti e aos teus para celebrar sempre a tua ressurreição, esperando vigilantes, a nossa. Agradecemos-te pelo novo que trouxeste e instituíste. Não foste ao Templo para celebrar a Páscoa sacrificando animais. O teu sangue foi derramado para o perdão dos pecados. Desejaste ardentemente comer a Páscoa, isto é, quiseste entregar-nos uma nova realidade: o teu corpo, novo alimento, o teu sangue, nova bebida. Vinho novo. Sempre novo. Que jamais nos aproximemos de tua doação como sacramento com traje impróprio a ponto de sermos lançados fora (cf. Mt 22,12).

4. *CONTEMPLAÇÃO DA PALAVRA* – **O que podemos fazer?** – Pai nosso que estás no céu, Tu viste teu Filho sendo concebido no seio virginal de Maria, por obra do Espírito Santo; Tu viste teu Filho nascer, tendo em seu entorno apenas a riqueza da natureza por ti criada; Tu viste teu Filho sendo batizado por João, quando o chamaste de "Filho amado", e o Espírito Santo a descer sobre Ele "como pomba" (cf. Mc 1,9-11); Tu viste teu Filho expulsando demônios, curando doentes, usando de misericórdia para com os pecadores, abraçando crianças, valorizando as mulheres na comunidade e admirando a riqueza escondida nos pobres; Tu viste teu Filho amado sendo odiado e espezinhado até sua morte de

cruz, tudo porque Tu o fizeste pecado por causa de nós, a fim de que por meio dele sejamos reabilitados por ti (cf. 2Cor 5,21). Perdão, ó Pai, Tu viste teu Filho morto pelo peso de nossos pecados e, no entanto, pelo mistério de teu infinito amor, a este teu Filho, Jesus, Tu o ressuscitaste, e nós todos somos testemunhas disso (cf. At 2,32). Tu o viste voltar à Galileia e Tu viste o Espírito Santo descer sobre a comunidade reunida em Pentecostes (cf. At 2,1-4). Faze, ó Pai, que sejamos testemunhas permanentes da Ressurreição de teu Filho e do infinito amor trinitário, servindo a Igreja, que caminha para a herança e a bem-aventurança eternas. Torna-nos fiéis. Fiéis na fé, na esperança e no amor, nunca nos esquecendo de que somos enviados ao mundo por teu Filho (cf. Jo 17,18). Que jamais nos esquivemos dessa missão e desse compromisso. Ó Trindade Santa, faze-nos cada vez mais felizes porque cremos, esperamos e amamos e por nos sabermos muito amados. E para nós, que apesar de todas as tuas maravilhas, continuamos ainda frágeis e imperfeitos, dá-nos a virtude da perseverança, *"enriquecendo a muitos, como não tendo nada e, no entanto, possuindo tudo"* (2Cor 6,10).

V – É TEMPO DE DIALOGAR COM O AUTOR DA PALAVRA

Voltemo-nos de novo para a Leitura Orante, exposta na Repercussão da Palavra e coloquemo-nos diante do Senhor Vivo e Ressuscitado para dialogar com Ele. Digamos:
Senhor, caminhamos unidos a ti e aos teus para celebrar sempre a tua ressurreição, esperando vigilantes, a nossa. Agradecemos-te pelo novo que trouxeste e instituíste. Não foste ao Templo para celebrar a Páscoa sacrificando animais. O teu sangue foi derramado para o perdão dos pecados. Desejaste ardentemente comer a Páscoa, isto é, quiseste entregar-nos uma nova realidade: o teu corpo, novo alimento, o teu sangue, nova bebida. Vinho novo. Sempre novo. Que jamais nos aproximemos de tua doação como sacramento com traje impróprio a ponto de sermos lançados fora.

VI – É TEMPO DE SEMEAR A PALAVRA

Façamos um ato de fé inspirados nas palavras do apóstolo Paulo (1Cor 15,57-58) para testemunhar a nossa vitória junto dele.

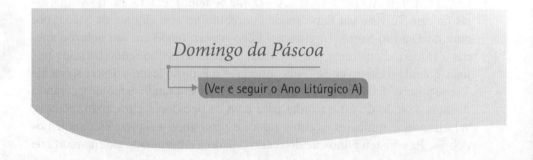

Domingo da Páscoa
(Ver e seguir o Ano Litúrgico A)

2º DOMINGO DA PÁSCOA

Tema do dia

↳ As aparições de Jesus na comunidade dos discípulos comprovam a ressurreição.

Objetivo

↳ Perceber que é necessário deixar-se mover pelo Espírito Santo para fazer crescer o Reino de Deus na história.

I – É TEMPO INICIAL DE ACLAMAR, INVOCAR, LOUVAR O SENHOR

■ Rezar com os participantes

Ó Pai, tu que enviaste o Espírito Santo para recordar-nos tudo o que teu Filho Jesus disse e ensinou, dá-nos a força para vivenciarmos e anunciarmos ao mundo a Boa-nova, confiantes na tua Palavra (cf. Jo 14,26).

II – É TEMPO DE ESCUTAR E ACOLHER A PALAVRA: Jo 20,19-31

■ Núcleo da Palavra

Discípulos reunidos com portas fechadas por medo dos judeus. Jesus entrou e desejou a paz. Fez o envio e soprou o Espírito Santo. Tomé quis tocar nas chagas de Jesus. O Evangelho foi escrito para que se creia que Jesus é o Filho de Deus.

■ 1ª leitura: At 4,32-35

O livro dos Atos dos Apóstolos, desde muito cedo, fala de "multidão dos fiéis" porque, certamente, o número dos seguidores de Jesus deve ter crescido rapidamente. E a comunidade desses seguidores era uma felicidade só. Tudo era de todos. De onde vinha o grande testemunho? Dos apóstolos, que gozavam de grande aceitação.

■ 2ª leitura: 1Jo 5,1-6

Cremos que Jesus é o Messias, o ungido, o Filho de Deus? Então, pelo dom da fé, é desde agora que já experimentamos as delícias da vida eterna.

B

III – É TEMPO DE DINAMIZAR A PALAVRA

■ Desenvolvimento

- Formar duplas para um diálogo. Após, com o Evangelho aberto diante de si, cada dupla responda:
  - ○ Qual a passagem que mais fortemente nos mostra a realidade da ressurreição?
  - ○ Como se deu a nítida relação entre ver e crer? Jesus tem uma palavra especial sobre isso?
  - ○ Se virmos sinais de amor, fraternidade, justiça etc., em nós e em outras pessoas, poderemos concluir que tais pessoas acreditam em Jesus, o Filho de Deus, ressuscitado?

IV – É TEMPO DE REPERCUTIR A PALAVRA

João inicia o capítulo 20 de seu Evangelho dizendo assim: *"Era o primeiro dia da semana"*(Jo 20,1). Aliás, os quatro evangelistas usam a expressão *"primeiro dia da semana"*: Mt 28,1; Mc 16,1; Lc 24,1; Jo 20,1. Para os judeus o último dia da semana era o sábado (*shabat*), dia de descanso. Ora, se a semana fechava com o sábado, no dia seguinte começava nova semana. Os discípulos de Jesus logo associaram o *primeiro dia da semana* à ressurreição de Jesus. Quando o centro do mundo cristão se deslocou de Jerusalém para Roma – "o coração do mundo dos gentios" –, adotou desde logo a língua latina, como era natural. E para dar um cunho estritamente religioso ao *primeiro dia da semana* começou a chamá-lo de *dies Domini* ou *Dominica*. A força da expressão recaía na palavra *Domini* = *do Senhor*. Ora, o restante qualquer um pode tirar por conclusão, sem grande pesquisa. *Domini (= do Senhor)*, na língua portuguesa, gerou *Domingo*.

Pois bem, nesse primeiro dia da nova semana, os discípulos estavam murchinhos, numa sala trancada, por medo das autoridades dos judeus. De modo bem sucinto, João relata: *"Jesus entrou. Ficou no meio deles e disse: 'A paz esteja com vocês'. Dizendo isso, mostrou-lhes as mãos e o lado. Então os discípulos ficaram contentes por ver o Senhor"* (Jo 20,19-20). Jesus deseja a paz. Que paz? A paz é Ele, o vitorioso sobre seus adversários, sobre o pecado, sobre a morte. *"Onde está, ó morte, a tua vitória?"* (1Cor 15,55).

A paz há de ser construída sobre Ele, o Cristo. Por isso, Ele envia seus discípulos como Ele foi enviado pelo Pai. Por isso, soprou sobre eles e disse: *"Recebam o Espírito Santo"* (Jo 20,22). A paz dada, o Espírito Santo comunicado, era o que podia fortalecer os discípulos para a missão e essa teria tudo para que se respirasse clima de perdão, de muito amor e permanente misericórdia.

Tomé, naquela aparição de Jesus, não estava presente. Na segunda vez, Jesus, mais uma vez, desejou a paz. Antes disso, os discípulos já haviam dito exultantes para Tomé:

"*Nós vimos o Senhor*" (Jo 20,25). Foi o primeiro anúncio. Não pegou bem. Não produziu eco. Tomé não recebeu a notícia com entusiasmo. Quando Jesus se põe no meio deles de novo, Ele satisfaz a vontade de Tomé: ver. Tomé tinha uma curiosidade aguda e bem sabia que de Jesus provinham "Boas Notícias". Jesus, então, lhe mostra as cicatrizes nas mãos e no lado. Ele era o Ressuscitado, aquele mesmo que ficara anos com os discípulos, aquele mesmo que eles não tiveram a coragem de ver crucificado. Era o mesmo, mas diferente, porque a partir de então Ele é o Senhor do tempo e do espaço.

Jesus é o distribuidor da paz para aqueles que se sentiram inseguros, perturbados. Ele próprio se sentiu perturbado, e falamos disso no Domingo de Ramos. Agora, quem recebe a paz, também deve levar a paz, e quem vai dar sustento à missão é o Espírito Santo. "*O Advogado, o Espírito Santo, que o Pai vai enviar em meu nome* – disse Jesus – *ele ensinará todas as coisas e fará vocês lembrarem tudo que eu lhes disse*" (Jo 14,26). O Espírito Santo, assim o próprio texto diz: é Advogado, é como advogado de defesa que senta ao lado do interrogado. Na verdade, o Espírito Santo praticamente não fala, mas sopra, acalenta com seu hálito, inspira. É extremamente dinâmico. Não fala de si, mas faz assimilar o que Jesus ensinou. O Espírito Santo é aquele que ajuda a quebrar a espinha dorsal das trevas e da morte para que então se torne possível interpretar com clareza e sabedoria a mensagem de Jesus.

■ Complementar a repercussão da Palavra dialogando

1. Temos ou já tivemos medo de algum tipo de autoridade religiosa ou civil? Isso prejudica o nosso empenho e desempenho de vida cristã?
2. Comentemos: o que tinha e ainda tem de especial a paz de Jesus?
3. Que ligação podemos fazer entre a paz de Jesus e o envio que ele faz dos discípulos?

V – É TEMPO DE DIALOGAR COM O AUTOR DA PALAVRA

Ah, Cordeiro de Deus, que tiras o pecado do mundo, tem piedade de nós. Cordeiro de Deus, que tiras o pecado do mundo, dá-nos a paz. A tua paz que tira o pecado do mundo. Venceste sem precisar de exército, sem armas, sem ódio. Faz-nos partícipes, difusores e construtores da tua paz porque ela não deixa ninguém passar fome, pois Tu te fizeste comida. A tua paz é a que passa longe da ganância e que por isso mesmo quer ganhar a todos à sua causa. Dá-nos a tua paz, a paz de quem dá o Defensor, o Espírito Santo, e não de quem alimenta espírito voraz de concorrência, o espírito de maledicência, o espírito de inveja, o espírito de vingança. Temos esta consciência: a tua paz é muito mais que um sentimento. É paz que exige trabalho colaborativo, porque o nome dessa tua paz é justiça. Conseguido isso, implantado isso nas intenções, nos corações e nas obras, podemos fazer a nossa proclamação pública de fé: "*Meu Senhor e meu Deus*".

VI – É TEMPO DE SEMEAR A PALAVRA

Cremos no testemunho das testemunhas, quando disseram: *"Nós vimos o Senhor"* (Jo 20,25). E o evangelista João ainda destaca isto: *"Os discípulos ficaram contentes por ver o Senhor"* (Jo 20,20). Quem nos apresentou a Jesus? Quem nos falou dele? Quem nos indicou o caminho para encontrá-lo? Que tal visitar, telefonar, enviar uma mensagem a essas pessoas para compartilhar a nossa alegria e a nossa fé? Tente!

3º DOMINGO DA PÁSCOA

Tema do dia

└─→ O reconhecimento do Ressuscitado e anúncio entre os companheiros.

Objetivo

└─→ Entender a importância de ser testemunha para dar testemunho.

I – É TEMPO INICIAL DE ACLAMAR, INVOCAR, LOUVAR O SENHOR

█ Rezar com os participantes

Ó Pai, tu que enviaste o Espírito Santo para recordar-nos tudo o que teu Filho Jesus disse e ensinou, dá-nos a força para vivenciarmos e anunciarmos ao mundo a Boa-nova, confiantes na tua Palavra (cf. Jo 14,26).

II – É TEMPO DE ESCUTAR E ACOLHER A PALAVRA: Lc 24,35-48

█ Núcleo da Palavra

Dois discípulos contam que reconheceram Jesus no partir o pão. Jesus aparece entre os onze. Ficaram assustados. Jesus se identifica e até comeu na presença deles. Disse que o que estava escrito na Lei, nos profetas e nos salmos a respeito dele deveria se cumprir. Disto tudo eles serão testemunhas.

■ 1ª leitura: At 3,13-15.17-19

Glorificação de Jesus, antes rejeitado, embora justo e santo. Que haja arrependimento.

■ 2ª leitura: 1Jo 2,1-5a

Pecamos? Sim, pecamos. Jesus Cristo expiou os nossos pecados e os do mundo inteiro. Cumpramos os seus mandamentos, aí o amor de Deus se realizará em nós.

III – É TEMPO DE DINAMIZAR A PALAVRA

■ Desenvolvimento

- Propor uma roda de conversa.
- Motivar os participantes para responderem, com um olhar de hoje, às duas perguntas de Jesus, que aparecem no texto:
  - ○ O que perturba o mundo, o que perturba os cristãos?
  - ○ O que ofereceríamos a Jesus para comer? Especialmente no campo espiritual o que apresentaríamos como oferta a Jesus?

Partilha

- Colocar em comum as respostas.

IV – É TEMPO DE REPERCUTIR A PALAVRA

O capítulo 24, o último de Lucas, é cheio de Boas Notícias. O projeto vivido por Jesus perpassa a morte para levar à vida. Jesus se solidariza com os seus e também se deixa reconhecer quando faz nova doação mediante o partir do pão. Depois dá a conhecer a importância da Sagrada Escritura para a clareza e eficácia da missão. Finalmente, Jesus foi levado para o céu. Jesus confiou a continuação de sua obra aos discípulos de então e de todos os tempos. Neste capítulo há os relatos de três aparições. Na última delas Jesus declara os onze como testemunhas autênticas e fidedignas de sua ressurreição.

Vamos nos prender à parte final do texto: *"E vocês são testemunhas disso"* (Lc 24,48). Testemunhas, exatamente de quê?

- De que tudo se cumpriu a respeito de Jesus na Lei de Moisés: Dt 18,15 e lembrado em At 3,22-24, bem como em At 7,37, onde Moisés dá testemunho de Jesus.
- Do que nos diz os Salmos, por exemplo, nos salmos messiânicos: 45, 72, 132 e outros. - Nos profetas: Isaías 61,1-2 e constante em Lucas 4,18-21. O espírito de profecia também hoje está presente na Igreja. Ele consiste nisto:

> a) a palavra e a obra de libertação de Jesus (At 4,8-12; 19,10-12), perscrutar a vontade de Deus, a fim de discernir seu plano de salvação, consignado na Lei e nos profetas (21,4.10-14) e proclamar suas grandezas (2,11;10,46).

b) Interpelar homens e mulheres, edificá-los, animá-los, consolá-los e exortá-los contribuindo para o bem da Igreja (1Cor 14,3-4.31-33); comunicar mensagens da parte de Deus (14,5-6) e revelar segredos (13,2), buscando que os pecadores repensem, reconheçam seus pecados, adorem a Deus e o proclamem presente no meio da assembleia (14,22-25). (RETAMALES, 2005, p. 95-96)

- Na missão os discípulos terão de dar testemunho de que conhecem e vivem o espírito das Escrituras. *"Então Jesus abriu a mente deles para entenderem as Escrituras"* (Lc 24,45).
- De que Jesus sofreria muito e seria rejeitado.
- De que Jesus, segundo suas predições, ressuscitaria dos mortos no terceiro dia (cf. Mc 14,28; Jo 11,25);
- De que Jesus lhes enviaria o Espírito Santo, *"Aquele que o Pai prometeu"* (Lc 24,49).

Ora, tudo isso são fatos consumados e que sempre de novo se realizam na Igreja, capacitando-a para ações extraordinárias, tendo em vista o constante alargamento do Reino de Deus.

■ Complementar a repercussão da Palavra dialogando

1. Até que ponto são importantes o toque físico e o abraço entre as pessoas que se amam?
2. Jesus, ressuscitado, precisava ter comido peixe grelhado?
3. De que jeito vamos pedir para Jesus abrir nossas mentes, a fim de entendermos as Escrituras?

V – É TEMPO DE DIALOGAR COM O AUTOR DA PALAVRA

Senhor Jesus, deixa-nos conversar contigo. Tu não forças ninguém mesmo. Os teus dois discípulos de Emaús faziam um relato sobre *"o que tinha acontecido no caminho"*, e como te haviam reconhecido na hora que partiste o pão, pois eles também foram contemplados na partilha desse teu pão. Fizeste menção de tudo quanto está dito a teu respeito em Moisés, na oração dos Salmos e nos livros proféticos. Hoje temos todo um legado a mais: o Segundo Testamento. Não nos forças a nada, mas nós estamos abertos à tua ajuda. Dizer-te "muito obrigado" é pouco. Ajuda-nos a entender, saborear e viver o conteúdo das Sagradas Escrituras. Elas são indispensáveis para a nossa santificação e o bom desempenho de nossa missão. Nós também temos nossos "caminhos de Emaús", como também a hora de "partir o pão". Faz, Senhor, abrir nosso coração; faz reconhecer-te pela fé e à luz dela agradecer-te a diária companhia que nos fazes. Amém.

VI – É TEMPO DE SEMEAR A PALAVRA

É possível fazermos uma reflexão sobre um texto do papa Francisco? Não nos omitamos. Façamos agora ou em outro momento.

> O nosso compromisso não consiste exclusivamente em ações ou em programas de promoção e assistência; aquilo que o Espírito põe em movimento não é um excesso de ativismo, mas primariamente uma *atenção* prestada ao outro, 'considerando-o com um só consigo mesmo'. Esta atenção amiga é o início de uma verdadeira preocupação pela sua pessoa e, a partir dela, desejo procurar efetivamente o seu bem. Isto implica apreciar o pobre na sua bondade própria, com o seu modo de ser, com a sua cultura, com sua forma de viver a fé. O amor autêntico é sempre contemplativo, permitindo-nos servir o outro não por necessidade ou vaidade, mas porque ele é belo, independentemente da sua aparência: 'Do amor, pelo qual uma pessoa é agradável a outra, depende que lhe dê algo de graça'. Quando amado, o pobre 'é estimado como de alto valor', [...]. Unicamente a partir desta proximidade real e cordial é que podemos acompanhá-los adequadamente no seu caminho de libertação... e se sintam como "em casa". (EG, 199)

Agora, transformemos essa reflexão em ação! Qual pode ser o gesto concreto de serviço ao ouro a ser assumido por amor?

4º DOMINGO DA PÁSCOA

Tema do dia

⮕ O Bom Pastor cuida do seu povo até o fim.

Objetivo

⮕ Diferenciar que é preciso saber posicionar-nos, ora como pastores, ora como povo orientado, conduzido.

I – É TEMPO INICIAL DE ACLAMAR, INVOCAR, LOUVAR O SENHOR

▪ Rezar com os participantes

Ó Pai, tu que enviaste o Espírito Santo para recordar-nos tudo o que teu Filho Jesus disse e ensinou, dá-nos a força para vivenciarmos e anunciarmos ao mundo a Boa-nova, confiantes na tua Palavra (cf. Jo 14,26).

II – É TEMPO DE ESCUTAR E ACOLHER A PALAVRA: Jo 10,11-18

■ Núcleo da Palavra

O Bom Pastor dá sua vida pelo povo. O mercenário explora. Jesus conhece bem o seu povo e este o conhece. Tem um povo que não é guiado por Jesus: o que fazer? Jesus entrega sua vida por sua própria vontade. Poder de retomar a vida, só Ele tem.

■ 1ª leitura: At 4,8-12

Fala-se aí da continuação da missão de Cristo. Assim como Cristo, também os apóstolos tiveram que se explicar perante o tribunal "por terem feito o bem", diz o texto. Quem comunica vida é o Cristo ressuscitado.

■ 2ª leitura: 1Jo 3,1-2

O texto é formado por dois versículos só. Contudo, muito importantes. A força dos cristãos consiste no fato de serem filhos de Deus, porque Ele é o Pai que nos ama.

III – É TEMPO DE DINAMIZAR A PALAVRA

■ Material necessário

Uma imagem ou figura de Jesus Bom Pastor; uma figura de uma pessoa conversando com um grupo de pessoas.

■ Desenvolvimento

- Apresentar as duas imagens aos participantes.
- Motivar os participantes para a escolha de uma das imagens e solicitar que se aproximem da imagem escolhida.
- Dirigir aos participantes as seguintes questões e aguardar que respondam a cada uma delas:
  - ○ Esse não é o verdadeiro pastor. Sim? Não? Por quê?
  - ○ Ele não tem palavras para consolar as ovelhas aflitas? Quais?
  - ○ Quais as obras concretas que ele realiza em defesa de suas ovelhas e da sociedade?
  - ○ Quando as ovelhas são atacadas, o que ele faz? Ele se cala e se esconde?
- O coordenador ao final, conclui dizendo: Queremos um pastor corajoso que nos defenda. Quem procura, acha. Há bons pastores. São aqueles que vivem no meio das ovelhas, que até conhecem o cheiro das ovelhas. São aqueles que seguem o exemplo de Jesus, o Bom Pastor.

Partilha

- Conduzir a partilha com as seguintes questões:
  - ○ Que discernimento precisamos ter para distinguir o bom do mau pastor?
  - ○ Lembramos de mais alguma característica quer de um quer de outro?
  - ○ E nós somos boas "ovelhas"? Com que características?

IV – É TEMPO DE REPERCUTIR A PALAVRA

Vamos dividir esta "repercussão da Palavra" em quatro pontos:

- **1º Ponto – "Eu sou o Bom Pastor". Bom em tudo.** Quando Jesus declara que Ele é o Bom Pastor, Ele se diz igual a Deus Pai que quer seu povo livre. No livro do Êxodo Deus se identifica diante de Moisés: *"Eu sou Aquele que sou"* (Ex 3,14), e assim quer ser lembrado e louvado em todas as gerações. Jesus Bom Pastor é a presença viva e palpável do Deus que conduz o povo para longe de tudo o que oprime e ofusca a vida. Com Jesus, o Filho de Deus, participamos de um novo e definitivo êxodo que nos conduz rumo à vida em plenitude, que Deus quer que valha para todos. Ainda não se dá agora um êxodo total, completo, pois a travessia pode ser longa, mas o rumo, sim, o rumo está certo. É uma questão de não nos afastarmos dele.

Jesus poderia acrescentar sobre si mesmo: "Bom em tudo". Afinal, Ele é o "Filho unigênito do Pai". "Gerado, não criado". Em Mc 10,18 Ele diz *Só Deus é bom e ninguém mais*. Então, como Filho de Deus encarnado Ele assume a bondade como missão no meio dos humanos. Por isso:

— *Ele é bom pastor;*
— e é *bom pastor, porque dá sua vida pelo povo* (ovelhas);
— é *bom pastor* porque *conhece seu povo e seu povo o conhece, assim como Ele conhece o Pai e o Pai o conhece;*
— é *bom pastor* porque *Ele (Jesus) tem* (destaque-se este *tem*) *outro povo que não se abriga junto com a mesma parcela de povo;*
— é *bom pastor* porque *Ele fala para esse povo ainda não próximo, com a esperança de reunir todo povo, seguindo a convocação do único pastor;*
— é *bom pastor* porque é seguro de si, isto é, *ninguém tira a vida dele;*
— é *bom pastor* porque a decisão, a vontade é dele: *Ele dá sua própria vida, livremente;*
— é *bom pastor* porque *tem poder* como nenhum outro pastor: *o poder de dar a vida e tem poder de retomá-la. Esse é o encargo que Jesus recebeu do Pai.*

2º Ponto – *"Tenho também outro povo que não é deste abrigo"* (Jo 10,16). Observe-se de novo: Jesus "tem" um outro povo, que não comunga com Ele. Mas Ele é o pastor. Ele fala para esse povo. Mas, na verdade, não basta ouvi-lo. É preciso escutá-lo e chegar perto dele. Nessa porção de povo se misturam também os *mercenários,* os que são "desmancha-prazeres" dos que praticam o bem. São aqueles que querem tirar vantagem em tudo, fazendo como Judas

B

Iscariotes, ao trair Jesus. E o pior de tudo: às vezes se infiltram até no primeiro grupo, entre os que dão sinais de que conhecem seu pastor. Entre os que entram e saem livremente do abrigo.

3º Ponto – Nós, pastores e pastoras. Graças ao ofertório que Jesus fez de si mesmo, graças ao nosso banho batismal, também nós temos as condições de dar a nossa vida pelos outros, a partir de pequenos testemunhos, palavra, que na verdade quer dizer martírio, oferecimento. Não sabemos o quanto o próprio Jesus solicitará de nós. Afinal, nós, como servimos? Qual é a fatia que sempre reservamos para nós em vez de dá-la a quem prementemente tem necessidade dela? O que realmente ofertamos em nossa vida? Talentos? Tempo? Horas de trabalho? Ternura? Alguma expressão artística? Sacrifício de horas de sono? Reserva de tempo para visitas que alguém precisa e gostaria muito de receber? O que o Bom Pastor quer de nós? Com certeza não "boa vida" para todos, mas "vida boa" para todos.

> Na visão de Jesus, não existem ovelhas perdidas definitivamente, mas só ovelhas que devem ser encontradas. Devemos compreender bem isto: para Deus ninguém está definitivamente perdido. Nunca! Deus procura-nos até ao último instante... Encontrar quem está perdido é a alegria do pastor e de Deus, mas é também o júbilo de toda a grei! Todos nós somos ovelhas reencontradas e reunidas pela misericórdia do Senhor. (FRANCISCO, 2016)

4º Ponto – O dom de sairmos de nós mesmos. Claro que é dom. Por nós, ficaríamos em nossa "zona de conforto". O dom é dado para ser desenvolvido. Melhor do que nós, fala o papa. A alegria do Evangelho "contém sempre a dinâmica do êxodo e do dom de sair de si mesmo, de caminhar e de semear sempre de novo, sempre mais além" (EG, 21).

■ Complementar a repercussão da Palavra dialogando

1. Nós nos consideramos pertencentes e comprometidos com a Igreja? O que isto implica?
2. Se participamos de uma pastoral, de um movimento da Igreja, o que já fizemos ou fazemos para atrair outras pessoas para suas atividades?
3. Como está a "pastoral de conjunto" na sua comunidade, paróquia, diocese?

V – É TEMPO DE DIALOGAR COM O AUTOR DA PALAVRA

O Salmo 23(22) é a expressão de confiança que o ser humano deposita no seu Senhor e Pastor. Vamos ler em tom de prece o Salmo, conforme tradução de Leonardo Boff (2004, p. 7).

1. *O Senhor é meu Pastor; nada me falta.*
2. *Em verdes pastagens me faz descansar, conduz-me até fontes repousantes.*
3. *E repara minhas forças. Guia-me por caminhos seguros como pede sua missão.*

4. *Ainda que devesse passar pelo vale da sombra da morte, não temo mal algum: Tu vais comigo! Teu bastão e teu cajado me dão segurança.*
5. *Na minha frente preparas a mesa sob o olhar de meus inimigos. Unges minha cabeça com perfume e minha taça transborda.*
6. *Sim, bondade e fidelidade me escoltam todos os dias de minha vida e habitarei na casa do Senhor por todo tempo em que viver.*

VI – É TEMPO DE SEMEAR A PALAVRA

Vamos nos reunir com os amigos nos próximos dias e refletir sobre as palavras do papa Francisco:

> Precisamos de uma certeza interior, ou seja, da convicção de que Deus pode atuar em qualquer circunstância, mesmo no meio de aparentes fracassos, porque *"trazemos este tesouro em vasos de barro"* (2Cor 4,7). Esta certeza é o que se chama *"sentido de mistério"*, que consiste em saber, com certeza, que a pessoa que se oferece e se entrega a Deus por amor, seguramente será fecunda (cf. Jo 15,5). Muitas vezes esta fecundidade é invisível, incontrolável, não pode ser contabilizada. A pessoa sabe com certeza que a sua vida dará frutos, mas sem pretender conhecer como, onde ou quando; está segura de que não se perde nenhuma das suas obras feitas com amor [...]. Tudo isto circula pelo mundo como uma força de vida. Às vezes invade-nos a sensação de não termos obtido resultado algum com os nossos esforços, mas a missão não é um negócio nem um projeto empresarial, nem mesmo uma organização humanitária, não é um espetáculo para que se possa contar quantas pessoas assistiram devido à nossa propaganda. É algo de muito mais profundo, que escapa a toda e qualquer medida. Talvez o Senhor se sirva da nossa entrega para derramar bênçãos noutro lugar do mundo, aonde nunca iremos. (EG, 279)

5º DOMINGO DA PÁSCOA

B

Tema do dia

A videira e os ramos juntos produzem frutos.

Objetivo

Reconhecer a importância de se construir uma vida capaz de dar bons frutos individuais e coletivamente.

I – É TEMPO INICIAL DE ACLAMAR, INVOCAR, LOUVAR O SENHOR

■ Rezar com os participantes

Ó Pai, tu que enviaste o Espírito Santo para recordar-nos tudo o que teu Filho Jesus disse e ensinou, dá-nos a força para vivenciarmos e anunciarmos ao mundo a Boa-nova, confiantes na tua Palavra (cf. Jo 14,26).

II – É TEMPO DE ESCUTAR E ACOLHER A PALAVRA: Jo 15,1-8

■ Núcleo da Palavra

Jesus é a Videira. O Pai é aquele que assume duas peculiaridades: cortará o ramo que não der fruto em seu Filho; e podará o ramo que já dá fruto, mas para que a produtividade seja ainda maior.

■ 1ª leitura: At 9,26-31

Paulo se converteu e com ousadia pregou em nome de Jesus em Damasco. Depois ficou em Jerusalém. Houve um tempo em que a Igreja contou com grande paz na Judeia, na Samaria e na Galileia. Ela crescia no temor do Senhor. O número de cristãos aumentava, graças ao Espírito Santo.

■ 2ª leitura: 1Jo 3,18-24

O amor da comunidade é verdadeiro? Sim, será verdadeiro se reproduzir o amor de Jesus. E aí receberemos de Deus tudo o que lhe pedirmos. Pelo Espírito que Ele nos deu, reconhecemos que Deus está conosco.

III – É TEMPO DE DINAMIZAR A PALAVRA

■ Material necessário

Folhas em branco para todos os participantes

■ Desenvolvimento

- Apresentar a seguinte motivação: Certo dia o papa Francisco fez esta pergunta a um grupo de sacerdotes: "O que faz a sua vida saborosa?"
- Formar duplas e orientá-los para que indiquem até cinco opções para cada pergunta e escrevam as respostas na folha que receberam:
  - ○ O que faz a sua vida ser mais saborosa?
  - ○ O que faz a sua vida ser mais amarga?
- As duplas terão um tempo para conversar sobre as respostas.

Partilha

- Solicitar as respostas dos participantes, escuta a todos e propõe a seguinte questão:
  - ○ Como buscar o equilíbrio para manter a vida mais saborosa sempre?

IV – É TEMPO DE REPERCUTIR A PALAVRA

É Jesus mesmo que se autoanuncia como videira verdadeira, e fazem parte dela os ramos e os cachos de uva como fruto. Todo ramo tende a crescer e dar fruto. Crescer e dar frutos são sua missão, quer como indivíduo quer como comunidade, pois não se cogita numa videira que contenha um ramo só, uma folha só e que dê como fruto um cacho só. Por sua vez, na alegoria da videira, o cacho corresponde à vida que se lhe comunica. Mas o Pai faz uma poda, pois do contrário, haverá muita folhagem que asfixia a plana toda, e pouco fruto. Por isso é que se faz necessária a poda. Porque o ramo que não der fruto é aquele elemento que até circula na comunidade, mas que não cultiva uma sintonia com o Espírito. Por isso, quando se fala que *"vocês estão limpos"*, quer-se dizer que se trata de uma mensagem recebida e acolhida, aceita. A mensagem do amor. Uma vez acolhida, assimilada e correspondida, liberta do mundo injusto.

Quando Jesus fala que os seus permaneçam nele, Ele quer dar força a essas palavras, isto é, não pode haver uma conversão só, uma adesão só. A adesão tem de se renovar e se aprofundar. O Batismo, no entanto, é um só. Irrepetível. Onde ele se renova e sempre de novo se atualiza é na Eucaristia. Por isso, também, no Sábado Santo e na celebração da Crisma se renovam as promessas do Batismo. Não se repete o Batismo, mas as promessas contidas nele.

Portanto, quem permanece na comunidade só para se beneficiar de sua estrutura e que não cultiva o amor, como fruto da videira, seca. A vida nele se extinguirá. Mas enquanto ainda nele fumega o sopro de vida, ele, quase como lixo reciclável ainda poderá vir a ser reaproveitado, pois como diz o papa, nenhum pecador está definitivamente perdido. Mas... a comunidade unida àquele que se identifica com a videira pode pedir o que quiser. Tudo lhe será concedido.

E quando a comunidade é verdadeiramente evangelizadora e missionária, como ela age? Ah, o papa tem uma resposta bem abalizada, dizendo:

> com obras e gestos, a comunidade missionária entra na vida diária dos outros, encurta as distâncias, abaixa-se – se for necessário – até a humilhação e assume a vida humana, tocando a carne sofredora de Cristo no povo. Os evangelizadores contraem assim o "cheiro de ovelha", e estas escutam a sua voz. Em seguida, a comunidade evangelizadora dispõe-se a "acompanhar". Acompanha a humanidade em todos os seus processos, por mais duros e demorados que sejam. Conhece as longas esperas e a suportação apostólica. A evangelização patenteia muita paciência, e evita deter-se a considerar as limitações. Fiel ao dom do Senhor, sabe também "frutificar". A comunidade evangelizadora mantém-se atenta aos frutos, porque o Senhor a quer fecunda. (EG, 24)

Em Lc 8,21 Jesus disse: "*Minha mãe e meus irmãos são os que ouvem a palavra de Deus e a põem em prática*". Dá para entender assim: a união profunda dos ramos com Jesus se dá quando eles como comunidade praticam a palavra dita e também vivida por Jesus.

■ Complementar a repercussão da Palavra dialogando

1. Como é que de fato podemos ficar unidos a Jesus no dia a dia? Vamos pensar na aplicação de alguns princípios e valores.
2. Como podemos dar muitos frutos apoiando-nos mutuamente?

V – É TEMPO DE DIALOGAR COM O AUTOR DA PALAVRA

Ó Jesus, ó Videira que deste frutos de salvação para toda a humanidade e nos alertaste de que sem ti nada podemos fazer, pedimos-te que de fato tenhamos muita alegria em permanecer unidos a ti e que façamos bom uso dos meios que para isto nos deixaste disponíveis: *a tua Palavra; os teus sacramentos* e até *exemplos de oração*, mediante os quais nos dás todas as graças e riquezas espirituais procedentes de tua glória em companhia do Pai e do Espírito Santo.

VI – É TEMPO DE SEMEAR A PALAVRA

Quem coordena, verifique a possibilidade de promover uma campanha de doação de sangue na sua igreja, escola, clube etc. É uma grande oportunidade de os "ramos" se ajudarem mutuamente.

6º DOMINGO DA PÁSCOA

Tema do dia

→ "Permaneçam no meu amor" e "amem-se uns aos outros".

Objetivo

→ Explorar o entendimento sobre a importância de crescer na prática do amor mútuo e do amor a Jesus.

I – É TEMPO INICIAL DE ACLAMAR, INVOCAR, LOUVAR O SENHOR

■ Rezar com os participantes

Ó Pai, tu que enviaste o Espírito Santo para recordar-nos tudo o que teu Filho Jesus disse e ensinou, dá-nos a força para vivenciarmos e anunciarmos ao mundo a Boa-nova, confiantes na tua Palavra (cf. Jo 14,26).

II – É TEMPO DE ESCUTAR E ACOLHER A PALAVRA: Jo 15,9-17

■ Núcleo da Palavra

Do jeito que o Pai ama Jesus, seu Filho, assim também Jesus ama a humanidade. E o ser humano, o que precisa retribuir? Observar a vontade de Jesus: que nos amemos uns aos outros.

■ 1ª leitura: At 10,25-26.34-35.44-48

Pedro pede a Cornélio que não lhe preste as honras como este queria. Deus não faz distinção entre pessoas. Ama-as igualmente. Mas tem apreço por quem pratica a justiça, não importando de que nação venham os que assim agem. E foi então que o Espírito desceu sobre todos. E Pedro concluiu que o Batismo não podia ser negado a essa gente.

■ 2ª leitura: 1Jo 4,7-10

Amemo-nos uns aos outros, pois o amor tem sua origem em Deus. Manifestação do amor de Deus: o envio de seu Filho que veio expiar os nossos pecados.

III – É TEMPO DE DINAMIZAR A PALAVRA

■ Desenvolvimento

- Formar um grande círculo para a leitura do texto baseado no relato do papa Francisco.

■ Relato

No dia 20 de abril de 2016, o papa Francisco acolheu na Praça São Pedro, o sacerdote da Albânia, Ernest Simoni, que passou 28 anos preso pelo simples fato de ser sacerdote. Seu país viveu longo período sob regime comunista, extremamente intolerante. O sacerdote, por diversas vezes, chegou a ser torturado e recebeu ameaças de morte. No fim do comunismo naquele país, ele foi libertado. E o seu primeiro gesto foi o de perdoar os que o fizeram sofrer na prisão. Chegou a dizer que pedia constantemente misericórdia de Deus para todos. Quando questionado sobre como pôde resistir ao sofrimento de ser perseguido, respondeu com serenidade que simplesmente rezava e falava com Jesus. Esse era o seu segredo.

Partilha

- Pedir para que cada participante relate de maneira breve o que o texto traz de inspiração para a prática do amor.
- O que pode nos manter firmes no compromisso de amar a Jesus e ao próximo?

IV – É TEMPO DE REPERCUTIR A PALAVRA

O mesmo amor com que Jesus ama o Pai se repete quando nós humanos somos objeto do amor de Jesus. Se é de tão alto nível e tão intenso o amor de Jesus por nós, Ele pode, com toda autoridade e como exemplo perfeito, solicitar-nos: *"Permaneçam no meu amor"*(Jo 15,9). Para isso, disse Jesus: *"Obedeçam aos meus mandamentos"*. Façam a minha vontade. *"Permanecer"*. Permanecer é dar continuidade sem interrupção. E tem que ser no dia a dia. Continuar na delícia do amor de Jesus. Sentir-se acolhido. E se tudo isso for bem conduzido, alegremente vivido, naturalmente desembocará no amor para com o outro, a outra. Consequência disso tudo: a alegria de Jesus estará em nós. Ele compartilha conosco a sua própria alegria. Assim, a alegria dele, somando-se a nossa, será plena.

Aqui, o Evangelho, o pensamento do papa e o nosso confluem para o mesmo ponto. Deixemos Francisco falar:

> Quando os autores do Novo Testamento querem reduzir a mensagem moral cristã a uma última síntese, ao mais essencial, apresentam-nos a exigência irrenunciável do amor ao próximo: "Quem ama o *próximo*, cumpre plenamente a lei [...]. É no amor que está o pleno cumprimento da lei" (Rm 13,8.10). De igual modo, São Paulo, para quem o mandamento do amor não só resume a lei, mas constitui o centro e a razão de ser da mesma: "Toda a lei se cumpre plenamente nesta única palavra: Ama o *teu próximo* como a ti mesmo (Gl 5,14). E às suas comunidades apresenta a vida cristã como um caminho de crescimento no amor. (EG, 161)

Em Jo 15,13, Jesus aponta o ponto mais alto de expressão do amor: *"dar a vida pelos amigos"*. Prova de amor que Ele realizará entregando sua vida na cruz. Logo depois, Jesus deixa claro que não se pode ser amigo dele, se o amor também não fluir entre os irmãos.

Dentro desse clima de amor e de doação em favor dos amigos, diz Jesus: *"Não foram vocês que me escolheram, mas fui eu que escolhi vocês. Eu os destinei para ir e dar fruto, e para que o fruto de vocês permaneça"* (Jo 15,16). Qualquer seguidor de Jesus sabe que não é exclusivamente por sua iniciativa que ele se tornou um dos integrantes da comunidade de Jesus. Pertencer à comunidade dele contou com uma iniciativa precedente dele. Chamou os discípulos para quê? Chama seus seguidores, suas seguidoras para quê? Para a missão e a missão tem o roteiro por Ele apontado:

- *ir:* porque o amor pelos irmãos é essencialmente dinâmico, ágil; percorrer o caminho de Jesus para o Pai;
- *dar fruto:* o amor e a alegria que se expressam como algo concreto têm que vir à tona;
- *o fruto deve ser durável:* isso mesmo: durável. Não passageiro, porque o passageiro facilmente frustra, não dá alegria completa porque é descartável. O durável, sim, ele transforma pela raiz. Se ainda assim persistem vacilações humanas, o Pai dará aos seguidores de seu Filho tudo o que eles pedirem para a eficácia de sua missão libertadora.

Os seguidores de Jesus que com Ele compartilham sua alegria na tarefa comum, o que é que eles precisarão ter como princípio de vida? *"Amem-se uns aos outros"* (Jo 15,17).

■ Complementar a repercussão da Palavra dialogando

1. Que diferença faz Jesus nos chamar de empregados ou de amigos?
2. No nosso dia a dia, dentro das nossas condições de vida, como podemos dar fruto?
3. Que tipo de fruto?

V – É TEMPO DE DIALOGAR COM O AUTOR DA PALAVRA

Senhor Jesus, confessamos que não é fácil permanecer sempre no teu amor. Tu disseste claramente que atrairias todos a ti. Cremos nisto. Cremos no teu amor, levado ao teu extremo oferecimento, mas Tu que te encarnaste, bem sabias e sabes como são as coisas. Tu sabes como é a nossa natureza, porque dela te revestiste. Se permanentemente nos atrais para corrermos atrás do teu amor, temos também, por outro lado, o mundo que nos atrai oferecendo poder, prestígio, conforto e prazeres. Mas, Senhor, bem que o teu representante visível, o papa Francisco, nos faz elevar o pensamento, raciocinando assim: "embora com a dolorosa consciência das próprias fraquezas, há que seguir em frente, sem se dar por vencido e recordar o que disseste a Paulo: *"Basta-te a minha graça, porque a força manifesta-se na fraqueza"* (2Cor 12,9). Senhor, também mediante o teu servo Francisco nos ensinas que o mundanismo asfixiante "se cura saboreando o ar puro do Espírito Santo, que nos liberta de estarmos centrados em nós mesmos" (EG, 85; 97).

Assim, Senhor, já que Tu nos escolheste para darmos frutos, faze-nos permanecer no teu amor; e o que já conseguimos realizar em tua companhia, nós o agradecemos de todo coração. *"Que permaneçamos unidos no teu amor"* seja a nossa oração e nossa ação de todo dia. Amém.

VI – É TEMPO DE SEMEAR A PALAVRA

Levemos isto para casa, para o dia a dia, para a vida.

1º - *"Amem-se uns aos outros, assim como eu amei vocês"* (Jo 15,12).

2º - Esse amor é a confirmação de nossa identidade como cristãos... Sem ele não seremos reconhecidos como discípulos de Jesus, perderemos nossa identidade. E se isso acontecer temos que renovar esse amor como quem perde seu documento de identidade e corre para renová-lo.

FESTA DA ASCENSÃO DO SENHOR

Tema do dia

→ Só Jesus é capaz desta engenharia de amor: garantir sua presença no meio de nós.

Objetivo

→ Reconhecer a importância de anunciar a Boa-nova por toda parte.

I – É TEMPO INICIAL DE ACLAMAR, INVOCAR, LOUVAR O SENHOR

Rezar com os participantes

Ó Pai, tu que enviaste o Espírito Santo para recordar-nos tudo o que teu Filho Jesus disse e ensinou, dá-nos a força para vivenciarmos e anunciarmos ao mundo a Boa-nova, confiantes na tua Palavra (cf. Jo 14,26).

II – É TEMPO DE ESCUTAR E ACOLHER A PALAVRA: Mc 16,15–20

Núcleo da Palavra

Anúncio da Boa-nova por toda parte. Quem crer será salvo. Os sinais que marcam os que creem. Jesus à direita do Pai. Os discípulos difundem a Boa-nova. O Senhor provava que o testemunho deles era verdadeiro.

■ 1ª leitura: At 1,1-11

Os apóstolos contam com o Espírito Santo e estão preparados para continuar a missão de Jesus. Por meio deles, Jesus se faz visivelmente presente de maneira permanente na história humana.

■ 2ª leitura: Ef 1,17-23

A fé dá aos seguidores de Jesus uma sabedoria que se sobrepõe a qualquer outro conhecimento. Cristo, por sua vez, é a Cabeça da Igreja e esta é o seu corpo.

III – É TEMPO DE DINAMIZAR A PALAVRA

■ Desenvolvimento

■ Em pequenos grupos, ler um dos textos sugeridos. Depois da leitura, fazer uma síntese a ser apresentada no momento da partilha.

1º texto tirado de Marcos: Jesus disse: "Vão pelo mundo inteiro e anunciem a Boanova por toda a humanidade. Quem crer e for batizado, será salvo. Quem não crer, será condenado. Os sinais que acompanharão aqueles que acreditarem são estes: expulsarão demônios em meu nome, falarão novas línguas, se pegarem cobras ou beberem algum veneno, não sofrerão nenhum mal; quando colocarem as mãos sobre os doentes, estes ficarão curados. Depois de falar com os discípulos, o Senhor Jesus foi levado ao céu, e sentou-se à direita de Deus. Os discípulos então saíram e pregaram por toda parte. O Senhor os ajudava e, por meio dos sinais que os acompanhavam, provava que o ensinamento deles era verdadeiro" (Mc 16,15-20).

2º texto tirado de Mateus: "Jesus se aproximou e falou: Toda autoridade foi dada a mim no céu e sobre a terra. Portanto, vão e façam com que todos os povos se tornem meus discípulos, batizando-os em nome do Pai, e do Filho e do Espírito Santo, e ensinando-os a cumprir tudo o que ordenei a vocês. Eis que eu estarei com vocês todos os dias, até o fim do mundo" (Mt 28,18-20).

3º texto tirado de Lucas: "Eu lhes enviarei aquele que meu Pai prometeu. Por isso, fiquem esperando na cidade, até que vocês sejam revestidos da força do alto. Então Jesus levou os discípulos para fora da cidade, até Betânia. Aí ergueu as mãos e os abençoou. Enquanto os abençoava, afastou-se deles, e foi levado para o céu. Eles o adoraram, e depois voltaram para Jerusalém, com grande alegria" (Lc 24,49-52).

4º texto tirado de João: "Jesus disse de novo para eles: A paz esteja com vocês. Assim como o Pai me enviou, eu também envio vocês. Tendo falado isso, Jesus soprou sobre eles, dizendo: Recebam o Espírito Santo. Os pecados que vocês perdoarem, serão perdoados. Os pecados que vocês não perdoarem, não serão perdoados" (Jo 20,21-23).

5º texto tirado dos Atos dos Apóstolos: "O Espírito Santo descerá sobre vocês, e dele receberão força para serem minhas testemunhas em Jerusalém, em toda Judeia e Samaria, até os extremos da terra. Depois de dizer isso, Jesus foi levado ao céu à vista deles. E quando uma nuvem o cobriu, eles não puderam vê-lo mais" (At 1,8-9).

B

Partilha

- Cada grupo faz uma síntese do texto lido.
- Apresentar a síntese e na sequência conversar sobre as seguintes questões para concluir:
  - Como Jesus delega aos discípulos a continuidade de sua missão?
  - O que tem em comum nos textos lidos?
  - Qual é a mensagem central de tudo o que ouvimos?

IV – É TEMPO DE REPERCUTIR A PALAVRA

O Evangelho de hoje diz que "*o Senhor Jesus foi levado ao céu, e sentou-se à direita do Pai*" (Mc 16,19). Cristo, cabeça da Igreja, foi à nossa frente. Lá onde Ele está é ponto de chegada para todos nós. A missão salvífica de Jesus chegou ao seu fim. A nossa missão ainda não. Ainda estamos em campo de batalha para expulsar demônios ou males de várias origens; temos de aprender diversas linguagens para entender um mundo pluralista e de posições diferenciadas; temos que ter uma força espiritual para que certos venenos arquitetados pela mente do próprio ser humano não nos façam mal algum. E mais, não precisamos ser profissionais da saúde, mas ter sensibilidade, humanidade e espiritualidade suficientes para abençoar os doentes, dar-lhes carinho e tratá-los com ternura e mansidão. Que culpa tem o doente pelo fato de estar doente? Que culpa tem o idoso pelo fato de avançar em anos de vida? É bênção ou maldição? Não saber cuidar de pessoa doente não poderá ser "*por causa da falta de fé e pela dureza de coração*"? (Mc 16,14).

Os discípulos recebem um vastíssimo campo de missão: "*Vão pelo mundo inteiro e anunciem a Boa-nova para toda a humanidade*" (Mc 16,15). A missão ainda continua porque a meta por parte dos homens missionários e das mulheres missionárias ainda não foi alcançada. Foi só Jesus se ausentar da vista deles e os discípulos foram pregar por toda parte, a fim de instaurar um reino que prestigiasse, acima de tudo, a justiça, o entendimento e a absorção de diferenças, bem como a paz, construída exemplarmente por Jesus.

Desânimo não pode ter vez porque está dito no final do Evangelho de hoje, o que também vale para nós: "*O Senhor os ajudava e, por meio dos sinais que os acompanhavam, provava que o ensinamento deles era verdadeiro*" (Mc 16,20).

Em poucas palavras: É o século XXI. Vivemos em um mundo pontilhado de perigos e ameaças. No meio deles e delas estamos nós, cristãos e cristãs. A missão permanece: a Palavra tem de ser anunciada, dita, ensinada, assimilada, digerida, a fim de que novos missionários se somem aos já existentes, a fim de que a Palavra de Deus atinja cada vez mais pessoas, vencendo venenos e enfermidades. Por isso, podemos tomar como dirigidas a nós as palavras de Paulo: "*Proclame a Palavra, insista no tempo oportuno e inoportuno, convencendo, exortando e aconselhando com toda paciência, com a preocupação de ensinar*" (2Tm 4,2). Pela ação missionária ininterrupta e eficaz transforma-se a sociedade para melhor, erguendo-se uma escada de virtudes como a justiça, o auxílio mútuo e a misericórdia até chegar a hora da nossa ascensão e fazermos companhia ao Cristo que nos precedeu.

■ Complementar a repercussão da Palavra dialogando

1. Qual foi mesmo a ordem que Jesus deu ao se despedir dos discípulos? Estamos fazendo parte do cumprimento dessa ordem?
2. De acordo com os versículos 17-18 se deverá pensar que os discípulos viverão "blindados" ou como é que se poderá explicá-los?

V – É TEMPO DE DIALOGAR COM O AUTOR DA PALAVRA

Senhor Jesus, Tu que estás sentado à direita do Pai, nós, crentes e confiantes em ti, que estamos todos a caminho da nossa ressurreição e da gloriosa ascensão ao céu, queremos pedir-te: dá-nos força e coragem para que por nossa ação cristã não haja famílias sem casa, refugiados sem acolhida, feridos sem assistência e sem cura, nenhuma criança tenha sua infância subtraída, nenhum homem e nenhuma mulher sejam privados de um futuro melhor, e não haja idosos sem uma velhice respeitada e digna. Foi desse jeito que, em parte, aprendemos a rezar com o nosso papa Francisco. Nós cremos nas tuas promessas de vida eterna. Queremos e buscamos o céu. Esperamos pela nossa ascensão. Que não deixemos por nada de percorrer o caminho de amor e transformação do jeito que Tu o percorreste, porque obedecias ao Pai e contavas com a efusão do Espírito Santo sobre ti. Efusão do Espírito que se estenda também sobre nós e sobre a totalidade da Igreja.

VI – É TEMPO DE SEMEAR A PALAVRA

Ir pelo mundo inteiro... Eis o mandato de Jesus! Vamos tentar descobrir no território paroquial ou da comunidade os lugares de missão que ainda existem. Como podemos levar o Evangelho a tantas pessoas que estão distantes da Igreja?

Domingo de Pentecostes

(Ver e seguir o Ano Litúrgico A)

B

Tempo Comum

2º DOMINGO DO TEMPO COMUM

Tema do dia

→ Alguns discípulos de João o deixaram para seguir Jesus.

Objetivo:

→ Motivar para o conhecimento das obras de Jesus para perseverar no seguimento de Jesus

I – É TEMPO INICIAL DE ACLAMAR, INVOCAR, LOUVAR O SENHOR

■ Rezar com os participantes

Ó Pai, tu que enviaste o Espírito Santo para recordar-nos tudo o que teu Filho Jesus disse e ensinou, dá-nos a força para vivenciarmos e anunciarmos ao mundo a Boa-nova, confiantes na tua Palavra (cf. Jo 14,26).

II – É TEMPO DE ESCUTAR E ACOLHER A PALAVRA: Jo 1,35-42

■ Núcleo da Palavra

João Batista, aquele que batizava com água, tinha seus discípulos. Quando André e João viram Jesus passando, não seguiram mais o Batista, e sim, a Jesus, e com Ele passaram a viver. André, irmão de Simão, contou a este que ele e o outro encontraram o Messias e André fez mais: levou seu irmão a Jesus. Jesus deu-lhe um novo nome: Cefas = pedra, rocha.

1ª leitura: 1Sm 3,3b-10.19

Por três vezes o Senhor chama Samuel. Não foi fácil Samuel reconhecer que era a voz do Senhor. Mas o Senhor fez dele um profeta.

2ª leitura: 1Cor 6,13c-15a.17-20

O seguidor de Cristo não deve deixar-se escravizar e deve ter um domínio sobre seu próprio corpo. Ele é morada do Espírito Santo. Os que seguem a Cristo a Ele pertencem, pois Ele pagou alto resgate por eles.

III – É TEMPO DE DINAMIZAR A PALAVRA

Desenvolvimento

- Motivar os participantes para uma entrevista colhendo o máximo de respostas à pergunta: Olhando para a sua vida e seus sonhos como responderia a pergunta: O que procurais? Quais são seus anseios, suas esperanças?
- Dar um tempo para que todos entrevistem uns aos outros (todos podem responder a mais de um entrevistador).
- Cada um faz uma síntese das respostas colhidas para apresentar no plenário.

Partilha

- Ouvir o resultado das entrevistas e selecionar cinco respostas que considerar mais significativas para a sua motivação final:

Afinal, o que estamos procurando? Como ouvimos, Jesus Cristo é o Cordeiro de Deus e nos convida a permanecer com Ele, dizendo: Vinde! Ouçamos, novamente, os versículos 38-39. Jesus fez o convite e os discípulos foram ver onde morava e permaneceram com Ele.

Agora vamos nos perguntar a nós mesmos: Estou disposto a fazer como os primeiros discípulos de Jesus? Para mim, o que significa permanecer com Ele?

IV – É TEMPO DE REPERCUTIR A PALAVRA

João Batista testemunhou que viu o Espírito Santo descer sobre Jesus. Certo dia, João Batista estava com dois discípulos. Nisso, Jesus estava passando e João apontou para Ele e disse: *"Eis o cordeiro de Deus"*. Que ideia era essa de chamar Jesus de "cordeiro"? João devia conhecer bem as Escrituras e por isso fez referência ao cordeiro pascal, descrito em Ex 12, e ao Servo Sofredor do qual fala Isaías: *"Javé fez cair sobre ele os crimes de todos nós. Foi oprimido e humilhado, mas não abriu a boca; tal como cordeiro, ele foi levado para o matadouro, como ovelha muda diante do tosquiador, ele não abriu a boca. Foi preso, julgado injustamente; e quem se preocupou com a vida dele?"* (Is 53,6-8). Está aí: Jesus era o

B

"Cordeiro de Deus". Algo extraordinário aconteceu então: os dois discípulos que não têm os nomes revelados, *"seguiram Jesus"* (Jo 1,37). Trocaram de líder. Um era o batizador, o outro o Cordeiro, ao qual se referia Isaías, séculos antes. Jesus pergunta o que eles estão procurando. Os dois, então, querem saber onde Jesus mora. Jesus não dá o endereço, mas disse simplesmente: *"Venham, e vocês verão"* (Jo 1,39). E logo o evangelista acrescenta: *"Então eles foram e viram onde Jesus morava. E começaram a viver com ele naquele mesmo dia"* (Jo 1,9). Saber onde Jesus morava não era importante, mesmo porque tinha Ele uma morada de peregrino. Importante é que os discípulos se sentiram chamados e foram viver com Jesus. Foram e procuraram saber quem era Jesus. É trabalho nosso para a vida toda: Quem é Jesus? Vale a pena *"ir viver com Ele"* hoje, amanhã e depois?

André ouviu o que João disse de Jesus e procurou seu irmão Simão e contou que ele e o outro discípulo encontraram o Messias. Em seguida, André faz um gesto muito bonito, grande indicativo para o nosso "estar aberto e próximo", apresenta seu irmão a Jesus. Parece que André, mais agia que falava, ainda apresentou outras pessoas a Jesus. Deve ter apresentado outros, pois o texto diz que André encontrou primeiro o próprio irmão (cf Jo 1,41).

Jesus olhou para Simão, bem do jeito e com a profundidade com que só Ele conseguia olhar. No primeiro encontro já houve empatia e Jesus deu um novo nome a Simão: Cefas, isto é, Rocha.

■ Complementar a repercussão da Palavra dialogando

1. Quais foram as pessoas que por primeiro nos falaram de Jesus? Houve algum impacto em nossa vida ou ela seguiu seu curso normal?
2. É possível dedicar-nos um pouco de tempo para comparar os seguintes textos: Jo 1,38 com Jo 14,1-6?

V – É TEMPO DE DIALOGAR COM O AUTOR DA PALAVRA

Ó Senhor, em curto espaço de tempo, te valeste da missionariedade de algumas pessoas, que despertaram em outras o desejo de viver contigo. João Batista, André e outros... Que nós cultivemos bem a nossa vocação na tua intimidade, e vibrando com as riquezas da vida cristã, saibamos dizer a outros e outras, qual a beleza da vocação que abraçamos. Queremos sempre saber melhor *quem és Tu,* e mostrar-nos dispostos a atender ao teu convite para descobrirmos onde moras, pois disseste com tanta ternura: *"Venham e vejam".* Estamos indo, Senhor. Estamos indo!

VI – É TEMPO DE SEMEAR A PALAVRA

Com a Igreja podemos descobrir qual é a nossa vocação: vocação de casados, sacerdotes, religiosos consagrados, religiosas consagradas, como leigos, discípulo missionário de Jesus Cristo. Façamos uma oração pelas vocações nos colocando diante de Jesus com o coração disponível para acolher o seu chamado.

3º DOMINGO DO TEMPO COMUM

Tema do dia

→ O Reino de Deus está próximo. Já está aí com Jesus.

Objetivo

→ Reconhecer que seguir o chamado de Jesus é uma opção pessoal.

I – É TEMPO INICIAL DE ACLAMAR, INVOCAR, LOUVAR O SENHOR

■ Rezar com os participantes

Ó Pai, tu que enviaste o Espírito Santo para recordar-nos tudo o que teu Filho Jesus disse e ensinou, dá-nos a força para vivenciarmos e anunciarmos ao mundo a Boa-nova, confiantes na tua Palavra (cf. Jo 14,26).

II – É TEMPO DE ESCUTAR E ACOLHER A PALAVRA: Mc 1,14-20

■ Núcleo da Palavra

Jesus prega a Boa Notícia na Galileia. Chama quatro discípulos. Zebedeu continua com seus afazeres.

■ 1ª leitura: Jn 3,1-5.10

Jonas no meio da cidade imensa de Nínive. Disse que a cidade seria destruída em quarenta dias. O povo se converteu. Deus suspendeu a promessa de destruir a cidade.

■ 2ª leitura: 1Cor 7,29-31

Acreditava-se no tempo de Paulo que o mundo não duraria muito mais. Era preciso não se apegar a nada deste mundo, mas dar valor ao que fazia parte do Reino de Deus, colocado acima de tudo.

III – É TEMPO DE DINAMIZAR A PALAVRA

■ Desenvolvimento

- Trabalhar em duplas. Cada dupla apontará quatro coisas com as quais se comprometeriam seriamente.
- Motivar a todos dizendo: O Evangelho é um constante convite ao comprometimento.

Partilha

- Explorar as respostas das duplas. Como elas se situam ante o contexto do Evangelho de hoje?

IV – É TEMPO DE REPERCUTIR A PALAVRA

Depois da prisão de João Batista, Jesus, missionário peregrino, passa a pregar a Boa Notícia de Deus na Galileia. Terra de cidades pequenas, zonas rurais sem grande peso econômico e distante do centro político-econômico-religioso. Passou a atuar nas bases, não junto aos que tinham influência. Dizia: *"O tempo já se cumpriu, e o Reino de Deus está próximo. Convertam-se e acreditem na Boa Notícia"* (Mc 1,15). Em Marcos, Jesus não se anuncia. Não chama atenção sobre si. Chama atenção sobre o Reino de Deus, pois nesse Reino as pessoas experimentarão novas alegrias, viverão a leveza de nova liberdade, porque a justiça se alastrará.

O Reino de Deus terá de encorpar-se. Para tanto, Jesus se move e se desloca muito. Anda na beira da praia da Galileia. Não convida ninguém para ir à sinagoga, mas na sua intenção está a construção do Reino de Deus. Ele procura as pessoas lá onde elas estão no seu dia a dia, do jeito que a Igreja quer que façamos hoje. Não espera que vão até Ele. E se aproxima e fala com os irmãos André e Pedro. É conversa muito simples e direta. Jesus mostrou-lhes que existiam outras ocupações, além de se dedicar à pesca como ganha-pão. Ele apresentaria uma, ainda "nova no mercado". Seriam eles pescadores de homens e mulheres. Não entenderam nada, mas confiaram naquele homem que atraía imediatamente.

O papa Francisco é um bom exemplo de quem confia muito em Jesus Cristo; é um bom exemplo de um chefe da Igreja que procura agir como Cristo agiu. E assim também escreve:

> Há uma forma de pregação que nos compete a todos como tarefa diária: é cada um levar o Evangelho às pessoas com quem se encontra, tanto aos mais íntimos como aos desconhecidos. É a pregação informal que se pode realizar durante uma conversa, e também a que realiza um missionário quando visita um lar. (EG, 127)

"Caminhando mais um pouco", Jesus também chamou Tiago e João, que o seguiram. Jesus está sempre se movimentando e, quando não age assim, é porque está em diálogo com o Pai. Tiago e João, portanto, também seguiram Jesus, já *caminhando*.

O *Documento de Aparecida* estuda em detalhes o chamado que Jesus faz aos discípulos para anunciar o Reino da vida. Ele "lhes dá uma missão muito precisa: anunciar o Evangelho do Reino a todas as nações (cf. Mt 28,19; Lc 24,46-48). Por isso, todo discípulo é missionário, pois Jesus o faz partícipe de sua missão, ao mesmo tempo que o vincula a Ele como amigo e irmão. Dessa maneira, como Ele é testemunha do mistério do Pai, assim os discípulos são testemunhas da morte e ressurreição do Senhor até que Ele retorne. Cumprir essa missão não é tarefa opcional, mas parte integrante da identidade cristã, porque é a extensão testemunhal da vocação mesma" (DAp, 144).

Os discípulos quanto tempo passaram pelo processo de formação caminhando e aprendendo com Jesus como Ele tratava as pessoas, principalmente as crianças (cf. Mc 9,36; 9,37; 10,15), os doentes e os pecadores?

Cada tempo da história do cristianismo precisou readequar-se ao modelo dado por Jesus. Hoje "olhamos para Jesus, o Mestre que formou pessoalmente seus apóstolos e discípulos. Cristo nos dá o método: *"Venham e vejam"* (Jo 1,39) – como vimos no 2º Domingo do Tempo Comum. – *"Eu sou o Caminho, a Verdade e a Vida"* (Jo 14,6). Com Ele podemos desenvolver as potencialidades que há nas pessoas e formar discípulos missionários. Com perseverante paciência e sabedoria, Jesus convidou a todos para que o seguissem. Àqueles que aceitaram segui-lo, os introduziu no mistério do Reino de Deus, e depois de sua morte e ressurreição os enviou a pregar a Boa-nova na força do Espírito" (DAp, 276).

Ser discípulo missionário é converter-se sempre de novo. A conversão não é uma única. São várias conversões. A realidade muda, o coração missionário tem de mudar também e sempre para mais perto de Jesus para não decepcionar a ninguém. O psicólogo Mark W. Baker em seu livro *Jesus, o maior psicólogo que já existiu* registra uma frase lapidar: "Quando achamos que já chegamos, paramos de avançar"... Conversão "é estar percorrendo um caminho em uma direção e decidir inverter o rumo e seguir por um caminho totalmente novo. Jesus fala de conversão nesse sentido" (BAKER, 2002, p. 59; 73).

Conversão não pode ser só uma mudança de mentalidade. É questão de arregaçar as mangas e trabalhar muito para que os malfeitos decresçam em nossa sociedade e que em seu lugar floresçam a justiça e a não violência aqui perto do nosso olhar urbano e entre as nações. A uma boa parcela da humanidade, bem que poderíamos pregar hoje o que Jesus nos legou mediante seu amado discípulo João: *"Se não faço as obras de meu Pai, vocês não precisam acreditar em mim. Mas se eu as faço, mesmo que vocês não queiram acreditar em mim, acreditem pelo menos em minhas obras"* (Jo 10,37-38). As pessoas que não aceitam Jesus como Filho de Deus, não precisam crer naquilo que Ele diz, mas que aceitem ao menos as obras que Ele realiza: defesa da justiça, socorro aos necessitados, curas de doentes, ressurreição de mortos. E o que aconteceu com Jesus, pode repetir-se também na sua Igreja. Palavra e ação são sinal de maturidade, de coerência e por parte do ser cristão uma demonstração de que ele tem parte na missão divina de Jesus.

■ Complementar a repercussão da Palavra dialogando

1. Temos observado alguma mudança para melhor no nosso desempenho missionário? Podemos dar algum exemplo?
2. Conversão pastoral é o assunto apresentado no *Documento de Aparecida, número 370.* Vamos pesquisar esse texto e decidir o que podemos fazer de concreto para resgatar um novo ardor missionário.

V – É TEMPO DE DIALOGAR COM O AUTOR DA PALAVRA

Jesus, um dia nos chamaste quando recebemos o Batismo. No colo de nossos pais, nos chamaste de novo. Quando tivemos contato com os primeiros catequistas colocaste o Evangelho aberto diante de nós. Tínhamos dificuldade de ler. Mais dificuldade ainda de entender. A leitura do teu Evangelho foi longa, muito longa. Aliás, nem terminou ainda. Mostraste que a par da leitura, deveria acontecer nossa mudança de atitudes humanas e missionárias. Tu pregavas a Boa Notícia na Galileia e chamaste os discípulos para serem partícipes na tua missão e continuas a chamar, a chamar com a mesma finalidade. Por vezes, ainda nos falta entusiasmo e trabalho em equipe para sermos testemunhas e darmos testemunho da tua Boa-nova. Nós só não avançamos. Então, Jesus, não é abusivo, mas tremendamente evangélico pedir-te que nos tornes pescadores de homens e mulheres para que também eles e elas participem do Reino de Deus e trabalhem em favor dele, denunciando as injustiças cometidas na sociedade e implantando comunidades que vivam concretamente o que se chama fraternidade, tendo todos condições de viver com dignidade. Jesus, ajuda-nos. Acompanha-nos.

VI – É TEMPO DE SEMEAR A PALAVRA

Vamos refletir mais um pouco? No item "IV – É tempo de repercutir a PALAVRA", há um trecho do *Documento de Aparecida,* n. 144. As questões que aqui seguem pretendem facilitar o entendimento do texto e como torná-lo realidade em nossas atitudes. Responda-as com ânimo missionário.

Entregar aos participantes cópia do texto (DAp, 144) e as seguintes questões:

- Qual é a missão muito clara que Jesus dá aos discípulos?
- Quais os povos destinatários do Reino de Deus?
- Por que razão todo discípulo é missionário?
- De que jeito Jesus vincula o discípulo a si?
- Jesus é o quê em relação ao mistério do Pai?
- Em decorrência da questão anterior os discípulos são o quê?
- A missão de ser testemunha e dar testemunho é parte integrante da identidade cristã por quê?
- O que precisa ser feito para fortalecer o nosso agir missionário, faça!

4º DOMINGO DO TEMPO COMUM

Tema do dia

A verdadeira autoridade de Jesus.

Objetivo

Identificar no ensinamento de Jesus as orientações para construir um programa de vida.

I - É TEMPO INICIAL DE ACLAMAR, INVOCAR, LOUVAR O SENHOR

▨ Rezar com os participantes

Ó Pai, tu que enviaste o Espírito Santo para recordar-nos tudo o que teu Filho Jesus disse e ensinou, dá-nos a força para vivenciarmos e anunciarmos ao mundo a Boa-nova, confiantes na tua Palavra (cf. Jo 14,26).

II – É TEMPO DE ESCUTAR E ACOLHER A PALAVRA: Mc 1,21-28

▨ Núcleo da Palavra

Jesus em Cafarnaum, às margens do lago de Tiberíades ou Genesaré. Era sábado, dia de descanso. Jesus põe-se a ensinar na sinagoga e cativou os ouvintes, bem mais do que os doutores da Lei. Jesus expulsou um espírito mau. A fama de Jesus espalhou-se por toda parte.

▨ 1ª leitura: Dt 18,15-20

Deus fará surgir um profeta semelhante a Moisés. Esse profeta falará em nome de Deus e o povo obedecerá ao que ele mandar. Se alguém não der ouvidos ao profeta, Deus há de pedir contas a essa pessoa. Agora, se o profeta falar em nome de outros deuses, é melhor que ele morra.

▨ 2ª leitura: 1Cor 7,32-35

Cada vocação com suas responsabilidades. A virgindade, por exemplo, é entrega total ao Senhor. O casado ou a casada já têm suas preocupações terrenas.

B

III – É TEMPO DE DINAMIZAR A PALAVRA

■ Material necessário

Cartões com as seguintes questões:

- Como reage o povo diante da palavra ou da ação de Jesus? Cf.: Mc 1,22; Mc 1,27; Mc 2,12?
- Como reagem as autoridades diante da palavra ou da ação de Jesus? Cf. : Mc 2,7; Mc 2,16; Mc 2,18; Mc 2,24; Mc 3,2; Mc 3,6.

■ Desenvolvimento

- Solicitar que todos tenham a Bíblia nas mãos para pesquisar e responder em pequenos grupos as perguntas contidas nos cartões.

Partilha

- Vamos colocar em comum as respostas e comentá-las.

IV – É TEMPO DE REPERCUTIR A PALAVRA

Jesus, sozinho, voltou para a Galileia e ali chamou quatro homens, dois irmãos de cada família (cf. Mc 1,14-20). Em Mc 1,21-28, Jesus e os quatro: Simão, André, Tiago e João, já seguidores, foram a Cafarnaum. A narrativa agora trata do início das atividades de Jesus em público, justamente aquelas que fazem parte do seu ministério. Chegaram lá em dia de sábado, dia sagrado, dia diferente dos demais. Os demais eram para cuidar da própria sobrevivência; este era para render graças a Deus pelos favores por Ele realizados na história do povo por Ele escolhido. Jesus nunca tinha tempo para perder. Lazer, então?... Nem pensar! Só em Marcos 6,31 há referência a um merecido repouso dos discípulos.

Jesus entrou na sinagoga e já começou a ensinar. Não está dito o que Ele ensinou naquele dia, mas as pessoas ficaram admiradas com o que Ele ensinava. Devia ser algo importante para a assembleia e também para os discípulos que só ouvem e não intervêm com palavras. Marcos nos passa palavras de peso a respeito de Jesus:

> *ensinava como quem tem autoridade e não como os doutores da Lei*" (Mc 1,22). Se Jesus ensinava era porque do outro lado havia quem aprendia. Se aprendia só para passar para frente o que aprendia, era só meio caminho percorrido. O outro meio caminho era o de querer transformar a vida na sociedade, onde o estado de coisas não era bom. Querer, só, não. Transformar efetivamente. "O ensinamento de Jesus é *novo* (Mc 1,27) porque liberta ao mesmo tempo que ensina. Aí se situa a diferença entre o seu ensinamento e o dos doutores da Lei, cuja prática não conduz à

libertação. E isso tem muito a ver com nossa prática pastoral, às vezes feita de teorias, sem imprimir uma caminhada libertadora. (BORTOLINI, 2006, p. 359)

Jesus, naquele dia, tem a oportunidade de ensinar por meio de um fato concreto, o que deve ter influído para os discípulos nunca mais se afastarem dele. Estava ali, na casa de oração dos judeus, a sinagoga, um homem possuído por um espírito mau. O espírito mau tinha um domínio sobre aquele homem e era através deste que aquele espírito falava. O espírito mau não permitia que o homem dominado se manifestasse livremente. O homem ficou alienado, alheio a si mesmo e uma impotência de reagir se apoderou dele. O espírito mau joga verde para colher maduro: "*Vieste para nos destruir*"? Jesus não responde e ainda não reage. Mas ele veio para tirar o pecado do mundo. O espírito mau continuou a falar. Foi aí que Jesus interveio: "*Cale-se e saia dele!*". Agora sim. Na hora de ensinar Jesus o fazia *com autoridade*. Aqui, na hora de agir, Ele também age *com autoridade*. O espírito era mau mesmo, pois ainda sacudiu o homem com violência e o deixou.

Muito importante é a ordem de Jesus para que o espírito mau se cale. Achamos teologicamente perfeita a maneira de explanar a razão de Jesus agir. "Jesus age dessa forma porque é *tarefa de seus seguidores proclamarem quem ele é*. Pega mal o fato de Jesus ser anunciado pelo espírito da alienação" (BORTOLINI, 2006, p. 360).

Em Mc 1,27 as pessoas presentes ficaram admiradas. Notaram que houve um ensinamento novo, dado com autoridade e que até os espíritos maus obedeciam a Jesus. Mas não está dito que tais pessoas melhoraram de atitudes, nem se se tornaram seguidoras de Jesus. Não se sabe se a fama de Jesus ganhou mais aplausos de "torcedores" ou novos companheiros dele na missão.

■ Complementar a repercussão da Palavra dialogando

1. Ensinamos com autoridade na catequese, para os filhos, netos, em grupos pertencentes ou querendo pertencer à Igreja? "Com autoridade" pode significar: com conhecimento, com fé naquilo que se está transmitindo, com coerência, isto é, você diz, mas também faz.
2. Há algum "espírito mau" rondando nossa vida? Pode-se chamar vingança, ódio, completa indiferença, preguiça, covardia...

V – É TEMPO DE DIALOGAR COM O AUTOR DA PALAVRA

Senhor, dá-nos assistência tua e do Espírito para ensinarmos direito o que e a quem nos compete ensinar. Que haja ingredientes chamados segurança, clareza, autenticidade, "autoridade", humildade e coragem. É o que pedimos a ti que vives e reinas na unidade do Pai e do Espírito Santo.

VI – É TEMPO DE SEMEAR A PALAVRA

Podemos nos lançar a um desafio: Fazer um programa de vida inspirados nos ensinamentos de Jesus.

O que precisamos fazer para nos assemelhar cada vez mais a Jesus Cristo? O que podemos fazer? O que queremos fazer agora?

5º DOMINGO DO TEMPO COMUM

Tema do dia

└──➤ Todos te procuram Senhor.

Objetivo

└──➤ Apresentar que o acolhimento de uma pessoa doente é obra de misericórdia.

I - É TEMPO INICIAL DE ACLAMAR, INVOCAR, LOUVAR O SENHOR

■ **Rezar com os participantes**

Ó Pai, tu que enviaste o Espírito Santo para recordar-nos tudo o que teu Filho Jesus disse e ensinou, dá-nos a força para vivenciarmos e anunciarmos ao mundo a Boa-nova, confiantes na tua Palavra (cf. Jo 14,26).

II - É TEMPO DE ESCUTAR E ACOLHER A PALAVRA: Mc 1,29-39

■ **Núcleo da Palavra**

Jesus e os quatro discípulos saíram da sinagoga em Cafarnaum e foram à casa de Simão e André. Tiago e João foram também.

■ **1ª leitura: Jó 7,1-4.6-7**

Jó é aquele homem que tem uma experiência de Deus, mesmo mergulhado na pobreza e em sofrimento. O texto de hoje assinala que, para quem padece, o tempo parece não passar, mas não há como esquecer que a vida em si passa velozmente e mostra-se bem frágil.

■ 2ª leitura: 1Cor 9,16-19.22-23

Para Paulo, anunciar o Evangelho não é questão de vaidade nem uma profissão, mas simplesmente uma necessidade imperiosa que ele acata, como vinda de Deus. Para isso, nada melhor do que identificar-se com as pessoas; fraco com os fracos e ser tudo para todos.

III – É TEMPO DE DINAMIZAR A PALAVRA

■ Material necessário

Cópias do texto proposto como motivação.

■ Desenvolvimento

- Apresentar a seguinte motivação: Visitar os doentes é uma obra de misericórdia.

A mãe de uma amiga da comunidade está doente e acamada. Esta senhora gosta de receber visitas. Como podemos organizar uma dessas visitas: O que levar para ela? Quantas pessoas de uma vez podem ficar no quarto? Como vamos nos revezar? O que podemos perguntar a ela? De que podemos falar, de forma leve e bem-humorada? Temos ideia de que poderíamos providenciar para ela, por exemplo, algum remédio de que necessite? Vamos fazer uma oração junto com ela? Qual? Já preparamos essa oração? Se ela não está recebendo a Eucaristia em casa, como nos vamos mostrar disponíveis para ajudar? Se houver crianças na casa, como vamos conversar com elas? Que conforto oferecer?

- Formar duplas ou pequenos grupos;
- Entregar cópia da motivação aos participantes. Motivá-los para uma leitura e reflexão, buscando dar respostas às questões presentes no texto.

Partilha

- Motivar as duplas ou grupos para uma apresentação de como se organizaram para a visita;
- Ao final, reforçar a ideia de que uma visita aos enfermos é obra de misericórdia.

IV – É TEMPO DE REPERCUTIR A PALAVRA

Deixando a sinagoga de Cafarnaum, Jesus, Simão, André, Tiago e João dirigiram-se logo, isto é, sem perda de tempo e sem demora, à casa de Pedro. A sogra de Simão estava de cama, com febre, e logo os discípulos contaram isso a Jesus. Espera aí! Os discípulos andaram à frente de Jesus ou mais depressa do que Ele e já contaram o que estava acontecendo? Ou será que Simão já contou aos companheiros no dia anterior que a sogra estava doente? O fato é que ela estava doente e com febre. Isso era preocupante. Afinal, a febre entre o povo bíblico tinha uma origem que, segundo se descrevia, provinha dos demônios. Bem diferente de hoje, em que a febre é um bom sinal, isto é, a indicação de que estão sendo produzidos anticorpos e de que o organismo está reagindo. Bem! Mas o que Jesus fez? Foi até a mulher doente para vê-la, tocou nela e ajudou a levantá-la. A febre então deixou a doente: mulher, idosa e sogra. Foi uma cura dentro de um ambiente familiar. Mas o esquema das curas é quase sempre o mesmo:

— Alguém, parente ou amigo relata o caso de alguma pessoa que está doente;
— Jesus entra em contato com a pessoa doente (às vezes, começando com um breve diálogo);
— Jesus dá uma resposta a quem por ela procura / espera: dando um toque, como ocorreu aqui;
— A cura, então, é relatada; às vezes seguida de uma breve instrução sobre o que a pessoa atendida deverá fazer.

A sogra de Simão Pedro demonstra gratidão, pondo-se a servir a Jesus e aos seus. Aqui está uma das maneiras de demonstrar que Jesus é justamente chamado de Salvador, que aqui se aplica, pois Ele curou uma pessoa doente, salvou alguém da enfermidade. Doença não é vida em plenitude. Por isso Jesus livra muita gente dela. Porém, milagres a toda hora não acontecem, pois estão acima das condições normais. E as nossas comunidades de gente que crê, que olha cheia de admiração para os exemplos de Jesus, também se preocupam seriamente com os membros doentes, visitando-os, fornecendo remédios aos que precisam e dispondo, também, enquanto possível, de profissionais que possam assistir enfermos necessitados?

Depois do pôr do sol, isto é, quando entre os judeus já começava novo dia, pessoas caridosas levaram a Jesus "*todos os doentes e os que estavam possuídos pelo demônio*" (Mc 1,32). Não cabia mais ninguém na frente da casa em que estava. O texto diz que Ele curou muitas pessoas. Não está explícito se curou a todas. Também expulsou muitos demônios. No tempo de Jesus, quando se falava em demônio, fazia-se referência àquilo que impedia a pessoa de ser ela mesma, isto é, feita à imagem e semelhança a Deus. Chamemos isso de demônio, doença mental, esquizofrenia, desvio comportamental, distúrbio psíquico. A verdade é que há dentro de nós certas forças que procuram nos derrubar e que nos impedem de conduzir vida plena.

De madrugada, quando a luz do sol ainda não havia imposto o seu alegre domínio, Jesus *se levantou*, (Marcos não perde um verbo sequer para mostrar que Jesus estava sempre se movimentando e jamais deu qualquer sinal de sedentarismo) e foi rezar em lugar deserto. Ora, o deserto era algo muito próximo, como o é ainda hoje em Israel e outros países vizinhos. Lugar muito bom para se encontrar com Deus. Em lugar de completo silêncio é mais fácil distinguir qual é a vontade de Deus. Jesus precisava dessa conversa, pois quando se fizesse pleno dia, Ele iria contatar mundo desconhecido, gente com imensas dificuldades.

Os discípulos, talvez um pouco desesperados porque Jesus demorava muito na oração, assim como nós estamos sujeitos a perder a paciência quando a missa ou outra liturgia demora um pouco mais que o habitual, foram atrás de Jesus, e quando o encontraram, fizeram-lhe a primeira abordagem com um tom de repreensão: "*Todos estão te procurando*" (Mc 1,37). Mas o que Jesus vê à sua frente: o projeto de Deus. Projeto com caráter universal. Talvez seja o caso de refletir que, por exemplo, os responsáveis pela iniciação à vida cristã numa paróquia não podem dar sequência no processo de educação da fé sem contar com o apoio da comunidade. Requer-se que haja outras pastorais, outros trabalhos que deem continuidade à formação e os encaminhem em atividades desenvolvidas em nome da Igreja. Jesus já deu uma bela lição prática de que a sua missão e dos discípulos que se dispõem a segui-lo não pode fixar-se num só ponto ou num só grupo de pessoas. Por isso Ele foi muito claro: "*Vamos para outros lugares...*" (Mc 1,38). Disse Ele: "*Vamos*", inteiramente responsável pela formação e pela iniciação à vida missionária de seus seguidores. Que eles entendessem logo o porquê: "*Foi para isso que eu vim*" (Mc 1,38).

Marcos inclui na narrativa o tanto que já havia acontecido e o que ainda estava por acontecer: "*Jesus andava por toda a Galileia, pregando nas sinagogas e expulsando os demônios*" (Mc 1,39).

■ Complementar a repercussão da Palavra dialogando

1. Como nos portamos estando com uma pessoa doente: demonstramos carinho, atenção redobrada, não deixamos transparecer preocupação, tristeza...?
2. Se a essa altura alguém nos pedisse: "Diga-me, por favor, quem é Jesus?", que resposta teríamos para dar?
3. Dentro de nossas atividades eclesiais "para dentro da Igreja" ou "para a Igreja em saída", atuando na sociedade, o que significa para nós e o nosso grupo a frase de Jesus: "*Foi para isso que eu vim*"?

V – É TEMPO DE DIALOGAR COM O AUTOR DA PALAVRA

Senhor Jesus, somos mão de obra ativa na tua Igreja. Se for do teu agrado, livra-nos das doenças, dos males do corpo e do espírito, principalmente do pecado, que sempre causa estragos, a fim de que possamos servir com mais liberdade e eficácia nossos irmãos e irmãs, pois sabemos que o mal nos impede de servir como é preciso. Se isto, segundo os teus planos, não for possível, que, chamados por ti para servir-te, aceitemos carregar as nossas dores; unindo-nos às tuas dores, suportadas por teu amor total, fazendo-te grão de trigo que morreu para, em seguida, ressurgir como novo e definitivo fruto.

VI – É TEMPO DE SEMEAR A PALAVRA

Temos cuidado bem de nossa saúde? No nosso grupo, na nossa Igreja, surge a conversa sobre isso? Há passos de solidariedade nesse sentido?

Como podemos intensificar nossas visitas aos enfermos? Talvez alguém de nós seja profissional da saúde. Essa pessoa tem dado o melhor de si para cuidar dos que precisam? Nós nos atualizamos em nossa área de atuação? Como profetas, quando há casos de atendimento inadequado nas famílias, casas de saúde ou hospitais, denunciamos o erro cometido visando repará-lo?

6º DOMINGO DO TEMPO COMUM

Tema do dia

→ Fé para confiar no poder de Jesus.

Objetivo

→ Reconhecer que fé e confiança são essenciais para a recuperação da saúde.

I - É TEMPO INICIAL DE ACLAMAR, INVOCAR, LOUVAR O SENHOR

■ Rezar com os participantes

Ó Pai, tu que enviaste o Espírito Santo para recordar-nos tudo o que teu Filho Jesus disse e ensinou, dá-nos a força para vivenciarmos e anunciarmos ao mundo a Boa-nova, confiantes na tua Palavra (cf. Jo 14,26).

II – É TEMPO DE ESCUTAR E ACOLHER A PALAVRA: Mc 1,40-45

■ Núcleo da Palavra

Um leproso recorre a Jesus para ser curado. Jesus tocou nele e ele ficou purificado. Jesus pediu para não espalhar a notícia, mas o homem não se conteve. Jesus, a partir de então, ficou fora da cidade, onde as pessoas o procuravam.

■ 1ª leitura: Lv 13,1-2.44-46

O Levítico, neste capítulo, fala de doenças de pele, entre elas a lepra (hoje hanseníase). Era de preservar a pureza da comunidade. O texto diz que alguém que tenha problema de pele seja levado ao sacerdote Aarão (irmão de Moisés). Ele examinará a pessoa. Conforme o caso será considerado impuro e impuro será enquanto durar sua doença.

■ 2ª leitura: 1Cor 10,31-11,1

Paulo adverte a comunidade cristã que não siga a prática dos pagãos, mas que seus membros façam tudo para a glória de Deus. Como Paulo faz: não procura vantagens pessoais, mas o que é vantajoso para a comunidade. Paulo faz elogios à comunidade que aceita o que ele lhe transmite e diz até àqueles cristãos que eles o podem imitar assim como ele procura imitar a Cristo.

III – É TEMPO DE DINAMIZAR A PALAVRA

■ Desenvolvimento

Em pequenos grupos, conversar sobre as questões:
- ○ O que queremos excluir de nossa comunidade cristã?
- ○ Como posso dar minha contribuição para tornar a comunidade mais pura?

Partilha

- ■ Ouvir as respostas dos grupos e promover um debate sobre como se pode viabilizar o que os grupos apresentaram.

IV – É TEMPO DE REPERCUTIR A PALAVRA

Marcos não menciona o lugar em que se passa a narrativa evangélica, contudo, provavelmente foi na borda de uma cidade, pois um leproso andava por lá. Assim, como que de repente, aproxima-se de Jesus um leproso, que devia ter boas informações a respeito de Jesus. Ajoelhou-se, por respeito ou por gesto de adoração, e disse: "*Se queres, tu tens o poder de me purificar*" (Mc 1,40). Jesus diz: "*Eu quero, fique purificado*" (Mc 1,41). Mas há uma observação do evangelista. Antes de estender a mão e tocar no leproso, Jesus ficou cheio de ira. Mas por quê? Parece que há um certo problema de tradução. Onde uns traduzem por "compaixão" outros traduzem por "ira", "raiva". Em aceitando essas últimas palavras, Jesus as teria sentido, "não certamente contra o leproso, mas contra o código de pureza que, em nome de Deus, marginaliza as pessoas, considerando-as como mortas. É contra esse sistema religioso que Jesus se revolta. E o transgride também" (BORTOLINI, 2006, p. 366). Por certo, transgressão justa! Seria hora de abolir o tal código de pureza, porque segundo ele, o leproso era um "vivo-morto", sem direito a nada.

B

Ainda sobre a ira. O profeta Oseias fala sobre a justiça e a misericórdia. Deus pensa em fazer a justiça com o seu povo, mas ao final, diz Ele: "O coração se comove no meu peito, as entranhas se agiam dentro de mim! Não me deixarei levar pelo calor de minha ira. Não, não destruirei Efraim! Eu sou Deus, não um ser humano, sou o Santo no meio de ti, não venho como terror" (Os 11,8-9). Deus nos prova com o seu amor que é rico em misericórdia.

No episódio do leproso aconteceu o contrário do esperado. Ao tocar o leproso Jesus devia se tornar impuro, mas não. Foi o leproso que viu a lepra desaparecer e ficou purificado. Em todo caso, Jesus não pôde mais entrar publicamente numa cidade porque estava "contaminado".

O homem purificado não respeita a ordem de Jesus de silenciar:

> "Não conte nada a ninguém" (Mc 1,44). "Jesus proíbe a divulgação da notícia para que seus atos não sejam mal-entendidos e as pessoas o interpretem como alguém que deseja ficar famoso e, ao mesmo tempo, proteger-se contra os ataques dos guardiões da lei de pureza. (BALANCIN, 2007, p. 37)

O Evangelho diz logo em seguida, que o homem purificado "começou a pregar muito e a espalhar a notícia" (Mc 1,45). Finalmente, o que aconteceu? Fora dos muros da cidade, todos iam procurar Jesus. Certamente se alastrava o sentimento coletivo de que em Jesus dava para confiar de verdade.

Assim se fecha o capítulo 1 de Marcos. Aprendemos muito a respeito de Jesus, graças ao evangelista Marcos. Jesus fala e age com autoridade. É isso que tem de ser assimilado por nós. Isto para não sermos jamais cúmplices em casos de exclusão.

■ **Complementar a repercussão da Palavra dialogando**

1. Que tipo de cristãos católicos somos? Sentimos e externamos alegria por sermos seguidores de Jesus Cristo?
2. A quem é que ainda não incluímos como deveríamos em nossas atividades cristãs, na animação bíblica, nas festas litúrgicas?

V – É TEMPO DE DIALOGAR COM O AUTOR DA PALAVRA

Senhor, das palavras humildes do leproso aprendi que "tu tens o poder de purificar-me". Já o fizeste junto com o Pai e o Espírito Santo na pia batismal. E também por inúmeras vezes o fizeste no sacramento da reconciliação. Operaste transformações em mim e em inumeráveis outros e outras. Hoje, sem dúvida, queres que eu espalhe o quanto mais melhor, essa alegre notícia, pois de ti só recebi benefícios. Mesmo assim, perdão, Senhor. Às vezes ainda reclamo e não correspondo como devia ao teu amor e ao cuidado que tens por mim. Reconheço que não trabalho o suficiente para extirpar as minhas falhas. É porque a minha confiança em ti ainda não é desenvolvida como poderia ser, a ponto de eu poder dizer como Paulo: "Aquilo que sou, eu o devo à graça de Deus; e sua graça dada a mim não foi estéril" (1Cor 15,10).

VI – É TEMPO DE SEMEAR A PALAVRA

O leproso purificado, literalmente "sentiu na pele" que o Evangelho é uma notícia alegre, que liberta. Portanto, vamos pesquisar na Exortação Apostólica *Evangelii Gaudium* o que o texto nos diz nos seus primeiros 13 números para entender a nossa missão a fim de nos tornarmos, cada vez mais, discípulos missionários, alegres e corajosos. Portanto, vamos ler e buscar colocar em prática alguma frase, palavra que expresse atitude de ser discípulos missionários.

- Providenciar cópia do texto ou disponibilizar exemplares do documento para que possam adquiri-los.

7º DOMINGO DO TEMPO COMUM

Tema do dia

→ Jesus é solidário sempre.

Objetivo

→ Perceber que a vida fica mais bonita quando ajudamos e somos ajudados.

I – É TEMPO INICIAL DE ACLAMAR, INVOCAR, LOUVAR O SENHOR

■ Rezar com os participantes

Ó Pai, tu que enviaste o Espírito Santo para recordar-nos tudo o que teu Filho Jesus disse e ensinou, dá-nos a força para vivenciarmos e anunciarmos ao mundo a Boa-nova, confiantes na tua Palavra (cf. Jo 14,26).

II – É TEMPO DE ESCUTAR E ACOLHER A PALAVRA: Mc 2,1-12

■ Núcleo da Palavra

Jesus liberta o paralítico. Doutores da Lei espiam as atitudes de Jesus e as desaprovam. O ex-paralítico vai para casa. Muita gente ficou admirada com o procedimento de Jesus. Em outras palavras: as pessoas ficaram admiradas porque viam o incomum, o milagre, e este é atribuído a Deus e requer a fé.

■ 1ª leitura: Is 43,18-19.21-22.24b-25

Deus diz que o povo não queira morrer de amores pelo passado, pois Ele, Deus, está fazendo coisas novas, por exemplo, abrindo caminho no deserto e faz aparecer rios em terra seca. Diz Deus, que por isso o povo o louvará. Pena que o povo se cansou de louvar a Deus. O povo, sim, "impôs cansaço a Deus" por causa dos pecados. Mas Deus é misericórdia e simplesmente apaga as maldades de seu povo e não mais leva em conta os pecados dos seres humanos.

■ 2ª leitura: 2Cor 1,18-22

Paulo mostra à comunidade que ele procura ser fiel a Jesus como discípulo, assim como Jesus é fiel ao Pai. Pelo Batismo temos em nós impressa uma marca, contando também com a presença do Espírito.

III – É TEMPO DE DINAMIZAR A PALAVRA

■ Desenvolvimento

- Propor uma roda de conversa.
- Apresentar a motivação: Visando maior conhecimento e aproximação de Jesus, quais as ações de Jesus presentes no texto do Evangelho nos revelam sua solidariedade para com o paralítico?
- O que o fato do paralítico sair carregando a sua própria maca tem a nos dizer?

Partilha

- Comentar espontaneamente sobre as respostas dadas.

IV – É TEMPO DE REPERCUTIR A PALAVRA

Alguns dias depois de purificar o leproso (hanseniano), Jesus se encontra novamente em Cafarnaum, que na época não devia ter mais do que seis mil habitantes. Grande multidão acorreu a Ele. Essa gente, esse povo não se importa se Jesus é considerado impuro pelas autoridades pelo fato de ter tocado o leproso com a mão. É inegável que o povo percebeu que Jesus era diferente em seu modo de falar e de agir. Dele fluía uma vida plena em saúde. Dentro desse contexto *"Jesus anunciava a palavra"* (Mc 2,2).

Quem era aquele *povo*, aquela *multidão*, aquela *massa*? Como esses três substantivos têm um sentido coletivo, a tradução em língua portuguesa, fazendo referência a tais substantivos, usa o pronome no plural: "eles". Vale a pena ver o que se tem a dizer desse povo:

- "Eles formam o pano de fundo onipresente no ministério de Jesus.
- Eles são identificados como pecadores e marginalizados sociais.
- Embora diferenciados dos discípulos, são aceitos como parte da comunidade de Jesus (cf. Mc 3,32ss.).

- Diversamente dos discípulos, nunca são criticados diretamente, nem lhes são dadas instruções ou condições especiais.
- Eles são afastados da liderança judaica e, por isso, servem grandemente de apoio a Jesus na sua luta contra tal liderança.
- Eles são temidos pela classe dirigente, que no fim é capaz de manipulá-los contra Jesus" (MYERS, 1992, p. 199).

A multidão novamente acorreu para ver Jesus, para ouvi-lo pregar a palavra. Ele, verdadeiramente é a Boa Notícia que concede a liberdade aos que a Ele se achegam. Naquele momento, levaram-lhe um paralítico, uma pessoa que não contava com o conjunto de funções nervosas que lhe permitissem os movimentos normais do corpo. Era uma clara e total deficiência física. A multidão, ávida de estar próxima a Jesus, impede que o mais necessitado de todos tenha acesso a Ele. Esse homem, que só percorria seu caminho carregado por outros, encontrou quatro pessoas solidárias que tiveram uma ideia insólita: abrir um buraco no telhado e descer o paralítico bem no lugar onde Jesus estava, pois não havia outro modo de ter acesso a Jesus. O Evangelho não fala da fé do paralítico, mas da fé das quatro pessoas que socorreram o necessitado pouco se importando se ele tinha fé, se ele seguia uma religião. Jesus entra na deles. Não questiona nada e ainda chama aquele paralítico sofredor e totalmente dependente de "filho". Ah, sim! Filho! Porque Jesus vai dar uma nova vida à pessoa assistida. Primeiramente, vai arrumar sua vida interior: "*Os seus pecados estão perdoados*" (Mc 2,5). E depois a saúde física: "*Levante-se, pegue a sua maca e vá para casa*" (Mc 2, 11).

Jesus é totalmente transparente em suas palavras e atitudes, mas sempre vigiado. doutores da Lei não tinham que estar se misturando com a massa ou se aproximando dos que socorreram o paralítico, mas encontraram um jeito de meter-se no meio e pensavam: "*Ele está blasfemando. Ninguém pode perdoar pecados, porque só Deus tem poder para isso*" (Mc 2,7). Jamais lhes passava pela cabeça que Jesus podia ser o Messias, o Filho de Deus. Segundo eles, Jesus blasfemava. E como diz o *Catecismo da Igreja Católica*, n. 589: "Jesus escandalizou sobretudo porque identificou sua conduta misericordiosa para com os pecadores com a atitude do próprio Deus para com eles". E isso, os próprios doutores não entendiam nem queriam entender. Pecados? Só pediam ser perdoados por Deus, oferecendo-lhe sacrifícios e pela interferência dos sacerdotes. Aqueles poucos doutores da Lei não captavam nenhuma Boa Notícia, só notícias alarmantes a respeito de Jesus. O conflito estava posto. É bem verdade que é Deus quem perdoa os pecados, mas esse gesto divino agora se realiza *na terra* (cf. Mc 2,10) e mesmo fora do Templo, por meio do "*Filho do Homem*", ou seja, o "filho da humanidade", o "plenamente humano", aquele que cura e transforma por fora e por dentro.

Não só as palavras e os gestos de Jesus nos edificam hoje, mas também os quatro homens anônimos que levam o paralítico até Jesus. Vejamos o que nos edifica e em que eles nos inspiram:

- a disposição deles para ajudar uma pessoa totalmente dependente;
- talvez até inconscientes, mas foram instrumentos para que Jesus também curasse aquela pessoa espiritualmente, perdoando-lhe seus pecados;
- a criatividade dos quatro em vencer obstáculos;
- verdadeiramente a fé deles demonstrou que ela (a fé) move montanhas (cf. Mt 21,21).

Jesus, em diversas ocasiões, faz a cura completa: do corpo e do espírito. Essa é uma herança que a Igreja recebeu dele. A missão da Igreja não é meramente espiritual. O bem-estar físico, social, bem como a dignidade humana, sempre são objetos de sua ação (cf. Tg 5,14-15).

O paralítico vendo-se e sentindo-se curado, transformado, passou diante de todos, dando testemunho de que grandes coisas se realizaram nele. A massa humana que ali esteve presenciou algo de extraordinário; e esse extraordinário era motivo para todos irromperem em louvores a Deus. Ainda bem que todos os feitos de Jesus tiveram um desfecho de uma ação de graças.

■ Complementar a repercussão da Palavra dialogando

Vamos responder às questões à luz do método "Ver, iluminar e agir" que nos leva a um gesto concreto. Uma ação que nasce da reflexão...

1. Ver: enxergamos "paralisias" em nossas comunidades? Verifiquemos as causas das "paralisias".
2. Iluminar: Há algum texto bíblico que queiramos apresentar para alavancar o nosso propósito?
3. Agir: Como mobilizar o que está paralisado? Nós fazemos como Jesus e "anunciamos a Palavra"?

V – É TEMPO DE DIALOGAR COM O AUTOR DA PALAVRA

Jesus, agradeço de todo o meu ser a todas as pessoas que desde a minha infância me mostraram como és bom. Como o Pai é bom, e como o Espírito Santo é bom. Cubra, Senhor, a todas essas pessoas com as tuas abundantes graças.

Eu te amo, Javé. Tu és a minha força! Javé, meu rochedo, minha fortaleza, meu libertador. Meu Deus, minha rocha, meu refúgio, meu escudo. Força que me salva, meu baluarte!

Louvado seja! Eu invoquei Javé, e fui salvo dos meus inimigos.

O caminho de Deus é perfeito, a palavra de Javé é comprovada (cf. Salmo 18,2-4.31).

VI – É TEMPO DE SEMEAR A PALAVRA

Reflitamos com outras pessoas sobre a magnitude do tema do Evangelho (Perdão e misericórdia) e como sua prática pode romper a intransigência dos nossos corações:

> Talvez, por muito tempo, tenhamo-nos esquecido de indicar e viver o caminho da misericórdia. Por um lado, a tentação de pretender sempre e só a justiça fez esquecer que esta é apenas o primeiro passo, necessário e indispensável, mas a Igreja precisa ir mais além, a fim de alcançar uma meta mais alta e significativa. Por outro lado, é triste ver como a experiência do perdão em nossa cultura está cada vez mais escassa. Em certos momentos, até a própria palavra parece desaparecer. Todavia, sem o testemunho do perdão, resta apenas uma vida infecunda e estéril, como se se vivesse num deserto desolador. Chegou de novo, para a Igreja, o tempo de assumir o anúncio jubiloso do perdão. É o tempo de regresso ao essencial, para cuidar das fraquezas e dificuldades dos nossos irmãos. O perdão é uma força que ressuscita para nova vida e infunde a coragem para olhar o futuro com esperança. (MV, 10)

8º DOMINGO DO TEMPO COMUM

Tema do dia

→ Festa de casamento e jejum não combinam.

Objetivo

→ Reconhecer que Jesus, Mestre e Senhor pode mudar muitas coisas em nós e para nós.

I – É TEMPO INICIAL DE ACLAMAR, INVOCAR, LOUVAR O SENHOR

■ Rezar com os participantes

Ó Pai, tu que enviaste o Espírito Santo para recordar-nos tudo o que teu Filho Jesus disse e ensinou, dá-nos a força para vivenciarmos e anunciarmos ao mundo a Boa-nova, confiantes na tua Palavra (cf. Jo 14,26).

II – É TEMPO DE ESCUTAR E ACOLHER A PALAVRA: Mc 2,18-22

■ Núcleo da Palavra

Jejum: todos fazem, só os discípulos de Jesus não fazem? Por quê? Jesus explica: fazer jejum em dia de festa, na presença do noivo? Quando o noivo (ele mesmo) se retirar, os discípulos jejuarão. Remendo novo em tecido velho, não! Vinho novo em barril velho pode causar um desastre.

■ 1ª leitura: Is 43,18-19.21-22.24b-25

Deus conduzirá seu povo à provação do deserto como se fora sua noiva, e lá conquistará o seu coração. Lá se abrirá a porta da esperança e Deus desposará seu povo como se fora a sua noiva. Haverá amor e ternura. Nessa fidelidade você conhecerá quem é o seu Deus.

■ 2ª leitura: 2Cor 1,18-22

Paulo quer que se intensifique a relação entre ele e a comunidade de Corinto. Viver próximo aos coríntios deveria significar viver próximo de Jesus Cristo. A obra de Corinto não é de Paulo, mas de Deus. Ele tornou Paulo capaz de concretizar nova aliança. Não interessa que tal aliança tenha grande estrutura humana, mas que seja guiada pelo Espírito.

III – É TEMPO DE DINAMIZAR A PALAVRA

■ Desenvolvimento

- Motivar os participantes para uma "roda de conversa" conduzida por algumas perguntas:
  - O noivo do texto, que também poderia ser chamado "esposo da humanidade" é Jesus?
  - Será que Jesus ao falar de panos novos quer dizer que Ele é portador de novidades absolutas, que ninguém pode questionar?
  - Será que Jesus quer dizer que panos velhos e barris velhos significam que as instituições antigas não conseguem encarar como suas essas novidades?
  - Seria então justo pensar que, para seguir Jesus, devem ser "pessoas novas"?
  - Dentro do contexto do Evangelho pode-se entender, então, que a pessoa que a ele adere por inteiro, torna-se assim, "esposa" dele?

Partilha

- De tudo isso, o que levar de concreto, usando poucas palavras?

IV – É TEMPO DE REPERCUTIR A PALAVRA

O que encontramos neste Evangelho? O quadro mostra a necessidade de Jesus defender seus discípulos, pois eles foram acusados pela falta de respeito e pelo fato de não praticar um dia de jejum. Há dois grupos contra um, isto é, o grupo de João Batista e o grupo dos fariseus, que jejuam, contra o grupo de Jesus, que não jejua, por não ser o momento propício para jejuar. Jesus argumenta: *"Vocês acham que os convidados de um casamento podem fazer jejum enquanto o noivo está com eles? Enquanto o noivo está presente, os convidados não podem fazer jejum. Mas vão chegar dias em que o noivo será tirado do meio deles. Nesse dia eles vão jejuar"* (Mc 2,19-20). Não sabemos até que ponto os fariseus entenderam o que Jesus quis dizer e se o entenderam, nada assimilaram, pois a sua oposição a Jesus continuou.

Na verdade, Jesus é o noivo da humanidade e os seguidores dele são os convidados. Jesus não descarta o jejum, apenas o momento em que convém que ele seja feito, quando o noivo se ausentará do meio deles. Isso virá "naquele dia" (cf. Mc 2,20), fazendo alusão à sua morte.

Em seguida, Jesus usa duas metáforas: a) a colocação de um remendo de pano "novo" em tecido "velho" e b) o despejamento de vinho "novo" em barris "velhos". Jesus insiste no "novo". O novo foi Ele quem trouxe. O novo é Ele. E esse novo não se alinha com a ordem dominante do "fazer por fazer" ou do "fazer para aparecer". Jesus é o todo novo (cf. Mc 1,1). Não é um remendo novo que vai traduzir bom resultado (uma boa aparência) em pano velho. Vinho novo em barril velho, por ocasião da fermentação, pode chegar a fazer explodir o barril.

O mundo, em boa parte, não tem percepção de que

> Jesus não veio para mudar uma coisinha aqui, outra ali (um remendo); ele veio ensinar uma prática nova que desloca o eixo das relações existentes no campo da religião, da política, da economia, da lei e do comportamento pessoal e social. (BALANCIN, 2007, p. 50)

Então, que resposta se espera? Estruturas novas para acompanhar Jesus? Sim, para construir novos céus e nova terra, neste nosso planeta com milhões de anos de existência. Mas atenção para o que diz o *Documento de Aparecida*, n. 538:

> Não há novas estruturas se não há homens novos e mulheres novas que mobilizem e façam convergir nos povos ideais e poderosas energias morais e religiosas. Formando discípulos missionários, a Igreja dá resposta a essa exigência.

■ Complementar a repercussão da Palavra dialogando

1. Em quais estruturas de nossa comunidade seria bom mexer e por quê?
2. Quais pessoas da comunidade poderiam levar isso adiante como primeiros responsáveis?

V – É TEMPO DE DIALOGAR COM O AUTOR DA PALAVRA

Espírito Santo, vem renovar, sacudir, impelir a Igreja numa decidida saída para fora de si mesma, a fim de evangelizar todos os povos. Ensina-nos todas as coisas e faz-nos lembrar tudo o que o Filho nos disse (cf. Jo 14,26; cf. EG, 261).

VI – É TEMPO DE SEMEAR A PALAVRA

Onde na paróquia, na diocese há mais urgência de semear a Palavra? Como vamos fazer isto? Qual a nossa proposta e qual o tempo necessário para tal?

9º DOMINGO DO TEMPO COMUM

Tema do dia

⟶ A lei deve estar a serviço da pessoa humana e não o contrário.

Objetivo

⟶ Compreender que o valor da vida está acima de tudo.

I – É TEMPO INICIAL DE ACLAMAR, INVOCAR, LOUVAR O SENHOR

■ Rezar com os participantes

Ó Pai, tu que enviaste o Espírito Santo para recordar-nos tudo o que teu Filho Jesus disse e ensinou, dá-nos a força para vivenciarmos e anunciarmos ao mundo a Boa-nova, confiantes na tua Palavra (cf. Jo 14,26).

II – É TEMPO DE ESCUTAR E ACOLHER A PALAVRA: Mc 2,23-3,6

■ Núcleo da Palavra

A observância do sábado e seu questionamento por parte de Jesus. Como Davi e os seus mataram a fome. Então Jesus é também o Senhor do sábado? Jesus cura o homem da mão seca em pleno sábado. Os adversários de Jesus planejam matá-lo.

■ 1ª leitura: Dt 5,12-15

Esta leitura refere-se ao 3º mandamento. Todos têm direito ao repouso e que todos se lembrem que Deus os libertou com mão forte do Egito. É por isso que Deus ordenou a observância do sábado.

■ 2ª leitura: 2Cor 4,6-11

Nós já recebemos do Pai o Espírito de seu Filho. Não somos escravos, mas filhos e, portanto, também herdeiros. Vamos querer voltar à escravidão?

III – É TEMPO DE DINAMIZAR A PALAVRA

■ Material necessário

Um cesto com alguns ramos de trigo, um vaso com terra e sementes variadas.

■ Desenvolvimento

- Motivar os participantes para que cada um retire um trigo do cesto e responda a pergunta, com suas palavras: Quando a vida está acima de tudo?
- Ao final, lançar essa questão a todos: Nós cristãos, nosso grupo, estamos a serviço da preservação da vida de quem é mais desprovido de recursos? Como fazemos isso?
- A cada resposta, o participante que responde, lança sementes sobre a terra, no vaso, na esperança de que novos frutos virão.

IV – É TEMPO DE REPERCUTIR A PALAVRA

A narrativa é simples e sem rodeios: "*Num dia de sábado* [o dia de descanso dos judeus], *Jesus estava caminhando por entre as plantações de trigo. Enquanto caminhavam, seus discípulos começaram a arrancar espigas de trigo. Os fariseus lhe observaram:* '*Olha, como é que eles fazem no sábado o que não é permitido?*'" (Mc 2,23-24). À pergunta dos fariseus, Jesus contrapõe outra pergunta e a faz de maneira abrupta, pois se encontrava diante de quem se vangloriava conhecedor da Lei e de todas as Escrituras: "*Nunca lestes o que fez Davi, quando ele e os seus companheiros estavam passando necessidade e sentindo fome?*" (Mc 2,25). Para explicar-se, Jesus recorre a 1Sm 21,1-7. Jesus lembrou que Davi e seus companheiros viram-se no direito de violar a lei quando Davi estava no cumprimento de uma missão. Jesus, que posteriormente se mostrará superior a Davi (cf. Mc 12,35-37), também tem o direito de defender o alimento para os seus, independentemente do dia da semana. Em Mc 2,27-28 está exposto com clareza que o Filho do Homem, isto é, o Messias plenamente humano, homem muito especial, tem toda a autoridade também sobre o sábado. Hoje, de novo, com a nossa séria crise econômica e com o desemprego de milhões e milhões, questiona-se se uma pessoa que de fato estiver com fome e não tiver ninguém que a sacie, pode roubar alimento que a sacie. Moralmente, responde-se afirmativamente. Saciar a fome é mais importante e urgente do que o dono de um supermercado aumentar os seus lucros no dia a dia. Observe-se bem e com honestidade: é pegar comida para saciar a fome, não outras coisas e para outras finalidades.

Há analistas que encaram a atitude dos discípulos como um caso de

> "desobediência civil" face a uma premência. Marcos argumenta "firmemente que a solidariedade com os pobres também significa enfrentar as estruturas opressoras. Isso bem pode equivaler a um rompimento com a lei, mas tal ação é justificada pelo Filho do Homem. (MYERS, 1992, p. 208)

Jesus era judeu e como tal também observou o sábado. No episódio narrado por Marcos, Jesus apenas quer mostrar que a observância do sábado não pode exceder à lei da vida e às suas necessidades mais prementes. Os cristãos, já no primeiro século transferiram o dia de descanso do sábado para o dia seguinte que, com o correr da história, recebeu o nome de domingo (*Dies Domini*, isto é, Dia do Senhor), exatamente porque havia um motivo incomparavelmente maior para que se fizesse a mudança: a Ressurreição do Senhor. Diante desse fato da Ressurreição, o sábado que celebra a libertação de um povo da escravidão no Egito, jamais deveria cair em desuso, mas efetivamente perdeu parte do seu brilho.

Jesus, em Mc 3,4, faz uma pergunta que tem por objetivo sair de um dilema: *"Fazer o bem ou fazer o mal, salvar uma vida ou acabar com ela"* (em dia de sábado?).

Jesus preferiu agir já e curou o homem da mão atrofiada. Não deixou o problema para mais tarde. Se há a possibilidade de desfazer o mal, por que não? Por que deixar o mal subsistir? Os adversários viram tudo e não disseram nada. Jesus ficou "indignado e triste com a cegueira dos seus corações" (Mc 3,5). Quantas vezes nos encontramos em dilemas e Mc 3,1-6, nesse curto trecho, nos pode trazer luz. Não vale o coração duro, impenetrável, não vale a inflexibilidade em se tratando de ajudar e curar alguém, não vale dizer "até agora deu sempre certo assim". É preciso ter audácia, pois Jesus está conosco e tem autoridade (cf. Mc 1,22). "Jesus nunca desprezou a lei, mas um dia ensinaria a vivê-la de uma maneira nova, escutando até o fundo o coração de um Deus Pai, que quer reinar entre seus filhos e filhas procurando para todos uma vida digna e feliz" (PAGOLA, 2011, p. 73).

■ Complementar a repercussão da Palavra dialogando

1. Fariseus e herodianos faziam um plano para matar Jesus. Qual era o grande motivo para eles? O que pensamos a respeito?
2. Por que mesmo Jesus ficou cheio de ira e tristeza? Ele também pensava em eliminar seus adversários ou pensava em conseguir que eles deixassem de lado sua inflexibilidade, colocando a lei da observância do sábado acima da saúde e integridade humanas?

V – É TEMPO DE DIALOGAR COM O AUTOR DA PALAVRA

Nós te damos graças, Senhor Jesus, pois nos deixaste muito claro que não vieste chamar justos, e sim pecadores. E nós, sem dúvida, estamos no meio deles. E se a nossa vida de pecadores ainda persiste, estende sempre a tua misericórdia sobre nós, pois ela é maior do que o nosso pecado. Não queiramos apontar o dedo contra os fariseus, nem contra irmãos nossos que confessam a mesma fé que nós, pois não podemos negar que de quando em quando também nós somos duros de coração. E Jesus, que grande alegria nos proporciona com a Eucaristia! Com ela celebramos simultaneamente uma só festa: a festa da tua vida e da nossa vida. E vida por ti revigorada. Vamos correndo para lá. É hora de partilha.

VI – É TEMPO DE SEMEAR A PALAVRA

Podemos fazer uma pequena pesquisa das notícias sobre **"fazer o bem"** que estão estampadas em jornais e revistas da semana? Verifique com os amigos sobre a força dessas notícias... Estamos nos dando conta de que uma notícia sobre o bem pode resgatar o valor da vida que está acima de tudo?

10º DOMINGO DO TEMPO COMUM

Tema do dia

→ A família de Jesus e nossa.

Objetivo

→ Compreender que pertencemos à família de Jesus para fazer a vontade de Deus.

I – É TEMPO INICIAL DE ACLAMAR, INVOCAR, LOUVAR O SENHOR

Rezar com os participantes

Ó Pai, tu que enviaste o Espírito Santo para recordar-nos tudo o que teu Filho Jesus disse e ensinou, dá-nos a força para vivenciarmos e anunciarmos ao mundo a Boa-nova, confiantes na tua Palavra (cf. Jo 14,26).

II – É TEMPO DE ESCUTAR E ACOLHER A PALAVRA: Mc 3,20-35

■ Núcleo da Palavra

Jesus ocupadíssimo e rodeado de gente. Parentes preocupados com Ele. Alguns doutores achavam que ele estava possuído pelo demônio. Jesus refuta. Alerta quanto ao pecado contra o Espírito Santo. Os familiares de Jesus o procuram. Jesus não os atende e fala de sua "nova família".

■ 1ª leitura: Gn 3,9-15

Estes versículos são um interrogatório de Deus. Adão empurrou a culpa para Eva e Eva à serpente. O ruim é que o homem não quer aceitar que ele tem limites; é arrogante e despreza o fato de não poder estar no topo.

■ 2ª leitura: 2Cor 4,13-5,1

Aquele que ressuscitou também vai nos ressuscitar. É por isso que não perdemos a coragem. Não queremos nos apegar às coisas visíveis, pois elas logo perecem, mas às invisíveis que permanecem.

III – É TEMPO DE DINAMIZAR A PALAVRA

■ Material necessário

Uma folha grande de papel com a imagem de Jesus, recortes de revistas, jornais, figuras, tesoura e cola.

■ Desenvolvimento

- Motivar os participantes para que se posicionem em diferentes lugares no local do encontro para escutar novamente o texto bíblico (Mc 3,20-35) e em seguida vai refletir que pessoas de hoje estariam ao redor de Jesus para ouvi-lo.
- **Coordenador:** De que tipo de gente Jesus estava cercado?
- Cada participante procura entre os recortes uma imagem que responda à pergunta feita e cola a imagem escolhida perto da imagem de Jesus;
- Ao final, depois que todos os participantes tiverem colado suas imagens, o coordenador pergunta.
- **Coordenador:** Será que no meio dessa gente Jesus se sente "em casa"? Por quê?
- Dar um tempo para a contribuição dos participantes.

IV – É TEMPO DE REPERCUTIR A PALAVRA

Em Marcos 3,13, Jesus abre o leque dos seus chamados e os iguala em número às doze tribos de Israel, como mencionadas no capítulo 1 do Livro de Números. Eram as tribos de: Rúben, Simeão, Gad, Judá, Isacar, Zabulon, Efraim, Manassés, Benjamin, Dã, Aser e Néftali.

Jesus chamou Simão (Pedro), Tiago e seu irmão João, André, Filipe, Bartolomeu, Mateus, Tomé, Tiago (filho de Alfeu), Tadeu, Simão (o cananeu) e Judas Iscariotes (Mc 3,16-19). E Marcos assinala como se desenvolveu o processo:

— *Jesus escolheu os que ele quis* (Mc 3,13), mas também os chamados o seguiram porque quiseram: "*e foram até ele*", isto é, também se movimentaram, se mexeram, tomaram a iniciativa pessoal de aceitar o convite e segui-lo. Ninguém o seguiu obrigado. Houve um processo de conversão, de mudança de rota.

— *Jesus constituiu o grupo dos doze, para que ficassem com ele* (Mc 3,14) para um período preparatório de assimilação da proposta de Jesus. Era um projeto de vida a ser assimilado, o que só poderia acontecer no convívio com Jesus. Depois do aprendizado, viria:

— *o envio para pregar* (Mc 3,14), isto é, as "tribos" de Jesus, estariam preparadas para pregar, isto é, dizer quem é Jesus e dar testemunho de que Ele fala a verdade e o que pretende é a libertação do ser humano da opressão interna e externa, da enfermidade e, por fim, da morte. O que eles fariam seria feito:

— *com autoridade* (Mc 3,15). Jesus concederia a sua própria autoridade aos seus;

— *para expulsar os demônios* (Mc 3,15). Isto é, libertar as pessoas da alienação para que, conscientemente, acolham o projeto de Deus cujo modelo nos foi demonstrado na vida e na prática de Jesus.

Na passagem do Evangelho analisamos e meditamos, Jesus se encontra em Cafarnaum. Em casa. Aparentemente mais seguro. Porém, muita gente o procurou. Faziam-se também presentes alguns descontentes. *Alguns doutores da Lei, que tinham ido de Jerusalém, diziam: "Ele está possuído por Belzebu"* (Mc 3,22). À acusação dos doutores, Jesus dá sua resposta, formulando esta pergunta: "*Como é que satanás pode expulsar satanás?*" (Mc 3,23) que encerra em si um argumento irrefutável. Se assim fosse, o demônio decretaria a destruição contra si mesmo. Mesmo assim, até os familiares de Jesus se mostraram preocupados e queriam falar com Ele. Alguém dos que estavam ao redor de Jesus disse para Ele: "*Tua mãe, teus irmãos e tuas irmãs estão lá fora e te procuram*" (Mc 3,32). Aí surge dos lábios de Jesus aquela pergunta que constrói identidade: "*Quem é minha mãe, e quem são meus irmãos?*" (Mc 3,33). Efetivamente, Ele não vai vê-los. Então "*Jesus olhou para as pessoas que estavam sentadas ao seu redor e disse; 'Aqui está minha mãe e aqui estão meus irmãos'. Quem faz a vontade de Deus, esse é meu irmão, minha irmã e minha mãe*" (Mc 3,34-35). Aquela gente necessitada, sentada ou em pé ao redor de Jesus é que fazia a vontade de Deus, ouvindo a Palavra que seu Filho dizia. Nesse sentido, aquelas pessoas, cumprindo a vontade de Deus, se tornam em seu todo os parentes mais próximos de Jesus. Naquela sua pergunta, de modo algum Jesus exclui sua mãe e seus familiares, porque eles também estão entre os que "*fazem a vontade de Deus*".

O que se requer é maturidade de afeto e de fé para desempenhar satisfatoriamente o papel dentro da família de sangue e dentro da família-comunidade de fé. Espera-se que tudo seja bem conduzido, de modo que não haja conflitos que cresçam como tumores.

Depois que Jesus definiu quem era sua família alargada, ele se retirou de novo para o lago da Galileia, a fim de ensinar mais e mais sobre a sua missão.

■ **Complementar a repercussão da Palavra dialogando**

1. Com nossas palavras, o que Jesus quis dizer com: "Quem faz a vontade de Deus, esse é meu irmão, minha irmã e minha mãe"?
2. O que podemos tirar de proveito da Exortação Apostólica Pós-Sinodal *Amoris Laetitia*, n. 87 quando diz: "A Igreja é família de famílias, constantemente enriquecida pela vida de todas as igrejas domésticas"?

V – É TEMPO DE DIALOGAR COM O AUTOR DA PALAVRA

Senhor, vimos hoje no teu Evangelho que queres formar uma nova família, sem prescindir daquela constituída pelos laços de sangue. Essa família ampla se estabelece e lança bases sólidas à medida que se verificar o cumprimento da vontade de Deus, pois essa família não terá lugar para ficar enclausurada, nem para aprovar divisões, nem lugar para que pessoas subjuguem outras pessoas. Faz-nos viver profundamente alegres nessa família, sem que tenhamos pesos para carregar na consciência, nem mágoas que nos apertem o coração. Que entendamos em profundidade a pergunta que dirigiste aos que estavam ao teu redor e que ainda hoje ecoa em nossos ouvidos: *"quem é minha mãe e quem são meus irmãos?"* (Mc 3,33).

VI – É TEMPO DE SEMEAR A PALAVRA

Hoje o Evangelho nos falou em família, e que vai além da família por laços de sangue. Vamos promover um encontro de confraternização com as pessoas da comunidade, juntando nossos familiares, para que todos celebrem a alegria de pertencer à família de Jesus.

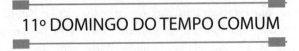

11º DOMINGO DO TEMPO COMUM

Tema do dia

→ O Reino de Deus é forte.

Objetivo

→ Apresentar que as sementes do Reino foram lançadas no chão da nossa vida.

I – É TEMPO INICIAL DE ACLAMAR, INVOCAR, LOUVAR O SENHOR

■ Rezar com os participantes

Ó Pai, tu que enviaste o Espírito Santo para recordar-nos tudo o que teu Filho Jesus disse e ensinou, dá-nos a força para vivenciarmos e anunciarmos ao mundo a Boa-nova, confiantes na tua Palavra (cf. Jo 14,26).

II – É TEMPO DE ESCUTAR E ACOLHER A PALAVRA: Mc 4,26-34

■ Núcleo da Palavra

Espalhar a semente. A terra é fecunda e produz. O Reino de Deus e as parábolas relativas a Ele. As parábolas e a multidão. Explicação especial para os discípulos.

■ 1ª leitura: Ez 17,22-24

Deus é aquele que tira um broto do cedro e o transplanta no alto monte de Jerusalém. Ele rebaixa a árvore alta e eleva a baixa. Diz o texto: "Eu, Javé, falo e faço".

■ 2ª leitura: 2Cor 5,6-10

Por enquanto, estamos "fora de casa". Então, vamos agradar ao Senhor para com Ele irmos morar. Cada qual receberá a recompensa por aquilo que tiver feito.

III – É TEMPO DE DINAMIZAR A PALAVRA

■ Desenvolvimento

- Formar duplas.
- Solicitar que respondam a uma única pergunta: Na parábola, em Mc 4,26-29, qual frase vocês assinalam como central da própria parábola e por que a escolheram?

Partilha

- Colocar as respostas em comum e identificar as semelhanças e diferenças de entendimentos. Conversar sobre os resultados construídos.

IV – É TEMPO DE REPERCUTIR A PALAVRA

B

O capítulo 4 de Marcos é muito rico, porém, simples de tudo, pois Jesus ensina para a multidão o que é o Reino de Deus. Jesus usa narrativas simples, chamadas parábolas, que têm base no cotidiano. Desse cotidiano conhecido, experimentado, Jesus quer que as pessoas partam para uma reflexão e uma captação de quem é Deus e do que é o Reino de Deus. Não obstante tudo isso, as pessoas encontram dificuldade de logo entender o que Jesus quer dizer e encontram também dificuldade de logo abraçar a causa. Ele até se preocupa em lançar uma nova parábola própria para a ocasião, tanto é que Ele, "pensando alto" formula a pergunta: *Com que vamos comparar o Reino de Deus, ou em que parábola vamos representá-lo?*" (Mc 4,30). Isto para mostrar que o Reino é uma realidade já presente: *"a menor das sementes"* e é realidade futura: *"maior que todas as plantas".* Na Exortação Apostólica *Evangelii Gaudium*, n. 22, o papa Francisco entra no mérito desta questão da semente e diz:

> O Evangelho fala da semente que, uma vez lançada à terra, cresce por si mesma, inclusive quando o agricultor dorme (cf. Mc 4,26-29). A Igreja deve aceitar esta liberdade incontrolável da Palavra, que é eficaz a seu modo e sob formas tão variadas que muitas vezes nos escapam, superando as nossas previsões e quebrando os nossos esquemas.

Desde cedo, desde o tempo em que marcou bastante presença em Cafarnaum, Jesus dá o máximo do seu tempo, de suas forças físicas e espirituais para difundir o Reino.

> É, sem dúvida, o núcleo central de sua pregação, sua convicção mais profunda, a paixão que mais anima toda a sua atividade. Tudo aquilo que ele diz e faz está a serviço do reino de Deus. Tudo adquire sua unidade, seu verdadeiro significado e sua força apaixonante a partir dessa realidade. O reino de Deus é a chave para captar o sentido que Jesus dá à sua vida e para entender o projeto que quer ver realizado na Galileia, no povo de Israel, e definitivamente, em todos os povos. (PAGOLA, 2011, p. 115)

Parte do mundo não gosta desse estilo de Jesus. O mundo não tem paciência de ver a semente sendo plantada e aguardar a colheita. Assim como não tem paciência de esperar o frango crescer na granja e lhe dá hormônios para que possa ser abatido quanto antes e gerar lucro rápido. E também não demonstra paciência mediante as pessoas adultas que procuram ou a quem se oferece a iniciação à vida cristã. A pergunta que se pode adivinhar com facilidade e que é feita por primeiro por quem se dispõe a receber uma iniciação à vida cristã é: *Quanto tempo vai durar essa preparação, essa catequese?...*

O mundo é precipitado, imediatista, colhe muito fruto verde e não mede as consequências. Por isso anda na contramão em relação ao Evangelho. Não ligar para Jesus, não se importar com Ele, pode significar um esforço no sentido de preservar a própria vida, mas aí acontece que a vida humana perde o seu sentido maior, pois se distancia da fonte da vida, daquele que diz e garante ser "a Vida".

Enquanto andavam com Jesus, enquanto conviviam com Ele, os discípulos foram aprendendo e, por vezes, desacreditando e não confiando, por isso, *"quando estava sozinho com os discípulos, ele explicava tudo"* (cf. Mc 4,34). Para compreender as coisas que Jesus diz é preciso que haja um ambiente de serenidade, sem que ninguém queira impor sua opinião a qualquer custo. Os discípulos têm uma vantagem: estando com Ele, vivendo com Ele, caminhando com Ele, escutam a Palavra de Jesus todos os dias; a multidão a escuta esporadicamente. Faz diferença! Ninguém da multidão dirigia perguntas a Jesus. Os discípulos, sim (Mc 4,33). Jamais deixa no ar as perguntas que os discípulos lhe fazem. Jesus, como Mestre, tem todo interesse que seus discípulos entendam e vivenciem o que Ele lhes ensina.

■ Complementar a repercussão da Palavra dialogando

1. As duas parábolas de hoje falam em crescimento. Pois bem! Que dificuldades encontramos para crescer na vida cristã? Que tipo de "amarras" sentimos?
2. Somos pessoas bem abertas para deixar Deus agir em nós ou criamos empecilhos para Ele entrar em nós?
3. De que maneira ajudamos outras pessoas a crescer na vida de cristãos?

V – É TEMPO DE DIALOGAR COM O AUTOR DA PALAVRA

Senhor! Procuramos entender o Reino de Deus por meio da tua palavra. Falas da semente e do ventre da terra, que a recebe como mulher grávida até se abrir naturalmente apresentando ao mundo o novo rebento. Falas de força interior que cresce até se abrir e dar lugar a novo fruto, que por sua vez cresce tanto a ponto de dar proteção a outros. Que essa tua ação permanente nos impulsione a desempenharmos melhor a nossa parte. E se algo nos restar obscuro, explica-nos tudo de novo por meio do teu Espírito, do jeito que fizeste na formação dos doze.

VI – É TEMPO DE SEMEAR A PALAVRA

"*Para a multidão Jesus só falava em parábolas*" (cf. Mc 4,34). E será que nos inquieta e preocupa a nossa consciência o grande número de irmãos nossos que vivem sem a força, a luz e a consolação da amizade com Jesus Cristo? Sem uma comunidade de fé que os acolha? Sem um horizonte de sentido e de vida? Que tal anunciar a força que existe na vida que vem de Deus para alguém que esteja se sentindo desanimado ou triste?

12º DOMINGO DO TEMPO COMUM

Tema do dia

└─➤ Jesus está sempre presente.

B

Objetivo

└─➤ Entender que ter confiança é fundamental para a fé cristã.

I – É TEMPO INICIAL DE ACLAMAR, INVOCAR, LOUVAR O SENHOR

■ Rezar com os participantes

Ó Pai, tu que enviaste o Espírito Santo para recordar-nos tudo o que teu Filho Jesus disse e ensinou, dá-nos a força para vivenciarmos e anunciarmos ao mundo a Boa-nova, confiantes na tua Palavra (cf. Jo 14,26).

II – É TEMPO DE ESCUTAR E ACOLHER A PALAVRA: Mc 4,35-41

■ Núcleo da Palavra

Jesus e os discípulos, de barca, partindo para o outro lado do lago de Genesaré. Começou uma tempestade e Jesus dormia. Os discípulos se incomodaram com isso e o acordaram. Jesus acalmou o vento e as ondas do mar. Depois falou com os discípulos, admirado, porque eles ainda não demonstravam fé. Porém ficaram admirados: *"Quem é esse homem a quem até o vento e o mar obedecem?"*

■ 1ª leitura: Jó 38,1.8-11

Deus vai submeter Jó a um interrogatório. É para mostrar a grandeza de Deus e o quanto o ser humano é pequeno. Se o homem não entende o que Deus lhe diz, então com que autoridade ele vai questionar o que é próprio de Deus?

■ 2ª leitura: 2Cor 5,14-17

O amor de Cristo é que nos faz viver. Sua morte deu-nos a vida. Se estamos nele, somos nova criatura. Estamos vivendo nova realidade.

III – É TEMPO DE DINAMIZAR A PALAVRA

■ Material necessário

Papel para dobradura ou papel *kraft*, cola, pedaços de tecido, tipo TNT branco; canetas coloridas.

■ Desenvolvimento

- Apresentar a seguinte motivação: Vale muito a pena empenhar-se para superar obstáculos.
- Pedir aos participantes que construam, com o material disponível, um barquinho de papel. Com o tecido branco fazer uma bandeira.
- Na bandeira escrever uma palavra que defina o que é importante para superar "as tempestades da vida".

- Expor os barquinhos e motivar o grupo a analisar quais são os cinco barquinhos que em sua respectiva bandeira melhor traduzem os esforços para superar "as tempestades da vida".

Partilha

- Propor aos autores dos cinco barquinhos que falem sobre a palavra escolhida e o sentimento vivido nessa experiência.

IV – É TEMPO DE REPERCUTIR A PALAVRA

Naquele dia, Jesus já havia pregado em parábolas fazendo alusões ao Reino de Deus. À tarde, Jesus faz um convite aos discípulos: *"Vamos para o outro lado do mar"*, ou melhor, o lago de Genesaré. Lá se podiam contar ao menos dez cidades (Decápole), habitadas por um mundo pagão. A situação de Jesus e dos seus discípulos já não era das mais tranquilas. Os doutores da Lei jamais toleraram Jesus e agora a intolerância ia chegando a seu auge. Sem saber o que encontrariam do outro lado do lago, foram mesmo assim. Fazer o quê? Certamente, lançar sementes do Reino. Jesus já se acomodara em uma das barcas. Outras barcas mais seguiam também. Quanto tempo durou a calmaria, não sabemos. O que Marcos narra é que começou a soprar um vento muito forte e a água rapidamente foi entrando na barca. Jesus estava na parte da popa, dormindo, desta vez, excepcionalmente, contando com um travesseiro, quando Mt 8,20 e Lc 9,58 observam que Ele não tinha onde reclinar a cabeça. Em momento de maior perigo, chegando às raias do desespero, os discípulos acordam Jesus, pois confiam nele, mas até se irritam com Ele porque não parece estar nem um pouco preocupado com eles. Jesus, então, levantou-se. Não falou logo com seus discípulos. Falou com o vento e com o mar. Disse a este: *"Silêncio! Calma!"* (Mc 4,39). Com efeito, tudo se acalmou. Os elementos da natureza a Ele se submeteram e era justo que isto fosse notado. O evangelista João, em seu prólogo, vai dizer: *"Tudo foi feito por meio dela* [da Palavra]*, e, de tudo que existe, nada foi feito sem ela. Nela estava a vida..."* (Jo 1,1-2). Os discípulos ainda não haviam recuperado o equilíbrio. Jesus perguntou-lhes: *"Por que estais com tanto medo? Ainda não tendes fé?"* (cf. Mc 4,40). O Evangelho de Mateus é mais benigno, pois fala de pessoas que têm *pouca fé* (cf. Mt 8,26). Os discípulos ficaram estupefatos e eles mesmos concluíram que ainda não sabiam com muita certeza quem era Jesus. *"Quem é esse homem?"*(Mc 4,41).

Aos discípulos ainda lhes faltava algo mais para que fizessem jus ao que deles diz o *Documento de Aparecida*, n. 21: "Eles se sentiram atraídos pela sabedoria das palavras de Jesus, pela bondade de seu trato e o poder de seus milagres".

Parte da humanidade cobra muito de Deus. Desconfia dele. Não te importas que morram tantos inocentes? Não te importas com tantas catástrofes? Com tamanhos tsunamis? Não te importas que morram crianças? E a visão estreita não permite que o mundo pergunte: *"Senhor, quando foi que te vimos com fome e te demos de comer, com sede e te demos de beber?... Quando foi que te vimos doente ou preso e fomos te visitar?"* (Mt 25,37-39).

Jesus tem o poder de sustentar e corroborar a nossa fé se nós o deixarmos agir. Medo e fé são dois lados opostos. Sua coexistência no cristão é incompatível. A inabalável confiança tem a força para vencer o medo. É difícil para os cristãos dizerem que já atingiram um certo ponto de chegada. Não! Aqui se trata sempre de uma caminhada, de uma viagem de barca, contando com tempestades, mas também e principalmente com a companhia de Jesus, o Filho de Deus (cf. Mc 15,39).

A fé é dom. Compreender o que ela implica, leva uma vida inteira.

> A fé cresce quando vivida com experiência de um amor recebido e é comunicada com experiência de graça e alegria. A fé torna-nos fecundos porque alarga o coração com a esperança e permite oferecer um testemunho que é capaz de gerar: pois, de fato, abre o coração e a mente dos ouvintes para acolherem o convite do Senhor a aderir à sua Palavra, a fim de se tornarem seus discípulos. (PF, 7)

Pela pergunta final *"Quem é esse homem, a quem até o vento e o mar obedecem?"* (Mc 4,41), os discípulos estão na direção certa, mas ainda não com toda clareza acerca da identidade de Jesus. Por isso, a indagação: *"Quem é Jesus?"* continua a ter sua razão de ser. Assim foi com os discípulos, assim é conosco.

■ Complementar a repercussão da Palavra dialogando

1. O medo já paralisou alguma iniciativa cristã nossa?
2. Até aceitamos que o Reino de Deus tem em si uma força descomunal e irresistível, mas queremos saber como isso repercute concretamente na nossa vida cristã. É ou não é?

V – É TEMPO DE DIALOGAR COM O AUTOR DA PALAVRA

"Quando te invoco, responde-me, ó Deus, meu defensor! Na angústia tu me aliviaste; tem piedade de mim e ouve a minha oração.

Ó homens, até quando vocês ofenderão a minha honra, amando o nada e buscando a ilusão?

Saibam que o Senhor faz maravilhas em favor de seu amigo; o Senhor escuta quando lhe dirijo o meu apelo.

Tremam e não pequem. Reflitam no silêncio de seu quarto.

Ofereçam sacrifícios justos e tenham confiança no Senhor.

Muitos chegam a dizer: "Quem nos fará experimentar a felicidade?". Levanta sobre nós a luz que vem de tua face!

Puseste em meu coração mais alegria do que para aqueles que têm muito trigo e vinho.

Em paz me deito e logo adormeço, porque só tu, Senhor, me fazes descansar com segurança" (Sl 4,2-9).

VI – É TEMPO DE SEMEAR A PALAVRA

> São louváveis os sucessos que contribuem para o bem-estar das pessoas, por exemplo, no âmbito da saúde, da educação e da comunicação. Todavia não podemos esquecer que a maior parte dos homens e mulheres do nosso tempo vive o seu dia a dia precariamente, com funestas consequências. Aumentam algumas doenças. O medo e o desespero apoderam-se do coração de inúmeras pessoas, mesmo nos chamados países ricos. A alegria de viver frequentemente se desvanece; crescem a falta de respeito e a violência, a desigualdade social torna-se cada vez mais patente. É preciso lutar para viver e muitas vezes com pouca dignidade. (EG, 52)

Como injetar saúde espiritual em um mundo assim descrito, onde a realidade de morte está presente? Converse sobre isso com seus amigos para resgatar um pouco mais de esperança e fé.

13º DOMINGO DO TEMPO COMUM

Tema do dia

➞ A fé garante a vida em plenitude.

Objetivo

➞ Despertar para a alegria de ser anunciador de vida em plenitude.

I – É TEMPO INICIAL DE ACLAMAR, INVOCAR, LOUVAR O SENHOR

Rezar com os participantes

Ó Pai, tu que enviaste o Espírito Santo para recordar-nos tudo o que teu Filho Jesus disse e ensinou, dá-nos a força para vivenciarmos e anunciarmos ao mundo a Boa-nova, confiantes na tua Palavra (cf. Jo 14,26).

B

II – É TEMPO DE ESCUTAR E ACOLHER A PALAVRA: Mc 5,21-43

■ Núcleo da Palavra

De novo Jesus atravessa o lago de Genesaré. A multidão junta-se a Ele na praia. Um dos chefes da sinagoga, Jairo, intercedeu junto a Jesus por sua filha. Aí chegou a mulher hemorroíssa querendo ser curada e Jesus passou a ter dois casos para atender.

■ 1ª leitura: Sb 1,13-5; 2,23-24

Deus não tem alegria alguma com a perdição de quem está vivo. A alegria dele são as criaturas sadias. Deus criou o homem imortal. Mas a morte pela inveja do diabo entrou no mundo.

■ 2ª leitura: 2Cor 8,7.9.13-15

Cristãos de Corinto: distingam-se pela generosidade, em favor dos cristãos de Jerusalém, que passam por necessidades, pela grande seca que os atingiu. O que sobrar para vocês poderá compensar a carência deles. Um dia, a situação poderá inverter-se.

III – É TEMPO DE DINAMIZAR A PALAVRA

■ Desenvolvimento

- Em pequenos grupos, releiam o Evangelho de hoje e também João 10,10, e fazer uma relação com situações e lugares para onde podemos sair em busca de anunciar que Jesus é "vida em plenitude".

Partilha

- Motivar os grupos que apresentem suas conclusões. Deixar que comentem ao final. Quais são as reais possibilidades e obstáculos para que coloquemos em prática o que refletimos?

IV – É TEMPO DE REPERCUTIR A PALAVRA

De novo Jesus na Galileia, sua terra preferida de missão. O encontro se deu na praia, em século ainda muito distante do tempo em que a humanidade foi criando intimidade com o mar, a ponto de aproveitá-lo como algo medicinal e nele tomar prazerosos banhos, pondo-se a brincar com essa criatura de Deus. Naquele cenário, Jesus estava outra vez rodeado de uma multidão. Do meio dela alguém foi abrindo passagem até Ele. Era um chefe da sinagoga, um membro da classe dirigente judaica. Marcos lhe dá um nome: Jairo. Mateus apenas menciona a função que exercia: chefe da sinagoga (cf. Mt 9,18-26). Lucas também declina o nome do homem, dirigente religioso da sinagoga, que pede para Jesus curar sua filhinha que está à morte. Jesus ouve o pai aflito e o acompanha. Nisso, o caminhar de Jesus foi interrompido por uma mulher, que se agita no meio da massa. Jesus dá atenção a ela. Por outro lado, porém, a filhinha de Jairo morre. Pelo menos assim pensam as pessoas próximas.

Aquela mulher cujo nome não foi fornecido, "*tinha ouvido falar de Jesus*" (Mc 5,27). A fé e a esperança que ela depositava nele não eram pequenas, pois até seu pensamento o Evangelho revela: "*Ainda que eu toque só na roupa dele, ficarei curada*" (Mc 5,28). De fato, imediatamente a mulher ficou curada. Foi então que Jesus perguntou: "*Quem foi que tocou na minha roupa?*" (Mc 5,30). "Nesse momento, parte da vida de Jesus está sendo doada à hemorroíssa [a mulher que há doze anos sofria de hemorragia] para que fique curada" (MARTINEZ, 2005, p. 42). Se o elemento fé não tivesse existido, Jesus não teria operado aquele milagre. "*Minha filha, sua fé curou você*" (Mc 5,31). Mas olhemos para a humildade de Jesus. Jean Vanier (2004) faz uma observação bem breve, mas perfeitamente pertinente quando diz que Jesus não disse "eu curei você, mas a sua fé a curou. A certeza de que as pessoas possam ter e têm mesmo problemas que elas não serão capazes de resolver, mas que Jesus tem plenos poderes de resolvê-los. Por isso o chamamos de SENHOR. Por isso, o Messias, o ungido do Reino tem poder de vivificar uma garota morta (cf. Mc 5,35-36). Jesus, já na casa de Jairo: "*A menina não morreu. Ela está apenas dormindo*" (Mc 5,39). As pessoas até cessaram o choro e deram muita risada dele. Mas Jesus pôs ordem no ambiente. Mandou que todos saíssem e ficassem só sete pessoas: os pais da menina, os três discípulos, Pedro, Tiago e João, Ele próprio e a menina, naturalmente. Jesus a Jairo: "*Não tenha medo; apenas tenha fé*" (Mc 5,36). O medo inibe, não constrói nem fortalece. A fé, sim, remove dificuldades e montanhas. A fé conduz à saúde e se houver morte, à ressurreição.

■ Complementar a repercussão da Palavra dialogando

1. Assim, pela nossa avaliação sincera, se colocássemos na balança nossos medos e nossa fé, o que será que pesaria mais?
2. Jairo solicita a imposição das mãos sobre a filha (Mc 5,23). Que sentido tem esse gesto de impor as mãos ainda hoje?

V – É TEMPO DE DIALOGAR COM O AUTOR DA PALAVRA

Jairo, o homem de "Igreja" e a mulher anônima, porém, informada, tudo fazem para se aproximarem de ti, Jesus, com as melhores intenções. Ela, curada, após doze anos de sofrimento por um contínuo fluxo de sangue e a adolescente, que simplesmente recuperou a vida. Tudo mediante as tuas mãos e as tuas palavras. Pelo olhar da fé presenciamos duas práticas tuas que restituíram a saúde e a dignidade na sociedade a uma pessoa e à outra, simplesmente a restituição da vida. Senhor, que maravilhoso o teu gesto em meio a uma sociedade que marginalizava as mulheres. Teus gestos também hoje estão presentes, que aprendamos a acatá-los por meio da nossa experiência de fé. Assim seja.

VI – É TEMPO DE SEMEAR A PALAVRA

As pessoas souberam que a filhinha de Jairo havia morrido e dizem ao pai: *"Por que você ainda incomoda o Mestre?"* E Jesus ouviu essa notícia (Mc 5,35-36). Nós somos daquelas pessoas que querem impedir a ação de Deus?

Que a palavra de Cristo e do papa nos orientem e nos motivem: "No caso de pensarmos que as coisas não vão mudar, recordemos que Jesus Cristo triunfou sobre o pecado e a morte e possui todo o poder. Jesus Cristo vive verdadeiramente. [...]Somos convidados a descobri-lo, a vivê-lo" (EG, 275). Como podemos anunciar vida em plenitude às pessoas?

14º DOMINGO DO TEMPO COMUM

Tema do dia:

└──➤ A missão jamais pode cessar porque houve uma rejeição.

Objetivo:

└──➤ Entender a necessidade da perseverança na vida cristã, mesmo diante de grandes obstáculos.

I – É TEMPO INICIAL DE ACLAMAR, INVOCAR, LOUVAR O SENHOR

■ Rezar com os participantes

Ó Pai, tu que enviaste o Espírito Santo para recordar-nos tudo o que teu Filho Jesus disse e ensinou, dá-nos a força para vivenciarmos e anunciarmos ao mundo a Boa-nova, confiantes na tua Palavra (cf. Jo 14,26).

II – É TEMPO DE ESCUTAR E ACOLHER A PALAVRA: Mc 6,1-6

■ Núcleo da Palavra

Pela última vez Jesus vai a Nazaré. Jesus é admirado e logo depois o povo ficou escandalizado por causa dele. Por não encontrar fé, Jesus não pôde fazer grandes milagres. Por fim, foi a vez dele de ficar admirado pela falta de fé daquele povo.

■ 1ª leitura: Ez 2,2-5

É para Ezequiel ir para o meio de Israel. Aquela gente anda revoltada contra Deus. Que o profeta continue pregando sem medo. Talvez creiam, talvez não. Mas ficarão sabendo que há um profeta no meio deles.

■ 2ª leitura: 2Cor 12,7-10

Paulo diz: "Eu tenho um espinho na carne", talvez uma doença, para eu não me encher de orgulho. Pediu para Deus tirar esse espinho e isso não aconteceu. "Deus me fez ver que é na fraqueza que a força manifesta todo o seu poder".

III – É TEMPO DE DINAMIZAR A PALAVRA

■ Desenvolvimento

- Apresentar a seguinte motivação:
  O discernimento diante de um chamado.
  Em Mimosa, pequena cidade do interior com seis mil habitantes, vivia Fidelis, membro muito querido de uma comunidade. Recém-formado em Pedagogia, decidiu trabalhar pelos pobres no Amapá e para isso deixa o seu grupo, a família e até a noiva.
- Se ele fizesse parte de nossa comunidade, o que faríamos? Vamos partilhar o que pensamos.
- Apresentar uma pergunta de cada vez e aguardar as manifestações dos participantes.
  - ○ Entendemos todos a decisão dele?
  - ○ Vamos ajudá-lo?
  - ○ Como vamos ajudá-lo?
  - ○ Vamos encontrar um jeito de dialogar com a noiva ou ex-noiva dele?
  - ○ Esse tipo de decisão do Fidelis é totalmente incomum ou já ouvimos falar de casos semelhantes?
  - ○ Aprovamos o seu gesto?
  - ○ Alguém de nós se sente chamado para fazer algo parecido?
  - ○ Seguir Jesus significa reestruturar toda a nossa vida. Como vamos reestruturá-la?

IV – É TEMPO DE REPERCUTIR A PALAVRA

Às vezes não é com as três palavras perfeitamente explícitas: "*Quem é Jesus*" que o Evangelho de Marcos indaga sobre a identidade de Jesus, mas de alguma forma a indagação existe e persiste. No próprio trecho do Evangelho de hoje são os seus conterrâneos de Nazaré que querem saber quem Ele é. Há algo intrigante nele. É preciso descobrir isso, o que é!?... Ele e os discípulos chegaram antes do sábado. Quando chegou o dia do culto, Jesus começou a ensinar na sinagoga e lá estavam também os discípulos. Como já foi dito no início do capítulo 4 e agora aqui: "Jesus *começou* a ensinar na sinagoga" (Mc 6,2). O verbo reforça a abertura do Evangelho de Marcos: "*Começo da Boa-nova de Jesus...*" (Mc 1,1). A Boa-nova não se esgotou ainda. Ela é Boa-nova hoje e sempre será. Pode ser que o espírito do termo "*começou*" também signifique que Jesus sempre esteja num recomeço, num reinício ou porque o público é diferente ou porque não há como aprofundar o seu ensino pela lerdeza dos ouvintes. Seja como for, aqui, entre seus conterrâneos, Ele causou admiração em muitos. Contudo, admirar-se é uma coisa e crer, aderir, é coisa bem diferente. Dos chamados admiradores saíram cinco perguntas, acentuadamente de descrédito: A primeira: "*De onde vem tudo isso? Onde foi que arranjou tanta sabedoria?*"(Mc 6,2). Não lhes passava pela cabeça que Ele poderia ser o Messias e também eles não queriam um Messias assim. Embora inteligente, embora conhecedor das Sagradas Escrituras Ele imediatamente sabia fazer ponte entre o que a Palavra dizia e o que o povo vivia de maneira inadequada, eles não conseguiam ver nele o Messias prometido. Pobre daquele jeito, vestido tão humildemente, cercado de um grupo de seguidores que denotavam falta de cultura, que sequer sabiam comportar-se socialmente, não podia ser Ele o Ungido de Deus para tirar o povo de todo tipo de penúria. Restava apenas uma grande incógnita. O Evangelho de João encontrou as palavras para externar essa especulação: "*Nós sabemos de onde vem esse Jesus, mas, quando chegar o Messias, ninguém sabe de onde ele vem*" (Jo 7,27). Aqueles indagadores expressavam perfeitamente o seu complexo de inferioridade. O grande Messias não poderia ter origem em Nazaré, tão sem importância e sem projeção nenhuma.

A segunda pergunta: "*Onde foi que arranjou tanta sabedoria?*" Existia, então, uma escola dos doutores da Lei. Não há indicação em lugar nenhum que mostre ter Jesus frequentado essa escola. Portanto, a grande incógnita: De onde vinha a sabedoria de Jesus? Incógnita para os conterrâneos de Nazaré, porque outros já haviam percebido que em Jesus havia algo extraordinário, sim, porque ele não curava apenas; mas, efetivamente libertava e até restituía a vida. Nisso consistia a Boa-nova.

"*E esses milagres que são realizados pelas mãos dele?*"(Mc 6,2). Era a terceira pergunta. Será que havia influência dos demônios nessa maneira de proceder, como sugere uma passagem anterior de Marcos 3,22? Mas como? O demônio vai expulsar demônios?

Quarta pergunta: "*Esse homem não é o carpinteiro, o filho de Maria e irmão de Tiago, de Joset, de Judas e de Simão? (Mc 6,3)*" (BORTOLINI, 2006, p. 400), responde por nós com clareza: "É uma pergunta desmoralizante e debochada. Quando se queria desprezar alguém, bastava substituir o nome do pai pelo da mãe. Por isso, a expressão "filho de Maria" (a não ser que José já tivesse morrido), é altamente depreciativa".

E ainda uma quinta pergunta: "*E suas irmãs não moram aqui conosco?*" (Mc 6,3). As perguntas todas têm um tom depreciativo tanto em relação a Ele, Jesus, como em relação aos familiares. "Irmãs", aqui, são membros da família num sentido mais amplo. Marcos não deixa de registrar que os moradores de Nazaré "*ficaram escandalizados por causa de Jesus*" (Mc 6,3). Jesus se apresentou como um profeta. Mas como profeta, pensavam os seus conterrâneos, se jamais surgiu um profeta naquela terra e dentre a sua família?... Jesus, então, lembrou-lhes um ditado popular: *Um profeta só não é estimado em sua própria terra, entre seus parentes e em sua família.* E para fazer milagres faltou fé naquela gente de sua terra. Jesus já havia destacado a importância da fé anteriormente; quando interveio para acalmar a tempestade (cf. Mc 4,40); na cura da mulher com um permanente fluxo de sangue (cf. Mc 5,34) e na ressuscitação da filha adolescente de Jairo (cf. Mc 5,36). Segundo Lucas o encerramento da visita à sua terra foi bem dramático: expulsaram Jesus da cidadezinha e o conduziram ao pico mais alto de um morro e queriam jogá-lo dali, "*mas ele, passando pelo meio deles, prosseguiu seu caminho*" (Lc 4,30). Expulso de sua própria terra, Jesus retoma sua missão em outras cidades e aldeias.

Marcos termina dizendo que "*Jesus ficou admirado com a falta de fé deles*" (Mc 6,6).

■ Complementar a repercussão da Palavra dialogando

1. Jesus foi aceito por uns e rejeitado por outros. Recebeu vários "títulos" nada elogiosos: "impuro", "louco", "homem que compactua com o demônio", "homem que causa escândalo em Nazaré". Mesmo assim estamos decididos a segui-lo?
2. Unindo este trecho do Evangelho com o que diz Jesus em Lc 18,8, o que nós poderemos dizer?
3. Alguma vez já fomos rejeitados numa iniciativa cristã? E como reagimos?

V – É TEMPO DE DIALOGAR COM O AUTOR DA PALAVRA

Ó Jesus, por uma última vez, foste a Nazaré, a tua terra. E por uma última vez, segundo Marcos, entraste na sinagoga, onde, como sempre, te puseste a ensinar. Tua fala causou admiração, mas não despertou fé. Na verdade, a fé é dom teu, mas, no mínimo, que haja um coração que a queira receber. Infelizmente, aquela população de Nazaré não era gente de coração aberto para acolher o dom da fé. Hoje, então, Senhor, bate à porta de mais pessoas do nosso povo para que se abram livremente para acolher-te e que se disponham a trabalhar contigo na missão. E quanto a nós, batizados, discípulos missionários teus, perdoa-nos se vacilamos na fé e se nos sentimos inconformados quando somos rejeitados ao cumprir determinada missão. Robustece, Senhor, a nossa fé com a tua luz e o teu brilho. Não permite, Senhor, que nos tornemos objeto de tua *admiração* por causa da nossa falta de fé.

VI – É TEMPO DE SEMEAR A PALAVRA

Há uma referência na Exortação Apostólica pós-sinodal *Amoris Laetitia,* que vem ao encontro do que estamos dizendo sobre Mc 6,1-6. Vamos acompanhar:

Nenhuma família pode ser fecunda, se se concebe diferente ou "separada". Para evitar este risco, lembremo-nos de que a família de Jesus, cheia de graça e sabedoria, não era vista como uma família "estranha", como um lar alienado e distante das pessoas. Por isso mesmo, as pessoas sentiram dificuldade em reconhecer a sabedoria de Jesus e diziam: "De onde lhe vem isso? (...) Não é ele o carpinteiro, o filho de Maria?" (Mc 6,2.3). "Não é ele o filho do carpinteiro?"(Mt 13,55). Isso confirma que era uma família simples, próxima de todos, integrada normalmente na povoação. E Jesus também não cresceu em uma relação fechada e exclusiva com Maria e José, mas de bom grado movia-se na família alargada, onde encontrava os parentes e amigos. (AL, 182)

Que tal expressar seu apreço por sua família promovendo um encontro familiar, alegre e fraterno.

15º DOMINGO DO TEMPO COMUM

Tema do dia

→ Jesus envia os discípulos em missão.

Objetivo

→ Fortalecer a convicção de que Jesus e nós temos a mesma missão.

I – É TEMPO INICIAL DE ACLAMAR, INVOCAR, LOUVAR O SENHOR

■ Rezar com os participantes

Ó Pai, tu que enviaste o Espírito Santo para recordar-nos tudo o que teu Filho Jesus disse e ensinou, dá-nos a força para vivenciarmos e anunciarmos ao mundo a Boa-nova, confiantes na tua Palavra (cf. Jo 14,26).

II – É TEMPO DE ESCUTAR E ACOLHER A PALAVRA: Mc 6,7-13

■ Núcleo da Palavra

Jesus ensinava em diversos lugares. Enviou os discípulos de dois em dois para a missão. Fez diversas recomendações. Os discípulos partiram e pregaram para as pessoas se converterem. Curaram doentes e expulsaram demônios.

■ 1ª leitura: Am 7,12-15

Amasias, sacerdote de Judá, disse a Amós: vá para Israel e faça lá suas profecias. Amós disse que não era profeta, e sim criador de gado, e que foi Deus que lhe ordenou que ele, Amós, fosse profetizar no meio do povo de Israel.

■ 2ª leitura: Ef 1,3-14

Paulo expõe um hino. Louva a Deus pelas grandes coisas realizadas por Ele mediante seu Filho. Em Cristo fomos chamados. Pelo sangue de Cristo fomos libertos e perdoados. Por Ele nos tornamos herdeiros. Nele ouvimos a Palavra da verdade e nele nos tornamos homens e mulheres de fé. E em Cristo ainda fomos marcados com o selo do Espírito Santo, que é a garantia da nossa herança.

III – É TEMPO DE DINAMIZAR A PALAVRA

■ Desenvolvimento

- Formar duplas ou pequenos grupos.
- Apresentar a seguinte motivação: Há razões de sobra para darmos graças a Deus.
- Reler a 2ª leitura de hoje. É um hino de louvor do apóstolo Paulo: Ef 1,3-14.
- Responder quais as ações que Deus realizou de versículo em versículo.
- O que podemos concluir depois de todas essas indicações? Em que essa palavra nos fortalece para a missão.

Partilha

- Ouvir o que as duplas ou grupos têm a dizer.

IV – É TEMPO DE REPERCUTIR A PALAVRA

De novo o verbo *começar* está presente no Evangelho. Jesus *começou* a percorrer a redondeza, ensinando. E mais: *começou* também a enviar os discípulos para a missão. Vimos no Encontro passado que Jesus foi rejeitado em Nazaré. Após isso, não há desânimo para Jesus e Ele faz tudo para que o desânimo não chegue aos discípulos. O poder que Jesus tem é integralmente transmitido aos discípulos. "O aprendizado da comunidade sobre a missão agora parece estar completo e seus membros são enviados por sua responsabilidade. Contam-nos que eles agora já exercem plenamente a sua vocação de exorcismo e de cura" (MYERS, 1992, p. 262). Eles vão de dois em dois. Isto mesmo. A missão não é algo que alguém decide e faz. É trabalho exercido em nome da Igreja, em corresponsabilidade. Quando desempenhado em dupla, um é responsável pelo outro, é apoio, é segurança, é testemunha. É parte do diálogo até mesmo em momentos de silêncio.

B

Jesus *"dava-lhes poder sobre os espíritos maus"* (Mc 6,7). Isto quer dizer que a missão tem como ponto forte a libertação das pessoas. E essa libertação deve, inicialmente, valer para os agentes da missão. Tudo deve deixar transparecer simplicidade. Esperançoso de que os discípulos encontrariam acolhida, Jesus lhes recomendava não levar pão, sacola, dinheiro, isto é, coisas para o sustento. Só um bastão como símbolo, e não apenas recomendou, mas mandou que andassem de sandálias. Jesus devia saber as condições das estradas e tê-las visto anteriormente. Dentro do contexto de então, qualquer supérfluo devia ficar em casa. Nada de segunda túnica, que podia indicar a posse de um bem material de sobra. Tudo somado, assim como Jesus, também os discípulos, se quiserem continuar a segui-lo. E não se tem notícia de que algum deles desse sinais de desistência, devem assumir as condições de peregrinos, sem estabilidade.

"Quando vocês entrarem numa casa, fiquem aí até partirem" (Mc 6,10). A casa que hospedava poderia se tornar o núcleo de uma comunidade. Era preciso criar vínculos e proximidade.

E se não fossem bem-recebidos? O que deviam fazer? *"Quando saírem sacudam a poeira dos pés como protesto contra eles"* (Mc 6,11). Bortolini (2006, p. 404) explica bem: "Libertar-se da poeira que se grudou aos pés enquanto estavam em território pagão significava ruptura total com aquele sistema de vida". Myers (1992, p. 263), por sua vez diz assim:

> O gesto simbólico de sacudir a poeira dos pés tem a conotação de "testemunho contra" tais lugares, a frase técnica de Marcos para descrever os que o movimento encara como adversários. A vocação para a hospitalidade é considerada com grande perspicácia de Marcos; os familiares que se recusam a oferecê-la são de então em diante evitados.

Marcos deixa entrever que os discípulos estavam preparados para conduzir a missão como Jesus fazia. Pregar para converter as pessoas; expulsar demônios, curar doentes e ungir com óleo.

— *Pregar para converter*: fazer um anúncio de que valerá a pena mudar o estilo de vida, que Jesus põe em prática. Libertar de todo tipo de opressão. Marcos já em 1,15 registra o que Jesus havia dito: *"Convertam-se e acreditem na Boa-nova"*. Ora, "Boa-nova" devia fazer toda diferença. Não era nada ligado à interpretação que sabiam dar os doutores da Lei nem à prática legalista dos fariseus, mas um estilo novo de vida segundo a Palavra e toda a ação de Jesus.

— *Expulsar os demônios*, podemos dizer, é tirar do próprio coração e da consciência, por exemplo, uma ofensa que nunca foi perdoada ou algo que amarra qualquer pessoa em demasia e às vezes até doentia a si mesma, que não lhe permite desenvolver-se emocional nem espiritualmente. É de se considerar também que o demônio é um ser real, não mero símbolo, pois várias e várias vezes Jesus nos falou dele.

— *Curar doentes*: Querer pertencer e também se dispor a anunciar o Reino de Deus e trabalhar bastante contra a fome, a doença e contra os grandes sofrimentos do ser humano.

— *Ungir com óleo:* Não era administração de um sacramento, mas o óleo como uso medicinal em feridas ou como unguento refrescante ou ainda como um restaurador das boas condições físicas e espirituais.

■ Complementar a repercussão da Palavra dialogando

1. Desse esquema o que é que podemos levar para a nossa missão?
2. Estamos convertidos para converter?

V – É TEMPO DE DIALOGAR COM O AUTOR DA PALAVRA

Senhor Jesus, formador dos apóstolos e formador nosso.

Às vezes sentimos a tentação de ser cristãos, mantendo uma prudente distância das tuas chagas. E Tu queres que ponhamos as mãos na miséria humana, que nos aproximemos do sofrimento dos outros. Esperas que renunciemos a procurar aqueles abrigos pessoais ou comunitários que permitem manter-nos distantes do nó do drama humano, a fim de aceitarmos verdadeiramente entrar em contato com a vida concreta dos outros e conhecermos a força da ternura. Quando o fazemos, a vida se desenrola sempre maravilhosamente e vivemos a intensa experiência de ser povo... sem nos cansarmos de "fazer o bem" (Gl 6,9). Desse modo, Senhor, realizamos a experiência da alegria missionária de partilhar a vida com o seu povo fiel, procurando acender o fogo no coração do mundo, salvo e amado por ti (cf. EG, 270-271).

VI – É TEMPO DE SEMEAR A PALAVRA

Como tornar nossos trabalhos de discípulos missionários realmente libertadores sem nos fecharmos em esquemas que amarram? Eis uma boa reflexão como os irmãos e irmãs da comunidade!

16º DOMINGO DO TEMPO COMUM

Tema do dia

└→ Jesus e seus discípulos, missionários incansáveis.

Objetivo

└→ Reconhecer que a nossa missão deve ser contribuição para uma sociedade justa e fraterna.

B

I – É TEMPO INICIAL DE ACLAMAR, INVOCAR, LOUVAR O SENHOR

■ Rezar com os participantes

Ó Pai, tu que enviaste o Espírito Santo para recordar-nos tudo o que teu Filho Jesus disse e ensinou, dá-nos a força para vivenciarmos e anunciarmos ao mundo a Boa-nova, confiantes na tua Palavra (cf. Jo 14,26).

II – É TEMPO DE ESCUTAR E ACOLHER A PALAVRA: Mc 6, 30-34

■ Núcleo da Palavra

Uma avaliação da missão realizada pelos discípulos. A multidão que procura Jesus o impede até de arranjar tempo para comer. Jesus propõe aos discípulos um lugar tranquilo para descansar. Mas a multidão também corre atrás dos discípulos. Jesus ensina muitas coisas à multidão e tem misericórdia dela.

■ 1ª leitura: Jr 23,1-6

Os pastores inábeis dispersam as ovelhas e deixam um cenário de tristeza. Deus mesmo as trará de volta. Para Davi há de surgir um broto novo que porá em ordem o direito e a justiça dentro do país. Esse broto novo que virá, para nós, cristãos, é Jesus.

■ 2ª leitura: Ef 2,13-18

Com sua morte, Jesus reconciliou indivíduos e povos. Por isso que Jesus é nossa paz. Daí surge o homem novo. "Por meio de Cristo, podemos, uns e outros, apresentar-nos diante do Pai, num só Espírito."

III – É TEMPO DE DINAMIZAR A PALAVRA

■ Materiais necessários

Papéis, lápis de cor, alguns jornais e revistas.

■ Desenvolvimento

- ■ Motivar os participantes para a criação de um grande painel inspirados pelo texto Mc 6,34. Quem merece "compaixão"?
- ■ O grupo poderá valer-se de: desenhos, imagens tiradas de jornais ou revistas, ou até mesmo por imagens obtidas no celular.

Partilha

- ■ Como vamos ajudar concretamente a comunidade com essa reflexão?

IV – É TEMPO DE REPERCUTIR A PALAVRA

O texto do Evangelho de hoje é bastante pequeno. Para entendê-lo é melhor contextualizá-lo. O que vem antes? Herodes Antipas, como vem relatado em Marcos 6,14-29. No seu aniversário, Herodes ofereceu um banquete aos poderosos e para gente importante da Galileia. Opositores, evidentemente, não tinham acesso ao banquete. Enquanto isso, Jesus e os discípulos se ocupam com os necessitados. Jesus também oferecerá um banquete à gente pobre, como se verá no próprio Evangelho de Marcos, após o trecho de hoje. Porquanto Jesus e os discípulos sequer têm tempo para comer e descansar. Herodes, após cometer um enorme escândalo casando-se com a própria cunhada, manda matar João Batista, pelo fato de este o ter repreendido com veemência.

Num outro cenário, os discípulos se reúnem com Jesus e contam tudo a respeito da estreia na missão. Se alguém se converteu para seguir a Jesus, se expulsaram demônios ou males do corpo e do espírito, se curaram pessoas doentes, se ungiram pessoas com óleo é porque aprenderam a cultivar as coisas do espírito. Terminada a avalição da missão, Jesus sugere um lugar calmo para o descanso. Mas vinham pessoas de todas partes. E gente com muita fome. Jesus, quando viu a multidão *"teve compaixão"*, usou de misericórdia para com todos. As pessoas sofrem porque não têm nenhuma ajuda por parte das autoridades. Herodes Antipas é omisso, corrupto e assassino (cf. Mc 6,14-29). Falando da misericórdia e focando bem os sinais e as atitudes de Jesus o papa Francisco assim se exprime:

> Agora este amor tornou-se visível e palpável em toda a vida de Jesus. A sua pessoa não é senão amor, um amor que se dá gratuitamente. O seu relacionamento com as pessoas que se aproximam dele manifesta algo de único e irrepetível. Os sinais que realiza, sobretudo para com os pecadores, as pessoas pobres, marginalizadas, doentes e atribuladas, são caracterizados pela misericórdia. Tudo nele fala de misericórdia. Nele, nada há que seja desprovido de compaixão. Vendo que a multidão de pessoas que o seguia estava cansada e abatida, Jesus sentiu, no fundo do coração, uma intensa compaixão por elas (cf. Mc 6,37). Em virtude deste amor compassivo, curou os doentes que lhe foram apresentados (cf. Mt 14,14) e, com poucos pães e peixes, saciou grandes multidões (cf. Mt 15,37). Em todas as circunstâncias, o que movia Jesus era apenas a misericórdia, com a qual lia no coração dos seus interlocutores e dava resposta às necessidades mais autênticas que tinham. (MV, 8)

Aqui há menção de contextos abordados por Mateus, mas não muito diferentes são as situações descritas em Marcos que sempre põe às claras a indagação: *quem é Jesus?* Aqui está mais uma resposta: Jesus é o que sempre usa de misericórdia. Ninguém deverá continuar a passar necessidade. Essa é a grande questão do tempo de Jesus e ainda a mesma questão no nosso tempo. Vinte séculos se passaram e a comunidade humana ainda não resolveu esse problema básico. Quais os entraves? Quem coloca os empecilhos?

Onde dar entrada à misericórdia construtiva que depende das políticas das nações, das iniciativas de aplicação misericordiosa da Igreja e, localmente, de nós seus membros. Se houver empenho nisso, já não haverá *ovelhas sem pastor* (cf. Mc 6,34).

■ Complementar a repercussão da Palavra dialogando

1. O papa Francisco disse certo dia que a única coisa que levaremos para a eternidade é o que partilhamos com os outros. Concordamos com isso? Conhecemos alguma passagem do Evangelho que pode confirmar isso?
2. Como nós cristãos nos posicionamos sobre problemas cruciais do nosso tempo: imigração, refugiados, tráfico de drogas e de pessoas etc.?

V – É TEMPO DE DIALOGAR COM O AUTOR DA PALAVRA

Senhor, coloco-me em oração diante de ti. Com renovada alegria posso repetir as palavras inspiradas no Salmo 136.

Aleluia! Louvai o Senhor, pois ele é bom: pois eterno é seu amor.

Louvai o Deus dos deuses: pois eterno é seu amor.

Louvai o Senhor dos senhores: pois eterno é seu amor.

Só ele fez grandes maravilhas: pois eterno é seu amor.

Guiou o seu povo no deserto: pois eterno é seu amor.

Na nossa humilhação lembrou-se de nós: pois eterno é seu amor.

Dá o alimento a todo ser vivo: pois eterno é seu amor.

Louvai o Deus do céu: pois eterno é seu amor.

Diante do teu amor, bendizemos: Glória ao Pai, ao Filho e ao Espírito Santo: Como era no princípio, agora e sempre. Amém.

VI – É TEMPO DE SEMEAR A PALAVRA

Já passou o "Jubileu extraordinário da misericórdia" (2015-2016), mas pela pregação de Jesus, que nos apresenta as obras de misericórdia, podemos entender se vivemos ou não como seus discípulos. Por isso, como faz o papa, apresentamos as obras de misericórdia corporais: dar comida aos famintos; dar de beber a quem tem sede; vestir os nus; acolher os estrangeiros (imigrantes/refugiados); assistir os doentes; visitar os presos; sepultar os mortos (MV, 15).

Pode haver diversos modos de pôr em prática essas obras de misericórdia, quer individualmente, quer em grupo. Que tal assumir uma delas como compromisso de fé em Jesus que nos chama para construir um mundo mais justo e fraterno?

17º DOMINGO DO TEMPO COMUM

Tema do dia

→ Um mundo novo exige decisões novas e empenho de muitos.

Objetivo

→ Refletir sobre como podemos saciar a fome com o nosso trabalho missionário e nossa partilha.

I – É TEMPO INICIAL DE ACLAMAR, INVOCAR, LOUVAR O SENHOR

■ Rezar com os participantes

Ó Pai, tu que enviaste o Espírito Santo para recordar-nos tudo o que teu Filho Jesus disse e ensinou, dá-nos a força para vivenciarmos e anunciarmos ao mundo a Boa-nova, confiantes na tua Palavra (cf. Jo 14,26).

II – É TEMPO DE ESCUTAR E ACOLHER A PALAVRA: Jo 6,1-15

■ Núcleo da Palavra

A multidão não se afasta de Jesus e Ele realiza os seus sinais. Jesus quer saber de Filipe onde comprar pão para a multidão. Um moço tinha cinco pães e dois peixes. Jesus abençoou os pães e os distribuiu e o mesmo fez com os peixes. Todos se saciaram e houve sobras que não deviam ser desperdiçadas. As pessoas viram esses sinais e acreditaram que Jesus era o profeta que devia vir ao mundo. Jesus percebeu a manobra para fazê-lo rei e se retirou sozinho.

■ 1ª leitura: 2Rs 4,42-44

Eliseu atende a pessoas necessitadas. Certo homem levou ao profeta uma quantidade de pães. Eliseu pediu que seu servo os distribuíssem aos necessitados. O servo de Eliseu achou que não seriam suficientes. Mesmo assim o profeta pediu que os distribuíssem porque era essa a vontade de Deus. Assim foi feito. Todos se saciaram e ainda ficaram as sobras.

■ 2ª leitura: Ef 4,1-6

Paulo pede que a comunidade de Éfeso conserve, sobretudo a unidade, destacando que há um só Senhor, uma só fé e um só Batismo, bem como um só Deus e Pai de todos.

B

III – É TEMPO DE DINAMIZAR A PALAVRA

■ Material necessário

Um pão (doce ou salgado).

■ Desenvolvimento

- Apresentar essa motivação como situação da vida real:
  Lucia faz aniversário. Ela organiza uma pequena festa. Muitos doces, bolos e salgados. Lucia diz aos seus amigos: vamos nos divertir e comer à vontade... Mas, a nossa alegria só será completa se não nos esquecermos de que bem perto daqui, aqui mesmo ao lado há um abrigo da prefeitura, e neste tempo de crise ela não tem muitos recursos para atender nossa gente. Somos exatamente 12 pessoas. Marcos, um dos convidados, diz: Com certeza, com tudo que temos, haverá sobras, tão apetitosas como as porções que consumirmos. Outro amigo de Lucia, pergunta: O que podemos fazer?
  Lucia, imediatamente, responde: Vamos repartir o que temos com eles? Este gesto concreto alegrará a todos: a nós e a eles. Quem topa?
- Algo pode ser concretizado, assim mesmo, ou de modo semelhante: O que cada participante tem a dizer?
- Ao final rezar a oração do Pai-nosso e concluir com a partilha de um pão.

IV – É TEMPO DE REPERCUTIR A PALAVRA

Interrompemos a série de Encontros nos quais tomamos como objeto de reflexão trechos do Evangelho de Marcos, conduzindo-nos sempre a buscar resposta à pergunta: *Quem é Jesus?* Hoje nos voltamos para o Evangelho de João, abrindo-o em 6,1-15. No capítulo anterior Jesus foi hostilizado em Jerusalém porque havia curado gente em dia de sábado. Aqui não. Aqui Ele está de volta à Galileia e seu cuidado se dá com as pessoas simples e pobres, preocupando-se Ele com seu sustento e garantindo-lhes liberdade. Uma grande multidão aproximou-se dele. Jesus então faz uma pergunta a Filipe cuja resposta Ele mesmo já sabe. Filipe, um dos doze, acompanhava Jesus, mas ainda não via nele um portador de novidade. Pelos cálculos de Filipe não haverá possibilidade de atender às necessidades de todos aqueles pobres. O horizonte de Filipe acaba ali. Para além, só espessa névoa. Intervém outro discípulo de Jesus, que é André, bastante experiente. Ele toma a palavra e diz: "*Aqui há um rapazinho que tem cinco pães e dois peixes. Mas o que é isso para tanta gente?*" (Jo 6,9). É bom observar que até ali nenhum dos discípulos chegou a pensar que Jesus mesmo podia ter uma solução ou que Jesus mesmo podia ser *a* solução. Ninguém pensou nisso. Ninguém acreditou nisso. Nós mesmos podemos pensar: "*O que é isso para tanta gente?*" Ou o que representam, em geral, nas nossas pastorais os pequenos recursos, sobretudo humanos, diante da imensidão do nosso campo missionário? Que tenhamos esse pensamento, contudo, que ele não paralise os nossos trabalhos.

Jesus dá uma ordem aos discípulos: que falem para o povo se sentar na grama. Todos obedeceram. Os discípulos, diríamos hoje, "estavam pagando para ver o que poderia acontecer". Eram cinco mil pessoas, aproximadamente. E Jesus entra em ação.

> Pronuncia a ação de graças, que introduz na cena nova personagem: Deus, o Pai. Somente depois de estabelecida a relação com Deus é que pode ser alimentada a multidão [...] Dão-se graças a Deus pela existência dos pães. "Ao reconhecer sua origem última em Deus, como dom seu, desvinculam-se [os pães] do seu possuidor humano, o rapazinho-grupo dos discípulos, para tornar-se propriedade de todos, como a própria criação. O sinal que Jesus dá, ou o prodígio que realiza, consiste precisamente em libertar a criação do monopólio egoísta que a esteriliza, a fim de que se torne dom de Deus para todos. (MATEOS & BARRETO, 1999, p. 307)

E aqui, Jesus mesmo se põe a distribuir os pães e os peixes também. Como a dizer que os bens vindos de Deus têm um de destino certo: a humanidade inteira para que haja satisfação total. Como, pois, estão errados os seres humanos que injustamente se digladiam por um palmo de terra ou por um prato de comida.

Em seguida, mais uma tarefa para os discípulos: recolher as sobras e evitar o desperdício. É preciso que o amor seja multiplicado rapidamente. Há muitos que precisam dele. Que o esperam.

Os saciados reconhecem em Jesus *o Profeta que devia vir ao mundo*"(Jo 6,14), não ainda o Messias, não ainda o Filho de Deus encarnado. Mas que Ele seria merecedor do trono de rei, ah isso seria, segundo eles. Jesus, sozinho, se ausenta daquele meio e volta à montanha, "o lugar da glória de Deus". A montanha também nos pode levar a pensar no Calvário, onde Jesus oferece toda a sua vida, todo o seu sangue e daquela maneira tão cruel tornar-se, de fato, o rei do universo.

■ Complementar a repercussão da Palavra dialogando

1. Que propósito podemos tirar do Evangelho de hoje?
2. Por que no fim do Evangelho Jesus, sozinho, vai de novo para a montanha? Será que foi só para rezar?

V – É TEMPO DE DIALOGAR COM O AUTOR DA PALAVRA

Senhor Jesus, repara que às vezes, nós somos bem desligados e distraídos: acumulamos coisas sem necessidade, guardamos coisas, esquecemos até das coisas que possuímos e onde as largamos. Deixamos de "recolher os pedaços que sobram". Ah, Senhor, se sempre de novo aprendêssemos a partilhar, todos reviveriam o espírito encontrado em *Atos dos Apóstolos* onde "*tudo era posto em comum entre eles... entre eles ninguém passava necessidade*" (At 4,32.34). Nós aceitamos a tarefa, Senhor Jesus, de recolher os pedaços os mais diversos, para que nada se desperdice. A terra, nossa casa comum, não tem excessos. O que precisa é preservar o que ela tem. Um dia, Senhor, rogaste ao Pai para que não perdesses nenhum dos que dele havias recebido . Roga também ao Pai para que nós, os humanos, tratemos todas as coisas com carinho, pois saíram de tuas mãos, e que o desperdício seja banido do nosso modo de agir. Esse pode ser o nosso novo estilo de vida, moldado no teu.

VI – É TEMPO DE SEMEAR A PALAVRA

O que temos para partilhar com pessoas de fato necessitadas? Roupas, calçados, utensílios domésticos, artigos escolares, remédios no prazo de validade, um livro de catequese que não usamos, uma Bíblia a mais que possuímos? Tudo pode ser usado, mas também por que não doar coisas novas em folha?

18º DOMINGO DO TEMPO COMUM

Tema do dia

→ Jesus é o pão da vida. Cremos nisto?

Objetivo

→ Apresentar o valor de tudo que é oferecido por Jesus, obras de Deus.

I – É TEMPO INICIAL DE ACLAMAR, INVOCAR, LOUVAR O SENHOR

■ **Rezar com os participantes**

Ó Pai, tu que enviaste o Espírito Santo para recordar-nos tudo o que teu Filho Jesus disse e ensinou, dá-nos a força para vivenciarmos e anunciarmos ao mundo a Boa-nova, confiantes na tua Palavra (cf. Jo 14,26).

II – É TEMPO DE ESCUTAR E ACOLHER A PALAVRA: Jo 6,24-35

■ **Núcleo da Palavra**

A multidão, de novo, atrás de Jesus. Ele sabe que a multidão corre porque foi saciada. Devia correr atrás do alimento que dura para sempre. Que a multidão cresse nele. Ele, Jesus, é o pão descido do céu e que dá vida ao mundo. Aí a multidão se interessou por esse pão, por Ele, "o pão da vida", aquele que nunca rejeita a quem o busca.

■ 1ª leitura: Ex 16,2-4.12-15

O povo de Deus, liberto das condições de opressão no Egito, não aprecia devidamente a liberdade e reclama. Tem saudade da panela de carne que lá existia. O que poderia o povo encontrar no deserto? Moisés, Aarão e o próprio Deus têm que ouvir poucas e boas. Mas Deus não deixa seu povo na pior. O povo vai encontrar um alimento. Haverá carne e pão. "Assim ficarão sabendo que eu sou Javé seu Deus". Apareceram codornizes e o maná. Ainda não era tudo porque o tudo só podia ser o duradouro como mostra o Evangelho.

■ 2ª leitura: Ef 4,17.20-24

Os membros da comunidade de Éfeso foram preparados e batizados, "conforme a verdade que está em Jesus". Agora devem dar adeus a um comportamento anterior, pois são novas criaturas, transformadas. Agora é abraçar a justiça e a santidade. Abraçar significa comprometer-se, trabalhar por uma causa.

III – É TEMPO DE DINAMIZAR A PALAVRA

■ Material necessário

Alguns tabletes de chocolate.

■ Desenvolvimento

- Distribuir entre todos os participantes, o chocolate, entregando "um quadradinho" para cada pessoa.
- Motivá-los dizendo: Ninguém vai ficar saciado. Mas todos:
  - ○ Sentirão o sabor do chocolate.
  - ○ Podem se conscientizar de que o segundo e o terceiro "quadradinhos" têm o mesmo sabor.
  - ○ Podem aprender, dessa maneira, a se controlar, a não se exceder em calorias.
  - ○ E se alegrar por terem compartilhado o chocolate com todos.
  - ○ Foi uma experiência para atender um desejo imediato.
  - ○ Diferente daquele desejo de plenitude, quando só Jesus que "é o pão da vida" sacia de maneira definitiva.

Partilha

- Motivar para a reflexão: Como podemos repetir essa dinâmica em nossa vida?

IV – É TEMPO DE REPERCUTIR A PALAVRA

Estamos de novo trabalhando com o Evangelho de João. Aquela multidão que no Encontro passado comeu até se sentir satisfeita, agora queria mais. Era só procurar Jesus e a situação estaria resolvida. Mas Jesus lhes mostra que a multidão o procura "*não porque viram os sinais, mas porque comeram os pães e ficaram satisfeitos*" (Jo 6,26). A necessidade imediata foi satisfeita. A necessidade humana plena ainda não. E Jesus continua falando com e para aquele povo: "*Não trabalhem pelo alimento que perece; trabalhem pelo alimento que dura para a vida eterna, que o Filho do Homem dará a vocês*" (Jo 6,27). Sim, o trabalho pelo alimento que dura tem de ser mais empenhativo, pois envolve muito o amor. E, de novo, se falamos em amor falamos também de partilha. O povo não entende direito, mas fica mais atento e pergunta: "*O que devemos fazer para realizar as obras de Deus?*" (Jo 6,28). Há uma disposição para trabalhar, mas trabalhar em quê? Realizar o quê? Quais as condições para ganhar o pão que há de durar sempre? Jesus, pacientemente respondeu: "*A obra de Deus é que vocês creiam naquele que ele enviou*" (Jo 6,29). Crer é o trabalho de uma revolução interna transformadora. Trabalho esse que ganha o pão que dura e que faz alcançar a vida definitiva.

A proposta de Jesus para que toda aquela gente cresse, já ficou mais clara. Sobrou, contudo, uma questão intrigante: "*Que sinal realizas para que possamos ver e acreditar em ti? Qual é a tua obra? Nossos pais comeram o maná no deserto, como diz a Escritura: Ele deu-lhes um pão que veio do céu*" (Jo 6,30-31). Aqui, o povo tinha razão. No Primeiro Testamento o maná era chamado de "pão do céu" (cf. Ne 9,15). Jesus, quase ao concluir o diálogo, disse, revelando uma novidade: "*Eu garanto a vocês: Moisés não deu para vocês o pão que veio do céu. É o meu Pai quem dá para vocês o verdadeiro pão que vem do céu, porque o pão de Deus é aquele que desce do céu e dá a vida ao mundo*" (Jo 6,32-33). O maná é um alimento extinto, mas o pão de Deus é o que permanece, já não só para um povo, mas para o mundo todo.

Ao esclarecimento de Jesus, o povo reage: "*Senhor, dá-nos sempre desse pão*" (Jo 6,34). O povo percebeu que Jesus falava com autoridade e creem em suas palavras. As pessoas querem esse pão para si, porém, comprometimento não assumiram nenhum. Receber é a sua visão. Isso não é nenhuma novidade na Igreja de hoje, ou é?

No desfecho da conversa, Jesus diz: "*Eu sou o pão da vida. Quem vem a mim não terá mais fome, e quem acredita em mim nunca mais terá sede*" (Jo 6,35). Portanto, Jesus declara que Ele não é portador, distribuidor de pão. Ele é o pão da vida. Ele requer aproximação e adesão. "Quem *vem* a mim...". A questão é desacomodar-se e *ir* até Ele. Este é o trabalho que Ele exige. E quem vai até Ele, também vai até o próximo, fazendo o dom total de si mesmo como Jesus fez.

É perfeita a conclusão de Bortolini (2006, p. 418). quando diz:

> A declaração de Jesus: "*Eu sou o pão da vida*", colocando-se em pé de igualdade com Deus, provoca as pessoas à ação ("quem vem a mim") e à adesão a ele ("quem crê em mim"). Temos aqui um dos pontos altos da revelação do Novo Testamento: Jesus e o Pai são um (cf. 10,30). Deus já deu o pão, o dom-presente. Deus é pão em Jesus. Não precisa mais pedir. *Indo* a Jesus e *crendo nele* as pessoas participam dessa unidade e comunhão, e fazem parte daquele projeto que Deus gostaria de ver realizado na humanidade, sem fome e sem sede.

■ **Complementar a repercussão da Palavra dialogando**

1. Estamos nos alimentando com o alimento que dura?
2. De que modo estamos contribuindo para erradicar a fome e a sede do mundo, a partir da nossa rua, do nosso bairro?

V – É TEMPO DE DIALOGAR COM O AUTOR DA PALAVRA

Entregar aos participantes essa oração

1. Senhor Jesus Cristo, nem sabemos por que o privilégio de nunca nos ter faltado o alimento para o nosso corpo. Mas certamente Tu colaboraste para isto. Por isso...

Todos: *Graças te damos, Senhor!*

2. Senhor Jesus Cristo, Tu, ao longo do Evangelho evidencias que és um com o Pai. Por isso...
3. Senhor Jesus Cristo, agora entendemos qual o trabalho que o Pai nos pede: é crer permanentemente em ti. Por isso...
4. Senhor Jesus Cristo, conduzes o ser humano de tal maneira que ele verdadeiramente almeje aquele pão "que desce do céu e dá a vida eterna". Por isso...
5. Senhor Jesus Cristo, te declaraste "o pão da vida". Por isso...
6. Senhor Jesus Cristo, de ti aprendemos que o teu amor não é perecível: quem vai a ti não terá mais fome, e quem crê em ti, nunca mais terá sede, porque em ti há satisfação plena. Por isso...

VI – É TEMPO DE SEMEAR A PALAVRA

Vamos nos aproximar do Senhor! Façamos um momento de adoração diante do Santíssimo refletindo as palavras de Santo Ambrósio, bispo e doutor da Igreja (século IV). De maneira muito clara ele nos ajuda a meditar sobre o Evangelho deste Encontro:

> O pão do céu, o verdadeiro, o Pai o reservou para mim. Do céu desceu para mim aquele pão de Deus que dá vida ao mundo. Esse é o pão da vida: e aquele que come a vida não pode morrer. Pois como pode morrer quem se alimenta da vida? Como irá desfalecer quem possui em si mesmo uma substância vital? Aproximai-vos dele e saciai-vos, porque é pão; aproximai-vos dele e bebei, porque ele é a fonte; aproximai-vos dele e ficareis radiantes, porque ele é luz; aproximai-vos dele e sereis libertados, porque *onde está o Espírito do Senhor, aí há liberdade;* aproximai-vos dele e sereis absolvidos, porque ele é o perdão dos pecados. Perguntais-me quem é este? Ouçam a ele mesmo que diz: *Eu sou o pão da vida. Aquele que vem a mim não passará fome, e o que crê em mim e não passará sede.* (BONDAN, 2013, p. 440)

19º DOMINGO DO TEMPO COMUM

Tema do dia

→ A Palavra se fez carne e habitou entre nós.

Objetivo

→ Identificar na pessoa de Jesus, o pão da vida eterna, que nos leva ao Pai.

I – É TEMPO INICIAL DE ACLAMAR, INVOCAR, LOUVAR O SENHOR

■ Rezar com os participantes

Ó Pai, tu que enviaste o Espírito Santo para recordar-nos tudo o que teu Filho Jesus disse e ensinou, dá-nos a força para vivenciarmos e anunciarmos ao mundo a Boa-nova, confiantes na tua Palavra (cf. Jo 14,26).

II – É TEMPO DE ESCUTAR E ACOLHER A PALAVRA: Jo 6,41-51

■ Núcleo da Palavra

Jesus enfrenta rejeição. Assimilação da pessoa de Jesus Cristo. O entendimento da ressurreição. Jesus, o pão para a vida do mundo e para a vida eterna.

■ 1ª leitura: 1Rs 19,4-8

O profeta Elias é acusado pelo rei Acab e pela rainha Jezabel de matar os profetas do rei. Elias se põe a caminhar até não mais aguentar de cansaço. Pede até a Deus para lhe tirar a vida. Um anjo lhe traz pão e água para matar a fome e a sede. O anjo lhe disse que o caminho por fazer era muito longo. Refeito pela comida andou quarenta dias e quarenta noites até o encontro com Deus no monte Horeb. Ele haveria de lutar para derrubar o regime do rei e da rainha.

■ 2ª leitura: Ef 4,30-5,2

Como é o "homem novo"? Ele se esforçará para não "entristecer o Espírito Santo". O que se espera é que não demonstre aspereza, raiva, gritaria. Não faça insultos e não pratique qualquer maldade. Seja compreensivo. Saiba perdoar. Viva no amor como Cristo amou.

III – É TEMPO DE DINAMIZAR A PALAVRA

■ Material necessário

Providenciar dois cartões com mensagens do Evangelho em envelopes separados.
Envelope A - *"Ninguém jamais viu a Deus; quem nos revelou Deus foi o Filho único, que está junto do Pai"* (Jo 1,18).
Envelope B - *"Ninguém pode vir a mim, se o Pai que me enviou não o atrair"* (Jo 6,44).

■ Desenvolvimento

- Formar dois grupos A e B.
- Os participantes escolhem livremente um dos envelopes A ou B.
- Os dois grupos podem se reunir de acordo com o envelope escolhido.
- Abrir o envelope, pegar o cartão e passá-lo para que cada participante leia a mensagem.
- Orientar que depois de saberem o conteúdo da mensagem, quem desejar pode mudar de grupo se quiser.
- Depois das possíveis trocas, cada grupo pode conversar sobre o texto: O que essa mensagem traz de novidade para mim?

Partilha

- Conduzir esse momento com algumas observações.
  - ○ Quem escolheu mudar de grupo? Por quê? (Ouvir os participantes)
  - ○ Quem preferiu permanecer no grupo formado inicialmente, responda: O que o fez permanecer fiel ao seu grupo?

O coordenador pode concluir dizendo/lendo: Não somos atraídos por ideias ou pessoas, mas por Jesus Cristo, sua palavra e ensinamentos... Somos atraídos pelo Pai mediante seu Filho, Jesus Cristo: *"Ninguém vai ao Pai senão por mim"* (Jo 14,7).

IV – É TEMPO DE REPERCUTIR A PALAVRA

Os judeus presentes criticaram Jesus porque Ele disse: *"Eu sou o pão que desceu do céu"* (Jo 6,41). Criticaram porque, de fato, era algo inaudito e nunca visto. Para eles, Jesus, no mínimo era um pretensioso. Como pode ser pão ou alimento descido do céu se eles conhecem os pais dele? E se assim é, está excluída a origem divina dele. Segundo eles, Jesus está usurpando o lugar de Deus, o que é extremamente escandaloso. Eles não se haviam convencido de que Jesus era autêntico, e homem que falava a verdade.

Jesus não deixa os judeus sem resposta e o que Ele tem a dizer é novo para eles: "*Ninguém pode vir a mim, se o Pai que me enviou não o atrair. E eu o ressuscitarei no último dia*" (Jo 6,44). Jesus não se põe a explicar sua origem divina nem humana. O modo de agir dele em favor dos desvalidos, de maneira consistente, leva a entender quem Ele é, reconhecendo que o Pai está nele. E quando Ele fala de ressurreição, convém lembrar que para os fariseus e seus doutores da Lei, a ressurreição era considerada prêmio pela boa observância da Lei. Para Jesus, ressurreição é para os que estão unidos a Ele, crendo nele. Porém, crer nele não é privilégio restrito a uma nação, mas possibilidade de extensão universal, contanto que os que se deixam instruir por Deus, também se deixem conduzir por Ele. "O Pai não é imediatamente acessível, mas somente Jesus, que procede dele, tem experiência imediata dele" (MYERS, 1992, p. 329).

Quem crê tem uma riqueza a mais na vida. Para quem crê já existe algo de céu nele. Algo estabilizado, não fugaz. Jesus como pão é o contrário do maná, que diariamente tinha que ser substituído.

O Evangelho de João persiste e insiste com a Palavra de Jesus, em parte, até repetindo a mesma verdade: "*Eu sou o pão vivo que desceu do céu. Quem come deste pão viverá para sempre. E o pão que eu vou dar é a minha própria carne, para que o mundo tenha a vida*" (Jo 6,51). "Jesus retoma a objeção inicial dos judeus. Seu dom é a "sua carne"; ou seja, o Espírito não se dá fora de sua realidade humana" (MYERS, 1992, p. 331). Estamos, sim, lidando com um mistério. Os judeus tinham imensa dificuldade em admitir Deus feito homem, Deus tocando o ser humano, acariciando-o e manifestando toda ternura para com Ele. Dificuldade de admitir o Deus-homem, entre os judeus, dificuldade em admiti-lo também hoje.

Para o teólogo José Antonio Pagola (2011, p. 567-568)

> A maneira de ser, as palavras, os gestos e reações de Jesus são detalhes da revelação de Deus. [...] é assim que Deus se preocupa com as pessoas, é assim que ele olha os que sofrem, é assim que procura os perdidos, é assim que abençoa os pequenos, é assim que acolhe, é assim que compreende, é assim que perdoa, é assim que ama. [...] Deus não é um conceito, mas uma presença amistosa e próxima que leva a viver e amar a vida de maneira diferente. Jesus o vive como o melhor amigo do ser humano: o "Amigo da vida".

O mistério de Jesus se declarar o pão vivo que desceu do céu, faz parte do projeto de Deus em salvar a humanidade. Essa maneira de se fazer presente, concretamente presente, mostra que Jesus é o mediador entre Deus e a humanidade (cf. 1Tm 2,5). Já não diríamos construtor de ponte, mas construtor de esteiras que ligam o céu à terra e a terra ao céu. O que para nós é incrivelmente misterioso, para Deus é algo natural, pois Ele optou por tornar sua a "experiência humana".

■ Complementar a repercussão da Palavra dialogando

1. Completemos: aderir a Jesus é...
2. Jesus, pão vivo do céu, que significado tem para nós? Podemos ser "distribuidores" desse pão?

V – É TEMPO DE DIALOGAR COM O AUTOR DA PALAVRA

Senhor, dá-nos sempre desse pão. O teu pão da vida. Dá-nos sempre a alegria de correr ao teu encontro. Ajuda-nos na busca de teu pão que permanece para a vida eterna. Que a nossa fome física não grite mais alto que a nossa fome de vida, de eternidade. Só Tu podes saciar a nossa fome, pois o sentido de nossa existência aqui na terra está na eternidade. Nossos passos e nossas dores nos ajudam a contemplar um novo horizonte, o que leva ao encontro definitivo contigo.

VI – É TEMPO DE SEMEAR A PALAVRA

A Palavra se fez homem e habitou entre nós, como vamos contemplar sua presença? Como podemos participar de sua ternura, Ele que é o Filho único do Pai cheio de amor e fidelidade? Vamos promover uma visita ao Santíssimo levando uma pessoa amiga para a experiência do encontro e escuta orante de Jesus.

20º DOMINGO DO TEMPO COMUM

Tema do dia

→ Permanecer em comunhão com Jesus requer disponibilidade e amor.

Objetivo

→ Reconhecer que a vida cristã é experiência da vida que o Pai partilha com o Filho e também conosco que aderimos ao Filho.

I – É TEMPO INICIAL DE ACLAMAR, INVOCAR, LOUVAR O SENHOR

■ **Rezar com os participantes**

Ó Pai, tu que enviaste o Espírito Santo para recordar-nos tudo o que teu Filho Jesus disse e ensinou, dá-nos a força para vivenciarmos e anunciarmos ao mundo a Boa-nova, confiantes na tua Palavra (cf. Jo 14,26).

B

II – É TEMPO DE ESCUTAR E ACOLHER A PALAVRA: Jo 6,51-58

■ Núcleo da Palavra

Jesus dá sua carne em alimento para a vida do mundo. Os judeus não entendem essa linguagem. Mas Jesus insiste dizendo que se não for assim, não terão a vida neles. Há um pão perecível e outro que não perece jamais.

■ 1ª leitura: Pr 9,1-6

É um apelo para se entender o desenrolar da vida. Que o povo entenda a sua própria história. Nesse desenrolar da vida há a possibilidade de revestir-se de sabedoria. A sabedoria, por sua vez, é sustento para a caminhada. Por isso é que o Segundo Testamento vê na Sabedoria a figura de Jesus.

■ 2ª leitura: Ef 5,15-20

Esta leitura faz um apelo à sensatez para preencher o tempo da vida. Descubra-se no desenrolar dos dias qual é a vontade de Deus. Nada de embriagar-se, mas, em vez disso, alegrar-se na plenitude do Espírito. O texto recomenda também que haja oração comunitária, ocasião em que os crentes hão de agradecer sempre a Deus Pai por todas as coisas, em nome de Nosso Senhor Jesus Cristo.

III – É TEMPO DE DINAMIZAR A PALAVRA

■ Material necessário

Dois pedaços de velas, fósforo, um recipiente para derreter as velas.

■ Desenvolvimento

Coordenador: Vamos estabelecer uma linha direta entre nós e São Cirilo de Alexandria, doutor da Igreja, que viveu no século V, ou seja: uns mil e quinhentos anos antes de nós.

- Pegar dois pedaços de vela e o fósforo, derreter os pedaços de vela num recipiente adequado. Em seguida, dizer: dos dois pedaços se forma uma só coisa. Assim também pela participação do corpo de Cristo e de seu precioso sangue, ele se une a nós e nós nos unimos a ele em uma só realidade (São Cirilo de Alexandria).
- o Pedir para todos se aproximarem para que vejam os dois pedaços de vela derretidos... Dizer: Assim como a cera derretida de duas partes se tornou uma, nós em Cristo nos tornamos um com Ele.

IV – É TEMPO DE REPERCUTIR A PALAVRA

Em Jo 3,16, o evangelista nos fala da finalidade da missão de Jesus: *"Deus amou de tal forma o mundo, que entregou o seu Filho único, para que todo o que nele acredita não morra, mas tenha a vida eterna"*. Aqui, em João, capítulo 6, vem uma resposta completa a essa questão: Jesus veio para doar-se de modo total e irrestrito, de uma forma que ser humano nenhum poderia imaginar. Assim: *"O pão que eu vou dar é minha própria carne, para que o mundo tenha a vida"* (Jo 6,51b). Os judeus interlocutores não entendiam essa maneira de falar: "comer a própria carne dele". Mas quem crê nele, aceita essa forma original de doar-se. Eis os vocábulos que aparecem no trecho de hoje referindo-se a ele mesmo:

Comer = 6 vezes, sendo que uma foi proferida pelos adversários;
Viver (em diversas expressões):

Viver para sempre → 3 vezes
Ter vida → 1 vez
Não ter a vida em vocês → 1 vez
Viver (ou permanecer) em mim → 1 vez
Viver (ou permanecer) nele → 1 vez
Viver pelo Pai → 1 vez
Viver por mim → 1 vez

Carne = 6 vezes, sendo que uma foi proferida pelos adversários;

Beber → 3 vezes
Sangue → 2 vezes
Comida → 1 vez
Alimento → 1 vez

Antes disso, no mesmo capítulo, Jesus preparou a quem o ouviu no "crer". Agora soma outro verbo a este: "comer". Crer e comer são a ação completa. São a completa busca e o completo achado de Jesus. E contém a promessa de vida eterna. "Aceitar Jesus, aderir a ele, equivale a "comer", e significa assimilar a sua realidade humana, que se dá ao homem na sua vida e na sua morte" (MATEOS & BARRETO, 1999, p. 333). Nós, os humanos, temos a terrível tentação de pensar que Deus não tem o poder de fazer prodígios que escapem e superem a nossa racionalidade. Jesus procura de todas as maneiras fazer com que as pessoas entendam uma grande verdade que vai muito além das observações que elas fazem no dia a dia. *"Quem come a minha carne e bebe o meu sangue permanece em mim e eu permaneço nele"* (Jo 6,56).

Não é um encontro eventual, passageiro. É um permanecer em união sempre. Assim como Jesus vive em estreita união com o Pai, assim Ele vive em estreita união com os que se declaram seus discípulos.

■ Complementar a repercussão da Palavra dialogando

1. Se Jesus tivesse aceito ser proclamado rei (Jo 6,15) Ele poderia ter feito mais por sua gente?
2. Haveria outra maneira mais íntima de Jesus doar-se do que esta de oferecer sua carne e seu sangue?

V – É TEMPO DE DIALOGAR COM O AUTOR DA PALAVRA

Nós te damos graças, ó Pai, pois nos deste o dom da palavra, e assim podemos comunicar-nos contigo, com teu Filho e com o Espírito Santo, bem como comunicar-nos entre nós, vossos filhos e filhas. Damos graças a teu Filho, que por seu grande amor fala a nós como a amigos. Nós te bendizemos, ó Pai, por teu Filho estar permanentemente conosco, especialmente na Sagrada Eucaristia, pão da vida. Damos graças também a ti, ó Pai, pelo Sacramento do Perdão que Cristo alcançou por nós do alto da cruz. Louvamos ao teu Filho, o Senhor Jesus, pelo presente de sua Mãe Santíssima, estrela iluminadora da evangelização, primeira discípula e fiel missionária de nosso povo. Bendizemos ainda a ti, ó Deus, porque nos deste a natureza criada, obra de tuas mãos, como tuas primeiras palavras e que através das quais conhecemos melhor a ti. Louvado sejas, para sempre, meu Senhor e meu Deus.

VI – É TEMPO DE SEMEAR A PALAVRA

Somos felizes porque convidados para a Ceia do Senhor. Somos felizes de poder comer a carne e beber o sangue do Senhor para termos vida para sempre. Por maior que seja essa riqueza espiritual, ela ainda não é tudo. Falta um enriquecimento de nossa parte: demonstrar ao mundo por meio de nossas obras que vivemos na maior intimidade com o Senhor e que outras se juntem a nós nessa intimidade que carrega em si a sensatez, de que fala a segunda leitura, o amor ao próximo, a ponto de doar-nos por ele.

Participar da missa é o maior encontro possível entre nós e o Senhor Jesus Cristo. Vamos participar da próxima Santa missa carregando no coração a intenção de que o encontro com o Senhor precisa multiplicar-se em outros encontros com nossos irmãos e irmãs como gesto de doação e amor.

21º DOMINGO DO TEMPO COMUM

Tema do dia

→ O Espírito é que dá Vida.

Objetivo

→ Conscientizar-se de que o seguimento de Jesus é exigente, uma prova de fé!

I – É TEMPO INICIAL DE ACLAMAR, INVOCAR, LOUVAR O SENHOR

■ Rezar com os participantes

Ó Pai, tu que enviaste o Espírito Santo para recordar-nos tudo o que teu Filho Jesus disse e ensinou, dá-nos a força para vivenciarmos e anunciarmos ao mundo a Boa-nova, confiantes na tua Palavra (cf. Jo 14,26).

II – É TEMPO DE ESCUTAR E ACOLHER A PALAVRA: Jo 6,60-69

■ Núcleo da Palavra

Muitos acharam duro demais o que Jesus dizia. É o Espírito que dá vida, não a carne. Há os que não acreditam. Ir a Jesus? Só se for concedido pelo Pai. Muitos debandaram e não seguiram mais Jesus. Ele quer saber se os doze também querem ir. Pedro disse: a quem iremos?

■ 1ª leitura: Js 24,1-2a.15-17.18b

Josué reúne as tribos de Israel. Todos se apresentam diante de Deus. Josué diz que outros povos serviam a outros deuses. Josué disse: se vocês acham que não é bom servir a Deus, escolham a quem querem servir. O povo respondeu: longe de nós servir a outros deuses. Foi Javé que nos tirou da "casa da escravidão". Ele é nosso Deus.

■ 2ª leitura: Ef 5,21-32

Paulo reflete de acordo com a mentalidade de sua época, isto é, o marido é a cabeça da mulher. A Igreja deve submeter-se a Cristo-Cabeça e assim o casal é chamado a viver uma entrega amorosa e livre.

B

III – É TEMPO DE DINAMIZAR A PALAVRA

■ Desenvolvimento

- Fazer pausadamente a leitura do Evangelho: Jo 6,60-69.
- Provocar um debate sobre a atitude de alguns discípulos. Quando isso acontece em nossa vida? (cf. Jo 6,66).

IV – É TEMPO DE REPERCUTIR A PALAVRA

O texto do Evangelho que ouvimos começa assim: *"Depois que ouviram essas coisas..."*
Que coisas? *"Eu garanto a vocês: se vocês não comem a carne do Filho do Homem e não bebem o seu sangue não terão a vida em vocês"*; *"Quem come a minha carne e bebe o meu sangue vive em mim e eu nele"* (Jo 6,53.56).

"Quem pode continuar ouvindo isso?" (Jo 6,60). Mas Jesus quer saber se o que Ele diz escandaliza. *"Imaginem então se vocês virem o Filho do Homem subir para o lugar onde estava antes!"* (Jo 6,62). Não, a morte não é ponto-final. Porque Cristo tem a vida nas mãos. Ele a dá livremente e também tem o poder de retomá-la (cf. 10,18). Assim Ele vai para o "lugar" de onde veio antes. E lembra que é o Espírito que dá vida. O ser humano, por si só, em sua carne não tem força para fazer-se doação. Só carne e Espírito formam a plenitude. Jesus é firme no que diz. Nada de palavras supérfluas, superficiais. *"As palavras que eu disse a vocês são Espírito e são vida"* (Jo 6,63). Por isso, a maior generosidade da vida é doá-la.

Jesus bem sabe que nem todos os que andam com Ele creem nele, e sabe quem o há de trair. Doar a própria vida não é um valor com que Judas simpatize. Nem vai demonstrar empenho por isso. Muito pelo contrário, vai entregar aquele que o chamou para o grupo dos doze.

Não é por causa das pessoas que não creem nele, que Jesus deixará de esclarecer e explicar: *"Ninguém pode vir a mim, se isto não lhe é concedido pelo Pai"* (Jo 6,65). Por que estão aí os que não creem em Jesus? Por que há entre eles um que vai traí-lo? Ora, quem não se abre ao sopro do Espírito e não recebe de boa vontade o dom que o Pai lhe concede, não irá chegar até Jesus. A Palavra de Jesus ultrapassa o patamar de aceitação dessas pessoas e por isso deixam de andar com Jesus (cf. Jo 6,66), até porque lhes subtrai toda ambição pessoal, não que isto venha por imposição, mas porque lhes falta a responsabilidade própria do ser humano livre. Além disso, se Jesus morrer, segundo eles, ficará evidente o seu insucesso e cessará toda a sua credibilidade.

Depois que o ambiente ficou mais vazio pelas desistências, Jesus perguntou aos Doze: *"Vocês também querem ir embora?"* (Jo 6,67). Jesus quer saber a livre opção deles. Ele estava até disposto a ser pastor sem suas ovelhas antes que renunciar ao que marcava a essência de sua missão, que em seu cerne exige a entrega por amor. Simão

Pedro prontamente responde por todos os outros (usando o plural): "*A quem iremos, Senhor? Tu tens palavras de vida eterna. Agora nós cremos e sabemos que tu és o Santo de Deus*" (Jo 6,68-69). Pedro emprega dois verbos: "*cremos*" e "*sabemos*". O primeiro é tema central de todo este capítulo; o segundo, indica que tudo está conforme o plano divino e que a nossa percepção humana lhe dá anuência.

E Jesus é chamado por Pedro de "*o Santo de Deus*". O que quer dizer: santo em grau único com relação ao Pai; o consagrado de Deus, o ungido. Assim, os títulos: Messias e Filho de Deus aplicam-se a Jesus de maneira única. Dizer e reconhecer que Jesus é o "Santo de Deus" é crer que aderindo a Ele é ter o legítimo poder de dar continuidade à missão por Ele levada a término.

■ Complementar a repercussão da Palavra dialogando

1. O texto do Evangelho às vezes é bastante repetitivo. Em que isto nos pode ajudar?
2. Às vezes convidamos pessoas para fazerem parte da nossa comunidade de fé. Quais os tipos de respostas positivas ou negativas que costumamos ouvir?

V – É TEMPO DE DIALOGAR COM O AUTOR DA PALAVRA

Ó Cristo, Tu que és o Santo de Deus, o Consagrado de Deus, precisamos de tua ajuda que estás sempre pronto a conceder. A ajuda é para caminharmos no teu caminho de doação da vida. Como pessoas que recebemos o dom da fé, não nos causa estranheza a dureza de tua palavra, nem o teu gesto de doação na Eucaristia. Mas, por vezes, somos vacilantes quando se trata de assumir compromissos depois de recebermos a tua carne e teu sangue. No entanto, sem a tua doação integral e de amor permanente não temos força para fazer a oferta de nossa vida de tão frágeis que somos. Somos dependentes da tua força e por isso estamos em pé. Além do mais, o teu servo, o apóstolo Paulo, nos adverte: "*Aquele que julga estar em pé, tome cuidado para não cair*" (1Cor 10,12). Que assim seja, ó Cristo.

VI – É TEMPO DE SEMEAR A PALAVRA

"Não podemos ignorar que, nas últimas décadas, se produziu uma ruptura na transmissão geracional da fé cristã no povo católico. É inegável que muitos se sentem desiludidos e deixam de se identificar com a tradição católica, que cresceu o número de pais que não batizam seus filhos nem os ensinam a rezar, e que há certo êxodo para outras comunidades de fé" (EG, 70).

Que tal verificar quais rupturas existem em nosso processo de adesão a Jesus Cristo, em nossa experiência de vida cristã?

22º DOMINGO DO TEMPO COMUM

Tema do dia

→ Tradição que não agrega valores, não vale a pena ser mantida.

Objetivo

→ Recordar que é importante não nos deixar invadir por más intenções.

I – É TEMPO INICIAL DE ACLAMAR, INVOCAR, LOUVAR O SENHOR

■ Rezar com os participantes

Ó Pai, tu que enviaste o Espírito Santo para recordar-nos tudo o que teu Filho Jesus disse e ensinou, dá-nos a força para vivenciarmos e anunciarmos ao mundo a Boa-nova, confiantes na tua Palavra (cf. Jo 14,26).

II – É TEMPO DE ESCUTAR E ACOLHER A PALAVRA: Mc 7,1–8.14–15.21–23

■ Núcleo da Palavra

Tradição *versus* mandamentos. São certas coisas que vêm de dentro que tornam a pessoa impura. De dentro nascem as más intenções.

■ 1ª leitura: Dt 4,1-2.6-8

Deus sabe o que ordenar ao povo de Israel. Que o povo pratique a justiça que Deus lhe apontar. Se assim for, o povo será considerado sábio e inteligente. E os comentários surgirão: Que nação é essa que tem um Deus próximo assim, como é Javé?

■ 2ª leitura: Tg 1,17-18.21b-22.27

Esta carta ressalta o mandamento do amor ao próximo. Os dons nos vêm de Deus, do Deus em quem não há mudança. Por sua liberalidade Ele nos criou e nos quis a primeira dentre as suas criaturas. Diante disso, que nos abstenhamos de toda malícia e sejamos dóceis à Palavra de Deus. Que pratiquemos a Palavra e dela não sejamos apenas ouvintes. Religião não se coaduna com o pecado e não se restringe a rituais, mas exige gestos concretos, como na época deviam ser dirigidos à assistência de duas classes de pessoas desamparadas: órfãos e viúvas.

III – É TEMPO DE DINAMIZAR A PALAVRA

■ **Desenvolvimento**

- Formar pequenos grupos e distribuir os textos:
  1. Más intenções: *A intenção é um movimento da vontade em direção ao objetivo. Por exemplo, eu tenho uma intenção má, isto é, me mostrar importante e bondoso e dou uma esmola bem grande. O ato de dar esmola é bom, mas por eu ser muito convencido, o ato bom pode tornar-se mau* (cf. CIgC, 1750, 1752, 1754).
  2. Imoralidade: *Existem atos que por si mesmos, independentemente das circunstâncias da ou das intenções, são atos ilícitos. Portanto, uma imoralidade. Por exemplo, o homicídio* (cf. CIgC, 1756).
  3. Roubos: *O sétimo mandamento proíbe o roubo, isto é, a usurpação do bem de outro* (CIgC, 2408).
  4. Crimes: O que é um crime? *"No seu sentido jurídico, infração grave que a justiça criminal pune com uma pena"* (DORON, 2006).
  5. Adultérios: *Adultério é o nome que se dá à infidelidade conjugal. O adultério é uma injustiça. Quem o comete falta com seus compromissos e prejudica a instituição do casamento, violando o contrato que o fundamenta* (CIgC, 2380-2381).
  6. Ambições sem limite: *Fortes desejos de possuir riquezas e de receber honras, aplausos e glórias.*
  7. Maldades: *Intenção ou prática de atitude má, que prejudica ou ofende outra pessoa.*
  8. Malícia: *Inclinação e prática de enganar outra pessoa. Esperteza, no sentido negativo da palavra.*
  9. Devassidão: *Procedimento de quem é devasso, isto é, que não se importa com as normas morais da sociedade.*
  10. Inveja: *A inveja é um dos sete pecados capitais, assim chamados porque podem gerar outros pecados* (cf. CIgC, 1866). *O décimo mandamento, que fala da cobiça, ordena que não deixemos que a inveja desperte e cresça em nós. A Bíblia conta uma história a respeito da inveja. Quando o profeta Natã quis estimular o arrependimento do rei Davi, contou-lhe a história de um pobre que possuía só uma ovelha e de um rico que possuía muitas. Este rico invejava a única ovelha do pobre e acabou roubando-lhe a única ovelha* (cf. 2Sm 12,1.4); (cf. CIgC, 2538). *A inveja ainda pode ser definida como um sentimento de desgosto em ver a felicidade ou a prosperidade de outra pessoa e não se conformar com ela.* Quer saber mais a respeito da inveja? Leia o número 95 da Exortação Apostólica *Amoris Laetittia.*
  11. Calúnia: *A calúnia é um pecado contra o oitavo mandamento. Consiste em palavras contrárias à verdade, que prejudicam uma terceira pessoa* (cf. CIgC, 2477).

12. Orgulho: *O orgulho também é um dos sete pecados capitais. Orgulho é atitude, é pose da pessoa que quer aparentar ser mais do que de fato é. Conhecem a historinha do boi e do sapo? Um dia o boi foi beber água na beira do rio. O sapo quis imitá-lo e se pôs a tomar água como o boi para ficar grande como ele. Tomou, tomou e estufou, estufou e ploft... explodiu!*

13. Insensatez (ou falta de juízo): Atitude que indica falta de bom-senso e ponderação, indicando imprudência. E o que é o bom-senso de que se fala tanto? O teólogo Leonardo Boff dá uma boa definição: *"Dizemos que alguém tem bom-senso quando para cada situação tem a palavra certa, o comportamento adequado, e quando atina logo com o cerne da questão"* (BOFF, 2016).

Partilha

■ Motivar os grupos para que digam com suas próprias palavras de que se tratava o texto que receberam. Como combater a esse mal no dia a dia?

IV – É TEMPO DE REPERCUTIR A PALAVRA

João, no capítulo 6 de seu Evangelho, a seu modo, e de modo muito profundo, deu a resposta, apontando para Jesus como aquele que encontrou um jeito divino-humano de saciar as fomes da humanidade. São muitas as fomes: de amor, de imortalidade, de afeto, de atenção, de perdão, de esperança, de misericórdia, de vida... Marcos é um evangelista muito prático ou se quisermos pragmático, porque ele nos apresenta situações concretas que em si traduzem respostas para quem quer saber "quem é Jesus". Desde o capítulo 3,22ss., o evangelista não fala de oposição tão aberta contra Jesus. Na ocasião, Jesus era suspeito de ter um pacto com o demônio. No capítulo 7 o conflito reacende. Aparecem fariseus e doutores da Lei. Querem saber por que os discípulos de Jesus não seguem as tradições, por exemplo, a de lavar bem as mãos antes de comer. Claro, a higiene era importante, mas Jesus queria mostrar algo mais importante ainda. Em Mc 7,6-8, Jesus propõe que se acabe com o tal "código de pureza". Por insistirem sobre isso, Jesus os chama hipócritas porque se agarram a essas coisas exteriores e descuidam das coisas do coração. E Jesus sintetiza dizendo: *"Vocês abandonam o mandamento de Deus para seguir a tradição dos homens"* (Mc 7,8). O hipócrita faz até promessas a Deus, sem se importar com a desgraça de outras pessoas. Jesus, e por inúmeras vezes, tolera o erro. A hipocrisia não, porque é a cristalização da falsidade.

Em Mc 7,14-15, Jesus quer a multidão perto de si e nós também pertencemos a ela. E ele pede à multidão duas coisas: *"escutar"*, isto é, querer ouvir; dispor-se a ouvir e *"compreender"* procurar entender o que foi dito ou que está sendo dito. Jesus vai pôr na balança duas coisas opostas: *coisas que vêm de fora* x *coisas que vêm de dentro.* Textualmente: *"O que vem de fora e entra numa pessoa, não a torna impura* (moralmente); *as coisas que saem de dentro da pessoa é que a tornam impura"* (Mc 7,15). A moralidade não depende de condições externas para ser considerada ato humano bom, mas depende da opção de vida que as pessoas fazem.

■ **Complementar a repercussão da Palavra dialogando**

1. Como vai a nossa tolerância, no geral?
2. Há preconceitos na nossa sociedade? O que acha deles? Dá para combatê-los? Nós também carregamos alguns?

V – É TEMPO DE DIALOGAR COM O AUTOR DA PALAVRA

Acompanhando o teu Evangelho, Senhor, tomamos consciência de que precisamos estar atentos para o que nos circunda: costumes, normas, preceitos eclesiais. Entendemos pelo teu Evangelho que não podemos ter medo de revê-los, se conveniente for. Talvez já não prestemos mais o mesmo serviço à transmissão do Evangelho como em outros tempos, ou já não tenhamos a mesma força educativa como canais de vida. Essa coragem de provocar mudanças a precisamos ter e, às vezes, não a temos. Então recorremos à tua providência iluminadora para tomarmos decisões favoráveis à evangelização no nosso tempo, ao trabalho das pastorais, à catequese. Contando contigo, como sempre, quando somos fracos, então é que somos fortes. Assim, te pedimos Senhor: fortalece-nos para que sejamos canais de transmissão da tua mensagem.

VI – É TEMPO DE SEMEAR A PALAVRA

Quantos males o ser humano é capaz de fazer contra si mesmo e contra seu próximo. Vale a pena pensar e repensar. Busquemos ajudar na educação da fé de nossas crianças e adolescentes provocando a valorização da vida, contribuindo em atividades da pastoral catequética da comunidade.

23º DOMINGO DO TEMPO COMUM

B

Tema do dia

→ As mãos de Jesus revelam seu amor que acolhe e cura.

Objetivo

→ Entender a importância de saber como comunicar-se com pessoas portadoras de necessidades especiais.

I – É TEMPO INICIAL DE ACLAMAR, INVOCAR, LOUVAR O SENHOR

■ Rezar com os participantes

Ó Pai, tu que enviaste o Espírito Santo para recordar-nos tudo o que teu Filho Jesus disse e ensinou, dá-nos a força para vivenciarmos e anunciarmos ao mundo a Boa-nova, confiantes na tua Palavra (cf. Jo 14,26).

II – É TEMPO DE ESCUTAR E ACOLHER A PALAVRA: Mc 7,31-37

■ Núcleo da Palavra

Em tempo de viagem missionária, levaram a Jesus um homem com problema de audição e dificuldade de fala. Jesus entrou em contato físico com ele, elevou os olhos para o céu e curou o necessitado, que começou a falar sem dificuldade. Jesus não queria que se espalhasse o fato, mas os que o acompanhavam não deixavam de divulgar o acontecido.

■ 1ª leitura: Is 35,4-7a

Deus há de vir em socorro e curar cegos, surdos, deficientes físicos, mudos, e haverá mudanças para melhora nos problemas climáticos. Brotarão minas de água onde havia chão seco.

■ 2ª leitura: Tg 2,1-5

Ah, a diferença de tratamento dada aos ricos, dando-lhes lugar de destaque e aos pobres ordenando-lhes que se sentem em qualquer lugar, até no chão. São péssimos critérios de julgamento de uma pessoa. E a pergunta é: Não foi Deus que escolheu os pobres para torná-los ricos na fé e herdeiros do Reino?

III – É TEMPO DE DINAMIZAR A PALAVRA

■ Desenvolvimento

- Formar um círculo e dar a seguinte orientação: cada participante deverá traçar uma cruz sobre a boca ou sobre o ouvido de outro participante ao lado, ao mesmo tempo em que dirá uma palavra incentivadora, completando uma das duas frases:

  Diz o nome da pessoa, traça o sinal da cruz e diz: Abra-se o seu ouvido para
  ....;

  ou, diz o nome da pessoa, traça o sinal da cruz e diz: Solte-se a sua língua para ....

  exemplo a) Abra-se o seu ouvido para você escutar com atenção a Palavra de Deus.
  exemplo b) Solte-se a sua língua para você louvar com dignidade o Senhor.

Partilha

- Iniciar um "bate-papo" sobre o "ouvir" e o "falar", salientando a importância de ambos nas relações humanas e cristãs.

IV – É TEMPO DE REPERCUTIR A PALAVRA

Fica bem abrirmos esta repercussão da Palavra, lembrando que Deus se tornou carne para os necessitados poderem tocá-lo, percebendo estar nele a divindade. Quem o diz de maneira muito transparente e sábia é Santo Efrém, diácono e doutor da Igreja, do século IV, ao discorrer sobre o Evangelho de hoje.

> O inatingível Poder desceu e se recobriu de membros que se podem tocar, para que os necessitados pudessem aproximar-se dele, e, ao tocar sua humanidade, conseguissem perceber a sua divindade. Aquele surdo-mudo sentiu os dedos de carne que se aproximaram de seus ouvidos e tocaram a usa língua; porém, mediante os dedos que podem ser tocados, tocou a intangível divindade, quando esta desatou a sua língua e abriu as portas dos ouvidos lacrados. (BONDAN, 2013, p. 461)

Não importa muito se na viagem descrita no trecho do Evangelho, Jesus ultrapassou ou não os territórios judaicos. Os analistas se dividem a este respeito. O próprio texto fala duas vezes em "região". O que fica assinalado é que vinham da região da Liga das Dez Cidades, a Decápole, numerosas pessoas para ouvir Jesus (cf. Mt 4,25) e nessa região Ele operou a cura de um homem surdo e que falava com dificuldade (cf. Mc 7,31-17). De uma forma ou de outra, demonstra que para Jesus não existia fronteira para o bem.

Houve pessoas generosas que levaram o homem com deficiência até Jesus e pediram a Ele que lhe impusesse as mãos. Certamente havia entre eles alguém que sabia valorizar o gesto de impor as mãos. Gesto de Jesus que comunicava energia e cura. Ele comunicava o seu Espírito. Pela imposição das mãos o Espírito Santo é transmitido (cf. At 8,17-19).

O Filho de Deus se encarnou, também para pôr-se em comunicação com a humanidade, como neste caso, por exemplo, em que Ele põe o dedo no ouvido do homem e usa sua própria saliva para tocar a língua, gestos completados com o pedido ao Pai para que ali, os sentidos que estavam travados, se abrissem e seu funcionamento se normalizasse.

Quando o papa Francisco comentou este trecho do Evangelho, disse o seguinte:

> Muitas vezes estamos fechados em nós mesmos, e criamos muitas ilhas inacessíveis e inospitaleiras. Até as relações humanas mais elementares por vezes criam realidades incapazes de abertura recíproca: o casal fechado, a família fechada, o grupo fechado, a paróquia fechada, a pátria fechada... E isto não é de Deus! Isto é nosso, é o nosso pecado. (FRANCISCO, 2015)

Ao dizer "Efatá", Jesus, fala com autoridade, abre os ouvidos e desprende a língua daquele homem que representa uma multidão que necessita de ouvidos para ouvir e boca para falar. Fez inflamar os corações, especialmente de todos que testemunharam o bem que Ele fez.

■ **Complementar a repercussão da Palavra dialogando**

1. Vale a pena pensar: por que a nossa Igreja se chama "católica"?
2. Concretamente, nossa comunidade passa por algum tipo de "fechamento". Falta-nos um agir verdadeiramente missionário? Como sair dessa?

V – É TEMPO DE DIALOGAR COM O AUTOR DA PALAVRA

Jesus, missionário do Pai, zeloso, bondoso e amigo. Graças à tua intervenção, os ouvidos das pessoas se abrem para a tua voz e para as vozes do mundo, além de emitir com perfeição a própria voz. Que nós sejamos bons ouvintes de tua Palavra e se tivermos boas condições, que sejamos, também, bons comunicadores dessa Palavra para pessoas que nunca a ouviram ou para pessoas que a ouviram, mas a largaram à beira do caminho, sentindo-se cansadas e/ou desiludidas sob o peso das preocupações ou por não terem ainda descoberto o verdadeiro sentido da vida. Jesus, que a tua Palavra ressoe novamente. Por favor, dize outra vez: "*Efatá*". Que se abram os ouvidos e que se faça entendível a fala de teus ministros ordenados e da multidão de leigos de tua Igreja.

VI – É TEMPO DE SEMEAR A PALAVRA

Nós como cristãos, nós como profissionais da saúde ou não, somos estimulados a trabalhar com pessoas com deficiência? Talvez estejamos "chovendo no molhado", mas temos aqui algumas indicações. Consulte e oriente-se:

■ pt.wikipedia.org./wiki/Deficiência
■ www.blogdaaudiodescricao.com.br
■ www.deficientefisico.com
■ AACD – Associação de Assistência à Criança Defeituosa / pt-br.facebook.com
■ CIF – Classificação Internacional de Funcionalidade
■ FCD – Fraternidade Cristã de Pessoas com Deficiência – www.fcdbr.com.br
■ Surdos, Mudos e Cegos – www.aascj.org.br
■ Pastoral da Pessoa com Deficiência. Inclusão já! www.inclusaoja.com.br

24º DOMINGO DO TEMPO COMUM

Tema do dia

→ Jesus é o Messias, o ungido de Deus.

Objetivo

→ Reconhecer que o caminho do discipulado não é fácil, mas pleno de boas notícias.

I – É TEMPO INICIAL DE ACLAMAR, INVOCAR, LOUVAR O SENHOR

■ **Rezar com os participantes**

Ó Pai, tu que enviaste o Espírito Santo para recordar-nos tudo o que teu Filho Jesus disse e ensinou, dá-nos a força para vivenciarmos e anunciarmos ao mundo a Boa-nova, confiantes na tua Palavra (cf. Jo 14,26).

II – É TEMPO DE ESCUTAR E ACOLHER A PALAVRA: Mc 8,27-35

■ **Núcleo da Palavra**

Estando a caminho com seus discípulos, Jesus quis saber o que os outros e os próprios discípulos diziam quem Ele era. Pedro declarou que Ele era o Messias. Jesus dá ensinamentos aos discípulos e diz claramente o que ainda há de acontecer com Ele.

■ **1ª leitura: Is 50,5-9a**

Isaías é o líder que sofre junto com seu povo que também sofre. Ele fica atento ao que Deus lhe quer dizer. Deixa-se bater, arrancar-lhe a barba; nem se defendeu dos insultos, pois ele tem Deus por aliado e não teme ser derrotado. Se Deus o defende, quem vai condená-lo?

■ **2ª leitura: Tg 2,14-18**

Não, não é verdade que só a fé salva. O texto quer dizer que tudo se torna claro como a luz do dia, se entre a fé e as obras colocarmos o amor. Este, sim, é capaz de amarrar as duas coisas: a fé e as obras, de tal maneira que uma não demonstrará a sua importância sem a outra.

III – É TEMPO DE DINAMIZAR A PALAVRA

■ Desenvolvimento

- Entregar a cada participante a frase: "Eu não quero caminho mais fácil. Eu quero o caminho de Deus".
- Pedir que permaneçam em silêncio para refletir sobre o que essa frase tem a nos dizer. Qual sua relação com a Palavra que ouvimos?

Partilha

- Motivar os participantes para partilhar espontaneamente sua reflexão.

IV – É TEMPO DE REPERCUTIR A PALAVRA

Para usar um termo do nosso tempo, diríamos que é grande a mobilidade de Jesus. Mas não é mobilidade urbana, e sim, rural. Tanto é que não se sabe ao certo se Ele chegou a entrar na cidade de Cesareia de Filipe ou se ficou apenas nos povoados próximos, como sugere o Evangelho deste Encontro. Cesareia de Filipe, hoje, Baniyas, está bem próxima de uma das nascentes do rio Jordão, no extremo Norte da Palestina. Filipe, filho de Herodes Magno, teve o mérito de reconstruir a cidade e, por isso, foi acrescentado o seu nome ao da cidade.

Enfim, Jesus esteve ao menos na região porque para lá partiu com seus discípulos. Não sabemos quanto tempo andaram nem onde se hospedaram, mas alguns assuntos de suma importância vieram até nós como Boa Notícia.

O pequeno Evangelho de Marcos, como um sucinto catecismo para iniciantes, encerra mais a apresentação das ações de Jesus, do que abundantes palavras. Mesmo assim, pode-se dividi-lo em duas partes: a primeira de 1,1-8,30 mostra os sinais operados por Jesus para libertar as pessoas de seus males. A segunda parte (Mc 8,31-16,20) é para mostrar, principalmente para os discípulos, qual a sua identidade, por quais fases Jesus deverá passar e também por quais passos deverão passar aqueles que quiserem segui-lo, assumindo com fidelidade e responsabilidade o seu estilo de vida. A transição de uma parte a outra se dá hoje. Por meio dos discípulos, Jesus quer saber o que as pessoas pensam quem Ele seja. Segundo eles, as opiniões eram divididas; não havia unanimidade. Jesus não deu muita importância à opinião de terceiros. Logo perguntou aos discípulos porque a partir deles devia ser dada a resposta ao mundo: *"E vocês, quem dizem que eu sou?"* Pedro respondeu: *"Tu és o Messias"* (Mc 8,29-30). Pedro acertou: Messias é o ungido de Deus, o profeta, o que prega com autoridade e conhecimento de causa. Jesus, à primeira vista, se deu por satisfeito com a resposta, mas não queria que se falasse a respeito dele. Ora, se se falasse, se espalharia só meia Boa Notícia porque grandes acontecimentos ainda estavam por vir.

Justamente foi por aí que Jesus começou a ensinar os discípulos: pelo que ainda estava por vir. E contou-lhes toda a verdade. *"Dizia isso abertamente"* (Mc 8,32). Pedro não se conformou com as declarações de Jesus. Como mandam as boas regras da comunicação, Pedro *"levou Jesus para um lado"* (Mc 8,32). Até aí tudo bem, Pedro falando em particular com Jesus. A partir daí foi ousado demais. Quem era Pedro para repreender o Messias? Segundo ele, Jesus não podia dizer o que seria dele, mas poderia, sim, tornar-se o líder de um reino poderoso, por que não? Jesus não admite esse modo de pensar e de esperar um novo amanhã, que se assemelharia ao que até então se impunha, e, por isso, Jesus chama Pedro de "satanás", isto é, aquele que se declarava adversário. Um poder que subjugava as pessoas, que oprimia, um poder que não era a favor de gerar vida e muito menos ainda de vida em abundância, pois não era o projeto da vontade do Pai.

Jesus, então, convocou a multidão e os discípulos e mostrou-lhes as duas condições para segui-lo:

- *Renunciar a si mesmo:* Diríamos com bem poucas palavras: renunciar a si mesmo é munir-se de coragem no Espírito para doar-se.
- *Tomar a sua cruz:* Diz o apóstolo Paulo: *"Aquele que nada tinha a ver com o pecado, Deus o fez pecado por causa de nós, a fim de que por meio dele sejamos reabilitados por Deus"* (2Cor 5,21). Nesse sentido, Jesus assumiu nossas cruz. Jesus, objetivamente, consumou a nossa salvação por sua morte e ressurreição, mas individualmente temos de fazer a nossa parte. Um pensamento de Santo Agostinho nos pode ajudar a esclarecer: "Deus nos criou sem nós, mas não quis salvar-nos sem nós" (CIgC, 1847).

Concluindo: quem se agarrar a todo custo à sua vida, vai perceber que ela é insegura, limitada e frágil, logo chegará ao seu fim. Quem "perde" a sua vida doando-a, como dissemos há pouco, por causa de Jesus Cristo e de seus irmãos, ah! Esse vai salvá-la.

■ Complementar a repercussão da Palavra dialogando

1. Nós ficamos longe de dar uma resposta mais completa do que é "renunciar a si mesmo". Vamos enriquecer essa resposta.
2. "Estilo de vida" de Jesus, em poucas palavras: em que consiste?

V – É TEMPO DE DIALOGAR COM O AUTOR DA PALAVRA

Senhor Jesus! Foste identificado como o Messias, Tu claramente chamas as pessoas ao compromisso com o teu projeto. Não obrigas a ninguém, mas fazes forte apelo: *"Se alguém quiser vir após mim..."* (Mc 8,34) e indicas as condições: *renunciar a si e assumir a cruz.* É o compromisso que sugeres. É o compromisso que podemos assumir, pois ele cabe em nossa humanidade. Dá-nos a graça para que isso se torne realidade, não esporadicamente, mas no dia a dia de nossa vida. Abençoa-nos, Senhor!

VI – É TEMPO DE SEMEAR A PALAVRA

Para alargar o nosso conhecimento e o do nosso grupo e comunidade:

> "*Cristo*" vem da tradução grega do termo hebraico "Messias", que quer dizer "ungido". Só se torna o nome próprio de Jesus porque este leva à perfeição a missão divina que significa. Com efeito, em Israel eram ungidos em nome de Deus os que lhe eram consagrados para uma missão vinda dele. Era o caso dos reis, dos sacerdotes e, em raros casos, dos profetas. Esse devia ser por excelência o caso do Messias que Deus enviaria para instaurar definitivamente seu Reino. O Messias devia ser ungido pelo Espírito do Senhor ao mesmo tempo como rei e sacerdote, mas também como profeta. Jesus realizou a esperança messiânica de Israel na sua tríplice função de sacerdote, profeta e rei. (CIgC, 436)

Que tal recordar e renovar as promessas do nosso Batismo que nos incorporou a Cristo: Sacerdote, Profeta e Rei?

25º DOMINGO DO TEMPO COMUM

Tema do dia

→ Jesus, o Messias, que pratica aquilo que ensina.

Objetivo

→ Entender a comunidade cristã como lugar de comunhão e serviço, tendo Cristo como modelo de Mestre servidor.

I – É TEMPO INICIAL DE ACLAMAR, INVOCAR, LOUVAR O SENHOR

■ Rezar com os participantes

Ó Pai, tu que enviaste o Espírito Santo para recordar-nos tudo o que teu Filho Jesus disse e ensinou, dá-nos a força para vivenciarmos e anunciarmos ao mundo a Boa-nova, confiantes na tua Palavra (cf. Jo 14,26).

II – É TEMPO DE ESCUTAR E ACOLHER A PALAVRA: Mc 9,30-37

■ Núcleo da Palavra

Jesus e seus discípulos atravessavam a Galileia. Jesus queria um tempo a sós com os discípulos para ensiná-los. Explicou-lhes realisticamente o que aconteceria com Ele. Os discípulos não compreendiam o que Ele lhes dizia. Já em casa, em Cafarnaum, quis saber sobre o que discutiam a caminho. Eles ficaram calados. O assunto, na verdade, era saber quem deles era o maior. Jesus explicou também a esse respeito: o último é o primeiro. O que serve, destaca-se em primeiro lugar. E apresentou uma criança como modelo. Quem acolher a criança, acolherá a Ele.

■ 1ª leitura: Sb 2,12a.17-20

O mal-intencionado só quer desfrutar das coisas deste mundo e se vê incomodado com o justo. Se este, de fato, for verdadeiro, Deus o defenderá. Por isso, (pensa o mal-intencionado) vamos pô-lo à prova, torturá-lo para ver se ele não perde sua serenidade. Vamos condená-lo à morte, pois diz ele que alguém virá em seu socorro.

■ 2ª leitura: Tg 3,16-4,3

Onde há inveja há desordens. A sabedoria, sim, ela gera bons frutos como: justiça, paz. Guerras nascem das paixões que ardem dentro de vocês. Cobiça, inveja, ganância, corroem e destroem vocês por dentro.

III – É TEMPO DE DINAMIZAR A PALAVRA

■ Material necessário:

Um cartaz ou cópias do poema "O prazer de servir", de Gabriela Mistral, poetisa chilena (1889-1957) que recebeu o prêmio Nobel de Literatura em 1945. O poema pode ser facilmente encontrado na internet.

O PRAZER DE SERVIR

Toda natureza é um serviço.
Serve a nuvem, serve o vento, serve a chuva...

B

■ **Desenvolvimento**

- Formar duplas ou pequenos grupos.
- Motivar os participantes para a leitura da poesia entregue dizendo: Servir é da essência do ser cristão.
- Dar um tempo para a reflexão da poesia e sua relação com o texto bíblico.

Partilha

- Propor uma conversa a partir da reflexão feita pelas duplas ou grupos.

IV – É TEMPO DE REPERCUTIR A PALAVRA

No Evangelho de Marcos, Jesus traça seu caminho para Jerusalém, dando detalhes dele por três vezes diante de seus discípulos:

1ª vez: 8,31	"O Filho do Homem deve sofrer muito, ser rejeitado pelos anciãos, pelos chefes dos sacerdotes e doutores da Lei, deve ser morto, e ressuscitar depois de três dias".	**"Renuncie a si mesmo, tome a sua cruz e me siga".**
2ª vez: 9,31	"O Filho do Homem vai ser entregue na mão dos homens, e eles o matarão. Mas quando estiver morto, depois de três dias, ressuscitará".	**"Ser aquele que serve a todos".**
3ª vez: 10,33-34:	"O Filho do Homem vai ser entregue aos chefes dos sacerdotes e aos doutores da Lei. Eles o condenarão à morte e o entregarão aos pagãos. Vão caçoar dele, cuspir nele, vão torturá-lo e matá-lo. E depois de três dias Ele ressuscitará".	**"Quem quiser ser grande, deve tornar-se o servidor de vocês".**

O contexto da 2ª vez. Jesus e seus discípulos, entre os quais não houve nenhuma desistência, atravessavam a Galileia em direção a Jerusalém. Jesus não queria contato com a multidão naquele momento, *"pois estava ensinando seus discípulos"* (Mc 9,31). O ensinamento causou espanto e incompreensão, provavelmente, porque não quiseram sequer imaginar que isso pudesse acontecer. Que Ele iria ressuscitar era algo ainda inatingível e distante deles. Quanto às palavras de Jesus, em seu todo, não dá para saber exatamente se os discípulos, de fato, não entendiam o que Jesus dizia ou se não queriam "desprender-se" de si mesmos, de maneira nenhuma. Não fica muito claro se os discípulos, a maioria deles gente simples, tinham ambição de poder e que poder seria esse. Se por meio de Jesus realmente almejavam algum poder, com certeza, bateram em porta errada. A nosso ver, ansiavam mais por privilégios, por um estado de conforto.

As conversas de Jesus vão se sucedendo rapidamente. Estando em casa, em Cafarnaum, Jesus reúne de novo os discípulos em torno de si e quer saber sobre o que discutiam no caminho. Eles ficam calados. Os discípulos se calaram, pois discutiam qual deles seria o maior. Jesus, então, sentou-se e como Rabi, Mestre, ensinou: Quer ser o primeiro? Faça-se o último, aquele que serve.

Servir no cristianismo é regra, não exceção. O maior é de fato quem mais serve. O maior é aquele que mais se coloca à disposição dos outros, que não se vangloria por seus atos. O reconhecimento, naturalmente, não é buscado, mas vem pela alegria de estar servindo. Por que o mundo todo, cristão e não cristão, enaltece Teresa de Calcutá? Porque o mundo admira, mas não entende por que ela cuidava de um ferido malcheiroso, dizendo que não era para ganhar muitos dólares, mas por amor de Jesus Cristo, pois atendendo aquele pobre homem ela estava servindo ao próprio Cristo.

Finalmente, no texto de hoje, Jesus colocou uma criança no meio deles. Abraçou-a se identificando com ela (cf. Mc 9,36). E lembrou como seria a escala ascendente: quem acolhesse a criança estaria acolhendo a Ele e quem o acolhesse acolheria também aquele que o enviou.

■ Complementar a repercussão da Palavra dialogando

- ■ Exercer um poder e servir são sempre incompatíveis? Expliquemos isso.
- ■ Já vimos recentemente, que as más intenções nascem dentro de nós. Pois o que acontece com a inveja? Eu armazeno na minha mente e no meu coração o que não tenho no bolso, nem no banco, nem na garagem. Isso é vida tranquila ou guerra dentro de mim mesmo?

V – É TEMPO DE DIALOGAR COM O AUTOR DA PALAVRA

Senhor Jesus Cristo: Tinhas a condição divina, mas não te apegaste à tua igualdade com Deus. Pelo contrário, despojaste-te de ti mesmo, assumindo a condição de servo (cf. Fl 2,7-8). Que encorajados por ti e precedidos por ti no exemplo, corramos para sermos os primeiros no serviço, os primeiros na solicitude, os primeiros a socorrer os necessitados, os primeiros a conceder o perdão, os primeiros na prática da misericórdia, mas também os primeiros a agir com humildade.

VI – É TEMPO DE SEMEAR A PALAVRA

Estamos falando muito sobre serviços e servir. Procuremos conhecer melhor os serviços prestados pela nossa comunidade, suas atividades pastorais e missionárias. Se possível, vamos dar nossa contribuição colaborando em alguns desses serviços e ministérios.

26º DOMINGO DO TEMPO COMUM

Tema do dia

→ Cada qual tem o direito e o dever de praticar o bem.

Objetivo

→ Reconhecer que fazer o bem fortalece o vínculo na comunidade de fé.

I – É TEMPO INICIAL DE ACLAMAR, INVOCAR, LOUVAR O SENHOR

■ Rezar com os participantes

Ó Pai, tu que enviaste o Espírito Santo para recordar-nos tudo o que teu Filho Jesus disse e ensinou, dá-nos a força para vivenciarmos e anunciarmos ao mundo a Boa-nova, confiantes na tua Palavra (cf. Jo 14,26).

II – É TEMPO DE ESCUTAR E ACOLHER A PALAVRA: Mc 9,38-43.45.47-48

■ Núcleo da Palavra

Os discípulos queriam proibir que outro homem que não era do grupo deles falasse em nome de Jesus. Este não admitiu tal proibição. Oferecer água para alguém é um pequeno-grande gesto digno de recompensa. Escândalos empregando as mãos, os pés, os olhos são condenáveis.

■ 1ª leitura: Nm 11,25-29

O povo de Israel já saiu do Egito e marcha pelo deserto, rumo a uma terra de liberdade. Deus faz com que Moisés reparta seu espírito de liderança com setenta anciãos. Dois não foram do acampamento para a tenda de Moisés, a fim de tomar decisões. Mas os dois que não foram, Eldad e Medad, começaram a profetizar. Josué proibiu que eles profetizassem. Moisés disse: seria tão bom se todo povo profetizasse e recebesse o espírito do Senhor.

■ 2ª leitura: Tg 5,1-6

Que os ricos exploradores corem. Acúmulos de riqueza apodrecem. Esses ricos são de dentro da comunidade ou de fora? São, por acaso cristãos que dizem crer, mas não dão vida à sua fé, nem praticam a justiça? Pois olhem para os assalariados. Vocês condenaram o justo e ele sequer pôde defender-se.

III – É TEMPO DE DINAMIZAR A PALAVRA

■ Desenvolvimento

- Formar pequenos grupos. Cada grupo busque responder:
  - Que obras boas se podem fazer com as mãos? Com os pés? Com os olhos?
  - Que obras más se podem fazer com as mãos? Com os pés? Com os olhos?
- A apresentação dos grupos pode ser em forma de dramatização.

Partilhar

- Comparar as respostas dos grupos e concluir desenvolvendo algumas falas sobre o uso dos sentidos no cotidiano.

IV – É TEMPO DE REPERCUTIR A PALAVRA

Hoje vamos dividir a nossa exposição em duas pequenas partes:

1ª Parte – Ninguém pode impedir que outra pessoa pratique o bem – Vejamos só como na realidade humana uma boa ideia ou ação pode imediatamente ser sucedida por uma ideia ou uma ação nada boa. Temos uma amostra no Evangelho deste Encontro. Em Mc 9,37, que é um versículo anterior ao texto de hoje, valendo-se do exemplo da criança, Jesus sai em defesa da inclusão. João vai em sentido contrário. Um homem que expulsa demônios *"não nos está seguindo"* (Mc 9,38) – disse ele. Afinal, o que João e os discípulos querem? Seguir Jesus ou serem seguidos, querendo ser vistos como modelos únicos e exclusivos? Jesus rebate: *"Não lhe proíbam, pois ninguém que faz milagres em meu nome poderá logo depois falar mal de mim. Quem não está contra nós, está a nosso favor"* (Mc 9,39). Jesus está a favor da abertura, da tolerância, da admissão de que os seres humanos não são donos da verdade. Jesus está a favor do ecumenismo. Passemos para os nossos dias. O papa Francisco, na *Evangelii Gaudium*, n. 246, diz que "tantas e tão valiosas são as coisas que nos unem! E, se realmente acreditamos na ação livre e generosa do Espírito, quantas coisas podemos aprender uns dos outros! Não se trata apenas de receber informações sobre os outros para os conhecermos melhor, mas de recolher o que o Espírito semeou neles como um dom também para nós". Já o Doc. 105 da CNBB, sobre os leigos, n. 44, reconhece que a prática do ecumenismo e do diálogo inter-religioso têm um avanço ainda vagaroso.

Voltando um pouco ao Evangelho. João, identificado como o discípulo a quem Jesus amava (cf. Jo 20,2), parece não ter sempre correspondido a esse amor, pois aqui em Marcos ele se mostra triste e incomodado com os competidores quanto ao poder de expulsar os demônios e de combater toda sorte de males. Há uma coisa, nada ligada ao campo religioso. Não achamos a menor graça na vanglória de redes de televisão e rádio ao divulgar "com exclusividade" certas notícias consideradas importantes, negativas ou positivas. Se são importantes, que a mídia toda tenha direito de divulgá-las. Jesus, não! Jesus pensa dentro de um horizonte mais largo e aplaude a quem se dedica a exercer misericórdia e a implantar justiça, bem como solidariedade e hospitalidade. E, nesse sentido, gestos pequeninos, como oferecer um copo de água são bem-vindos e terão recompensa.

2ª Parte – Mas alguém pode infringir esse princípio cometendo escândalo e adotando a prática da corrupção – Ao falar em escandalizar algum dos pequeninos, o verbo "é termo técnico empregado em Marcos para designar *a rejeição da mensagem do reino*" (Mc 6,3) ou *deserção do caminho* (Mc 14.27.29). Esta é agora a segunda alusão à parábola do semeador: "*quando vem a tribulação ou a perseguição por causa da Palavra, eles imediatamente sucumbem (Mc 4,17)*" (MYERS,1992, p. 320).

Segundo Mc 9,42-48, membros e órgãos do corpo humano podem ser causa material de escândalo:

A mão, por exemplo, pode ser instrumento ao praticar o roubo, o furto, uma fraude, a falsificação, transações ilícitas;

O pé, também pode ser instrumento de furto; instrumento de ir ao encalço de um inimigo para matá-lo;

O olho, pode ser o órgão mediante o qual se trama o adultério, por exemplo, ou uma persistente má conduta sexual.

Claro, não se acredita que a "exortação à amputação" que Marcos faz, possa ser tomada literalmente. O que deve ser "amputado", cortado pela raiz, não é o membro ou o órgão em si, mas é o erro moral para o qual ele contribuiu (cf. MYERS, 1992, p. 320).

E o que dizer dos grandes escândalos sociais que grassam pelo mundo como o divulgado em janeiro de 2016, dando conta de que somente 62 pessoas possuem a mesma riqueza que 3 bilhões e 500 milhões de pobres, ou seja, riqueza igual à metade da população do nosso planeta. Se essas poucas pessoas não partilharem seus bens, como podem elas justificar suas posses? Que visão de mundo têm esses megarricos?

> Se não há verdades objetivas nem princípios estáveis, fora da satisfação das aspirações próprias e das necessidades imediatas, que limites pode haver para o tráfico de seres humanos, a criminalidade organizada, o narcotráfico, o comércio de diamantes ensanguentados e de peles de animais em via de extinção? [...] Quando é a cultura que se corrompe deixando de reconhecer qualquer verdade objetiva ou quaisquer princípios universalmente válidos, as leis só se poderão entender como imposições arbitrárias e obstáculos a evitar. (LS, 123)

E quanto à corrupção, esse cancro, que em maior ou menor grau está presente em todas as sociedades? O papa Francisco em uma de suas homilias disse: "A corrupção dos poderosos acaba sendo paga pelos pobres, que por causa da avidez dos outros, ficam sem aquilo de que tem necessidade e direito. O único caminho para vencer o pecado da corrupção é o serviço aos outros que purifica o coração" (FRANCISCO, 2014).

E que escândalo terrível quando a corrupção também entra na Igreja, no sentido já antes apontado: o de *deserção do caminho*, sem se importar mais sequer com aquele que se disse "*Eu sou o Caminho*". Quanta oração, quanto pedido de perdão temos que fazer por causa de todos esses e por causa de tudo isso!

▣ Complementar a repercussão da Palavra dialogando

1. Numa autoanálise sincera, não há momentos em que queremos mais ser seguidos do que seguir o Mestre?
2. O que os cristãos ordenados e leigos podem fazer com irmãos e irmãs que "desertam do caminho"?

V – É TEMPO DE DIALOGAR COM O AUTOR DA PALAVRA

Entregar aos participantes a proposta de oração:

Coro 1: Dá-nos, Senhor, a tolerância cidadã e cristã.

Coro 2: Se não somos exemplos ainda, ajuda-nos a avançar mais.

Coro 1: Dá-nos, Senhor, a generosidade e a polidez para nunca deixarmos de praticar pequenos gestos como oferecer um copo de água ou um cafezinho, ou ainda ao abrir uma porta deixar alguém passar à nossa frente.

Coro 2: Se até nisso falhamos é hora de crescer prestando mais atenção nessas coisas pequenas, mas importantes para o nosso convívio humano.

Coro 1: Dá-nos, Senhor, o dom de sermos verdadeiros e amorosos com as crianças.

Coro 2: Se não o conseguimos 100% ainda, faze-nos levantar depressa para nada restar de negativo.

Coro 1: Dá-nos, Senhor, o correto uso das mãos, dos pés e dos olhos.

Coro 2: Se falhamos de alguma forma, queremos penitenciar-nos para que coisas tão contrárias ao Evangelho e, portanto, longe do teu agrado, não mais se repitam.

VI – É TEMPO DE SEMEAR A PALAVRA

Como agir tendo em vista esse texto?

> A igual dignidade das pessoas requer que se chegue a uma condição de vida mais humana e mais equitativa. Pois as excessivas desigualdades econômicas e sociais entre os membros e povos da única família humana provocam escândalo e são contrárias à justiça social, à equidade, à dignidade da pessoa humana e à paz social e internacional. (CIgC, 1938)

27º DOMINGO DO TEMPO COMUM

Tema do dia

→ A fidelidade dos esposos no relacionamento conjugal.

Objetivo

→ Valorizar a participação como bons construtores da família humana.

I – É TEMPO INICIAL DE ACLAMAR, INVOCAR, LOUVAR O SENHOR

■ Rezar com os participantes

Ó Pai, tu que enviaste o Espírito Santo para recordar-nos tudo o que teu Filho Jesus disse e ensinou, dá-nos a força para vivenciarmos e anunciarmos ao mundo a Boa-nova, confiantes na tua Palavra (cf. Jo 14,26).

II – É TEMPO DE ESCUTAR E ACOLHER A PALAVRA: Mc 10,2-16

■ Núcleo da Palavra

Jesus partiu para o território da Judeia. Encontrou multidões. Fariseus o questionaram sobre o divórcio. Jesus dá explicações detalhadas sobre o assunto para os discípulos. Deus apresenta uma criança como modelo de quem merece o Reino de Deus.

■ 1ª leitura: Gn 2,18-24

Deixar o homem só? Deus não achou isso bom. Deus deu ao homem o domínio sobre os animais e a natureza. Estão intimamente unidos. E Deus criou a companheira do homem. "E os dois se tornam uma só carne".

■ 2ª leitura: Hb 2,9-11

A honra e a glória de Jesus foram conquistadas mediante o seu sofrimento e sua morte. O horror da cruz se tornou a sua vitória. A nossa vitória se dá pela gratuidade dele.

III – É TEMPO DE DINAMIZAR A PALAVRA

■ Material necessário

Cartões numerados de 1 a 12; em cada cartão escrever as seguintes frases:

1. Ter paciência não é deixar que nos maltratem permanentemente, nem tolerar agressões físicas.
2. Ter paciência não é permitir que nos tratem como objetos.
3. Ter paciência não é sentar-se confortavelmente esperando que os outros cumpram a nossa vontade.
4. Ter paciência, não é não fazer nada até a família se tornar um campo de batalha.
5. O Senhor nos recomenda vivamente em Ef 4,30: *"Desapareça do meio de vocês todo amargor e exaltação, toda raiva e gritaria, desapareçam os insultos e todo tipo de maldade e ofensas".*
6. A paciência se faz forte e virtuosa, quando eu reconheço, quando tu reconheces, quando nós reconhecemos o outro como é.
7. Quando reconhecemos e aceitamos que ele ou ela também tem direito a viver conosco neste planeta, nesta cidade.
8. Não importa se ele ou ela não é em tudo como eu esperava.
9. O amor tem sempre um sentido de compaixão, leva a aceitar o outro como parte deste mundo, mesmo quando age de modo diferente do que eu desejo.
10. De quem vocês aprenderam isso?
11. Aprendemos do papa Francisco, na sua Exortação Apostólica, *Alegria do Amor* (AL, 92)
12. Que tal meditar um pouquinho agora e pensar em como anda a nossa paciência?

Desenvolvimento

- Formar um círculo;
- Entregar para cada participante um cartão e o mesmo aguarda ser chamado pelo número, quando for chamado, leia bem alto o que está escrito no cartão;
- Apresentar a seguinte motivação: Como está a paciência em família? Dizem que todo mundo tem paciência; o negócio é pôr a paciência em uso. Então vamos refletir...;
- Chamar pelo número, começando do número 1 e seguindo pausadamente até o número 12;
- Depois de chamar o número 12 motivar os participantes para um tempo de reflexão sobre como anda a nossa paciência.

Partilha

- Propor ao grupo uma roda de conversa sobre tudo o que refletido.

IV – É TEMPO DE REPERCUTIR A PALAVRA

Podemos começar usando a palavra de quem era muito íntimo de Jesus, São Gregório Nazianzeno, doutor da Igreja no século IV. Diz ele:

"Alguns fariseus se aproximaram de Jesus e lhe perguntaram para pô-lo à prova: É lícito ao homem divorciar-se da sua mulher por qualquer motivo?" Novamente os fariseus o colocam à prova, novamente aqueles que leem a lei e não entendem a lei, novamente aqueles que se dizem intérpretes da lei necessitam de outros mestres. Não bastava que os saduceus lhe tivessem estendido uma cilada a propósito da ressurreição, que os doutores o interrogassem sobre a perfeição, os herodianos a propósito do imposto, e outros sobre as credenciais de seu poder. Todavia, há quem quer sondá-lo a respeito do matrimônio, a ele que não é suscetível de ser tentado, a ele que instituiu o matrimônio, a ele que criou todo este gênero humano a partir de uma primeira causa. E ele, respondendo-lhes, disse: *não lestes que o Criador no princípio os criou homem e mulher?* (BONDAN, 2013, p. 479)

O diálogo evoluiu assim em Mc 10,2-16:

Fariseus: a Lei permite um homem se divorciar da sua mulher.

Jesus: "O que é que Moisés mandou vocês fazerem?"

Fariseus: "Moisés permitiu escrever uma certidão de divórcio e depois mandar a mulher embora".

Quando um homem se casa com uma mulher e consome o matrimônio, se depois ele não gostar mais dela, por ter visto nela alguma coisa inconveniente, escreva para ela um documento de divórcio e o entregue a ela, deixando-a sair de casa em liberdade.

Jesus: "*Foi por causa da dureza do coração de vocês que Moisés escreveu este preceito. Mas desde o início da criação, Deus os fez homem e mulher. Por isso, o homem deixará seu pai e sua mãe, e os dois serão uma só carne. Portanto, eles já não são dois, mas uma só carne. Portanto, o que Deus uniu, o homem não separe*".

Dureza do coração: Dureza, quando ontem ou hoje, falta flexibilidade na própria personalidade para bem temperar o relacionamento mútuo. Dureza, quando ontem ou hoje, há oposição a Jesus por Ele não admitir que em sua missão divina voltada inteiramente para o ser humano, se "nivelem os valores por baixo".

Dureza, quando ontem ou hoje, os que "são uma só carne" não veem, não compreendem e não reconhecem que eles próprios são um forte sinal da fidelidade demonstrada por Deus para com seu povo.

Dureza, quando ontem ou hoje, há os e as que se incham de orgulho e jamais admitirão que são o exemplo de confiança como a que tem uma criança, que pode fazer viver de acordo com o que Jesus pede. Nem os discípulos "escaparam dessa", pois não quiseram saber da proximidade das crianças. Com que cara eles devem ter ficado quando Jesus abraçou as crianças, abençoando-as e impondo as mãos sobre elas?

Entre tantas coisas, o trecho do Evangelho nos mostra que, pela primeira vez, Jesus atravessa o rio Jordão, e entra na Judeia. Jerusalém era a meta a ser alcançada. E Jesus já predisse mais de uma vez o que lá aconteceria (cf. o Encontro do 25º domingo).

Reaparecem as multidões *"que se reuniram de novo em torno de Jesus"* (Mc 10,1). Agora, por que será que Marcos usa aqui o plural "as multidões"? Talvez por que dele se aproximaram em momentos distintos da viagem?

■ Complementar a repercussão da Palavra dialogando

1. Que prioridade damos ao amor em nossa vida?
2. Estamos efetivamente fazendo circular o amor entre nós, em nossa família?

V – É TEMPO DE DIALOGAR COM O AUTOR DA PALAVRA

"Dou graças a Deus porque muitas famílias, que estão longe de se considerarem perfeitas, vivem no amor, realizam a sua vocação e continuam caminhando, embora caiam muitas vezes ao longo do caminho (AL, 57). Dou graças a Deus pela minha família.

VI – É TEMPO DE SEMEAR A PALAVRA

Muita coisa dá para fazer com o documento da Igreja *Amoris Laetitia – Alegria do amor:* Uma série de palestras, abordando capítulo após capítulo; leitura e discussão em grupo; discussão de temas específicos como: a essência do amor; a educação dos filhos; a espiritualidade familiar, como torná-la viva e substancial em nossos dias; o estudo e a assimilação do capítulo 13 da Primeira Carta aos Coríntios, segundo o documento, partindo do número 90 até o número 119.

Vamos nos inspirar e divulgar a riqueza contida neste material, fonte de estudo para nós.

28º DOMINGO DO TEMPO COMUM

Tema do dia

➙ O Reino de Deus é dos despojados de riquezas e de si mesmos.

B

Objetivo

➙ Acolher em sua vida as riquezas do Reino de Deus: justiça, fraternidade, solidariedade, perdão, misericórdia etc.

I – É TEMPO INICIAL DE ACLAMAR, INVOCAR, LOUVAR O SENHOR

■ Rezar com os participantes

Ó Pai, tu que enviaste o Espírito Santo para recordar-nos tudo o que teu Filho Jesus disse e ensinou, dá-nos a força para vivenciarmos e anunciarmos ao mundo a Boa-nova, confiantes na tua Palavra (cf. Jo 14,26).

II – É TEMPO DE ESCUTAR E ACOLHER A PALAVRA: Mc 10,17-30

■ Núcleo da Palavra

Um homem que observa os mandamentos quer saber o que deve fazer para ganhar a vida eterna. Resposta de Jesus: vender tudo o que tem, dar aos pobres o que rendeu e depois seguir Jesus. O homem foi embora triste. Jesus declara que é difícil um rico entrar no Reino de Deus. Mas para Deus nada é impossível. Jesus diz aos discípulos: quem já deixou tudo, vai receber cem vezes mais e a vida eterna.

■ 1ª leitura: Sb 7,7-11

Livro da Sabedoria surgido entre os judeus que moravam em Alexandria, no Egito, por volta do ano 50 a.C., atribuído a Salomão, embora esse rei tenha vivido e governado muitos séculos antes. Acreditamos que era por uma questão de prestígio. Pois aqui Salomão diz que ele suplicou a sabedoria e ela lhe foi dada. Diante dela as riquezas considerei-as como um nada. A sabedoria está acima da saúde, da beleza. Ela ilumina e seu brilho não diminui jamais.

■ 2ª leitura: Hb 4,12-13

O que alimenta aquele que opta por seguir a Jesus é a Palavra de Deus com todas as qualidades que o texto da 2ª leitura indica. Ela sonda tudo o que se passa nos sentimentos e nos pensamentos que povoam o interior do ser humano. Tudo se torna transparente aos olhos de Deus e só a Ele prestamos contas.

III – É TEMPO DE DINAMIZAR A PALAVRA

■ Material necessário

Uma caixa de chocolates (na parte do fundo da caixa colocar uma etiqueta – Reino de Deus), fichas com valores e fichas com palavras (de acordo com a quantidade de participantes): os valores de R$ 5,00; R$ 10,00; R$ 15,00; as palavras: justiça, fraternidade, solidariedade, perdão, misericórdia etc.

■ Desenvolvimento

- ■ Dar as devidas orientações:
  - ○ Cada participante escolhe uma ficha;
  - ○ Vocês podem negociar a troca das fichas livremente;
  - ○ Cada participante faz a sua oferta para conseguir a caixa, justificando o seu lance;
- ■ Ao final, o coordenador comenta: Essa caixa de chocolates simboliza mais do que conseguimos ver ou desejar... Ela nos recorda a bondade de Deus. O Reino de Deus é sinal de sua ternura por nós. Portanto, quem fez o lance da misericórdia merece ficar com a caixa.

Partilha

- ■ Motivar para uma partilha de chocolates.

IV – É TEMPO DE REPERCUTIR A PALAVRA

A viagem pedagógica na direção de Jerusalém está ficando longa, mas é que Jesus ainda tem ensinamentos a serem passados para os discípulos. Ao longo do caminho, um homem, que parecia ter muita pressa, pois *"foi correndo"* (Mc 10,17), ajoelhou-se respeitosamente diante dele e fez-lhe esta pergunta: *"Bom Mestre, que devo fazer para ganhar a vida eterna?"* (Mc 10,17). A maneira daquele homem se comportar, ajoelhando-se, e de expressar-se em palavras, será que deixava entrever alguma bajulação? Há os que pensam que ele, talvez, esperasse em troca, uma saudação que fizesse referência a algum título honroso. Mas, em vez disso, Jesus o reprova dizendo que *"só Deus é bom"* (Mc 10,18) e não faz nenhuma alusão a si mesmo. Quando Jesus menciona os mandamentos, de fato, Ele faz, em Marcos, referência a um verbo que não aparece em Mateus, capítulo 19, nem em Lucas, capítulo 18. É verbo que nem aparece no decálogo. Há tradução bíblica que diz: *"não engane"*, e outras que dizem: *"não prejudicarás ninguém"*. Por sua vez, Myers (1992, p. 330) em sua análise, que estamos seguindo, apoiando-se no original grego, usa o verbo *defraudar*. E o que é defraudar na linguagem comum? É privar alguém de alguma coisa por meio de fraude; é tirar a posse de alguém. Não está acontecendo aqui no Brasil, em que bandidos estão tirando as casas de gente do "Minha casa, minha vida"? Então, ao que parece, pelo relato de Marcos, o homem não tinha uma conduta tão irrepreensível assim. Pelo termo "defraudar" que aparece no texto, sugere que o homem prejudicou os pobres, defraudou os pobres. O que seria lógico fazer? Providenciar a restituição, praticar a justiça e não se apresentando como "bonzinho". Quando o homem disse: *"desde jovem tenho observado todas essas coisas"* (Mc 10,20) o texto acrescenta que *"Jesus olhou para ele com amor"* (Mc 10,21).

Na linguagem bíblica, defraudar pode ter dois sentidos: reter ou simplesmente não pagar o salário dos empregados ou se recusar a restituir bens. Admitamos que ele tivesse feito esses acertos, ainda lhe restaria vender o que possuía, doar os rendimentos aos pobres e depois voltar a Jesus para segui-lo.

O entendimento parou aí. *"O homem ficou abatido e foi embora, cheio de triste-za, porque ele era muito rico"* (Mc 10,22). Paradoxalmente, dentro de seu estado de tristeza, o homem percebeu que a sua felicidade estava no amor à riqueza (era um plutocrata) e em seu interior não foi capaz de projetar a riqueza que lhe podia trazer o Reino de Deus, já neste mundo, como prelúdio da vida eterna.

O critério usado por Jesus

> consistia em chamar pessoas para que *saíssem da* segurança da sua vo-cação para ingressarem no caminho. A exigência feita a este proprietá-rio (Mc 10,22) no sentido de que abandonasse os seus bens não é dife-rente do pedido dirigido a um pescador para que deixasse suas redes (Mc 1,18). (MYERS, 1992, p. 331)

Jesus, então, olhando em volta de si para ver se estava a sós com os discípulos, disse: *"Como é difícil para os ricos entrar no Reino de Deus"* (Mc 10,23). "Na lógica do Reino o futuro pertence àqueles que, partilhando seus bens, dão possibilidade de vida para todos" (BALANCIN, 2007, p. 128). Pela graça Deus pode transformar cora-ções insensíveis para pô-los na roda dos que partilham com os que estão fora da roda.

■ Complementar a repercussão da Palavra dialogando

1. O nosso grupo está aberto para partilhar, mesmo que não haja rico no meio dele?
2. A quem do nosso entorno se poderia destinar uma primeira partilha?

V – É TEMPO DE DIALOGAR COM O AUTOR DA PALAVRA

Ó Senhor, vem em nosso socorro. Temos muitas e fortes tentações. Uma delas é a do consumismo, sem sabermos onde "estocar" tantas coisas. Precisamos aprender contigo, Jesus, a desvencilhar-nos de todas as amarras que nos prendem demais às coisas perecíveis e descartáveis da terra. Liberta-nos, Senhor. Não importa "quantos pães e quantos peixes" temos. O que importa é partilhar. A partilha pode ser: de bens, de dons, palavras, consolos, conhecimentos, misericórdias corporais ou espirituais, orações, intercessões. Senhor, que como discípulos pratiquemos com constância a partilha e sejamos usuários assíduos da misericórdia.

VI – É TEMPO DE SEMEAR A PALAVRA

"Os mais favorecidos devem renunciar a alguns dos seus direitos, para poderem colocar, com mais liberalidade, os seus bens ao serviço dos outros" (EG, 190). Diante de tantas necessidades de tantos necessitados, não é preciso grande imaginação saber para onde encaminhar bens ao serviço dos outros.

Quais gestos concretos podemos assumir como testemunho inquestionável?

29º DOMINGO DO TEMPO COMUM

Tema do dia

→ Servir com humildade sem ambicionar postos importantes.

Objetivo

→ Reconhecer que o serviço voluntário é um bem para si e para os outros.

I – É TEMPO INICIAL DE ACLAMAR, INVOCAR, LOUVAR O SENHOR

■ Rezar com os participantes

Ó Pai, tu que enviaste o Espírito Santo para recordar-nos tudo o que teu Filho Jesus disse e ensinou, dá-nos a força para vivenciarmos e anunciarmos ao mundo a Boa-nova, confiantes na tua Palavra (cf. Jo 14,26).

II – É TEMPO DE ESCUTAR E ACOLHER A PALAVRA: Mc 10,35-45

■ Núcleo da Palavra

A caminho de Jerusalém, em companhia de Jesus, os dois discípulos, Tiago e João têm um pedido especial a fazer. O diálogo então se estabelece e esclarecimentos importantes são feitos por Jesus. Os demais discípulos não gostaram dessa disputa pelo poder. Jesus ensina: não almejar o poder, e sim, o saber servir, pois Ele mesmo dá exemplo disso.

■ 1ª leitura: Is 53,10-11

Este pequeno texto faz parte de Isaías, Segundo Livro. Os autores, bem a par do sofrimento por que passa o povo de Deus no exílio da Babilônia, vão falar da transformação pela qual passa o seu "servo sofredor", que prefigura o que aconteceu com Cristo Jesus. Ele se entrega pelos pecados e por meio dele o projeto de Deus sairá vitorioso.

■ 2ª leitura: Hb 4,14-16

Veja-se a alegria incontida dos que têm fé; o fato de não ter mais um sumo sacerdote incapaz, e sim, um sumo sacerdote, "*provado como nós em todas as coisas, menos no pecado*" (Hb 4,15). Portanto, aproxime-mo-nos dele para sermos ajudados.

B

III – É TEMPO DE DINAMIZAR A PALAVRA

■ Desenvolvimento

- Formar dois grupos: a vida e a morte;
- Orientar os grupos:
  - O grupo MORTE vai dizer espontaneamente, um participante de cada vez: O que morre com a morte é ....
  - O grupo VIDA vai dizer espontaneamente, um participante de cada vez: O que vive com a vida é ....
  - Ao final, depois que todos os participantes se manifestarem, o coordenador diz: Amar é servir! O serviço voluntário faz a morte dar passagem para a vida.
- Concluir com uma oração ou canto que fale de esperança e amor.

IV – É TEMPO DE REPERCUTIR A PALAVRA

A Galileia ficou para trás. Ali Jesus viveu pobre, pois não tinha bens materiais, mas pôde ajudar pessoas curando-as (cf. Mc 1,34). Pôde apontar para o Reino de Deus como uma prioridade (cf. Mc 4,11), enfrentou incompreensões (cf. Mc 2,18ss.) e ensinou seus discípulos (cf. Mc 4,2; 9,31). Mas agora que Jesus e os discípulos subiam para Jerusalém, a Galileia não era missão esquecida, terra de missão abandonada. Não! "*O Reino de Deus é como um homem que espalha a semente na terra. Depois dorme e acorda, noite e dia, e a semente vai brotando e crescendo, mas o homem não sabe como isso acontece*" (Mc 4,26-27). Quando o tempo da colheita chegar, vai se dar a volta à Galileia. O Cristo, maduro, feito "colheita", eclodirá ressuscitado da terra e precederá os seus na Galileia (cf. Mc 16,7).

Nos versículos que precedem o trecho do Evangelho de hoje, Jesus prediz pela terceira vez o que deverá acontecer com Ele em Jerusalém (Mc 10,33-34).

Podemos dizer que os discípulos eram "cucas frescas" mesmo. Talvez pensassem que Jesus iria inaugurar um novo reino dele; mais um reino como tantos outros, com direito a festa, que não teria nada a ver com cruz, morte. Eram, de fato, despreocupados, porque, logo em seguida, Tiago e João, foram falar com Jesus: "*Quando estiveres na glória, deixa-nos sentar um à tua direita e outro à tua esquerda*" (Mc 10,37). São João Crisóstomo, grande doutor da Igreja, no correr do século V da Igreja, disse o seguinte: "Apesar de serem apóstolos, eram, no entanto, ainda muito imperfeitos, – e fez uma comparação muito singela, dizendo que eram – como pintinhos que se movem no ninho porque suas asas ainda não cresceram" (BONDAN, 2013, p. 488).

Há quem diga que os dois irmãos tiveram essa imaginação fértil na oportunidade que tiveram de, juntamente com Pedro, presenciar a transfiguração de Jesus. E Jesus é Rabi, é Mestre, e tem como missão esclarecê-los. Dizer-lhes que estão equivocados. Eles até contestam e pelo menos da boca para fora se dizem preparados até o martírio: "*Podemos*" (Mc 10,39). O papa Francisco, no século XXI, se fosse discorrer sobre esses dois discípulos poderia chamá-los pelagianos, antes de Pelágio, segundo o qual, o ser humano, tudo pode fazer, tudo pode decidir, com suas próprias forças, prescindindo da graça.

O que eles pedem, diz Jesus, não cabe a ele conceder, mas ao Pai, àqueles que lutam, aos sempre preparados em espírito.

Quando os outros discípulos souberam dessa conversa de Tiago e João com Jesus, *"ficaram com raiva deles"* (Mc 10,41). Ficaram até com inveja, pois, de repente os dois podiam conseguir um posto de prestígio entre aqueles que gostam de mandar. Bem, dá para ver por aí que a convivência dos doze ali, "nas barbas de Jesus", às vezes não era tão harmoniosa assim. O mesmo acontece conosco. Mas entre eles não devia acontecer o que se passa entre os chefes das nações que exercem poder e têm autoridade sobre as nações. Entre os discípulos de Jesus, como deve ser?: *"Quem de vocês quiser ser grande, deve tornar-se o servidor de vocês, e quem de vocês quiser ser o primeiro, deverá tornar-se o servo de todos"* (Mc 10,43).

O projeto das nações é um; o do Reino de Deus é outro, e, muitas vezes, anda na contramão em relação ao primeiro. E é assim que este faz sentido, pois ele é perene. Quando se está no caminho que é transitório, passageiro, é bom mesmo procurar aquilo que é mais humilde para se chegar ao que é sublime em Deus.

Jesus não se cansa de repetir os mesmos ensinamentos. Tudo muito parecido com o nosso caso, que por anos escutamos homilias em torno dos mesmos trechos dos Anos Litúrgicos "A", "B" e "C" e ainda estamos no mesmo estágio de nossa vida cristã, talvez sustentando os mesmos preconceitos, dando de comer aos mesmos vícios e não cessando com os mesmos desentendimentos no lar, na comunidade, na paróquia, nem educando nosso espírito cristão tornando-nos cada vez mais servidores.

Jesus, mais do que ninguém, sabia que jamais bastava a palavra, mas pede que eles prestem atenção mais uma vez. Ele, o Filho do Homem, o 100% humano *"não veio para ser servido. Ele veio para servir e para dar a sua vida como resgate em favor de muitos"* (Mc 10,45). É o que Ele disse. Pouco depois agiu como mais ninguém: com o derramamento de todo o seu sangue pagou a libertação de todos, sem sequer olhar distintamente para aqueles que o amam e aqueles que não fazem caso dele.

■ Complementar a repercussão da Palavra dialogando

1. Até que ponto temos medo de fazer aquilo que Jesus pede?
2. Já fizemos pedidos a Jesus, semelhante ao de Tiago e João?
3. O que será que eles tinham em mente quando pediram um lugar com Ele na glória? Glória: o que seria isso para eles?

V – É TEMPO DE DIALOGAR COM O AUTOR DA PALAVRA

"Na tradição cristã foram recolhidos dois gritos que certamente nasceram da paixão de Jesus pelo Reino de Deus: 'Pai, santificado seja o teu nome' e 'venha o teu reino'. Jesus vê que o 'nome de Deus' não é reconhecido nem santificado. Não se deixa a Deus ser Pai de todos" (PAGOLA, 2011, p. 139). O Reino é de Deus e também dos seus servidores.

Faça-se pausadamente a Oração do Pai-nosso de forma alternada, como segue:

A: Pai nosso

B: que estais nos céus,

A: santificado

B: seja o vosso nome,

A: venha a nós

B: o vosso reino,

A: seja feita a vossa vontade,

B: assim na terra como no céu.

A: O pão nosso de cada dia

B: nos dai hoje.

A: Perdoai as nossas ofensas

B: assim como nós perdoamos a quem nos tem ofendido.

A: E não nos deixeis cair em tentação,

B: mas livrai-nos do mal.

VI – É TEMPO DE SEMEAR A PALAVRA

Consideremos sempre e façamos com que outros considerem também:

> A melhor maneira de colocar o ser humano no seu devido lugar e acabar com sua pretensão de ser dominador absoluto da terra, é voltar a propor a figura de um Pai criador e único dono do mundo; caso contrário, o ser humano tenderá sempre a querer impor à realidade as suas próprias leis e interesses. (LS, 75)

Como partilhar essa reflexão com nossos amigos?

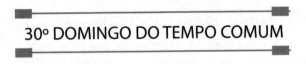

30º DOMINGO DO TEMPO COMUM

Tema do dia

→ Da cegueira a verdadeiro discípulo.

Objetivo

→ Identificar Jesus como o Caminho e a necessidade de escutar quando Ele nos chama.

I – É TEMPO INICIAL DE ACLAMAR, INVOCAR, LOUVAR O SENHOR

■ Rezar com os participantes

Ó Pai, tu que enviaste o Espírito Santo para recordar-nos tudo o que teu Filho Jesus disse e ensinou, dá-nos a força para vivenciarmos e anunciarmos ao mundo a Boa-nova, confiantes na tua Palavra (cf. Jo 14,26).

II – É TEMPO DE ESCUTAR E ACOLHER A PALAVRA: Mc 10,46-52

■ Núcleo da Palavra

Jesus e os discípulos, de passagem por Jericó. Uma multidão também o seguia. À beira do caminho, um cego, filho de Timeu, pedia esmola. Este soube que Jesus ali passava e gritou, pedindo que dele tivesse piedade. Jesus parou e pediu que chamassem o cego para perto dele. Encontraram-se. Jesus perguntou o que o cego queria que Ele, Jesus, lhe fizesse. Bartimeu disse: "Que eu veja de novo". Jesus disse: "Sua fé curou você". E seguiu Jesus como discípulo.

■ 1ª leitura: Jr 31,7-9

Jeremias era bem atuante no meio do seu povo. O que se frisa na leitura de hoje é que é para louvar a Deus, pois Ele salvou o seu povo. No meio desse povo estão os com necessidades especiais, grávidas e outros. Eles serão consolados.

■ 2ª leitura: Hb 5,1-6

Na carta aos hebreus, Jesus é apresentado como sumo sacerdote, o mediador entre Deus e o povo. Ninguém pode querer para si mesmo essa função, se ela não lhe for atribuída por Deus. Nem o Cristo fará assim. Por isso, a Carta aos hebreus lembra o que está escrito no Sl 2,7: "*Tu és o meu Filho, eu hoje te gerei*". A Carta também procura provar que o sacerdócio de Cristo é superior àquele da Antiga Aliança, acrescentando um versículo do Sl 110,4: "*Tu és sacerdote para sempre, segundo a ordem de Melquisedec*". Por que de Melquisedec? Porque não é de uma casta sacerdotal. Em Hebreus faz-se a comparação: o Cristo é sacerdote e rei, como o foi Melquisedec.

III – É TEMPO DE DINAMIZAR A PALAVRA

■ Material necessário

Um microfone, três cópias do texto para o diálogo para as personagens: Jesus, Repórter e Bartimeu.

■ Desenvolvimento

- Escolher três leitores para a interpretação do texto: Jesus, Repórter e Bartimeu.
- Dar um tempo para que os três participantes leiam o texto e se identifiquem com as personagens.
- O que vai interpretar Bartimeu fica sentado no chão.
- Os demais participantes comecem a circular, em silêncio, pelo espaço, andando para qualquer direção, parando somente se for solicitado pelo repórter.

(O repórter com microfone na mão entrevista as pessoas sobre as desgraças do mundo violento de hoje, e de repente para e diz:)

Repórter: Olha lá, olha lá, que loucura, o cara passando no farol vermelho, aqui no centro da cidade a mais de 100km por hora. Pronto, bateu envolvendo três carros lá na frente.

Bartimeu: Não quero nem *vê*. (O repórter se aproxima do cego.)

Repórter: Qual é seu nome, moço?

Bartimeu: Bartimeu, eu sou filho de Timeu.

Repórter: Ih, moço, o cara deu um tiro no vendedor de frutas ali na esquina e fugiu.

Bartimeu: Meu Deus, não quero nem *vê*.

Repórter: Hoje a bruxa está solta. Olha só a polícia descendo o cassetete num menor que saiu daquela loja da esquina.

Bartimeu: Não gosto de ficar sabendo dos *casos* que a polícia *desce a lenha*. Não quero nem *vê*.

Repórter: Ah, agora sim, Bartimeu. Sabe quem está chegando perto de nós?

Bartimeu: Quem, diga logo!

Repórter: Você gosta dele. É Jesus de Nazaré, aqui, na nossa cidade.

(Aproxima-se Jesus).

Bartimeu: Jesus? (Bartimeu levanta-se num pulo). Eu quero falar com Ele. Eu quero enxergar de novo.

Jesus: (Impondo a mão) – Bartimeu, foi a fé que curou você. Agora vá e me ajude a divulgar a Boa-nova do Evangelho.

Partilha

- O que nos pede Jesus? O mesmo que a Bartimeu? Como estamos respondendo a Ele?

IV – É TEMPO DE REPERCUTIR A PALAVRA

Jesus, os discípulos e a multidão, ainda a caminho para Jerusalém, em sua última etapa. De passagem estavam em Jericó, antes de dar entrada no território de

Jerusalém. À beira do caminho havia um cego conhecido como filho de Timeu, portanto, Bartimeu, visto que "Bar" significa filho em hebraico. Estava em lugar estratégico, já que entre os transeuntes peregrinos sempre havia os que dispunham de meios para dar esmolas àquelas pessoas à margem da sociedade. (À beira do caminho.) Certamente, Bartimeu não era o único pedinte, mas é dele que se fala neste Evangelho. Por alguma razão ao longo da vida perdeu a visão, o que o texto deixa claro. Surdo ele não era nem um pouco e também sua voz era bem forte, pois quando soube que Jesus estava passando na estrada, perto dele, chamou-o de filho de Davi e pediu por piedade. Por que teria tratado Jesus de filho de Davi? Porque "a descendência real era elemento fundamental do caráter messiânico de Jesus, na visão da Igreja primitiva [...] Os Evangelhos expuseram a convicção judaica de que o Messias seria um filho [= descendente do rei Davi]. O título honorífico que podia ser atribuído a cada descendente de Davi, garantia à pessoa que a esse título fazia jus o direito de poder levantar a pretensão de ser o Messias. Esse deve ser o significado do uso do título no contexto das curas" (McKENZIE, 1884, p. 220). Acontece que aqui, neste capítulo, o próprio Davi chama o Messias de Senhor (cf. Mc 12,37). Portanto, Jesus não é filho de Davi, e sim, Filho de Deus. Isso fica suficientemente claro em Marcos. Dá para conferir imediatamente em Mc 1,1.11.24 e mais à frente, em Mc 9,7.

Bartimeu não gozava da visão, porém, devia ter boas condições físicas porque se pôs a gritar e, quando soube que Jesus o chamava, *deu um pulo e foi até Jesus* (Mc 10,50).

"Muitos o repreendiam e mandaram que ficasse quieto" (Mc 10,48). No contexto dos nossos dias há pessoas que fazem chacota de adultos ou adultas que se preparam para receber o Batismo ou outro sacramento, ou fazem gozações tremendas de jovens que vão se casar na Igreja. E o pior: há até cristãos que dão esse contratestemunho! Em contrapartida, tanto naquela época como na nossa, há os incentivadores: *"Coragem, levante-se, porque Jesus está chamando você"* (Mc 10,49). Foi aí que o cego deu um pulo e andou até chegar à frente de Jesus.

Essa ânsia, essa prontidão em atender ao chamado de Jesus, faz-nos construir pontes de pensamentos para entender que a vocação ao discipulado é uma convocação à experiência de comunhão. Ele mesmo, o Senhor, nos convida a sair do isolamento para a vida fraterna da comunidade eclesial.

Bartimeu em sua trajetória existencial entra em comunhão com Jesus, nele tem fé e nele deposita toda a sua confiança tanto é que são suas estas palavras: *"Mestre, eu quero ver de novo"*. E Jesus garante: *"Pode ir, a sua fé curou você"* (Mc 10,51-52). Nessa transformação, Bartimeu abandonou o seu manto (cf. Mc 10,50), que era o sinal de que cada um permaneceria em "seu quadrado", à espera ou sem esperança de libertação. Mas Bartimeu se desvencilhou de seu "quadrado" muito limitado, sujeito a sombras, localizado à beira do caminho. Agora não. Ele pode "ir", porém, não vai. Não, pelo menos sozinho ele não quer ir, isto é, com fé, mas sem comunhão. Bartimeu *"começou ver de novo e seguia a Jesus pelo caminho"* (Mc 10,52). Pronto! Aquele homem não voltava mais à marginalidade. Integrava-se, sim, na sociedade unindo-se a Jesus, aos discípulos deste e à multidão que também acreditava nele. O ensinamento catequético é este: agora que o ex-cego crê, vê tudo claramente e escuta perfeitamente a voz do "Mestre", ele tem todas as condições de segui-lo e comprometer-se com Ele. Claro, esse é um renovado convite de perseverança também para os doze que seguiam Jesus sistematicamente. Afinal, quem é Jesus para Bartimeu, dentro da ótica de Marcos? Jesus "socorrista", Jesus sempre atencioso no amor, solidário, libertador, próximo, a luz (cf. Jo 8,12), atencioso ouvinte das súplicas, totalmente disponível, acolhedor dos necessitados, "Filho de Davi", num primeiro momento. "Mestre", num segundo momento, que vale a pena seguir.

▪ Complementar a repercussão da Palavra dialogando

1. Que exemplo enxergamos em Bartimeu?
2. Se pedíssemos para "enxergar de novo", o que pretenderíamos enxergar mais nitidamente?

V – É TEMPO DE DIALOGAR COM O AUTOR DA PALAVRA

Como aconteceu com Bartimeu, Senhor, já aconteceu comigo. Já tive visão muito clara. De repente a perdi por meus atos e omissões. Recuperá-la será minha alegria.

Não sei se aconteceu com Bartimeu, Senhor, mas comigo já. Gritei, gritei por ti, na hora do aperto, em que o meu orgulho fez desmoronar todos os meus castelos que eu sonhava construir sozinho.

Como aconteceu com Bartimeu, Senhor, já aconteceu comigo. Tratei-te por "filho de Davi", rei temporal, cujo partido eu apoiaria, para eu ter resolvidos todos os meus problemas.

Como aconteceu com Bartimeu, Senhor, já aconteceu comigo. Já me encontrei em situação tal, que o recurso era achar-te como "médico-socorrista", por não haver outra saída.

Como aconteceu com Bartimeu, Senhor, já aconteceu comigo também. Encontrei pessoas que queriam me impedir de chegar a ti.

Como aconteceu com Bartimeu, Senhor, já aconteceu comigo também. Já senti e sinto a cada dia imensa alegria de ter sido chamado por ti. Lembro sempre daquela declaração dos bispos no Documento de Aparecida: "Conhecer a Jesus é o melhor presente que qualquer pessoa pode receber; tê-lo encontrado foi o melhor que ocorreu em nossas vidas, e fazê-lo conhecido com nossa palavra e nossas obras é nossa alegria" (DAp, 29).

Como aconteceu com Bartimeu, Senhor, também eu já tive momentos de largar o manto que me deixava desmesuradamente atado a afazeres temporais.

Como aconteceu com Bartimeu, Senhor, quero que aconteça comigo também. Mestre, que eu veja de novo. Quem turva minha visão sou eu. Quem a embaça sou eu. Se é a fé que nos dá melhor visão, o fato é que Tu, Senhor, estás por trás de tudo, pois a fé não é conquista minha, nem nossa, é dom teu.

Como aconteceu com Bartimeu, quero também participar do lado bom, seguir-te, Jesus, pelo caminho. Dá a mim e a nós muita coragem. Contigo já sabemos o que aconteceu, mas comigo... conosco...? Não nos deixes sucumbir, pois não queres perder nenhum dos que o Pai te entregou.

VI – É TEMPO DE SEMEAR A PALAVRA

Estamos a caminho de Jerusalém onde o Filho de Deus será imolado como o "Cordeiro de Deus que tira o pecado do mundo". Pode ser boa hora para praticarmos uma, mais de uma ou todas as obras de misericórdia espirituais: aconselhar os que têm dúvidas. Ensinar os que ainda não têm o conhecimento. Admoestar os pecadores. Consolar os aflitos. Perdoar as ofensas. Suportar com paciência as injustiças. Rezar a Deus pelos vivos e pelos mortos (MV, 15).

Procuremos levar à prática ao menos uma das obras de misericórdia.

31º DOMINGO DO TEMPO COMUM

Tema do dia

→ Dez mandamentos sintetizados em dois, ressaltando a prática do amor.

Objetivo

→ Refletir sobre as ações concretas que são agradáveis a Deus e que beneficiam nosso próximo.

I – É TEMPO INICIAL DE ACLAMAR, INVOCAR, LOUVAR O SENHOR

■ **Rezar com os participantes**

Ó Pai, tu que enviaste o Espírito Santo para recordar-nos tudo o que teu Filho Jesus disse e ensinou, dá-nos a força para vivenciarmos e anunciarmos ao mundo a Boa-nova, confiantes na tua Palavra (cf. Jo 14,26).

II – É TEMPO DE ESCUTAR E ACOLHER A PALAVRA: Mc 12,28b-34

■ Núcleo da Palavra

Um judeu, conhecedor da Lei, quer saber de Jesus qual o maior de todos os mandamentos. Jesus diz logo quais os dois maiores. O doutor demonstrou concordância. Jesus o elogiou e disse que o doutor não estava longe do Reino de Deus (Mc 12,34).

■ 1ª leitura: Dt 6,2-6

Que o povo esteja atento a isso: Javé é o único Deus. Portanto, que o ser humano o tema, o respeite e se comprometa em amor para com Ele, empenhando todas as suas forças, que lhe vêm da alma e do coração. Que o homem jamais se esqueça daquilo que Deus lhe ordena.

■ 2ª leitura: Hb 7,23-28

O texto tira algumas dúvidas: o sacerdote da tradição judaica era da tribo de Levi. Era um sacerdócio hereditário. Jesus, pelo contrário, era da tribo de Judá e não precisa de sucessores porque seu sacerdócio é completo em si e permanece para sempre. Ele não precisa oferecer sacrifício, pois Ele mesmo se fez o sacrifício, salvando os que pela mediação dele se aproximam de Deus.

III – É TEMPO DE DINAMIZAR A PALAVRA

■ Material necessário

Algumas cadeiras, uma mesa, duas velas, pétalas de rosas, um crucifixo dentro de uma caixa, também coberto de pétalas de rosas. Tarjas contendo: textos de falas e orientações para os personagens da dramatização.

■ Desenvolvimento

- Escolher sete pessoas para a encenação.
- Entregar as respectivas falas e dar um tempo para se prepararem.
- Depois de um tempo iniciar a encenação.

Coordenador: O que vamos ver foi inspirado na Primeira Carta de São João. Falemos do Amor concreto a Deus e ao próximo.

Primeira personagem: (Entra tateando e esbarrando nos objetos, diz a fala e sai, ainda tateando): "Quem odeia qualquer pessoa, caminha na escuridão e não sabe para onde vai, porque as trevas lhe roubaram a luz dos olhos" (1Jo 2,11).

Segunda personagem: (Entra levando uma vela acesa e outra apagada. Diz a fala): "Deus é luz e nele não há escuridão" (acende a segunda vela e deixa as duas em lugar apropriado, saindo em seguida) (1Jo 1,5).

Terceira, quarta e quinta personagens: (Entram uma após outra e juntas dizem): "Se caminhamos na luz, como Deus está na luz, estamos em comunhão uns com os outros" (1Jo 1,7). (Abraçam-se e abraçadas saem.)

Sexta e sétima personagens: (Entram espalhando pétalas de rosas vermelhas e a *sexta personagem diz*): "Amados e amadas, amemo-nos uns aos outros, pois o amor vem de Deus" (1Jo 4,7).

Sétima personagem: (Abre uma caixa contendo um crucifixo cercado de muitas pétalas e continua sua fala): "O amor de Deus se tornou visível entre nós, sabem como? Deus enviou o seu Filho único, Jesus, a este mundo, para dar-nos a vida por meio dele" (1Jo 4,9). (As duas jogam pétalas sobre as pessoas, colocam o crucifixo na mesa e saem).

Partilha

- Como aplicar o que vimos em nossa vida?

IV – É TEMPO DE REPERCUTIR A PALAVRA

Estamos frente a esta Palavra que aponta para a perfeição: "Ame ao Senhor seu Deus *de todo o seu coração, com toda a sua alma, com todo o seu entendimento e com toda a sua força* [...] Ame ao seu próximo *como a si mesmo*" (Mc 12,30-31). Acabamos de frisar os destaques da perfeição. E como tais, são pontos de chegada. E nós, aqui estamos no ponto de partida, com falhas, faltas e pecados, porém, em caminho, como evangelizadores e semeadores.

> O semeador, quando vê surgir o joio no meio do trigo, não tem reações lastimosas ou alarmistas. Encontra o modo para fazer com que a Palavra se encarne numa situação concreta e dê frutos de vida nova, apesar de serem aparentemente imperfeitos ou defeituosos.(EG, 24)

O que já mencionamos como parte da Palavra de hoje é resposta de Jesus a uma pergunta formulada por um doutor da Lei, que queria saber qual o primeiro de todos os mandamentos. Talvez o doutor da Lei estivesse com a consciência atordoada, pois dele e dos demais, centenas e centenas de mandamentos exigiam observância ou proibições. Seria, por acaso o preceito da observância do sábado o maior de todos?

Jesus simplesmente relembra o que é da praxe diária dos judeus, como oração da manhã: "*Shema, Israel! (Escuta, Israel!) O Senhor nosso Deus é o único Senhor*" (Mc 12,29). E Jesus obteve a concordância do especialista na Lei, tanto em amar a Deus quanto em amar ao próximo, o que "*é melhor do que todos os holocaustos e do que todos os sacrifícios*" (Mc 12,33) – disse o entendido na Lei. Ele e os seus podiam ser entendidos na Lei, mas não eram exemplares na observância, sobretudo, em se tratando do povo. Dá para deduzir isso da parábola dos agricultores assassinos (cf. Mc 12,1ss.).

O Livro do Deuteronômio 24,17-18 recomenda manter vivas a humildade e a justiça porque, afinal, todo o povo já passou por longo período de escravidão no Egito e que, por isso, entre tantas outras coisas, devem ser preservados os poucos pertences das viúvas. No entanto, alusões do Segundo Testamento (Novo Testamento) demonstram que essa lei não encontrava resposta prática na vida. Haja vista, aqui, em Marcos, onde Jesus recomenda que se tenha cuidado com os doutores da Lei, que gostam tanto de se mostrar e, *"no entanto, exploram as viúvas e roubam suas casas, e para disfarçar fazem longas orações"* (Mc 12,40).

Faltavam então, como ainda hoje, gestos concretos de amor e misericórdia, que complementem o amor e a misericórdia presentes nesses dois mandamentos.

> Com obras e gestos, a comunidade missionária entra na vida diária dos outros, encurta as distâncias, abaixa-se – se for necessário – até a humilhação e assume a vida humana, tocando a carne sofredora de Cristo no povo. Os evangelizadores contraem assim o "cheiro de ovelha", e estas escutam sua voz. (EG, 24)

Quando o trecho do Evangelho diz *"que ninguém mais tinha coragem de fazer perguntas a Jesus"* (Mc 12,34) é um indicativo de que Jesus deu todas as respostas que tanto os discípulos quanto os seus adversários precisavam ouvir. Marcos foi muito claro como catequista ao longo do seu texto, sempre com a preocupação de deixar a todos bem esclarecidos sobre qual a verdadeira identidade de Jesus.

■ Complementar a repercussão da Palavra dialogando

1. Perfeito é só Deus. Por natureza somos imperfeitos. Não nos perturbemos em lançar sementes "imperfeitas" e colher frutos "imperfeitos". Só eles estão ao nosso alcance ou não?
2. Não tinha razão Santo Agostinho quando dizia: "Ame e faça o que quiser"?

V – É TEMPO DE DIALOGAR COM O AUTOR DA PALAVRA

Jesus, o dia em que curaste o homem surdo, que também falava com dificuldade, os presentes se maravilharam e diziam a teu respeito: *"Ele faz bem todas coisas"* (Mc 7,37). Tu que vives um amor sem fim com o Pai e o Espírito Santo; Tu que deste tua vida por todos os seres humanos, queremos pedir-te a graça e que seja também acompanhada por nossa boa vontade e colaboração, a fim de que nós, igualmente, façamos bem todas as coisas, quer para Deus, quer para nossos irmãos e irmãs sendo mais dóceis a ti que vives e reinas com o Pai e o Espírito Santo. Amém.

VI – É TEMPO DE SEMEAR A PALAVRA

Apliquemos na prática, individualmente ou em grupo, o que diz a Exortação Apostólica EG, 71:

> A presença de Deus acompanha a busca sincera que indivíduos e grupos efetuam para encontrar apoio e sentido para a sua vida. Ele vive entre os citadinos promovendo a solidariedade, a fraternidade, o desejo de bem, de verdade, de justiça. Esta presença não precisa ser criada, mas descoberta, desvendada. Deus não se esconde de quantos O buscam com coração sincero, ainda que o façam tateando, de maneira imprecisa e incerta.

32º DOMINGO DO TEMPO COMUM

Tema do dia

→ A aparência e a entrega total.

Objetivo

→ Entender a importância de uma vivência religiosa com desprendimento.

I – É TEMPO INICIAL DE ACLAMAR, INVOCAR, LOUVAR O SENHOR

■ Rezar com os participantes

Ó Pai, tu que enviaste o Espírito Santo para recordar-nos tudo o que teu Filho Jesus disse e ensinou, dá-nos a força para vivenciarmos e anunciarmos ao mundo a Boa-nova, confiantes na tua Palavra (cf. Jo 14,26).

II – É TEMPO DE ESCUTAR E ACOLHER A PALAVRA: Mc 12,38-44

■ Núcleo da Palavra

Jesus ensinava que os doutores da Lei não eram exemplos e apontava por que não. Os ricos e a viúva pobre na hora da oferta no Templo.

1ª leitura: 1Rs 17,10-16

O profeta encontra uma pobre viúva. Ela repartiu o pouco que tinha com o ele, confiante em Deus. Os três: a viúva, seu filho e o profeta, comeram à saciedade e ainda sobrou.

2ª leitura: Hb 9,24-28

No passado, uma vez por ano, o sumo sacerdote entrava no lugar mais santo do Templo e oferecia os sacrifícios. Com Cristo não se passou assim. Ele entrou no céu. Mas antes fez o sacrifício de si mesmo. E foi o sacrifício de uma única vez para tirar o pecado de todos. Haverá, sim, uma segunda vinda de Jesus, como diz o texto: "para aqueles que o esperam para a salvação" (Hb 9,28).

III – É TEMPO DE DINAMIZAR A PALAVRA

Material necessário

Cartões em branco para os participantes; canetas; um cesto ou uma caixa para recolher os cartões.

Desenvolvimento

- Entregar aos participantes cartões em branco.
- Ler o texto bíblico (At 4,32-35) que servirá como texto motivador para a dinâmica.
- Solicitar que pensem sobre o que podem doar para o grupo, que os ajudasse ou que consideram uma necessidade para o melhor desenvolvimento do grupo.
- Em seguida, devem escrever no cartão o que é a sua doação.
- Todos depositam no cesto ou caixa de arrecadação.
- O coordenador faz a leitura das doações e os participantes tentam adivinhar quem fez a oferta; caso o doador seja reconhecido, este deverá justificar sua doação. E se não for reconhecido, o doador se apresenta e justifica sua doação.

IV – É TEMPO DE REPERCUTIR A PALAVRA

Os contrastes entre personagens, segundo Marcos

João Batista: – Vestia pele de camelo; comia gafanhotos e mel silvestre (Mc 1,6).

Jesus: – "Ensinava como quem tem autoridade e não como os doutores da Lei" (Mc 1,22).
- – "Sem tempo para comer nem sequer um pedaço de pão" (Mc 3,20; 6,31). Idem os discípulos.
- – "Ele fazia bem todas as coisas" (Mc 7,37).
- – Deve ser rejeitado... pelos doutores da Lei; deve ser morto e ressuscitar depois de três dias" (Mc 8,31).

Os discípulos: – para a missão: levar um bastão, uma única túnica e um par de sandálias (Mc 6,9).
- – "Expulsavam demônios e curavam doentes" (Mc 6,13).

Os escribas e doutores da Lei: - Em dia de sábado, andavam com roupas vistosas; gostavam de ser bajulados em praça pública e de ocupar os primeiros lugares na sinagoga e nos banquetes (cf. Mc 12,38-39).

— O pior: "exploravam as viúvas e roubavam suas casas" (Mc 12,40).

Pelo esquema apresentado, entende-se por que Jesus pedia para que todos os que o quisessem seguir, tomassem cuidado com os doutores da Lei (cf. Mc 12,38).

E a viúva pobre com isso?

Bem, *"Jesus estava sentado diante do Tesouro do Templo e olhava a multidão que depositava moedas no Tesouro"* (Mc 12,41). Esse Tesouro contava com a instalação de cofres que serviam de recipientes para as ofertas que se destinavam ao sustento do Templo, incluindo aí o sustento de sacerdotes e funcionários. Pessoas ricas depositavam muito e a viúva apenas duas moedinhas que quase nada valiam. Nisso, Jesus chama para perto de si os discípulos que estavam ausentes desde o capítulo 11 e deu a sua interpretação a respeito do que havia observado. Disse então: *"Eu garanto a vocês: essa viúva pobre depositou mais do que todos os outros que depositaram moedas no Tesouro. Porque todos depositaram do que estava sobrando para eles. Mas a viúva na sua pobreza depositou tudo o que possuía para viver"* (Mc 12,43-44).

A atitude da viúva parece temerária. Como podia ela desfazer-se do que lhe era necessário para sobreviver? Seria algo bem visto em nossos dias? Certamente que não. Contudo, a nosso ver, o que Jesus quer destacar é a decisão radical da mulher. Ela se arriscou, confiou inteiramente na providência de Deus e depositou tudo o que possuía para viver. "A entrega silenciosa e total desta mulher é para Jesus um exemplo preclaro de generosidade e renúncia a todos os bens, que é a primeira coisa que ele pede a quem quiser ser seu discípulo" (PAGOLA, 2007, p. 267).

■ Complementar a repercussão da Palavra dialogando

1. Estamos vivendo uma Igreja pobre para os pobres, como quer o papa Francisco?
2. Não acontece também com pessoas da nossa Igreja a corrida pelos primeiros lugares?

V – É TEMPO DE DIALOGAR COM O AUTOR DA PALAVRA

Senhor, conserva-nos fiéis em teu seguimento, sem fingimento e sem querer destacar-nos no meio de outros, ostentando aparências. Que sejamos simples, espontâneos e autênticos como crianças que nos apresentaste como modelos mediante o Evangelho de Marcos. É o que pedimos a ti, que vives e reinas com o Pai e o Espírito Santo.

VI – É TEMPO DE SEMEAR A PALAVRA

Alguns detalhes sobre o ambiente em que eram feitas as ofertas no Templo de Jerusalém:

> Treze caixas com forma de trombeta colocadas em torno das paredes do pátio das mulheres, onde o povo lançava suas ofertas [...] [ou] o próprio tesouro, [onde] os doadores tinham que declarar a quantia incluída na sua dádiva e a finalidade com que queriam que o sacerdote em exercício a oferecesse, sendo tudo visível e audível para os presentes através da porta aberta. (MYERS, 1992, p. 384)

O que temos e podemos oferecer à comunidade?

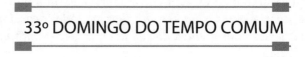

33º DOMINGO DO TEMPO COMUM

Tema do dia

→ A vinda do Filho do Homem reúne os que Deus escolheu.

Objetivo

→ Reconhecer que Jesus vem ao nosso encontro e espera que caminhemos ao seu encontro.

I – É TEMPO INICIAL DE ACLAMAR, INVOCAR, LOUVAR O SENHOR

■ **Rezar com os participantes**

Ó Pai, tu que enviaste o Espírito Santo para recordar-nos tudo o que teu Filho Jesus disse e ensinou, dá-nos a força para vivenciarmos e anunciarmos ao mundo a Boa-nova, confiantes na tua Palavra (cf. Jo 14,26).

II – É TEMPO DE ESCUTAR E ACOLHER A PALAVRA: Mc 13,24-32

■ **Núcleo da Palavra**

Haverá fenômenos naturais que serão notados. Jesus, o Filho do Homem, virá sobre as nuvens com grande poder e glória. Ele enviará os anjos dos quatro cantos da terra para reunir as pessoas que Deus escolheu. Aprendamos da figueira com folhas verdes que o verão está próximo. Tudo pode passar, as palavras de Jesus não. Quanto ao dia e à hora é o Pai quem sabe quando isso ocorrerá.

■ 1ª leitura: Dn 12,1-3

Livro escrito por volta de 200 anos a.C. Miguel, o anjo, há de proteger o povo ao qual você pertence. O povo será salvo. Muitos despertarão do sono. Uns para a vida eterna, outros para a vergonha que será eterna. Tudo isso está nas mãos do povo de Deus que terá que discernir e decidir. Os defensores da justiça brilharão como estrelas para sempre.

■ 2ª leitura: Hb 10,11-14.18

Jesus é o sacerdote que ofereceu um só sacrifício, o de si mesmo, e está sentado à direita do Pai. Agora é colocar os inimigos sob os seus pés. Os pecados já foram perdoados. Então não serão mais precisos sacrifícios pelos pecados.

III – É TEMPO DE DINAMIZAR A PALAVRA

■ Desenvolvimento

- Formar dois grupos: A e B.
- Orientar para ler alguns textos nos quais são apresentadas diversas opiniões sobre a pessoa de Jesus. Orientar a observar com atenção quem são as personagens do texto e o que cada uma diz a respeito de Jesus.
- O grupo "**A**" trabalhará com os seguintes textos:
  - ○ Mc 1,24; 3,11; 5,6-7.
  - ○ Mc 6,14-15; 10,47; 11,10.
  - ○ Mc 6,16.
  - ○ Mc 8,29 .
- O grupo "**B**" trabalhará com os seguintes textos:
  - ○ Mc 15,39.
  - ○ Mc 1,1.
  - ○ Mc 1,9-11; 9,7.
  - ○ Mc 8,31; 9,30; 10,33; 14,61-62.
- Após este exercício serão partilhadas as descobertas realizadas pelos grupos.

IV – É TEMPO DE REPERCUTIR A PALAVRA

Com este trecho de Mc 13,24-32, despedimo-nos, com saudade, do Evangelho de Marcos, dominante no Ano Litúrgico "B". "Com saudade" dissemos, porque este Evangelho é sucinto, catequético e querigmático. Jesus trata com extremo zelo os seus discípulos. Tudo isso e muito mais desperta em nós uma esperança de ver a presença de Jesus. O Catecismo da Igreja Católica, n. 1820, nos diz:

Deus nos guarda na "esperança que não decepciona" (Rm 5,5). A esperança é a "âncora da alma", segura e firme "penetrando... onde Jesus entrou por nós, como precursor" (Hb 6,19-20). [...] Ela nos traz alegria mesmo na provação: "Sejam alegres na esperança, pacientes na tribulação e perseverantes na oração" (Rm 12,12).

Quanto ao fim dos tempos, o que dizer? Praticamente nada, pois o próprio Jesus é bem sucinto ao dizer: "*Quanto a esse dia e a essa hora, ninguém sabe nada, nem os anjos do céu, nem o Filho. Somente o Pai é que sabe*" (Mc 13,32). A recomendação para que nós façamos o maior esforço se encontra além do trecho de hoje. "*Prestem atenção! Não fiquem dormindo, porque vocês não sabem quando vai ser o momento*" (Mc 13,33). É o que nos importa hoje, amanhã e depois!

■ Complementar a repercussão da Palavra dialogando

1. Em que pensamos mais: em nosso fim pessoal ou no fim do mundo?
2. Costumamos rezar pedindo uma boa morte?

V – É TEMPO DE DIALOGAR COM O AUTOR DA PALAVRA

Senhor, és a "esperança de todos e a vida dos que morrem, ainda que para ti não estejam perdidos os que morrem, mas adormecidos... Pois, segundo isto, meu Deus, que me purifiques com a tua graça das máculas com que me atingiu a natureza" (BONDAN, 2013, p. 508).

VI – É TEMPO DE SEMEAR A PALAVRA

Sabemos, agora, quem é Jesus?

- Ensinava com autoridade maior que a dos doutores. Algo novo acontecia, não? (Mc 1,22).
- Jesus não se conforma em fixar-se num só lugar. Ele tem decisão tomada: peregrinar, atender outros e mais outros (Mc 1,38).
- Ele tem o poder na terra de perdoar os pecados (Mc 2,10).
- Jesus atrai as pessoas, contando-lhes parábolas (Mc 4,26-34).
- Jesus foi rejeitado em sua própria terra, Nazaré (Mc 6,1-6), mas recomeça sua missão e faz os discípulos partilhar dela (Mc 6,7-13).
- Jesus é o próprio Messias esperado (Mc 8,27-35). O Messias que pratica o que ensina (Mc 1,22; 9,30-37).
- Com Jesus sucede o que Ele predisse por três vezes: (Mc 8,31; 9,31; 10,33-34) e "*lançou um forte grito, e expirou*" (Mc 16,6).
- Jesus ao aparecer aos discípulos e os envia: "*Vão pelo mundo inteiro e anunciem a Boa-nova para toda a humanidade*" (Mc 16,16).

E aí? Vamos fazer-nos verdadeiros discípulos dele?
Há tantos problemas que podem ser resolvidos com Ele!

34º DOMINGO DO TEMPO COMUM
FESTA DE CRISTO REI

Tema do dia

A realeza de Jesus é, de fato, totalmente diferente de qualquer outra.

Objetivo

Identificar a realeza de Jesus nas obras do Pai.

I – É TEMPO INICIAL DE ACLAMAR, INVOCAR, LOUVAR O SENHOR

■ Rezar com os participantes

Ó Pai, tu que enviaste o Espírito Santo para recordar-nos tudo o que teu Filho Jesus disse e ensinou, dá-nos a força para vivenciarmos e anunciarmos ao mundo a Boa-nova, confiantes na tua Palavra (cf. Jo 14,26).

II – É TEMPO DE ESCUTAR E ACOLHER A PALAVRA: Jo 18,33b-37

■ Núcleo da Palavra

Pilatos pergunta a Jesus se Ele é o rei dos judeus. A pergunta seria mesmo de Pilatos ou outros sugeriram que perguntasse. Pilatos disse que o povo e as autoridades o entregaram a ele e quer saber o que Jesus fez para que o entregassem. Jesus diz que o reino dele não é deste mundo e que veio a este mundo para testemunhar a verdade.

■ 1ª leitura: Dn 7,13-14

O "filho do Homem" em Daniel simboliza alguém que é do povo que se mantém fiel. Ele receberá de Deus um reino que vai durar para sempre. Por isso é que Jesus assume para si esse título: "Filho do Homem".

■ 2ª leitura: Ap 1,5-8

Jesus, o primeiro a ressuscitar dos mortos. Antes disso Ele nos libertou de nossos pecados, derramando seu sangue e por nós constituiu um reino. A Ele glória e poder. Ele virá e todo mundo o verá. E o Senhor Deus dirá: Eu sou o Alfa e o Ômega. O Deus presente, caminhando com os comprometidos com o seu reino, que também é nosso.

B

III – É TEMPO DE DINAMIZAR A PALAVRA

■ Desenvolvimento

- Fazer um levantamento com os participantes: Que pessoas mereceriam ser coroadas por suas atitudes em família, na sociedade ou na Igreja? Destacar aqueles ou aquelas que agem com justiça e para o bem comum?

Partilha

- Motivar o grupo a refletir e partilhar: A nosso ver, o que mais se destacou no levantamento?

IV – É TEMPO DE REPERCUTIR A PALAVRA

O Evangelho nos fala de Cristo e de seu Reino, mas, inicialmente falemos de Pilatos. Este era procurador romano, isto é, um magistrado do império romano na Judeia, considerada província. Ocupou o posto até a morte que ocorreu no ano 35 d.C. Pois bem! Pilatos tinha autoridade para proferir a sentença de morte contra Jesus. Assim o fez, mas sob muita pressão porque quanto ao lado religioso atinente às autoridades dos judeus, Pilatos nada entendia. Assim, no processo da condenação de Jesus, Pilatos lhe pergunta: *"Tu és o rei dos judeus?"* (Jo 18,33). Jesus responde fazendo outra pergunta para saber se a pergunta de Pilatos é da "criatividade" dele mesmo ou se outros quiseram saber isso a respeito de Jesus (cf. Jo 18,34). Pilatos também deu uma resposta fazendo nova pergunta: *"Por acaso eu sou judeu?"*(Jo 18,35) e acrescentou que o próprio povo a que Jesus pertencia e suas autoridades o entregaram a ele, Pilatos. Em seguida, Pilatos quer entrar da essência da questão: por que Jesus estaria sendo condenado e como se tratasse de um segredo entre ambos e como se Pilatos esperasse uma confissão, este perguntou laconicamente: *"O que fizeste?"* (Jo 18,35). Para quem entregou Jesus a Pilatos, Jesus é um malfeitor, um blasfemo, um possível usurpador do poder. Portanto, aqui cabe o que João já disse no início: *"e os seus não o acolheram"* (Jo 1,11). Jesus, naquela conversa com Pilatos deu a entender que Ele era rei, sim. Mas um rei que não se apoia num enorme exército. *"O meu reino não é deste mundo. Se o meu reino fosse deste mundo, os meus guardas lutariam para que eu não fosse entregue às autoridades dos judeus. Mas o meu reino não é daqui"* (Jo 18,36). Jesus, para bom entendedor, deixa claro que não tem a pretensão de ocupar trono algum. Portanto, o título: *"o rei dos judeus"*, não lhe cabe. Dizendo mais claro ainda: *"Mas o meu reino não é daqui."* De fato! Ele sempre pregou outra coisa. Pelo menos sempre pregou que muito do que acontece nesse mundo e nos reinos nele constituídos tem lugar neste mundo porque há muito lugar para injustiças, muita prática de opressão e há estradas abertas para o pecado (cf. Jo 8,7). Esses desvalores não podem fazer parte do Reino de que

Jesus está falando. E a legitimidade de seu Reino, Ele também não a busca neste mundo. Para entender isso, Jesus chegou a declarar: *"Eu sou o caminho, a verdade e a vida"* (Jo 14,6). Pilatos era lerdo em entendimento. Também abordagem de assunto religioso não era de seu gosto. Ele, então perguntou a Jesus: *"Então tu és rei?"*. E Jesus respondeu: *"Tu o dizes, eu sou rei. Eu para isso nasci e para isso vim ao mundo, para dar testemunho em favor da verdade"* (Jo 18,37). Mais uma vez, Pilatos nada entende. Mas Jesus é rei, contudo, não é correto que se acrescente: "dos judeus", pois só para "ver" o Reino de Deus tem que nascer do alto (cf. Jo 3,3). Agora sim vem a declaração mais importante sobre o que lhe era próprio como rei: *"dar testemunho em favor da verdade"* (Jo 18,37).

O que isto quer dizer? No Evangelho de João, Jesus diz que veio ao mundo para dar testemunho da verdade: *"Todo aquele que está com a verdade, ouve a minha voz"* (Jo 18,37). Mas o que Jesus quis dizer exatamente quando falou "aquele que está com a verdade"?

> Para escutar e dar adesão a Jesus, requer-se disposição prévia de amor à vida e ao ser humano [...] Essa condição indispensável foi formulada anteriormente de diversas maneiras: praticar a lealdade (Jo 3,21), escutar e aprender do Pai (Jo 6,45), querer realizar o plano de Deus (Jo 7,17), conhecer o Pai (Jo 16,3). A verdade de que Jesus dá testemunho é a resposta à aspiração central do ser humano: o desejo de plenitude. (MATEOS & BARRETO, 1999, p. 766)

Nós até nos demos ao trabalho de consultar o *Dicionário Houaiss da Língua Portuguesa,* e nele lemos que "reino é o conjunto de súditos de uma monarquia". O rei, qualquer rei, talvez chame seus súditos de amigos na hora de um discurso político. De fato, porém, eles são súditos. No reino de Cristo não é assim. Nunca Ele tratou seus seguidores de súditos, e sim, de amigos. Vejamos: *"Eu digo a vocês, meus amigos: não tenham medo daqueles que matam o corpo, e depois disso nada mais têm a fazer..."* (Lc 12,4). E em João, depois de já ter feito o trabalho que por praxe era trabalho de escravos, lavando os pés dos discípulos, Jesus, pela prática que era uma constante em sua vida, declarou:

> Não existe amor maior do que dar a vida pelos amigos. Vocês são meus amigos se fizerem o que eu lhes dou para fazer. Eu já não chamo vocês de empregados [...] eu chamo vocês de amigos, porque eu comuniquei a vocês tudo o que ouvi de meu Pai [...] O pai dará a vocês tudo que vocês pedirem em meu nome (Jo 15,14-16).

Amigo presta serviço livremente. É espontâneo. Faz as coisas de boa vontade; jamais por obrigação. Nisso consiste a beleza de servir, a beleza de sermos seres cristãos.

■ Complementar a repercussão da Palavra dialogando

1. Sentimos alegria em servir o Reino de Deus, mediante a sua Igreja?
2. Como passamos adiante essa sua alegria?

V – É TEMPO DE DIALOGAR COM O AUTOR DA PALAVRA

Ó Deus, o teu Reino cujos elementos constitutivos, como a justiça, a fraternidade, a paz e outros, já estão dentro de nós, também com a nossa cooperação chegue à sua plenitude quando – como diz o apóstolo Paulo – Cristo entregar o Reino a ti, ó Pai, depois de ter destruído todo poder contrário, inclusive o último inimigo: a morte (cf. 1Cor 15,24). Para que tudo isso se realize, queremos tornar o nosso servir uma constante, a fim de que, já aqui e agora, o teu nome seja santificado e venha a nós o teu Reino com toda força e poder. E mais uma coisa, ó Pai. Que o teu Reino se expanda nessas áreas, contando com a abertura, a coragem e a ação de justiça dos leigos e leigas. Isto te pedimos por teu Filho, Cristo Rei, e o Espírito Santo, aquele que nos lembrará de tudo que Jesus nos ensinou (cf. Jo 14,26).

VI – É TEMPO DE SEMEAR A PALAVRA

Ainda há pouco, na repercussão da Palavra, falávamos da beleza de servir. Pois aqui vai um recado para todos nós e que merece boa acolhida, especialmente por parte dos e das catequistas:

> É bom que toda a catequese preste uma especial atenção à "via da beleza" [...]. Anunciar Cristo significa mostrar que crer nele e segui-lo não é algo apenas verdadeiro e justo, mas também belo, capaz de cumular a vida de um novo esplendor e de uma alegria profunda, mesmo no meio das provações. Nesta perspectiva, todas as expressões de verdadeira beleza podem ser reconhecidas como uma senda que ajuda a encontrar-se com o Senhor Jesus. (EG, 167)

Façamos o que o papa Francisco nos diz: anunciar Cristo mostrando que cremos nele.

Outras Festas do Senhor

FESTA DA SANTÍSSIMA TRINDADE
ANO LITÚRGICO B

Tema do dia

→ O Senhor é o único Deus! Não existe outro além dele.

Objetivo

→ Reconhecer a presença de Deus Uno e Trino no meio de nós.

I – É TEMPO INICIAL DE ACLAMAR, INVOCAR, LOUVAR O SENHOR

■ Rezar com os participantes

Ó Pai, tu que enviaste o Espírito Santo para recordar-nos tudo o que teu Filho Jesus disse e ensinou, dá-nos a força para vivenciarmos e anunciarmos ao mundo a Boa-nova, confiantes na tua Palavra (cf. Jo 14,26).

II – É TEMPO DE ESCUTAR E ACOLHER A PALAVRA: Mt 28,16-20

■ Núcleo da Palavra

Após a ressurreição de Jesus, os onze discípulos (já não contando com Judas Iscariotes), encontraram Jesus na Galileia. Houve alguns que ainda duvidaram. Jesus então declarou que a Ele foi dada toda a autoridade no céu e sobre a terra. Que eles, os discípulos, tornassem todos os povos também discípulos e que para tanto os batizassem, ensinando-os a cumprir tudo o que Jesus lhes havia ensinado, garantindo estar sempre com eles.

■ 1ª leitura: Dt 4,32-34.39-40

Já existiu algo maior que a própria criação? Existe outro povo que já tenha ouvido a voz de Deus como o seu próprio povo? Há outro Deus que tenha escolhido o seu povo entre outros e tenha agido como Ele ao libertar seu povo do Egito? Portanto, medite! Deus é único. Observe seus mandamentos!

■ 2ª leitura: Rm 8,14-17

Os que são guiados pelo Espírito de Deus, são filhos de Deus. E se somos filhos, somos também herdeiros, junto com Cristo. Participando dos seus sofrimentos, também participaremos de sua glória.

III – É TEMPO DE DINAMIZAR A PALAVRA

■ Desenvolvimento

- Ler o texto e refletir com todos os participantes:
  Uma pessoa sem fé nada vislumbra além da próxima curva da estrada. Somos ou não podemos ser mais felizes como crentes. Mas aprendemos de Alguém que há um caminho de esperança, que se estende ao infinito.
- Lançar as seguintes questões para os participantes conversarem:
  - ○ Quais as razões da nossa fé?
  - ○ Em que se apoia a nossa esperança que ultrapassa o horizonte curto e estreito desta vida?
  - ○ Encontramos passagens dos Evangelhos que sustentam a nossa fé no Deus-comunidade-trina? Quais?

IV – É TEMPO DE REPERCUTIR A PALAVRA

"Na Encarnação, [o Filho de Deus] assume o amor humano, purifica-o, leva-o à plenitude" (AL, 67). Agora, depois de ressuscitado, Jesus quer encontrar-se com seus discípulos na Galileia, que será, de novo, ponto de partida para que os discípulos, por sua vez, purifiquem o amor humano e o levem à plenitude, assistidos por Jesus ao longo de todas as suas atividades. A missão de Jesus começa com o Batismo (cf. Mt 3,13-17). Pelo Batismo também nós nos tornamos aptos a passar adiante tudo quanto Jesus nos ensinou por palavras e atitudes. Assim, em uma comunidade de crentes, crentes-atuantes, nos tornaremos imagem e reflexo da comunidade trinitária. O papa Francisco dá a sua contribuição para completarmos esta breve reflexão sobre a Festa da Saníssima Trindade. Citando o papa João Paulo II, diz Francisco: "O nosso Deus, no seu mistério mais íntimo, não é solidão, mas uma família, visto que tem em si mesmo *paternidade, filiação e a essência da família, que é o amor. Este amor,* na família divina, *é o Espírito Santo*" (AL, 11). Assistidos por esse "amor fontal", temos tudo para que tudo façamos para a glória de Deus (cf. 1Cor 10,31) e em favor do nosso próximo.

■ **Complementar a repercussão da Palavra dialogando**

1. Como é que Jesus está conosco todos os dias até o fim do mundo? Onde está escrito isto no Evangelho?
2. Que autoridade Jesus delega aos seus discípulos e à sua Igreja?

V – É TEMPO DE DIALOGAR COM O AUTOR DA PALAVRA

Ó Senhor e meu Deus, eu te louvo e te adoro. Quero voltar para Ti e dobrando meu joelho e coração dizer que Tu és a minha força, minha esperança.

És o Deus que se faz próximo dos teus. Graças ao teu amor compartilhado, somos em ti muito felizes, pois Tu és *"rico em amor e fidelidade"* (Ex 34,6).

Eu te adoro, Cristo Jesus, Filho único de Deus. Verbo Encarnado que ensina com amor. Que me ajuda a desenvolver o conhecimento amoroso que tenho de ti... Que me envia a anunciar-te, a evangelizar, dizendo sim sem medo de me entregar.

Eu te adoro, ó Espírito Santo! "Sem ti, ó Divino Espírito Santo, não é possível ver o Filho de Deus, e, sem o Filho, ninguém pode aproximar-se do Pai, pois o conhecimento do Pai é o Filho, e o conhecimento do Filho de Deus se faz por meio de ti, ó Espírito Santo" (CIgC, 683).

VI – É TEMPO DE SEMEAR A PALAVRA

Conhecemos grupos católicos que por longo período se dedicaram a estudar "A profissão da fé cristã" [o Creio], seguindo o *Catecismo da Igreja Católica*. Trata-se de um conteúdo que merece ser estudado para clarear muito a nossa mente e tornar mais robusta a nossa fé. Essa iniciativa valerá muito a pena. Organizemos grupos para isso. O compromisso pode ser assumido em etapas (dias de formação, retiro, escola da fé na comunidade etc.)

FESTA DE CORPUS CHRISTI
ANO LITÚRGICO B

B

Tema do dia

→ Eucaristia Sacramento do Corpo e Sangue de Jesus.

Objetivo

→ Reconhecer a Eucaristia como preparação para o banquete no Reino de Deus e a posse da herança eterna.

I – É TEMPO INICIAL DE ACLAMAR, INVOCAR, LOUVAR O SENHOR

■ Rezar com os participantes

Ó Pai, tu que enviaste o Espírito Santo para recordar-nos tudo o que teu Filho Jesus disse e ensinou, dá-nos a força para vivenciarmos e anunciarmos ao mundo a Boa-nova, confiantes na tua Palavra (cf. Jo 14,26).

II – É TEMPO DE ESCUTAR E ACOLHER A PALAVRA: Mc 14,12-16.22-26

■ Núcleo da Palavra

Preparativos para comer a Páscoa. Jesus dá as orientações. Os discípulos seguiram-nas. Jesus pronunciou a bênção sobre o pão, o partiu e distribuiu a eles. Em seguida lhes deu o cálice para beber.

■ 1ª leitura: Ex 24,3-8

Moisés contou ao povo tudo o que Deus dele esperava e o povo prometeu fazer tudo o que Deus disse. Moisés fez preparativos e espalhou sangue sobre o povo dizendo estas palavras: "Este é o sangue da aliança que Javé faz com vocês por meio de todas essas cláusulas".

■ 2ª leitura: Hb 9,11-15

Cristo veio como sacerdote. Ele entrou de uma vez por todas no santuário com o seu próprio sangue, depois de conseguir nossa libertação definitiva.

III – É TEMPO DE DINAMIZAR A PALAVRA

■ Desenvolvimento

- Preparar um momento de Adoração ao Santíssimo.
- Levar os participantes para a capela do Santíssimo ou local preparado para a adoração.
- Motivar os participantes para um momento de silêncio e contemplação, dizendo: Como ouvimos no Evangelho, Jesus preparou seus discípulos para a ceia pascal. Peçamos a Ele que nos ajude a preparar o coração para a experiência de vida comunitária, fazendo que a comunhão com Ele e com nossos irmãos e irmãs da comunidade se transformem em gesto de partilha.
- Depois de um tempo de oração pessoal motivar para orações espontâneas.
- Ao final, o coordenador profere as seguintes palavras, pedindo que todos repitam em seguida: "Ele está aqui! Dentro de mim... Ele está aqui! Em cada um de nós..."
- Concluir com um canto eucarístico.

IV – É TEMPO DE REPERCUTIR A PALAVRA

No pequeno trecho que contém o relato dos preparativos para a celebração da Páscoa, menciona-se por quatro vezes essa palavra: Páscoa. Com ela quer-se ressaltar a libertação do povo, que se dará com a oferta que Jesus faz de sua própria vida. Isso faz parte do projeto do Pai, que de modo algum abandona seus filhos.

Na segunda parte do Evangelho que ouvimos, Jesus está precisamente no momento de celebração da Páscoa com seus discípulos, recordando o que aconteceu no Êxodo. Jesus une esse grande e significativo momento histórico ao momento real e sacrifical de si mesmo. Jesus "partilhou com o povo o pão, a vida e a fidelidade ao projeto do Pai; agora partilha seu corpo e sangue derramado em favor de muitos" (BALANCIN, 2007, p. 163).

Em Mt 14,19, Mc 6,41, Lc 9,16, Jo 6,11 o pão é distribuído para o povo. Aqui a distribuição é tão somente para o grupo seleto dos doze. Deu-se o mesmo com o cálice, do qual "todos beberam" (cf. Mc 14,23). "O pão que sustentava as massas famintas" no caminho (Mc 8,2s.) agora se tornou o "corpo" de Jesus – corpo que acaba de ser "preparado" para a morte. O cálice simboliza nova "aliança a ser ratificada com o derramamento do sangue de Jesus" (MYERS, 1992, p. 431). Ao fim desse ato de entrega de Jesus aos seus, Ele entra em jejum: *nunca mais beberei do fruto da videira, até o dia em que beberei o vinho novo no Reino de Deus*" (Mc 14,25). Na vitória e na glória haverá a festa perene do vinho novo.

■ Complementar a repercussão da Palavra dialogando

1. Podemos dizer se a Eucaristia que nós, nosso grupo, nossa comunidade, nossa paróquia recebem, pela sua própria força e obediência evangélica, se transforma em partilha?
2. Os catequizandos e todos aqueles que atuam em determinado trabalho em nome da Igreja são preparados nesse sentido?

V – É TEMPO DE DIALOGAR COM O AUTOR DA PALAVRA

Agradecemos-te, Senhor Jesus Cristo, pelo *novo* que trouxeste e instituíste. Não foste ao Templo para celebrar a Páscoa judaica oferecendo animais em sacrifício para purificar ritualmente o povo; com muito mais sentido e eficácia foi derramado o teu sangue para o perdão dos pecados. Quiseste entregar-nos e locupletar-nos com uma nova realidade: o teu corpo, como novo alimento imperecível; e o teu sangue, como nova bebida. Quem dele beber, nunca mais terá sede (cf. Jo 4,14).

Senhor, Jesus Cristo, que jamais nos aproximemos da refeição eucarística sem estarmos preparados. Que levemos o vigor do teu corpo e sangue para todo tipo de atividades do dia a dia, a fim de o vivermos com dignidade e a máxima intimidade contigo e com nosso próximo.

VI – É TEMPO DE SEMEAR A PALAVRA

O crescimento da vida cristã precisa ser alimentado pela Comunhão Eucarística, pão da Vida e da nossa peregrinação. Jesus, presente no Pão Eucarístico, se faz alimento para a viagem à eternidade junto de Deus. Ele nos prepara uma linda festa (cf Mc 14,16). Busquemos na Eucaristia a realização do encontro festivo com o Senhor.

FESTA DA TRANSFIGURAÇÃO DO SENHOR
ANO LITÚRGICO B

Tema do dia

→ Participemos da vitória de Jesus.

Objetivo

→ Celebrar a vitória da justiça sobre a injustiça e da alegria sobre o medo.

I – É TEMPO INICIAL DE ACLAMAR, INVOCAR, LOUVAR O SENHOR

■ Rezar com os participantes

Ó Pai, tu que enviaste o Espírito Santo para recordar-nos tudo o que teu Filho Jesus disse e ensinou, dá-nos a força para vivenciarmos e anunciarmos ao mundo a Boa-nova, confiantes na tua Palavra (cf. Jo 14,26).

II – É TEMPO DE ESCUTAR E ACOLHER A PALAVRA: Mc 9,2-10

■ Núcleo da Palavra

Jesus se transfigurou diante dos discípulos. Jesus é o novo Moisés que nos traz libertação e o reino de justiça. Elias representa os profetas. Jesus pode dispensar Moisés e Elias, porque Ele mesmo vai cumprir as profecias. Deus declara que Jesus é seu Filho amado. É preciso escutá-lo. Mas essa obra se cumprirá apenas quando Jesus for proclamado o Senhor.

■ 1ª leitura: Dn 7,9-10.13-14

A transfiguração de Jesus em Marcos está inserida no contexto do Evangelho que fala da dedicação em ensinar os discípulos sobre o Messias, respondendo assim, quem é Jesus?

■ 2ª leitura: 2Pd 1,16-19

O projeto de Deus é garantir vida para todos. As feras são vencidas assim como todos os impérios que ameaçam a vida de seu povo amado.

III – É TEMPO DE DINAMIZAR A PALAVRA

■ Material necessário

Providenciar a execução da música "Aleluia" de Händel; imagem de Jesus e velas.

■ Desenvolvimento

- Entronizar a imagem de Jesus ao som de "Aleluia" de Händel. (Não há falas.).
- Colocar a imagem em um lugar de destaque e rodeada de velas.
- Apagar as luzes e motivar para uma experiência de silêncio interior: Deixemos nossos sentidos em elevação, em contato com Jesus transfigurado.
- O coordenador conclui motivando para a Oração: Na certeza de que Jesus está presente aqui, rezemos com confiança a oração que Ele mesmo nos ensinou. Pai nosso...

IV – É TEMPO DE REPERCUTIR A PALAVRA

Jesus leva consigo Pedro, Tiago e João para o alto da montanha. O que era para ser uma caminhada como tantas outras tornou-se um acontecimento importante para vida da comunidade de Jesus e particularmente para aqueles que estavam com Ele naquele dia. Marcos relata a transfiguração de Jesus como antecipação da ressurreição de Jesus, sinalizando a vitória de seu projeto: "ao descerem da montanha, Jesus ordenou que não contassem a ninguém o que tinham visto, até que o Filho do Homem tivesse ressuscitado dos mortos" (Mc 9,9).

Mas o que aconteceu naquela montanha?

Os discípulos estavam com Jesus numa alta montanha: lugar da revelação do projeto do Pai; as roupas de Jesus ficaram brilhantes e brancas, muito brancas, indicavam a vitória sobre a morte. Era a luz da glória iluminando a cruz, caminho para o qual Jesus quer indicar para os seus discípulos; lá estavam Moisés e Elias conversando com Jesus. Temos nessa conversa a representação da Lei e dos Profetas que dialogam com o Filho, revelador do Pai e em sinal de que o seu projeto está em sintonia com o Primeiro Testamento; Pedro propõe permanecer no alto da montanha e construir três tendas, essa sugestão é uma tentativa de fugir do caminho que leva à cruz: "Pedro não sabia o que dizer, pois estavam todos com

B

muito medo" (Mc 9,6); da nuvem ouviu-se uma voz. A voz revela Jesus como Filho amado, é o Pai quem fala e os convida para o compromisso de escutar as palavras de Jesus. Ele tem muito a dizer, a ensinar, a revelar. Pode até parecer que sua missão está chegando ao fim, pois Ele mesmo prediz a própria morte, mas ao mostrar todo o seu esplendor Ele nos pede fidelidade e perseverança no seguimento para que todos os seus sejam transfigurados e capazes de escutar a sua voz. O Mestre fala e convida à experiência de ter nossa visão iluminada para sermos capazes de reconhecer quem é Jesus. Com Ele entendemos o sentido de nossa vida. Uma vida renovada, transformada para passar pela cruz e chegar à glória; atravessar os dias da paixão para chegar com Ele à grande alegria da vitória.

Está aí algo muito importante para a vida de cristãos e cristãs: não perder o encantamento que Jesus nos proporciona com seu amor que vai ao extremo, superando o sofrimento indizível da cruz e nos abrindo as portas da ressurreição e glorificação.

■ Complementar a repercussão da Palavra dialogando

1. O que significa caminhar iluminados pela claridade da luz que vem de Jesus?
2. Somos capazes de contemplar um novo horizonte para a nossa comunidade? O que ainda nos impede?
3. O que nos falta para acolher verdadeiramente o projeto de Jesus? Estamos dispostos a servir com amor e na esperança de um mundo renovado?

V – É TEMPO DE DIALOGAR COM O AUTOR DA PALAVRA

Senhor Jesus, "tu te transformaste na montanha, e porquanto eram capazes, os teus discípulos contemplaram a tua Glória, ó Cristo Deus, para que quando te vissem crucificado, compreendessem que a tua Paixão era voluntária e anunciassem ao mundo que tu és verdadeiramente a irradiação do Pai" (CIgC, 555). Faze, ó Cristo, que de fato sejamos teus anunciadores zelosos e eficazes.

VI – É TEMPO DE SEMEAR A PALAVRA

"Não temos outra felicidade nem outra prioridade senão a de sermos instrumentos do Espírito de Deus na Igreja, para que Jesus Cristo seja encontrado e anunciado a todos" (DAp, 14). O que essa mensagem nos inspira fazer?

Vamos nos comprometer com o testemunho de fé e solidariedade... servir é nossa missão.

FESTA DA EXALTAÇÃO DA SANTA CRUZ
ANO LITÚRGICO B

Tema do dia

→ O imenso amor de Deus é sempre um convite para uma vida nova.

Objetivo

→ Apresentar a vida cristã como caminho de adesão a Jesus Cristo.

I – É TEMPO INICIAL DE ACLAMAR, INVOCAR, LOUVAR O SENHOR

■ **Rezar com os participantes**

Ó Pai, tu que enviaste o Espírito Santo para recordar-nos tudo o que teu Filho Jesus disse e ensinou, dá-nos a força para vivenciarmos e anunciarmos ao mundo a Boa-nova, confiantes na tua Palavra (cf. Jo 14,26).

II – É TEMPO DE ESCUTAR E ACOLHER A PALAVRA: Jo 3,13-17

■ **Núcleo da Palavra**

Jesus veio ao mundo para salvar a humanidade. Ele é o caminho entre o céu e a terra e na cruz concede vida definitiva a quem nele crer.

■ **1ª leitura: Nm 21,4b-9**

Dentre muitos povos da antiguidade, Israel também chegou a reconhecer a prática de um culto tendo a serpente como símbolo de proteção. O povo de Israel experimentou o perigo com o surgimento de serpentes venenosas depois de um período de murmuração. Com a interseção de Moisés, Deus resolve fazer da serpente um símbolo de salvação.

■ **2ª leitura: Fl 2,6-11**

Paulo escreve aos filipenses recorrendo a um hino que fala do esvaziamento de Jesus, humilhação e obediência até a morte. Fala também da exaltação de Deus, ressuscitando seu Filho Jesus e colocando-o a sua direita.

B

III – É TEMPO DE DINAMIZAR A PALAVRA

■ Desenvolvimento

- Formar grupos e dar as seguintes orientações:
- Elaborar um Projeto – o Caminho de Jesus entre o céu e a terra.
- Ter presente o texto do Evangelho (Jo 3,13-17) para traçar os seguintes passos:
  - 1º passo – Identificar o ponto inicial do caminho.
  - 2º passo – Apontar a meta a ser alcançada – onde se localiza o final do caminho. O que se pode encontrar lá?
  - 3º passo – Para quem aceita fazer o caminho, que surpresas terão? O que vão encontrar e o que vão fazer com o que encontrarem?
  - 4º passo – Como motivar alguém para percorrer esse caminho?

Partilha

- O coordenador depois da apresentação dos grupos conversa com todos sobre o que apareceu de comum e o que eventualmente faltou.

IV – É TEMPO DE REPERCUTIR A PALAVRA

Em Jo 3,13-17 o evangelista fala que Jesus é a fonte de vida para todos. No diálogo entre Jesus e Nicodemos, fica claro que todos precisam nascer do alto, nascer do Espírito, tornar-se um homem novo. Jesus fala de nascer de novo para Nicodemos, homem ligado ao Sinédrio, conhecedor da Lei. Fala a alguém que está ligado ao tribunal que irá condená-lo à morte (cf. Jo 3,1-12). Quem quiser ser discípulo do Mestre deverá nascer do alto quando Ele for elevado na cruz – Caminho para o Pai.

Moisés que acompanhava a dificuldade do povo na travessia pelo deserto intercedeu a Deus depois de tanta murmuração. O povo arrependido suplicava para que Deus deixasse de enviar serpentes venenosas causando a morte de muitos. Moisés fez chegar a súplica do povo arrependido a Deus e Ele respondeu a Moisés: *"Faze uma serpente venenosa e coloca-a sobre uma haste, aquele que for mordido e olhar para ela ficará curado"* (Nm 21,8). Moisés seguiu fielmente as orientações dadas por Deus a fim de todos ao olharem para a serpente na haste, depois de serem mordidos por alguma serpente, ficassem curados.

Em Nm 21,4b-9 uma pessoa quando mordida por uma serpente venenosa, deveria olhar para essa serpente de bronze e então ficava totalmente curada. Tal episódio relatado no Livro dos Números passa a ser comparado ao fato de Jesus ser levantado na cruz revelando o triunfo de sua vida na cruz, a haste da qual o amor se revela como triunfo definitivo. A vida nasce do alto e é pela graça que vem a vida nova em Cristo ressuscitado. A vida que Ele nos garante por sua ressurreição é muito mais que a cura alcançada por meio da serpente elevada em uma haste. Deus que amou tanto o mundo e entregou seu Filho para salvar a humanidade. A fé no Filho de Deus leva a vida eterna, pois o oferecimento de Jesus garantiu vida plena à humanidade e pela redenção dos pecados temos a certeza de que Deus não enviou seu Filho para condenar o mundo, mas para salvá-lo (cf. Jo 3,17).

Assim como Moisés, Jesus se torna o intercessor da humanidade junto ao Pai. Ele não veio para condenar o mundo por causa de seus pecados, mas para conduzir o povo à comunhão e à obediência ao Pai. Sua vida é modelo para os cristãos na sua forma de existir, na sua humildade e no seu modo de se revelar plenamente humano. Jesus se revelou como instrumento da misericórdia de Deus Pai, pois foi para isso que veio ao mundo.

Jesus, em gestos e palavras, comunica a vontade de Deus que para salvar a humanidade usa de sua misericórdia e faz passar da morte à vida definitiva como disse seu Filho: *"Esta é a vontade do meu Pai: quem vê o Filho e nele crê tenha a vida eterna"* (Jo 6,40).

O amor de Deus é um grande convite para a vida plena. Ter Jesus como Mestre e Caminho, que nos leva ao Pai, é garantia para o nosso seguimento. A vida cristã tem que se tornar um projeto de vida, um compromisso de adesão a Jesus Cristo. Vivendo uma experiência de comunhão com Ele poderemos sentir que seu amor se revela em gestos concretos, mais que em palavras. Devemos fazer o mesmo se queremos ser cristãos de verdade.

▓ Complementar a repercussão da Palavra dialogando

1. Quando sentimos que nossa comunidade precisa "nascer de novo"?
2. Por que é tão urgente resgatar o ardor da fé? Tenho contribuído para uma verdadeira conversão pastoral?

V – É TEMPO DE DIALOGAR COM O AUTOR DA PALAVRA

Senhor, diante de tua amorosa presença, suplicamos por misericórdia, nós, que tantas vezes nos omitimos e resistimos à força restauradora de teu amor; nós, que tantas vezes nos fechamos diante da urgência de anunciar com alegria o Evangelho; nós, que tantas vezes nos calamos quando da vida que grita por uma palavra de esperança e paz. Queremos nascer do alto, nascer do teu Espírito e ter a vida renovada com as graças e bênçãos que recebemos de tuas mãos generosas. Guarda-nos em teu amor em nome de teu Filho nosso eterno intercessor.

VI – É TEMPO DE SEMEAR A PALAVRA

Moisés e Jesus, intercessores do povo de Deus, nos inspiram a lançar um olhar atento para a vida do nosso povo e com fé e confiança:

— nos coloquemos em oração para que Deus na sua infinita misericórdia atenda as nossas súplicas;
— nos aproximemos dos nossos irmãos e irmãs carentes de atenção e de uma palavra de esperança;
— nos motivemos, uns aos outros, para uma vida de adesão ao projeto de Jesus, Caminho e Vida.

Evangelho de Lucas

Ano Litúrgico C

Tem aumentado, e muito, a busca por livros de autoajuda. Um livro de autoajuda é aquele que faz tomar consciência de que você tem dentro de si potencialidades ainda não exploradas ou pouco exploradas. De que você pode desenvolver-se pondo em ação tais potencialidades. Serve justamente para ajudá-lo a aproveitar o máximo para converter em práticas positivas aquelas coisas, aquelas virtudes, aquelas capacidades guardadas dentro de você e até cobertas por uma camada de resistências. Contudo, nós cristãos, temos um referencial VIVO, VERDADEIRO e PERMANENTEMENTE PRESENTE: JESUS CRISTO, que atua em nós, que nos ajuda, que conversa conosco, que nos alimenta, que nos conduz como PASTOR divino-humano.

Estamos oferecendo a você, aos irmãos e às irmãs de caminhada cristã, mais um considerável número de Encontros tendo por base os trechos dos Evangelhos dominicais do Ano Litúrgico C, que nos propõe como meio de impulsionar a nossa vida cristã, o Evangelho de Jesus Cristo segundo Lucas.

Tempo do Advento

1º DOMINGO DO ADVENTO

Tema do dia

A vinda de Jesus Cristo.

Objetivo

Apresentar a importância de saber dar uma resposta diante das ameaças à vida humana.

I – É TEMPO INICIAL DE ACLAMAR, INVOCAR, LOUVAR O SENHOR

■ **Rezar com os participantes**

Ó Pai, tu que enviaste o Espírito Santo para recordar-nos tudo o que teu Filho Jesus disse e ensinou, dá-nos a força para vivenciarmos e anunciarmos ao mundo a Boa-nova, confiantes na tua Palavra (cf. Jo 14,26).

II – É TEMPO DE ESCUTAR E ACOLHER A PALAVRA: Lc 21,25-28.34-36

■ **Núcleo da Palavra**

Haverá sinais de que o Filho do Homem está vindo. Que haja novo ânimo e encorajamento, pois estará próxima a libertação. Que todos tomem cuidado com a sua vida e sejam dignos de se apresentar diante de Jesus.

■ **1ª leitura: Jr 33,14-16**

De 587 a 538 a.C. deu-se o exílio de Israel, retirado de sua terra e levado para a Babilônia. Os versículos desta leitura aludem a uma esperança de que a dinastia do rei Davi seja restaurada, e assim, haja um rei que governe com justiça.

■ **2ª leitura: 1Ts 3,12-4,2**

O grande desejo de Paulo é que a comunidade de Tessalônica cresça no amor mútuo, a fim de que ela se apresente irrepreensível diante de Deus, quando seu Filho vier de novo. Paulo espera que essa comunidade tenha com ele aprendido a viver o seu dia a dia para agradar a Deus.

III – É TEMPO DE DINAMIZAR A PALAVRA

■ **Desenvolvimento**

- Motivar os participantes a ouvir e refletir sobre o Evangelho – Lc 21,25-28.34-36.
- Formar um círculo e depois de um tempo de meditação cada participante dirige-se a uma pessoa do grupo e diz: *Fique vigilante, reze e se esforce para permanecer firme na fé até o fim.*
- Ao final, rezar de mãos dadas: Pai nosso...

IV – É TEMPO DE REPERCUTIR A PALAVRA

O presente Evangelho não fala da espera pelo Natal, pela encarnação. Fala do "daqui para frente". Do "agora" e do "final".

Encaremos desde logo os sinais de hoje. Sinais de quê? Sinais de desequilíbrio em nosso planeta, muito bem apontados e descritos na encíclica do papa Francisco: *Laudato Si'*. Sinais no *sol,* sinais do aquecimento global, que eleva a temperatura que se verifica nas camadas inferiores da atmosfera, em decorrência da retenção do calor na superfície do nosso planeta; daí a razão por que os climas vão se modificando rapidamente, as geleiras dos polos vão se soltando do seu lugar original e "eterno". Como diz o pontífice, o que se verifica como algo tão negativo, é provocado pelo homem contra o próprio homem; sucede em nome de um consumismo desenfreado. E os sinais negativos não param por aí, pois eles se manifestam de modo cruel em nosso planeta, onde se devastam florestas, onde se processam inúmeras queimadas, produzindo o prejudicial gás carbônico em grande quantidade. Há também sinais nos mares cujas ondas avançam sobre extensões de terra cada vez maiores, com fúria ainda mais incontrolável. O que é que a humanidade faz em favor do nosso reequilíbrio? Em que e onde as autoridades mundiais estão investindo para maior habitabilidade do nosso planeta? Esses temas são objetos de discussão nas igrejas? Elas contam com especialistas para conscientizar as pessoas de fé no sentido de que o projeto harmonioso de Deus está terrivelmente ameaçado de acabar em catástrofe global? Cremos ser hora de os cristãos olharem para esses aspectos da realidade, considerando-os parte de sua missão, e reivindicarem providências já, para maior preservação do meio ambiente e para a saúde de toda nossa "casa comum" que é a terra.

Sinais do "final". Que final? Que fim? O Evangelho agora abordado diz: "*E então se verá o Filho do homem vindo numa nuvem, com grande poder e majestade*" (Lc 21,27). Mas outra parte já sugere deixar de lado qualquer especulação infundada a respeito. O texto paralelo de Marcos traz uma informação que, por sua vez, não está em Lucas: "*Quanto a esse dia ou a essa hora, ninguém sabe: nem os anjos no céu, nem o Filho, mas só o Pai*" (Mc 13,32). Não adianta especular sobre quando isso acontecerá. Nem dia nem hora estarão ao alcance de nossa previsão humana. É melhor mesmo que esse assunto fique restrito ao Pai para que não soframos por antecipação nem nos desesperemos. Deus nos quer alimentar de esperança, não de angústia, muito menos ainda de desespero.

Haverá um final *individual* e um *coletivo*.

O final individual será do tamanho dos nossos dias, meses e anos de vida. Parece-nos oportuno recorrer ao *Catecismo da Igreja Católica* para projetarmos luz sobre o que queremos dizer: "Na morte, que é separação da alma e do corpo, o corpo do ser humano cai na corrupção, ao passo que a sua alma vai ao encontro de Deus, ficando à espera de ser novamente unida ao seu corpo glorificado". O final coletivo se dará quando "Deus na sua onipotência restituirá definitivamente a vida incorruptível aos nossos corpos unindo-os às nossas almas, pela virtude da Ressurreição de Jesus" (cf. CIgC, 997). Em Cristo, todos ressuscitarão com seu próprio corpo, que tem agora, em corpo espiritual (cf. CIgC, 999).

> Quando isso se dará? Definitivamente 'no último dia' (Jo 6,39-40.44-54; 11,24); "no fim do mundo". Com efeito, a ressurreição dos mortos está intimamente associada à parusia de Cristo: "Quando o Senhor, ao sinal dado, à voz do arcanjo e ao som da trombeta divina, descer do céu, então os mortos em Cristo ressuscitarão primeiro" (1Ts 4,16). (CIgC, 1001)

O Evangelho, então, nos recomenda a tomar uma série de providências:

1. *Tomar cuidado com o coração, com excessos à mesa, com as preocupações –* Saber se alimentar para manter a saúde em dia. Saber se controlar ao ingerir bebidas e diríamos hoje, saber cuidar daquelas pessoas que se excedem para que o seu excesso não se faça deficiência no afeto, no bom relacionamento, na boa conduta social e na preservação da saúde do corpo e do espírito.

   As preocupações: "As preocupações são pensamentos que vão nos torturando". Em Mt 6,25, Jesus diz: "*Não fiquem preocupados com a vida, com o que comer, nem com o corpo, com o que vestir*". "É certo que Jesus não quer nos levar a renunciar às nossas responsabilidades para com os outros... ou que passemos irresponsavelmente nossas preocupações para Deus... Devo fazer o que é razoável e necessário. É preciso relativizar as preocupações, saber diluí-las.

2. *Vigiar –* Que faz o vigia? Olha, zela pela vida e/ou pelo patrimônio de outrem. Fica atento para que tudo transcorra em segurança para as pessoas que trabalham em fábrica ou escritório, para as pessoas que moram em um condomínio, para a preservação de um acervo de obras de arte em um museu, por exemplo. Enfim, a ocupação de um vigia é contribuir para que outras pessoas tenham

ordem e tranquilidade em seu trabalho, em sua residência, em seu tempo de descanso. Ouvimos recentemente que, em São Paulo, como também em outros lugares há muitos vigias sem treinamento, isto é, sem as condições mínimas de dar segurança a quem quer que seja. Aqui, no Evangelho, a vigilância não é terceirizada. Cada pessoa tem de vigiar-se. Cuidar de si. De suas ações. Do seu trabalho. De sua consciência. Do cultivo de sua fé, se for pessoa de fé. Deus garantirá todas as condições. Homem e mulher hão de ser vigias de si mesmos na condução da vida. Avançar dependerá deles. Regredir, será cobrado só deles. Porém, nós cristãos, que somos *vigias, espiritualmente falando,* necessitamos de treinamento. A Igreja tem que estar preparada, apta para nos dar esse treinamento de espiritualidade – comunicação – didática – inter-relacionamento. O papa Bento XVI disse bem claro na Encíclica *Spe salvi* sobre a esperança cristã: "O ser humano não poderá jamais ser redimido simplesmente a partir de fora" (SS, 25) Logo no número seguinte, o pontífice diz: "O ser humano é redimido pelo amor" (SS, 26). Aí reside o posto de vigilância: o vasto campo do amor.

3. *Rezar em todos os momentos, para serdes dignos de escapar de todas essas desgraças* – Quando o ser humano se sentir atingido por males, sofrimentos, diversas ameaças, alguém ainda o ouvirá: Deus. Há os que nessas horas não mais o invocam, descrentes dele por se sentirem abandonados pelo Pai. Há os que esperam contra toda esperança e nele se agarram como porto de salvação, que de fato é.

4. *Reanimar-se* – Quando houver um embate entre esperança e adversidade, a palavra encorajadora do Evangelho é *reanimar-se.* Sinal de que o ânimo já foi perdido uma, duas, três vezes. É, pois, a hora de recobrar forças espirituais no Cristo que venceu o mundo, isto é, os obstáculos que seus adversários lhe jogaram no caminho como armadilhas. "Na oração, o ser humano deve aprender o que verdadeiramente pode pedir a Deus, o que é digno de Deus" (SS, 33).

5. *Levantar a cabeça* – "É aqui, em nossa história cheia de conflitos, que somos chamados a levantar a cabeça e ficar de pé, pois nossa libertação está próxima, ou seja, está em curso, pois o Cristo, tendo vencido as forças da morte, está vivo e virá para nos salvar definitivamente" (BORTOLINI, 2006, p. 497).

— Todas essas nossas providências valerão ser tomadas?

— Sim!

— Por quê?

— "Porque está perto a vossa libertação" (Lc 21,28).

6. *"Porque está perto a vossa libertação"* – Lucas foi um dos missionários que acompanhou Paulo em algumas de suas viagens a serviço da missão de Jesus Cristo. É Paulo que recorre ao termo e ao conceito de *libertação.* Em 1Cor 6,12, o apóstolo dos não judeus diz: "*Posso fazer tudo o que quero, mas nem tudo me convém. Posso fazer tudo o que quero, mas não deixarei que nada me escravize*". Em Gl 5,1 Paulo emenda: "*Cristo nos libertou para que sejamos ver-*

dadeiramente livres, Portanto, fiquem firmes e não se submetam de novo ao jugo da escravidão". A *libertação* é um processo que continua, e que um dia chega ao seu auge junto com o Cristo glorificado. Teremos, então, atingido, felizes, o grande final. Tomara que possa ter um significado assim: "valeu a pena ter vivido como cristão, como cristã".

■ Complementar a repercussão da Palavra dialogando

1. Quem segue atenta e conscientemente o Cristo é porque assume o seu compromisso de "estar mergulhado" Nele pelo Batismo. Ora, pode um seguidor de Jesus compactuar com coisas que sejam contra a justiça, contra a dignidade de quem quer que seja?
2. Pode um seguidor de Jesus contentar-se com as ofertas que este mundo lhe propõe com tanta sutileza e agrado?

V – É TEMPO DE DIALOGAR COM O AUTOR DA PALAVRA

Senhor, hoje nos dirigimos a tua Mãe, que permaneceu na presença dos teus discípulos como mãe da esperança. A ela pedimos: "Santa Maria, Mãe de Deus, Mãe nossa, ensina-nos a crer, esperar e amar contigo... Estrela do mar, brilha sobre nós e guia-nos no nosso caminho" (SS, 80).

VI – É TEMPO DE SEMEAR A PALAVRA

Inspirados por esse trecho da encíclica do papa Bento XVI sobre a esperança, procure fazer um compromisso de fé em vista de um novo caminho.

> Hoje, muitas pessoas rejeitam a fé, talvez simplesmente porque a vida eterna não lhes parece uma coisa desejável. Não querem de modo algum a vida eterna, mas a presente... Mas, viver sempre, sem um termo, acabaria por ser fastidioso e, em última análise, insuportável. Obviamente, há uma contradição na nossa atitude... por um lado, não queremos morrer... mas, por outro lado, também não desejamos continuar a existir ilimitadamente. Então, o que queremos na realidade?... No fundo, queremos uma só coisa, a vida que é simplesmente vida, pura "felicidade"... Não sabemos realmente o que queremos; não conhecemos essa "vida verdadeira" e, no entanto, sabemos que deve existir algo que não conhecemos e para isto nos sentimos impelidos. (SS, 10-11)

2º DOMINGO DO ADVENTO

Tema do dia

→ A salvação que vem de Deus é para todos.

Objetivo

→ Reconhecer que a salvação é para todos, é gratuita e não dispensa a colaboração de quem opta por percorrer o caminho de Jesus.

I – É TEMPO INICIAL DE ACLAMAR, INVOCAR, LOUVAR O SENHOR

■ Rezar com os participantes

Ó Pai, tu que enviaste o Espírito Santo para recordar-nos tudo o que teu Filho Jesus disse e ensinou, dá-nos a força para vivenciarmos e anunciarmos ao mundo a Boa-nova, confiantes na tua Palavra (cf. Jo 14,26).

II – É TEMPO DE ESCUTAR E ACOLHER A PALAVRA: Lc 3,1-6

■ Núcleo da Palavra

Em determinado tempo da história, a Palavra de Deus foi dirigida a João Batista. Ele percorreu a região do rio Jordão. Pregou o Batismo e a conversão. Sua proposta: atitudes novas para que todos possam ver a salvação de Deus.

■ 1ª leitura: Br 5,1-9

Jerusalém ainda tem motivo para demonstrar ares de tristeza e de luto? Não! Seus filhos estão voltando do exílio a que foram submetidos na Babilônia. É hora de vestir roupas esplendorosas. Jerusalém, a esposa, não foi abandonada pelo Senhor, seu esposo. Os filhos foram levados pelo inimigo, mas o Senhor Deus os traz de volta. Deus lhes garante segurança e usará de justiça e de misericórdia.

■ 2ª leitura: Fl 1,4-6.8-11

Paulo dá graças a Deus por ter a comunidade de Filipos colaborado no anúncio do Evangelho. E tem um pedido: que na comunidade cresça o amor. E quem vive fortemente no amor, também está repleto dos frutos da justiça, obtidos graças a Jesus Cristo.

C

III – É TEMPO DE DINAMIZAR A PALAVRA

■ Material necessário

Jornais velhos, folhas de papel sulfite e hastes de madeira ou bambu para fazer bandeirinhas e fitas adesivas e/ou cola.

■ Desenvolvimento

- Formar dois grupos.
- Cada grupo construirá um caminho com jornais velhos, que irá da entrada ao fundo da sala ou local do encontro.
- Cada grupo deverá confeccionar seis bandeirinhas e responder a seguinte questão: Quais caminhos, que situações precisam ser endireitados:
  - ○ Individualmente.
  - ○ Comunitariamente.
  - ○ Pública e politicamente no bairro.
- A cada mudança de proposta, o grupo anota em uma das bandeirinhas e coloca-a à margem da "estrada de papel de jornal".

Partilha

- Cada grupo comenta suas propostas de mudança e todos conversam sobre como e quando as mudanças podem ser implantadas.

IV – É TEMPO DE REPERCUTIR A PALAVRA

Lucas 3,1- 6 e o poder político-religioso de então
TIBÉRIO
Imperador romano (14 a 37 d.C.)

PÔNCIO PILATOS	HERODES ANTIPAS	FILIPE	LISÂNIAS	ANÁS – Sumo sacerdote
Governador romano na Judeia – parte Sul da Palestina (25 a 35 d.C.)	Governador da Galileia – região ao Norte da Palestina (4 a.C. a 39 d.C.) (Lc 23,7-12 e Atos 13,1)	Irmão de Herodes Antipas – Governador de Itureia e Traconítide, próximas à terra de Jesus, habitadas por não judeus (7 a 34 d.C.)	Governador de Abilene-região de Damasco, na Síria (14 a 37 d.C.)	(6 a 15 d.C.), sogro de Caifás. Caifás – sumo sacerdote (17 a 36 d.C.) cf. João 11,49ss. e Mt 27,62 ss.) Sumo sacerdote = chefe do culto e presidente do Sinédrio (tribunal)

Lucas 3,1-6 e o Projeto de Deus

JOÃO BATISTA (o batizador)
- Filho de Zacarias e Isabel – primo de Jesus
- Prega o Batismo de conversão para a população ribeirinha do rio Jordão.
- A menção do deserto é referência a uma nova forma e a um novo conteúdo dado à vida "Todo homem verá a salvação de Deus" (Lc 3,6).
- Seu ministério tem início entre os anos 27 e 30 d.C.

João Batista era o profeta que fazia a vez de ponte entre o Primeiro e o Segundo Testamento, o Novo. Prepara o caminho do Senhor Deus; caminho que veio vindo da libertação do Egito até Israel e agora, João faz ver que é preciso preparar esse caminho, que leve ao Reino de Deus por meio de Jesus. "O Batismo de João era um ato ritual que expressava a disposição de indivíduos hebreus de juntar-se ao movimento de renovação. Dependia de uma disposição interior de arrependimento sem a qual não poderia haver perdão" (BERGANT & KARRIS, 1999, p. 79).

A última frase do Evangelho de hoje, "*e todo homem verá a salvação de Deus*" (Lc 3,6), bem mostra que o *caminho do Senhor* não pode estar em conformidade com as autoridades de então, nem pode se limitar à área de jurisdição daquelas autoridades descritas no mapa, apresentado anteriormente. Qual a salvação de Deus que todo homem verá? A salvação da excessiva concentração de bens? A salvação se limitará só a alguns que terão acesso a hospitais, tratamento odontológico, escola, lazer? Não! A salvação será para todos. Contudo, o povo precisa contribuir com o seu trabalho, sua iniciativa, com a sua luta para edificar e defender o que deve ser partilhado, o que, por sua vez virá à tona versículos mais adiante (cf. Lc 3,10-14). Em época de globalização, o trabalho para que todos sejam contemplados pela salvação trazida por Jesus Cristo se torna ainda mais difícil do que no tempo do Batista e de Jesus, dada a grande população mundial, mas é nossa tarefa de discípulos missionários. A graça de Deus também se adapta ao nosso tempo.

■ Complementar a repercussão da Palavra dialogando

1. O que no grupo, na comunidade, está se fazendo para incluir na roda da fé, na roda da cultura, na roda social, na roda de gente empregada para que mais pessoas vivam dignamente?
2. Nós, pessoalmente, e o nosso grupo somos ativos neste ponto ou ficamos só espiando a escola de samba passar, na tela ou na avenida?

V – É TEMPO DE DIALOGAR COM O AUTOR DA PALAVRA

Senhor Jesus, que por ti, único mediador entre Deus e os homens, e com a nossa colaboração, todos vejam a salvação. Tu disseste mediante teu discípulo amado:

"É esta a vontade de quem me enviou: que eu não perca nenhum daqueles que me deste, mas que eu os ressuscite no último dia" (Jo 6,39). Que aconteça assim conosco, teus pequenos missionários, para que tu sejas glorificado e os que nos confiaste, no passado e no presente, sejam salvos.

VI – É TEMPO DE SEMEAR A PALAVRA

Nós mesmos e o nosso grupo já lemos *a Constituição Federal do Brasil*, de 5 de outubro de 1988? Ler a Constituição e as suas emendas (isto é, mudanças) será um bom exercício da cidadania. Assim, por exemplo, leia-se o **Capítulo II – Dos direitos sociais – Art. 6º:** *São direitos sociais a educação, a saúde, o trabalho, a moradia, o lazer, a segurança, a previdência social, a proteção à maternidade e à infância, a assistência aos desamparados, na forma desta Constituição* (BRASIL, 1988).

Não nos parece que o artigo da Constituição tem alguma afinidade com o trecho do Evangelho que estamos abordando, no que se refere à sua proposta de inclusão?

Busquemos motivar a comunidade para a Campanha da Evangelização que é destinada à manutenção e ao incremento das atividades pastorais nas dioceses no Brasil todo, conforme foi decidido pela Conferência Nacional dos Bispos do Brasil (CNBB).

3º DOMINGO DO ADVENTO

Tema do dia

Há uma nova história a ser construída.

Objetivo

Reconhecer que devemos dar uma resposta adequada no dia a dia à pergunta do Evangelho.

I – É TEMPO INICIAL DE ACLAMAR, INVOCAR, LOUVAR O SENHOR

■ Rezar com os participantes

Ó Pai, tu que enviaste o Espírito Santo para recordar-nos tudo o que teu Filho Jesus disse e ensinou, dá-nos a força para vivenciarmos e anunciarmos ao mundo a Boa-nova, confiantes na tua Palavra (cf. Jo 14,26).

II – É TEMPO DE ESCUTAR E ACOLHER A PALAVRA: Lc 3,10-18

■ Núcleo da Palavra

O Batista ensinava a repartir as coisas e a praticar a justiça. Deixou claro que o Messias era maior do que ele e que batizará com o Espírito Santo.

■ 1ª leitura: Sf 3,14-18a

Os poucos versículos deste Encontro, pelo que os estudiosos indicam, foi escrito depois que o povo de Deus se viu livre do exílio na Babilônia, que ocorreu em 538 a.C. O texto exprime uma alegria incontida porque mais uma vez Deus interveio para que o povo judeu pudesse voltar para casa e reconstruir a cidade de Jerusalém. O profeta sente que mais uma vez Deus perdoou os pecados de seu povo e que terá início um novo tempo, que respirará liberdade.

■ 2ª leitura: Fl 4,4-7

Os cristãos devem ter motivo de exultar de alegria sempre, pois ela tem por base a salvação obtida por Cristo. Que não se deixem abalar e, quando passarem por necessidades, não se esqueçam de recorrer à oração e que saibam agradecer sempre.

III – É TEMPO DE DINAMIZAR A PALAVRA

■ Desenvolvimento

- Formar duplas.
- Cada participante deverá responder ao outro:
- Que alegrias encontro:
  - na família.
  - na escola (se for o caso).
  - no trabalho (se for o caso).
  - com os amigos.
  - na sociedade.
  - na vida, pelo fato de ser cristão/cristã.
  - na comunidade da Igreja.

Partilha

- Motivar os participantes para fazer uma partilha espontânea sobre o que responderam.

IV – É TEMPO DE REPERCUTIR A PALAVRA

Em um texto tão curto do Evangelho aparece três vezes a mesma pergunta: "Que devemos fazer?"

O povo pergunta: "Que devemos fazer?" A resposta é partilhar, repartir. Ir ao encontro de quem tem necessidade. Fazer-se próximo. Não foi isso que Jesus recomendou aos seus seguidores quando a multidão estava com fome?

Os cobradores de impostos, os gerentes de compras de grandes organizações empresariais, os engenheiros de venda para grandes obras públicas, os ministros do Supremo, policiais rodoviários, delegados, juízes e outros perguntam: **"Que devemos fazer?"** "Não exigir nada além do estabelecido" (Lc 3,13). Não aceitar propina. Não fazer negócios escusos.

Os soldados, os militares, a guarda civil, o corpo de bombeiros perguntam: "Que devemos fazer?" E a resposta está no Evangelho: "não maltratar ninguém para extorquir dinheiro" (Lc 3,14). Não fazer falsas denúncias. Zelar de fato pela ordem. Não se envolver com drogas. Não compactuar com criminosos. Não proteger gente do crime. Contentem-se com o seu soldo. Hoje poderíamos acrescentar: é pouco? Então reivindiquem com dignidade e dentro da ordem um salário melhor para que quanto a isso haja menos preocupação enquanto desempenham sua nobre missão.

Virá quem *"batizará vocês com o Espírito Santo e com fogo"* (Lc 3,16). O ritual de João de só batizar com água é algo incompleto. Aquele que é mais forte e poderoso que João Batista vai batizar com o Espírito Santo e com fogo. Ele é quem vai recolher o trigo para alimento e queimará a palha. E assim, a Boa-nova estava chegando. Aquela Notícia chamada Jesus Menino a quem não demos a devida atenção no ano passado, vai chegar de novo, vai ficar deitado outra vez sobre palha (assim nem toda palha é jogada fora), e Aquela Notícia trará para nós mensagem de silêncio e simplicidade.

E vem a pergunta para nós:

"Que devemos fazer?"

Guardando a fé:

- partilhar, compartilhar;
- praticar a justiça e a honestidade (esta parece estar perdendo importância);
- servir bem mais do que querer mandar (a busca do poder);
- profetizar e servir a comunidade, levando às últimas consequências o nosso Batismo celebrado no Espírito Santo e que constantemente passa pela têmpera do fogo e da água.

"O Batismo de Jesus será definitivo: será um ato de Deus que traz salvação (Espírito Santo) e julgamento (fogo). A imagem do fogo é desenvolvida com referência ao processo de separar o trigo do refugo. Uma pá joga a mistura para o ar; os grãos de trigo, mais pesados, caem no chão, enquanto o refugo é soprado para longe para ser queimado mais tarde" (BERGANT & KARRIS, 1999, p. 79).

■ **Complementar a repercussão da Palavra dialogando**
1. Fica a mesma pergunta para o grupo responder: "Que devemos fazer" diante do Cristo, o Filho de Deus entre nós?
2. Ele é mesmo nosso companheiro dia após dia? (Mt 28,20).

V – É TEMPO DE DIALOGAR COM O AUTOR DA PALAVRA

Senhor, não nos dirigimos a João, mas a ti Jesus: "que devemos fazer principalmente até o Natal?" Mostre-nos claramente o que é prioritário e encoraja-nos a fazer o que tu nos sugerires.

VI – É TEMPO DE SEMEAR A PALAVRA

Programar-se como grupo para um gesto concreto de Natal:
■ Que devemos fazer como grupo nesta época do Natal em que a sensibilidade vem à flor da pele? O que pode ser de especial, pois a Festa é especial? Temos um novo morador entre nós: Deus encarnado. Deus tem uma Notícia grande demais para nós e dá ao Filho a missão de pisar sobre este nosso planeta. Deus não se contém. Ele precisa falar e fala, vem e permanece conosco.

Participar: é o que temos que fazer, pois pertencemos a uma comunidade de fé em processo de construção.

4º DOMINGO DO ADVENTO

Tema do dia

↳ Prodígios de Deus: a estéril torna-se fecunda.

Objetivo

↳ Identificar que para o nosso aprendizado, duas virtudes são fundamentais, disponibilidade e solidariedade.

I – É TEMPO INICIAL DE ACLAMAR, INVOCAR, LOUVAR O SENHOR

■ Rezar com os participantes

Ó Pai, tu que enviaste o Espírito Santo para recordar-nos tudo o que teu Filho Jesus disse e ensinou, dá-nos a força para vivenciarmos e anunciarmos ao mundo a Boa-nova, confiantes na tua Palavra (cf. Jo 14,26).

II – É TEMPO DE ESCUTAR E ACOLHER A PALAVRA: Lc 1,39-45

■ Núcleo da Palavra

Maria correndo a prestar ajuda à prima Isabel e ao primo Zacarias. Duas mães de maneira extraordinariamente fecundas se encontram. O Espírito Santo faz Isabel entender que ela está "com a Mãe do meu Senhor" (Lc 1,43).

■ 1ª leitura: Mq 5,1-4a

O Messias virá de cidade modesta. Ele assumirá a liderança de Israel. A liderança dele virá do próprio Deus. Seu poder não se limitará geograficamente, mas se estenderá até os confins da terra.

■ 2ª leitura: Hb 10,5-10

O texto foi escrito para uma comunidade de cristãos cuja fé corria sérios perigos. Era-lhes difícil acreditar na encarnação do Filho de Deus e que Ele era capaz de salvar a todos mediante um único sacrifício doando a sua própria vida, retomando-a em seguida, de maneira gloriosa.

III – É TEMPO DE DINAMIZAR A PALAVRA

■ Material necessário

Flor branca, Bíblia, texto.

■ Desenvolvimento

- Uma mulher, representando Maria, coloca-se ao lado da Bíblia, tendo na mão uma flor branca.
- Em seguida, deposita a flor em cima da Bíblia aberta diante de todos.
- Outras duas mulheres se aproximam dela:
  - Uma diz: *Feliz de você, Maria, porque acreditou na realização do que lhe foi dito da parte do Senhor.*
  - A outra mulher diz: *Interceda por mim, ó Mãe de Deus, para que também em mim se realize o que me é dito da parte do Senhor. Que eu preste atenção ao que Deus me diz no silêncio.*

IV – É TEMPO DE REPERCUTIR A PALAVRA

No começo do Evangelho deste Encontro nos deparamos com uma informação interessante, não totalmente clara quanto à leitura que dela se pode fazer. Maria foi *às pressas* a uma cidade da Judeia, prestar auxílio à sua prima Isabel, que estava grávida. Maria, então, não percorreu uma curta distância de poucos quarteirões, mas saiu da Galileia para a Judeia. Entre o ponto de partida e o destino, mais de 100 km percorridos..

José teria ido junto? Não sabemos nada a respeito. Em todo caso, era incomum uma jovem como Maria fazer tamanha viagem sozinha.

Lá nas montanhas, encontraram-se as futuras mamães. João Batista exulta no ventre de Isabel e esta proclama, literalmente para todo mundo, Maria "Mãe do meu Senhor" (Lc 1,43).

Deus usou de amor e compaixão para com Zacarias e Isabel. Zacarias era um sacerdote que, uma vez por semana, oficiava no Templo. Isabel carregava a pecha da esterilidade, que na visão religiosa do povo judeu da época era sinônimo de punição divina. No entanto, não era nada disso, tanto é que Deus tornou Isabel fértil e dela nasceu o precursor de Jesus. Isabel, em Lc 1,45, proclama Maria bem-aventurada, feliz, santa, porque ela acreditou na Palavra de Deus. E porque acreditou, sabemos muito bem o que aconteceu com ela.

"O Concílio Vaticano II usou esta bela expressão: 'Deus fala aos homens como a amigos' (DV, 2). Amigos procuram-se e entendem-se... Deus falou no passado e continua a falar também hoje a nós, com amizade."

■ Complementar a repercussão da Palavra dialogando

1. Impressiona-nos a *pressa* de Maria em socorrer sua prima? Gesto como este ou semelhante tem pronta acolhida em nós? Há em nós relatos de casos em que houve pressa para socorrer o próximo?
2. Acreditamos profundamente na Palavra de Deus? Agarramo-nos nela como tábua de salvação?
3. Acreditamos que na Palavra de Deus está contida a vontade de Deus a nosso respeito?

V – É TEMPO DE DIALOGAR COM O AUTOR DA PALAVRA

Rezar juntos: Ave Maria, cheia de graça, o Senhor é convosco, bendita sois vós entre as mulheres e bendito o fruto do vosso ventre, Jesus. Santa Maria, Mãe de Deus, rogai por nós pecadores, agora e na hora de nossa morte. Amém.

VI – É TEMPO DE SEMEAR A PALAVRA

Como estamos motivados para a realização do que programamos? Vamos agir como homens e mulheres de fé, disponíveis e solidários.

Tempo do Natal

FESTA DA SAGRADA FAMÍLIA

Tema do dia

→ O Filho de Deus na realidade de todo ser humano cresceu fisicamente e servindo de exemplo, resplandeceu em santidade.

Objetivo

→ Recordar que a fé em Cristo, o Verbo encarnado nos leva a uma maturidade cada vez maior.

I – É TEMPO INICIAL DE ACLAMAR, INVOCAR, LOUVAR O SENHOR

■ **Rezar com os participantes**

Ó Pai, tu que enviaste o Espírito Santo para recordar-nos tudo o que teu Filho Jesus disse e ensinou, dá-nos a força para vivenciarmos e anunciarmos ao mundo a Boa-nova, confiantes na tua Palavra (cf. Jo 14,26).

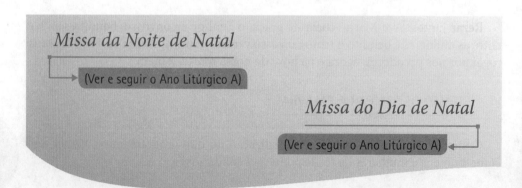

Missa da Noite de Natal
→ (Ver e seguir o Ano Litúrgico A)

Missa do Dia de Natal
(Ver e seguir o Ano Litúrgico A) ←

II – É TEMPO DE ESCUTAR E ACOLHER A PALAVRA: Lc 2,41-52

■ Núcleo da Palavra

José, Maria e o Menino, todos os anos iam a Jerusalém, por ocasião da Páscoa. Na volta houve um desencontro entre eles. Os pais voltaram de novo para Jerusalém. Lá ficara Jesus, no Templo, sentado entre os doutores para escutá-los e fazer-lhes perguntas. José e Maria manifestaram preocupação. Jesus explicou que tinha por missão ocupar-se com as coisas do Pai. Em seguida, voltou com eles para casa, onde lhes era submisso.

■ 1ª leitura: Eclo 3,2-6.12-14

Respeitando-se e amando os pais, respeita-se e ama-se a Deus. Mesmo na velhice, que haja ternura e carinho para com os pais e se isto custar algum sacrifício, que seja em reparação dos pecados cometidos.

■ 2ª leitura: Cl 3,12-21

Que haja tolerância e perdão mútuos, aprendendo do Senhor que perdoou a todos. Que o amor esteja acima de tudo e, assim, a paz reine nos corações. Que a palavra de Cristo permaneça viva. Tudo o que fizerem, façam-no em nome do Senhor Jesus. Em seguida, Paulo dá as instruções de como tudo isso deve se destacar entre as famílias.

III – É TEMPO DE DINAMIZAR A PALAVRA

■ Desenvolvimento

- Formar pequenos grupos ou duplas.
- Propor a leitura do texto da 1Cor 13,4-7.
- Cada dupla ou grupo depois de um tempo de conversa poderá ajudar a indicar quais os fatores que provocam união ou desunião nas famílias e como o amor pode ajudar na vida familiar.

Partilha

- Motivar os participantes para a apresentação do resultado da reflexão feita em grupo ou dupla.

IV – É TEMPO DE REPERCUTIR A PALAVRA

1. **A caminho da maturidade** – O ano judeu, entre as suas festas, destaca e celebra três principais, enumeradas em Ex 23,14-17: *a das Tendas, a festa da Páscoa (Pesah) e a festa de Pentecostes.* Para José, Maria e Jesus, não há condições de estarem presentes

nas três festas. Seriam três viagens, somando entre ida e volta mais de 200 km cada vez. Mas na festa da Páscoa eles iam todos os anos (cf. Lc 2,41). Uma coisa, porém, era certa, Jesus tendo já completado 12 anos, passaria, a partir de então, "a praticar os deveres religiosos de todo judeu [religiosamente] adulto: recitar o *shemá* [credo judeu] duas vezes ao dia; deveria também fazer os jejuns prescritos e ir em peregrinação à capital, por ocasião das grandes festas" (BOFF, 2003, p. 83).

A partir de então Jesus já contará para compor o número de dez varões [mulheres e crianças não contam], número mínimo necessário para abrir a sessão do culto público. Nas comunidades dos seguidores de Jesus para render culto a Deus bastam bem menos pessoas. Na verdade, "duas ou três", homens ou mulheres (cf. Mt 18,19-20).

O Evangelho por nós considerado hoje, diz que depois de acabados os dias de festa, Jesus permaneceu em Jerusalém. Pelo que o Livro dos Números descreve, durava sete dias a festa da Páscoa (cf. Nm 28,16-25). José e Maria confiavam tanto no menino ao voltarem para casa, que acreditaram estar ele com a caravana de outras pessoas. Mas não estava nem entre parentes nem entre conhecidos. E voltaram para Jerusalém. Jesus ainda estava no Templo. Lá ele fazia três coisas:

— escutava os doutores;
— dirigia-lhes perguntas;
— ao usar da Palavra assombrava com a sabedoria em suas respostas (cf. Lc 2,47). De todo modo, Jesus, "provavelmente devesse ainda passar por uma espécie de exame de maturidade diante dos doutores ou, quiçá, completar sua formação, participando desses seminários sem fim que os mesmos doutores da Lei mantinham no Templo" (BOFF, 2003, p. 90).

José e Maria ficaram aflitos. Ele explicou que tinha de se ocupar com as coisas do seu Pai, "mas eles não compreenderam suas palavras" (Lc 2,50). Lucas escreve o Evangelho décadas depois desse fato e não entra no mérito de discutir a situação de cada membro da família; o que importava ao evangelista, que escrevia para comunidades gregas, era ressaltar o que se destacava em Jesus e como ele desempenhava sua missão. Jesus mesmo não está preocupado se José e Maria entenderam bem as suas palavras. Ele mesmo, por exemplo, não se preocupou com o "como" e o "quando" do "fim" dos tempos. Disse ele apenas: "Somente o Pai é quem sabe" (Mc 13,32). Ao agir da maneira como agiu no Templo "Jesus deixa entrever o mistério da sua consagração total a uma missão decorrente da sua filiação divina: *'Não sabíeis que devo me ocupar com as coisas de meu Pai?'* (CIgC, 534).

Acabada a sua missão entre os doutores, Jesus volta para casa com seus pais. Ele cresce na sabedoria, no tamanho e no agrado a Deus. Sua mãe conservava todas essas coisas no coração. E desse lugar de depósito (= o coração), Maria buscava os tesouros de sua força para estar sempre ao lado de seu filho, de quem ela era mãe e discípula. E José? Os quatro evangelhos são bem parcimoniosos ao falar de José, mas na Tradição da Igreja Católica ele é sempre invocado como "castíssimo esposo da Virgem Maria" e também como padroeiro da boa morte.

Jesus, se aos 12 anos tivesse recusado responsabilidade, teria assumido atitude infantil, mas teve a maturidade de dizer: *"Devo me ocupar das coisas de meu Pai"* (Lc 2,49). Jesus é maduro para ouvir, perguntar, dar respostas cheias de sabedoria.

2. **Expressão de afetividade** – Como José e Maria expressaram sua afetividade para com Jesus? Expressaram-na por sentimentos e por gestos: dedicação, carinho, cuidado e também preocupação. A afetividade, sem dúvida, fazia-os sentir-se capazes de amar e de dedicar-se ao filho, Jesus. A afetividade neles se manifestou mesmo não estando eles fisicamente presentes no lugar em que estava Jesus. (cf. DORON & PAROT, 2006, p. 35). Na Exortação Apostólica pós-sinodal, *Amoris Laetitia,* as palavras do papa podem enriquecer as nossas reflexões. Diz ele, no n. 189:

> O quarto mandamento pede aos filhos [...] que honrem o pai e a mãe (cf. Ex 20,12). Este mandamento vem logo após aqueles que dizem respeito ao próprio Deus. Com efeito, contém algo de sagrado, algo de divino, algo que está na raiz de todos os outros tipos de respeito entre os homens. E, na formulação bíblica do quarto mandamento, acrescenta-se: "para que se prolonguem os teus dias sobre a terra que o Senhor, teu Deus, te dá". O vínculo virtuoso entre as gerações é garantia de futuro de uma história verdadeiramente humana. Uma sociedade de filhos que não honram os pais é uma sociedade sem honra [...]. É uma sociedade destinada a encher-se de jovens áridos e ávidos.

3. **Planejar o Novo Ano** – A festa da Sagrada Família ocorre perto da passagem de um ano civil para outro. É tempo de constatar quem está com dívida para com quem dentro da família. É tempo de analisar se os pais ofereceram o melhor dos seus mundos para os filhos. Pai e mãe, hoje, estão tão ocupados em buscar os seus sonhos, em corrida ao encontro da felicidade, que acabam esgotados e, muitas coisas eles atribuem aos conflitos, e conflitos são quase sempre desfrechados por um cônjuge na direção do outro. Então, sejamos claros: conflitos são inevitáveis. E diante deles, três atitudes são necessárias: não guerrear com eles; aceitá-los e saber administrá-los sem querer passar o trator no outro, sobretudo quando há dois temperamentos opostos, isto é, um é agressivo demais e o outro tem vontade de vomitar o silêncio em cima de quem vocifera. Se ao lado e apesar de conflitos, houver também alegrias de estar juntos, de haver partilha de conhecimentos, de alguns gostos comuns, interesses, valores espirituais, será sinal de que o casamento ainda terá chance de subsistir e de que ainda haverá conveniência de planejar mais algumas coisas para o Novo Ano. O que é planejar, no geral? "Planejar é fazer uma experiência de reflexão antes de qualquer atividade... é tomar as decisões mais acertadas sobre cada ação. Por vezes improvisamos, não refletimos, partimos sem saber o que queremos ou aonde queremos chegar" (GIL, 2007, p. 51). Quantos percalços houve na vida da Sagrada Família: o anúncio de difícil compreensão do anjo; o longo e dificultoso caminho percorrido até o recenseamento; a falta de acolhida em qualquer hospedagem em Belém na noite em que nasceu o Menino;

a precariedade total durante e nas horas após o nascimento de Jesus; a fuga para o Egito (aquela mesma terra que havia escravizado o povo de Deus, dessa vez se tornou acolhedora); a necessidade de se instalar em outro local, por medo de Herodes; os transtornos narrados no Evangelho deste nosso Encontro. José, Maria e Jesus superaram tudo com a maior confiança em Deus e por isso são modelos de família e por isso são Sagrada Família.

Planejar o fim de semana também é importante, principalmente para quem trabalha fora a semana inteira, às vezes até com horas que vão além daquelas marcadas pelo expediente. Se o tempo reservado para a família é limitado, é decisivo,

> que a família possa confiar nesse tempo limitado... Não basta reservar tempo para a família; há necessidade de presença qualitativa. Só conseguimos estar realmente presentes na família quando nos desligamos dos problemas da empresa. É preciso tomar uma decisão consciente em favor da vida pessoal: agora eu quero ser realmente um companheiro, uma companheira, um pai ou mãe, e não apenas desempenhar esse papel por um espaço limitado de tempo. (GRÜN, 2007, p. 137)

Jesus não tinha pecado. Mas é interessante observar que, apesar de não ter pecado, em seu interior, mesmo assim, havia espaço para crescer em *sabedoria e no agrado ao Pai*. E fisicamente, claro, havia espaço para ele ainda crescer *em tamanho*.

Que as famílias de hoje olhem para a Sagrada Família, também rodeada de dificuldades, e que as de hoje também cresçam em sabedoria e discernimento e caminhem com coragem para transformar e transformar-se para melhor no ano novo que se abre diante de nós. Será hora de cada qual fortalecer o seu papel dentro da família.

■ **Complementar a repercussão da Palavra dialogando**

1. De que modo entendemos a infância de Jesus narrada no Evangelho que focamos neste nosso Encontro?
2. Este Evangelho levanta discussões se comparado com as atitudes de pais e filhos do nosso tempo?

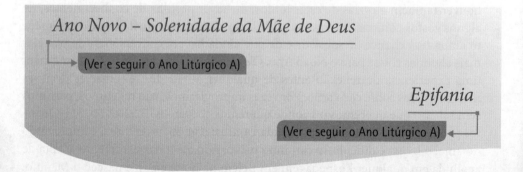

V – É TEMPO DE DIALOGAR COM O AUTOR DA PALAVRA

Ò Pai, como é bom contemplar o esplendor do teu amor na Sagrada Família de Nazaré. Te pedimos por tantas famílias que tentam vencer a força destruidora do ódio, da insegurança e do medo. Concede aos teus filhos e filhas a graça de sentir a força do amor que restaura a alegria e mantém a esperança de construir um lar cristão. Faze que nossa família seja berço de vida e muita fé, escola do Evangelho, espaço de comunhão e partilha. Escuta a nossa oração por Jesus, Maria e José. Amém.

VI – É TEMPO DE SEMEAR A PALAVRA

Inspirados pelo modelo de vida da Sagrada Família, olhemos com mais esperança para a nossa família e coloquemo-nos a serviço da construção de casa: escola da fé em Cristo.

BATISMO DO SENHOR JESUS

Tema do dia

→ João é obediente a Jesus.

Objetivo

→ Apresentar a importância de se proferir um "sim" que signifique a aceitação do Senhor e disponibilidade para a missão.

I – É TEMPO INICIAL DE ACLAMAR, INVOCAR, LOUVAR O SENHOR

■ Rezar com os participantes

Ó Pai, tu que enviaste o Espírito Santo para recordar-nos tudo o que teu Filho Jesus disse e ensinou, dá-nos a força para vivenciarmos e anunciarmos ao mundo a Boa-nova, confiantes na tua Palavra (cf. Jo 14,26).

II – É TEMPO DE ESCUTAR E ACOLHER A PALAVRA: Lc 3,15-16.21-22

■ Núcleo da Palavra

O povo quer saber se João é o Messias. João faz saber uma característica que o distingue do Messias. Enquanto ele batiza só com água, virá o Messias, que batizará com o Espírito Santo e o fogo. E o Espírito Santo, de fato, desceu sobre Jesus e o Pai chama Jesus de "meu Filho bem-amado" (cf. Lc 3,22).

■ 1ª leitura: Is 42,1-4.6-7

Esta leitura fala do "Servo de Javé". Primeiramente, entendia-se esse Servo como um indivíduo, depois como povo: *o povo de Israel,* chamado a agir na justiça, tornando conhecido e procurado o projeto de Deus. Fazendo isso, para que mais o Servo terá vigor? Para fazer com que os cegos enxerguem, os que estão presos obtenham a liberdade e projetem luz sobre os que andam na escuridão.

■ 2ª leitura: At 10,34-38

Que bom teria sido se este discurso de Pedro tivesse sido aplicado então e fosse aplicado também hoje, isto é, que houvesse relações justas entre os seres humanos, mostrando, assim, exatamente o que Deus praticou por meio de seu Filho, Jesus Cristo. Não se tornaria aí, a vida mais plena?

III – É TEMPO DE DINAMIZAR A PALAVRA

■ Desenvolvimento

- Formar grupos.
- Apresentar a seguinte motivação: Atenção! Jesus, recentemente batizado, passou aqui e deixou uma tarefa para vocês:
  - ○ É para cada grupo escolher três elementos do nosso planeta Terra e dizer por que eles não servem *como sinais do Batismo.*
  - ○ Justificar por que *a água é elemento apropriado como sinal do Batismo.*

Partilha

- Motivar os grupos para a apresentação das respostas e concluir com uma reflexão sobre o elemento água, utilizado no Batismo cristão.

IV – É TEMPO DE REPERCUTIR A PALAVRA

Na sociedade judaica parecia haver certo consenso de que o tempo estava maduro para receber o Messias, o *Mashiah* em hebraico, o *Christós* em língua grega. Uma minoria, talvez, tinha a expectativa de que o Messias seria alguém *ungido,* isto é, alguém revestido de sacralidade, de autoridade espiritual. E quem era ungido? Os sacerdotes, os reis. No ungido, atuará de modo especial o Espírito de Deus.

Pelo que sucedia, era natural a seguinte questão: será que o Messias já não estava presente? Não seria João Batista o Messias esperado? Tinha jeito de líder. Era homem digno e honrado. João até usa um pouco da linguagem de político: *"Endireitem o caminho do Senhor..."* (cf. Mt 3,3; Mc 1,3). Mas, não! João não é o Messias. João é apenas mais um que engrossa a comunidade em estado de expectativa e acaba com a dúvida e declara como ele batiza: só com água, um rito importante, mas de preparação, um rito que dá sentido à expectativa. Virá quem batizará com o Espírito Santo e o fogo. Este provavelmente simbolizando a separação entre o trigo e o joio.

Lucas relata de modo diferente o Batismo de Jesus. Em relação aos outros três evangelistas, só ele narra que Jesus se fez povo, deixando-se batizar no meio das outras pessoas. Costuma-se dizer que Lucas quer reforçar o aspecto da solidariedade. Até aí o Batismo de Jesus foi igual ao das demais pessoas. Depois de acabado o ritual, Jesus se põe a rezar e é então que o Espírito Santo desce sobre ele. Em seguida, ouve-se *uma voz do céu: "Tu és meu filho bem amado. Em ti encontro o meu contentamento"* (Lc 3,22). Portanto, o Pai apresenta à humanidade o Messias e satisfaz aos que queriam saber quem era Ele. Jesus é mais do que batizado com água. Jesus é ungido com o Espírito Santo e torna-se pronto para assumir e desempenhar a missão salvífica.

Em Lc 3,16 o texto deixa claro que Jesus batizará com o Espírito Santo e o fogo. Jesus batizou de fato? Só em Jo 3,22 diz que Jesus, na Judeia, esteve com os discípulos, *"aí ficou com eles e batizava"*. Mais adiante um pouco, *"quando Jesus soube que os fariseus ouviram que ele fazia mais discípulos e batizava mais que João — se bem que Jesus mesmo não batizasse, mas seus discípulos –, afastou-se da Judeia e voltou de novo para a Galileia. Ele tinha de passar pela Samaria"* (Jo 4,1-4).

- A necessidade do Batismo, não para Ele, mas para todos os demais, está clara na explicação que Ele dá a Nicodemos: *"Eu vos afirmo e esta é a verdade: se alguém não nascer da água e do Espírito, não poderá entrar no Reino de Deus"* (Jo 3,5) e também está claro isto na ordem de Jesus em Mt 28,19.
- Com o Batismo, o cristão, a cristã mergulha na paixão, morte e ressurreição de Jesus. Com o Batismo o ser cristão enfrenta a vida sempre rompendo seus laços com o pecado, com a morte e buscando viver já antecipadamente as alegrias da ressurreição: *"Se permanecermos completamente unidos a Cristo com morte semelhante à dele, também permaneceremos com a ressurreição semelhante à dele"* (Rm 6,5).
- O batizado é incorporado em Cristo (cf. Gl 3,27) o que já é muito. Mas não é só. Ele passa a ser "um só corpo" com os demais batizados. *"Todos fomos batizados num só Espírito para sermos um só corpo,... todos bebemos de um só Espírito"* (1Cor 12,13). O Batismo, portanto, nos une estreitamente e produz comunhão entre nós, em condições de igualdade (DAp, 175b e 184).

■ Complementar a repercussão da Palavra dialogando

1. Em relação a Cristo, João tem um papel de subordinação. Que tal vermos isto? Então vamos conferir: Jo 1,6-9.15.20; 3,30.
2. Sobretudo no último versículo citado, João se mostra como centro ou aponta o Cristo como centro? Como se desenrola isso no nosso trabalho na Igreja e na sociedade? Somos nós que formamos o centro ou é Cristo o centro? O que nos parece?

V – É TEMPO DE DIALOGAR COM O AUTOR DA PALAVRA

Jesus, eu era criança quando fui batizado. Fui levado para receber o Espírito Santo. Ó Pai, Tu e o Espírito Santo agiram de modo diferente em mim a partir daquele dia. Minha família, meus pais e padrinhos celebraram uma festa de união com a família divina. Para eles isso fez muito sentido. Eles me levaram até a Pia Batismal para a minha primeira festa com a Trindade. Foi na igreja-templo, onde fui inserido na Igreja-comunidade-de-fé-e-de-ação-no-amor.

Assim aconteceu porque meus pais creram. Meus padrinhos também creram e assumiram o papel de defensores e colunas de minha vida na fé. Eles responderam por mim com plena consciência e convicção. Eles agiram por mim como agiram por mim ao cuidar de minha infância, dando-me o leite, cuidando da minha higiene, zelando por minha saúde, dando-me lições de sons repetidos até eu balbuciar as primeiras palavras. Foi tão bom, Jesus. O aspecto religioso foi integrado em minha vida e não deixado para segundo plano e muito menos ainda, omitido.

Jesus, por ti agradeço aos meus pais que quiseram ser instrumentos para que a fé também tivesse acolhida em mim. Aos meus padrinhos que, vindos da comunidade cristã, nela ajudaram a introduzir-me. Agradeço aos meus primeiros catequistas as lições sobre ti, a Grande Notícia da humanidade. A Boa Notícia. A Notícia central.

Minha formação ainda não acabou. Minha fase de crescimento em *sabedoria* e *graça* ainda não alcançou o seu ápice. Lembro-me com frequência do discípulo apaixonado por ti, Paulo; e como ele, sofro dores, comparáveis às dores de parto, até que tu estejas formado em mim e naqueles que a mim foram ou estão sendo confiados (cf. Gl 4,19).

VI – É TEMPO DE SEMEAR A PALAVRA

Eis o que diz o documento específico sobre os leigos: "Nenhum cristão vive para si mesmo. Sua missão é sair de si, iluminar, se doar, dar sabor e se dissolver. Os cristãos, leigos e leigas, na Igreja e na sociedade, devem ter olhares luminosos e corações sábios, para gerar luz, sabedoria e sabor, como Jesus Cristo e seu Evangelho" (CNBB, 2016, p. 21-22).

É tempo de transformar essas belas palavras em ação nas periferias geográficas e existenciais.

Tempo da Quaresma

1º DOMINGO DA QUARESMA

Tema do dia

As tentações podem enclausurar o ser humano em si mesmo.

Objetivo

Perceber que decidir é uma necessidade constante na vida do ser humano.

I – É TEMPO INICIAL DE ACLAMAR, INVOCAR, LOUVAR O SENHOR

■ Rezar com os participantes

Ó Pai, tu que enviaste o Espírito Santo para recordar-nos tudo o que teu Filho Jesus disse e ensinou, dá-nos a força para vivenciarmos e anunciarmos ao mundo a Boa-nova, confiantes na tua Palavra (cf. Jo 14,26).

II – É TEMPO DE ESCUTAR E ACOLHER A PALAVRA: Lc 4,1-13

■ Núcleo da Palavra

O Espírito impeliu Jesus para o deserto. Jesus tentado por satanás. Jesus dá vida nova a todos, superando as tentações.

■ 1ª leitura: Dt 26,4-10

Reconhecimento da presença de Deus na história de um povo que sofreu opressão e escravidão no Egito. O povo não deixou de suplicar a intervenção forte de seu Deus e foi ouvido. Deus viu a miséria em que o povo havia caído e socorreu-o. Por fim, tirou o seu povo daquela terra escravocrata e conduziu-o a nova terra "onde corre leite e mel" (Dt 26,9). Por isso, o povo colhe os bons frutos e celebra alegremente os prodígios realizados pelo Deus libertador.

■ 2ª leitura: Rm 10,8-13

Deus veio ao nosso encontro, enviando-nos o seu Filho, Jesus Cristo. Por meio dele a salvação tornou-se acessível a todos. Não há mais distinção entre judeu e gente de outros povos. Jesus Cristo é o Senhor de todos.

III – É TEMPO DE DINAMIZAR A PALAVRA

■ Desenvolvimento

- Propor um exercício individual. Cada participante deverá responder:
  - ○ Como cristão, não quero para mim.........................
    (indicar cinco negações)
  - ○ Como cristão, quero e busco para mim ....
    (indicar cinco escolhas)

Partilha

- Motivar os participantes para uma troca de respostas em duplas.
- Concluir solicitando para cada um apresentar apenas uma negação e uma escolha.
- Ao final, valorizar as escolhas como bons propósitos para uma vida saudável e feliz.

IV – É TEMPO DE REPERCUTIR A PALAVRA

No Evangelho de Lucas 3,16, João Batista, em plena atividade, pregando, convertendo, batizando, mas sem perder a humildade por reconhecer Jesus mais forte do que ele. Lucas apresenta a árvore genealógica de Jesus que tinha cerca de trinta anos quando, após ser batizado por João, recebeu o Espírito Santo e foi apresentado como Messias à humanidade, "Filho amado" do Pai (Lc 3,22). Jesus estava preparado para iniciar a sua missão, a "sua vida pública" (Lc 3,23) quando houve uma provação. O mesmo Espírito que desceu sobre Ele após o Batismo levou-o ao deserto e lá foi tentado pelo diabo, isto é, por aquele que separa, que cria discórdia e tudo faz para que a pessoa se sinta inflada de si mesma.

> Em sua maior parte, o deserto palestino é semiárido, com alguma vegetação, principalmente no inverno. Era um lugar perigoso, inexplorado, habitado por animais selvagens e bandidos. Acreditava-se ser o deserto um refúgio de demônios (Is 13,21; 34,14); não é surpresa que Jesus ali encontrasse o diabo. Mas os 40 dias de Jesus no deserto têm a finalidade de refletir os 40 anos durante os quais Israel caminhou no deserto depois do Êxodo. (BERGANT & KARRIS, 1999, p. 80)
> O próprio Espírito de Deus conduziu Jesus para a situação mais difícil, posto à prova pelo diabo. Mas a missão de Jesus estava traçada e ele lhe foi fiel.

1ª tentação: Tinha o objetivo de desviar Jesus de sua missão e conseguir que Ele fizesse uma coisa espetacular como Filho de Deus: usar de mágica e transformar pedras em pão. Naquela hora de carência das coisas básicas, de falta de alimentação, o problema estaria solucionado. Ficaria livre da fome. Mas, olhando para os dias de hoje, não é assim que se resolve o problema da fome. A fome se combate com estudo, trabalho, respeito ao meio ambiente, formação de cooperativas, promoção humana. Jesus responde à provocação do diabo, recorrendo ao livro do Deuteronômio 8,3: *"Não é só de pão que o homem viverá"*. Não é assim que sucede na multiplicação dos pães. *"Deem-lhes vocês mesmos a comida"* (Lc 9,13). A comida é fruto do trabalho, do suor, da dedicação. Mágica não alimenta. Dá para ver com que realismo as Escrituras tratam as coisas. Dá para ver com que seriedade encaram as necessidades do ser humano desde o pão até o alimento *"da palavra saída da boca de Deus"* (Dt 8,3; Mt 4,4). Barriga cheia, sim, mas não basta. Para uma vida plena, também se faz imperiosa a saciedade do coração, da mente, do espírito, justamente daquilo que vem de Deus.

2ª tentação: Na segunda tentação, o diabo, que significa: aquele que divide, aquele que ama arrumar confusão, assume o papel de "grileiro", ou aquele que diz ser dono de terras (reinos) alheias. Diz ser o que não é. Diz ter o que não tem. E quer que Jesus se prostre, ajoelhe-se diante dele. Mas Jesus responde de pressa: *"Adorarás o Senhor teu Deus e só a ele prestarás culto"* (Lc 4,8; Dt 6,13). Quantos, infelizmente, se deixam levar pelo grileiro enganador. Quantos se associam a ele para vender o que não lhes pertence. Um dia, um senhor nos contou que ele comprava com a maior tranquilidade peças de automóvel de desmanches clandestinos, porque se ele não comprasse outros comprariam. Aí lhe fizemos uma pergunta de alerta: "o senhor já pensou que também o seu próprio carro, um dia, pode fazer parte daquele estoque de peças e o senhor não vai gostar, não é mesmo?" "Talvez o senhor mesmo compre peças que foram do seu próprio carro". Não sabemos se ele mudou de atitude, mas colocamos uma "pulga atrás de sua orelha".

3ª tentação: Jesus poderia se expor a toda sorte de perigos e ele não morreria. Haveria uma multidão de anjos a seu dispor a ampará-lo com as mãos (Lc 4,10-11). Presumir-se ileso, não atingível pelo perigo. Jesus recorre, de novo, às Escrituras e diz: *"Não tentarás o Senhor, teu Deus"* (Lc 4,12; cf. Dt 6,16).

No fim, o Evangelho mostra que o diabo foi vencido, mas não se deu por vencido, pois se afastou de Jesus *"até o momento oportuno"* (Lc 4,13). Tempo oportuno? Sim. Já não será mais o diabo pessoalmente, mas um delegado seu, um comparsa a se encontrar com Jesus e a se posicionar contra Ele. *"O diabo entrou em Judas"* (Lc 22,3). "Mas a morte e ressurreição do Messias deixarão sem efeito aqueles projetos homicidas" (RETAMALES, 2005, p. 11). Já no Evangelho de Lucas, capítulo 20, "No tempo oportuno" as tentações virão de novo. Lá estarão os chefes dos sacerdotes, os doutores da Lei. Eles pregam e praticam injustiças. Eles jamais se conformarão em perder seu prestígio nem seu domínio.

■ **Complementar a repercussão da Palavra dialogando**

1. Na nossa missão de cristãos encontramos tentações semelhantes às de Jesus? Somos também rápidos assim para darmos nossa resposta de convicção e não cairmos nas enganações do demônio?
2. Onde encontramos os maiores empecilhos em nossa vida cristã? Como enfrentamos esses empecilhos? Ou não nos empenhamos nisso?

V – É TEMPO DE DIALOGAR COM O AUTOR DA PALAVRA

Não permitas, Senhor Jesus, que eu me torne presa das tentações. Dá-me, sim, o dom da libertação para que também eu contribua com toda alma, com o inteiro coração, com todo o meu ser para libertar os oprimidos, os agarrados ao pecado, ao vício, ao comodismo, ao não compromisso por já terem o tempo todo tomado. Que eu aceite a ti, que eu ame cada vez mais a ti, como infinitamente maior, mais amoroso e um bem mais precioso que meus pequenos ídolos que curto dentro de mim, que compro no shopping, com que me encanto na concessionária, com que me delicio na tela da TV. Quero liberdade para amar de verdade. Quero uma liberdade que seja exigente comigo, pois, do contrário, o meu compromisso perderá sua graça diante de ti. Jurar, fazer promessas, assumir compromissos têm graça porque no cumprimento deles sou defrontado por desafios. Aí é que devo amadurecer. Aí é que devo vencer as tentações que sempre procuram me arrastar para baixo, para o mais fácil, o mais prazeroso e cômodo. Falo contigo, Jesus, mas lembro também de um amigo teu, muito querido, Mahatma Gandhi, o grande libertador da Índia, que nem cristão era, mas que, no entanto, dizia: se os cristãos ficarem se deliciando com as coisas daqui da terra, eles estarão negando a si mesmos e ao cristianismo.

Não permitas, Senhor, que isto suceda comigo, nem com qualquer um que o Pai te deu. Amar é preciso. Evangelizar é preciso. Encantar-se com as coisas do alto também é preciso, sem, porém, desprender os pés do chão.

VI – É TEMPO DE SEMEAR A PALAVRA

Tentemos identificar quais são os ídolos que se apresentam como grandes tentações aos jovens e adultos de hoje e usando as "armas" que temos para vencer tais tentações, mudemos o nosso modo de pensar, falar e agir.

2º DOMINGO DA QUARESMA

Tema do dia

→ Paixão e morte fazem parte do projeto assumido por Jesus.

Objetivo

→ Compreender que a transfiguração de Jesus nos faz antever o que é a glória eterna.

I – É TEMPO INICIAL DE ACLAMAR, INVOCAR, LOUVAR O SENHOR

■ Rezar com os participantes

Ó Pai, tu que enviaste o Espírito Santo para recordar-nos tudo o que teu Filho Jesus disse e ensinou, dá-nos a força para vivenciarmos e anunciarmos ao mundo a Boa-nova, confiantes na tua Palavra (cf. Jo 14,26).

II – É TEMPO DE ESCUTAR E ACOLHER A PALAVRA: Lc 9,28-36

■ Núcleo da Palavra

Jesus em oração. Seu semblante mudou de aspecto, todo transfigurado. Falam com ele Moisés (o homem da Lei) e Elias (representando os profetas). Falavam da passagem de Jesus do sofrimento e morte para a glória. Os discípulos "viram a glória de Jesus" (Lc 9,32). Pedro quis erguer tendas naquele local. Da nuvem veio a voz do Pai, apresentando seu Filho eleito, escolhido. Os discípulos souberam guardar silêncio sobre o ocorrido, pois a concretização do projeto de Jesus ainda não chegará a seu término.

■ 1ª leitura: Gn 15,5-12.17-18

Abraão é homem de fé. Não tendo terras nem descendência Abraão sente-se no escuro, sem saber que direção tomar. Deus, porém, lhe promete descendência, contanto que em Abraão se conserve acesa a chama da fé. Deus também lhe promete terras. E assim se deu.

C

■ 2ª leitura: Fl 3,17-4,1

São Paulo tem muita coragem e, ao mesmo tempo, muita humildade ao sugerir que a comunidade de Filipos seja uma comunidade imitadora dele. Paulo diz que os cristãos já têm uma cidadania no céu (Fl 3,20), pois Jesus há de transformar o pobre corpo humano em corpo "semelhante ao seu corpo glorioso" (Fl 3,21). Por isso, o apelo de Paulo é que a comunidade continue firme no Senhor.

III – É TEMPO DE DINAMIZAR A PALAVRA

■ Material necessário

Um cartaz ou vídeo de alguém sendo solidário, fraterno, generoso...; textos para os dois intérpretes: Jesus e pessoa solidária:

Jesus: – Realmente, bondade, justiça, oração, consciência limpa e cumprimento da missão dão intenso brilho à vida. Esta pessoa tem um bom coração é minha discípula. Ela escuta o que eu lhe digo. Agora, escutem bem o que ela diz.

Pessoa: – Podem ser raros os momentos em que nos é dado ver, em contemplação, a glória do Senhor, seu rosto translúcido e suas roupas resplandecentes. Mas todos os dias nos é dada a graça de perseverar firmes na fé e também firmes na esperança de que poderemos nos juntar a Ele, Jesus, para contemplá-lo, radiantes de alegria, na glória eterna.

■ Desenvolvimento

- Apresentar o cartaz ou vídeo aos participantes e perguntar: O que vocês conseguem ver nessa imagem?
- Dar um tempo para ouvir a todos(as).
- Ouçamos agora o diálogo de Jesus com uma pessoa solidária.
- Dar tempo para reflexão.
- Concluir com a oração do Pai-nosso.

IV – É TEMPO DE REPERCUTIR A PALAVRA

Em Lucas 9,28-36, o evangelista destaca um momento importante na vida de Jesus, com seus discípulos mais próximos: Pedro, Tiago e João, bem como, com dois homens muito influentes de antes da "plenitude dos tempos" (Moisés e Elias). Jesus entrou em oração e *"seu semblante mudou de aspecto"* (Lc 9,29) porque oração é estar com alguém, conversar com alguém e sentir alegria por isso. E Jesus naquela hora conversava com o Pai. E a conversa de Jesus sobre sua missão iniciada com o Pai, teve continuidade com Moisés e Elias. Esses dois homens de projeção falavam do projeto de Jesus a partir de Jerusalém. Projeto de difícil execução. Projeto totalmente pró-humanidade, que envolvia morte, ressurreição, ascensão e glória. "*Pedro e os seus companheiros estavam tontos de sono, mas ficaram acordados e viram a glória de Jesus e os dois personagens que estavam de pé junto a ele*" (Lc 9,32).

Pedro quis perpetuar aquele estado de coisas, aquela situação, e armar tendas em lugar privilegiado, no alto da montanha, sem perigo de enchentes, sem ameaças por questão de insegurança, sem surpresas desagradáveis e com uma vista panorâmica espetacular. Mas não precisava. Mas isso tudo, durou pouco. Pela descrição do Evangelho, tem-se a impressão de que os discípulos quase "esbarraram" em Deus Pai dentro da nuvem e ficaram com medo. Medo de Deus ou deles mesmos? E aí Deus revela da nuvem: "*Este é meu Filho eleito. Ouvi-o*"(lc 9,35).

Sobretudo Pedro:
a. Teve momentos de euforia como nunca, proporcionados pela "glória de Jesus".
b. Teve medo. Se euforia é a sensação de bem-estar, o medo é o sentimento de inquietação, de desconforto quando se está diante de um perigo real ou imaginário. E esse medo derrubou a euforia. Acabou com ela. Os discípulos "caíram na real".
c. Teve bom-senso. Os outros dois discípulos também. "*Guardaram silêncio, não contando nada do que tinham visto*" (Lc 9,36). O que viram, não era a glória definitiva de Jesus. Antes dela ainda viria Jerusalém, o cenário do escárnio, do sofrimento, da humilhação, da morte. Morte também dos discípulos.

Eles guardaram silêncio na hora certa. Outros guardam silêncio quando deveriam falar. O silêncio certo na hora certa também é comunicação, pois, sobretudo no campo religioso, espiritual, silenciar é saber ouvir. Esse tipo de silêncio tem a peculiaridade de nos poder conduzir à insondável profundeza de Deus, jamais para abarcá-la toda em sua infinitude, mas para podermos apreciá-la mais em seu estar-aberto à adoração, em seu estar-aberto para receber amor, cuja fonte é Ele mesmo. Por isso tudo, o silêncio é o cenário propício para Deus revelar-se mais e mais. O silêncio é o poço onde o ouvinte mata a sede, ouve até o ruído das gotas de água a cair e depois vem o renovado vigor para retomar o caminho do compromisso, qualquer que ele seja, incluindo nele também o desempenho de ser cristão e atuar segundo Cristo, sem trégua, até que Ele esteja formado naqueles que se põem e dispõem a segui-lo (cf. Gl 4,19). O silêncio até nos ajuda a sermos mais sábios no uso das palavras que com muito acerto e unção podem atingir corações, mentes, consciências convertidas, a serviço do que realmente faz parte do Reino de Deus.

■ Complementar a repercussão da Palavra dialogando

1. Temos momentos de euforia? Vamos descrever um pouco em que circunstâncias.
2. Já nos aconteceu também uma transição da euforia para o medo? Como foi?
3. Apreciamos o silêncio, pelo menos em certas horas?
4. O que mais nos parece servir no Evangelho deste Encontro?

V – É TEMPO DE DIALOGAR COM O AUTOR DA PALAVRA

Jesus, eu já tive momentos especiais de me sentir privilegiado por um convite teu. Achei tão bom, embora, talvez, não tenha correspondido à altura. Mas é justamente por isso que me sinto alvo do teu imenso amor. Fico até sem jeito, mas por tua força não posso e não quero mais me afastar de ti. Sinto-me elo dessa corrente. Tu, o eleito, o amado do Pai. Eu, escolhido por ti. Consequência disso: euforia controlada, medo jamais e muita atenção ao que tens para me dizer. Os momentos são muitos. Jesus, amigo e companheiro de todas as horas. Que eu não desperdice os momentos de tua graça. Que ninguém os desperdice.

VI – É TEMPO DE SEMEAR A PALAVRA

Por ora, baste-nos isto: "*Escutem o que Ele diz*" (Lc 9,35). Procuremos expressar com gestos e palavras o que o Senhor nos diz no presente momento, pois assim poderemos dar testemunho de nossa comunhão com Ele.

3º DOMINGO DA QUARESMA

Tema do dia

└──▶ Converter-se é sair da passividade e dar fruto.

Objetivo

└──▶ Reconhecer que devemos nos empenhar para oferecer os frutos que Deus, dando tempo ao tempo, espera de nós.

I – É TEMPO INICIAL DE ACLAMAR, INVOCAR, LOUVAR O SENHOR

■ **Rezar com os participantes**

Ó Pai, tu que enviaste o Espírito Santo para recordar-nos tudo o que teu Filho Jesus disse e ensinou, dá-nos a força para vivenciarmos e anunciarmos ao mundo a Boa-nova, confiantes na tua Palavra (cf. Jo 14,26).

II – É TEMPO DE ESCUTAR E ACOLHER A PALAVRA: Lc 13,1-9

■ Núcleo da Palavra

Dois incidentes. O primeiro: alguns fariseus morreram enquanto ofereciam sacrifícios. O segundo: desabamento numa construção civil. Jesus diz que um desastre não indica que a pessoa é espiritualmente corrupta ou que o incidente acontece por causa do pecado da pessoa. Jesus aproveitou o questionamento e disse que agora é hora de dedicação às coisas de Deus. É hora de esperar que haja frutos. O tempo do julgamento até pode ser estendido pela paciência de Deus, mas ele virá.

■ 1ª leitura: Ex 3,1-8a.13-15

Esta Leitura gira em torno do monte Horeb ou como o conhecemos mais: monte Sinai, hoje, centro turístico, que atrai gente de todos os continentes. Afinal, a Bíblia chama o Sinai de "montanha de Deus" (Ex 3,1). Por que "montanha de Deus"? Porque lá Moisés se deparou com um arbusto que queimava sem se consumir. E houve ali um colóquio entre Deus e Moisés. Chegou o momento em que Deus disse: "Eu vi muito bem a miséria do meu povo... Ouvi seu clamor contra os opressores, e conheço os seus sofrimentos. Por isso, desci para libertar o povo do poder dos egípcios" (Ex 3,7-8). É o Deus que intervém, que age, que se manifesta e liberta. Para Deus, as condições dos oprimidos não podem permanecer como estão.

■ 2ª leitura: 1Cor 10,1-6.10-12

Interessante. Paulo parece supor que a comunidade de Corinto conheça bem o que se narra em Êxodo. Em 1Cor 10,6, Paulo faz um alerta: que a comunidade de Corinto não cobice coisas más, como os antepassados cobiçaram.

III – É TEMPO DE DINAMIZAR A PALAVRA

■ Material necessário

Textos para a dramatização:

1. Uma criança: *Senhor, deixe a gente bater bola lá nos fundos. A gente toma cuidado com as coisas.*

2. Uma mãe: *Senhor, os alunos da escola do nosso bairro estão arrecadando um dinheiro para ajudar aquelas cinco crianças que sofreram aquele acidente feio na semana passada.*

3. Um jovem: *Sábado vamos ter a missa da festa da padroeira ao ar livre. Viemos convidar o senhor para participar.*

4. Um sacerdote: *Este ano a festa da padroeira vai ser na praça. No ano passado o senhor não pôde ir. Este ano queremos de novo convidar o senhor para participar.*

■ Desenvolvimento

- Orientar o grupo para a dramatização: Um participante senta no meio do círculo e lê jornal. São lhe feitos pedidos. Ele não atende nenhum. Só mexe o dedo negativamente.
- Aproximam-se as pessoas para conversar com ele: A criança, a mãe, o jovem e o sacerdote.
- Entram quatro pessoas e carregam aquele "participante" com cadeira e tudo e as quatro pessoas juntas, dizem: *'árvore que não dá fruto deve ser retirada'.*

Partilha

- O que levamos de mensagem para a nossa vida a partir do que vimos e ouvimos?

IV – É TEMPO DE REPERCUTIR A PALAVRA

■ Que Deus é o nosso?

O Deus bíblico foi se revelando aos poucos, desde os patriarcas até a plenitude dos tempos, por meio de seu Filho Jesus Cristo, o Rosto de Deus. É o Deus-Amor, não Deus-espreitador, pronto a surpreender o homem pecador em posição de pecador ou vitimado por um acidente ou um incidente, e castigá-lo em decorrência disso. Tragédias acontecem, tragédias são permitidas por Deus para que o ser humano firme mais sua convicção de que Ele quer o triunfo da vida, mesmo porque tragédias – é forte, mas real dizê-lo – destroem corpos, arrastam corpos, acabam com determinado nível de vida mas não têm o poder de erradicar a vida, pois ela vingará sempre, manifestando-se em outra dimensão, nos braços de Deus. A Igreja Católica, esperançosa, aprendeu a rezar: *"a vida não é tirada, mas transformada"*. Isso serve de consolo em todos os momentos? Não! Mas serve, sim, como exercício na virtude teologal fundamental: A esperança.

■ A figueira

Jesus era homem do povo mesmo. Usava a linguagem do povo, manifestava empatia e compaixão para com o povo. Expressava-se com a linguagem do povo, valendo-se de imagens que todo povo conhecia. A figueira, por exemplo. Sete vezes ela marca presença no Evangelho, porque era árvore supercomum na Palestina. Distinguia-se das figueiras que conhecemos no Brasil. As que conhecemos aqui, os pés de figo, não florescem. As da Palestina floravam antes de darem frutos. Era, de preferência, plantada no meio dos vinhedos porque, como estes, dava-se bem no meio de terrenos rochosos. Seus frutos eram irmanamente divididos entre homens, mulheres e pássaros.

A figueira, tal como descrita no Evangelho deste Encontro, é símbolo da secura espiritual, da falta de fé madura de Israel e, hoje, da Igreja que não produz frutos como esperados por Deus. Deus procura os frutos, Deus quer se alegrar com os frutos e não os encontra. Já pensamos nesta tragédia? A figueira-Igreja ocupando "o terreno inutilmente"? (cf. Lc 13,7).

■ O Deus solidário e paciente

Deus, por sua natureza, é solidário e paciente. Já o ser humano não é, mas esperemos que somando o seu empenho à solidariedade e à paciência de Deus, vença o período de esterilidade e dê os frutos procurados por Deus.

■ Complementar a repercussão da Palavra dialogando

1. Pensamos muito nisto: Deus quer frutos, não folhas? Frutos que dão na mesma árvore, que, no entanto, podem ter nomes diferentes: solidariedade, fraternidade, ações pela diminuição das diferenças sociais.
2. O que o nosso grupo faz para ser, de fato, seguidor de Cristo?
3. Estamos trabalhando para dar uma resposta bonita à paciência de Deus? *"Talvez ela dê fruto depois... Do contrário, a cortarás* (Lc 13,9).

V – É TEMPO DE DIALOGAR COM O AUTOR DA PALAVRA

Meu Deus! Já passei por incidentes e acidentes e aqui estou para viver como filho teu, inserido numa comunidade, pertencente a uma Igreja para amar-te como meu Deus que sempre me ama por primeiro e amar também meu próximo. Agradeço, também, imensamente, a paciência que tens para comigo. Quantas vezes acontece que falo, mas não ajo. Digo que vou, mas não vou (cf. Mt 21,30). Prometo, mas depois me faço de esquecido e não cumpro. O Evangelho de hoje veio a calhar. Vejo nele a necessidade de esforço maior meu e também do meu grupo e da minha Igreja para, unidos, darmos muitos frutos nas questões que afligem a nossa sociedade, principalmente, nas periferias que, paradoxalmente, não carregam questões periféricas, mas questões centrais de sobrevivência, relativos à dignidade, à justiça e também à religiosidade.

VI – É TEMPO DE SEMEAR A PALAVRA

Lemos certa vez o pensamento segundo o qual todos nós temos paciência. O que falta é colocá-lo em prática.

Pois, então, exercitemo-nos pondo em prática a paciência. Abramos nossa Bíblia, quase ao final dela, procuremos a 1Pd 2,23-25. Se Cristo é modelo de vida para nós, inspiremo-nos nele. Fiquemos atentos ao modo de agir dele. E ajamos assim também.

4º DOMINGO DA QUARESMA

Tema do dia

A reconciliação é verdadeira ressurreição.

Objetivo

Identificar que o verdadeiro sentido da Páscoa consiste no esforço constante de reconciliação com Deus e com os irmãos.

I – É TEMPO INICIAL DE ACLAMAR, INVOCAR, LOUVAR O SENHOR

■ Rezar com os participantes

Ó Pai, tu que enviaste o Espírito Santo para recordar-nos tudo o que teu Filho Jesus disse e ensinou, dá-nos a força para vivenciarmos e anunciarmos ao mundo a Boa-nova, confiantes na tua Palavra (cf. Jo 14,26).

II – É TEMPO DE ESCUTAR E ACOLHER A PALAVRA: Lc 15,1-3.11-32

■ Núcleo da Palavra

O pai, mão aberta, dá ao filho mais novo a parte dos bens a que tinha direito. O filho foi para longe. Viveu dissolutamente. Gastou tudo. Foi humilhado. Nem a lavagem dos porcos deram-lhe e ele ficou abaixo da linha da pobreza. Arrependeu-se e voltou atrás. Nisto, pensou ter perdido a condição de filho. Mas o pai disse: "Meu filho estava morto e voltou à vida" (Lc 15,24). – O filho mais velho não se conformou. O Evangelho vem em estilo moderníssimo. Não se diz se o filho mais velho se reconciliou com o pai e com o irmão que retornou. O desfecho da narrativa fica aberto para a resposta das nossas vidas.

■ 1ª leitura: Js 5,9a.10-12

Fiquemos atento à abertura desta leitura de hoje: *"Hoje eu tirei de vocês a vergonha do Egito"* (Js 5,9). É Deus falando. Querendo dizer o quê? Querendo dizer que Ele, Deus, livrou o povo da opressão do Egito. E para que esse povo pudesse celebrar dignamente a grande passagem para a liberdade, isto é, a Páscoa, todos deviam ser circuncidados, sendo a circuncisão um sinal de que o povo estava apto a cumprir a Aliança com seu Deus.

■ 2ª leitura: 2Cor 5,17-21

Paulo faz esta comunicação à comunidade de Corinto: "*Se alguém está em Cristo, é nova criatura*" (2Cor 5,17). Dizer isto não era pouca coisa, pois isto veio de Deus. O mundo reconciliou-se com Deus por meio de Cristo, sem levar em conta os pecados dos humanos. Aconteceu que "*Aquele que nada tinha a ver com o pecado, Deus o fez pecado por causa de nós*" (2Cor 5,21), para que dele nos aproximemos.

III – É TEMPO DE DINAMIZAR A PALAVRA

■ Desenvolvimento

- ■ Motivar para uma roda de conversa.
- ■ Apresentar as seguintes questões:
  - ○ Por que tantos adolescentes e jovens fogem de casa hoje em dia?
  - ○ Conhecem algum caso de uma garota ou de um garoto que voltou?
  - ○ Foi recebida / recebido à maneira semelhante do caso narrado no Evangelho?
  - ○ O que acham do versículo 21?
  - ○ O que aprendemos com o exemplo do pai?
  - ○ Foi um gesto misericordioso? Por quê?
  - ○ O que nos é narrado, é que o filho mais novo se reconciliou com o pai. E o filho mais velho também?
  - ○ Espiritualmente, nós também estamos no meio dessa parábola? De que maneira?

IV – É TEMPO DE REPERCUTIR A PALAVRA

De mil e uma maneiras esta parábola, exclusiva do Evangelho de Lucas, já foi abordada. Estamos dispostos a contribuir para isto, considerando alguns aspectos ali contidos. **Antecipação da entrega dos bens que cabiam por herança e a dissipação dos mesmos.** Tanto ontem como também hoje, normalmente se distribui a herança depois da morte do pai. Na parábola foi diferente, mesmo porque nela o pai representa Deus. O filho mais novo juntou os seus bens e partiu para bem longe, de onde o pai e o irmão mais velho não tivessem notícias dele. (Impossível no caso de Deus, de quem não dá para se esconder). Garoto novo, aproveitou o momento em que se sentiu dominado pelo fascínio de uma liberdade ilusória e provisória e dissipou todos os seus bens. Todos. Sentiu-se muito poderoso. Hora em que jamais chegaria a refletir que "o mundo foi criado para a glória de Deus – não para aumentar a glória [de Deus], mas para manifestar a glória e para comunicar a sua glória" (CIgC, 293). A abundância do que tinha também não lhe inspirava a prática da *temperança*, "aquela virtude moral que modera a atração pelos prazeres e procura o equilíbrio no uso dos bens criados"... que "assegura o domínio da vontade sobre os instintos e mantém os desejos dentro dos limites da honestidade" (CIgC, 1809).

E aquele jovem galã, que tinha riqueza, tinha *status*, não estava sozinho. Tinha amigos. E é ótimo ter amigos. Amigos são para estreitar laços, incentivar a tomada de iniciativas. Aconteceu, porém, que ele teve amigos que tinham um enfoque errado sobre a amizade. Não se importavam com quem eles tinham como amigo, mas *com o que tinha esse amigo*. Eram "amigos" aproveitadores. O convívio durou algum tempo, mas pouco. Aí, a exploração e a privação levaram à reflexão sobre os bens perdidos. Sobre o antes e o agora. Sobre o ter e o não ter. Sobre a família e a solidão. Falar com quem? Antes de tudo, com o silêncio e no silêncio, quem toma a Palavra é a consciência, esse "núcleo secretíssimo e sacrário do homem onde ele está sozinho com Deus e onde ressoa sua voz" (CIgC, 1795, citando o Documento Conciliar GS, 16). E foi aí que o garotão até ensaiou um discurso de filho arrependido. Chegaria à casa do pai e diria: *"Pai, pequei contra o céu e contra ti. Não mereço mais ser chamado teu filho"* (Lc 15,19). E pé na estrada para a longa caminhada da volta para a casa do pai.

O pai que não cessa de amar – Não deu tempo de o filho fazer surpresa. O pai o avistou primeiro: *"correu ao seu encontro, abraçou-o cobrindo-o de beijos"* (Lc 15,20). O que mais importava ao pai era ver seu filho vivo. Ficavam em segundo plano as cabeçadas que ele dera na vida. O pai quer que o momento de alegria seja intenso e o acolhe rapidamente. "Eu vim não para chamar os justos, e sim os pecadores" (Mc 2,17). "Trazei-me *de pressa* a melhor roupa..." (Lc 15,22). "Meu filho estava morto e voltou à vida" (Lc 15,24). "A bela túnica, o anel e o banquete da festa são símbolos desta nova vida, pura, digna, cheia de alegria, que é a vida do homem que volta a Deus e ao seio de sua família, que é a Igreja. Só o coração de Cristo que conhece as profundezas do amor do Pai pôde revelar-nos o abismo de sua misericórdia de uma maneira tão simples e tão bela" (CIgC, 1439; (MV, 17).

O pai *versus* o filho mais velho – O filho mais velho não quis saber de festa para o irmão que voltou pobre, sem roupa limpa, "que esbanjou teus bens com prostitutas..." (Lc 15,30). Mas da mesma forma como o pai agiu com o filho mais novo, ele agiu também com o filho mais velho. *"Saiu e insistiu com ele"* (Lc 15,28) para comemorar porque recuperou o filho mais novo *"com saúde"* (Lc 15,27). O irmão mais velho foi tomado por grande ressentimento, isto é, sentiu-se incomodado por uma injustiça que, a seu ver, não era suposta, mas real. E, mal digerido, esse ressentimento despertou nele até um desejo de vingança. De quem, porém, o irmão mais velho se vingaria: do pai, do irmão, de ambos? A parábola nem entra no mérito da questão. Não sabemos que fim levou o filho mais velho. O fato conclusivo é que a procura do perdão e a concessão dele conduzem à ressurreição. Aí está o motivo forte porque este trecho do Evangelho de Lucas faz parte dos textos quaresmais.

■ Complementar a repercussão da Palavra dialogando

1. Em que circunstâncias, às vezes, nos revelamos como o "irmão mais velho"?
2. Já tivemos passagens da vida parecidas com algumas do "irmão mais novo"?
3. Por que é mesmo que este texto de Lucas se encaixa bem no tempo da Quaresma?

V – É TEMPO DE DIALOGAR COM O AUTOR DA PALAVRA

Ó Pai, como te sou grato pela tua misericórdia que me alcançou por meio do seu Filho e dos dons do Espírito Santo, principalmente da inteligência e da sabedoria, após as minhas quedas, os meus descuidos, após os bons elos familiares e comunitários quebrados por mim. Espero ainda os outros dons do Espírito Santo, de modo especial o da *fortaleza,* a fim de que, de fato, eu me sinta forte na fé, na esperança e no amor, quer na Sexta-feira Santa, quer no feliz dia da Páscoa.

VI – É TEMPO DE SEMEAR A PALAVRA

Assumamos pessoalmente alguma penitência especial nesta Quaresma e nos preparemos também para fazer uma doação generosa para a Campanha da Fraternidade. Alguém, em algum canto do Brasil será beneficiado, em nome da Igreja, e nós fazemos parte dela. Ajudemos a Igreja a desempenhar bem a sua missão. A missão de não apenas crer no Cristo, mas de o seguir com muito trabalho.

5º DOMINGO DA QUARESMA

Tema do dia

→ Jesus é a verdadeira luz, cujo brilho tem o poder de perdoar.

Objetivo

→ Explicar que perdoar é um caminho de mudança, que embeleza a vida!

I – É TEMPO INICIAL DE ACLAMAR, INVOCAR, LOUVAR O SENHOR

■ **Rezar com os participantes**

Ó Pai, tu que enviaste o Espírito Santo para recordar-nos tudo o que teu Filho Jesus disse e ensinou, dá-nos a força para vivenciarmos e anunciarmos ao mundo a Boa-nova, confiantes na tua Palavra (cf. Jo 14,26).

II – É TEMPO DE ESCUTAR E ACOLHER A PALAVRA: Jo 8,1-11

■ Núcleo da Palavra

Os escribas e fariseus apresentaram a Jesus uma mulher surpreendida em adultério, que segundo a Lei de Moisés, deveria ser apedrejada. Querem saber o que Jesus tem a dizer a respeito. Jesus foi bem direto em sua resposta: *"Quem estiver sem pecado, atire nela a primeira pedra".* Os acusadores se afastaram. Jesus perguntou à mulher: *"Ninguém te condenou?"* Diante da negativa, disse ele: *"Nem eu te condeno. Vai e não peques mais".*

■ 1ª leitura: Is 43,16-21

Talvez o texto tenha sido escrito por volta de 550 a.C. O começo do exílio na Babilônia se deu em 587 a.C. Os que estavam no exílio não deixaram de ter esperança de que essa nova derrota durasse pouco. Na verdade, não sucedeu assim. Deus poderia ter um projeto de libertação para o povo? De fato, Deus disse ao povo que não se prendesse ao que sucedera antigamente. *"Vejam que estou fazendo uma coisa nova"* (Is 43,19). Verdade é que entre a terra do exílio e a pátria, há um árido deserto, mas haverá caminhos traçados por Deus, razão pela qual até animais selvagens o louvarão.

■ 2ª leitura: Fl 3,8-14

Paulo assinala que seu passado foi marcado por grandes perdas, quando perseguiu os cristãos. Agora a grandeza é *"estar com Cristo".* E mais: *"Quero conhecer a Cristo, o poder de sua ressurreição e a comunhão em seus sofrimentos, para tornar-me semelhante a ele em sua morte, a fim de alcançar, se possível, a ressurreição dos mortos"* (Fl 3,10-11). Paulo não se considera já um vitorioso, mas alguém com capacidade de continuar correndo em busca de alcançar a meta.

III – É TEMPO DE DINAMIZAR A PALAVRA

■ Desenvolvimento

- Formar dois grupos.
- Propor que façam uma dramatização inspirados no texto do Evangelho.
- Dar tempo para um breve ensaio e apresentação.

Partilha

- Um grupo comenta o trabalho do outro grupo dentro do espírito do Evangelho abordado, isto é, positivamente.
- Concluir com uma avaliação positiva das apresentações.

IV – É TEMPO DE REPERCUTIR A PALAVRA

Por meio de uma conversa direta com o Pai (oração), Jesus se preparou bem para o dia seguinte, em que voltou ao Templo e onde se defrontou com seus adversários (escribas e fariseus). Era cedo ainda quando chegou ao Templo e ainda antes de entrar nele, o povo acorreu a ele, pois Jesus atraía todos a si. Dentro do Templo, assumiu uma das três posições principais e mais frequentes do ser humano: o assentar-se (as outras duas são o estar em pé e o estar deitado). E era na posição de estar sentado que a autoridade religiosa, entre os judeus, ensinava. Foi assim que Jesus fez.

A cena mudou rapidamente. Escribas e fariseus apresentaram-lhe uma mulher que fora surpreendida cometendo adultério e fizeram-na passar muita vergonha, publicamente, pois *"colocaram-na no meio de todos"* (Jo 8,3). Não tiveram a mínima discrição. Estavam loucos para saber a opinião de Jesus: "Moisés, na Lei, manda apedrejar estas mulheres" (Jo 8,5). E a pergunta veio rápida como um foguete: *"Que dizes tu?"*. A verdadeira intenção? Armar uma cilada para Jesus e poder acusá-lo. Jesus, ao rabiscar no chão parecia ensaiar uma resposta e ela veio inesperada, certeira: *"Quem dentre vós estiver sem pecado, atire a primeira pedra"* (Jo 8,7). *"Afastaram-se, um depois do outro, a começar dos mais velhos"* (Jo 8,9) que, provavelmente, tinham maior lastro de pecado. *"Deste modo, deixaram Jesus sozinho com a mulher, que permanecia no meio"* (Jo 8,9). Não havia mais "meio" da roda. A roda se desmanchara, pois todos, carregando a vergonha dos seus pecados foram embora. Mas a adúltera "permanecia no meio", isto é, estática, ainda oprimida, humilhada por todos. Não se sentia liberta nem dos outros nem de si. Todavia, Jesus quer saber se alguém a condenou. Ela diz que ninguém proferiu a sentença de condenação contra ela. A adúltera não devia saber quem é que falava com ela, mas aos poucos seus olhos devem ter-se aberto, seu coração deve ter-se mudado e ter-se sentido livre de qualquer opressão, de qualquer tipo de ameaça, principalmente ao proferir Jesus sua última intervenção *"pois nem eu te condeno. Vai e de agora em diante não tornes a pecar"* (Lc 8,11).

O que terá levado aquela mulher a prostituir-se? Qual a causa? As causas? Você não acha que devemos ser muito prudentes e sábios em tantos casos que aparecem na mídia hoje? Temos tendência fácil de querer julgar, não é assim? Você, talvez, lembra de uma passagem do Evangelho que fala do tema: julgar. Passamos para você o texto. Está em Mt 7,1-2: *[1]Não julguem os outros, e vocês não serão julgados; [2]porque com o julgamento com que vocês julgarem, serão julgados, e com a medida com que medirem, vocês serão medidos"*. Jesus não minimizou o pecado da mulher. Ele reconheceu, sim, que ela pecou, tanto é que ele lhe diz: *"De agora em diante não tornes a pecar"* (Jo 8,11). A adúltera ainda tinha vida pela frente. Ela não podia morrer ali como alvo de pedradas e mais pedradas. Em vez de pedras, nascia dentro dela vida nova.

Não somos, por vezes, também muito rápidos em julgar as atitudes dos nossos irmãos de fé, nossos parceiros de atividades pastorais e nossos companheiros de trabalhos apostólicos? Só eles erram? Eu acerto todas? Olhemos de novo, vamos ler outra vez Mt 7,1-2.

■ **Complementar a repercussão da Palavra dialogando**

1. Pegar alguém em contradição para acusar esse alguém. Isso é um golpe muito baixo, não é? Os fariseus fizeram isso contra Jesus. Conosco já ocorreu também?
2. Já reparamos o que se encontra no Evangelho de João? Um texto diz que ele recebeu do Pai a autoridade de julgar (Jo 5,22). Mas outro, um pouco mais à frente diz que Jesus não julga ninguém (Jo 8,15), isto é, Ele prolonga a chance de vida, concretamente, Ele usa de misericórdia. Podemos aprender algo disso?
3. Jesus, ao conversar com a mulher, o que lhe oferece?

V – É TEMPO DE DIALOGAR COM O AUTOR DA PALAVRA

Sabes, Jesus, que isso já aconteceu comigo? Os outros foram embora e eu "permaneci no meio", estático, sem iniciativa, envergonhado de não poder me preocupar individualmente com cada pessoa que me procura, com cada funcionário que quer conversar comigo. Quando alguma coisa sai errada na empresa ou nas atividades na comunidade cristã, passam por mim sentimentos de culpa. Aprendi muito com o seu amigo, Senhor, aquele monge beneditino Anselm Grün: *"precisamos, com firmeza reconhecer nossa própria culpa, aceitá-la e analisá-la num contexto mais amplo: com minha culpa, meus erros e minhas fraquezas, eu sou aceito e acolhido por Deus"* (GRÜN, 2007, p. 55). Foi comovente, cheio de misericórdia, o teu gesto, Senhor. *"Nem eu te condeno"*. Bastou olhares fundo no coração daquela moça adúltera para lhe indicares um novo caminho, bonito a percorrer sem adultério, sem pecado. Afasta do meu coração, da minha vida afetiva, com a tua graça, tudo o que tem cheiro de pecado, de desordem moral.

VI – É TEMPO DE SEMEAR A PALAVRA

Vamos ler mais os evangelhos. Eles contêm o programa de Jesus para a nossa vida. Lendo os Evangelhos poderemos crescer espiritualmente, viver mais alegremente a nossa vida cristã. Quaresma é também um tempo-convite para isso.

DOMINGO DE RAMOS

Tema do dia

→ Jesus é o Servo, fidelíssimo ao extremo.

Objetivo

→ Reconhecer que o projeto de vida de Jesus se confirma com suas palavras e atitudes.

I – É TEMPO INICIAL DE ACLAMAR, INVOCAR, LOUVAR O SENHOR

■ Rezar com os participantes

Ó Pai, tu que enviaste o Espírito Santo para recordar-nos tudo o que teu Filho Jesus disse e ensinou, dá-nos a força para vivenciarmos e anunciarmos ao mundo a Boa-nova, confiantes na tua Palavra (cf. Jo 14,26).

II – É TEMPO DE ESCUTAR E ACOLHER A PALAVRA: Lc 22,14-23,56

■ Núcleo da Palavra

Jesus institui a Eucaristia. Quem é o maior? O que está à mesa? O que serve? Jesus prediz as negações de Pedro. Jesus se põe a rezar. Judas entrega Jesus com um beijo. As autoridades querem saber se Jesus é o Cristo. Pilatos não acha Jesus culpado. O povo quer sua morte. Pilatos, por fim, o entrega. A caminho do Calvário, um certo Cireneu o ajuda a carregar a cruz. Jesus pede às mulheres em pranto que não chorem por Ele, mas por elas e seus filhos. Jesus pede que o Pai perdoe aos seus algozes, bem como também a um dos malfeitores, igualmente crucificado. Jesus entrega seu espírito ao Pai.

■ 1ª leitura: Is 50,4-7

Aqui, o chamado "Servo de Javé" tem a missão de encorajar os desanimados. Ele é exemplo, pois não recua diante do que Deus lhe diz. Ele se deixou bater pelos algozes, pois sabe que a ajuda de Deus é eficaz e, por isso, não tem medo de fracassar.

■ 2ª leitura: Fl 2,6-11

Jesus, embora com a mesma condição de Deus, apresentou-se como simples humano entre os humanos. Fez-se servo dos seres humanos até a morte, tratado como criminoso. Mas Deus o ressuscitou e fez dele o Senhor do Universo. Por que Senhor? Porque não tinha do que reconciliar-se com Deus.

III – É TEMPO DE DINAMIZAR A PALAVRA

■ Material necessário

Cartolinas já com o contorno de um coração bem grande.

■ Desenvolvimento

- Formar pequenos grupos.
- Cada grupo receberá uma cartolina contendo o contorno de um coração bem grande.

- Motivar os grupos para que depois de conversarem sobre o sentido de se ter um projeto de vida, escrevam dentro do coração, o projeto de vida que coincida com o de Jesus.

Partilha

- Os grupos trocam entre si os cartazes.
- Cada grupo tenta adotar o que acha bom para complementar o seu projeto.
- Em seguida, cada grupo apresenta o seu projeto considerando o que encontrou em outros grupos e pode ser incluído ao seu trabalho.

IV – É TEMPO DE REPERCUTIR A PALAVRA

Jesus revela em palavras e atitudes o seu projeto de vida, pois suas palavras vêm sempre acompanhadas de uma ação. No quando podemos conferir que Jesus fala com sua postura, seu silêncio, sua atenção aos discípulos, sua oração e firmeza diante daqueles que o interrogam. Fica claro que em seu projeto de vida está incluído todos aqueles que permanecer unidos a ele, perseverantes até o fim. Suas palavras soam revestidas de humildade e perdão.

Citação bíblica	Palavras de Jesus	Atitudes de Jesus
Lc 22,14-16	*Desejei ardentemente comer esta Páscoa convosco antes de sofrer... Até que se realize plenamente no Reino de Deus.*	Pôs-se à mesa com seus discípulos, sentou-se com eles
Lc 22,17	*Tomai e passai entre vós...*	Tomou então um cálice, deu graças e disse:
Lc 22,19	*Isto é o meu corpo, que é dado por vós. Fazei isto em memória de mim.*	Tomou o pão e deu graças, então o partiu e deu-lhes dizendo:
Lc 22,20	*Este cálice é a nova Aliança do meu sangue, que é derramado por vós.*	No fim da ceia, fez o mesmo com o cálice dizendo:
Lc 22,21-29	*A mão de quem me trai está na mesa comigo. O Filho do Homem caminha para o seu fim... mas ai daquele por quem ele for entregue. ... o maior dentre vós seja como o menor... Qual é o maior? Quem está à mesa ou quem serve? Não é quem está à mesa? Quanto a mim, estive em vosso meio como quem serve. Vós... perseverastes comigo nas minhas provações; por isso, vou dispor do reino em vosso favor, como meu Pai o dispôs em meu favor...*	

Citação bíblica	Palavras de Jesus	Atitudes de Jesus
Lc 22,32-33		Jesus orou pelo discípulo e escutou suas palavras de fidelidade e reconhece sua fragilidade:
Lc 22,34,37	*Pedro... o galo não cantará hoje antes que tu, por três vezes, tenhas negado me conhecer.* *O que está escrito a meu respeito está chegando ao seu fim.*	
Lc 22,39		Jesus foi ao monte das Oliveiras e os discípulos o seguiram. Ele convida para a oração:
Lc 22.40-41	*Rezai para que não entreis em tentação*	Jesus rezava diante dos discípulos
Lc 22,42	*Pai, se queres, afasta de mim este cálice, porém, não se faça a minha vontade, mas a tua.*	
Lc 22,45-46	*Por que dormis? Levantai-vos e rezai para que não entreis em tentação.*	Foi ver os discípulos, que estavam dormindo e os encorajava para não caírem em tentação.
Lc 22,48	*Judas, é com um beijo que entregas o Filho do Homem?*	Jesus diante de Judas pergunta:
Lc 22,51-53	*Saístes com espadas e bastões como fôsseis contra um bandido? Quando estava convosco todos os dias no Templo, não levantastes a mão contra mim. Esta é a vossa hora e é o império das trevas.*	E Jesus para os sacerdotes-chefes, os comandantes da guarda do Templo e os anciãos.
Lc 22,66-69	*Se eu o afirmar, não acreditareis. Se vos interrogar, não me respondereis. Mas, desde agora, o Filho do Homem, estará sentado à direita do Poder de Deus.*	No tribunal, anciãos do povo, sacerdotes-chefes e mestres da Lei, querem saber se Jesus é o Cristo, o Messias. Jesus se comporta com firmeza e humildade.
Lc 22,70		Todos querem saber se Ele é Filho de Deus
Lc 22,70-71	*Vós mesmos o dizeis: eu sou.*	
Lc 23,3	É o que afirmas.	Jesus diante de Pilatos [que quer saber se Jesus é rei].
Lc 23,9		Jesus silenciava.
Lc 23,28	*Não choreis por mim. Chorai por vós e por vossos filhos.*	Jesus consola às mulheres
Lc 23,34	*Pai, perdoai-lhes, porque não sabem o que fazem.*	Jesus crucificado manifesta o desejo de perdão
Lc 23,42-43	*Eu te asseguro: hoje mesmo estarás comigo no Paraíso.*	Jesus acolhe o pedido de um dos ladrões que estava ao seu lado
Lc 23,46	*Pai, nas tuas mãos entrego o meu espírito.*	Jesus se entrega ao Pai

■ **Complementar a repercussão da Palavra dialogando**

1. Como podemos deixar que as nossas palavras sejam traduzidas por nossos gestos, nossas atitudes?
2. O que aprendemos com as palavras e atitudes de Jesus?

V – É TEMPO DE DIALOGAR COM O AUTOR DA PALAVRA

Obrigado, Senhor, porque tive a oportunidade de entender que seu projeto de vida constituiu em amar e perdoar. Sua missão foi agir com misericórdia. Deparo-me com a tua *misericórdia*, Senhor Jesus, tomei maior consciência da tua *misericórdia*, Jesus, ao perceber a tua inteira disponibilidade quando disseste: *"Quanto a mim, estou no meio de vocês como quem serve"* (Lc 22,27). *Misericórdia* é a tua disponibilidade de dar vida em abundância por puro amor, não como prêmio por algum merecimento. E mesmo que algum merecimento exista, a *misericórdia* de longe o ultrapassa e superabunda. *Misericórdia* é pura gratuidade. *Misericórdia* está além de qualquer direito de reivindicar. Entendo que quando Tu pedes para amar os inimigos, o que Tu pedes é um gesto de amor gratuito, isto é, um gesto maior do que quem dele necessita ou que o solicita. Teu amor de *misericórdia* excedeu a qualquer expectativa ao pedir e rezar por aqueles que seguiam seu torpe propósito: matar-te (cf. Lc 23,34). Age em mim, Senhor, para que com os teus exemplos de *misericórdia* eu também conduza o meu coração por este caminho. Longe de mim carregar um coração de pedra, frio, duro, inflexível, mas um coração de carne que se movimenta com o calor do sangue, que chega e que parte, colocando dentro dele o teu espírito.

VI – É TEMPO DE SEMEAR A PALAVRA

Se aprendemos que Jesus tem grande satisfação por estar no meio do povo para servi-lo, o que podemos fazer para imitar seus gestos e atitudes? Como aplicá-los em nossas vidas?

Tempo Pascal

VIGÍLIA PASCAL

Tema do dia
→ O poder de retomar à vida.

Objetivo
→ Reconhecer o valor das mulheres que seguiam Jesus e anunciaram sua ressurreição.

I – É TEMPO INICIAL DE ACLAMAR, INVOCAR, LOUVAR O SENHOR

■ **Rezar com os participantes**

Ó Pai, tu que enviaste o Espírito Santo para recordar-nos tudo o que teu Filho Jesus disse e ensinou, dá-nos a força para vivenciarmos e anunciarmos ao mundo a Boa-nova, confiantes na tua Palavra (cf. Jo 14,26).

Quinta-Feira Santa
→ (Ver e seguir o Ano Litúrgico A)

Sexta-Feira Santa
(Ver e seguir o Ano Litúrgico A) ←

II – É TEMPO DE ESCUTAR E ACOLHER A PALAVRA: Lc 24,1-12

Núcleo da Palavra

Ainda de madrugada, as mulheres foram ao túmulo de Jesus, levando perfumes. Não encontraram o corpo do Senhor Jesus. Dois homens de roupas brilhantes, que ali estavam, disseram que Jesus não podia ser procurado entre os mortos, pois estava vivo. Elas, então, foram embora, e anunciaram tudo aos onze. Aí foi a vez de Pedro correr até o túmulo.

■ Leituras

As diversas leituras para este dia narram a história da salvação.

III – É TEMPO DE DINAMIZAR A PALAVRA

■ Material necessário

Uma Bíblia e uma vela.

■ Desenvolvimento

- Formar um círculo com os participantes.
- Fazer a seguinte motivação: Temos em nossas mãos a Palavra de Deus, luz para o nosso caminho. Deixemo-nos tocar pela presença do Senhor que em suas palavras nos convida para ficar junto dele.
- Colocar a vela acesa no centro do grupo.
- Fazer passar, de mão em mão, a Bíblia aberta no Evangelho de Mt 28,1-10.
- A última pessoa que receber a Bíblia em suas mãos pode colocá-la junto à vela no centro do grupo.
- Siga a Leitura Orante que ocupa o espaço, tanto da dinamização da Palavra como da repercussão da Palavra.

IV – É TEMPO DE REPERCUTIR A PALAVRA

- Iniciemos individualmente com a Leitura Orante do texto: Lc 24,1-12.
- Em grupo, vamos seguir os passos já conhecidos por nós:
  1. O que o texto deste Evangelho diz em si?
  2. O que o texto diz para mim (para nós)?
  3. O que o texto leva-me a dizer ao Senhor?
  4. O que podemos fazer?

1. *ESCUTA DA PALAVRA – **O que o texto deste Evangelho diz em si?** – Ainda de madrugada do primeiro dia da semana, mulheres nomeadas mais à frente, foram até o túmulo de Jesus, levando perfumes que elas mesmas haviam preparado. A pedra do túmulo já havia sido removida. Entraram, mas não encontraram o corpo do Senhor Jesus e, assim, nada entenderam. No entanto, dois homens, vestidos com roupas brilhantes, pararam diante delas. Elas, por sua vez, sentiram medo e seus olhos fixaram o chão. Os dois homens perguntaram: *"Por que vocês procuram entre os mortos aquele que está vivo"? Ele não está aqui! Ressuscitou!"* (Lc 24,5-6). E acrescentaram: *"Lembrem-se do que ele falou, quando ainda estava na Galileia"* (Lc 24,6). E repetiram o que havia dito Jesus: *"O Filho do Homem deve ser entregue nas mãos dos pecadores, ser crucificado, e ressuscitar no terceiro dia"* (Lc 24,7). Foi então que as mulheres se lembraram das palavras que Jesus havia dito, após o que, Maria Madalena, Joana e Maria, a mãe de Tiago tomaram o caminho de volta e contaram tudo aos onze e aos demais. Outras mulheres contaram as mesmas coisas aos apóstolos. Estes acharam que eram tolices delas, e não acreditaram. Mesmo assim, Pedro reagiu e correu para o túmulo. Viu apenas os lençóis de linho e voltou para casa, admirado com o que tinha acontecido.

2. *MEDITAÇÃO DA PALAVRA – **O que o texto diz para mim (para nós)?** – Jesus estava morto, já sepultado. No sábado, os judeus, aliviados, alegraram-se celebrando a festa da sua Páscoa. No dia seguinte, quando os judeus voltaram ao trabalho semanal, para aqueles e aquelas que haviam acompanhado Jesus, mostram-se profundamente sentidos com o desfecho: Jesus, silente, na mansão dos mortos. Algumas mulheres estavam inconformadas, mas não inativas. Prepararam perfumes e foram até o túmulo de Jesus. Parecia ter sido em vão porque o corpo dele não estava lá. Dois homens, vestidos com roupas brilhantes, o que não era usual, comunicaram: *"Por que vocês estão procurando entre os mortos aquele que está vivo? Ele não está aqui! Ressuscitou!"* (Lc 24,5-6). Aquele Jesus que os chefes da sociedade judaica mataram como criminoso e possível usurpador, contando, inclusive comigo como cúmplice, Deus o ressuscitou, tornando-o Senhor, isto é, vencedor da morte e doador da vida. Claro, a morte de Jesus não foi em vão. Ela fez brotar nova vida. As primeiras a anunciar a Boa-nova da ressurreição foram as mulheres, pois justamente as mulheres são propensas a compartilhar as coisas boas e aquelas mulheres assim procederam: acreditaram naqueles dois homens de roupas brilhantes e o que eles dizem, elas não guardam só para si, mas o transmitem aos onze e a outras pessoas. Os apóstolos mostraram-se duros de coração. Pensaram que as mulheres, que eles bem conheciam, espalhavam tolices e não lhes deram crédito. Pedro não acreditou no relato delas, no entanto, pelo menos não ficou indiferente. Foi conferir. Por via das dúvidas era melhor esclarecer-se sobre a questão. Correu até o túmulo. Isto mesmo: *correu* porque era assunto que devia ser posto em pratos limpos, o quanto antes. Não entrou no túmulo. Inclinou-se apenas e viu somente alguns vestígios, isto é, os lençóis de linho que haviam envolvido o corpo de Jesus (Lc 24,12). O Evangelho não diz tudo que se poderia esperar de Pedro. Diz apenas que ele *"voltou para casa, admirado com o que havia acontecido"* (Lc 24,12). Admirar é crer? Não, ainda não! No caso de

Pedro, porém, a admiração levou à fé. O livro de Atos está cheio de seu testemunho. É assim que se dá comigo?

3. *ORAÇÃO INSPIRADA NA PALAVRA – O que o texto me leva a dizer ao Senhor Ressuscitado?* – Ó Senhor, te encarnaste e te estabeleceste em nosso meio para que todos tenham vida e vida em abundância. Como foste permitir que tomassem a vida de ti? Ah, já sei. Tinhas e tens tanto amor à vida que vieste para salvar o que estava perdido (cf. Mt 18,10). E como estava perdido sem ti! O Pai, sem dúvida, se alegra contigo e te ama porque tu dás tua vida livremente para de novo retomá-la. Ninguém, ninguém mesmo tira a tua vida. És tu que a entregas livremente. Como vens do Pai, tens o poder de dar a vida e tens o poder de retomá-la (cf. Jo 10,17-18). É total a doação que fazes por tuas ovelhas (Jo 10,11). Essa tua entrega total, como a podias fazer? Podias fazê-la porque o fato de dar-se expressa a plenitude do que se é, a plenitude do próprio ser. Ninguém dos que te acompanharam em vida podia conformar-se que fosses acabar na escuridão de um túmulo. Sem reação. Sem realizar o que havias predito por diversas vezes. Contudo, morto estavas. Em algumas mulheres que contigo se deslocavam para lá e para cá na Galileia, uma tênue esperança ainda fumegava. Inconformadas foram até o túmulo. Tu não estavas lá. O perfume que era para ti ficou para elas mesmas. Dois homens que lá estavam inspiraram confiança e disseram claramente que havias ressuscitado. Elas creram. E que creram levaram adiante. Os apóstolos, ainda não foi desta vez, nem de modo imediato que creram, mas o primeiro anúncio foi feito pelas mulheres. A boa semente foi lançada e a terra era boa também. Era uma questão de tempo.

Tu, Senhor, livraste a humanidade inteira de uma inimaginável frustração. Junto com o Pai e o Espírito Santo criaste o homem à tua imagem: inteligente, amoroso, herdeiro das riquezas divinas. Plantas os dons e as virtudes teologais da fé, da esperança e do amor no coração do homem e da mulher. Como disse teu convertido discípulo Paulo, aproximadamente dois decênios depois de tua morte e ressurreição: *"Se a nossa esperança em Cristo é somente para esta vida, nós somos os mais infelizes de todos os seres humanos"* (1 Cor 15,19). Sei pela luz da fé que realmente ressuscitaste, que tens grandes promessas de vida eterna para os que te procuram, te amam e esperam em ti. Nada receberei por mérito meu, mas por tua graça e misericórdia. Senhor, que nesta Páscoa eu me levante do túmulo da inércia, me desfaça da couraça do egoísmo e me apegue mais e mais a ti porque tens palavras de vida eterna. E também gestos de vida eterna!

4. *CONTEMPLAÇÃO DA PALAVRA – O que podemos fazer?* – Pai, já há vários anos, quando ocorreu aquele horroroso tsunami, que atingiu a costa de alguns países asiáticos e ceifou milhares e milhares de vidas, perguntaram ao teu servo, o papa Bento XVI, onde estavas naquela oportunidade. O pontífice respondeu: "no mesmo lugar em que Deus estava quando seu Filho foi morto na cruz". No tsunami, muita gente era derrubada pelo vento e engolida pelas ondas invencíveis, tu recolhias e acolhias os

atingidos, sem negar que tens um plano para todos e cada um. Quem estivesse atento à palavra do teu profeta Isaías 55,8, não levantaria nem voz nem pensamento contra ti, porque os teus planos não são iguais aos nossos, nem os teus pensamentos coincidem com os nossos. E onde estavas, ó Pai, quando teu Filho foi morto e ressuscitado? Tu o ressuscitaste dentre os mortos. Tu não permaneceste passivo diante da execução de Jesus. Intervieste para arrancá-lo do poder da morte. Desceste "ao país da morte", onde tudo é escuridão, silêncio e solidão, não deixando que essas realidades o aniquilassem. Ali jazem os mortos cobertos de pó, adormecidos no sono da morte. Dentre eles, "despertaste" Jesus e o "levantaste" para a vida. O "terceiro dia" é o dia "decisivo". Passados dias de sofrimento e tribulação o "terceiro dia" traz a salvação. A morte não terá a última palavra. A última palavra, palavra de vida, será sempre a tua.

Segundo esse espírito, o evangelista Lucas fala no Evangelho deste Encontro deste teu Filho que "está vivo". Não adianta procurá-lo dentre os mortos. Pai, nós, teus filhos, sempre temos a necessidade de especular um pouco, porque somos incapazes de abarcar os teus mistérios. José Antonio Pagola, mais um que crê em ti em nosso tempo, diz de teu Filho ressuscitado: "Jesus é o mesmo, mas não é o de antes; apresenta-se a eles [aos discípulos] cheio de vida, mas não o reconhecem de imediato; está no meio dos seus, mas não o podem reter; é alguém real e concreto, mas não podem conviver com ele como na Galileia. Sem dúvida é Jesus, mas com uma existência nova" (PAGOLA, 2011, p. 496). Agradeço-te, ó Pai, pela fé e pelos esclarecimentos de outros que me ajudam na sustentabilidade da minha fé e naquela de muitas irmãs e muitos irmãos meus. Agradeço-te o exemplo das intrépidas mulheres pelo carinho e pela ternura que demonstraram para com teu Filho. Depois, o exemplo de anunciadoras. Que bom que elas não souberam ficar quietas. Que bom que com a ajuda dos dois homens de roupas brilhantes lembraram-se do que Jesus havia predito por diversas vezes: seria morto, mas ressuscitaria. Sob inspiração tua e do Espírito Santo, Paulo escreveu: "Sabemos que Cristo, ressuscitado dos mortos, não morre mais; a morte já não tem poder sobre ele. Porque morrendo, Cristo morreu de uma vez por todas para o pecado; vivendo ele vive para Deus. Assim também vocês considerem-se mortos para o pecado e vivos para Deus em Jesus Cristo" (Rm 6,9-11).

Isto mesmo, ó Pai, que eu me considere morto para o pecado; que nós cristãos nos consideremos assim. Foi para isso que o teu Filho se ofereceu todo por todos.

Ó Pai, aumenta e consolida a minha fé. A nossa fé, como cristãos, e que sejamos ágeis no campo de ação, a fim de testemunharmos sempre o infinito amor de Pai, o amor que venceu a carne; e testemunharmos também o Espírito Santo, que é bem distinto do espírito do mundo (cf. 1Cor 2,12).

Creio e confio em ti, ó Deus Pai, porque só podes amar; porque a tua misericórdia excede a minha fé e até os meus pecados.

Creio e confio em ti, Jesus Cristo, Filho de Deus, porque teu amor divino se derramou de todo sobre a humanidade porque nela conduziste com total perfeição a obra de salvação e, ressuscitado, permaneces agindo entre nós e em nosso favor. Espero a salvação não por grandes obras minhas, mas por tuas graças, por tua grande misericórdia. Por isso, tenho a esperança de que por ti poderei contigo "beber o vinho novo no Reino do teu Pai" (cf. Mt 26,29).

Creio e confio em ti, Espírito Santo, santificador: que orientas, que aqueces, que nos fazes lembrar tudo quanto Jesus disse e ensinou (cf. Jo 14,26), dando-nos a garantia de não nos afastarmos do plano divino.

V – É TEMPO DE DIALOGAR COM O AUTOR DA PALAVRA

Voltemo-nos de novo para a Leitura Orante, conduzida na repercussão da Palavra.

VI – É TEMPO DE SEMEAR A PALAVRA

Completemos a Leitura Orante, fazendo um compromisso de fé nas palavras de Jesus, o Cristo que estão registradas no Livro do Apocalipse o Cristo dizer de si mesmo: "*Eu sou o Primeiro e o Último. Sou o Vivente. Estive morto, mas estou vivo para sempre. Tenho as chaves da morte e da morada dos mortos*" (Ap 1,17-18). Reconheçamos e adoremos: dizendo: Ó Cristo, Tu és o verdadeiro Senhor da vida.

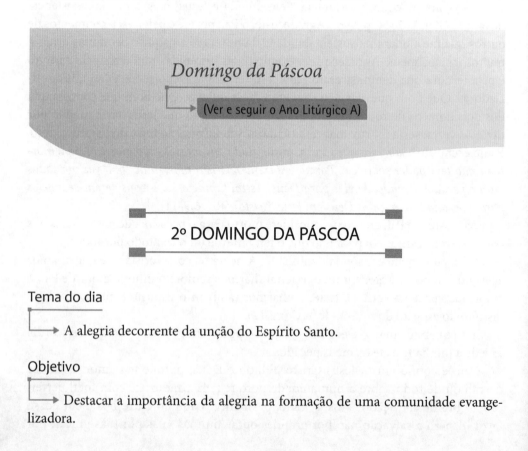

Domingo da Páscoa

(Ver e seguir o Ano Litúrgico A)

2º DOMINGO DA PÁSCOA

Tema do dia

→ A alegria decorrente da unção do Espírito Santo.

Objetivo

→ Destacar a importância da alegria na formação de uma comunidade evangelizadora.

I – É TEMPO INICIAL DE ACLAMAR, INVOCAR, LOUVAR O SENHOR

■ Rezar com os participantes

Ó Pai, tu que enviaste o Espírito Santo para recordar-nos tudo o que teu Filho Jesus disse e ensinou, dá-nos a força para vivenciarmos e anunciarmos ao mundo a Boa-nova, confiantes na tua Palavra (cf. Jo 14,26).

II – É TEMPO DE ESCUTAR E ACOLHER A PALAVRA: Jo 20,19-31

■ Núcleo da Palavra

Aconteceu "no primeiro dia da semana" (= no mesmo dia da ressurreição). Discípulos reunidos por medo das autoridades. Jesus entrou na sala. Desejou a paz. Mostrou-lhes as mãos e o lado. Jesus fez o envio dos discípulos e soprou sobre eles o Espírito Santo, dando-lhes o poder de perdoar os pecados. Faltava Tomé. Uma semana depois ele estava presente também. Quis ver e tocar as chagas de Jesus. E creu. Testemunho do evangelista: o Evangelho é escrito para que se creia em Jesus: Messias, Filho de Deus.

■ 1ª leitura At 5,12-16

Os apóstolos realizavam sinais e prodígios, libertando as pessoas. Homens e mulheres aderem a Jesus pela fé. Levam até doentes para a praça, a fim de que Pedro as cure. Vinham até pessoas de cidades vizinhas a Jerusalém. O texto diz que "todos eram curados".

■ 2ª leitura: Ap 1,9-11.12-13.17-19

O testemunho dos cristãos tem um preço: as perseguições. Por outro lado, eles já têm participação na vitória de Cristo e têm convicção de que vale a pena persistir na fé e no amor aos irmãos. O livro do Apocalipse diz que o Cristo ressuscitado está presente com a sua ação. Ele agora é o Rei. O Senhor do Universo. Sua vida agora é plena para todo sempre.

III – É TEMPO DE DINAMIZAR A PALAVRA

■ Material necessário

Cópia do texto sugerido e seis envelopes com as respectivas perguntas:

1. Quais os passos de uma comunidade evangelizadora?
2. O que se espera acontecer em cada passo?
3. Qual a ligação que o texto faz entre evangelização e liturgia?
4. E a alegria como entra nesta "história"?
5. E essa alegria tem ligação com o Evangelho de hoje?
6. Nosso grupo tem possibilidade de dar esses passos de comunidade evangelizadora e dá para prestar contas de um trabalho desenvolvido dessa forma?

Texto: *Com obras e gestos, a comunidade missionária entra na vida diária dos outros, encurta as distâncias, abaixa-se – se for necessário – até à humilhação e assume a vida humana, tocando a carne sofredora de Cristo no povo. Os evangelizadores contraem assim o «cheiro das ovelhas», e estas escutam a sua voz. Em seguida, a comunidade evangelizadora dispõe-se a «acompanhar». Acompanha a humanidade em todos os seus processos, por mais duros e demorados que sejam. Conhece as longas esperas e a suportação apostólica. A evangelização patenteia muita paciência, e evita deter-se a considerar as limitações. Fiel ao dom do Senhor sabe também «frutificar». A comunidade evangelizadora mantém-se atenta aos frutos, porque o Senhor a quer fecunda. Cuida do trigo e não perde a paz por causa do joio. O semeador, quando vê surgir o joio no meio do trigo, não tem reações lastimosas ou alarmistas. Encontra o modo para fazer com que a Palavra se encarne numa situação concreta e dê frutos de vida nova, apesar de serem aparentemente imperfeitos ou defeituosos. O discípulo sabe oferecer a vida inteira e jogá-la até ao martírio como testemunho de Jesus Cristo, mas o seu sonho não é estar cheio de inimigos, mas antes que a Palavra seja acolhida e manifeste a sua força libertadora e renovadora. Por fim, a comunidade evangelizadora jubilosa sabe sempre «festejar»: celebra e festeja cada pequena vitória, cada passo em frente na evangelização. No meio desta exigência diária de fazer avançar o bem, a evangelização jubilosa torna-se beleza na liturgia. A Igreja evangeliza e se evangeliza com a beleza da liturgia, que é também celebração da atividade evangelizadora e fonte dum renovado impulso para se dar* (EG, 24).

■ Desenvolvimento

- Formar dois grupos.
- Propor a leitura individual do texto.
- Dar um tempo para a troca de impressões sobre o texto.
- Entregar os seis envelopes para o grupo e solicitar que reflitam antes de dar as respostas.
- Fazer uma pergunta de cada vez seguindo a ordem de 1 a 6; A cada pergunta, um grupo responde e o outro complementa até que todas as perguntas sejam respondidas.

Partilha

- Depois da apresentação dos grupos, formar um círculo.

- Fazer um fechamento destacando a importância da alegria na formação de uma comunidade evangelizadora.

IV – É TEMPO DE REPERCUTIR A PALAVRA

"Quando os discípulos viram o Senhor, ficaram cheios de alegria" (Jo 20,20). Está escrito assim no Evangelho e era de se supor isso. Afinal, Jesus celebrou a Páscoa com seus doze amigos, depois foi orar, foi traído por um dos companheiros, e em decorrência disso chegou a ser preso, passou por todo tipo de sofrimento e humilhação até a pior morte para um cidadão judeu, o que deixou todos os discípulos despidos de coragem e em polvorosa. Jesus ressuscitado, novamente no meio deles, só podia provocar uma alegria incontida, sem limites.

1. Fundamentos da nossa alegria – Como cristãos, nós não rimos à toa, como simples gaiatos. Rimos sim, porque nossa alegria tem fundamento. Não é fundamento por nós arranjado, mas a nós graciosamente dado:
- pelo amor do Pai (DAp, 117);
- pela participação que temos no mistério pascal de Jesus Cristo que, juntamente, com o Espírito Santo, "nos faz passar da morte para a vida, da tristeza para a alegria, do absurdo para o sentido profundo da existência, do desalento para a esperança que não engana. Esta alegria não é sentimento artificialmente provocado nem estado de ânimo passageiro" (DAp, 17);
- pela fé (cf. DAp, 26). Como é que a fé nos pode proporcionar tamanha alegria? "Conhecer a Jesus é o melhor presente que qualquer pessoa pode receber; tê-lo encontrado foi o melhor que ocorreu em nossas vidas, e fazê-lo conhecido com nossas palavras e obras é nossa alegria" (DAp, 29).

2. Fé e alegria nos fazem missionários – O Documento de Aparecida diz sucintamente, mas com bastante ênfase: "Com a alegria da fé somos missionários para proclamar o Evangelho de Jesus Cristo". Tornamo-nos autoridade para, em Cristo, proclamar, "a boa nova da dignidade humana, da vida, da família, do trabalho, da ciência e da solidariedade com a criação" (DAp, 103).

3. A devolução da alegria – E se por um desequilíbrio emocional perdermos a alegria? E se uma desgraça se abater sobre nós? E se uma tristeza, também fundamentada em fato real, e se percalços da vida nos dominarem e nos tirarem a alegria do coração, o que deveremos fazer?
- Não deixar de recorrer a Deus;
- não deixar de buscar os meios de superação que Ele nos deixou;
- não nos envergonhar de recorrer aos amigos;
- não nos esquecer de procurar por profissionais competentes que nos possam orientar e nos colocar de pé;
- não pestanejarmos em procurar o salutar sacramento da penitência se a alegria de nós se esvaiu por causa de uma culpa moral que, por infelicidade, cometemos. O *Documento de Aparecida* diz que esse sacramento "é o lugar onde o

pecador experimenta de maneira singular o encontro com Jesus Cristo... que nos faz sentir que o amor é mais forte que o pecado cometido... e nos devolve a alegria e o entusiasmo de anunciá-lo aos demais de coração aberto e generoso" (DAp, 254). E o papa Francisco na *Misericordiae vultus:* "somos chamados a viver de misericórdia, porque, primeiro, foi usada misericórdia para conosco. O perdão das ofensas torna-se a expressão mais evidente do amor misericordioso e, para nós cristãos, é um imperativo de que não podemos prescindir" (MV, 9).

4. O alcance da alegria – Podemos dizer que "a vida em Cristo inclui a alegria de comer juntos, o entusiasmo para progredir, o gosto de trabalhar e aprender, a alegria de servir a quem necessite de nós, o contato com a natureza, o entusiasmo dos projetos comunitários, o prazer de uma sexualidade vivida segundo o Evangelho, e todas as coisas com as quais o Pai nos presenteia como sinais de seu sincero amor" (DAp, 357).

5. A explosividade da alegria – A alegria não precisa ser ruidosa. Nem convém que seja. Ela, no entanto, não se enclausura, não se contenta em exaurir-se em si mesma, mas é explosiva e expansiva. A alegria que brota do encontro com Cristo, impulsiona-nos a sairmos ao encontro de pessoas e outras comunidades para com elas compartilharmos o dom do encontro com o Cristo ressuscitado e glorioso, esperando por nós como partícipes na plenitude do Reino. Há muito mais coisas que podem ser ditas sobre a alegria contida no Evangelho e expandida pelos quatros cantos da terra. Se quisermos vibrar com essa alegria, recorramos à introdução e primeiro capítulo da Exortação Apostólica *Evangelii Gaudium.*

6. Conclusão – O *Documento de Aparecida* praticamente arremata, dizendo sobre a alegria:
– que a conservemos ao evangelizar;
– que, ao evangelizar, sejamos movidos por um impulso interior e que aí esteja "a maior alegria de nossas vidas".

Não era para menos! Quando Jesus, surpreendentemente, sem tocar na fechadura da porta, de repente, apareceu no meio dos discípulos, uma indizível alegria irrompeu em seus lábios e corações. Quando Jesus soprou sobre eles o Espírito Santo, nova onda de alegria tomou conta deles. E quando, também, Tomé, viu o Senhor, tocou no Senhor e creu nele, a alegria de todos se tornou completa e tão forte, a ponto de tornar felizes a muitos e muitos que depois deles creram sem terem visto o Senhor. (cf. DAp, 552)

V – É TEMPO DE DIALOGAR COM O AUTOR DA PALAVRA

Senhor, Tu operaste maravilhas em nós cristãos porque temos a alegria de crer em ti. No meio de pontadas de tristeza, de desânimo, de desalento, sentimos, ao mesmo tempo, a alegria de Tu nos teres feito teus missionários, transmissores de tua Verdade, de tua santidade de Deus-Salvador. Graças a ti, somos portadores de uma alegria sustentável que se associa à esperança e à paz da qual Tu és, também, o maior portador.

VI – É TEMPO DE SEMEAR A PALAVRA

Vamos refletir!
— Há alegria pelo fato de termos sido chamados/as para ser cristão/cristã?
— Há satisfação em saber que dispomos de muitos meios que dão sustentabilidade à nossa alegria?
— "Vestimos a camisa" na hora de falar de Jesus, dizendo para outros que Ele é a fonte de alegria?
Testemunhemos nossa alegria junto a nossa comunidade, família e entre nossos amigos.

3º DOMINGO DA PÁSCOA

Tema do dia

→ O rumo da comunidade dos fiéis.

Objetivo

→ Reconhecer que Jesus é aquele que convida, que se solidariza e que conduz a comunidade.

I – É TEMPO INICIAL DE ACLAMAR, INVOCAR, LOUVAR O SENHOR

Rezar com os participantes

Ó Pai, tu que enviaste o Espírito Santo para recordar-nos tudo o que teu Filho Jesus disse e ensinou, dá-nos a força para vivenciarmos e anunciarmos ao mundo a Boa-nova, confiantes na tua Palavra (cf. Jo 14,26).

II – É TEMPO DE ESCUTAR E ACOLHER A PALAVRA: Jo 21,1-19

■ Núcleo da Palavra

Nova aparição de Jesus aos discípulos às margens do lago de Tiberíades. Havia ao total sete seguidores de Jesus ali. Pedro disse resoluto: "*Vou pescar*". Jesus deu a sugestão de lançar a rede mais à direita. Eles acataram o que Jesus disse e apanharam muitos peixes. Depois de terem comido, a conversa foi com Pedro. Três vezes Jesus pergunta a Pedro se o ama e recebe resposta afirmativa. Jesus, então, disse: cuide das minhas ovelhas e disse também que quando Pedro ficasse mais velho, outro o levaria para onde Pedro não gostaria de ir. E Jesus completou: "*segue-me*".

■ 1ª leitura: At 5,27b-32.40b-41

Os apóstolos foram levados ao tribunal, conhecido como Sinédrio. Foram alertados pelo sumo sacerdote que já haviam sido proibidos de ensinar a respeito de Jesus e depois querem que sejamos responsabilizados pela morte de Jesus. Pedro e outros disseram que era prioritário obedecer a Deus, não aos homens e que Deus ressuscitou a Jesus. Disse Pedro que os seguidores de Jesus eram testemunhas disso. As pessoas do tribunal ficaram enfurecidas e mostraram-se decididos a matar os apóstolos.

■ 2ª leitura: Ap 5,11-14

Jesus recebe grandes louvores dos anjos, pois só ele é o Senhor da História. O terceiro louvor parte de todas as criaturas, pois Ele é o Cordeiro de Deus, sentado no trono. Ele também é pessoa divina. E nós, diante de quem nos prostramos, se é que nos prostramos?!

III – É TEMPO DE DINAMIZAR A PALAVRA

■ Material necessário

Uma caixa com cinco cartões e as seguintes perguntas:
1. Amar é dar a vida, se for preciso?
2. Amar é aproveitar-se do outro para ser feliz?
3. Amar é enaltecer demais o próprio eu?
4. Amar é fazer da própria vida um dom?
5. Amar é ser como a vela e consumir-se em favor de outras pessoas.

■ Desenvolvimento

- Convidar os participantes, um a um, a retirar da caixa um cartão e responder à pergunta dando sua justificativa.

- Seguir com a dinâmica e devolver os cartões na caixa depois que os primeiros cinco responderem.
- Repetir a dinâmica até que todos os participantes respondam.

Partilha

- Motivar os participantes para que em poucas palavras inspirados pelas respostas dadas, digam porque é tão urgente e necessário amar como Jesus amou.

IV – É TEMPO DE REPERCUTIR A PALAVRA

Neste texto do Evangelho, não há fatos novos que digam respeito à vida de Jesus e muito menos ainda à morte, visto que Jesus já a venceu de vez. Já a sua ressurreição está definitivamente em curso. É dado destaque aos discípulos, à organização de sua vida, agora depois da notícia e da constatação da ressurreição. Jesus aparece justamente em meio a uma atividade costumeira: a pesca. Em parte, eram eles pescadores profissionais, mas nem sempre bem-sucedidos. *"Naquela noite nada pescaram"* (Lc 5,5). De manhã, Jesus estava na margem do lago. Entenda-se que a "manhã" era o próprio Jesus. O novo dia. A nova vida. E as coisas começaram a mudar. Ouvidos, coração e memória poderiam remeter ao que Jesus disse lá atrás: *"Quem fica unido a mim, e eu a ele, dará muito fruto, porque sem mim vocês não podem fazer nada"* (Jo 15,5). Jesus quer dar apoio aos discípulos enquanto estão entretidos no seu trabalho. Os pescadores são eles, não Jesus. O líder não precisa fazer tudo o que fazem os liderados. Se assim fosse, não haveria a necessidade de contar com liderados. Jesus, a partir de então, Senhor do Universo e de toda a História, age no mundo por meio dos discípulos. O trabalho deles sem contar com a ajuda de Jesus não dá frutos e eles se sentem inconformados com o insucesso. Justamente porque eram entendidos em pescaria. Jesus lhes diz como agir e onde lançar a rede. Quantas vezes pode acontecer e de fato acontece conosco: agimos precipitadamente sem consultar Jesus. Não esperamos as indicações dele. E elas já estão aqui no Evangelho, que por isso mesmo é sempre a Boa, e inesgotável nova. E por que nessa segunda vez eles conseguem bom resultado? Por que foram obedientes a quem entende das coisas, porque foram dóceis a Jesus, porque nele confiaram.

O primeiro que reconheceu o Ressuscitado foi "aquele a quem Jesus amava". Só depois Pedro. Pedro em sua pescaria está nu, completamente desimpedido para trabalhar por sua sobrevivência. Em seguida, vestiu a roupa. Pôs-se na condição de poder servir a alguém. Depois ainda "pulou dentro da água" (Jo 21,7), como quem quer mergulhar no Cristo.

Quando os outros discípulos chegam à margem, Jesus lhes pergunta se têm algum resultado positivo. O que se constatou foi realmente surpreendente. Chegou-se a contar cento e cinquenta e três peixes grandes, em menção ao equivalente em número de povos de então à espera do anúncio da Boa-nova. Há aí uma alusão à universalidade da missão de Jesus e de sua Igreja.

E a conversa particular com Pedro?

Aos poucos, Pedro dá sinais de que está amadurecendo e a conversa com Jesus é de gente grande. *"Simão, filho de João, você me ama mais do que estes outros?"* (Jo 21,15). O que Jesus, na verdade, queria saber? Queria saber se Pedro pensava, sentia, falava e agia como Jesus do começo ao fim! Diante da tríplice afirmativa, Jesus pode fazer o convite: *"siga-me"* (Jo 21,19). É questão de colocar as palavras em prática. O CAMINHO é Jesus. É questão de percorrer o caminho.

■ Complementar a repercussão da Palavra dialogando

1. O que foi que mais chamou a nossa atenção neste Evangelho? Procuremos dizer a outros por que isso.
2. Pedro levou um certo tempo até "se encontrar" "no" Cristo. Sabemos indicar algumas passagens dessas em algum lugar do Evangelho?
3. O que dizer dessa linguagem de "jogar a rede"? Como aplicar isso hoje?

V – É TEMPO DE DIALOGAR COM O AUTOR DA PALAVRA

Senhor, os discípulos, para não se sentirem órfãos, tinham a necessidade de contar com mais uma aparição tua, a fim de evitar que tomassem decisões erradas. Mostras claramente que convém que te consultemos sempre. Já foste bem claro que daremos muito fruto se trabalharmos unidos a ti, a Videira. No trabalho conjunto o fardo se torna menor; o peso fica mais bem distribuído. Mas sabes, Senhor, como somos: teimosos, dispensamos tantas e tantas vezes a tua ajuda. Achamos que somos maiores, que podemos tudo sozinhos, quando, na verdade, já disseste toda a verdade alertando: *"sem mim vocês não podem fazer nada"*. É hora de revermos nossos conceitos e de termos coragem e humildade de corrigir nossas atitudes. A pesca será bem melhor. Quantos santos e santas da Igreja têm experiências incríveis que confirmam o que disseste para que ajamos do modo certo e que não erremos por falta de aviso teu: "sem mim, vocês não conseguem fazer nada".

VI – É TEMPO DE SEMEAR A PALAVRA

Dentro do espírito pascal, que ainda respiramos profundamente, podemos aproveitar um texto esclarecedor do *Catecismo da Igreja Católica, números* 645-646 sobre Jesus ressuscitado.

Pensar uma ação que envolva este belo texto. Que tal destiná-lo a um determinado número de pessoas que possivelmente careçam dele?

4º DOMINGO DA PÁSCOA

Tema do dia

→ Reciprocidade entre Jesus, o Pastor, e suas ovelhas.

Objetivo

→ Motivar para a unidade com Jesus-Pastor, pois, assim, ninguém poderá arrancar-nos de sua companhia.

I – É TEMPO INICIAL DE ACLAMAR, INVOCAR, LOUVAR O SENHOR

■ Rezar com os participantes

Ó Pai, tu que enviaste o Espírito Santo para recordar-nos tudo o que teu Filho Jesus disse e ensinou, dá-nos a força para vivenciarmos e anunciarmos ao mundo a Boa-nova, confiantes na tua Palavra.

II – É TEMPO DE ESCUTAR E ACOLHER A PALAVRA: Jo 10,27-30

■ Núcleo da Palavra

As ovelhas-pensantes e crentes ouvem a voz de Jesus. Ele as conhece e elas o seguem. Jesus lhes dá a vida eterna; portanto, elas nunca morrerão. Assim sendo, ninguém vai arrancá-las das mãos de Jesus. O Pai, que tudo entregou a Jesus, é maior do que todos, e da mão dele, ninguém jamais arrancará coisa alguma. O pai e Cristo Jesus são um só.

■ 1ª leitura: At 13,14.43-52

Paulo e Barnabé chegaram a Antioquia. No sábado entraram na sinagoga, sentaram-se e começaram a ensinar. Discorreram sobre a história da salvação até chegar à morte e ressurreição de Jesus. Depois da reunião, houve pessoas que queriam ouvir mais coisas. No sábado seguinte, nova reunião. Parte dos judeus se opôs. Paulo e Barnabé perseveraram no anúncio e, visto que parte dos judeus não quiseram ouvir nada, os discípulos disseram que, então, iriam dedicar-se aos pagãos. Estes, pois, começaram a elogiar a palavra do Senhor. E a palavra do Senhor se disseminou por toda a região. Aí Paulo e Barnabé passaram a ser perseguidos por alguns e foram expulsos. De lá partiram para Icônio, cheios de alegria e do Espírito Santo.

■ **2ª leitura: Ap 7,9.14b-17**

Há uma comunhão dos santos: O povo santo daqui da terra une-se aos anjos e se põe a adorar a Deus, reconhecendo que só a ele é devido o supremo louvor. Muitos que vêm chegando, procedem da grande tribulação, isto é, é gente que passou por perseguições. Agora servem a Deus diante de seu trono. Nunca mais sentirão falta de qualquer coisa. Eles estarão com o Cordeiro. Lágrimas nos olhos? Nunca mais.

III – É TEMPO DE DINAMIZAR A PALAVRA

■ **Desenvolvimento**

- Formar um círculo.
- Motivar para uma roda de conversa:
  - ○ Vamos apontar quatro ou cinco empecilhos que impedem parte do povo de aderir a Jesus?
  - ○ Como foi que nós decidimos aderir a Jesus Cristo?
  - ○ O que podemos fazer para que outras pessoas se animem e se empenhem numa vida de adesão a Jesus Cristo?

IV – É TEMPO DE REPERCUTIR A PALAVRA

As ovelhas-pensantes escutam a Jesus, o Pastor. Não escutam por escutar, mas porque Ele tem o que dizer, que supera qualquer outro modo de dizer e, por isso, lhe dão adesão. Comprometem-se com Ele. O Pastor, este Pastor, conhece suas ovelhas. Sabe quem são, o que querem, o que precisam, o que lhes convém ou não convém, quais os seus pontos fortes e fracos. É assim que as ovelhas-pensantes e decididas seguem o Pastor. Há outras ovelhas que não escutam Jesus, o Pastor. Simplesmente o hostilizam ou lhe são indiferentes. Ele não as preenche porque estão infladas de si mesmas.

Há um prêmio para as ovelhas que seguem Jesus e perseveram? Sim. E não é pequeno nem proporcional ao pouco que tais ovelhas conseguem render. Jesus lhes promete a vida eterna. Haverá antes dela o hiato da morte. Esta, uma vez superada, a vida que se seguir durará para sempre. É disso que o Evangelho fala hoje. Ninguém tirará as ovelhas das mãos de Jesus. Ele as defende de qualquer perigo. Afinal, Jesus e o Pai são um só. Há unidade do Pai e de Jesus, quer quanto ao poder, quer quanto à ação. Em suma, há de se estar atento ao que Jesus declara: *"Meu Pai continua trabalhando até agora, e eu também trabalho"* (Jo 5,17).

■ **Complementar a repercussão da Palavra dialogando**

1. Escutamos mesmo a Jesus com a intenção firme de segui-lo cada vez mais de perto?
2. Estamos certos de que seguir Jesus inclui muito: carregar a cruz até a morte? Carregar a cruz trabalhando, contestando, dignificando, iluminando, santificando?

V – É TEMPO DE DIALOGAR COM O AUTOR DA PALAVRA

Ó bom Pastor, nós cristãos, não somos melhores do que ninguém; queremos abster-nos de julgar a quem quer que seja. E, apesar de nossas fraquezas, ou exatamente por causa delas, estamos decididos a escutar o que tens a dizer-nos em casa, no trânsito, na insegurança da nossa cidade, na escola, na vida profissional, no nosso mundo de lazer, nas conversas à mesa, na prática de esporte, eventual ou constante, nas festas, nas viagens que significam distância e ausência com relação ao meio familiar ou na comunidade religiosa. Não negamos que te escutamos. Por vezes, porém, procuramos desviar-nos do assunto. Sair de foco. Nessas horas, nessas derrapadas, tem misericórdia de nós. Temos consciência de que não somos tão coerentes no nosso convívio contigo, bem como com nossas irmãs e irmãos. De coração sincero, queremos entregar-nos a ti e fazer o bem todos os dias, porque dito por ti, já sabemos que ninguém vai arrancar-nos de tua mão. Por essa expressão até entendemos que devemos ser como as crianças, isto é, deixar-nos conduzir pela mão por ti, inteiramente confiável, seguro, verdadeiro, misericordioso para com nossas travessuras.

VI – É TEMPO DE SEMEAR A PALAVRA

Individualmente ou em grupo, trocando ideias, analisemos se estamos seguindo por esta rota:

> Jesus, o Bom Pastor "despertava as aspirações profundas de seus discípulos e os atraía a si, maravilhados. O seguimento é fruto de uma fascinação que responde ao desejo de realização humana, ao desejo de vida plena. O discípulo é alguém apaixonado por Cristo, a quem reconhece como o mestre que o conduz e acompanha" (DAp, 277).

O que podemos fazer para melhor seguir o mestre Jesus?

5º DOMINGO DA PÁSCOA

Tema do dia

→ Amor recíproco é o que edifica na alegria.

Objetivo

→ Explicar o princípio do Amor como fundamento para a vida cristã.

I – É TEMPO INICIAL DE ACLAMAR, INVOCAR, LOUVAR O SENHOR

■ **Rezar com os participantes**

Ó Pai, tu que enviaste o Espírito Santo para recordar-nos tudo o que teu Filho Jesus disse e ensinou, dá-nos a força para vivenciarmos e anunciarmos ao mundo a Boa-nova, confiantes na tua Palavra (cf. Jo 14,26).

II – É TEMPO DE ESCUTAR E ACOLHER A PALAVRA: Jo 13,31–33a.34-35

■ **Núcleo da Palavra**

Judas Iscariotes saiu depois de ter tomado o pão molhado no vinho do cálice. Jesus disse que ele mesmo fora glorificado e Deus glorificado nele. Jesus diz aos apóstolos, a quem chama de filhinhos, que está com eles só por pouco tempo. Que ele vai para onde eles não podem ir. E que Ele deixa um novo mandamento: que se amem uns aos outros, como Ele os amou. Se os discípulos amarem uns aos outros, todos reconhecerão que eles são discípulos dele, Jesus.

■ **1ª leitura: At 14,21b-27**

Depois de anunciar o Evangelho em Derbe, Paulo e Barnabé voltaram para Listra, Icônio e Antioquia. Encorajavam os discípulos e insistiam para que fossem perseverantes e que as tribulações fazem parte da caminhada. Estabeleceram líderes para cada comunidade. Depois foram para a região da Panfília. Daí voltaram para Antioquia que, anteriormente, foi seu ponto de partida. Lá contaram tudo o que lhes havia acontecido para os membros da comunidade e o modo de Deus abrir a porta da fé para os pagãos.

■ **2ª leitura: Ap 21,1-5a**

Estabelece-se uma nova Aliança entre Deus e a humanidade. Chegará o tempo em que não haverá mais morte, nem luto, nem grito, nem dor.

III – É TEMPO DE DINAMIZAR A PALAVRA

■ **Desenvolvimento**

- Formar dois grupos.
- Entregar para os grupos as respectivas constatações.
  - ○ Grupo 1 – Primeira constatação: O ser humano egoísta, fechado em si mesmo, procura seu próprio engrandecimento e a própria importância. Citar casos em que isso acontece.

○ Grupo 2 – Segunda constatação: O ser humano voltado para Deus, embora imperfeito, dá demonstrações da importância do Projeto Divino e o põe em prática. Citar casos em que isso acontece.

■ Propor ao grupo um tempo para refletir e responder.

Partilha

■ Os dois grupos apresentam o resultado do trabalho.

■ Concluir com algumas palavras sobre o que significa amar como Jesus amou.

IV – É TEMPO DE REPERCUTIR A PALAVRA

Em Jo 13,31-35 o texto diz que Jesus foi glorificado e também Deus foi glorificado. Mas, então, o que é a glorificação de Jesus e de Deus? É sustentar, é manifestar concretamente o amor até o fim. Aconteceu isso com Jesus. E, cumprido isso, Jesus diz que vai se ausentar do meio dos discípulos e para onde ele vai, eles não podem ir (ainda) (cf. Jo 13,33). Eles ainda não têm maturidade para a prática do amor pleno, que pode ser a sujeição à morte pelo martírio. Jesus, no entanto, os prepara a partir do seu exemplo: João 13,4-17: o lava-pés. É um exercício indispensável para eles: *"devem se amar uns aos outros"* (Jo 13,34). Então, sim, o amor servirá de grande e belo testemunho, pois *"todos reconhecerão que vocês são meus discípulos"* (Jo 13,35).

Quem ama seu irmão, sua irmã, tem fácil acesso para encontros com Deus e com seu Filho. Quem ama seu irmão, sua irmã adquire a prática de saciar a fome, de cuidar do refugiado e do imigrante, de dar agasalho ao que está sem, de cuidar do doente como fez o samaritano, de dar atenção a quem está cumprindo pena na prisão (cf. Mt 25,35-37).

O papa Francisco insiste, com frequência, que o amor tem de ser em gestos concretos, como aquele praticado por Jesus no lava-pés e é claro que no dia a dia aparecem as oportunidades. Desse amor concreto fazem parte a partilha, a solidariedade, o perdão.

O Diácono Fernando José Bondan vai lembrar que São João Crisóstomo, santo do século V, indagava: "Em que manifestaram sua caridade (seu amor) os apóstolos?" O santo responde: "Estiveram dotados de outras virtudes, mas muito mais estiveram daquela que é a mãe de todos os bens: a caridade. Ela germina em toda a alma virtuosa assim que começa; mas onde há perversidade, prontamente murcha; onde há maldade, se esfriará a caridade de muitos" (BONDAN, 2013, p. 606).

■ Complementar a repercussão da Palavra dialogando

1. Não apontemos o dedo: nós às vezes também não nos parecemos com Judas?
2. Nosso amor recíproco é vigoroso, está se alargando ou está "se encolhendo"?

V – É TEMPO DE DIALOGAR COM O AUTOR DA PALAVRA

Senhor Jesus, que tristeza saber de tantos pecados graves cometidos pela humanidade. Justamente esta nossa humanidade salva por tua vida, morte e ressurreição.

Que alegria, certamente advinda de tua graça, poder acreditar naqueles que chegam a dizer que, mesmo no mundo de hoje, se praticam muito mais atos de amor do que de ódio. Louvado e glorificado sejas por isso, Senhor. Se nós cristãos soubermos crescer pelo menos um pouco mais no amor, certamente estaremos colaborando para um mundo melhor, embora, às vezes, a mídia queira nos arrastar a pensar o contrário. Precisamos falar de amor. Temos aqui diante de nós a tua palavra: *"Vocês devem lavar os pés uns dos outros. Eu lhes dei um exemplo: vocês devem fazer a mesma coisa que eu fiz"* (Jo 13,14-15). Este é o teu *"mandamento novo"* (Jo 13,34). Ajuda-nos!

Crer no amor. Porém, mais ainda, precisamos traduzi-lo em obras. Temos aqui diante de nós a tua palavra: *"Vocês devem lavar os pés uns dos outros. Eu lhes dei um exemplo: vocês devem fazer a mesma coisa que eu fiz"* (Jo 13,14-15). Este é o teu *"mandamento novo"* (Jo 13,34). *"Novo"* porque percorreste todo o caminho do amor em plenitude.

VI – É TEMPO DE SEMEAR A PALAVRA

Estamos ainda em pleno tempo pascal. Precisamos crer no amor. Mais ainda, precisamos traduzi-lo em obras. É tempo de assumir este compromisso.

6º DOMINGO DA PÁSCOA

Tema do dia
→ Nós somos a morada de Deus.

Objetivo
→ Reconhecer que o Espírito Santo mantém viva em nós a força das ações de Jesus.

I – É TEMPO INICIAL DE ACLAMAR, INVOCAR, LOUVAR O SENHOR

■ **Rezar com os participantes**

Ó Pai, tu que enviaste o Espírito Santo para recordar-nos tudo o que teu Filho Jesus disse e ensinou, dá-nos a força para vivenciarmos e anunciarmos ao mundo a Boa-nova, confiantes na tua Palavra (cf. Jo 14,26).

II – É TEMPO DE ESCUTAR E ACOLHER A PALAVRA: Jo 14,23-29

■ Núcleo da Palavra

Um discípulo quer saber por que Jesus não manifesta todo o seu poder para o mundo. Jesus respondeu: quem o amar será morada dele e do Pai. Quem não o ama, não se importa com ele. O Pai vai enviar o Espírito Santo. Ele, Jesus, vai se ausentar, mas vai deixar como herança o espírito da paz, diferente da paz que o mundo dá.

■ 1ª leitura: At 15,1-2.22-29

Alguns ensinavam: é indispensável a circuncisão para poder alcançar a salvação. Paulo e o Concílio de Jerusalém dizem que para seguir a Cristo basta a fé. Será dispensada a circuncisão, sobretudo para aqueles que vêm de fora do povo judeu.

■ 2ª leitura: Ap 21,10-14.22-23

Uma nova cidade e uma nova sociedade nascem do anúncio do Evangelho. O empenho dessa nova sociedade é a implantação da justiça. Na nova cidade e na nova sociedade não há Templo edificado com material de construção. O Templo é o Senhor: Deus todo-poderoso e o Cordeiro, Jesus Cristo. A glória de Deus ilumina toda a nova Jerusalém.

III – É TEMPO DE DINAMIZAR A PALAVRA

■ Desenvolvimento

- Apresentar a seguinte motivação:
  "O Espírito Santo trabalha como quer, quando quer e onde quer; e nós gastamo-nos com grande dedicação, mas sem pretender ver resultados espetaculares. Sabemos apenas que o dom de nós mesmos é necessário [...]. Empenhemo-nos totalmente, mas deixemos que seja ele a tornar fecundos os nossos esforços, como melhor parecer a ele" (EG, 279).
- Comente livremente a motivação apresentada e onde entram: a fé – docilidade em seguir – a criatividade – a oração – a nossa vontade de querer "amarrar" o Espírito Santo – a necessidade do discernimento – o que fazer com a fecundidade – a ansiedade de alcançar resultados etc.
- Concluir com a Oração do Espírito Santo.

IV – É TEMPO DE REPERCUTIR A PALAVRA

No início deste trecho do Evangelho, o discípulo que tem igual nome ao do traidor, pergunta por que Jesus se manifesta a um pequeno grupo e não ao mundo. A mentalidade era a de que Jesus deveria se manifestar como quem tem garantias de poder triunfar política e belicamente na terra. Jesus, contudo, não tem a menor intenção de triunfar pela força, nem por negociações. Jesus, como demonstram suas palavras e atitudes quer triunfar pelo convívio, pelo amor, pela tolerância, pelo diálogo, pela proximidade. Aí, sim, todo aquele e toda aquela que entender isso se tornará morada de Deus.

Quem não conhece Jesus, na verdade não o encontra e, portanto, não o ama. E se não o ama, suas palavras não têm importância alguma, não produzem eco, pois não são assimiladas e, muito menos ainda, vividas e anunciadas.

Jesus, no entanto, diz o que tem a dizer. *"O Espírito Santo que o Pai vai enviar em meu nome, ensinará a vocês todas as coisas e fará vocês lembrarem tudo o que eu lhes disse"* (Jo 14,26). E de fato, o Espírito Santo está sempre intervindo para mostrar aos homens e às mulheres e, de maneira mais clara aos e às que se alimentam da fé, o "Projeto de Deus" numa variedade infindável de tempos e lugares.

Despedida e palavras de paz. Jesus será entregue à morte por sempre ter defendido a vida em grau máximo. Ele partirá e quer deixar como herança a paz. Que paz? A paz por ele já conquistada, isto é, a de ter conduzido até o fim o Projeto de Deus. A paz com a chancela dele mesmo de que os discípulos, sendo-lhe fiéis, também triunfarão sobre a morte realizando a vontade do Pai, tendo a vida devolvida. Essa paz prometida por Cristo é uma paz cheia de realizações. Paz vazia, paz só de desejo, sem empenho, não leva a nada. Tanto é que, volta e meia, o papa Francisco lembra e adverte: de que adianta proferir palavras de paz, se o coração do homem está em guerra?

O padre capuchinho Raniero Cantalamessa em uma de suas pregações disse ao papa e seus assessores: "O caminho para a paz indicado pelo Evangelho não faz sentido só no âmbito da fé: ele vale também na esfera política. Hoje vemos com clareza que o único caminho para a paz é a destruição da inimizade, não do inimigo. Os inimigos são destruídos com armas, a inimizade com o diálogo. – E citou um exemplo – "Certa vez, alguém repreendeu Abraham Lincoln por ser cortês demais com seus adversários políticos e lhe recordou que o seu dever como presidente era destruí-los". Ele respondeu: "Por acaso não destruo meus inimigos quando os torno amigos?" (CANTALAMESSA, 2014).

O que foi dito faz pensar muito, não faz? E, sobretudo, requer ação com o espírito desarmado, não é assim?

■ Complementar a repercussão da Palavra dialogando

1. Dia desses, o papa perguntou: – Somos capazes de crer que Jesus está conosco?
2. Somos capazes de caminhar com todos e também com Jesus?
3. E nós ainda acrescentamos, com base no Evangelho contemplado, entendemos nitidamente qual é o papel do Espírito Santo? Qual é?

V – É TEMPO DE DIALOGAR COM O AUTOR DA PALAVRA

Disseste, Jesus, que em quem te ama e dá a máxima importância à tua palavra, Tu e o Pai estabelecereis nele ou nela a vossa morada. Passamos por momentos em que ficamos sentidos e até envergonhados pelo aperto em nossa casa, dificilmente arrumada do jeito que gostarias de vê-la. Tu disseste aos apóstolos que ias partir, passar pela morte e superá-la, ressuscitando, mas que o Pai enviaria o Espírito Santo para *lerem* a tua palavra de mente e coração fixos no significado de tua morte e ressurreição e também para *"lembrarem tudo o que lhes disseste"* (Jo 14,26). Que cuidado de "irmão mais velho" tiveste com eles e tens para conosco! Teu carinho, tua proteção, tua orientação são completos e com esse cuidado "é nosso dever e nossa salvação" dar-te graças com palavras, com orações, mas acima de tudo, dar-te respostas mediante nossas atitudes no dia a dia. Dentro desse espírito podemos usufruir tua paz se fizermos fielmente a vontade de Deus. Que não nos deixes desviar da rota. Livra-nos do mal.

VI – É TEMPO DE SEMEAR A PALAVRA

Podemos discutir em grupo: "como deixar-nos conduzir pelo Espírito Santo"? O papa Francisco nos deixa uma pista: "Não há maior liberdade do que a de se deixar conduzir pelo Espírito, renunciando a calcular e controlar tudo e permitindo que ele ilumine, guie, dirija e impulsione para onde ele quiser. O Espírito Santo bem sabe o que falta em cada época e em cada momento" (EG, 280).

FESTA DA ASCENSÃO DO SENHOR

Tema do dia

└──→ O Ressuscitado está sempre no meio de nós. Na Eucaristia. Na Palavra. Na Igreja.

Objetivo

└──→ Apresentar a importância de vivermos revestidos da força que vem do alto.

I – É TEMPO INICIAL DE ACLAMAR, INVOCAR, LOUVAR O SENHOR

■ Rezar com os participantes

Ó Pai, tu que enviaste o Espírito Santo para recordar-nos tudo o que teu Filho Jesus disse e ensinou, dá-nos a força para vivenciarmos e anunciarmos ao mundo a Boa-nova, confiantes na tua Palavra (cf. Jo 14,26).

II – É TEMPO DE ESCUTAR E ACOLHER A PALAVRA: Lc 24,46-53

■ Núcleo da Palavra

O Messias sofrerá e ressuscitará no terceiro dia. Em seu nome serão anunciados a conversão e o perdão dos pecados a todas as nações. Vocês são testemunhas disso. Eu lhes enviarei aquele que meu Pai prometeu.

■ 1ª leitura: At 1,1-11

Lucas refere-se ao seu Evangelho, onde tratou de tudo que Jesus *começou* (esta é a palavra) a fazer e ensinar até ser levado para o céu. Apareceu diversas vezes após sua morte e ressurreição e falou-lhes sobre o Reino de Deus, que se edificará ao longo da história até chegar à sua plenitude. Do Espírito Santo receberão forças para darem testemunho por toda parte.

■ 2ª leitura: Ef 1,17-23

Que Deus dê um espírito de sabedoria aos membros da comunidade de Éfeso. Que compreendam a esperança para a qual os chamou. Como é rica a herança que Deus deixou para o seu povo, ressuscitando o Cristo dos mortos e fazendo-o sentar-se à direita do Pai, no céu.

III – É TEMPO DE DINAMIZAR A PALAVRA

■ Desenvolvimento

- Formar um círculo.
- Apresentar a seguinte motivação: Ao se despedir dos discípulos Jesus "os abençoou". Abençoar é de certo modo aplaudir o bem praticado por qualquer pessoa. É desejar que lhe aconteça tudo de bom, com a graça de Deus.
- Em seguida, propor que todos se abençoem mutuamente traçando o sinal da cruz na fronte da outra pessoa dizendo: – *Deus te abençoe e te conserve no caminho do bem.*

Partilha

- Formar uma roda de conversa e perguntar: O que significa dar a benção e ser abençoado?

IV – É TEMPO DE REPERCUTIR A PALAVRA

Há uma observação interessante a fazer sobre o arranjo da liturgia de hoje. A primeira leitura é a abertura dos Atos dos Apóstolos e o Evangelho é a conclusão do Evangelho de Lucas. Na verdade, é ele o autor de ambas as obras cujas extremidades aqui se tocam.

A Ascensão é o último movimento da missão salvadora e libertadora de Jesus. É a plenitude do tempo pascal vivido por Jesus. Após Jesus se ausentar fisicamente do meio dos discípulos, os primeiros cristãos começaram a entender melhor os fatos mais relevantes do Antigo Testamento, no nosso tempo também chamado Primeiro Testamento à luz dos então recentes acontecimentos pascais que vieram a formar o conteúdo do Novo Testamento ou Segundo Testamento. E como já vimos em outro Encontro, Jesus, evidentemente não deixa os discípulos órfãos, pois Ele continuará presente no meio deles e lhes enviará o Espírito Santo, que é a própria "força do alto" (cf. Lc 24,49). Seu grande papel: projetar luz, a fim de que os crentes tenham as melhores condições para discernir com clareza as decisões que deverão tomar.

Sobre a Ascensão do Senhor Jesus, Bondan (2103, p. 612) nos ajuda a refletir ao apresentar o que diz São Cirilo de Alexandria: "Realmente ele é um de nós, enquanto apareceu à direita de Deus Pai na qualidade de homem, se bem que superior a toda criatura e consubstancial ao Pai, já que ele é o reflexo de sua glória, Deus de Deus, e luz da luz verdadeira. Se apareceu, pois, por nós diante do Pai, foi para colocar-nos novamente junto ao Pai a nós que, em força da antiga prevaricação, tínhamos sido afastados de sua presença. Sentou-se como Filho, para que também nós, como filhos, fôssemos nele chamados filhos de Deus" (BONDAN, 2013, p. 612).

■ **Complementar a repercussão da Palavra dialogando:**

1. Temos o hábito de refletir sobre verdades como a da Ascensão?
2. As verdades religiosas fortalecem e nos dão clareza sobre a esperança diante das verdades transcendentais?

V – É TEMPO DE DIALOGAR COM O AUTOR DA PALAVRA

Ó Cristo Ressuscitado! Na tua prática missionária de Salvador da Humanidade, nada ficou pela metade, nada foi omitido. Agora, no teu derradeiro ato de Redentor, comemoras a entrada definitiva da tua humanidade no domínio celeste de Deus. Ó Cristo Jesus, Cabeça invisível da Igreja, Tu que nos precedes no Reino Glorioso do Pai, intercede muito por nós, que somos membros do teu Corpo Místico, para que desde agora, vivamos firmes e alegres na esperança de, um dia, te recebermos, não com medo, mas festivamente na tua segunda vinda para, em seguida, agraciados por tua misericórdia, estarmos contigo na felicidade eterna. Amém.

VI – É TEMPO DE SEMEAR A PALAVRA

Inteiremo-nos disto, assumindo o compromisso de ler, estudar e discutir o tema buscando nos aproximar de tudo que compõem a nossa identidade de cristãos católicos.

Já ouvimos falar da *parusia*, não ouvimos? A língua grega teve grande influência no tempo de Jesus e nos primeiros séculos de cristianismo. A palavra grega *parusia* passou a circular entre os cristãos porque passagens bíblicas se referem a ela. *Parusia*, quer dizer: vinda. É, então, a vinda gloriosa de Jesus Cristo no fim dos tempos. O Evangelho de Mateus, claramente evita qualquer especulação quando diz: *"Quanto a esse dia e essa hora, ninguém sabe nada, nem os anjos do céu, nem o Filho. Somente o Pai é quem sabe"* (Mt 24,36). Vamos conferir ainda: Fl 3,20; Hb 9,27-28. Alimentemos, sim, uma alegre esperança. Não especulemos curiosidades sem fundamento.

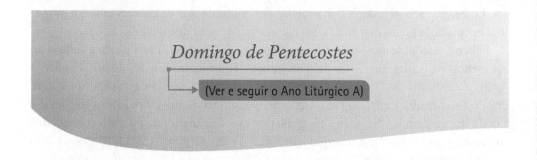

Domingo de Pentecostes

(Ver e seguir o Ano Litúrgico A)

Tempo Comum

2º DOMINGO DO TEMPO COMUM

Tema do dia

→ Vinho novo para quem está em festa com Jesus, esposo da humanidade.

Objetivo

→ Reconhecer que Jesus nos oferece o melhor para garantir alegria em nossa vida.

I - É TEMPO INICIAL DE ACLAMAR, INVOCAR, LOUVAR O SENHOR

■ Rezar com os participantes

Ó Pai, tu que enviaste o Espírito Santo para recordar-nos tudo o que teu Filho Jesus disse e ensinou, dá-nos a força para vivenciarmos e anunciarmos ao mundo a Boa-nova, confiantes na tua Palavra (cf. Jo 14,26).

II – É TEMPO DE ESCUTAR E ACOLHER A PALAVRA: Jo 2,1-11

■ Núcleo da Palavra

Houve uma festa de casamento em Caná da Galileia. A mãe de Jesus estava lá. Jesus e os discípulos também foram convidados. Faltou vinho na festa. A mãe de Jesus disse para Ele: *"Eles não têm mais vinho"*. E Jesus: *"O que há entre mim e ti, ó mulher? A minha hora ainda não chegou!"* A mãe de Jesus disse aos que serviam: *"Façam tudo o que ele lhes disser"*. E Jesus: *"Encham estas talhas de água"*. Assim foi feito e Jesus mandou tirar das talhas e levar ao mestre-sala. Este provou a água transformada em vinho.

■ **1ª leitura: Is 62,1-5**

Não, não! Jerusalém não ficará abandonada depois de sua destruição. Deus a amará como se fora esposa. "O seu criador casará com você e se alegrará com você".

■ **2ª leitura: 1Cor 12,4-11**

Os dons são muitos, mas o Espírito é o mesmo. Cada qual tendo o seu dom e agindo em prol da comunidade estará fazendo exatamente o que dele se espera. Quem impulsiona sempre é o Espírito.

III – É TEMPO DE DINAMIZAR A PALAVRA

■ **Desenvolvimento**

- Formar pequenos grupos ou duplas para conversar sobre:
  - O que é que une a comunidade?
  - O que é que a desune?
  - Falhas sempre existem. Como corrigi-las?

Partilha

- Abrir espaço para que todos apresentem o que conversaram.

IV – É TEMPO DE REPERCUTIR A PALAVRA

Com o texto do Evangelho deste Encontro, entramos no assim conhecido "livro dos sinais". A transformação da água em vinho é o primeiro "sinal-milagre". A linguagem "joanina" quer apontar pela descrição do sinal (ou milagre) que Jesus está aí para assinalar que há a possibilidade de uma nova humanidade, uma nova criação. A pergunta: "o que significa o sinal de Caná?", recebe uma resposta ao longo do texto, ou seja, chegou o tempo de salvação por meio de Jesus. Havia ali diversas talhas que, quando cheias, continham água *"para os ritos de purificação dos judeus"* (Jo 2,6). Ora, essas talhas Jesus mandou encher para transformar, a fim de que naquela festa que durava sete dias, houvesse qualidade e abundância. Bem que sete séculos antes de Cristo, o profeta Amós escreveu esperançoso: *"Dias virão... em que as montanhas vão destilar vinho novo, que escorrerá pelas colinas"* (Am 9,13). Aqui, no evento festivo do Evangelho, calcula-se que dava em torno de 600 litros de vinho. Era muita coisa que cabia nas talhas que Jesus mandou encher. Essa abundância chama atenção para a grandeza extraordinária e ininterrupta do amor de Jesus que só podia causar alegria.

Então, mudar a água do Primeiro Testamento em vinho messiânico "significa ou assinala para João a passagem do velho para o novo. O tempo messiânico chegou. A festa simboliza o banquete messiânico. E o recém-casado, aquele que fornece o vinho é o próprio Jesus" (BERGANT & KARRIS, 1999, p. 111). Pode-se ver que há uma referência muito clara a isso no próprio Evangelho de João 3,29.

E qual é o papel de Maria neste episódio? Por que ela intervém dizendo *"eles não têm mais vinho"*? (Jo 2,3). O estoque velho esgotou-se. O vinho velho, tal qual um conjunto de regras que perderam seu dinamismo, acabou. E Maria é a figura que representa a comunidade que crê de verdade e que também espera que as promessas messiânicas se realizem efetivamente. Aliás, que, na verdade, já estão em fase de realização. Nesse sentido, ela quer o novo e pede a seu filho que o novo seja implantado já.

O trecho do Evangelho termina dizendo: *"Foi assim, em Caná da Galileia, que Jesus começou seus sinais. Ele manifestou a sua glória e seus discípulos creram nele"* (Jo 2,11). "Manifestou a sua glória", isto é, a sua riqueza, o seu poder, seu esplendor, seu total serviço em revelar o Projeto de Deus, isto é, vida para todos. Diante disso, os discípulos creram nele. "Deus nos glorifica quando se manifesta em nós; nós o glorificamos quando o manifestamos para o mundo" (BERGANT- KARRIS, 1999, p. 112).

E o casamento hoje? Continua sendo por parte de Jesus o que ele quis que fosse. Usando o termo canônico, a *Amoris Laetitia* diz que "o matrimônio é um dom que vem do Senhor (cf. 1Cor 7,7). Ao mesmo tempo em que se dá esta avaliação positiva, acentua-se fortemente a obrigação de cuidar deste dom divino: que o matrimônio conte com a respeitabilidade de todos, e o leito conjugal, não conheça qualquer mancha (Hb 13,4). Este dom de Deus inclui a sexualidade. "Não vos recuseis um ao outro" (1Cor 7,5) (AL, 61).

Jesus inaugurou a sua vida pública em Caná, em um banquete de núpcias (cf. Jo 2,1-11), em uma festa de casamento.

É bom, é bonito que um casamento comece com uma festa, por mais simples que ela seja. A bonita imagem da festa poderá ser preservada pelo restante da vida. Vida em que surgirão dificuldades, obstáculos, que os dois precisarão enfrentar e de maneira cada vez mais madura.

Não faz tanto tempo, a cantora canadense chamada Céline Dion, ao perder o marido, comentou sobre o casamento como experiência que não consiste apenas nos presentes, viagens e festas, mas também na necessidade de se empurrar uma cadeira de rodas ou pensar no que fazer quando um membro da família já não está mais presente. Não é exatamente por isso que no casamento religioso se promete amor "na alegria e na tristeza, na saúde e na doença" e se pedem forças para quaisquer circunstâncias, a fim de que o vinho de boa qualidade não venha faltar?

■ Complementar a repercussão da Palavra dialogando

1. Como este episódio pode nos ajudar a aumentar nossa relação de amor para com Jesus e Maria e também com o marido, com a esposa?
2. Estamos, de fato, dispostos a fazer tudo que Jesus nos disser?

V – É TEMPO DE DIALOGAR COM O AUTOR DA PALAVRA

Temos dois pedidos. O primeiro a ti, Maria, nossa intercessora. Estavas atenta como sempre naquele casamento. Vias tudo e ouvias tudo o que noivos, organizadores da festa e convidados comentavam; alguns conformados, outros insatisfeitos. Dirigiste-te a teu filho, pois sabias que ele podia intervir e solucionar. Disseste-lhe simplesmente: *"Eles não têm mais vinho"*(Jo 2,3). Assim recorremos a ti: Não temos mais vinho. O desânimo pode estar acabando conosco. A nossa falta de fé, pode estar abalando a nossa personalidade. O nosso desemprego pode criar em nós pensamentos de que não vale a pena viver, que somos inúteis, incapazes. Que não temos serventia nenhuma para o "senhor" mercado. Precisamos, senhora, de bom vinho. Vinho é o que nos dá alegria, nos encoraja. Sabemos até que a festa não dura a vida toda, mas a alegria, o ânimo, o otimismo, a fé em Deus e a confiança no teu filho podem estar presentes sempre. Com base nisso, Maria, podemos nos pautar pelo pedido que é teu: *"Façam tudo o que ele lhes disser"* (Jo 2,5). Temos certeza de que tu és a primeira a nos ajudar a fazer "esse tudo". Intercede por nós, Maria, já que és "cheia de graça".

Nosso segundo pedido se dirige a ti, Jesus. O nosso pedido está baseado na tua palavra: *"Encham de água essas talhas"* (Jo 2,7). Então, Jesus, precisamos de água para saciar nossa sede, para purificar-nos, para usar esse elemento da natureza e uni-lo à tua graça ao batizar. Precisamos de água para limpar utensílios domésticos, para matar a sede dos animais e para servir de alimento também para as plantas. Mas também precisamos do bom vinho para alegrar-nos e alegrar nossos amigos e convidados, e dele precisamos para que por teu extremo amor ele se converta em teu sangue. Uma vez derramaste o teu sangue na cruz para a nossa salvação. Agora, já por dois mil anos converte o vinho em teu sangue. O vinho nos dá força e coragem, mas muito mais ainda o teu sangue, que já não nos deixa sentir sede das coisas daqui da terra. O sabor do teu vinho novo jamais será superado pelos aromas dos vinhos e de outras delícias da terra. Somos-te gratos, Senhor Jesus!

VI – É TEMPO DE SEMEAR A PALAVRA

Levar uma palavra de incentivo, de esperança as pessoas que vivem com a alegria de viver ameaçada.

3º DOMINGO DO TEMPO COMUM

Tema do dia

└─→ Jesus, sempre caminha no meio do povo e se alia aos mais necessitados.

Objetivo

└─→ Apresentar o programa de libertação assumido por Jesus.

I – É TEMPO INICIAL DE ACLAMAR, INVOCAR, LOUVAR O SENHOR

▇ Rezar com os participantes

Ó Pai, tu que enviaste o Espírito Santo para recordar-nos tudo o que teu Filho Jesus disse e ensinou, dá-nos a força para vivenciarmos e anunciarmos ao mundo a Boa-nova, confiantes na tua Palavra (cf. Jo 14,26).

II – É TEMPO DE ESCUTAR E ACOLHER A PALAVRA: Lc 1,1-4; 4,14-21

▇ Núcleo da Palavra

Outros tentaram o que Lucas vai levar a cabo escrevendo a história daquilo que os apóstolos foram testemunhas oculares. A fama de Jesus se espalhava. Encontrava-se Jesus na sinagoga de Nazaré. Leu a passagem de Isaías 61,1-2 que fala de um projeto de libertação. Jesus fez ver que nele e por ele se cumpriria esse projeto.

▇ 1ª leitura: Ne 8,2-4a.5-6.8-10

Todo povo se reuniu para que mesmo? Para ouvir a Palavra de Deus e sua catequese, isto é, para que a Palavra fosse explicada e assimilada, cumprindo-se, assim, a vontade de Deus. O povo encheu-se de bons sentimentos. Mas foi advertido: não se deixem levar pelo sentimento. Mesmo assim, fiquem com o coração alegre, pois é o dia consagrado ao Senhor. É dia do Deus da vida. O povo foi aconselhado ir para casa, alimentar-se bem, mas não deixar de partilhar as coisas com quem tivesse maiores necessidades. Concluindo: a Palavra Deus serve para causar mudanças na vida de muitas pessoas.

▇ 2ª leitura: 1Cor 12,12-30

Sob a ação do Espírito Santo diremos *"Jesus é o Senhor!"* Existe uma diversidade de dons, mas o Espírito é o mesmo. Tendo diante de si o corpo físico, Paulo fala a respeito de três coisas distintas: da própria unidade, da diversidade e da solidariedade. Como assim? Deste modo: os membros do corpo são muitos, mas o corpo é um só. E os membros existem e funcionam harmonicamente. Se cada um deles falasse, cada qual jamais recusaria a função e a utilidade do outro, mas o aceitaria como é e se é mais fraco, Paulo tem uma palavra ao dizer: *"os membros do corpo que parecem mais fracos são os mais necessários"* (1Cor 12,22). E logo Paulo diz: *"Vocês são o corpo de Cristo e são membros dele, cada um no seu lugar"* (1Cor 12,27).

III – É TEMPO DE DINAMIZAR A PALAVRA

▇ Material necessário

Cópias do roteiro para a dramatização.

■ Roteiro para dramatização

Narrador: Era dia de sábado. Dia sagrado para os judeus. Dia de descanso semanal, dia em que também Jesus cumpria seu dever religioso na sinagoga, isto é, na casa de oração dos judeus. Lá se faziam orações e leituras. Seguiam-se depois alguns comentários sobre o que havia sido lido. Podiam fazer leituras membros bem preparados da comunidade ou pessoas visitantes que tivessem bom conhecimento das Escrituras Sagradas. Jesus se dispôs prontamente a fazer a leitura, e recebeu um texto do profeta Isaías 61, 1-2 e uma pequena parte de Isaías 35,5. Este texto, em seu conjunto veio a calhar. Foi escrito séculos antes da encarnação do Filho de Deus, mas é justamente uma passagem que, em tom profético, previa o sentido da palavra e da ação salvadora de Jesus. Ele, então, se pôs a ler:

Jesus: *O Espírito do Senhor está sobre mim, porque ele me consagrou com a unção, para anunciar a Boa-nova aos pobres...*

1º grupo de anunciadores: Jesus é o novo profeta, ungido não com óleo, mas com a força do Espírito Santo, para encorajar o povo que voltava desanimado de um exílio de 50 anos nas terras dos babilônios. Portanto, Jesus, corretamente, devia ser visto e entendido como aquele que traz força, que conforta e reorienta o povo muito abatido e sem maiores perspectivas. Ele mesmo era a Boa Notícia anunciada aos pobres, aos que precisavam recomeçar e reorganizar seu dia a dia.

Narrador: E Jesus continuou a leitura...

Jesus: O Espírito do Senhor enviou-me para anunciar a libertação dos presos.
2º grupo de anunciadores: Libertação de presos. Presos inocentes. Um povo não pode ser prisioneiro de outro povo. Uma pessoa não pode ser prisioneira de outra. Quem não for livre não pode assumir responsabilidades.

Jesus: O Espírito do Senhor enviou-me para anunciar a recuperação da visão dos que são cegos.

1º grupo de anunciadores: Jesus quer que as pessoas e os povos tenham boa visão para que olhem para si, para os outros e para as coisas com critérios que contenham maturidade e gestos de amor.

Jesus: O Espírito do Senhor enviou-me para libertar os oprimidos.

2º grupo de anunciadores: Quem?... Quem são os oprimidos?

1º grupo de anunciadores: são os excessivamente vigiados, controlados. Os que vão perdendo o acesso aos bens necessários para sustentar sua vida pessoal e familiar.

Narrador: Jesus ainda continuou a leitura que fazia referência a Ele mesmo.

Jesus: O Espírito do Senhor enviou-me para proclamar um ano de graça do Senhor.

2º grupo de anunciadores: Ano de graça para os judeus, celebrado a cada 50 anos (Lc 24,10-13). Era a chance para um recomeço para aqueles que haviam contraído dívidas e outros que chegaram a perder até a própria liberdade.

Narrador: O Evangelho de Lucas, no trecho de hoje, diz que todos tinham os olhos fixos em Jesus. Ele os atraía pela voz, pela importância do que dizia e também pela importância daquilo que ele veio fazer. Por último de tudo, Jesus ainda disse:

Jesus: "Hoje se cumpriu essa passagem da Escritura, que vocês acabam de ouvir" (Lc 4,21).

1º e 2º grupos de anunciadores: Jesus foi preanunciado pelos profetas./ Eles falaram dele bem antes de Ele se encarnar./ Agora, com sua palavra e sua ação Ele veio dar crédito ao que os profetas predisseram./ Nós também damos crédito às palavras dos profetas?/ Nós também damos crédito ao que Jesus nos diz/ e ao que Ele realiza por nós e em nós?

■ Desenvolvimento

- Escolher as personagens para a dramatização.
- Dar tempo para a leitura do texto.
- Formar um círculo.
- Iniciar a dramatização.

Partilha

- Como podemos manter o coração disponível para escutar a voz do Senhor?

IV – É TEMPO DE REPERCUTIR A PALAVRA

O que outros haviam tentado fazer, Lucas leva a bom termo escrevendo sobre os acontecimentos a respeito dos quais os apóstolos e outras pessoas que acreditaram, foram testemunhas e deram testemunho. Segundo a Tradição, Lucas valeu-se muito de Nossa Senhora, como fonte maior e primeira de informação, o que fica muito transparente nos primeiros capítulos de seu Evangelho. O texto, o contexto e a ambientação da passagem do Evangelho, já expusemos na dinamização da Palavra. O contexto do Evangelho de Lucas localiza Jesus, cheio do Espírito Santo, na sinagoga de Nazaré. Levantou-se para fazer a leitura de Is 61,1-2, que falava do reerguimento de Israel após longo período de exílio. Jesus é o portador e o realizador daquilo que Isaías profetiza. Algo muito novo e eficaz há de suceder. É o Espírito que consagra Jesus para ele realizar toda a sua obra de salvação.

Depois de feita a leitura de Isaías, Jesus faz este acréscimo, aplicando a palavra do profeta a si mesmo: "*Hoje se cumpriu essa passagem da Escritura, que vocês acabam de ouvir*" (Lc 4,21). Antes de Lucas, já Mateus registra o que Jesus havia dito: "*Não pensem que eu vim para abolir a Lei e os Profetas. Não vim para abolir, mas dar-lhes pleno cumprimento*" (Mt 5,17).

Logo a seguir, o Evangelho mostra que o povo ficou com dúvidas quanto à palavra de Jesus e quanto à capacidade de sua ação. Até hoje ainda é assim. Mas não é porque há os que duvidam de Jesus e/ou o rejeitam que isso o torna menos verdadeiro.

■ **Complementar a repercussão da Palavra dialogando**

1. Eu e meu grupo estamos dispostos a acompanhar Jesus na sua missão que se envolve com uma solidariedade social?
2. Nesse sentido, somos realmente uma Igreja "em saída"?

V – É TEMPO DE DIALOGAR COM O AUTOR DA PALAVRA

Ó Cristo, te encarnaste a fim de "restaurar o mundo e conduzir a Deus Pai todos os habitantes da terra", melhorando tudo sobre a face da terra; ajuda-nos a sermos solícitos contigo e assumirmos a nossa missão junto com a tua, principalmente depois de termos passado por um processo de conhecimento e aproximação de ti, de uma verdadeira conversão e de um discipulado consciente e de firme decisão em seguir-te.

VI – É TEMPO DE SEMEAR A PALAVRA

Inspirados na passagem do evangelho Lc 4,18-19, organizar um dia de estudo bíblico. A Palavra Deus serve para causar mudanças na vida de muitas pessoas.

4º DOMINGO DO TEMPO COMUM

Tema do dia

→ Jesus, o profeta autoproclamado foi rejeitado pela gente de sua terra.

Objetivo

→ Apresentar o programa de libertação assumido por Jesus.

I – É TEMPO INICIAL DE ACLAMAR, INVOCAR, LOUVAR O SENHOR

■ Rezar com os participantes

Ó Pai, tu que enviaste o Espírito Santo para recordar-nos tudo o que teu Filho Jesus disse e ensinou, dá-nos a força para vivenciarmos e anunciarmos ao mundo a Boa-nova, confiantes na tua Palavra (cf. Jo 14,26).

II – É TEMPO DE ESCUTAR E ACOLHER A PALAVRA: Lc 4,21-30

■ Núcleo da Palavra

"Hoje se cumpriu essa passagem da Escritura, que vocês acabam de ouvir" (Lc 4,21). Os ouvintes apreciaram o que ouviram. Mas alguns questionaram: *"Não é este o filho de José?".* Que faça em Nazaré o que fez em Cafarnaum. Nenhum profeta é bem recebido em sua própria terra. Assim se compara a Elias e Eliseu que se mostraram prestativos a pessoas que não eram do seu povo porque as de seu povo não acolheram seus serviços. No fim desse relato, os frequentadores da sinagoga ficaram indignados com Jesus e o expulsaram da cidade. Tiveram a intenção de lançá-lo em um precipício. *"Mas Jesus, passando pelo meio deles, continuou o seu caminho"* (Lc 4,30).

■ 1ª leitura: Jr 1,4-5.17-19

Jeremias não recebe qualquer palavra, mas a palavra de Deus, uma palavra eficaz. É a palavra do Deus que transforma. Jeremias, acha que não sabe falar, mas Deus quer que anuncie o que Ele (Deus) quer que seja anunciado.

■ 2ª leitura: 1Cor 12,31-13,13

É o chamado "hino de amor" a orientar o povo de Deus. Paulo descreve o que o amor é e o seu alcance, mas também o que ele não é e o que ele não ousa fazer. O amor é o que plenifica o ser humano.

III – É TEMPO DE DINAMIZAR A PALAVRA

■ Material necessário

Cópias do texto (1Cor 13,4-7)

Texto: *"O amor é paciente, o amor é prestativo; não é invejoso, não se ostenta, não se incha de orgulho. Nada faz de inconveniente, não procura seu próprio interesse, não se irrita, não guarda rancor. Não se alegra com a injustiça, mas se regozija com a verdade. Tudo desculpa, tudo crê, tudo espera, tudo suporta."*

■ Desenvolvimento

- Entregar a texto a cada participante.

- Formar duplas.
- Sugerir que reescrevam o texto, item por item, "às avessas", por exemplo: O amor não é prestativo...

Partilha

- Cada dupla apresenta o sua produção, o seu texto.
- Concluir valorizando o verdadeiro sentido desse "hino de amor".

IV – É TEMPO DE REPERCUTIR A PALAVRA

O presente Evangelho começa como terminou o do Encontro passado: "*Hoje se cumpriu essa passagem da Escritura, que vocês acabam de ouvir*" (Lc 4,21). Jesus era um judeu praticante. Temos bem consciência disso, não temos? Era sábado e foi ao culto na sinagoga. Leu o texto de Isaías, fez a pregação e fez a aplicação do texto ao mundo dele, melhor, à pessoa dele. Nisso Ele foi muito ousado, dando a entender claramente que a palavra se cumpria nele. Portanto, nele se cumpria uma profecia e Ele era o ungido do Espírito de Deus e, consequentemente, torna-se no meio do povo, fonte de libertação. Libertação ampla até não mais poder. Libertação que romperá com os limites e as fronteiras entre povos. Libertação que se destinará não mais a um só povo, haja vista o que fizeram os profetas Elias e Eliseu, que prestaram serviços a pessoas que não eram israelitas (cf. Lc 7,11; 17,12). Deus vindo morar no meio de nós, pela encarnação de seu Filho, não iria trazer a salvação só para um povo. A salvação é a misericórdia de Deus espalhada sobre toda a face da terra. O amor de Deus só podia querer que ela fosse universal.

Assim, de imediato, Jesus se referindo a si mesmo como quem é o cumpridor do que se encontra na Escritura, foi alvo de admiração da assembleia reunida na sinagoga, mas logo aqueles fiéis caíram em si: Jesus falava bonito, aplicava as Escrituras a si mesmo, contudo... quem era Ele?... um homem pobre, um homem comum, filho de alguém daquela terra, de um carpinteiro e nada mais. Como atribuir a si a missão apontada por Isaías? É o povo dele que tem dúvidas a esse respeito. E nós, é melhor não levantarmos o dedo contra aquele povo, porque também nós, homens e mulheres de Igreja, podemos ter ataques de dúvida quanto ao que Jesus faz e fala. E aí? O que fará Jesus? "Jesus vai procurar quem nele acredita, e cita dois exemplos do Antigo Testamento. Elias que socorreu uma viúva estrangeira (1Rs 17), e Eliseu que curou um leproso da Síria" (2Rs 5,9ss.).

"Em outras palavras, se os de dentro não o aceitam, Jesus procura os de fora, entre os quais encontra mais fé" (STORNIOLO, 2006, p. 47). E não diz Jesus em Mt 21,42-43: "*A pedra que os construtores deixaram de lado tornou-se a pedra mais importante...?*" Pois está dito também: "*Por isso eu lhes afirmo: O Reino de Deus será tirado de vocês e será entregue a uma nação que produzirá seus frutos*"?

Em qualquer tempo e em qualquer lugar onde houver alguém que aderir a Jesus Cristo, Ele será anunciado e a Boa Nova repercutirá. Por isso, apesar de toda a fúria e das ameaças a Jesus por parte do povo de sua terra, entende-se bem a última frase do Evangelho deste Encontro: "*Jesus, passando pelo meio deles, continuou seu caminho*" (Lc 4,30). Sim, seu caminho até a vitória (cf. Lc 24,26) ainda exigiria uma longa e difícil trajetória.

■ **Complementar a repercussão da Palavra dialogando**

1. Estamos preparados para o exercício concreto de nossa vida cristã? Que iniciativas tomamos?
2. Que desculpas damos a Deus por não sermos suficientemente concretos em nossas ações?

V – É TEMPO DE DIALOGAR COM O AUTOR DA PALAVRA

Estamos atentos, Senhor, ao que disseste: "Nenhum profeta é bem avaliado em sua própria terra". E temos que estar atentos mesmo! Nossa "própria terra" podem ser as quatro paredes da nossa casa. "Nossa própria terra" coabitada, possivelmente por dezenas e dezenas de anos. A proximidade é física. Aí é que a virtude tem de ser forte e constante para poder relevar os defeitos próprios e das outras pessoas que convivem conosco. Por isso, Senhor, queremos trabalhar espiritualmente o que disse o teu servo, o papa Francisco: Ser amável não é um estilo que o cristão possa escolher ou rejeitar: faz parte das exigências irrenunciáveis do amor, por isso todo ser humano está obrigado a ser afável com aqueles que o rodeiam" (AL, 99). Ajuda-nos muito, Senhor, nessa tarefa! Protege, Senhor, o papa Francisco da inveja de homens e mulheres da própria Igreja, não admitindo que um homem "vindo do fim do mundo" possa ocupar a cátedra de São Pedro. Cura essa ferida, Senhor. Feche essa cicatriz tão feia dentro da tua Igreja.

VI – É TEMPO DE SEMEAR A PALAVRA

Vamos trabalhar em grupo e refletir sobre o mal causado pela inveja e assumir atitudes de respeito, valorização e acolhimento entre todos.

5º DOMINGO DO TEMPO COMUM

Tema do dia

└─▸ Os discípulos de Jesus continuam a pescar.

Objetivo

└─▸ Mostrar que a fé na palavra de Jesus nos fortalece na missão.

I – É TEMPO INICIAL DE ACLAMAR, INVOCAR, LOUVAR O SENHOR

■ Rezar com os participantes

Ó Pai, tu que enviaste o Espírito Santo para recordar-nos tudo o que teu Filho Jesus disse e ensinou, dá-nos a força para vivenciarmos e anunciarmos ao mundo a Boa-nova, confiantes na tua Palavra (cf. Jo 14,26).

II – É TEMPO DE ESCUTAR E ACOLHER A PALAVRA: Lc 5,1-11

■ Núcleo da Palavra

Jesus na margem do lago de Genesaré. A multidão se comprimia em volta dele, querendo ouvir a palavra de Deus. Jesus subiu na barca de Simão. Sentou-se e ensinou a multidão. No fim, pediu a Simão avançar para águas mais profundas. Simão disse que de noite não pescaram nada, *"mas em atenção à tua palavra, vou lançar as redes"* (Lc 5,5). Apanharam tantos peixes, que os companheiros tiveram que ajudar.

■ 1ª leitura: Is 6,1-2a.3-8

Isaías é chamado por Deus, o transcendente, aquele que é três vezes santo [como até hoje cantamos em cada missa]. *"A sua glória enche toda a terra"* (Is 6,3). Isaías teve seus lábios purificados e sua culpa foi removida (cf. Is 6,7). Ele foi autorizado a falar porque acreditou que o seu Deus tinha uma autoridade absoluta. Deus fala, mas deixa seu profeta falar também.

■ 2ª leitura: 1Cor 15,1-11

Paulo transmite o que também ele recebeu: *"Cristo morreu por nossos pecados, conforme as Escrituras: ele foi sepultado, ressuscitou ao terceiro dia..."* (1Cor 15,3). E Paulo lembra que aquilo que é, deve-o à graça e reconhece que essa graça nele não foi estéril. A graça nele trabalhou e produziu frutos e os cristãos de Corinto são frutos desse fruto e desse testemunho.

III – É TEMPO DE DINAMIZAR A PALAVRA

■ Material necessário

Cópias das perguntas para todos os participantes.
a. Falemos francamente: temos medo de quê?
b. Simão tinha algum medo. Dá para apontar?
c. Há algum momento em que Simão assume a palavra de Jesus?
d. Isto é coisa que também nós podemos fazer? Dá para mostrar algum exemplo?
e. Simão teve a chance de encarar a própria vida sob um novo ângulo? Como isso aconteceu?

f. Simão até que aceitou o diferente, não foi? Mas também ele se culpou. Como isso se deu?

g. No fim de tudo, Simão Pedro e seus companheiros foram "promovidos". Por quê e para quê?

■ Desenvolvimento

■ Formar pequenos grupos para conversar sobre o Evangelho Lc 5,1-11 orientados pelas perguntas.

Partilha

■ Em plenário os grupos apresentam o resultado do trabalho.

IV – É TEMPO DE REPERCUTIR A PALAVRA

Genesaré. Região de terra boa. Fértil. Lago de ondas leves, quase silentes, e águas piscosas. No alto, ar puro, benéfico à saúde. Vida humana sem agito. Era esse o entorno que envolvia Jesus na margem do lago. Jesus, aquele que mais dinamismo imprimia ao mundo de então. Era um momento em que Ele usufruía das coisas boas que a região lhe oferecia com beleza e graça. Ele estava só, porém, não permaneceria só, pois logo uma multidão se comprimia ao seu redor. Por que seria? Para que seria? *"Para ouvir a palavra de Deus"*. Isto mesmo: *"Para ouvir a palavra de Deus"* (Lc 5,1). Então Jesus já era conhecido como portador, como transmissor da Palavra de Deus. Vinte e um séculos depois, a Igreja, na Exortação Apostólica *Verbum Domini*, sobre a Palavra de Deus na Vida e na Missão da Igreja, iria chamar Jesus de "Rosto da Palavra", rosto visível e comunicador de Deus no meio dos nossos rostos humanos: alegres, tristes, desesperados ou esperançosos, estampando pecados ou brilhando, fazendo sobressair inocência ou reconciliação levada a sério. Como se comunicar com aquela gente toda? Tinha que ter criatividade e ela não faltou a Jesus. Havia logo duas barcas ancoradas na margem. *"Duas barcas paradas"* (Lc 5,2). Quer dizer, não produziam nada naquele momento. Os pescadores também cessavam suas horas de trabalho. Então, Jesus, *"subindo numa das barcas, que era de Simão, pediu que se afastasse um pouco da margem, sentou e, da barca, ensinava as multidões"* (Lc 5,3). O que Jesus ensinou naqueles momentos, não está dito no Evangelho, mas a multidão devia ter saído satisfeita como em outras ocasiões e, por isso, tê-lo procurado mais vezes.

Saciada a multidão, com a palavra, Jesus se entreteve com Simão. Este lastimou o insucesso na labuta da pesca. Não ter pescado nada a noite inteira, no período mais propício para obter bons resultados. Será que Pedro, pescador experiente, por algum receio teria ficado muito na beirada, em águas rasas? Até parece porque Jesus tem uma sugestão forte: *"Avance para águas mais profundas, e lancem as redes para a pesca"* (Lc 5,4). Lancem? Por que o verbo no plural? É que na segunda barca estavam companheiros de Simão: Tiago e João (cf. Lc 5,10). Simão, nem bem conhecia a Jesus que, ora ele chamava "Mestre" (Lc 5,5), ora "Senhor" (Lc 5,8), demonstrou plena confiança nele: *Em atenção à tua palavra, vou lançar as redes*" (Lc 5,5). Assim foi feito e o resultado foi fabuloso. A fé e a confiança expulsaram o medo e conseguiram redes cheias de peixes, *"a ponto de as barcas quase afundarem*" (Lc 5,7). Aqui se pode aplicar o que está no Sl 127,1: *"Se o Senhor não construir a casa, em vão trabalharão os seus pedreiros*".

Simão ficou maravilhado com o que pôde ver, graças a Jesus. A essa altura do Evangelho, em diversas traduções, pela primeira vez, Simão é chamado Simão Pedro, o qual, envergonhado pelo que não conseguiu fazer sem a força de Jesus, caiu-lhe aos pés, muito consciente da distância entre ele e aquele a quem chama de Senhor. *"Senhor, afasta-te de mim, porque sou um pecador!"* (Lc 5,8). Simão Pedro confessou-se humildemente. Na verdade, era cedo para Simão Pedro saber tanta coisa. Certo é que Jesus foi difundindo o seu pensamento e a prática de sua ação sempre repleta de misericórdia. *"Eu quero a misericórdia e não o sacrifício. Não vim chamar justos, e sim, pecadores"* (Mt 9,13).

As linhas e as entrelinhas do Evangelho prosseguem. Jesus, então, disse a Simão Pedro: *"Não tenha medo! De hoje em diante você será pescador de homens"* (Lc 5,10). Como que querendo dizer: viu como vale a pena crer e confiar? Pois assim como deu certo nesta pescaria, tudo pode dar certo também em outras tarefas, na verdade, bem mais complexas. Jesus, diretamente, só falou para Simão Pedro que ele iria ser "pescador de homens", mas pode-se interpretar que o que se aplicava ao líder também seria válido aos liderados, pois a última frase deste trecho do Evangelho de hoje está no plural: *"Levaram as barcas para a margem, deixaram todas as coisas, e seguiram a Jesus"* (Lc 5,11) para outras tarefas para as quais ainda não estavam preparados. Seus instrumentos de pesca, no entanto, podiam ficar "na margem". O que viria então? Em sentido bem simbólico: *"águas mais profundas"*, coisas essenciais na vida.

Santo Agostinho é muito claro ao dizer em um dos seus sermões por que Jesus escolheu por primeiro pescadores. Se tivesse sido um orador, ele poderia dizer: "foi por causa da minha eloquência". Tivesse sido um imperador, ele argumentaria: "Fui escolhido em consideração ao meu poder".

Jesus pode demonstrar sua predileção pelo pescador. "E quando lhe tenha cumulado de meus dons, ficará manifesto que sou eu que atuo [...]. Que venha, que venha primeiro o pescador a ensinar a humildade que salva; através dele o imperador será mais facilmente conduzido a Cristo" (BONDAN, 2013, p. 632).

■ **Complementar a repercussão da Palavra dialogando:**

1. No nosso caso, homens e mulheres, que recebemos o anúncio do Evangelho de Nosso Senhor Jesus Cristo, a nossa pescaria de outros homens e mulheres tem dado certo? Ou não?
2. Partindo do Evangelho que contemplamos, o que tem que mudar e o que temos que mudar?

V – É TEMPO DE DIALOGAR COM O AUTOR DA PALAVRA

Nós que recebemos um chamado teu, ó Deus, temos de considerar bem quem somos. Entre nós, batizados, não há muitos intelectuais, nem muitos formadores de opinião, tampouco homens e mulheres da alta sociedade. Mas Tu, ó Deus, mediante o teu Filho, escolheste o que é loucura no mundo, para confundir os sábios. Escolheste o que é fraqueza no mundo, para confundir aquele que é forte. E aquilo que o mundo despreza e descarta e diz que não tem valor, isto, ó Deus, escolheste, e não o que o mundo pensa ser importante. Ora, é teu Filho que para nós se tornou sabedoria, justiça, santificação e libertação. Se temos algum motivo de glória, que nos gloriemos em Jesus Cristo, o Senhor.

VI – É TEMPO DE SEMEAR A PALAVRA

Isaías deu testemunho de Deus, Paulo deu testemunho de Cristo, após ter perseguido a *"Igreja de Deus"* (1Cor 15,9). Simão Pedro deu testemunho de que vale a pena crer e confiar em Cristo Jesus.

Observemos por alguns dias se estamos pondo em prática o que dizemos em família, na Igreja, ao lidar com superiores ou subordinados na empresa, na escola etc.

6º DOMINGO DO TEMPO COMUM

Tema do dia

↳ Jesus aponta a quem pertencem a felicidade e o Reino.

Objetivo

↳ Identificar atitudes de despojamento em nós mesmos para podermos participar do Reino do céu.

I – É TEMPO INICIAL DE ACLAMAR, INVOCAR, LOUVAR O SENHOR

■ Rezar com os participantes

Ó Pai, tu que enviaste o Espírito Santo para recordar-nos tudo o que teu Filho Jesus disse e ensinou, dá-nos a força para vivenciarmos e anunciarmos ao mundo a Boa-nova, confiantes na tua Palavra (cf. Jo 14,26).

C

II – É TEMPO DE ESCUTAR E ACOLHER A PALAVRA: Lc 6,17.20-26

■ Núcleo da Palavra

Jesus faz seu "discurso da planície". Chama "felizes" os pobres, os que têm fome, os que choram, os que são amaldiçoados por causa Dele mesmo. Eles vão alegrar-se. Hão de rir. Haverá outros que pararão de rir e se sentirão infelizes.

■ 1ª leitura: Jr 17,5-8

O Senhor diz que é maldito o homem que confia no homem e cujo coração não repousa nele, o Senhor. Por outro lado, será bendito o homem que confia no Senhor e sabe que o Senhor é para ele segurança. Tal homem será semelhante à árvore que cresce à beira das águas do rio e que retém raízes fortes graças à terra e às águas. Jamais teme o calor, nem a seca, pois as águas correm próximas. E, por isso mesmo, não para de dar frutos.

■ 2ª leitura: 1Cor 15,12.16-20

Há os que dizem que não há ressurreição dos mortos? E como fica a nossa pregação? Se os mortos não ressuscitam, nem Cristo ressuscitou. E se Cristo não ressuscitou – diz Paulo – você permanece no seu pecado, isto é, não se completou a obra da salvação. E os que morreram em Cristo estão perdidos. E se temos só esperança para esta vida, estamos caminhando para a maior infelicidade: a vida "nadificada", aniquilada.

III – É TEMPO DE DINAMIZAR A PALAVRA

■ Material necessário

Folhas de papéis em branco para anotações e canetas.

■ Desenvolvimento

- Formar duplas.
- Disponibilizar folhas às duplas.
- Dar tempo para a leitura do Evangelho Lc 6,17.20-26.
- Cada dupla escreve uma carta narrando o sermão de Jesus com as próprias palavras e que será trocada com outra dupla.
- Trocar as cartas entre as duplas.
- Cada dupla fará a leitura da carta que tem em mãos.
- Todos escolhem uma das cartas que deverá ser corrigida, complementada e destinada à comunidade.

IV – É TEMPO DE REPERCUTIR A PALAVRA

Jesus fez a sua pregação dirigida aos discípulos e a uma multidão, dentre a qual, gente vinda de longe, encontrando-se com Ele e todos em uma planície. Tomando estritamente o texto deste Encontro, Jesus não usou de preâmbulo. Foi direto ao assunto, conhecendo bem a realidade sofrida que, em boa parte, massacrava a população.

Jesus "declara" felizes:
— **Os pobres.** – Como que Jesus podia dizer uma coisa dessas?! Se eles sequer conseguiam segurar suas terras diante das ameaças invasoras dos poderosos? Se simplesmente, para salvar sua pele, eram obrigados a pagar tributos escorchantes? Jesus, no entanto, insiste: "*O Reino de Deus* [que já está em construção] *lhes pertence*". Jesus, para dar início a um mundo novo, quer romper com o sistema dos falsos deuses: "*ninguém pode servir a dois senhores: a Deus e ao dinheiro*"(Mt 6,24). Isto é acúmulo de bens. Jesus era um grande observante do quinto mandamento que diz: "*não matar*" pela pobreza, pela falta de saúde, pela falta de aceitação e integração de imigrantes e refugiados, pela doentia ambição e ganância.
— **Os que têm fome.** – Os que estão abaixo da "linha de pobreza", "*porque serão saciados*". Serão: futuro. Não agora. "Jesus não tinha poder político nem religioso [e os dois se confundiam] para transformar a situação injusta que se vivia em meio a seu povo. Só tinha a força de sua palavra" (PAGOLA, 2012, p. 101).
— **Os que choram.** – Os que não veem nenhuma saída. Os que não têm quem lhes aponte ou lhes ofereça alguma saída digna com conteúdos de generosidade. Os que choram podem ser pessoas de dois tipos: os que podem ser promovidos ao serem tirados de sua situação atual. E há quem não tem nenhuma condição de se autossustentar. Tais pessoas hão de conformar-se: são pessoas que simplesmente têm de ser assistidas.
— **Os odiados, os excluídos, os insultados, os amaldiçoados por causa de Jesus.** – E os há hoje em maior número do que nos primeiros tempos de cristianismo, chama-nos a atenção o papa Francisco. O livro dos Atos dos Apóstolos chega a mencionar que os apóstolos ficaram contentes pelo fato de terem sido perseguidos (cf. At 10,38). É! O amor firme e apaixonado por Jesus Cristo, que por primeiro foi perseguido, produz esse tipo de resultado. Jesus promete a vida eterna pela fidelidade nas perseguições (cf. Lc 6,22-23).

Essa gente toda terá condições de respirar felicidade? Terá, mas não tem. O modo de falar de Jesus não é expressão de cinismo. Sabe, leitor, aquele completo desprendimento de tudo, aquela abstenção diante de qualquer bem-estar e conforto. Tomem-se, por exemplo, os pobres. Eles não são felizes por causa de sua pobreza, muito pelo contrário, sua miséria não é um estado invejável nem um ideal. Jesus os chama de "felizes" porque se todos os veem como descartáveis, Deus está do seu lado. Seu sofrimento não durará para sempre. Deus lhes fará justiça. Jesus é realista, sabe muito bem que suas palavras não significam o fim imediato da fome e da miséria dos pobres. Mas o mundo precisa saber que eles são filhos prediletos de Deus [como aqueles que começaram a trabalhar às 5h da tarde, Mt 20,2ss.], e isto confere à sua dignidade uma seriedade absoluta. Sua vida é sagrada [...]. Os que não interessam a ninguém são os que mais interessam a Deus; os que nós marginalizamos são os que ocupam um lugar privilegiado em seu coração; os que não têm quem os defenda têm a Deus como Pai. Jesus é muito claro quando faz entender que este estado de coisas não permanecerá sempre assim. Pobres: O Reino de Deus pertence (tempo presente) a eles. Os que têm fome: serão saciados. Não no presente. Os que choram, ainda continuarão a chorar até chegar a hora de rir. Os insultados: que se alegrem. Terão grande recompensa, sobretudo, sendo perseverantes até o fim. Para todos haverá um amanhã. Uma esperança a ser alcançada. Um vácuo enorme a ser preenchido. Um amor a ser vivido. Pois o amor sobreviverá a tudo.

Há um outro lado da medalha. Infelizes os que se deixam possuir por suas riquezas. O consolo deles está caminhando para o fim agora. Infelizes os que vivem empanturrados, sem se importar com os que têm fome, sempre fazendo mau juízo a respeito deles.

Infelizes os que fazem pouco dos que riem das lágrimas dos outros, porque não se importam com as dores de ninguém. A vez desses há de chegar. Infelizes os que se inflam com os elogios que recebem. Um dia, verão que se tratava só de bolhas! Só bolhas!

Assimilar o texto do Evangelho abordado, apenas teoricamente, não transformará ninguém. Não será de proveito para ninguém. Tem que haver gestos concretos. A pergunta é: "então, só os pobres podem ter esperança? Não. O Evangelho é uma última chance para que todos compreendam e se convertam ao projeto de Deus, que não quer que ninguém se perca, nem mesmo o maior pecador" (cf. Ez 18,23.32). (STORNIOLO, 2006, p. 68).

■ Complementar a repercussão da Palavra dialogando

1. Compartilhar por quê? Se o que se tem já traz felicidade?
2. O que achamos daquele dizer: "melhor é dar do que receber"?

V – É TEMPO DE DIALOGAR COM O AUTOR DA PALAVRA

Olha, Senhor! Não somos modelo de pobreza abraçada como estilo de vida. Não choramos como desamparados. Não chegamos nunca a exasperar por sentirmos fome e não termos o que comer. Encontramos, às vezes, quem zombe de nós por sermos cristãos. Humildemente reconhecemos que não somos exemplos em nada. Por isso te pedimos, Senhor: não nos deixes insensíveis nem imobilizados perante casos e situações como descritos no Evangelho. Nós também queremos estar contigo e "pegar no batente" ao construir uma nova sociedade e o Reino de Deus. Este é um Reino em que se acumulam valores, não riquezas materiais. A velha sociedade é a cada dia mais desigual. Essa não queremos. Queremos a sociedade em que haja liberdade, mas também muito respeito e fraternidade. Uma sociedade em que haja compartilhamento. Queremos uma sociedade em que possamos praticar o que, depois de tudo, dizes hoje no Evangelho: "*Alegrem-se... pulem de alegria*" (Lc 6,23).

VI – É TEMPO DE SEMEAR A PALAVRA

- Levar a reflexão do texto extraído da Encíclica *Amores Laetitia* para amigos e familiares.

Texto: "As pessoas parecem já não acreditar num futuro feliz nem confiam cegamente num amanhã melhor a partir das condições atuais do mundo e das capacidades técnicas. Tomam consciência de que o progresso da ciência e da técnica não equivale ao progresso da humanidade e da história, e vislumbram que os caminhos fundamentais para um futuro feliz são outros. A humanidade mudou profundamente, e o avolumar-se de constantes novidades consagra uma fugacidade que nos arrasta à superfície em uma única direção. Torna-se difícil parar para recuperarmos a profundidade da vida. Se a arquitetura reflete o espírito de uma época, as megaestruturas e as casas em série expressam o espírito da técnica globalizada, onde a permanente novidade dos produtos se une a um tédio enfadonho. Não nos resignemos a isto nem renunciemos a perguntar-nos pelos fins e o sentido de tudo. Caso contrário, apenas legitimamos o estado de fato e precisaremos de mais sucedâneos para suportar o vazio" (AL, 113).

- Acreditamos num amanhã melhor? Como alcançá-lo? Quem deverá envolver-se na proeza?
- A fugacidade nos leva para onde?
- Como poderíamos conceituar a "profundidade da vida"?
- Que sentido encontramos em tudo isso e que sentido o estilo de vida cristã oferece?

7º DOMINGO DO TEMPO COMUM

Tema do dia

⟶ Praticar a misericórdia expressa o que de mais belo que se passa no âmago da vida cristã.

Objetivo

⟶ Confirmar que nenhum tipo de violência nem de prejulgamento cabem em nossas palavras ou atitudes.

C

I – É TEMPO INICIAL DE ACLAMAR, INVOCAR, LOUVAR O SENHOR

■ **Rezar com os participantes**

Ó Pai, tu que enviaste o Espírito Santo para recordar-nos tudo o que teu Filho Jesus disse e ensinou, dá-nos a força para vivenciarmos e anunciarmos ao mundo a Boa-nova, confiantes na tua Palavra (cf. Jo 14,26).

II– É TEMPO DE ESCUTAR E ACOLHER A PALAVRA: Lc 6,27-38

■ **Núcleo da Palavra**

Desejem o bem aos que amaldiçoam vocês. Não retribuam um malfeito com outro malfeito. O que vocês desejam que os outros lhes façam, também vocês devem fazer a eles.

■ **1ª leitura: 1Sm 26,2.7-9.12-13.22-23**

O rei Saul persegue Davi porque este era pretendente ao trono. Abisaí prometeu a Davi que mataria o inimigo. Davi disse não fazer isso, pois se tratava de um ungido do Senhor. No final, os dois se entendem, pois Davi não quis atentar contra o rei, o ungido do Senhor. O Senhor que faça justiça, não Davi.

■ **2ª leitura: 1Cor 15,45-49**

Adão tornou-se ser vivo por Deus. Mas Cristo, o último Adão, tornou-se *espírito que dá vida*" (1Cor 15,45). O primeiro homem foi tirado da terra, o segundo veio do céu. O primeiro é modelo do homem terrestre, o segundo é modelo do homem celeste.

III – É TEMPO DE DINAMIZAR A PALAVRA

■ **Material necessário**

Cartão com os textos: Lc 6,36-38 e Lc 2,52; Pedaços de barbante em diferentes tamanhos.

■ **Desenvolvimento**

- Formar um círculo.
- Espalhar pelo chão os fios de barbante.
- Propor aos participantes que segurem a ponta de um dos barbantes.
- Para cada fio de barbante vai formar-se uma dupla.
- Entregar para cada dupla um cartão com os textos indicados.
- Motivar para a leitura dos textos e fazer a seguinte reflexão: Pelo texto do Evangelho de hoje, Jesus há de querer medir exatamente o quê em nós? Como podemos crescer em sabedoria e graça?
- Dar tempo para o diálogo.

Partilha

- Deixar que os participantes relatem o que conversaram.

IV – É TEMPO DE REPERCUTIR A PALAVRA

O que nos mostra o dia a dia? Mortes por namoros desfeitos; crimes cometidos para abater um inimigo. E, no entanto, Jesus manda amar o inimigo, fazer-lhe o bem, jamais pagar o mal com o mal, orar por ele e não lhe deixar faltar nada.

A primeira forma de amar o inimigo é não ter inimigo.

Afinal, quem é o inimigo? O inimigo posso ser eu. Sou, portanto, o inimigo-alvo e alguém me odeia porque devo e não pago, porque falei mal do outro e o prejudiquei por calúnia, mentira, por comportamento que vai ecoar na vida do outro. Esse inimigo-alvo, que sou eu, precisa converter-se, precisa aprender a praticar a justiça com relação ao outro.

O inimigo-alvo pode ser exatamente o contrário: o outro, não eu, pelas mesmas razões que expusemos. Como seguidor de Jesus não tenho o direito de odiar o meu inimigo porque ele me deve. Tenho até direito a recorrer à justiça, mas não de odiar, de querer eliminar o meu inimigo, porque não sou capaz de fazer a leitura da alma dele. Não sei penetrar no fundo da alma dele para saber por que ele me calunia, por que ele despeja mentiras contra mim, por que ele vomita tanto ódio contra mim, por que ele não me paga o que me deve.

Entretanto, amar o inimigo é bem difícil. Amar o inimigo, humanamente falando, não faz nenhum sentido. Não tem raiz humana. É preciso buscar base na fé e no modelo de perdão e misericórdia concedido por Jesus (cf. Lc 23,34). De modo bem concreto, no correr do nosso século XXI, amar o inimigo basicamente é querer que ele viva e se corrija. Portanto, estão descartadas a vingança e a pena de morte. Quando ouvimos quase diariamente na televisão o grito entre lágrimas, de mães e/ou pais: "*eu quero justiça...*", temos a impressão de que sabemos interpretar o amargo desabafo deles. Eles não falam em morte, mas em *justiça*. Que o bandido, que o assassino paguem pelo castigo a maldade que fizeram. Isto é amar o inimigo. Não carregar um ódio mortal, isto é amar o inimigo. Quando, apoiados na lei, não queremos que a polícia pratique maus-tratos, nós e a polícia também amamos o inimigo, pois defendemos a integridade física daquele que praticou o mal. É a isso que chamamos direitos humanos.

Mas por que será que Jesus é tão radical nesse ponto? Aí José Bortolini intervém na nossa reflexão e diz: "a proposta de Jesus é a gratuidade nas relações entre as pessoas: *amor gratuito* (Lc 6,32, que explica o versículo 27), *busca do bem sem interesse* (Lc 6,33, que explica o versículo 28), *partilha dos bens entre todos* (Lc 6,34, que explica o versículo 29)" (BORTOLINI, 2006, p. 603).

Jesus sabe de que está falando e por que está falando. Sabe que isso é possível entre os indivíduos e que isso pode ser espalhado na sociedade. Porém, a maioria dos indivíduos e, por consequência, a sociedade reluta e não quer se decidir por essa experiência.

Depois vem o apelo para corações grandes. Corações apertados, sovinas, jamais chegarão a esta prática: *"Sede misericordiosos, como vosso Pai é misericordioso"* (Lc 6,36). E o que é a misericórdia? Nós não chegamos a pensar nesses termos, mas José Bortolini chegou a pensar e a escrever: "Misericórdia significa 'dar o coração aos míseros', isto é, aos infelizes. E quem são eles? Acima de tudo aqueles que foram privados da vida: pobres, famintos... Deus deu tudo o que tinha a essas pessoas... E a Igreja, o que lhes dá?" (BORTOLINI, 2006, p. 603). Deus é bom, é generoso também para com *"os ingratos e os maus"* (Lc 6,35). Ser generoso significa não invadir a privacidade da consciência alheia, não julgar, muito menos ainda condenar. Não cooptar com o erro do outro, mas contribuir para uma vida melhor, principalmente em que transpareça a honestidade, o justo valor dado ao semelhante.

Amar os inimigos é um gesto grande de cristãos em estado avançado de santidade. Jesus elogia os que rendem 30%, mas exulta muito mais com os que produzem 60, 90 ou até 100%.

▪ Complementar a repercussão da Palavra dialogando

1. Quanto ao nosso grupo, somos generosos na hora de ouvir os desabafos de uma pessoa? Suportamos até o que nos parece intragável?
2. Eu, na condição de pai ou mãe, como estou me saindo em transmitir por palavras e exemplos lições de generosidade?

V – É TEMPO DE DIALOGAR COM O AUTOR DA PALAVRA

Que eu faça bom uso de tua graça, ó Deus, e ame a todos, inclusive os inimigos. Que eu faça o bem até mesmo a quem me faça ou tencione fazer-me o mal. Que eu jamais caia na baixeza de vingar-me do mal praticando também o mal. Que eu defenda o outro como pessoa, ainda que ele tenha errado muito e gravemente. Que eu me eduque mais e mais em orar pelas necessidades do outro e que eu me disponha a socorrer as necessidades de quem quer que seja. Que eu valorize cada vez mais a vida e o ser humano, objeto de todo o teu amor e tua misericórdia, Senhor Deus.

VI – É TEMPO DE SEMEAR A PALAVRA

Aprendamos e pratiquemos: Misericórdia é inclinar-se profundamente ante "as pobrezas interiores" do semelhante e perdoá-las, a partir do exemplo de Jesus Cristo.

8º DOMINGO DO TEMPO COMUM

Tema do dia

→ Nossas atitudes manifestadas em constância, revelam quem somos.

Objetivo

→ Diferenciar sempre o que é bom para a vida cristã e o que não é.

I – É TEMPO INICIAL DE ACLAMAR, INVOCAR, LOUVAR O SENHOR

■ Rezar com os participantes

Ó Pai, tu que enviaste o Espírito Santo para recordar-nos tudo o que teu Filho Jesus disse e ensinou, dá-nos a força para vivenciarmos e anunciarmos ao mundo a Boa-nova, confiantes na tua Palavra (cf. Jo 14,26).

II – É TEMPO DE ESCUTAR E ACOLHER A PALAVRA: Lc 6,39-45

■ Núcleo da Palavra

Um cego não pode guiar outro cego. O discípulo não é maior que o mestre. Chegando à perfeição, será como o mestre. O que dizer do ato de reparar o cisco no olho do outro e não enxergar a trave inteira no próprio olho? É bom começar a arrancar a trave do próprio olho, para depois enxergar bem o pequeno cisco no olho do outro. A árvore se reconhece pelo seu fruto. Assim, o ser humano.

■ 1ª leitura: Eclo 27,5-8

Este livro foi escrito por volta do ano 180 a.C. com o grande objetivo de defender a identidade de um povo crente em Deus, demonstrando que esse povo se cansou de passar por opressões. A linguagem deste trecho é proverbial: Se a pessoa não tiver firmeza de fé em seu Senhor, a sua casa facilmente não suportará as ameaças do pecado. O que acontece na natureza ao peneirar algum cereal? O fato de movimentar a peneira e ao sopro de leve vento, vão se separando os grãos bons dos refugos e da palha. Assim a pessoa que não se controla no falar. Logo aparecem os seus defeitos. O forno serve de teste para os vasos fabricados. Se o teste do fogo for bom, eles se conservarão intactos, se for forte ou fraco demais, os vasos vão rachar. Assim a pessoa tem a sua qualidade aprovada ou não, conforme o uso que faz de suas palavras.

■ 2ª leitura: 1Cor 15,54-58

Em Corinto era grande a discussão sobre imortalidade, ressurreição, vida após a morte etc. Paulo dá a sua contribuição para esclarecer e fortalecer a fé para quem a tem. Quando o nosso corpo superar a corruptibilidade, então se cumprirá a Escritura: "*A morte foi engolida pela vitória*" (Os 13,14). De quem recebemos a vitória? De nosso Senhor Jesus Cristo. Portanto, segue a orientação: sejam firmes, fiquem inabaláveis e avancem "*na obra do Senhor*".

III – É TEMPO DE DINAMIZAR A PALAVRA

■ Material necessário

Folhas de papéis, cartolinas e lápis de cor.

■ Desenvolvimento

- Formar pequenos grupos e cada um deles recebe uma cartolina ou outra folha em branco e alguns lápis de cor.
- Apresentar a seguinte motivação: Vale a pena ser árvore carregada de bons frutos.
- Propor que desenhem uma árvore.
- Em seguida, deverão pendurar na árvore as mais belas qualidades que querem ver crescer e frutificar na árvore de sua vida.

Partilha

- Organizar a apresentação dos cartazes.
- Conversar com os participantes sobre como fazer para que haja bons frutos o ano inteiro em nossas vidas.

IV – É TEMPO DE REPERCUTIR A PALAVRA

Sem forçar nada, encontramos neste trecho de Lucas os elementos que atualmente muito se usam quer na catequese, quer no desempenho da vida cristã. Os três elementos dinâmicos e interligados na prática da vida cristã são: *ver → julgar → agir*. Não são elementos que se desenvolvem em momentos sucessivos, e sim, simultâneos, ora ressaltando-se um, ora outro.

Ver - Temos de *ver* a realidade: em nós, ao redor de nós, nos outros como indivíduos e na coletividade. Temos de *ver* com os olhos do nosso corpo, da nossa inteligência, da nossa cultura, da nossa fé. Temos de *ver* até onde estão e até onde ir com os sonhos, as expectativas, os desafios individuais e comunitários, como debelar os horrores, a desesperança e como, em seu lugar, implantar esperança que dure mais que um dia, que se estenda para além da vida do aqui e agora.

Nossa proposta tem um objetivo: o de sempre (des)envolver a nós e a você. *Desenvolver,* sim, porém, mais do que isto, *envolver-nos* na massa da realidade humana. Nossa proposta é sempre abordar o Evangelho para iluminar; aplicar dinâmicas para impulsionar; fazer reflexões para preparar à ação; fazer oração para demonstrar que realmente estamos conectados com Deus e ainda assumimos desafios, pois somos corajosos e temos sede de implantar coisas melhores no mundo. Nossa proposta é um grande exercício de *ver o mundo* e *ver-nos no mundo,* a fim de que saibamos agir em prol do bem-estar dele.

A presente passagem do Evangelho muito ajuda neste *ver* e *ver-nos.* Se estamos engajados em nossa Igreja, se estamos comprometidos com ela, precisamos sempre treinar-nos no *ver. "Um cego não pode guiar outro cego?"* (Lc 6,39). A cegueira como o oposto do *ver* tal como o descrevemos, não pode servir para viver cristãmente, para missionar, para servir sem a preocupação de ser servido.

Julgar – O julgar tem muito a ver com o ouvir, com *o que fazer, como fazer, quem atingir.* É o momento de ouvir, de querer ouvir a Palavra de Deus. Assim, o que poderá acontecer? "Iluminado pela Palavra de Deus e da Igreja, o grupo é convocado a confrontar a realidade com a resposta e a proposta de Deus. Trata-se de analisar à luz da fé, a mensagem de Jesus Cristo a ser vivida pelos cristãos" (GIL, 2007, p. 86).

Ao *julgar* pertencem o *discernimento* e a *crítica com objetividade.* O Evangelho nos leva a entender isto, senão vejamos: *"Por que ficas reparando no cisco que está no olho do teu irmão e não percebes a trave que está no teu?"* (Lc 6,41). E mais uma coisa tem que acompanhar o *julgar: a humildade.* Sem rodeios e sem se enganar a si mesmo: "dar a mão à palmatória". A *trave* (não sabemos por que, mas logo lembramos daquela do campo de futebol!) fincada em nosso olho é bem maior que o *cisco* que se desgarrou da poeira cósmica e foi se instalar no olho do vizinho. *"Tira primeiro a trave do teu olho!"* (Lc 6,42).

Agir – Sem o *agir,* o *ver* e o *julgar* não desenvolvem e muito menos ainda envolvem. É como a fé que desacompanhada de obras é estéril (cf. Tg 2,17). E como diz Paulo: *"se me falta o amor eu não sou nada"* (1Cor 13,2). A fé, junto com o *ver* e o *julgar* têm que desembocar em algum lugar por meio do amor tornado obra, gesto concreto.

Da árvore frutífera não se esperam apenas folhas e flores. Esperam-se bons frutos. Assim, *"o homem bom tira o bem do tesouro de bondade que é o seu coração"* (Lc 6,45).

■ Complementar a repercussão da Palavra dialogando

1. O grupo analise o viver cristão no seu desenrolar quanto ao *ver – julgar – agir.*
2. Que frutos que eu tiraria da árvore de minha vida por não considerá-los bons?

V – É TEMPO DE DIALOGAR COM O AUTOR DA PALAVRA

Ver – julgar – agir marcam a trilha do nosso viver. Que tenhamos a consciência e a fé de que és Tu, Jesus, quem ilumina essas etapas. Que nós cristãos fiquemos longe de só enxergar os erros dos outros. Que lancemos sobre eles um permanente olhar de compreensão e amor. Que jamais nos precipitemos em julgar e deixemos essa tarefa para o Pai. Que sejamos ou se ainda não somos, trabalhemos para sermos árvore que produz bons frutos, não de maneira sazonal, mas o ano inteiro, o tempo todo. Que a prática do bem faça parte da nossa natureza e da realização do nosso dia a dia.

VI – É TEMPO DE SEMEAR A PALAVRA

Procuremos, diante de alguma decisão, utilizar os passos *ver – julgar – agir* para que a nossa ação esteja de acordo com os princípios cristãos.

9º DOMINGO DO TEMPO COMUM

Tema do dia

→ Deus não é exclusivo de nenhum povo e de nenhuma religião.

Objetivo

→ Defender o respeito a quem professa sua fé de maneira diferente da nossa e mesmo a quem não professa fé alguma.

I – É TEMPO INICIAL DE ACLAMAR, INVOCAR, LOUVAR O SENHOR

■ Rezar com os participantes

Ó Pai, tu que enviaste o Espírito Santo para recordar-nos tudo o que teu Filho Jesus disse e ensinou, dá-nos a força para vivenciarmos e anunciarmos ao mundo a Boa-nova, confiantes na tua Palavra (cf. Jo 14,26).

II– É TEMPO DE ESCUTAR E ACOLHER A PALAVRA: Lc 7,1-10

■ Núcleo da Palavra

Jesus entra em Cafarnaum. Na cidade havia um servo muito estimado pelo seu senhor, um oficial romano. O servo estava quase à morte. O oficial romano ouviu falar de Jesus e solicitou a alguns anciãos judeus que pedissem a Jesus que Ele interviesse para curar o servo. Os anciãos foram e até comunicaram a Jesus que o centurião merecia a intervenção, pois havia chegado a fazer um gesto magnânimo, construindo uma sinagoga. Jesus pôs-se a caminho. Nas proximidades da casa, amigos do oficial romano foram ao encontro de Jesus com a mensagem do próprio oficial, dizendo que não se achava digno de receber Jesus em sua casa. Jesus elogiou o oficial romano e quando seus amigos chegaram de volta, viram o servo completamente curado.

■ 1ª leitura: 1Rs 8,41-43

Este pequeno texto é atribuído ao rei e sacerdote Salomão. Mas é uma oração composta durante ou após o exílio na Babilônia porque fala que Javé, o Senhor, era o Deus de todos os povos, numa visão ampla demais no tempo do rei Salomão (961-922 a.C.). Se um estrangeiro vier de terra distante por causa do nome de Deus, por ter ouvido falar, se ele vier para rezar neste Templo, escuta-o do céu, Senhor, onde moras.

■ 2ª leitura: Gl 1,1-2.6-10

É Paulo quem escreve da parte de Jesus Cristo e de Deus Pai, que ressuscitou Jesus dos mortos. Paulo e colaboradores saúdam a todos os irmãos das comunidades da Galácia. Paulo está assustado com o abandono do Evangelho para aceitar outra crença. Como se outro Evangelho houvesse. Há pessoas semeando confusão. Eu, diz Paulo, não estou querendo agradar aos homens. Estou procurando agradar a Deus. Se agradasse aos homens não seria eu servo de Cristo.

III – É TEMPO DE DINAMIZAR A PALAVRA

■ Material necessário

Três envelopes contendo, em cada um, cartões com palavras que compõe a frase: "*Senhor eu não sou digno de que entreis em minha casa, mas dizei uma só palavra e serei salvo*".

■ Desenvolvimento

- Formar três grupos.
- Cada grupo recebe um envelope com as palavras.
- Motivar os grupos para que construam a frase com as palavras contidas no envelope.
- O grupo que por primeiro construir a frase procure encontrar no Evangelho de Lc 7,1-10 e concluir a dinâmica lendo o texto em voz alta.

Partilha

- Motivar os participantes para a construção de uma profissão de fé coletiva, atualizando as palavras de Jesus em Lc 7,6-7.

IV – É TEMPO DE REPERCUTIR A PALAVRA

Jesus exerce seu ministério na Galileia e fala para o povo na planície, comparativamente ao que fez Moisés, que da montanha desceu para a planície e entregou a Lei ao povo (Ex 34,29). Aqui, Cristo é a Lei, o novo Moisés. Alguns aspectos fortemente destacáveis do Evangelho de hoje:

1. **O respeito para com a religião do outro** – Jesus entrou em Cafarnaum, que por um período impreciso de tempo, foi sua cidade-sede. Nessa cidade, um oficial romano tinha sua base de comando, que agia em nome do império romano. Era altruísta, pois tinha grande estima por seu próprio servo (cf. Lc 7,2) que, a certa altura, ficou gravemente enfermo e que, com certeza, era judeu. Estando na mesma cidade que Jesus, o oficial do império romano ouviu falar dele e nele, mesmo sem conhecê-lo, depositava confiança. Essa autoridade romana formou uma comitiva de alguns anciãos judeus com a ordem de *"pedir a Jesus que fosse salvar o seu servo"* (Lc 7,3). Essa comitiva, aproximando-se de Jesus, transmitiu a mensagem da autoridade romana, mas com uma pitada de argumentação pessoal. Os componentes da comitiva disseram: *"O oficial merece que lhe faças esse favor, porque ele estima o nosso povo, e até construiu uma sinagoga para nós"* (Lc 7,5).

2. **A nota triste: os interesseiros** – A nota triste ficou por conta de "alguns anciãos dos judeus" (Lc 7,3). Como se dissessem: "Ajude, sim, Jesus, esse homem. Esse homem merece o seu e o nosso amor. Ele é nosso amigo. Portanto, amor de amigo para amigo". Era o tipo de amor mais fácil que, inclusive, envolvia favores que beneficiavam a comunidade dos anciãos judeus. Não lhes ocorria pensar num amor gratuito, desinteressado em reciprocidade, da parte de Jesus. A passagem do Evangelho Lc 7,5-6, já citada, explicita isso. Jesus, então, em companhia dos membros da comitiva caminhou na direção da casa do oficial. Antes de chegar a seu destino, a comitiva foi sustada por outra comitiva do oficial, formada por alguns amigos seus, levando a seguinte mensagem: *"Senhor, não te incomodes, pois eu não sou digno de que entres em minha casa; nem sequer me atrevi a ir pessoalmente ao teu encontro. Mas dize uma palavra, e o meu servo ficará curado"* (Lc 7,6-7). É com palavras baseadas nessas que sempre nos preparamos para a comunhão. Com que dignidade temos de receber o Senhor em nossa casa!

Tinha razão o oficial romano! Jesus,, caso entrasse na casa de um não judeu se tornaria impuro.

3. **A confiança do oficial** – O oficial é uma figura que se apresenta de maneira oposta ao apóstolo Tomé, por exemplo (cf. Jo 20,24-29). Tomé precisa ver as cicatrizes de Jesus. Tem necessidade de tocar nelas. O oficial não precisa nem ver Jesus, pois que a fé, no fundo no fundo é um ato de confiança em Jesus.

Entre nós mesmos, muitas vezes se diz que a confiança significa meio caminho andado. E é assim. No médico que se procura, precisa-se confiar no seu jeito de atender, no seu modo de falar, no seu conhecimento. Não adianta a Maria dizer que fulano é um excelente médico se a Filomena, por alguma razão, desde o início, já não confia nele.

Aqui, desde o início, ainda que a distância, o oficial mandado por Roma deposita confiança em Jesus. Confia em seu poder incomum e em sua pessoa. Este Evangelho, nada conta a respeito do comandante romano, além do fato de o seu servo ter ficado completamente curado. No entanto, é certo que em casos assim, a confiança leva à adesão à pessoa de Jesus e, por consequência, ao seguimento do seu programa de vida. Também dá para aumentar a confiança em Jesus conhecendo mais a sua vida, o seu Evangelho, observando permanente e conscientemente como ele foi coerente e sem limites em seu amor por quem quer que fosse. Jesus, ao curar o servo, praticou o que Ele conversou com o Pai: "*que eu não perca nenhum dos que me deste*" (Jo 17,12). Historicamente, também temos o testemunho fidedigno de bilhões de pessoas que nele confiaram ao longo e ao largo de dois mil anos e por Ele foram beneficiadas. Houve algo a partir da fé que fez Jesus dizer para quem quisesse ouvir: "*Eu declaro a vocês que nem mesmo em Israel encontrei tamanha fé*" (Lc 7,9). Não surpreende, mas causa grande admiração Jesus ter elogiado a fé daquela autoridade romana. Foi até uma maneira de chamar a atenção de seus compatriotas. Aliás, antes de proferir suas palavras, o texto diz: "*voltou-se para a multidão que o seguia*" (Lc 7,,9). Pronto! Por uma frase e por seu gesto de "*voltar-se*", Jesus deu a sua mensagem. De fato, a fé ultrapassa quaisquer fronteiras. Lembramo-nos frequentemente de uma das "Orações Eucarísticas", na qual o presidente, ao rezar pelos fiéis falecidos, diz: "lembrai-vos daqueles cuja fé só vós conhecestes". Talvez secreta por jamais ter sido manifestada em palavras. Talvez só em bons gestos, em testemunhos de amor à justiça, à verdade.

▣ Complementar a repercussão da Palavra dialogando

1. Como fazer para o Evangelho não se restringir às nossas fronteiras paroquiais?
2. Como o oficial do império romano deu demonstração de sua humildade?

V – É TEMPO DE DIALOGAR COM O AUTOR DA PALAVRA

Jesus, por que será que o oficial romano recorreu a ti? Certamente, porque Tu eras um ser bondoso, que amava e curava, que a todos chamava à plenitude da vida. Porque Tu eras a Boa-nova que percorria toda a cidade de Cafarnaum, toda margem do lago de Genesaré e toda a Galileia. Hoje não é diferente porque Tu és o Senhor do mundo. Tens acesso pleno a ele; tens poder sobre ele, mas não atuas sobre ele com estardalhaço, e sim, por meio de uma ação silenciosa, porém, eficaz. Faze crescer em mim e em muitos outros o papel de dizer aos homens e às mulheres de hoje quem és tu, qual a tua mensagem, como abrir o coração para ti, à semelhança de crianças inteiramente descontraídas e verdadeiras ao falar e autênticas na expressão de seus atos.

VI – É TEMPO DE SEMEAR A PALAVRA

O desafio de hoje é simples demais. Verificar, individualmente ou em grupo, em que momento da missa aparece o texto de Mc 7,6-7, devidamente adaptado à liturgia eucarística.

10º DOMINGO DO TEMPO COMUM

Tema do dia

→ O Senhor é autor da vida e também aquele que a restitui.

Objetivo

→ Reconhecer que é urgente assumir o compromisso permanente de defender e valorizar a vida.

I – É TEMPO INICIAL DE ACLAMAR, INVOCAR, LOUVAR O SENHOR

■ **Rezar com os participantes**

Ó Pai, tu que enviaste o Espírito Santo para recordar-nos tudo o que teu Filho Jesus disse e ensinou, dá-nos a força para vivenciarmos e anunciarmos ao mundo a Boa-nova, confiantes na tua Palavra (cf. Jo 14,26).

II – É TEMPO DE ESCUTAR E ACOLHER A PALAVRA: Lc 7,11-17

■ **Núcleo da Palavra**

Jesus em Naim (hoje Nein, nas proximidades de Nazaré). Quem estava com ele eram os discípulos e grande multidão. A entrada coincidiu com a saída do enterro de um jovem, filho único de uma viúva. Jesus viu-se tocado por aquela cena e ressuscitou o rapaz. Todos passaram a louvar a Deus. A notícia espalhou-se pela região.

■ 1ª leitura: 1Rs 17,17-24

O filho da viúva de Serepta foi atingido por doença tão grave que acabou morrendo. A viúva queixou-se de Elias. Teria ele provocado a morte do rapaz? O profeta levou o rapaz para a parte de cima da casa, conversou com Deus sobre ele: "Senhor, queres castigar até essa viúva que me hospeda? Faze que este menino ressuscite." O Senhor atendeu à súplica de Elias. Elias apresentou o moço vivo à mãe e ela reconheceu que Elias era um profeta que anunciava a Palavra de Deus.

■ 2ª leitura: Gl 1,11-19

Paulo diz que o Evangelho não é invenção humana e que também ele o recebeu por revelação de Jesus Cristo. Ele mesmo, Paulo, perseguia a Igreja de Cristo. Mas Deus o chamou por sua graça para que Paulo anunciasse Jesus Cristo no meio dos não judeus. Paulo mudou totalmente o seu modo de ver e agir. Paulo descreve suas viagens e diz que só três anos depois foi a Jerusalém conhecer a Pedro e Tiago, já inteiramente convertidos ao Senhor, ficando com eles quinze dias.

III – É TEMPO DE DINAMIZAR A PALAVRA

■ Material necessário

Cópias do texto para a resposta que cada participante devera dar:

"Obrigado, Senhor, por este milagre que se operou em mim. E já que pude me levantar de novo, quero....." (completar espontaneamente).

■ Desenvolvimento

- Todos podem sentar-se ao chão.
- Dirigir-se para cada participante e dizer: .... (Nome), *levante-se".*
- Cada participante, quando chamado, levantasse e diz: *Obrigado, Senhor, por este milagre que se operou em mim. E já que pude me levantar de novo, quero......*

Partilha

- Motivar os participantes para conversar sobre os propósitos apresentados e o que isso tudo tem a ver com o compromisso permanente de defender e valorizar a vida.
- Concluir com a oração do Pai-nosso.

IV – É TEMPO DE REPERCUTIR A PALAVRA

Jesus se desloca de Cafarnaum para Naim, um povoado pequenino. Possivelmente, a multidão que o acompanhava era maior em número que todos os habitantes somados de Naim. Ali, nos limites entre o pequeno perímetro urbano e a zona rural, houve o encontro. Jesus e os seus entrando, e em sentido contrário, pessoas carregando o corpo de um jovem morto, envolto em um lençol, conforme costume judeu. Atrás dos homens que carregavam aquele corpo sem vida, a viúva andava com dificuldade e desconsolada. Seu arrimo se fora. O que seria dela, totalmente só? Mais atrás ainda, a multidão solidária e inconformada. Jesus viu a cena. Em primeiro plano a viúva. Disse-lhe que não chorasse e outras palavras de consolo. E adiantaria dizer isso naquela hora? Jesus sentiu compaixão, isto é, Jesus começou a sofrer junto com aquela mulher que sofria. Um conflito se instalou em seu coração. Justamente Ele que veio para que todos tivessem vida em plenitude, agora se depara com uma cena tão triste. Ele avança um pouco mais. Toca no caixão e ordena: "*Moço, levante-se!*" E o morto deu sinais de vida e começou a falar, e este voltou a ser garantia de futuro para sua mãe. Isso tudo foi motivo de sobra para que todos louvassem a Deus, dizendo: "*Deus visitou o seu povo*". E a notícia sobre o que Jesus fez, correu de "boca em boca".

E o que Jesus fez, um milagre?

1. **O que é o milagre?** – Ele é intervenção sobrenatural incomum; manifesta o extraordinário poder de Deus, que ultrapassa as capacidades do ser humano. E, justamente, por ser extraordinário, não ocorre a toda hora, nem beneficia a todos. O momento e a escolha pertencem à liberalidade do amor e da compaixão de Deus. Por que teria ocorrido o milagre descrito? Não sabemos ao certo, mas podemos supor que foi por causa da viúva. Em geral, na terra de Nosso Senhor as viúvas eram extremamente pobres e essa da narrativa certamente precisava do filho único como esteio, como apoio para a sua subsistência. Podemos supor também que o milagre se realizou para que o povo não deixasse de louvar o seu Deus, nem naquele contexto nem no nosso. Para que o povo não parasse de proclamar nem então nem hoje: "*Um grande profeta surgiu entre nós e Deus visitou o seu povo*".

2. **O milagre e a fé** – O Evangelho não diz uma palavra sequer sobre a fé da viúva. Entretanto, "a fé existente antes do milagre, ainda que pequenina, pode ser ajudada por ele e até fortalecida... a fé não cria o milagre, pois este emana do poder real de Jesus" (MARCONCINI, 2001, p. 238-240). O milagre é sempre intervenção gratuita de Deus. Portanto, não sejamos presunçosos. Não queiramos nós "obrigar" a Deus a fazer algum milagre.

■ **Complementar a repercussão da Palavra dialogando**

1. Com base em que defendemos que Cristo tem o poder de restituir a vida?
2. Estamos lembrados de rezar para que nós missionários cristãos tenhamos condições de defender os valores humanos e de dignificar os valores cristãos, onde quer que estejamos?

V – É TEMPO DE DIALOGAR COM O AUTOR DA PALAVRA

Visita o teu povo, Senhor. Sei que estás sempre presente. Sempre socorrendo, suscitando vida, operando milagres. Hoje, os imediatamente beneficiados foram o jovem, sua mãe viúva e o povo todo. O certo é que nós temos necessidade de ter clara consciência disso e aumentar a nossa fé em torno do teu poder. Por isso, pedimos, agradecemos. Por isso cremos e te invocamos. Hoje o Evangelho fala de uma promessa de vida. De um jovem. Todos os jovens, pelo breve curso de suas vidas são "promessas de vida". Lastimavelmente há os que fecham olhos e ouvidos para os bens que tu ofereces. Alguns se debatem em meio às drogas. Gostariam de sair delas e não sabem como. Faze-lhes uma visita e forte companhia. Desperta alguém mais que lhes possa servir de auxílio para sair das drogas que são uma droga. Transporta-os para o *hall de entrada* onde há a luz da esperança. Toca, Senhor, fortemente os corações daqueles que já cometeram assassinatos, roubos, que entraram em organizações criminosas. Humanamente, não há mais nada para fazer, como também não havia com relação ao filho único da viúva. São jovens, são também adultos que precisam do calor da tua compaixão. Visita essas pessoas com o teu Espírito, com a tua Palavra, com a coragem e o amor dos teus apóstolos e missionários de hoje.

VI – É TEMPO DE SEMEAR A PALAVRA

Individualmente, vamos entrevistar três pessoas desconhecidas, fazendo a cada uma as seguintes perguntas:

1. Existem milagres?
2. O que você acha dos milagres?
3. Quem os realiza?
4. O que fazer depois da realização do milagre?

Refletir sobre o resultado da pesquisa para saber se as pessoas estão conscientes de que Deus realiza milagres em favor da vida.

11º DOMINGO DO TEMPO COMUM

Tema do dia

→ Porque demonstrou muito amor!

Objetivo

→ Mostrar que Deus não se cansa de perdoar e demonstrar sua misericórdia porque é o primeiro a amar.

I – É TEMPO INICIAL DE ACLAMAR, INVOCAR, LOUVAR O SENHOR

■ Rezar com os participantes

Ó Pai, tu que enviaste o Espírito Santo para recordar-nos tudo o que teu Filho Jesus disse e ensinou, dá-nos a força para vivenciarmos e anunciarmos ao mundo a Boa-nova, confiantes na tua Palavra (cf. Jo 14,26).

II – É TEMPO DE ESCUTAR E ACOLHER A PALAVRA: Lc 7,36-8,3

■ Núcleo da Palavra

Convite para Jesus jantar na casa de um fariseu. Uma pecadora apareceu lá e ungiu os pés de Jesus. O fariseu pensou: como este homem pode ser um profeta? Aí Jesus contou uma parábola de dois devedores cuja dívida é perdoada. Elogia a mulher por tudo o que ela fez e lhe perdoa os pecados. Os comensais quiseram saber quem era aquele que até perdoa pecados, o que só cabe a Deus fazer. A fé salvou aquela mulher. Depois Jesus saiu a pregar pelos povoados. Ele, os doze e algumas mulheres reintegradas em sua dignidade.

■ 1ª leitura: 2Sm 12,7-10.13

Deus abençoou Davi e o ungiu para governar o povo de Israel de maneira correta. Mas Davi, de quem tanto se esperava, cometeu adultério, não com uma mulher estranha, mas com Betsabeia, mulher de Urias, sendo este um general do próprio Davi. Davi também tramou a morte de Urias. Inflada pelo poder, a consciência de Davi se corrompeu e Deus diz que Davi o desprezou (cf. 2Sm 12,10). Precisou o profeta Natã intervir para Davi reavivar sua consciência e reconhecer seu pecado e sentir-se perdoado por Deus.

■ 2ª leitura: Gl 2,16.19-21

Paulo fala dele mesmo: só Deus pode arrancar o ser humano do pecado, e Paulo diz isso por experiência própria. Convertido, evangelizador entre os não judeus, com toda convicção o apóstolo profere a conhecida frase: *"Eu vivo, mas já não sou eu que vivo, pois é Cristo que vive em mim"* (Gl 2,20).

III – É TEMPO DE DINAMIZAR A PALAVRA

■ Desenvolvimento

- Formar pequenos grupos.
- Cada grupo criará uma pequena história tendo por base o seguinte tema: *"Homem concede o perdão ao vizinho por causa de um cachorro"*.
- Dar tempo para a elaboração do texto.
- Cada grupo apresenta o seu texto narrando a história criada.

Partilha

- Motivar os participantes para uma roda de conversa sobre o tema perdão: Quais são as nossas resistências para perdoar? Por que é bom perdoar? O que ganhamos com isso?

IV – É TEMPO DE REPERCUTIR A PALAVRA

Um fariseu convida Jesus para tomar uma refeição em sua casa. Em sinal de igualdade e fraternidade, Jesus senta-se à mesa. O Evangelho mostra mais adiante, que o fariseu foi omisso com relação a alguns costumes básicos entre os judeus:

— não ofereceu água para Jesus lavar os pés;
— não deu o beijo na hora da acolhida de Jesus em sua casa;
— não derramou óleo perfumado na cabeça de Jesus, o hóspede.

Parece até que foi de modo sorrateiro que apareceu na sala de jantar do fariseu Simão aquela mulher pecadora, que em hipótese nenhuma deve ser confundida com Maria Madalena (cf. Mc 16,9; Lc 8,2; Jo 20,1-18). "Os comensais estavam recostados, por isso os pés de Jesus estavam à mostra por trás dele" (BERGANT & KARRIS, 1999, p. 85). Foi desse modo que a pecadora postou-se aos pés de Jesus e ali:

— *chorou* (de dor interior, de arrependimento e, ao mesmo tempo, de alegria por estar com quem estava);
— *molhou os pés de Jesus* com lágrimas (com doce confiança depositou as lágrimas amargas nos pés de Jesus);
— *enxugou os pés de Jesus* com seus cabelos (o trabalho que fez por amor, devia ser completo, e foi de fato);
— *beijou os pés de Jesus* (ela estava ali a descobrir que Ele era o Caminho);
— *ungiu os pés de Jesus* (ungindo-os ela reconheceu neles "instrumento sagrado").

Não foi porque o fariseu lhe ofereceu um jantar que Jesus iria se sentir constrangido e deixasse de falar. Não! A sinceridade e a autenticidade fizeram-no falar, sim. E isto está bem descrito em Lc 7,44-47. Jesus, mediante a parábola, isto é, por meio de uma realidade conhecida quer conduzir o anfitrião Simão a uma realidade desconhecida. Quer dizer, Jesus se dispõe a mostrar todos os meios necessários para Simão tirar a conclusão de que a pecadora, sentindo-se perdoada, sente-se também num ponto de embalo tão grande no amor, chegando a superar o amor de Simão. É isso que Jesus quis mostrar: a pecadora, para quem todos os dedos indicadores se voltavam em sinal de reprovação, amava mais do que aquele homem hospitaleiro. Tudo aquilo em que o fariseu foi omisso, foi dignamente preenchido por aquela mulher. Se ela anteriormente foi pecadora, agora, não mais.

Depois "Jesus diz que os pecados da mulher já foram perdoados; isso é evidente por causa do amor que ela manifestou. Ela não mostraria tanto amor a menos que primeiro aceitasse amor (perdão, aceitação). O perdão libertou-a para amar. 'Quando

Jesus diz "os teus pecados foram perdoados", confirma o que já é verdade nela... Não é que o amor dela tenha conseguido o perdão. Pela fé, ela aceitou o perdão afetuoso de Jesus (de Deus), que a salvou (cf. Lc 7,47), e agora pode amar (BERGANT & KARRIS, 1999, p. 85-86). Mesmo numa casa que não era de Jesus nem dela, ela se sente acolhida. Ela pode ser discípula dele, segui-lo *porque demonstrou muito amor* (Lc 7,47). Ela faz exatamente o que este Evangelho diz em sua conclusão: *ajudavam a Jesus e aos discípulos com os bens que possuíam* (cf. Lc 8,3).

No texto de Lucas há pelo menos:

1. Três conceitos que se entrelaçam na carne e no espírito do ser humano

1.1 – O pecado – Segundo o *Documento de Aparecida,* o pecado "deteriorou a imagem de Deus no homem..." (DAp, 104). A Igreja Católica (e cremos que as outras Igrejas cristãs também) tem bem consciência de que vive "no mundo que ainda está sob o poder do pecado, com sua sequela de contradições, dominações e morte" (DAp, 523).

Fazemos até questão de trazer para a consideração dos que nos acompanham nesta caminhada, um pensamento não teológico e bem parcial, contido em um romance, mas que bem expressa a destruição e o estrago social causados pelo pecado. Diz o *baba,* pai de Amir, em *O caçador de pipas,* que existe um só pecado: o roubo. "Quando você mata um homem, está roubando uma vida. Está roubando da esposa o direito de ter um marido, roubando dos filhos um pai. Quando mente, está roubando de alguém o direito de saber a verdade. Quando trapaceia, está roubando o direito à justiça" (HOSSEINI, 2003, p. 26). A personagem do romance ficou longe de dizer tudo sobre o pecado. Nós também. Mas vale frisar: pecado é destruição. É conluio com a morte. E, sem dúvida, não é isto que o Evangelho de hoje sugere. Propõe, sim, o recomeçar: *"Teus pecados estão perdoados"* e mostra que a fé conduz à salvação (cf. Lc 7,50). Não podem os pecados estarem perdoados e a "vidinha" continuar simplesmente a mesma.

Sempre temos grande apreço pela linguagem simples e direta de Jean Vanier, o apóstolo leigo que trabalha com verdadeiro amor entre pessoas com necessidades especiais. Ficamos felizes em compartilhar suas palavras com aqueles e aquelas que vão se educando na fé e no amor. Diz ele:

> *O pecado é o rompimento de um relacionamento de amor, o rompimento de um acordo, a quebra da confiança... é voltar as costas para Jesus, dizendo: "eu não quero a ti, nem teu poder de salvação, nem tuas promessas nem teu amor. Quero fazer as coisas por mim mesmo, à minha maneira"... Pecar é destruir a vida, é procurar a morte; é espezinhar o templo de Deus nas pessoas, é esmagar os fracos e os pobres... É recusar seus próprios dons, Recusar-se a acreditar em si mesmo e na própria capacidade de receber amor.* (VANIER, 2004, p. 59-60)

1.2 – O perdão – O perdão nasce do coração de Deus. É pura liberalidade de Deus que, evidentemente, em contrapartida espera uma generosa conversão.

O *Documento de Aparecida* expressa isso muito bem: "conversão é a resposta inicial de quem escutou o Senhor com admiração, crê Nele pela ação do Espírito, decide ser seu amigo e ir após Ele, mudando sua forma de pensar e viver, aceitando a cruz de Cristo, *consciente de que morrer para o pecado é alcançar a vida*. No Batismo e no sacramento da Reconciliação se atualiza para nós a redenção de Cristo (DAp, 278b).

O mesmo documento ainda completa esse pensamento dizendo: "No exercício de nossa liberdade, às vezes recusamos essa vida nova (cf. Jo 5,40) ou não perseveramos no caminho (cf. Hb 3,12-14). Com o pecado optamos por um caminho de morte. Por isso, o anúncio de Jesus sempre convoca à conversão, que nos faz participar do triunfo da Ressurreição e inicia um caminho de transformação" (DAp, 351).

1.3 – O amor – O amor é sempre, invariavelmente, iniciativa de Deus, pois Ele é amor (cf. 1Jo 4,16). Ele é na essência o que Dele se expressa pela palavra: amor. Por isso, afinado com o pensamento bíblico, o *Documento de Aparecida* de modo suficientemente claro diz: "Para ficar verdadeiramente parecido com o Mestre, é necessário assumir a centralidade do Mandamento do amor, que Ele quis chamar seu e novo: *'Amem-se uns aos outros, como eu os amei'* (Jo 15,12). (DAp, 138).

O amor quando é radical toma conta de todo o ser. O ser humano é um dos únicos, senão o único animal, que ao unir-se sexualmente ao seu parceiro, à sua parceira, é capaz de olhá-lo ou olhá-la de frente. É mais do que instinto. É doação.

O bonito do ser humano é quando o amor suplanta o pecado, quando o perdão dá, não sabemos de quanto a zero no placar contra a ofensa cometida. Exemplo? Está aí a página aberta do Evangelho hoje trazido à tona.

Neste item IV deste Encontro apontamos três conceitos que se entrelaçam na carne e no espírito do ser humano porque eles coexistem. Nosso amor não é totalmente isento de pecado e quando se trata de nós concedermos o perdão somos reticentes, para não dizer "birrentos". Tudo isso porque como já vimos na reflexão dos bispos em Aparecida (2007), vivemos num mundo "que ainda está sob o poder do pecado, com sua sequela de contradições, dominações e morte" (DAp, 523).

■ Complementar a repercussão da Palavra dialogando

1. Sabemos que se não sentirmos necessidade de sermos perdoados, não seremos perdoados? Qual, então, a consequência disso? Ou orgulhosamente, nos colocamos no mesmo nível de Deus ou rebaixamos Deus à nossa estatura!
2. Colocando-nos bem no meio do Evangelho de hoje, achamos que temos alguma dívida a ser perdoada ou não?...

IV – É TEMPO DE DIALOGAR COM O AUTOR DA PALAVRA

Jesus, admiramos muito os teus gestos de inclusão, como o de hoje, por exemplo. Aquele que o convidou para o jantar era contra ti e Tu não te importaste. Nem mesmo te importaste com a vida de escândalo que aquela mulher já havia levado. Passado para ela era passado, pois agora ela *mostrou muito amor*. Pedimos muito tua ajuda para levarmos à prática a inclusão. Inclusão das pessoas à dignidade por meio da justiça. Pedimos muito que o nosso grupo, a nossa comunidade se empenhem nisso, a fim de que haja inclusões também em outro sentido, o religioso. Inclusão na alfabetização da Palavra de Deus, inclusão na riqueza dos sacramentos, inclusão por meio de uma formação permanente, tendo sempre como objetivo ações responsáveis que bebem na fonte, que és Tu. Unam-se no anúncio do teu reino os sucessores dos doze, ou seja, os bispos, como também os homens e mulheres que já foram curados e que também venham para a edificação do Seu Reino os que puderem *"prestar ajuda com seus bens"*.

VI – É TEMPO DE SEMEAR A PALAVRA

Vamos rever o início deste Encontro. O objetivo que traçamos. Saber que Deus não se cansa de perdoar. Na Igreja e, em nome de Jesus e de seus discípulos, fora da Igreja, na sociedade. Somos todos missionários do amor e do perdão... Vamos dar nossa colaboração com nossos talentos, carismas, com nossa inteligência, nossos conhecimentos profissionais, nossa espiritualidade, por todos os meios e modos ao nosso alcance para amar e perdoar sempre mais.

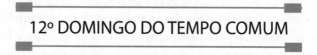

12º DOMINGO DO TEMPO COMUM

Tema do dia

→ Em que tipo de Messias acreditamos?

Objetivo

→ Mostrar que a vida cristã exige fidelidade no caminho até a cruz, pois com Cristo podemos suportar rejeições e a própria morte para com Ele ressuscitar.

I – É TEMPO INICIAL DE ACLAMAR, INVOCAR, LOUVAR O SENHOR

■ **Rezar com os participantes**

Ó Pai, tu que enviaste o Espírito Santo para recordar-nos tudo o que teu Filho Jesus disse e ensinou, dá-nos a força para vivenciarmos e anunciarmos ao mundo a Boa-nova, confiantes na tua Palavra (cf. Jo 14,26).

II – É TEMPO DE ESCUTAR E ACOLHER A PALAVRA: Lc 9,18-24

■ **Núcleo da Palavra**

Era momento decisivo: partir para Jerusalém. Exigia oração. Jesus quer saber como o povo o identifica: João Batista? Elias? E o que dizem os discípulos? Pedro diz: "Tu és o Cristo de Deus". Os demais discípulos calaram e consentiram. Jesus acrescenta: o Filho do Homem, o Cristo, o Messias há de sofrer e ressuscitar. Esse percurso também pode ser feito pelos discípulos, mas exigirá renúncia e entrega da vida.

■ **1ª leitura: Zc 12,10-11**

Deus oferece todos os meios e todas as graças para que seu povo e a cidade de Jerusalém, vista como centro de mundo, possam converter-se. Deus, apesar de todas as infidelidades de seu povo, é benigno e misericordioso.

■ **2ª leitura: Gl 3,26-29**

Inicialmente Paulo diz o que deixa animado a qualquer um: que todos somos filhos de Deus pela fé em Jesus Cristo, pois fomos batizados nele. Lançamo-nos para dentro da vida dele. A Lei incluía e excluía. Excluía, por exemplo, outros povos e dentro do próprio povo, excluía as mulheres. Agora, com Cristo e em Cristo tudo muda. Não há mais essa história de colocar os judeus de um lado e os gregos do outro; não há mais uma tremenda diferença entre escravo e homem livre; homem merecendo esse tratamento e mulher outro bem diferente.

III – É TEMPO DE DINAMIZAR A PALAVRA

■ **Material necessário**

Cartões para os grupos com as seguintes questões:
1. O que é preciso para transformar a história da humanidade em história melhor?
2. O que Jesus Cristo fez e faz para transformar a história da humanidade em história melhor?
3. O que nós estamos construindo para que pelo menos uma parcela da humanidade tenha uma história melhor?

■ **Desenvolvimento**

- Formar pequenos grupos.
- Cada grupo responderá as questões apresentadas.

Partilha

- Promover um debate a partir das respostas dos grupos.

IV – É TEMPO DE REPERCUTIR A PALAVRA

Jesus está prestes a iniciar a sua viagem para Jerusalém (cf. Lc 9,51). Lá ele sofrerá muito. Lá Ele será rejeitado como o "Cristo de Deus". Lá todo o clima de mofa dirá que não valerá a pena perder a vida por causa dele para se salvar.

Jesus rezava em lugar retirado. Ainda estava em plena atividade na Galileia. Só os discípulos estavam com Ele. Lucas é o evangelista que mais valoriza e que mais dá destaque à oração de Jesus. Que oração é essa? A oração da completa disponibilidade diante da vontade do Pai. Assim é em Lc 3,21, quando ele se põe a rezar depois de batizado. Assim Jesus se dispôs de novo e orou após a cura do leproso (cf. Lc 5,16). Assim Jesus fez antes de escolher os doze. Foi preciso "uma noite toda em oração" (Lc 6,12). Aconteceu de igual modo a oração momentos antes do grande evento da transfiguração (cf. Lc 9,28-29). Assim ocorreu nas horas decisivas, no monte das Oliveiras, até com repreensão aos discípulos que o chamavam de "Mestre", "Senhor", "Cristo de Deus". No entanto, nem o testemunho que lhes deu, nem o exemplo que lhes deixou de modo visível, os fez rezar também. O Evangelho deste Encontro até passa a ideia de que se tratava de uma oração-reflexão. Ele faz uma "pesquisa". Quer saber o que os outros acham de sua identidade. O que os outros "leem" em sua "carteira de identidade" e em sua "carteirinha funcional". Formam-se, então, duas correntes de opinião. A primeira corrente é a do povo, colhida pelos discípulos. O povo comenta, sem muita firmeza, que ele pode ser João Batista, o profeta Elias ou outro profeta ressuscitado. Jesus dá a palavra aos discípulos e deles vem a segunda corrente de opinião. A pergunta é: "*Quem eu sou?*". Pedro respondeu em nome do grupo: "*Tu és o Cristo de Deus!*" (Lc 9,20). Os demais discípulos, calados, consentiram.

Então Jesus é mesmo o *Cristo de Deus* que prega pela oração, que prega por palavras e que prega fazendo sua total entrega ao Pai por nós. Os discípulos o conhecem e reconhecem como o "*Cristo de Deus*" e Ele não os desdiz. No entanto, proíbe divulgar isso porque seu papel de Messias ainda não chegara ao seu desfecho. Para maior clareza de todos que quisessem saber quem Ele era, não convinha contar o fim, antes do fim. "*O Filho do homem* (= o Cristo de Deus) *deverá sofrer muito, ser rejeitado pelos anciãos, sacerdotes-chefes e mestres da lei e, afinal, ser morto, mas ressuscitará no terceiro dia*" (Lc 9,22).

"Imediatamente Jesus proíbe severamente aos discípulos espalhar essa afirmação para outras pessoas. Ele conhece seus seguidores e sabe que estão ainda fanatizados pela ideologia dominante. Podem dar azo ao seu fanatismo e comprometer a missão de Jesus. Eles sabem que Jesus é o Messias, mas ainda não compreendem que tipo de Messias é Jesus" (LORASCHI, 2013, p. 59). Ainda pairava muito no ar que o Messias viria com o poder de um rei combativo, certamente da linhagem de Davi, com a capacidade de libertar de vez o povo judeu da dominação já longa dos romanos. Até entre os discípulos diretos de Jesus havia um certo espírito de zelotes, isto é, de guerreiros decididos a pegar a espada e enfrentar os romanos opressores e exploradores, que sufocavam qualquer tentativa de autonomia do povo judeu.

Jesus teve de enfrentar os homens fortes do dinheiro, do poder. Não é essa também a nossa situação? Não temos também de, como pequenos Davis, enfrentar os gigantescos Golias do dinheiro, do poder e os veículos de comunicação e as cátedras que querem ditar todas as verdades?

Jesus expõe três condições para segui-lo:

a. *Renunciar a si mesmo* – isto é, não endeusar-se. Não se dar por satisfeito com o ter, como se ele preenchesse todas as lacunas da realização humana.

b. *Tomar a cruz* – ir contra qualquer obstáculo e determinantemente querer encontrar-se com o *Cristo de Deus ressuscitado* lá na frente.

c. *Seguir a Jesus* – não olhar para trás, não parar. O CAMINHO já desbravou caminhos. É só seguir. Discernir. Ficar com os sentidos ligados aos sinais do nosso tempo. Assim valerá investir na vida, "perdendo-a", consumindo-a, desgastando-a, restaurando-a por causa dele.

■ Complementar a repercussão da Palavra dialogando

1. Assim, olhando globalmente este Evangelho, como nosso grupo está diante dele?
2. Que tesouros extraímos deste Evangelho?
3. No passar do dia a dia, o que faz Jesus em nossa vida? Ele, de verdade, toma parte em nossas atitudes? Achamos que ele aprova a todas?
4. Pergunta já repetida várias vezes: estamos determinados a seguir a Jesus? Estamos lembrados, não estamos? Pedro também estava decidido e prometeu, prometeu...

V – É TEMPO DE DIALOGAR COM O AUTOR DA PALAVRA

Jesus! O Projeto do Pai do qual tu és o executor inclui itens de suma importância para nós: eles se chamam: justiça, paz, entendimento, fraternidade, partilha, tomada da cruz. Teu objetivo nós sabemos qual é: vida em abundância para todos. Diante disso ficamos corados, envergonhados porque não fazemos tudo o que está ao nosso alcance. Há coisas demais por fazer. Seria tão bom se outras pessoas sacrificassem um pouco mais de suas vidas e as empenhassem por causa de ti e por causa de todos os que Tu amas. Nesta seara, sem ti nada podemos fazer. Dá-nos tua mão. Possivelmente as tuas chagas possam afervorar nossas ações. Isto te pedimos, ó Cristo de Deus.

VI – É TEMPO DE SEMEAR A PALAVRA

Entrevistemos três pessoas desconhecidas: na rua, no acesso ao metrô, no ponto de ônibus, na bilheteria do cinema ou em outro lugar público. Façamos a cada pessoa esta pergunta: "Para você, quem é Jesus Cristo?"

- Anote as respostas.
- Trazer as respostas no próximo Encontro.

13º DOMINGO DO TEMPO COMUM

Tema do dia

→ A decisão de seguir a Jesus não conta com facilidades, pelo contrário.

Objetivo

→ Avaliar com frequência o nosso seguimento de Jesus.

I – É TEMPO INICIAL DE ACLAMAR, INVOCAR, LOUVAR O SENHOR

■ Rezar com os participantes

Ó Pai, tu que enviaste o Espírito Santo para recordar-nos tudo o que teu Filho Jesus disse e ensinou, dá-nos a força para vivenciarmos e anunciarmos ao mundo a Boa-nova, confiantes na tua Palavra (cf. Jo 14,26).

II – É TEMPO DE ESCUTAR E ACOLHER A PALAVRA: Lc 9,51-62

■ Núcleo da Palavra

É o início da longa viagem de Jesus para Jerusalém. Havia necessidade de atravessar a Samaria e determinado povoado não quis acolhê-lo. Os irmãos Tiago e João não se conformam com a recusa. Querem vingança. Jesus os repreende e vão para outro povoado. Há alguns que se dispõem a seguir Jesus, mas querem impor suas condições, não as de Jesus. Aliás, Jesus não impõe; só propõe.

■ 1ª leitura: 1Rs 19,16b.19-21

O Senhor disse a Elias ungir Eliseu, como profeta em seu lugar. E assim se deu enquanto Eliseu arava o campo. Eliseu disse: *"Deixe-me dizer adeus aos meus pais. Depois seguirei você"* (1Rs 19,20). Tomou algumas providências e se colocou a serviço de Elias.

■ 2ª leitura: Gl 5,1.13-18

Foi Cristo quem nos libertou? Então somos verdadeiramente livres. Para isso fomos chamados. Não para nos acomodarmos, mas para servirmos uns aos outros. Que vivamos segundo o Espírito, não mais submetidos à Lei.

III – É TEMPO DE DINAMIZAR A PALAVRA

■ Desenvolvimento

- Formar um círculo.
- Retomar o texto do Evangelho de hoje Lc 9,51-62 para buscar respostas, indicando o versículo em que encontramos referência a:
  - tolerância religiosa.
  - encantamento com Jesus.
  - convite ao seguimento de Jesus.
  - renúncia.

Partilha

- Para seguir Jesus Cristo devemos conhecê-lo. Motivar os participantes para apresentarem o resultado da entrevista que fizeram (retomar o item VI do encontro anterior).

IV – É TEMPO DE REPERCUTIR A PALAVRA

O Evangelho deste Encontro assinala o início da grande viagem de Jesus a Jerusalém (Lc 9,51–19,27), onde chegará ao seu fim sua vida terrena e onde se dará sua ressurreição como outro início: Vida Nova de salvação para a humanidade. Em Jerusalém se dá o êxodo de Jesus, como também o êxodo da humanidade que conhecerá a mais completa libertação. Jesus não é um solitário. Jamais ele se apresenta como tal. Ou ele está entre os chamados seus, os discípulos, entre a multidão que quer vê-lo, ouvi-lo, tocá-lo; ou ele está entre os adversários, discutindo com eles, desafiando-os a renovar pensamento e atitudes, ou ele se retira para orar, e também então ele não é solitário, mas se une ao Pai que o enviou e celebra a comunhão trinitária. Na viagem são contadas muitas histórias e parábolas.

Todas as pessoas que se encontram com Jesus ao longo dessa viagem são provocadas a escolher: estar com ele, a favor da vida; estar contra ele, contra a vida. A opção de cada pessoa lhe traça o caminho e seu desfecho. Pode-se, portanto, dizer que caminhando com ele ou longe dele tecemos nossa sorte ou desgraça. (BORTOLINI, 2006, p. 627)

Na viagem também há anseios malsucedidos como a recusa de gente da Samaria em acolher Jesus e os dois discípulos *"porque perceberam que [Jesus] estava indo para Jerusalém"*, o que faz aflorar nos discípulos desejos de violência e Jesus os acalma e repreende (Lc 9,55). Aquela cena fica para trás. Para frente há muitos outros povoados, muita outra gente disposta a receber os peregrinos, os viajantes em busca do êxodo e do êxito, que não terá seu ponto final em Jerusalém, e sim, no lugar de honra e glória, à direita do Pai.

Em 721 a.C., aconteceu algo terrível para uma parte do reino de Israel. A Assíria do rei Acaz e do novo rei, seu filho, Ezequias conquista o território da Samaria. Os conquistadores levam gente importante, como os sacerdotes, por exemplo. Por sua vez, a Samaria que contava com os israelitas, passou a receber outra gente, provinda de várias nações. No início desse novo estado de coisas, o Senhor Deus recebeu o culto devido. No entanto, logo os mais influentes não eram israelitas; o Senhor Deus foi passado para trás e deuses diversos receberam culto em seu lugar. O rei administrou os conflitos. Era o tempo em que muitos temiam a Javé e também adoravam seus deuses (cf. 2Rs 17,33.41). Era um verdadeiro mosaico religioso. Historicamente, isso deu origem às desavenças entre judeus e samaritanos, que se arrastaram por séculos e séculos.

Em seguida, o Evangelho toca nas condições para alguém se tornar discípulo de Jesus. Consideremos essas três condições:

> *a)* optar por Jesus como única fonte de verdade e vida (Lc 9,57-58).
> *b)* optar por não subordinar o encargo missionário a interesses filiais (Lc 9,59-60); *c)* optar por não responder a interesses familiares na tarefa evangelizadora (Lc 9,61-62). (RETAMALES, 2005, p. 30)

No caso *a)* perdoem-nos os leitores e os participantes dos Encontros se usamos até uma palavra de certo modo vulgar ao dizer: quem é que poderá se entusiasmar em seguir um *pobretão* como Jesus, quase sem paradeiro? Mas há algo a elucidar:

> que o Filho do Homem não tem "onde reclinar a cabeça" (Lc 9,58) significa que não busca verdade, vida e luz na Lei mosaica, porque *Ele* é a Verdade, a Vida e a Luz (cf. Jo 8,12; 14,6). O discípulo que deseja seguir a Jesus transcende a Lei, as tradições dos antepassados, a instituição judaica... (Mt 23,2-4.15), e reclina a cabeça em Jesus, fonte plena de verdade, vida e luz. (RETAMALES, 2005, p. 31)

No caso *b)* a escolha é de Jesus, mas o escolhido quer impor suas condições, melhor dizendo, propondo suas condições. Jesus, então, lhe disse: *"Deixe que os mortos sepultem seus próprios mortos"* (Lc 9,60). Eis uma boa interpretação: "Nada deve atrasar nossa decisão. Ninguém nos deve reter ou frear. Os "mortos", que não vivem a serviço do reino da vida, já se dedicarão a outras obrigações menos prementes do que o reino de Deus e a sua justiça" (PAGOLA, 2012, p. 165).

No caso *c)* surge um outro candidato a seguir Jesus. Mas é alguém que sente muita dificuldade em separar-se dos laços familiares. Jesus, no entanto, tem uma proposta que indica a prioridade. Para entender, é só recorrer a Lucas 2,48-49. Jesus sabe até que ponto pode sondar o coração humano, até que ponto Ele pode testar a resistência das fibras do coração de homens e mulheres.

Jesus *"tomou resolutamente o caminho para Jerusalém"* (Lc 9,51) em cumprimento do plano do Pai.

Na Samaria "a hostilidade não é o ódio pessoal que Jesus encontra em Jerusalém. É evidência do preconceito nacional ou racial entre samaritanos e judeus. Os discípulos de Jesus não devem esperar livrar-se desse tratamento, mas a resposta não é a represália. Tiago e João precisam aprender a evitar choques inúteis e a procurar novos lugares para difundir o Reino" (BERGANT & KARRIS, 1999, p. 89). Atender ao chamamento do Reino de Deus torna-se prioridade. É graça muito grande dar prioridade às riquezas espirituais. Em nossos dias, os que atuam como missionários na Igreja percebem essa realidade, onde a vida espiritual, facilmente, é empurrada para segundo ou terceiro plano. Diante disso não podemos permanecer indiferentes.

■ Complementar a repercussão da Palavra dialogando

1. Nós sentimos que Jesus nos chama de maneira contínua?
2. Que o seu chamado é para o nosso bem e para o bem de tantas pessoas que esperam o nosso compromisso pastoral e missionário?
3. Já percebemos que a Igreja tem que ser criativa diante de tantos meios de comunicação, diante do colorido das imagens e diante dos apelos para as pessoas abraçarem toda sorte de facilidades e confortos?
4. Jesus pregava numa casa. Não havia mais espaços vazios nem dentro nem ao redor dela. Quatro homens carregavam um paralítico. Para fazê-lo chegar diante de Jesus, foram por demais criativos.
5. E nós, estamos usando de criatividade e ousadia para evangelizar?

V – É TEMPO DE DIALOGAR COM O AUTOR DA PALAVRA

Senhor, Jesus! Como é importante o fim do Evangelho deste Encontro: *"Quem põe a mão no arado e olha para trás não serve para o Reino de Deus"* (Lc 9,62). Quem se converte a ti, mas não renuncia radicalmente à própria vida do jeito que ela era antes, é só meio convertido, se é que se pode dizer assim. Converter-se, isto é, voltar-se para ti é mudar de rumo, sem ter saudade da outra estrada que ficou para trás. O arado não é para isso. Ele, ou hoje o trator, é para abrir sulcos, é para abrir fendas e plantar semente boa e que seja de proveito para o Reino de Deus. Jesus, que jamais usemos o arado ou o trator possante para desenterrar mágoas, desalentos, acomodações, pecados cuja responsabilidade já assumimos lá atrás. Esse campo não nos pertence mais. Como nunca te negas a estar conosco, sê nosso companheiro e nosso orientador, porque nós por ti já fomos conquistados (cf. Fl 3,12).

VI – É TEMPO DE SEMEAR A PALAVRA

Depois de termos colhido as respostas dos outros... Para nós, quem é Jesus Cristo? Vamos responder anunciando com a nossa vida de fé.

14º DOMINGO DO TEMPO COMUM

Tema do dia

→ É um direito de todos receber o anúncio do Reino.

Objetivo

→ Confirmar que somos seguidores de Cristo, temos como missão sermos anunciadores dele.

I – É TEMPO INICIAL DE ACLAMAR, INVOCAR, LOUVAR O SENHOR

■ Rezar com os participantes

Ó Pai, tu que enviaste o Espírito Santo para recordar-nos tudo o que teu Filho Jesus disse e ensinou, dá-nos a força para vivenciarmos e anunciarmos ao mundo a Boa-nova, confiantes na tua Palavra (cf. Jo 14,26).

II – É TEMPO DE ESCUTAR E ACOLHER A PALAVRA: Lc 10,1-12.17-20

■ Núcleo da Palavra

Setenta e dois discípulos iam anunciando Jesus nas cidades às quais ele iria chegar. Jesus lembrou-lhes que o campo da missão é enorme, mas pequeno o número de envolvidos. Era preciso pedir ao dono do campo da missão para mandar mais trabalhadores. Jesus os preveniu quantos aos perigos. Que deveriam ir desapegados de tudo. Que a primeira coisa a desejar deveria ser "a paz". Se houver alguém que receba a paz, será dele. Se não houver, ficará com os que Ele enviou. Disse também que seus enviados podem comer e beber onde forem acolhidos e que lhe fizessem todo tipo de bem. Afinal, o Reino de Deus estará ali. Se não houver boa acolhida, que seja sacudida a poeira.

■ 1ª leitura: Is 66,10-14c

A esperança se reacendeu quando o povo de Deus voltou do exílio na Babilônia. Mas tudo levaria tempo. O profeta tem isto na boca e no coração: esperança e a reconstrução. Quem ajudará nisso? O Deus que liberta. E isso é motivo de júbilo. Antes houve o luto; agora irrompe a alegria. E quanto a Jerusalém? Ela se parecerá com uma mãezona, com muito leite em seu seio. Seus filhinhos serão acariciados e bem tratados. O que resultará disso? Só pode ser muita alegria.

■ 2ª leitura: Gl 6,14-18

Paulo tem algum direito de gloriar-se? Sim, na glória do Senhor Jesus Cristo (Gl 6,14) e também na cruz de Cristo. Paulo esclarece para um certo grupo que pensava de modo diferente, que não importa a circuncisão ou a falta dela. O que importa mesmo é a "*nova criação*" (Gl 6,15). Paulo implora que ninguém mais o incomode, pois ele está com as cicatrizes de Cristo; esse modo de dizer mostra uma identificação com o Mestre.

III – É TEMPO DE DINAMIZAR A PALAVRA

■ Material necessário

Oito cartões com os seguintes textos:

1. *"A colheita é grande, mas os trabalhadores são poucos. Peçam ao dono da plantação com frutos maduros, que contrate mais gente para fazer a colheita";*
2. *"Tenham coragem! Eu envio vocês como cordeiros para o meio de lobos";*
3. *"Não se prendam às coisas pessoais. Liguem, sim, o seu coração à pessoa a ser anunciada";*
4. *"Vocês devem ser portadores da paz. Ter muita paz no coração";*
5. *"Durante o tempo de anúncio, ou seja, durante o tempo de trabalho no campo da plantação do Senhor, permaneçam na mesma casa. Vocês são anunciadores e não exploradores, nem aproveitadores";*
6. *"Atendam bem aos mais necessitados";*
7. *"Não percam tempo com pessoas que rejeitam o Projeto de Deus";*
8. *"Eu lhes digo: o Projeto de Deus é muito superior às ciladas de morte do demônio. Não se deixem dominar pelo poder e pelo sucesso. Façam o bem como doação arrecadada do fundo do coração de vocês mesmos e seus "nomes estarão escritos no céu".*

■ Desenvolvimento

- ■ Formar duplas.
- ■ Cada dupla retira um cartão para motivar o diálogo entre eles.
- ■ Dar um tempo para a reflexão e motivar a troca de cartão.
- ■ Repetir por três ou mais vezes a troca de cartões.

Partilha

- Questionar os participantes sobre qual foi o texto que tiveram maior dificuldade para refletir. Por quê? Deixar que se manifestem e concluir com uma motivação sobre o seguimento de Jesus.

IV – É TEMPO DE REPERCUTIR A PALAVRA

Já vimos que muitos se dispuseram a seguir a Jesus, porém, com certas ressalvas. O evangelista Lucas fala do envio de setenta e dois discípulos (Lc 10,1-12.17-20). Eram setenta e dois para lembrar um número semelhante de anciãos de Israel, influentes na política e na parte religiosa que, juntamente com Moisés, Aarão, Nadab e Abiú subiram até o altar de Deus, ocasião em que o povo organizado de Deus, e nele confiante, disse com o coração cheio de ardor: *"Faremos tudo o que Javé mandou e obedeceremos"* (Ex 24,3). Eram setenta e dois porque setenta e dois ou setenta eram então as nações conhecidas e nomeadas? Não importa muito essa exatidão de números. O que importa é que:

> o apelo a participar no anúncio do Reino é feito *a todos,* sem exceção. O Reino de Deus é a origem da missão cristã: todos são convocados a tomar parte na tarefa de anunciar a presença de Jesus, aquele que traz para dentro da nossa história o projeto de Deus. Jesus precisa de precursores [aqueles que caminham à frente] que anunciem não a si próprios, mas aquele que os enviou. (BORTOLINI, 2006, p. 633)

Jesus mandou rezar, munir-se de coragem, ser despojados, portadores da paz, solidários com os mais indefesos por doenças ou por idade. Mandou-os não se importar em agradar ou não agradar.

O grande tema que merece ser desenvolvido, porém, é o do *anúncio.*

Procurando ser o mais simples possível, poderemos dizer que *anúncio* é dar a terceiros a notícia a respeito de quem chegou ou está para chegar.

O que é que anunciamos?

A Boa Notícia do Reino, proclamado e realizado em Jesus Cristo. É assim que ensina o *Diretório Nacional de Catequese:* "O centro do *primeiro anúncio* (querigma) é a pessoa de Jesus, proclamando o Reino como uma nova e definitiva intervenção de Deus que salva..." (DNC, 30). Citando Santo Agostinho, o Documento diz: "Deus, que nos criou sem nós, não quer nos salvar sem nossa participação e responsabilidade" (DNC, 31).

Após o *primeiro anúncio* vem a catequese, "que leva o catequizando a conhecer, acolher, celebrar e vivenciar o mistério de Deus, manifestado em Jesus Cristo" (DNC, 43).

O mesmo documento alerta, não como novidade, mas para que se volte a dar atenção ao fato de que é no ambiente familiar que toda pessoa deveria receber o *primeiro anúncio* desvendando-lhe as bases daquilo que constitui o mistério da salvação. Anúncio que deve ser feito da maneira mais singela e espontânea.

Para que sejam anunciados a pessoa de Jesus Cristo e o seu Evangelho, devem ser aproveitadas as novas tecnologias, as inovações pedagógicas e científicas, como também é preciso que se conheça bem o ambiente em que se atua e ainda a faixa etária das pessoas a que se anuncia.

O alerta é sempre muito grande e o que se requer são os recursos para que ninguém na Igreja se contente só com o *primeiro anúncio*. "Diante do impacto dos contravalores e do secularismo é preciso crescer numa fé coerente, persistente, perseverante e comprometida" (DNC, 307).

A Igreja Católica é muito rica em documentos para fazer o anúncio, para esclarecer os seguidores de Jesus Cristo que nela vivem e atuam e para levá-los a se aprofundar na espiritualidade.

Os versículos finais do Evangelho deste Encontro dão algumas pistas muito claras: que os seguidores e discípulos de Jesus se contenham. Que sejam alegres, sim, porém contidos! O prêmio pelo trabalho de bons anunciadores, de catequistas, de pregadores, de exemplos de doação, esse prêmio não é dado agora. Não, não! Lá na frente ainda está Jerusalém, a cidade que vai fazer lembrar sofrimento e em uma de suas colinas o Calvário. Só depois virá a vitória na glória. Agora somos nós os convidados a darmos a melhor acolhida à Trindade santa. Então, será a Trindade que nos acolherá como servos e seguidores bons e fiéis. Isso desperta ardor missionário em nós?

■ **Complementar a repercussão da Palavra dialogando**

1. Na comunidade, todos são chamados a ser missionários ou só alguns? Como assim?
2. É verdade que o poder de Deus age por meio dos discípulos?

V – É TEMPO DE DIALOGAR COM O AUTOR DA PALAVRA

Jesus! Eu sinto o peso da responsabilidade que Tu me deste. Responsabilidade de ser anunciador do Reino, no qual cabem todos aqueles que distribuem os bons frutos colhidos nas suas plantações e nos ramos por ti cultivados. Junto com a tua presença efetiva sinto o peso porque a mim e a outros muitos cabe transformar a história de dominação do econômico, do egocêntrico, do individualista sem partilha em história de dignidade para todos. É de ti, Senhor, que nos vem a força, a coragem e o reencantamento. Que sejamos persistentes e perseverantes até o fim. No Evangelho de João, o discípulo amado (Jo 14,12), Tu foste absolutamente claro ao dizer: *"Quem acredita em mim, fará as obras que eu faço, e fará maiores do que estas, porque eu vou para o Pai"*. E foste embora de verdade. E entraste na glória. E, ao mesmo tempo, permaneces na nossa história porque és o Soberano Senhor do mundo. Debaixo desse teu olhar de Soberano Senhor é que se realizam maiores obras ainda. Não somos setenta e dois tão somente. Somos muitos, mas ao mesmo tempo tão poucos frente aos numerosos, aos quais a tua obra de salvação ainda tem de ser anunciada. Aqui é nosso campo de trabalho, aqui o nosso canteiro de obras.

Aqui nos cabe defender a vida a qualquer custo. Aqui têm de tremular bandeiras de esperança e madurar colheitas de vida fraterna. Acompanha, Senhor, nosso trabalho no amadurecer e no fazer a colheita.

VI – É TEMPO DE SEMEAR A PALAVRA

A Conferência de Aparecida (2007) pede que nossa Igreja, com todas as suas pessoas e organizações, faça uma verdadeira "conversão pastoral", para passar da mera "conservação" a uma atitude verdadeiramente missionária.

O que significa isso e como levá-lo à prática? Converse com pessoas da comunidade, com o pároco, com sua família.

15º DOMINGO DO TEMPO COMUM

Tema do dia

└➤ Comprometidos com os que sofrem.

Objetivo

└➤ Reconhecer que a prática do amor e da misericórdia que constrói a beleza da união entre as pessoas.

I – É TEMPO INICIAL DE ACLAMAR, INVOCAR, LOUVAR O SENHOR

■ Rezar com os participantes

Ó Pai, tu que enviaste o Espírito Santo para recordar-nos tudo o que teu Filho Jesus disse e ensinou, dá-nos a força para vivenciarmos e anunciarmos ao mundo a Boa-nova, confiantes na tua Palavra (cf. Jo 14,26).

II – É TEMPO DE ESCUTAR E ACOLHER A PALAVRA: Lc 10,25-37

■ Núcleo da Palavra

Um entendido na Lei quer saber de Jesus o que deverá fazer para herdar a vida eterna. Quem perguntou conhecia a resposta: amar a Deus e ao próximo. Jesus lhe recomenda que ele pratique o que conhece. E o homem da Lei tem mais uma pergunta:

"Quem é meu próximo?" Jesus, então, contou uma parábola de exemplo maior e concluiu: "Vai e faze o mesmo".

■ 1ª leitura: Dt 30,10-14

Obedecemos aos mandamentos do Senhor nosso Deus? Se assim for, Deus nos abençoará. Escolhamos, portanto, a vida. Deus é nossa vida.

■ 2ª leitura: Cl 1,15-20

Não há outras mediações salvíficas a não ser a mediação do Senhor Jesus Cristo. Por meio dele, Deus reconciliou todas as coisas consigo mesmo.

III – É TEMPO DE DINAMIZAR A PALAVRA

■ Desenvolvimento

- Formar um círculo.
- Apresentar a seguinte história para motivar o debate:

João é um homem de certas qualidades. Chegou a hora de sua partida desta vida.

Ele bate à porta do céu e pergunta a Pedro:
— *O senhor é o Pedro, não é? Aqui é a porta do céu?*
— *É, respondeu Pedro. É aqui, João.*
— *Incrível! Então você sabe que sou o João? Posso entrar já?*
— *Aguarde um pouco...*

Pedro se afasta por um tempo e volta com várias caixas nos braços e diz:
— *Jesus ofereceu para você estes presentes: o dom da fé, da esperança, da caridade, da solidariedade e outros. E os presentes voltaram todos. Você não os aceitou. Você não os quis.*

João, entristecido, dá passos para trás e reconhece que não será permitida sua entrada no céu.

Pedro se aproxima dele e diz: - *Os presentes que voltaram são seus... Ele está te aguardando, pois sabia que você viria buscá-los. Entre!*

João entrou pulando e gritando: - *Ele me perdoou! Teve compaixão de mim!*

Partilha

- Conversar com os participantes sobre a relação da história com o texto do Evangelho Lc 10,25-37.

IV – É TEMPO DE REPERCUTIR A PALAVRA

Em Lc 10,25-37, um episódio marca a longa viagem de Jesus para Jerusalém. Jesus é questionado por um doutor da Lei. Ao que parece, Jesus e o entendido na Lei estavam em lugar fechado. A conversa será que se passou na sinagoga? O entendido na Lei levantou-se e fez a pergunta para saber o que fazer para herdar a vida eterna. A intenção do entendido era testar a Jesus. Mas Jesus também o testou e o entendido, como era de se esperar, o respondeu direitinho com Dt 6,5 e Lv 19,18. Jesus ficou satisfeito com o conhecimento do homem. Desafiou-o, porém, a praticar seus conhecimentos. O entendido em Lei quis safar-se dessa e acrescentou mais uma pergunta: *"Quem é meu próximo?".* Jesus não lhe expôs nenhuma teoria. Só um caso prático. Um homem vinha em sentido contrário, de Jerusalém para Jericó. Esta cidade distava cerca de 40km da capital. Um homem foi assaltado, roubado e gravemente ferido. Dois homens, cumpridores da Lei e da religião não se importaram com ele. Não podiam desobedecer à Lei. Já um samaritano, que evidentemente não pertencia ao povo de Israel:

— viu o homem;
— teve compaixão, sensibilizou-se diante da dor do outro, venceu qualquer preconceito;
— aproximou-se dele (fez-se próximo);
— arranjou-se como pôde e enfaixou as feridas;
— dispôs do que tinha: azeite e vinho para lavar as feridas, fez o melhor naquele momento;
— colocou o ferido em seu próprio animal e ele andou a pé;
— interrompeu sua própria viagem. Nem se importou com o tempo;
— levou o ferido a uma pensão;
— onde continuou a cuidar dele;
— no dia seguinte desembolsou dinheiro;
— e deixou o homem ferido com o dono da pensão e confiou plenamente nele até mesmo como cuidador daquele ferido e deu sua palavra de homem:
— *"o que gastares a mais, eu pagarei na volta"* (Lc 10,35).

Procedimento perfeito, por parte dos dois. O samaritano não dominava o conhecimento, mas deixou-se levar pela compaixão, pelo serviço para com aquele de quem se fez próximo. No texto do Lv 19,18 o próximo era alguém do próprio povo. Aqui, na parábola de Jesus, não há fronteira geográfica ou política. O próximo é qualquer pessoa humana necessitada. O próprio interlocutor de Jesus entendeu assim. Faltava-lhe apenas um passo. O mais difícil para ele e, em geral, para todos nós, acatar as palavras de Jesus: *"Vai e faze o mesmo"* (Lc 10,37). Apesar de todos os transtornos em sua vida particular, o samaritano puxou para perto de si aquele homem semimorto e conseguiu que ele se recuperasse.

"À pergunta do escriba sobre o que devo fazer para herdar a vida eterna?" (Lc 10,25), a resposta de Jesus é esta: "quem se *faz próximo do desvalido* alcança a vida eterna" (RETAMALES, 2005, p. 37). Jesus vai até onde pode: pede ao homem entendido nas Leis que se espelhe nas atitudes humildes e completas daquele a quem ele considera inimigo.

■ **Complementar a repercussão da Palavra dialogando**

1. O "assalto" da parábola não acontece só nessa circunstância, sabemos disso. O "assalto" pode ser um mal, uma enfermidade a acometer alguém do nosso lado: mulher, marido, pai, mãe, filho ou a nós mesmos. E aí, como vamos ser bons samaritanos, boas samaritanas? Temos reservas espirituais para o que der e vier?
2. Como é que *fazemos o mesmo* diante do número enorme de vítimas de assaltos, do trânsito, das estradas, nos campos de futebol?
3. Ser samaritano como o Evangelho descreve é, de fato, uma característica do nosso grupo, da nossa comunidade?

V – É TEMPO DE DIALOGAR COM O AUTOR DA PALAVRA

Meu Jesus, amor gratuito do jeito desse que foi demonstrado e praticado pelo samaritano não vejo muito em mim. Não me vejo reproduzir na íntegra o figurino do samaritano. Falta-me ainda ver sempre a tua imagem em quem quer que seja, talvez na vítima de assalto, gemendo de dor, com ossos quebrados, deixando esvair-se o próprio sangue, indefeso, necessariamente entregue às mãos e ao coração de quem carrega compaixão diante da paixão e do sofrimento de outro alguém. Ainda me falta crescer em confiança em ti e na valorização da pessoa do outro, da outra. E sempre de novo bate aos ouvidos de minha consciência cristã a tua voz ao apresentar o teu mandamento: "*Amem-se uns aos outros, assim como eu amei vocês*" (Jo 15,12). Quebre em mim, Jesus, essa resistência de querer reservar sempre uma parte de "*azeite e de vinho*", como está no Evangelho de hoje, para me autocuidar. Senhor, eu não quero ser jogado fora, porém, sei muito bem que para permanecer unido a ti (cf. Jo 15,6) tenho de estar unido também ao meu próximo. Aí, sim, como tu prometeste, a nossa alegria será completa (cf. Jo 15,11). Deixa-me, Senhor, preencher as lacunas que existem e persistem.

VI – É TEMPO DE SEMEAR A PALAVRA

"A proximidade com Deus provém do amor, da abertura e da preocupação pelo próximo" (VANIER, 2004, 130).

- Como podemos explicar o dom do amor? Por palavras, gestos de solidariedade, de aproximação?
- Que tal assumirmos com empenho a atitude de aproximação entre nós? E em relação aos que estão distantes o que podemos fazer?

16º DOMINGO DO TEMPO COMUM

Tema do dia

→ Escutar a palavra de Jesus, aqui e agora, como melhor parte.

Objetivo

→ Refletir sobre a forma de nos comprometer com Jesus.

I - É TEMPO INICIAL DE ACLAMAR, INVOCAR, LOUVAR O SENHOR

■ Rezar com os participantes

Ó Pai, tu que enviaste o Espírito Santo para recordar-nos tudo o que teu Filho Jesus disse e ensinou, dá-nos a força para vivenciarmos e anunciarmos ao mundo a Boa-nova, confiantes na tua Palavra (cf. Jo 14,26).

II - É TEMPO DE ESCUTAR E ACOLHER A PALAVRA: Lc 10,38-42

■ Núcleo da Palavra

Duas irmãs hospedam Jesus. Marta cuida da casa. Maria dá atenção a Jesus. Faz sala. Marta até se sente incomodada, mas Jesus elogia a atitude de Maria, que o escuta.

■ 1ª leitura: Gn 18,1-10a

Abraão estava na entrada da tenda. Três homens se aproximaram. Ofereceu-lhes o que tinha para hospedá-los. Serviu-os debaixo da árvore, pois fazia muito calor. No fim da refeição quiseram saber da mulher de Abraão, Sara. "Está na tenda", respondeu ele. E um dos hóspedes disse então: *"No próximo ano eu voltarei. Então sua mulher já terá um filho"* (Gn 18,10). Aquilo seria impossível para o casal, mas não impossível para Deus.

■ 2ª leitura: Cl 1,24-28

Paulo se alegra com o próprio sofrimento porque esse sofrimento é prova de que ele está pregando o verdadeiro Evangelho. Cristo, a glória esperada, está na comunidade. Paulo aconselha e ensina para que todos saibam como crescer na vida cristã.

III – É TEMPO DE DINAMIZAR A PALAVRA

■ Desenvolvimento

- Formar de dois grupos – A e B.
- Inspirados no Evangelho que nos apresentam Marta e Maria que recebem Jesus, solicitar aos grupos:
  - O grupo A assume sobre si a personagem de Marta, que, por sua vez analisa só positivamente a personagem de Maria.
  - O grupo B assume sobre si a personagem de Maria, que, por sua vez analisa só positivamente a personagem de Marta.
- Dar tempo para se prepararem.

Partilha

- Colocar em comum a troca de ideias que houve em cada grupo.

IV – É TEMPO DE REPERCUTIR A PALAVRA

É o terceiro Encontro seguido em que nos detemos no capítulo 10 de Lucas. O primeiro foi o envio dos 72 discípulos; o segundo, a ação misericordiosa perfeita e acabada do samaritano e hoje o estilo de vida distinto de Marta e Maria. O Evangelho dá a entender que foi Marta que cedeu o espaço físico a Jesus. Provavelmente era a mais velha da casa e tinha uma posição de mando. Já Maria cedeu ouvidos e coração para escutar a palavra de Jesus. Ele estava em viagem para Jerusalém e parou acerca de 6km antes, em Betânia.

No dia em que não houver mais dona de casa, nem empregada, nem marido que assuma novo papel de parceiro também nas tarefas da casa; no dia em que mais ninguém deixar a cama arrumada, a roupa passada e cheirosa com perfume de amaciante; no dia em que mais ninguém tirar a poeira do chão e dos móveis, não haverá mais casa, lar, aconchego. Haverá só flats e lofts. Mas flats e lofts não são para quaisquer pessoas, pois não são para quaisquer bolsos. No dia em que não houver mais os cuidados todos com a casa, também não haverá mais espírito para cuidar e dar apreço aos que estiverem dentro dela como seus habitantes. No dia em que ninguém mais fizer coisa alguma dentro de casa, também não haverá mais casais porque nem um nem outro será mais alvo nem de elogio nem de crítica da outra parte. Morrerá à míngua até a bondade, pois ninguém, ninguém mesmo é bom sozinho. Cada um só é bom quando assume boa relação com alguém. No dia em que não mais houver o mínimo cuidado com a casa, nem um agrado para com o outro, a outra, nem um olhar de "eu te amo", o amor não mais existirá. No fundo do botijão já não haverá gás sequer para esquentar uma xícara de água para o café. O gás será desnecessário. Totalmente inútil, sem finalidade.

Quem sabe, se nada mais sobrar, sobre ainda um olhar lavado de saudade para Marta que se dedicou da melhor maneira ao hóspede, Jesus, em viagem para a cidade das contradições, Jerusalém, que o acolheu no templo, que o homenageou com hosanas e palmas e que, não muito mais tarde, o expulsou de suas ruas, de dentro de seus muros para fazê-lo morrer vergonhosamente no morro, como "parceiro" de dois ladrões.

Marta tinha muitos afazeres. Assumiu-os todos, mas desconfiava de si mesma, repreendia-se a si própria achando-se despreparada para dar conta deles. Pediu ajuda à irmã pela intervenção de Jesus. *"Manda que ela me ajude"* (Lc 10,40). E Jesus, aquele homem amigo, conhecido por sua misericórdia e compaixão, não atendeu ao pedido. Podemos imaginar que Jesus estragou o dia de Marta. Pelo menos, não sabemos por esse Evangelho tão sucinto, que leitura Marta fez diante de tal negativa. Jesus, porém, deu sua explicação. *"Marta, Marta, tu te afliges e te preocupas com muitas coisas"*(Lc 10,41). Não era a dedicação às numerosas tarefas que Jesus criticava, mas as palavras do Evangelho estão claras: *a aflição* e *as preocupações* atrapalham os bons resultados. Menos aflição, menos preocupação [repare bem na palavra: *pré+ocupação*, isto é, ocupação mental antes de dar início à ocupação em si] não resultam em mais amor. A censura de Jesus traz à luz o estado de alma de Marta: está "inquieta, preocupada e anda indisposta, perturbada, aflita. Marta, portanto, se move ansiosa e agitada, dividida interiormente pelas múltiplas tarefas da casa. Não se trata de um serviço sereno, mas de um mar de atividade nervosa; procura que a irmã mergulhe nele. Essa disposição de Marta é sinal contrário à disposição de Maria, que – com tempo e ar de serenidade – faz de Jesus *seu Mestre*, colocando-se à disposição para escutar sua palavra. Maria foge à lógica das coisas e opta pela lógica de Deus: *"Este é o meu Filho, o Eleito. Escutai-o"* (Lc 9,35) (RETAMALES, 2005, p. 40). Se os papéis tivessem sido trocados, não sabemos como Maria teria se saído. No entanto, nada nos autoriza a dizer que Maria estava omitindo-se em relação às tarefas caseiras. É possível supor que as irmãs repartissem os trabalhos diários. O certo é que Marta, ansiosa, aflita, querendo imprimir mais pressa às coisas do que devia, não teria *escutado bem o que Jesus lhe teria para dizer.* Talvez, o ideal teria sido se ambas, primeiramente, tivessem escutado *o amigo* que vinha com novidades; o *hóspede* que trazia impressões de viagem; o *Mestre* cujos ensinamentos valeria a pena escutá-los, em primeiro lugar, para alimentar o espírito. Sentadas *"a seus pés"*, certamente teriam aprendido lições de vida para aplicá-las, ali, em seguida. Depois viriam, a seu devido tempo, a ordem das coisas da casa e a refeição, tudo feito em dupla.

■ Complementar a repercussão da Palavra dialogando

1. Por que não ouvimos bem os outros? Por que somos muito seletivos, ouvindo bem o que nos interessa realmente?
2. Por que pensamos muito mais velozmente que a pessoa que nos fala?
3. Por que, por preconceito, nem acreditamos que a pessoa que nos fala seja a pessoa adequada a quem dar ouvidos?
4. Por que enquanto a pessoa fala nos ocupamos com objetos, cores, coisas que nos cercam no ambiente, com paisagens externas, com a imagem da TV?

V – É TEMPO DE DIALOGAR COM O AUTOR DA PALAVRA

Que o nosso agir de cristãos seja decorrência do nosso *escutar tua voz e tua Palavra, Senhor*. Que disponhamos todos os nossos sentidos com atenção, para que não aconteça que a tua Palavra seja levada embora e semeada à beira do caminho. Que não repreendamos Marta por seus bons serviços prestados, mas reconheçamos que Maria escolheu a melhor parte. Tu tens, Jesus, muitas riquezas e a todos concedes tuas abundantes graças. Que sejamos sábios e sábias ao escolher aquilo que é mais importante e duradouro. Haverá, sim, tempo para executar as outras tarefas.

VI – É TEMPO DE SEMEAR A PALAVRA

Vamos levar em consideração o seguinte texto:

> A *nova família* de Jesus são os discípulos que se sentam a seus pés e o aceitam como Messias de Deus. Junto com o caminhar e a perseguição, a ruptura com a família, quando a adesão a Jesus e o anúncio do Reino o exigem, é a nota distintiva do discípulo do Messias, coisas que nenhum outro em Israel pediu aos próprios seguidores. A passagem de Marta e Maria nos ajudará a aprofundar esta nova dimensão do discípulo: tornar-se membro da família de Jesus. (RETAMALES, 2005, p. 39)

Tiremos nossas conclusões práticas. Estamos envolvidos nisso!

17º DOMINGO DO TEMPO COMUM

Tema do dia

→ A oração de Jesus entregue aos seus seguidores.

Objetivo

→ Apresentar a importância da oração na vida dos cristãos.

I – É TEMPO INICIAL DE ACLAMAR, INVOCAR, LOUVAR O SENHOR

■ Rezar com os participantes

Ó Pai, tu que enviaste o Espírito Santo para recordar-nos tudo o que teu Filho Jesus disse e ensinou, dá-nos a força para vivenciarmos e anunciarmos ao mundo a Boa-nova, confiantes na tua Palavra (cf. Jo 14,26).

II – É TEMPO DE ESCUTAR E ACOLHER A PALAVRA: Lc 11,1-13

■ Núcleo da Palavra

Sabendo que Jesus rezava frequentemente, um dos discípulos pediu-lhe que os ensinasse a rezar. Ele ensinou o Pai-nosso.

■ 1ª leitura: Gn 18,20-32

Uma cidade conta com justos e injustos. Abraão conversa com Deus e quer saber quantos justos serão necessários para que Deus não castigue a cidade. Indagado pela última vez, Deus dirá: "*Por causa de dez justos eu não destruirei a cidade*" (Gn 18,32). A misericórdia de Deus vai até o fim e prevalece sempre.

■ 2ª leitura: Cl 2,12-14

Com Cristo fomos sepultados no Batismo e nele fomos ressuscitados, mediante a fé no poder de Deus, pois foi Deus que ressuscitou Cristo dos mortos. Se estávamos mortos pelo pecado, Deus nos concedeu a vida juntamente com Cristo. Não somos mais escravos do pecado, e sim, livres, só submetidos a Cristo.

III – É TEMPO DE DINAMIZAR A PALAVRA

■ Desenvolvimento

- Formar seis grupos, se possível.
- Cada grupo deverá desenvolver o máximo que puder aquilo que souber ou imaginar sobre um pedido da oração e registrar por escrito. Se o número de participantes for muito pequeno, cada grupo assume mais de um pedido da oração.
  - Pai, santificado seja teu nome.
  - Venha o teu reino.
  - Dá-nos o pão necessário para cada dia.
  - E perdoa os nossos pecados.
  - Porque também nós perdoamos a quem é o nosso devedor.
  - E não nos deixes cair em tentação, mas livra-nos do mal.

Partilha

- Motivar os grupos para uma apresentação dos trabalhos e concluir rezando juntos a oração do Pai-nosso.

IV – É TEMPO DE REPERCUTIR A PALAVRA

Lucas intui bem o testemunho de Jesus na intimidade dele com o Pai pela oração. Há mais de uma dezena de passagens do Evangelho e de Atos dos Apóstolos em que ele faz alusão à oração. As repetidas vezes que Jesus reservava seu tempo para conversar com o Pai causaram viva impressão nos discípulos. Tanto é que na passagem do Evangelho de hoje, um deles tomou a iniciativa e pediu: "*Senhor, ensina-nos a rezar*" (Lc 11,1). E, prontamente, Jesus lhes ensinou o Pai-nosso, que se encontra em Mt 6,9-13 e aqui, em Lc 11,2-4, numa forma mais sucinta que, talvez, mais corresponda à forma original proferida em língua aramaica, a língua familiar usada todos os dias por Jesus.

Jesus reza com frequência, incentiva os discípulos a ser perseverantes na oração e colhe os frutos do seu exemplo de oração.

Lc 1,10: o quadro que se apresenta é este: Zacarias oficiando o culto, *a assembleia que rezava* e o anjo comunicando a Zacarias que sua esposa, Isabel, iria ter um filho.

Lc 6,12-13: Jesus *passou toda a noite em oração*. No dia seguinte *chamou seus discípulos, e escolheu doze dentre eles*.

Lc 9,29: *Enquanto Jesus rezava, seu rosto mudou de aparência...*

Lc 18,1ss.: Jesus relata até uma parábola para reforçar a ideia e a prática da oração constante.

Lc 18,10ss.: E como se não bastasse, emendou uma segunda parábola, visando ao mesmo objetivo: rezar sempre.

Lc 21,29ss.: Jesus não se cansa e insiste e conta mais uma parábola e alerta quanto à iminência do fim. Que os discípulos rezem *o tempo todo* (Lc 21,36).

Lc 22,46: Hora crítica para Jesus. Ele ora no monte das Oliveiras, repreende os discípulos que só dormem naquela hora de perigo iminente e os chama novamente à oração *para não caírem na tentação*.

At 2,42: Lá na frente, depois da ressurreição, no início das primeiras comunidades, Jesus colhe os frutos do seu exemplo de oração, pois os cristãos *eram perseverantes na oração*.

At 7,60: Estêvão, sendo martirizado, reza, entregando-se a Deus e pedindo perdão pelos seus algozes, como fez Jesus.

At 20,17-38: Paulo se despede da comunidade de Éfeso. Reza com ela.

At 27,1-44: Na viagem de navio para Roma, *Paulo tomou o pão, deu graças a Deus diante de todos...* (At 27,35). Na verdade, todos se alimentaram depois de dias seguidos de Jejum.

A oração é para alcançar justiça (humana), mas também a justificação (receber a vida de Deus), como acontece no episódio do publicano que voltou justificado (Lc 18,2-4). Lucas sugere a insistência, como amigo inoportuno que tem necessidade de pôr à mesa um hóspede (Lc 11,5-8), ao passo que Mateus insiste na adesão do coração, porque "*o Pai de vocês sabe*" (Mt 6,8). A oração concede o Espírito e é este que faz orar (cf. Lc 11,13). A uma Igreja enfraquecida e talvez frustrada pela insistência sobre a oração, Lucas faz entender que a salvação é mais obra de Deus do que do homem. (MARCONCINI, 2001, p. 168)

O Pai-nosso por dentro – Para começar, é fácil de observar: Mateus, que escreve para judeus, começa com "*Pai Nosso*", isto é, Deus de todo o povo, de toda a nação. Não assim entre o mundo politeísta dos gregos ao qual Lucas endereça, em primeira linha, o seu Evangelho.

a. *Pai, santificado seja teu nome* – Lucas, até pelo Pai-nosso quer levar ao mundo grego o que é da vida do povo de Deus. O fundamento da oração é a Aliança desse povo com seu Deus. Um Deus marcadamente presente no Templo, mas também à frente e no meio de seu povo aliado. "*Vocês são filhos do Senhor, seu Deus*" (Dt 14,1). Portanto, o povo de Israel tem essa consciência de *filiação*. Consciência essa que não se pode perder agora com o *novo*, com Jesus Cristo a ser anunciado por toda parte. Há, portanto, uma abertura, um livre intercâmbio entre o *Pai* e os *filhos*. Deus é santo e sua santidade deve livremente poder se expandir por toda parte. Deus, em si, é digno de louvor. Não venha o ser humano criar empecilhos para isso!

b. *Venha o teu reino* – Deus é digno de louvor pelo que é (=*Nome*) e digno de louvor pelo que constrói (= *Reino*). A construção desse Reino, esse projeto sempre novo se realiza de maneira perfeita em seu Filho, Jesus Cristo e, na sociedade somos nós que para ele contribuímos.

c. *Dá-nos o pão necessário para cada dia* – Pão necessário de todo tipo para que cada criatura humana viva em condições dignas de *filho* ou *filha* de um *Pai* que nada deixa faltar.

d. *E perdoa os nossos pecados* – Para a oração de Jesus se reproduzir com sinceridade nas relações entre homens e mulheres não pode existir o rancor, muito menos ainda a vingança, mas o perdão, numa consciência profunda de que todos são *filhos, filhas*. Os que ofendem e os que são ofendidos.

e. *Porque também nós perdoamos a quem é o nosso devedor* – Em nome da nossa *filiação* é que, pelo dom que de Deus recebemos, temos de tomar a iniciativa de perdoar.

f. *E não nos deixes cair em tentação* – "Às tentações do poder, do ter e do prestígio os cristãos respondem com a partilha, serviço, igualdade, solidariedade e disponibilidade como instâncias para construir nova sociedade e história" (BORTOLINI, 2006, p. 647).

Mais uma última observação bem pertinente à oração do Pai-nosso é lançar um olhar em Mt 6,5-8. Vale a pena olhar lá! Aprende-se mais como deve ser a verdadeira oração.

Podemos estar seguros de que nossos pedidos chegam a Deus e de que Ele nos dá uma resposta, não necessariamente atendendo àquilo que pedimos ou do jeito que pedimos. Afinal, confiamos nele ou não? Sabemos ou não sabemos que Ele faz escolhas melhores do que as nossas?

Mas, ora! Se ele tudo sabe por que pedir, procurar, bater? Porque nós é que temos de dizer o que sentimos, onde dói, em que cremos, o que esperamos, como amamos e reconhecer que a nossa vida depende da dele. Portanto, tratemos de orar, de curtir intimidade com o Pai. Este nosso Pai com certeza não dá serpente em lugar de peixe, nem um escorpião em lugar de um ovo. E só dá boas coisas, melhores do que as que pedimos. Ele só nos enriquece, pois nos dá o Espírito Santo se o pedirmos.

■ **Complementar a repercussão da Palavra dialogando**

1. O mundo precisa de perdão? Especialmente em quais casos?
2. Pedimos a Deus que nos livre de que mal?

V – É TEMPO DE DIALOGAR COM O AUTOR DA PALAVRA

Jesus, nada mais justo do que seguir, aqui, o exemplo de oração que Tu nos ensinaste, repetindo-a novamente:

a. Pai, santificado seja teu nome
b. Venha o teu reino
c. Dá-nos o pão necessário para cada dia
d. E perdoa os nossos pecados
e. Porque também nós perdoamos a quem é o nosso devedor
f. E não nos deixes cair em tentação.

VI – É TEMPO DE SEMEAR A PALAVRA

Se não quisermos apenas "brincar" nas águas rasas da "praia" da vida cristã, sejamos pessoas mais ousadas e corajosas. Avancemos no conhecimento de nós mesmos e na nossa situação relacional com o Senhor.

18º DOMINGO DO TEMPO COMUM

Tema do dia

└─▸ De que adiantam o acúmulo de bens e a ganância sem a riqueza diante de Deus?

Objetivo

└─▸ Reconhecer que para construir uma vida digna devemos nos libertar da ganância que asfixia.

I – É TEMPO INICIAL DE ACLAMAR, INVOCAR, LOUVAR O SENHOR

■ Rezar com os participantes

Ó Pai, tu que enviaste o Espírito Santo para recordar-nos tudo o que teu Filho Jesus disse e ensinou, dá-nos a força para vivenciarmos e anunciarmos ao mundo a Boa-nova, confiantes na tua Palavra (cf. Jo 14,26).

II – É TEMPO DE ESCUTAR E ACOLHER A PALAVRA: Lc 12,13-21

■ Núcleo da Palavra

Alguém precisa de Jesus para a distribuição da herança familiar. Ele diz que não é juiz na questão. E adverte o povo para tomar cuidado com a ganância, pois a vida do homem não depende das riquezas. E conta uma parábola.

■ 1ª leitura: Ecl 1,2; 2,21-23

O livro do Eclesiastes, logo em seu início, lembra que tudo é passageiro, fugaz. Há os que trabalham com afinco pela sabedoria, e tudo deixam como herança para outro que em nada se afadigou.

■ 2ª leitura: Cl 3,1-5.9-11

Paulo nos diz que fixemos nosso pensamento nas coisas do alto, onde Cristo está sentado à direita do Pai. Que nos desprendamos daquilo que pertence à terra, onde se praticam as idolatrias.

III– É TEMPO DE DINAMIZAR A PALAVRA

■ Desenvolvimento:

- Formar pequenos grupos.
- Cada grupo pode escolher um dos temas a ser dramatizado:
  - ○ Ganância não faz bem para a saúde da alma.
  - ○ A própria narrativa da parábola.
- Dar tempo para preparação e apresentação.

Partilha

- Propor uma roda de conversa para troca de comentários sobre as apresentações.

IV – É TEMPO DE REPERCUTIR A PALAVRA

O Evangelho deste Encontro começa com um gesto mal-educado. Jesus estava falando aos seus discípulos, que tomassem cuidado com a hipocrisia, com o pouco caso com a verdade, alertando que a certa hora tudo será conhecido, nada ficará sem ser revelado. Aí, no meio da multidão, alguém interrompeu a palavra de Jesus, dizendo: *"Mestre, dize a meu irmão que reparta comigo a nossa herança"* (Lc 12,13). Entre os judeus, aos rabinos era dado intervir em questões de herança. Jesus não dá uma resposta como intermediário, mas muda o foco de sua exposição e fala sobre a riqueza e a ganância (representada pelo primeiro dos quatro cavalos em Apocalipse, cap. 6). Por diversas vezes citamos Benito Marconcini, doutor em teologia. Esse autor e professor faz um elogio rasgado ao evangelista Lucas, por exemplo agora, quando ele diz que o terceiro evangelista "sabe pôr em relevo a psicologia dos personagens que parecem pensar em voz alta, como o rico que era louco" (MARCONCINI, 2001, p. 155). Jesus, de fato, faz um julgamento bem rigoroso com relação a quem não souber amealhar riquezas interiores diante de Deus.

O rico, na verdade, é criticado porque com ninguém reparte. Segundo Pagola, "em seu horizonte não aparece mais ninguém. Ao que parece, não tem esposa, filhos, amigos nem vizinhos [...]. Acumula bens, mas não conhece a amizade, o amor generoso, a alegria ou a solidariedade" (PAGOLA, 2012, p. 205). Mas o rico também é invejado: "ah! se eu tivesse o que ele tem!" O rico deste evangelho tem quase tudo o que deseja e os negócios estão indo bem. Muito bem! O que lhe falta? Incrível! Falta-lhe espaço para estocar os bens. E ele toma a decisão de empresário hábil e bem sucedido: derrubar os armazéns velhos e pequenos e construir maiores. Depois, sim! Depois ele terá o controle da vida em suas mãos e dirá à sua própria alma: *"tens muitos bens depositados para longos anos; descansa, come, bebe, goza a vida"* (Lc 12,19). E o rico acumulou, acumulou, mas deixou de pôr nos seus celeiros a sabedoria. Não aprendeu, com toda a sua experiência empresarial que a vida é como um potro, como um cavalo indomado e que não será com o brilho de coisas caríssimas que se deixará domar.

Aquele homem rico teve um pressentimento. Ouviu a voz de alguém que lhe era distante. Era a voz de Deus que escarafunchava a sua consciência e lhe dizia mais ou menos assim: "hás de partir. Afinal, não partilhas com ninguém o que tens!". E Deus interveio ainda mais claramente e com severidade: *"Louco, nesta mesma noite ela [a vida] te será tomada! E para quem ficará o que ajuntaste?"*(Lc 12,20). Deus mesmo o chama de *louco*, isto é, *insensato! Que prescinde de Deus*, que *"ajunta riqueza para si, em vez de se enriquecer diante de Deus"*(Lc 12,21).

Esta última frase diz muito. Aquele homem (e pelo que se observa, são muitos os homens assim!) *ajunta riquezas para si*. O outro, o próximo nem entra em cogitação. Deus também não. O *ter*, na verdade, não é um mal. O mal é *reter*. Segurar só para si, nada repartir com ninguém. Dizer-se dono exclusivo e absoluto dos bens materiais e da vida.

> É uma insensatez viver tendo como único horizonte alguns celeiros onde possamos continuar armazenando colheitas. É sinal de nossa pobreza interior. Embora não o creiamos, o dinheiro nos está empobrecendo. Viver acumulando pode ser o fim de todo prazer humano, a ruína de todo o verdadeiro amor. (PAGOLA, 2012, p. 209)

■ **Complementar a repercussão da Palavra dialogando**

1. Essa passagem de Lucas é suficientemente clara ou gostaríamos de discutir outros aspectos ainda? Quais?
2. Nós, pequeno grupo de cristãos, o que podemos fazer para reduzir, ainda que seja um pouquinho só, as grandes diferenças sociais? Há alguma coisa que podemos pôr em prática? O que já praticamos?
3. Se houver algum empresário ou comerciante no grupo, discuta-se como ser fiel ao Evangelho diante do que ele nos apresenta como proposta hoje.

V – É TEMPO DE DIALOGAR COM O AUTOR DA PALAVRA

Senhor Jesus, que sempre seja muito claro para o nosso pensar e o nosso agir que o "Reino de Deus" é a vida que se abre para partilhar, não para reter. Que nós não caiamos na rede do homem da parábola que *ajuntava só para si*. Há outro tipo de riqueza que nos enriquece diante de Deus. Pois é diante de Deus que temos irmãos, filhos necessitados e muitos apelos para partilharmos. Não permitas Senhor, que sejamos dominados pela insensatez. Esta nos faz ver como pontos centrais do mundo, mas, no fundo, somos tão periféricos que a qualquer momento podemos desaparecer do mapa. Senhor, dá-nos sabedoria, espírito solidário, em marcha para o teu Reino, onde os celeiros não conhecem ferrugem e os "produtos" jamais conhecerão a corrupção. Que tenhamos juízo bastante e nos preparemos bem para estarmos onde tu estiveres, Senhor. Além disso, bem que disseste que nós já conhecemos o caminho (cf. Jo 14,4).

VI – É TEMPO DE SEMEAR A PALAVRA

Temos um desafio: "Todos os fiéis cristãos são chamados a transformar o mundo segundo o Evangelho... A vida de cada comunidade eclesial precisa ser coerente com o Evangelho, mobilizadora pela própria maneira de ser, de agir" (DNC, 145).

Entremos nessa! Vamos fazer a diferença!

19º DOMINGO DO TEMPO COMUM

Tema do dia

→ O papel mais destacado da autoridade é servir.

Objetivo

→ Apresentar o Reino de Deus que está para ser construído por nós.

I – É TEMPO INICIAL DE ACLAMAR, INVOCAR, LOUVAR O SENHOR

■ Rezar com os participante

Ó Pai, tu que enviaste o Espírito Santo para recordar-nos tudo o que teu Filho Jesus disse e ensinou, dá-nos a força para vivenciarmos e anunciarmos ao mundo a Boa-nova, confiantes na tua Palavra (cf. Jo 14,26).

II – É TEMPO DE ESCUTAR E ACOLHER A PALAVRA: Lc 12,32-48

■ Núcleo da Palavra

Que o Reino não seja acumulativo, mas distributivo. Estar preparado para a vinda do Senhor. Felizes os servidores que o patrão encontrar acordados. Eles terão parte no banquete dele. O servidor preguiçoso estará sujeito a punições. A quem muito foi dado, muito será pedido.

■ 1ª leitura: Sb 18,6-9

O autor tem por justo que os egípcios deviam sofrer de acordo com a morte que impuseram aos filhos de Israel. Assim como um menino de Israel foi salvo, isto é, Moisés, assim todos os soldados do Egito tiveram seu fim trágico no mar. Israel livrou-se das águas e passou a celebrar esse feito chamando-o de Páscoa, em que se entoavam com entusiasmo hinos conhecidos dos antepassados.

■ 2ª leitura: Hb 11,1-2.8-19

Pela fé já possuímos o que ainda esperamos, mas ainda não vemos. Por causa da fé, os antigos receberam a aprovação de Deus como, por exemplo, Abraão. Foi para terra desconhecida e morou em tendas junto com Isaac, o filho, e Jacó, o neto. Também pela fé, Sara concebeu e deu descendência a Abraão. Viram-se peregrinos na terra. Aspiravam por uma terra melhor, ou seja, a pátria celeste. Pela fé, Abraão passando por uma severa prova, quase imolou seu filho Isaac, pois *"Abraão pensava que Deus é capaz de ressuscitar os mortos"* (Hb 11,19).

III – É TEMPO DE DINAMIZAR A PALAVRA

■ Material necessário

Cópias, em número suficiente, das seguintes passagens do Evangelho:

a. *"Não tenha medo, pequeno rebanho..."* (Lc 12,32).
b. *"Onde está o seu tesouro, aí estará também o seu coração"* (Lc 12,34).
c. *"Estejam com as lâmpadas acesas"* (Lc 12,35).
d. *"Felizes os empregados que o patrão encontrar acordados quando chegar"* (Lc 12,37).
e. *"A quem muito foi dado, muito será pedido"* (Lc 12,48).

■ Desenvolvimento

- Formar pequenos grupos.
- Cada grupo receberá seis papeizinhos com as passagens bíblicas.
- Cada participante do grupo comenta um dos textos, relacionando-o com sua história de vida.

Partilha

- Motivar os participantes para falar sobre como foi a experiência de relacionar o texto bíblico a sua história de vida.

IV – É TEMPO DE REPERCUTIR A PALAVRA

Estamos diante de mais um trecho do Evangelho, Boa Notícia que é Jesus Cristo. Um programa de vida para nós!

A passagem de Lucas, que o 19º Domingo do Tempo Comum nos oferece para reflexão e roteiro de vida é dividido em pequenos blocos.

1º bloco: Lc 12,32-34 – Jesus diz aos discípulos que deixem de lado o medo que possa vir por antecipação pelas dificuldades, e arranjar o que lhes for necessário: o sólido para comer; o líquido para beber, porque o Pai terá gosto de dar-lhes o Reino, isto é, tudo o que de bom possa haver na trajetória humana. Se esse Reino for buscado como prioridade aí, sim, o comer, o beber, o vestir-se virá para o acréscimo ao *"pequeno rebanho"*. O novo, o mundo novo com Cristo e por Cristo começa como um *"pequeno rebanho"*. A este caberá crescer e escrever uma nova história. A indicação é que os discípulos partilhem e compartilhem. É dentro da partilha e do compartilhamento que se situa a *"esmola"*, mas esmola que realmente signifique *dignificação* da vida do mais necessitado, tirando-o de situação material, social ou espiritualmente sub-humana, a ponto de elevá-lo a uma experiência de vida digna, justa, honesta e temente a Deus. Isto sim será um grande tesouro que ladrão algum arrebatará nem traça alguma encherá de furos.

2º bloco: Lc 12,35-40 – Jesus fala sobre o que deverá fazer parte da vida do discípulo, sempre dentro de um grande contexto da viagem a Jerusalém. Jesus, como que para com seus pensamentos e remete ao final: a vigilância à espera do Senhor. Esse é o sentido da parábola. O certo é que o Senhor virá, só não se sabe quando... O Senhor terá tanta satisfação em encontrar os discípulos (= certamente nós no meio deles) vigilantes, e se seguirá um banquete, e o Senhor Jesus *"mesmo passará entre eles (e nós) para servi-los"*. O pastor evangelho, Juanribe Pagliarin, faz uma observação muito pertinente a este respeito: "É muita bem-aventurança: aqueles que O serviram na Terra, serão servidos por Ele no céu!" (PAGLIARIN, 2005, p. 323).

3º bloco: Lc 12,41-48 – Pedro quer saber se a parábola é contada só para os discípulos ou para todos. E Jesus devolve a pergunta com outra pergunta. Como o Senhor espera encontrar seu administrador? *Vigiando* e *servindo*. E se assim suceder, *"Ele o fará administrador de todos os seus bens"*. E aquele servidor que não *vigiar* nem *servir*? Se ele conhecer a vontade do patrão, seu senhor, mas não tiver procedido conforme essa vontade receberá um castigo por ter agido de má-fé. Mas quem não conhecer a vontade do patrão receberá castigo mais brando. É dentro desse enfoque que em uma oração eucarística se pede que o Senhor receba em seu Reino aqueles cuja fé só Ele conheceu.

O final do Evangelho não precisa de comentário, mas requer redobrado cuidado e toda responsabilidade: *"A quem muito se confiou, dele muito será exigido"*.

A quem é que foi confiado muito?

— aos que conhecem o Evangelho, o Cristo, sua Igreja, os meios para uma vida cristã salutar;

— aos que foi entregue, como na parábola, o papel de liderar, organizar, vigiar e servir;

— aos que receberam dons e carismas especiais.

O Deus-patrão, certamente, tem todo o direito de exigir muito ou não?

Com outras palavras, podemos dizer ainda que o texto todo fala de uma conversão. O que é converter-se? É virar-se para o lado de Cristo e nele querer permanecer. Mesmo como cristãos, mesmo como homens e mulheres que têm fé, somos fracos e sujeitos a afastar-nos ora mais ora menos de Cristo. Por isso nossa conversão não se dá de uma vez por todas. Ela tem que ser, sim, renovada, aprofundada, bem assentada no chão, contínua. Nossa conversão não pode ser tão somente uma preparação para o céu. Deus quer a nossa felicidade também aqui na terra. A conversão cristã exige rever "especialmente tudo o que diz respeito à ordem social e consecução do bem comum" (EG, 182). O cristão, a cristã estará cada vez mais convertido ou convertida à medida que "procura estar sempre onde fazem mais falta a luz e a vida do Ressuscitado" (EG, 30). E para completar: "Ninguém pode sentir-se exonerado da preocupação pelos pobres e pela justiça social: A conversão espiritual, a intensidade do amor a Deus e ao próximo, o zelo pela justiça e pela paz, o sentido evangélico dos pobres e da pobreza são exigidos a todos" (EG, 201).

■ Complementar a repercussão da Palavra dialogando

1. Nós, realmente, cremos que somos responsáveis pelo Reino de Deus? Reino a ser construído, Reino onde se devem destacar, e muito, a justiça e a fraternidade?
2. Como é que o nosso grupo, nossa comunidade estão a serviço do Reino? Falemos, em síntese, o que está acontecendo positivamente!
3. Considerando o *conhecimento, a vontade de Deus, os dons distribuídos, os bens confiados, as exigências,* o que é que o grupo reivindica como prioritário para a sua comunidade?

V – É TEMPO DE DIALOGAR COM O AUTOR DA PALAVRA

Ó Jesus, que nós, que te conhecemos, saibamos também amar nosso irmão, partilhar os dons, bem como os bens. Que andemos sempre com as "lâmpadas acesas" a fim de que dia após dia, de modo vigilante e atuante antecipemos as realidades que Tu mesmo nos prometeste, até que fiéis e perseverantes as vivamos plenamente.

VI – É TEMPO DE SEMEAR A PALAVRA

Onde quer que estejamos, convertamos em prática o apelo que o Evangelho nos faz: valorizar, cultivar e agradecer o despertar de uma nova consciência como leigos e leigas que vivem hoje sua adesão a Jesus e a sua Igreja.

Vamos fortalecer o vínculo de unidade com Jesus Cristo e ser uma Igreja mais acolhedora e aberta aos desafios do mundo atual.

20º DOMINGO DO TEMPO COMUM

Tema do dia

→ Optar por Jesus traz divisões. O alerta é dele mesmo!

Objetivo

→ Manter aceso o fogo trazido por Jesus Cristo.

I – É TEMPO INICIAL DE ACLAMAR, INVOCAR, LOUVAR O SENHOR

■ Rezar com os participante

Ó Pai, tu que enviaste o Espírito Santo para recordar-nos tudo o que teu Filho Jesus disse e ensinou, dá-nos a força para vivenciarmos e anunciarmos ao mundo a Boa-nova, confiantes na tua Palavra (cf. Jo 14,26).

II – É TEMPO DE ESCUTAR E ACOLHER A PALAVRA: Lc 12,49-53

■ Núcleo da Palavra

Jesus veio trazer fogo à terra e seu desejo: que ele já arda, o que se dará pelo *Batismo* em que haverá o derramamento de seu sangue para lavar toda humanidade de seu pecado. Por isso haverá divisão, pois cada qual terá de fazer a sua opção com relação a Jesus (ou declinar disso).

■ 1ª leitura: Jr 38,4-6.8-10

Quem do povo de Israel ficar na própria terra morrerá pela espada, de fome ou por causa da peste; quem for dominado pelos babilônios, por eles será levado, mas conservará a vida. Assim profetizou Jeremias. Em vista disso, altos funcionários do rei Sedecias disseram que Jeremias devia ser levado à morte e prenderam-no e foi jogado em um poço. Ebed-Melec, o etíope, disse ao rei que Jeremias não devia permanecer no poço. O rei consentiu e alguns homens atiraram trapos dentro do poço e dali conseguiram libertar Jeremias, que continuou profetizando.

■ 2ª leitura: Hb 12,1-4

Jesus nos estimula a perseverar. Fora com aquilo que nos atrapalha. Fixemos nosso olhar em Jesus, *"autor e consumador da fé"* (Hb 12,1). Jesus, para alcançar a glória passou pela morte de cruz. Que se pense bem nisso.

C

III – É TEMPO DE DINAMIZAR A PALAVRA

■ Material necessário

Uma tocha e fogo para acendê-la.

■ Desenvolvimento

- Formar um círculo.
- Entra um participante com uma tocha acesa.
- Motivar os participantes para um debate com as seguintes questões:
  - que ligação existe entre a tocha e o Evangelho?
  - e que ligação encontramos entre a tocha acesa, o Evangelho e a nossa vida cristã?
- Concluir passando a tocha de mão em mão enquanto se entoa um cântico que fale de fé.

IV – É TEMPO DE REPERCUTIR A PALAVRA

"*Eu vim trazer fogo à terra*" (Lc 12,49). Que fogo? Um fogo que arde e transforma. O fogo transforma a frieza do ferro cinza-escuro em fogo vermelho. O fogo transforma o ser humano de apagado, desanimado, sem entusiasmo em coração que arde constantemente por uma causa.

Como se dá tudo isto?

- Pelo próprio Cristo que "*batizará com o Espírito Santo e com fogo*" (Lc 3,16). É desse Espírito que Jesus fala ao dizer na primeira frase do Evangelho deste encontro: "*Eu vim trazer fogo*".

  Em Cristo tanto arde o seu amor pela humanidade que ele se faz grão de trigo que entra no sufocamento da terra para dela sair como nova planta. Na morte dá-se o seu Batismo de sangue para incandescer a humanidade. Lucas registra isso muito bem ao dizer com as palavras do próprio Cristo: "*Não era necessário que o Cristo sofresse tudo isso para entrar na sua glória?*" (Lc 24,26).

  Os discípulos, desde o primeiro momento, captaram esse simbolismo forte do fogo, quando um deles, em Emaús, disse: "*Não estava ardendo o nosso coração quando ele nos falava pelo caminho e nos explicava as Escrituras?*" (Lc 24,32). Portanto, é Jesus que fala e aquece. "*Eu vim trazer fogo*". O coração aquecido impulsiona os dois discípulos, e a partir de então um número incontável de seguidores "para o dinamismo, para a missão. É com ardor renovado pela presença e proximidade com o Ressuscitado que os olhos se abrem, o coração chega à mente, à consciência e move os pés dos que saem para evangelizar (cf. Is 52,7). Eles compreendem e interpretam o caminho percorrido" (CNBB, 2009, p. 42).

■ Paulo, em sua primeira carta aos Tessalonicenses reconhece que na comunidade as coisas ainda estão longe de serem perfeitas e faz um apelo para que vivam em paz entre eles, que se corrijam mutuamente, para que encorajem os sem iniciativa e que haja paciência para com todos, que sejam feitas orações e que *"não extingam o Espírito"* (1Ts 5,19). Portanto, o Espírito é fogo. E se o Espírito é fogo, ele vem para mudar o nosso espírito de conformistas em espírito crítico e de gente comprometida. É com esse fogo que se começa a ser cristão. Já sabemos disto: "Não se começa a ser cristão por uma decisão ética ou uma grande ideia, mas através do encontro com um acontecimento, com uma Pessoa, que dá um novo horizonte à vida e, com isso, uma orientação decisiva" (DAp, 243).

Em Lc 12,51-53, Jesus diz que não veio trazer a paz, mas a divisão:*"Estarão divididos pai contra filho, filho contra pai; mãe contra filha, filha contra mãe; sogra contra nora, nora contra sogra"*.

Se nos permitirem gostaríamos de dizer que Jesus não veio instalar um "imenso dormitório de bem estar", mas proporcionou os mais variados ambientes em que se tomam decisões.

Os poucos versículos finais nasceram dentro de um contexto muito real, pois quando um chefe de família convertia-se, toda a sua família se convertia. E Jesus, ao mesmo tempo, quer que haja uma opção pessoal. Assim, a compreensão deste contexto nos leva à compreensão de um outro texto e contexto: *"todo aquele que faz a vontade do meu Pai, que está nos céus, esse é meu irmão, minha irmã e minha mãe"* (Mt 12,50). Assim sendo, a divisão acontece entre os demais, entre os quais não há unanimidade de opção, de aceitação do projeto de Deus. Pensamos, muitas vezes, nas famílias que religiosamente estão divididas. Pessoas que participam da vida religiosa e outras da mesma família que, nem sequer por solidariedade, acompanham as primeiras a vivenciar seus compromissos assumidos.

Jesus não quer uma paz dada, mas conquistada, com trabalho, com suor. Ele quer, ele espera escolhas maduras, um caminhar com ele com certo sabor de heroísmo. Sabemos quem é herói, não sabemos? É o que faz o que escolheu fazer, sem se importar com as consequências, mas com a certeza de estar fazendo o certo. Assim é o discípulo de Jesus. Ele caminha conscientemente, sabendo já que à frente existe cruz, desenlace, mas também Ressurreição.

Divergem as opiniões sobre Jesus Cristo e criam-se divisões. Nada de surpreendente para nós do século XXI, pois já no início da vida de Jesus, houve a profecia de que Ele *seria um sinal de contradição* (cf. Lc 2,34).

Mais uma palavra. Jesus fala do fogo já aceso. Mais adiante, em Lucas 23,31, fala do lenho verde e do lenho seco. Diríamos que o lenho seco queima e se consome. É destruído pelo fogo. O lenho verde, não. O lenho verde aquece. Não se consome. Não é destruído pelo fogo. O Filho de Deus encarnado, que deu a sua vida, com a capacidade de reavê-la, é o lenho verde que aquece toda a humanidade. Quem quiser segui-lo, quem quiser fazer obras como ele e maiores ainda (cf. Jo 14,12), precisará arder no fogo de amor trazido por Jesus e ter o cuidado de jamais deixar extinguir esse fogo divino. Precisamos ser lenho verde, que aquece, mas não se consome. Lenho verde que tem em si e transmite esperança. Lenho verde que tem coragem e muito ânimo para continuar no seguimento de Jesus, que abre caminho para Jerusalém, enfrentando o que quer que se apresente como obstáculo. O fogo que Jesus tem dentro de si ele o quer ver arder também em nós, e por meio de Jesus e de nós, ver se alastrar por toda terra. Muitos cantos e recantos há em que esse fogo ainda não arde "*e como* Jesus *gostaria que já estivesse aceso*"! (Lc 12,49).

■ **Complementar a repercussão da Palavra dialogando**

1. O que temos a dizer sobre o fogo que Jesus veio trazer à terra? Como esse fogo arde em nossa vida, na Igreja? Ele também atinge a sociedade?
2. O Cristo, o Cordeiro de Deus, às vezes ocasiona divisões: na família, no grupo, na comunidade? Aceita-se pacificamente isso ou se trabalha por maior unidade?
3. Para nós, no domingo, há mais uma obrigação de ir à missa ou um direito gratificante de nos reunirmos na comunidade, em torno da mesa da Palavra e da Eucaristia?

V – É TEMPO DE DIALOGAR COM O AUTOR DA PALAVRA

Senhor, como os discípulos de Emaús, somos peregrinos.
Vem caminhar conosco!
Dá-nos teu Espírito, para que façamos
da catequese caminho para o discipulado.
Transforma nossa Igreja em comunidades
orantes e acolhedoras, testemunhas de fé,
de esperança e caridade.
Abre nossos olhos para reconhecer-te
nas situações em que a vida está ameaçada.
Aquece nosso coração, para que sintamos
sempre a tua presença.
Abre nossos ouvidos para escutar a tua Palavra,
fonte de vida e missão.
Ensina-nos a partilhar e comungar do Pão,
alimento para a caminhada.
Permanece conosco!
Faze de nós discípulos missionários,
a exemplo de Maria, a discípula fiel,
sendo testemunhas da tua ressurreição.
Tu que és o Caminho para o Pai.
Amém! (Oração do Ano Catequético Nacional – 2009).

VI – É TEMPO DE SEMEAR A PALAVRA

A unidade do Corpo místico [= Jesus + sua Igreja] vence todas as divisões humanas. *"Todos vós, com efeito, que fostes batizados em Cristo, vos vestistes de Cristo. Não há judeu nem grego, não há escravo nem livre, não há homem nem mulher; pois todos vós sois um só em Cristo Jesus"* (Gl 3,27-28).

Levar com nossa presença a luz de Cristo a muitos que estão distantes de Deus. Podemos ser mais solidários, fraternos, acolhedores, missionários...

21º DOMINGO DO TEMPO COMUM

Tema do dia

⟶ O bem que praticamos passará pela porta estreita.

Objetivo

⟶ Reconhecer que o papel do ser humano é comprometer-se com a salvação para alcançá-la.

I – É TEMPO INICIAL DE ACLAMAR, INVOCAR, LOUVAR O SENHOR

■ **Rezar com os participantes**

Ó Pai, tu que enviaste o Espírito Santo para recordar-nos tudo o que teu Filho Jesus disse e ensinou, dá-nos a força para vivenciarmos e anunciarmos ao mundo a Boa-nova, confiantes na tua Palavra (cf. Jo 14,26).

II – É TEMPO DE ESCUTAR E ACOLHER A PALAVRA: Lc 13,22-30

■ **Núcleo da Palavra**

A caminho de Jerusalém, Jesus ensina. Alguém pergunta se são poucos os que se salvam. Jesus, como resposta, fala da porta estreita. Quem nela não passar ficará do lado de fora. Se os que estiverem perto de Jesus não aproveitarem essa oportunidade, virão outros de todas as partes e "tomarão parte na festa do Reino de Deus".

■ 1ª leitura: Is 66,18-21

O Senhor virá para reunir os povos, sendo que enviará sobreviventes para terras muito distantes onde nunca se ouviu falar da glória de Deus. Alguns serão escolhidos como sacerdotes e levitas.

■ 2ª leitura: Hb 12,5-7.11-13

Deus tem palavras de orientação: que não desprezemos a correção do Senhor, nem nos "emburreçamos" quando formos repreendidos. Deus corrige porque ele ama e castiga a quem tem como filho. Qualquer correção tem gosto amargo, assim na hora. Mais tarde produz paz. Procuremos endireitar os caminhos. Não desejemos que o deficiente manque, mas que seja curado.

III – É TEMPO DE DINAMIZAR A PALAVRA

■ Material necessário

Um pedaço de barbante para fazer um varal no ambiente do encontro; folhas de papel sulfite, lápis ou canetas.

■ Desenvolvimento

- Formar duplas.
- Apresentar a seguinte motivação: é hora de fazer as escolhas: o que deixar do lado de cá e o que levar para o lado de lá da porta estreita?
  - Três coisas que têm que ficar do lado de cá.
  - Três coisas que têm de acompanhar-nos para o lado de lá.

Partilha

- Propor um intercâmbio das respostas entre as duplas.
- Expor em um "varal" algumas das coisas que nos acompanharão para o lado de lá da porta estreita.

IV – É TEMPO DE REPERCUTIR A PALAVRA

Para Mateus e Marcos, Jesus é o cidadão da Galileia que ali é batizado, comparece à sinagoga, prega nos povoados e nas margens dos lagos e do mar, visita doentes e por eles é procurado, faz milagres, educa seus discípulos, passa seus ensinamentos por meio de parábolas. Para Lucas, Jesus também inicia a sua pregação na Galileia (4,14-9,50), pois precisa ensinar algo àquelas pessoas. Depois de falar do Batista, do Batismo e das tentações, Lucas fala a respeito do "discurso programático" que Jesus fez na sinagoga de Nazaré, onde se cumpriu nele uma passagem da Escritura (Lc 4,18.21). Após isso, *"Jesus tomou a firme decisão de dirigir-se a Jerusalém"* (9,51). Já falamos disso em Encontros anteriores. Porém, nunca é demais frisarmos essa percepção de Lucas, em cujo Evangelho há uma longa "viagem teológica", como se diz, de Jesus e de seus discípulos para Jerusalém. Essa viagem terá seu cumprimento na capital (19,28-24,53). Lá se dará a morte, como também vingará o triunfo sobre a morte pela Ressurreição e Jesus será, a partir de então, reconhecido como modelo primeiro e maior para cada ser humano, sendo Ele o Senhor perfeitamente capaz de realizar as promessas de felicidade biblicamente anunciadas numa solidez de esperança por meio dos profetas.

Hoje, de novo, encontramos Jesus em sua longa viagem na direção de Jerusalém. *"Jesus passava por cidades e povoados ensinando, enquanto se dirigia para Jerusalém"* (Lc 13,22). Jesus ensinava coisas do coração. Para a determinação da vontade. Para o senso e a observância da justiça. Para que na vontade dos homens e mulheres se estabelecesse um vínculo íntimo com a vontade do Pai. No meio de um de seus atos de ensinar, foi interrompido por alguém que lhe perguntou: *"Senhor, são poucos os que se salvam?"* (Lc 13,23). Em certos meios acreditava-se que a salvação seria alcançada por um número bem reduzido de pessoas. O Apocalipse faz uma releitura quanto ao que diz respeito à humanidade diante do julgamento de seu Senhor. Está lá em Ap 6,17: *"Chegou o grande dia de sua ira. Quem poderá manter-se de pé?"* Afinal, quem se salvaria:

- todo o povo eleito de Deus e só ele?
- só os estritamente observantes da Lei?
- só os pertencentes a esta ou àquela Igreja?
- será aquele número restrito de *"cento e quarenta e quatro mil"*? (Ap 7,4). Será que nossos irmãos que se denominam *Testemunhas de Jeová* estão cobertos de razão neste ponto? Mas será que o Senhor, Deus forte, salvaria 144 mil apenas entre as incontáveis miríades da humanidade inteira? Será que o Deus misericordioso só estenderia os efeitos de sua misericórdia sobre 144 mil tão somente? Será que o Deus de infinito amor, ao longo dos séculos e séculos, seria correspondido em amor por 144 mil apenas e tão somente? Afinal, *"Deus coopera em tudo para o bem daqueles que o amam"* (Rm 8,28). É para o ser humano "que existem o céu e a terra e o mar e a totalidade da criação, e é à salvação dele que Deus atribuiu tanta importância, que nem sequer poupou seu Filho único em favor de todos. Pois Deus não se cansou de tudo empreender para fazer o ser humano subir até ele e fazê-lo sentar-se à sua direita" (CIgC, 358).

Então, o que significam os 144 mil eleitos? Não haveria aí uma linguagem simbólica, sujeita a uma interpretação mais aberta, dentro da própria linguagem bíblica? Podemos recorrer à ajuda de um biblista de muito renome e já bem conhecido dos que nos acompanham nos Encontros. Padre José Bortolini, em um de seus livros expõe o seguinte raciocínio: "No Apocalipse os números são quase sempre simbólicos. Alguns representam perfeição ou totalidade (3, 4, 7, 12, 144, 1.000 etc.). Outros significam imperfeição e parcialidade (5, 6, 42, 1260 etc., bem como algumas frações: 1/3, 1/4, 3/2 etc.). O número 144 mil é resultado da multiplicação de números perfeitos: 12 x 12 x 1.000 = 144 mil" (BORTOLINI, 1997, p. 231).

Portanto, o pensamento é que essa cifra exprime mais uma qualidade do que uma quantidade. Esse número quer demonstrar a preocupação de englobar todos aqueles e aquelas que, ainda antes de Cristo, tiveram a coragem de fazer resistência a toda sorte de injustiças e violências contra o povo de Deus. O autor mencionado, sobre este assunto, termina dizendo: "E isso resgata nas comunidades perseguidas do tempo do Apocalipse aquela garra que precisavam ter para vencer o imperialismo romano".

Voltando ao texto evangélico de hoje, Jesus não respondeu àquela *pergunta se "são poucos os que se salvam".* Jesus, porém, chama atenção para a *"porta estreita"* que dá acesso ao Reino de Deus. A humanidade não se salvará irracionalmente, correndo como manada, numa corrida em estado de pavor, de pânico, de proteção a qualquer preço: *"muitos procurarão entrar e não conseguirão".* A salvação se dará de caso em caso. Por uma pedagogia divina passa-se "o diálogo de salvação entre Deus e a pessoa, ressaltando a iniciativa divina, a motivação amorosa, a gratuidade, o respeito pela liberdade" (DNC, 274a).

Depois de dadas todas as chances e depois de perdidas todas elas, haverá os que baterão à porta e com argumento: *"Nós comemos e bebemos na tua presença e tu ensinaste em nossas praças"*(Lc 13,26). Mas quem serão eles para o dono da casa dizer que não sabe de onde são (cf. Lc 13,25). Pode-se entender como sendo aqueles que comiam, bebiam e batiam palmas nas festas que aconteciam na casa do dono, mas nunca demonstraram intimidade com ele nem por palavras e menos ainda por atitudes. Outros ouviam o dono da casa, mas não levaram a sério o ensinamento dado. Mas a casa do dono não ficará vazia. Os pais da fé: Abraão, Isaac e Jacó estarão lá. Também estarão todos os verdadeiros profetas e outros muitos dos quatro cantos da terra. Serão aqueles que *"tomarão parte na festa do Reino de Deus"* (Lc 13,29), no qual nunca mais haverá *"morte, nem luto, nem pranto, nem dor, porque tudo o que é antigo terá desaparecido"* (Ap 21,4).

O grande contexto desse Evangelho, como já dissemos, situa Jesus e seus discípulos a caminho de Jerusalém. Ainda é hora de reentrar no caminho para quem dele se tiver desviado.

O Evangelho é de Jesus Cristo, segundo Mateus, Marcos, Lucas e João. O Evangelho de Mateus (Mt 25,34-36) e o de Lucas, que estamos considerando, confluem. As palavras usadas por Mateus parecem mais diretas quando ele fala de quem há de passar pela porta aberta e entrar na casa do dono. Serão aqueles que tiverem lutado pela erradicação da fome; aqueles que não só tenham dado dinheiro para que outros deem de comer, mas que pessoalmente tenham feito isso; aqueles que tomaram providências de matar a sede de quem quer que fosse; aqueles que arranjaram roupas para quem estava nu, não só sem roupa, mas nu por não contar com qualquer tipo de posse nem de direitos; aqueles que deram algum alívio, alguma palavra de ânimo para quem estava doente; aqueles que se aproximaram de quem estava confinado dentro de algum tipo de prisão.

É nessa vasta área humana e social que se encontra o campus em que se desempenharão nossas atividades que salvam e que levam à *"porta estreita",* mas que proporcionará uma alegria indescritível a quem passar por ela. Todo dia somos convidados a praticar o ensaio de passar pela "porta estreita". Hoje é o ensaio. Amanhã, quando o Senhor quiser, será a passagem definitiva.

■ **Complementar a repercussão da Palavra dialogando**

1. Como estamos na caminhada rumo ao banquete na casa do Pai?
2. Os meios de santificação e de salvação, que temos disponíveis na nossa Igreja, realmente nós fazemos o melhor uso deles? Crescemos com o auxílio deles?
3. Alimentamos alguma presunção como cristãos?
4. Já nos desesperamos alguma vez por causa das nossas dificuldades e das nossas fraquezas? Cuidado! Será o pior pedaço de caminho por nós já percorrido!

V – É TEMPO DE DIALOGAR COM O AUTOR DA PALAVRA

Juntemo-nos em adoração a todos aqueles postados diante do trono do Cordeiro: *"O louvor, a glória, a sabedoria, a ação de graças, a honra, o poder e a força pertencem ao nosso Deus, para sempre. Amém!"* (Ap 7,12). Cordeiro de Deus, preserva-nos das divisões familiares. Elas nos fazem tanto mal! Ó Cordeiro de Deus, que nas nossas famílias, ajudados e fortalecidos com a tua graça, sejamos capazes de juntos superar as crises e os momentos de angústia, sem fugir dos desafios nem esconder as dificuldades (cf. AL, 231).

VI– É TEMPO DE SEMEAR A PALAVRA

As dificuldades da vida fazem parte do caminho. A vida necessita ser vivida com horizontes, com esperança e sonhos. Quem não sonha não vive. Quando se caminha com esperança, as pedras do caminho não são tropeços de caminhada porque a luz do horizonte é maior, mais ampla a ajuda a ultrapassar as pedras. É o que Jesus vai fazer com os dois discípulos, que caminhavam rumo a Emaús . (CNBB, 2009, p. 15)

Sejamos, sobretudo, portadores de esperança e vamos agir como tal. Sem ela a vida mal se mexe dentro de um precipício.

22º DOMINGO DO TEMPO COMUM

Tema do dia

└──→ Ir além das relações interesseiras.

Objetivo

└──→ Apresentar a importância de caminhar comprometidos com o amor gratuito, como fez Jesus.

I – É TEMPO INICIAL DE ACLAMAR, INVOCAR, LOUVAR O SENHOR

■ Rezar com os participantes

Ó Pai, tu que enviaste o Espírito Santo para recordar-nos tudo o que teu Filho Jesus disse e ensinou, dá-nos a força para vivenciarmos e anunciarmos ao mundo a Boa-nova, confiantes na tua Palavra (cf. Jo 14,26).

II – É TEMPO DE ESCUTAR E ACOLHER A PALAVRA: Lc 14,1.7-14

■ Núcleo da Palavra

Jesus na casa de um dos chefes dos fariseus para tomar refeição. Reparou logo que os convidados corriam para pegar os primeiros lugares. Para fazê-los refletir e alterar atitudes contou-lhes uma parábola sobre a conveniência de não avançar logo para o primeiro lugar, pois o dono da festa poderá ter reservado o primeiro lugar para outro convidado especial. Assim, os apressados voltarão para os últimos lugares. E Jesus disse mais: ao oferecer uma festa, convide aqueles que não têm condição de retribuir a festa. Aí, sim, a recompensa será grande.

■ 1ª leitura: Eclo 3,17-18.20.28-29

Tu que és filho de Deus, sê modesto no teu modo de agir. Exerces cargo importante? Age com humildade e saberás glorificar o Senhor teu Deus. O sábio medita na realidade da vida e fica de ouvido atento às coisas que se passam ao seu redor. A natureza age com simplicidade: a água apaga o fogo e o coração aberto e generoso alcança o perdão dos pecados.

■ 2ª leitura: Hb 12,18-19.22-24a

O discípulo deve sair em busca da sabedoria e seguir caminho praticando a justiça querida por Deus. Maravilhoso é aproximar-se de Jesus Cristo, "o mediador de uma Nova Aliança" (Hb 12,24).

III – É TEMPO DE DINAMIZAR A PALAVRA

■ Material necessário

Dois bombons.

■ Desenvolvimento

- Solicitar aos participantes que saiam do ambiente do encontro e aguardem ser chamados.
- Colocar duas cadeiras e um bombom em cada uma.

- Em seguida, pede que todos entrem rapidamente e se acomodem da melhor maneira.
- Esperar que todos se acomodem.
- Observar como se posicionaram; como foi a disputa pelas cadeiras que tinham um bombom; o que fizeram com o bombom que encontraram...

Partilha

- Fazer comentários sobre o que observou e motivar os participantes para falar sobre o que acharam da experiência.
- Concluir com uma reflexão sobre a importância de caminhar comprometidos com o amor gratuito, como fez Jesus; gestos de partilha, gentilezas e generosidade.

IV – É TEMPO DE REPERCUTIR A PALAVRA

Onde encontramos Jesus neste trecho do Evangelho? Ainda na longa viagem para Jerusalém. Desta vez, em dia de sábado, para tomar uma refeição na casa "*de um dos chefes entre os fariseus*"(Lc 14,1), os grandes observadores da Lei. E Jesus "*estava sendo observado*"(Lc 14,1), afinal de contas, Ele não era, assim, tão benquisto entre os fariseus. Era visto como um transgressor da Lei. Jesus estava sendo observado, mas Ele também ficou "*reparando que os convidados escolhiam para si os primeiros lugares*" (Lc 14,7). Entre os convidados havia os que passavam outros convidados para trás, sem a menor consideração. Nem lhes passou pela cabeça que pudesse haver convidado mais importante e que eles próprios poderiam chegar a uma situação vexaminosa de ter que ceder o lugar escolhido após desabrida corrida, para outros convidados "*mais importantes*" aos olhos do dono da festa. Se os afobados fossem modestos, polidos, altruístas, poderiam ser convidados para ocupar lugar melhor. O que Jesus quer dizer é que no Reino de Deus não terão lugar de destaque os que se estufam todo pelo orgulho, dentro de roupas luxuosas, os que querem sobre si holofotes, de qualquer maneira; nem os que ocupam cargos importantes no mundo empresarial ou no serviço público, que praticam boas ações, mas que erroneamente acham necessário alardeá-las pelos quatro cantos.

Em Lc 14,12-14 podemos interpretar assim: não é que não possamos convidar amigos, irmãos, parentes, vizinhos. O que Jesus aqui repreende é essa prática com segundas intenções, isto é, "convido para logo em seguida ser convidado. Assim serei logo recompensado. E manteremos nosso círculo fechado.

Em termos do Reino de Deus, do qual Jesus é o construtor primeiro e maior, o círculo fechado implica:

- indisponibilidade de novas entradas, já que o círculo está fechado;
- espera de retribuição e troca de favores, o que não necessariamente significa logo uma enorme culpa em si, mas pouca ou nenhuma solidariedade; e
- falta de relações de gratuidade, sendo que essas enobrecem o espírito humano.

Se a solidariedade e a gratuidade enobrecem o espírito humano, fica mais fácil entender o final deste Evangelho: *"Serás feliz porque não terão com que te retribuir. Mas receberás a tua recompensa na ressurreição dos justos"* (Lc 14,14).

Em havendo espírito de abertura, espírito e prática de gratuidade e de solidariedade para com os pobres, os estropiados, como diz de maneira forte a tradução deste Evangelho, os coxos e os cegos, se estará mais bem predisposto para celebrar com caráter de ação de graças e louvor a tríplice comunhão na Eucaristia. Comunhão: "com os irmãos e irmãs, com a Palavra e com o corpo e sangue de Cristo" (CNBB, 2009, p. 55).

■ Complementar a repercussão da Palavra dialogando

1. Quem se preocupa de fato com essa gratuidade e solidariedade?
2. Quem não espera nunca alguma recompensa? Quem sente, quem olha, quem age além da mera retribuição?
3. Em termos bem realistas, como, em ações concretas se traduzem em nosso grupo a solidariedade e a gratuidade?
4. Pelas nossas atitudes, somos, de fato, disseminadores deste Evangelho que hoje nos foi proposto?
5. Concordamos que *dignidade,* segundo o conceito cristão, é uma decorrência do *ser pessoa,* criada por Deus e redimida por Seu Filho, Jesus Cristo?

V – É TEMPO DE DIALOGAR COM O AUTOR DA PALAVRA

Eu sei, eu sinto que é difícil ser radicalmente adepto e praticante do Evangelho de hoje. Não sei se é só comigo, mas sobram interesses; sobram-me ainda esperanças de retribuições. Ainda participo do jogo de trocar favores. E, desse jeito sou cúmplice na desassistência de pobres, estropiados, coxos e cegos. Sei que isso é grave. Inadmissível em mim, teu seguidor, Jesus. Que eu me dobre ante o teu exemplo de humildade e serviço. Move o meu coração, Senhor, para que ele tenha sempre em foco a compaixão sincera pelos marginalizados, a fim de que, desse modo, eu caminhe junto contigo, que segues determinado para Jerusalém, disposto a desfazer-te de tua vida *"para nosso bem"* (cf. Is 53,5).

VI – É TEMPO DE SEMEAR A PALAVRA

Vamos dar alguns passos...

■ Leiamos de novo o texto do Evangelho. Bem devagar. Concentradamente!
■ Leiamos agora a seguinte história do brasileiro na Suécia, publicada no *Livro da Família,* 2007, p. 147.

> *Na primeira vez que fui para a Suécia* – conta o próprio brasileiro – *um dos colegas suecos me pegava no hotel toda manhã. Era setembro, frio, nevasca. Chegávamos cedo à fábrica da Volvo e ele estacionava o carro*

bem longe da porta de entrada (são 2.000 funcionários, vindos de carro). No primeiro dia eu não disse nada, nem no segundo, nem no terceiro... depois, já com um pouco mais de intimidade, numa manhã, perguntei: "Você tem lugar demarcado para estacionar aqui nos fundos? Notei que chegamos cedo, o estacionamento vazio e você deixa o carro aqui na última fileira". Ele me respondeu simplesmente: "É que chegamos cedo, então temos tempo de caminhar – quem chegar mais tarde já vai estar atrasado, melhor que fique mais perto da porta. Você não acha? Olha a minha cara! Deu para rever bastante os meus conceitos.

- Agora digamos, ainda que seja cada um só para si mesmo:
  - O que o Evangelho e a pequena história verídica têm em comum?
  - O que do Evangelho e da história vamos aplicar na vida?

23º DOMINGO DO TEMPO COMUM

Tema do dia

Jesus não abre mão das exigências de quem se dispõe a segui-lo.

Objetivo

Reconhecer que o caminho da cruz é fundamental no discipulado de Jesus.

I – É TEMPO INICIAL DE ACLAMAR, INVOCAR, LOUVAR O SENHOR

Rezar com os participantes

Ó Pai, tu que enviaste o Espírito Santo para recordar-nos tudo o que teu Filho Jesus disse e ensinou, dá-nos a força para vivenciarmos e anunciarmos ao mundo a Boa-nova, confiantes na tua Palavra (cf. Jo 14,26).

II – É TEMPO DE ESCUTAR E ACOLHER A PALAVRA: Lc 14,25-33

Núcleo da Palavra

Jesus disse que para ser discípulo dele, é preciso preferi-lo aos familiares. É preciso, também, carregar a cruz. Nesse sentido, quem constrói tem de examinar se tem condições de terminar a edificação, assim como o rei que vai guerrear contra outro rei terá de examinar se tem condições de sair vitorioso. A outra condição é renunciar a tudo o que possui.

■ 1ª leitura: Sb 9,13-18b

Como conhecer a vontade de Deus? Nosso raciocínio é falível. Como saber o que Deus quer se não recebermos dele a sabedoria? Só por ele mesmo é que os homens e as mulheres aprendem o que a ele agrada.

■ 2ª leitura: Fm 9b-10.12-17

Paulo não dá uma ordem, mas pede por amor, em favor de Onésimo, o escravo de Filêmon que se converteu por meio de Paulo, que estava na prisão em Éfeso. Filêmon terá Onésimo de volta não mais como escravo, mas como irmão querido (Fm versículo 16). Que Filêmon acolha Onésimo como irmão, do mesmo modo como Filêmon certamente acolheria o próprio amigo, Paulo.

III – É TEMPO DE DINAMIZAR A PALAVRA

■ Desenvolvimento

- Formar um círculo.
- Apresentar, uma a uma, as questões para uma roda de conversa:
  - ○ Quais as condições para alguém ser médico?
  - ○ Quais as condições para alguém ser um bom médico?
  - ○ Quais as condições para uma mulher ser mãe?
  - ○ Quais as condições para uma mulher ser boa mãe?
  - ○ Vamos usar um mínimo de palavras para dizer quais as condições para alguém ser um bom discípulo de Jesus?
- Concluir com uma reflexão sobre o que os participantes trouxeram para a conversa.

IV – É TEMPO DE REPERCUTIR A PALAVRA

Como nos Encontros anteriores, encontramos novamente Jesus, em sua viagem de convencimento e interiorização, rumo a Jerusalém. Ele sabe que pagará um preço muito caro por ela (a vida e por essa viagem). Por nós, porém, ele fará tudo, entregando sua vida à morte para, em três dias retomá-la. Dessa vez, estava Ele acompanhado por uma grande multidão (cf. Lc 14,25). Como líder incontestе, como encorajador, como o preferido, caminhava à frente. "*Eu sou o caminho*" (Jo 14,6). De repente, "*ele se virou*" – "*ele se voltou*", dizem outras traduções. E usam essa mesma expressão por quase uma dezena de vezes no Evangelho de Lucas. Portanto, *voltou-se* para a multidão e falou-lhe das condições do *discipulado*.

Discipulado? Que é isso? É o seguimento incondicional de Jesus, o Mestre.

Quais as condições para passar de ser um na *multidão* a ser um *discípulo*?

1ª condição:

- Tomar consciente e decididamente Jesus como líder, Mestre e Senhor.

Ele *se voltou* para a multidão. Como dissemos, Jesus voltou-se porque caminhava à frente. Por seu exemplo, incentivava a multidão a caminhar também. Ele era a referência, o guia, em toda a viagem. Ele era a razão de ser daquela viagem.

Como discípulo e não mais como mero acompanhante no meio da multidão, é inadmissível perder Jesus como referência, o Senhor-Pastor.

Quanto àquele que quer ser discípulo, de fato, que faça uma consulta a si mesmo, se, verdadeiramente quer deixar de ser mero caminhante, descomprometido e anônimo no meio da multidão para tornar-se discípulo-seguidor-missionário. As duas pequenas parábolas (cf. Lc 14,28-33) vão nesse sentido, isto é, que não haja apenas uma bolha de entusiasmo, mas uma decisão firme de ser ou tornar-se discípulo, que o Senhor possa chamar pelo nome e fazê-lo passar pela porta (cf. Jo 10,3).

2ª condição:

- Desapegar-se afetivamente.

A expressão é de José Bortolini, com base no próprio Evangelho: "*Se alguém vem a mim, sem me preferir a seu pai,... não pode ser meu discípulo*" (Lc 14,26). Atenção para o verbo: *preferir*. Preferir um não é rejeitar o outro. Os outros. É apenas "*preferir menos*" os demais, se é que se pode dizer assim. *Preferir* Jesus por quê? Porque Ele é Referência, Líder, Mestre, Senhor, Soberano, o Salvador de quem precisa ser salvo. Alguém mais é tudo isso? Pai, mãe, mulher, marido, filho, irmão, irmã? Certamente, não. Além do mais, os membros da família não nos acompanham sempre aonde quer que vamos e onde que quer que atuemos! Ele, sim!

3ª condição:

- Aceitar e carregar livre e conscientemente a cruz.

Simplesmente, olhar como Ele aceitou a dele (por nossa causa) e segui-lo corajosa e decididamente. A cruz dele, antes daquela de madeira, teve outros nomes: desconforto e falta de acolhida em Belém, fuga para o Egito como refugiado, como migrante, as tentações, a lentidão dos discípulos quanto ao entendimento das coisas, os opositores políticos e religiosos, o discípulo traidor, o abandono dos discípulos na última hora, à exceção de um.

4ª condição:

- Saber renunciar a tudo.

Priorizar uma ordem nova das coisas. Fazendo novas todas as coisas (Ap 21,5). Dando uma hierarquia às coisas e a ela obedecer (cf. Mt 6,25-34) sem querer subverter a ordem das coisas. Sigamos a ordem que Cristo traçou e não teremos motivos de preocupação. O que estiver no ponto mais alto, que lá permaneça. Jesus disse que lá está o Reino de Deus e a sua justiça. Em consequência teremos o caminho para obter as outras necessidades.

5ª condição:

- Encontrar-se com a pessoa de Jesus Cristo.

De novo, está aí disponível o *Documento de Aparecida*. Lucas não fala toda hora do caminho de Jesus para Jerusalém? Pois bem, também esse documento, resultante da 5ª Conferência dos Bispos da América Latina e Caribe, fala do Caminho de formação dos discípulos missionários. Compenetremo-nos na leitura: "Não se começa a ser cristão por uma decisão ética ou uma grande ideia, mas por meio do encontro com um acontecimento, com uma Pessoa [Jesus Cristo], que dá um novo horizonte à vida e, com isso, uma orientação decisiva" (DAp, 243). Desde lá [2007] até os dias de hoje, quantas vezes já se repetiu esse pensamento nas igrejas, nas palestras em âmbitos eclesiais e, no entanto, no meio dos cristãos continua a existir a dificuldade de abraçar o Cristo, como Centro, e nessa centralidade, ressaltar com grande evidência o mandamento do amor. É preciso recorrer repetidas vezes ao que Jesus diz em Jo 15,12. São palavras decorrentes de seus gestos livres e concretos. Primeiro vieram os gestos, depois as palavras.

6ª condição:

- Acolher com fé a certeza de que Jesus está permanentemente presente entre nós.

Sem essa presença, não haveria seguidores nem Igreja. Faltaria justamente Ele, a Cabeça. Nunca é demais lembrar a passagem de Mt 28,20.

O *discipulado*, isto é, a determinação de alguém em seguir a Jesus é um processo, assim como Lucas nos dá a conhecer e acompanhar o processo do caminho de Jesus, que sai da Galileia e se encaminha para Jerusalém, onde tem desfecho sua obra de salvação.

Observadas essas condições e vividas intensamente, já não seremos alguém perdido no meio da multidão, alguém anônimo, e sim, pessoas que têm identidade, que se assemelham a Jesus Cristo e por Ele chamadas pelo próprio nome.

■ Complementar a repercussão da Palavra dialogando

- Recapitulando: o que é mesmo o *discipulado*?
- Como vemos as condições do discipulado cumpridas em nós, no nosso grupo, na nossa comunidade, na Igreja? Mencionemos algum impacto positivo que nós já experimentamos...

V – É TEMPO DE DIALOGAR COM O AUTOR DA PALAVRA

Ó Cristo Jesus, graças te damos porque agraciados fomos com as condições para sermos teus discípulos. Onde ainda encontramos falhas é na aplicação dessas condições. Nossa fé nos diz, o Espírito Santo nos inspira para pormos em primeiro lugar, para darmos *preferência* a ti, Jesus, como Líder, Mestre e Senhor. Nossas falhas ainda residem na pouca intensidade do viver o nosso discipulado. Temos potencial para darmos mais de nós mesmos, graças à tua graça. Que não tenhamos medo dos compromissos, mas, pelo contrário, que sejamos teus discípulos para valer. Corajosos. Com a tua força, com a "engenharia" da tua graça, podemos, assim, terminar de construir a nossa espiritualidade alicerçada em feitos concretos e ainda contribuir com a nossa mão de obra na edificação do *discipulado* dos nossos parceiros: leigos e leigas como construtores da comunidade eclesial e da sociedade civil. Entendemos e já assumimos o *discipulado*, não como tarefa opcional, mas como parte integrante da nossa identidade cristã (DAp, 144). Senhor, vem constantemente em nosso auxílio, pois o caminho se estende para mais adiante e não temos, aliás, ninguém tem aqui morada permanente, mas estamos todos, quer como *multidão*, quer como *discípulos* em busca da morada que está para vir. Amém! (cf. Hb 13,6).

VI – É TEMPO DE SEMEAR A PALAVRA

Vamos refletir e agir!
1. Alguma parte desse Encontro nos deve ter impressionado. Qual foi? Por que nos impressionou tanto?...
2. Nós teríamos, agora, com toda verdade, coragem de dizer para Jesus o que lhe disse um mestre da Lei? A declaração ousada do homem foi esta: "*Mestre, eu te seguirei aonde fores*"? (Mt 8,19).
3. Conhecemos a resposta de Jesus, não conhecemos? Jesus não prometeu nada fácil. Só garantiu sua presença e todos os meios. Alertou, porém: "*As raposas têm esconderijos e as aves do céu, ninhos. Mas o Filho do homem não tem onde descansar a cabeça*"(Mt 8,20).
4. Pôr em prática as condições do *discipulado* pelo que a história de homens e mulheres comprova, não significa apenas contar com *sucessos na prática de virtudes,* mas uma constante firmeza em avançar no que é virtuoso. É possível entender melhor o que isso significa levando seriamente em conta o que disse e viveu Santa Teresa d'Ávila, uns quinhentos anos antes de nós: "*Caindo e levantando, aprendi a subir!*"

24º DOMINGO DO TEMPO COMUM

Tema do dia

A recuperação: verdadeira ressurreição.

Objetivo

Buscar, entre acertos e desvios, dar passos seguros para ficar cada vez mais perto de Jesus.

I – É TEMPO INICIAL DE ACLAMAR, INVOCAR, LOUVAR O SENHOR

■ Rezar com os participantes

Ó Pai, tu que enviaste o Espírito Santo para recordar-nos tudo o que teu Filho Jesus disse e ensinou, dá-nos a força para vivenciarmos e anunciarmos ao mundo a Boa-nova, confiantes na tua Palavra (cf. Jo 14,26).

II – É TEMPO DE ESCUTAR E ACOLHER A PALAVRA: Lc 15,1-32

■ Núcleo da Palavra

Jesus entre os pecadores e censurado por isso, por fariseus e escribas. Jesus conta parábolas. A primeira: um homem tem cem ovelhas e vai atrás de uma que se perdeu. Achando-a se alegra e faz festa. Pois assim se alegra Deus pelo pecador arrependido. A segunda: a mulher perde uma parcela de suas parcas economias. Recupera-a e se alegra, assim como se alegra Deus por um só pecador que se converte. A terceira: um jovem deixa a casa, o convívio do irmão e o amor do pai. Perde tudo e perde-se. Cai em si. Arrepende-se. Já não pensa em voltar e ser recebido na condição de filho, mas como empregado. Mas é recebido pelo amor maior do pai. O irmão mais velho não entende nem aceita, mas o pai faz festa pelo filho que *"estava morto e voltou à vida".*

■ 1ª leitura: Ex 32,7-11.13-14

Deus diz a Moisés que o povo que esse líder tirou do Egito se perverteu e que saiu do caminho que Ele, Deus, lhe havia traçado. O povo fez um bezerro de metal para adorar. É um povo de cabeça dura, diz Deus, mas de você, Moisés, eu farei uma grande nação. Moisés quis saber: por quê, ó Deus, a tua ira se estende contra o teu povo? Tu multiplicaste a descendência de Abraão, Isaac e Jacó e lhes deste a terra que deverão possuir para sempre. E Deus não impôs ao povo o castigo que havia prometido.

■ 2ª leitura: 1Tm 1,12-17

Paulo confessa que ele foi perseguidor, mas que obteve misericórdia, *"porque agia sem saber."* Jesus Cristo lhe concedeu a graça, a fé e o amor. Jesus Cristo revelou toda a sua misericórdia, primeiramente, em Paulo, como exemplo dos que também iriam acreditar. Por isso, o que dizer? *"Ao Deus incorruptível, invisível e único, honra e glória para sempre. Amém!"* (1Tm 1,17).

III – É TEMPO DE DINAMIZAR A PALAVRA

■ Desenvolvimento

- Formar pequenos grupos.

- Apresentar a seguinte motivação: "O problema é o seguinte: justamente o Olavo, "ovelha negra" do grupo se perdeu na mata fechada da Serra do Mar".
- Cada grupo deve formalizar em poucas frases as providências para encontrar o Olavo.
- Dar tempo para a atividade.
- Apresentação das "providências" elaboradas por cada grupo.

Partilha

- Refletir sobre o esforço apresentado pelos grupos para solucionar o problema: "encontrar o Olavo".
- Concluir com a seguinte questão: Como orientar as pessoas que buscam encontrar Jesus? E como motivar as que ainda não iniciaram a busca?

IV – É TEMPO DE REPERCUTIR A PALAVRA

O que temos a considerar? Pensar de novo no que foi transmitido em Lucas 14,25-33, no Encontro passado. Jesus o *preferido*. Ele mesmo se apresenta como o *preferido* porque modelo de obediência ao Pai (cf. Fl 2,8), que toma a cruz e ordena que todos o façam também para segui-lo.

No quadro de hoje, quem encontramos? Jesus, o *preferido* e gente perto dele. Quem? Cobradores de impostos e outros pecadores *"para o ouvir"* (Lc 15,1). Bom sinal, isso: "para o ouvir". Os fariseus, que eram aqueles que se consideravam comportamental e religiosamente diferentes de todos os demais, e também os escribas, isto é, aqueles que estudavam com afinco a Lei e recebiam o título de rabi, que quer dizer, o estudioso, o mestre. *Fariseus* e *escribas* não gostavam nem um pouco dessa presença de Jesus no meio de fiscais de renda e de outros pecadores. E não lhe poupavam críticas: *"Este homem acolhe bem as pessoas de má conduta e come com elas!"* (Lc 15,2).

Jesus, delicadamente, deu-lhes o troco, contando três parábolas.

1. **A mensagem em parábolas** – Já outras vezes em nossos Encontros paramos e nos perguntamos o que é a parábola. "É uma comparação que se prolonga, uma narrativa que compara duas realidades, uma delas conhecida e diretamente entendida na narrativa; a outra *a ser descoberta no final,* de tal modo, porém, que se chegue a entender a ambas como uma unidade. A verdade entendida por meio da narrativa, portanto, não é uma verdade fechada em si mesma, *mas encontra seu pleno significado naquilo que se descobre "além dela"* (MARCONCINI, 2001, p. 221).

O intuito da parábola é levar a pensar e dar uma resposta, pois sempre o que está em jogo é a relação entre o reino de Deus e a existência humana, aqui e agora.

1.1 O amor jamais se dá por vencido e, de modo ativo, sai em busca do desencaminhado.

- (Des)encaminhados somos todos nós porque todos somos pecadores. Temos um caminho. Temos o CAMINHO e ainda nos queixamos que o caminho não é bom, é duro demais, não nos dá a mínima chance de fazer a nossa vontade. (Des)encaminhados somos porque facilmente dissociamos CAMINHO, VERDADE e VIDA (Jo 14,6). Custamos a crer nisso, digo, Nele. (Des)encaminhados somos nas vezes que pecamos por atos e omissões e, no entanto, preservamos as virtudes teologais da fé, esperança e caridade e em nome das três saímos em busca de outros desencaminhados. Aí, sim, haverá até duas conversões: a do "cuidador das ovelhas" e a da "ovelha reencontrada". *"Haverá maior alegria no céu por um pecador que se converter do que por noventa e nove justos que não precisarem de conversão!"* (Lc 15,7).
- Desencaminhados são os que não dão a mínima aos seus da família, da pastoral, da comunidade. O apóstolo Paulo falou deles com pesar: *"Se alguém não cuida dos seus e principalmente dos que são de sua própria casa, esse renegou a fé e é pior que um incrédulo"* (1Tm 5,8). Esses têm CAMINHO e não o seguem. Esses têm os de sua casa e não os consideram. Esses têm o próximo bem próximo e não tomam consciência da presença e do valor dos outros.
- Desencaminhados aqueles que não têm caminho, rumo, meta, ideal. Se não têm nada disso, ficam muito parecidos – desculpem nossa comparação – mas ficam muito parecidos com o cachorro rodeando, rodeando para pegar o seu próprio rabo. Eles estão desencaminhados e perdidos. Perdidos que nunca se acharam. Perdidos sem nem saber onde estão perdidos.

"Os que não precisam de conversão" (Lc 15,7), em quem já há um processo de iniciação na vida cristã com o *querigma* e que, pela Palavra de Deus, vai conduzindo a um encontro pessoal, cada vez maior, com Jesus Cristo (cf. DAp, 289), têm como dever ir atrás desses, pois eles *"como poderão invocar aquele no qual não creram? Como poderão acreditar, se não ouviram falar dele? E como poderão ouvir, se não houver quem o anuncie? Como poderão anunciar se ninguém for enviado?"* (Rm 10,14).

- Desencaminhados os que removem Deus de seu caminho, como se Ele fosse uma pedra de obstáculo. Desencaminhado "quem exclui a Deus de seu horizonte, pois ele falsifica o conceito de realidade e, consequentemente só pode terminar em caminhos equivocados e com receitas destrutivas" (DAp, 405).
- Desencaminhados aqueles que têm uma fé tênue, que em sua existência têm dificuldade de abraçar uma fé mais profunda e consistente. "Constatamos que em nossa Igreja existem numerosos católicos que expressam sua fé e seu pertencimento de forma esporádica, especialmente através da piedade a Jesus Cristo, a Virgem e sua devoção aos santos. Convidamos a esses a aprofundar sua fé e a participar mais plenamente na vida da Igreja recordando-lhes que "em virtude do Batismo, estão chamados a ser discípulos e missionários em Jesus Cristo" (DAp, 160).

Por tudo isso se vê como é grande a missão da Igreja dentro dela mesma e além das fronteiras dela. A primeira parábola é uma belíssima síntese: "A alegria do pastor é como a alegria de Deus; sua dedicação à ovelha reencontrada, carregando-a de volta ao redil [abrigo], é reflexo do amor de Deus" (BERGANT & KARRIS, 1999, p. 95).

1.2 Lançar-se à procura do perdido – A segunda parábola é supersimples. A mulher perde uma dentre dez moedas. Já pensou, uma mulher que ganha um salário mínimo perder 10% dele? Fará muita falta e valerá a pena empenhar-se para recuperar o que perdeu. A perda, na verdade, se deu em casa, no mundo dela. Mesmo assim o susto foi grande. Como também foi grande o empenho da mulher, digno de elogios.

a. *Ela acende a lâmpada.* Procura fazer as coisas cercada de luz;

b. No meio da poeira da casa pode estar um "pequeno tesouro": aquela moeda. *Ela varre a casa* com a esperança de encontrar e separar o "pequeno tesouro" da sujeira da casa.

c. *Procura atentamente...* Se não a encontra ao varrer, não é de desanimar. Quem sabe, está debaixo de um baú de madeira, onde a varrição da vassoura não alcança. Mas é preciso olhar. Fazer sacrifício, abaixar-se (se a coluna permitir) e olhar atentamente. A angústia daquela mulher é grande. As vizinhas todas sabem disso e quando ela encontra a moeda, as vizinhas compartilham de sua alegria. "A alegria dela é como a alegria no céu por causa de um único pecador arrependido. Precisa ser compartilhada. É grande demais para uma pessoa só. Ela e o pastor convidam os amigos e vizinhos para a festa de ação de graças" (BERGANT & KARRIS, 1999, p. 95).

1.3 A festa do reencontro – A parábola do reencontro do filho é, sem dúvida, uma das mais belas e comoventes parábolas dos Evangelhos. O que nela se encontra, em essência:

- um pai, do começo ao fim, de braços abertos, de coração aberto. Amoroso, generoso;
- um filho que não capta nem em sua mente, nem em seu coração a grandeza da figura de seu pai e corta o fio relacional que o une a esse pai e ao irmão mais velho;
- o filho que foi embora "torra" o que é seu: herança, saúde, dignidade, valores;
- o pai é pai sempre e anseia e espera pela volta do filho;
- e o filho de fato volta. Na verdade, num desgaste muito grande, mas, vivo. É o que importa. A partir daí ele há de se recuperar;
- pena que o filho mais velho condena o irmão mais novo e não concorda com o pai ao oferecer festa ao filho que volta e que se reergue de um estado de autodestruição.

O que há de mais lindo na parábola: o amor inabalável do pai; as últimas forças que o jovem conseguiu reunir para reconciliar-se com o Pai. Já o que há de mais feio: o filho mais velho condenando seu próprio irmão, como também os gestos extremamente amorosos do pai.

O filho mais novo errou muito, não foi? Nas nossas comunidades conhecemos casos semelhantes, não conhecemos? E nós, muitas vezes, abrimos a boca para falar dos casos e os condenamos. Afinal, as parábolas são contadas por Jesus para condenar ou salvar e resgatar o desencaminhado, o perdido? Nosso grupo, nossa comunidade, de fato se alegram quando alguém se reergue depois de quedas e mais quedas? Fazem-se orações nesses casos? Acontecem ações de graças? Há ações generosas para com pessoas que, principalmente, na questão moral, estão numa pior?

Repare bem no que ainda lhe vamos dizer. Por diversas vezes já citamos o autor Santiago Silva Retamales. Achamos o fino da observação teológica quando ele diz que *Deus nos censura amando*. Também queremos participar da alegria do desfecho das três parábolas de hoje, tomando emprestadas as considerações desse autor.

> O *valor fundamental* na relação "pai-filho" no século I é a submissão ao progenitor, submissão que respeita e aumenta a honra paterna. Na ótica desse valor, não se entende por que o pai se comporta assim com seu filho rebelde e libertino que conspurcou a honra familiar. Segundo a Lei, esse comportamento merece um castigo exemplar. Qualquer outro comportamento é fazer-se corresponsável na rebeldia do filho. No entanto, o pai da parábola não somente não castiga seu filho, mas corre ao seu encontro e o abraça com ternura, veste-o, calça-o, põe-lhe um anel e organiza uma grande festa! Sem dúvida, os judeus que escutam esta parábola estão perplexos, pois Jesus contradiz repetidas vezes os *paradigmas sociorreligiosos*.(RETAMALES, 2005, p. 56)

■ Complementar a repercussão da Palavra dialogando

1. Queremos meditar mais sobre essa parábola do filho que se perdeu e se deixou reencontrar?
2. Podemos retomar a repercussão da PALAVRA do 4º domingo da Quaresma, segundo Lucas.

V – É TEMPO DE DIALOGAR COM O AUTOR DA PALAVRA

1ª oração: Senhor Jesus, pelas vezes que nos envolvemos e nos perdemos em meio aos desvalores, longe dos teus valores, perdão, Senhor, e misericórdia.

Pelas vezes que afastamos e excluímos, em lugar de recuperar quem precisava ser recuperado, perdão, Senhor, e misericórdia.

Pelas vezes que pelo teu amor e por tua graça nos recompusemos espiritualmente, e também pastoralmente, obrigado, Senhor. Estamos, de novo, em pé e atuantes, graças à tua misericórdia.

2ª oração: Maria, nossa mãe! Ensina-nos "a sair de nós mesmos no caminho do sacrifício, de amor e serviço, como fizeste na visita à tua prima Isabel, para que, peregrinos a caminho, cantemos as maravilhas que Deus tem feito em nós, conforme a sua promessa" (DAp, 553).

VI – É TEMPO DE SEMEAR A PALAVRA

Envolvamo-nos nisso o quanto pudermos: "em nossa Igreja temos de reforçar quatro eixos:

- a experiência religiosa;
- a vivência comunitária;
- a formação bíblico-doutrinal;
- o compromisso missionário de toda a comunidade" (DAp, 226).

O que podemos fazer, concretamente, para nos comprometermos com isso?

25º DOMINGO DO TEMPO COMUM

Tema do dia

⟶ Colaborar no projeto de Deus, eis a nossa missão!

Objetivo

⟶ Apresentar a urgência da opção fundamental por Jesus Cristo!

I – É TEMPO INICIAL DE ACLAMAR, INVOCAR, LOUVAR O SENHOR

■ Rezar com os participantes

Ó Pai, tu que enviaste o Espírito Santo para recordar-nos tudo o que teu Filho Jesus disse e ensinou, dá-nos a força para vivenciarmos e anunciarmos ao mundo a Boa-nova, confiantes na tua Palavra (cf. Jo 14,26).

I – É TEMPO DE ESCUTAR E ACOLHER A PALAVRA: Lc 16,1-13

■ Núcleo da Palavra

Um administrador acusado de esbanjar os bens do homem rico; é chamado para falar sobre as acusações e temendo ser demitido começa a refletir sobre o que fazer e decide diminuir a dívida dos que devem ao seu patrão; O homem rico elogiou a esperteza do administrador.

■ **1ª leitura: Am 8,4-7**

Amós, o profeta agricultor denuncia a roubalheira, mediante o lucro injusto nas medidas e no peso. Deus não há de se esquecer disso.

■ **2ª leitura: 1Tm 2,1-8**

Paulo recomenda que os cristãos façam oração por todos: reis, governantes. O que é bom e agradável a Deus. O Filho de Deus quer que todos os homens se salvem e conheçam a verdade. Importa saber que há um só Deus e um só mediador entre Deus e os seres humanos: Jesus Cristo, entregue em resgate por nós.

III – É TEMPO DE DINAMIZAR A PALAVRA

■ **Material necessário**

10 Cartões com as seguintes palavras:

1. Esbanjamento
2. Administração
3. Vergonha
4. Critérios ao fazer amigos
5. Ser fiel
6. Servir a Deus
7. Servir ao dinheiro
8. Odiar
9. Amar
10. Ser demitido.

■ **Desenvolvimento**

- Entregar para cada participante um cartão.
- Cada participante deverá refletir: o que penso sobre isso diante da urgência de se fazer uma opção fundamental por Jesus Cristo? Que atitude(s) tomo diante disso?
- Dar tempo para uma reflexão pessoal.

Partilha

- propor que espontaneamente partilhem a reflexão.
- Terminar com uma oração comunitária: Pai nosso...

IV – É TEMPO DE REPERCUTIR A PALAVRA

A parábola do administrador aparece somente em Lucas e não nos outros três evangelistas. Há que se admitir que é uma parábola bastante difícil de se entender fora do contexto histórico e dos costumes da Palestina.

Primeiro ponto: o administrador tinha direito de conceder empréstimo com os bens do seu senhor;

Segundo ponto: o administrador aumentava no recibo a importância do empréstimo e na hora do reembolso, ficava com a diferença como um acréscimo que era seu juro;

Terceiro ponto: a desonestidade do administrador não consiste no fato de reduzir os recibos, como está no trecho do Evangelho. A desonestidade consiste *na usura, no juro exorbitante sobre o capital.* No caso do azeite, a taxa era 100% e no caso das sacas de trigo 20%.

Quarto ponto: a repercussão e as consequências disso. A cobrança de juros exorbitantes, provavelmente prejudicava o patrão, pois por aquele valor ele só podia perder interessados em fechar negócio.

Quinto ponto: o administrador desistiu de seus lucros para ganhar amigos. E essa esperteza é elogiada pelo patrão.

Sexto ponto: o que não é elogiado é *a usura, a desmedida ganância.* E o que motiva a sua demissão é a prática de esbanjar os bens do patrão, o que é dito explicitamente no versículo 1. O próprio Jesus chama o administrador de injusto (cf. Lc 16,8).

Em Lc 16, os versículos 9-13, são uma catequese de Jesus aos seus seguidores. E pelo que podemos entender, a tônica da conversa é a *fidelidade,* isto é, o *ser digno de confiança.*

Ao povo de Deus, já na fronteira da terra prometida, foi sugerido fazer uma opção fundamental como a que aparece na passagem do Evangelho, hoje. Adorar a Deus ou adorar os ídolos (= usura, ganância, dinheiro, mesmo prejudicando alguém com isso). E o povo expressou ao mesmo tempo gratidão pela libertação do Egito e prometeu fidelidade: "Longe de nos abandonar Javé para servir a outros deuses" (Js 24,16). "Em teoria, estava feita a escolha, mas, na prática, o povo continuou a oscilar entre a fidelidade a Deus e a idolatria [...] Não obstante, sempre houve um remanescente fiel como sinal de que deve renovar a cada dia a escolha feita entre Javé e os ídolos" (ANDRADE, 2009, p. 13).

E por que, então, tanta insistência em sermos *fiéis seguidores,* discípulos *dignos de confiança* de Jesus Cristo? Por quê?

Com a palavra, novamente, Aíla Luzia Pinheiro de Andrade:

> Jesus é o ser humano que viveu em plenitude a *fidelidade.* Ele representa a humanidade *ajustada ao que Deus espera do ser humano.* É o Filho de Deus humanado, por meio de cuja vida, morte e ressurreição revela-se a *fidelidade do Criador no seu empenho de salvar a criatura,* a ponto de não poupar para isso o Filho unigênito de uma morte terrível na cruz. Jesus é o *rosto divino do ser humano e o rosto humano de Deus* e, por isso, é a nossa paz. (ANDRADE, 2009, p. 13)

O melhor de tudo é a gente privilegiar aquilo que combina com o projeto de Deus. A tentativa mal resolvida de ficar com um pé num barco e outro pé em outro barco, querendo simultaneamente servir a Deus e ao mundo, segundo o papa Francisco, chama-se deslealdade.

■ **Complementar a repercussão da Palavra dialogando**

1. Eu, sacerdote, eu coordenador de pastoral, da comissão de finanças da paróquia, corresponsável na comissão de festas na paróquia, na Associação, no Movimento católico, ecumênico ou laico, eu funcionário, funcionária da igreja, eu encarregado das compras em grandes festas, como estou administrando os bens que não são meus, e sim da comunidade?
2. Atuo com habilidade, fidelidade e perspectivas de melhorias e inovações no futuro, para melhor desempenhar os trabalhos das pastorais ou em benefício de necessitados na sociedade?
3. Por que será melhor não concordar com aqueles que põem tudo a serviço do lucro?

V – É TEMPO DE DIALOGAR COM O AUTOR DA PALAVRA

Contemplemos a presença de Deus que acolhe a nossa prece e nos protege com amor, rezando o Sl 12, sozinho, em grupo ou em família.

VI – É TEMPO DE SEMEAR A PALAVRA

Como lidar com as tendências que se locomovem dentro de nós, sem deixar-nos dominar por elas? Com essa forma de lidar consigo mesmo purifica-se a própria personalidade e cresce-se espiritualmente. Façamos um bom propósito para os próximos dias.

26º DOMINGO DO TEMPO COMUM

Tema do dia

└──▶ Os riscos do rico e a riqueza do pobre.

Objetivo

└──▶ Convidar a sair em defesa dos pobres, colaborando com estruturas sociais mais igualitárias...!

I – É TEMPO INICIAL DE ACLAMAR, INVOCAR, LOUVAR O SENHOR

■ **Rezar com os participantes**

Ó Pai, tu que enviaste o Espírito Santo para recordar-nos tudo o que teu Filho Jesus disse e ensinou, dá-nos a força para vivenciarmos e anunciarmos ao mundo a Boa-nova, confiantes na tua Palavra (cf. Jo 14,26).

II – É TEMPO DE ESCUTAR E ACOLHER A PALAVRA: Lc 16,19-31

■ **Núcleo da Palavra**

Um homem rico se vestia luxuosamente e se banqueteava todos os dias. Havia, também, um pobre chamado Lázaro (= que significa: aquele que de Deus recebe ajuda), junto ao portão do homem rico. Queria matar a fome e não tinha com quê. O pobre morreu e teve recompensa. O rico também morreu e nada de recompensa. O rico, de longe, viu Lázaro no seio de Abraão e a este pediu socorro. Abraão não lhe refresca a língua, mas a memória: "recebeste os teus bens durante a vida... agora Lázaro encontra consolo..." (Lc 16,25). O rico teve um momento de compaixão e quis interceder por seus cinco irmãos.

■ **1ª leitura: Am 6,1a.4-7**

Ai dos que na Samaria levam vida de privilegiados. Vivem do luxo e da luxúria, não dando a mínima importância aos pobres, que são maioria absoluta. Evidentemente, não dá para falar em "sociedade de consumo", mas, sim, em uma "elite de consumo". Contudo, a vida conduzida desse jeito terá seus dias contados.

■ **2ª leitura: 1Tm 6,11-16**

Paulo orienta Timóteo positivamente: que ele cultive as virtudes. Fortaleça a fé. Dê testemunho de Deus, autor da vida e de Jesus Cristo "*que deu testemunho diante de Pôncio Pilatos, numa bela profissão de fé...*" (1Tm 6,13). Que Timóteo viva de modo irrepreensível até a nova vinda do "*Rei dos reis e Senhor dos senhores*" (1Tm 6,15).

III – É TEMPO DE DINAMIZAR A PALAVRA

■ **Material necessário**

Uma caixa com seis cartões contendo as seguintes palavras:
1. alcoolizado.
2. multado.
3. enganado.
4. contemplado.
5. preconceituoso.
6. religioso.

■ **Motivação**

Façamos nossas melhores escolhas enquanto tivermos autodomínio para fazê-las.

■ **Desenvolvimento**

- Formar um círculo.
- Propor para seis participantes retirar da caixa um cartão e apresentar a palavra retirada.
- A cada palavra propor ao participante as seguintes opções de escolha:
  - ○ Alcoolizado: Volta para casa dirigindo? ou Procura alguém sóbrio que possa dirigir por você?
  - ○ Multado: Assume a infração? ou Tenta negociar evitando ser multado?
  - ○ Ofendido: Não aceita explicações e revida? ou Procura saber o motivo da ofensa?
  - ○ Contemplado: Usa o valor para realizar sonhos? ou Usa o valor para suprir necessidades?
  - ○ Preconceituoso: Respeita o que é diferente? (religião, política, raça, sexo, cultura) ou Evita conviver com as diferenças?
  - ○ Religioso: Age de acordo com os princípios da fé que professa? ou Age de acordo com a situação?
- Cada participante deverá justificar sua opção de escolha.

Partilha

- Comentar as escolhas e justificativas apresentadas, concluído com a seguinte motivação: Façamos nossas melhores escolhas enquanto tivermos autodomínio para fazê-las.

IV – É TEMPO DE REPERCUTIR A PALAVRA

Jesus ainda percorre o caminho para Jerusalém. Sempre há ouvintes. Sempre há seguidores. Mas nem todos são seguidores. Alguns são apenas acompanhantes: os que simplesmente transitam pela vida sem tirar proveito das mais valiosas riquezas que ela contém.

A vida conta com seus inevitáveis cansaços. Jesus não faz detalhadas exposições em palavras. Mas conta parábolas. E parábolas impressionam. Mexem por dentro, enquanto os passos dos caminhantes vão ganhando quilômetros e mais quilômetros. Provocam uma posição pessoal. Expõem elementos conhecidos para levar o ouvinte a elementos desconhecidos, ainda não descobertos, que de maneira embrionária podem existir dentro dele mesmo. Parábolas, por isso, são desafiadoras.

Naquele momento, o cenário que Jesus descrevia, mostrava um homem rico que gostava de ser rico, que cultivava a riqueza. Só a riqueza. E que ostentava sua riqueza no seu modo de vestir e de viver. O seu mal era representar bem uma parcela da população que possuía riquezas. O *"banquetear-se"* (cf. Lc 16,19) era mais do que comer bem todo dia. Era acumular riquezas. Ele tinha "a faca e o queijo na mão" – como se diz. Era só dar um passo a mais para se tornar rico diante de Deus, mas não fez nenhum esforço para enveredar por esse caminho. Enquanto isso, do lado de fora do portão de sua casa havia um homem pobre e ferido, assim como possivelmente pode haver um ou mais do lado de fora do nosso portão. Na parábola, fala-se apenas de um pobre dentre a multidão deles em terras da Palestina de então. Lázaro morreu e saiu do sofrimento e da solidão, pois foi levado *"pelos anjos para o seio de Abraão"* (Lc 16,22). O rico também morreu e foi experimentar as *"torturas do abismo"* (Lc 16,23). O *Catecismo da Igreja Católica* nos ajuda a entender esse estado de coisas ao dizer que "este é, com efeito, o estado de todos os mortos, maus ou justos, à espera do Redentor – o que não significa que a sorte deles seja idêntica, como mostra Jesus na parábola do pobre Lázaro recebido no "seio de Abraão." (CIgC, 633).

De muito longe, pede socorro ao Pai Abraão e com a "cara mais deslavada do mundo", agora aceita a inversão dos papéis, pois é ele quem pede a ajuda de Lázaro. Só a ponta de um dedinho molhado com água. (Podia ser até um dedo cheio de feridas, que ele aceitaria). Mas Abraão passa ligeiro o filme da vida dos dois: o rico cheio de bens. O pobre só "aquinhoado" com males: fome, falta de moradia, solidão quebrada apenas pela presença do cachorro-cuidador, feridas abertas e dores, entre elas a mais sentida: a do abandono e da rejeição. Os papéis se invertem de fato. Os benefícios também. Lázaro recebe consolo. O rico, padecimentos (cf. Lc 16,25). Aqui, também o *Catecismo da Igreja Católica* nos ajuda na compreensão: "O Novo Testamento fala do juízo principalmente na perspectiva do encontro final com Cristo na segunda vinda deste, mas repetidas vezes afirma, também, a retribuição, imediatamente depois da morte de cada um em função das suas obras e da sua fé. A parábola do pobre Lázaro e a palavra de Cristo na Cruz ao bom ladrão, assim como outros textos do Novo Testamento falam de um destino último da alma, que pode ser diferente para uns e outros" (CIgC, 1021).

Como vimos,

> A condenação do homem rico não é por ter muitos bens, sinal de bênção no Antigo Testamento (Pr 6,6-11; 23,20-21; Eclo 40,28), mas por administrá-los exclusivamente em proveito próprio, fazendo – por sua avareza – pouco caso dos marginalizados que vivem até na entrada de seu palácio. Ao transformar os bens em "seu deus", não escuta a palavra do próprio Deus, princípio de conversão. Sua idolatria o fecha ao Deus de Israel e – por isso mesmo – às desgraças de seus semelhantes. Quando morre, o rico e idólatra é atormentado no *sheol,* lugar dos mortos. Ao contrário, quando morre, o miserável Lázaro é conduzido ao seio de Abraão, sinal de uma vida que continua. Cumprem-se assim as bem-aventuranças e lamentações de Jesus: "Felizes vós que agora passais fome..."; "Ai de vós, ricos... que agora estais fartos. (Lc 6,21.25)". (RETAMALES, 2005, p. 61)

Entre os dois um abismo. O rico teve um pensamento bom, porém, tarde demais: Lázaro podia ir à casa paterna do próprio rico e alertar os cinco irmãos dele. *"Se alguém dentre os mortos for à sua procura, eles certamente se converterão"* (Lc 16,30). Nada acontecerá se não derem ouvidos *"a Moisés e aos profetas"* (Lc 16,31). Era preciso dar vida à Lei pelas atitudes e era preciso cooperar para erradicar as injustiças denunciadas pelos profetas.

■ Complementar a repercussão da Palavra dialogando

1. Como nosso grupo se posiciona diante dessa passagem do Evangelho?
2. Que atitudes, por modestas que sejam, tomamos diante das desigualdades sociais? O que cobramos das autoridades, dos políticos? Mesmo da autoridade religiosa local o que exigimos, o que sugerimos?
3. Que tipo de prática podemos incrementar para pouco a pouco eliminar o abismo entre ricos e pobres? Estamos dispostos a isso? Que "cacife" temos?
4. José Mujica é ex-presidente do Uruguai. Não é homem religioso. Contudo, é desprendido de bens materiais. Tornou-se bastante conhecida uma frase sua, dita em 5 de novembro de 2016, por ocasião do III Encontro Mundial dos Movimentos Populares, organizado pelo Vaticano: "Quem acumula dinheiro é doente. A riqueza complica a vida". O que achamos desse pensamento?

V – É TEMPO DE DIALOGAR COM O AUTOR DA PALAVRA

Senhor, nossas são as mãos para o trabalho, nossa é a inteligência para criar, desenvolver, programar. Nossa é a vontade para poder decidir em favor dos que têm menos para que tenham ao menos o necessário; que tenham direitos respeitados e atendidos, que vivam em dignidade e gozem da devida participação na sociedade. Para que tudo isso se realize, possamos nós contar com a tua graça, ó Cristo Jesus, que és o exemplo mais rico de desprendimento das coisas, das quais Tu mesmo és criador. Que essa graça que tem o poder de iluminar e a força de transformar, atinja os formadores de opinião, os membros das Igrejas, as autoridades, os políticos, os homens e as instituições de justiça. Ninguém virá lá do céu para arrancar piedade nem para converter a quem quer que seja, mas a tua graça pode bater à porta de muitos corações, a partir dos nossos. Senhor, quantas vezes, admitimos, que sentimos certa vergonha em pedir-te de novo. No entanto, Tu nos alivias e nos confortas quando nos dizes: *"sem mim vocês nada podem fazer"* (Jo 15,5) e *"peçam e lhes será dado"* (Mt 7,7).

VI – É TEMPO DE SEMEAR A PALAVRA

Criemos familiaridade com alguns textos do Catecismo da Igreja Católica. Vamos pesquisar os números de 1024 a 1026 do documento.

27º DOMINGO DO TEMPO COMUM

Tema do dia

A fé nos une a Deus. E quem nos salva é Ele.

Objetivo

Reconhecer que o amor de Deus supera qualquer outra recompensa.

I – É TEMPO INICIAL DE ACLAMAR, INVOCAR, LOUVAR O SENHOR

■ Rezar com os participantes

Ó Pai, tu que enviaste o Espírito Santo para recordar-nos tudo o que teu Filho Jesus disse e ensinou, dá-nos a força para vivenciarmos e anunciarmos ao mundo a Boa-nova, confiantes na tua Palavra (cf. Jo 14,26).

II – É TEMPO DE ESCUTAR E ACOLHER A PALAVRA: Lc 17,5-10

■ Núcleo da Palavra

Somos servos a serviço de Deus nosso Senhor. Graças a Ele, chamamos isso de liberdade e, por isso, fazemos o que tem de ser feito.

■ 1ª leitura: Hab 1,2-3; 2,2-4

O profeta constrói um diálogo entre ele próprio e Deus e começa por queixar-se de tanta coisa ruim que acontece sem saber de Deus quando tudo isso cessará. Deus responde que virão remédios amargos, mas que, apesar de tudo, "*o justo viverá por sua fidelidade*" (Hab 2,4).

■ 2ª leitura: 2Tm 1,6-8.13-14

Paulo recomenda a Timóteo que permaneça fiel. Assim, Timóteo terá pelo testemunho, toda autoridade de confirmar na fé a quem foi confiado a ele, sem nenhuma presunção que se manifesta em alguns.

III – É TEMPO DE DINAMIZAR A PALAVRA

■ Material necessário

Uma folha em branco para cada participante e lápis/caneta.

■ Desenvolvimento

- Motivar cada participante, sem consultar o seu vizinho, a escrever 10 (dez) palavras relacionadas à Igreja Católica que está a serviço de Deus e dos irmãos. Deve escrevê-las na ordem em que vierem à cabeça.

Partilha

- Verificar quais as palavras que foram mais lembradas pelos participantes e se caracterizam a Igreja servidora.
- Concluir com a reflexão sobre a Igreja servidora que testemunha a imagem do amor de Deus que supera qualquer recompensa.

IV – É TEMPO DE REPERCUTIR A PALAVRA

Jesus ainda a caminho de Jerusalém, cidade-meta, cidade-desfecho, cidade ainda em gestação dos sofrimentos a que Jesus será submetido, cidade que o expulsará de seu perímetro urbano para morrer. Cidade que ao alvorecer do terceiro dia, será a primeira a saber do golpe mortal que Jesus aplicou à própria morte, ressuscitando, como disse. A noite, só a noite testemunhou o momento da ressurreição. Os discípulos não testemunharam Jesus *ressuscitando,* mas *ressuscitado.*

Quem tanto caminha como Jesus e seus discípulos (inclusive nós), é inevitável que encontre obstáculos, que até vacilem a fé e a confiança. É por aí que Jesus começa no trecho que engloba o Evangelho deste Encontro, falando sobre o poder da fé, em resposta ao pedido dos apóstolos para que Ele aumentasse a fé deles. O texto dá a entender que nem no pedido, nem na resposta estava em jogo a *quantificação* da fé, mesmo porque como se há de poder medi-la quantitativamente? Tratava-se, antes, de *intensificá-la,* de *robustecê-la,* de *torná-la forte* o que seria dado a conhecer pelos seus efeitos, o que em figura hiperbólica de linguagem vem expresso em Lc 17,6.

Os apóstolos vão direto ao ponto central. Não pedem aumento de salário, mesmo porque não formavam sindicato, nem tinham salário, mas pedem *aumento da fé.* Aumento da confiança entre eles e Jesus, fossem quais fossem as circunstâncias do desfecho. Entendemos que a fé se torna mais robusta mediante as nossas obras quando de fato cremos que por trás delas está o Senhor, Deus forte, que as impulsiona.

Depois, o que se diz em Lc 17,7-10, ainda continua ligado ao tema da fé e da confiança, pois os servos do Senhor (nós) precisam pensar que não são eles por eles mesmos que somam méritos e, portanto, fazem por si mesmos jus a uma recompensa especial, mas que há o Espírito de Deus que sempre sopra por primeiro, que inspira, que impulsiona, que interage.

Com a parábola, Jesus simplesmente quer "mostrar que os cristãos são servos de Deus e que o serviço a Deus não deve ser concebido como fonte de méritos: "*Somos simples servos; fizemos o que devíamos fazer*" (Lc 17,10).

"*Fizemos o que era de nossa obrigação*". Isso mesmo. É edificante, consolador e extremamente construtivo para a espiritualidade cristã assumir com total liberdade a "obrigação". Não se faz o que Jesus recomenda, só "quando dá vontade de fazer". Faz-se por um compromisso declaradamente assumido por nele estar escondido um grande tesouro. Naquele responsorial, naquele diálogo que se estabelece entre aquele que preside a celebração eucarística e a assembleia, encontramos o seguinte:

Presidente: *O Senhor esteja convosco.*

Assembleia: *Ele está no meio de nós.* (Ele já está. Declaramos ter consciência de que isto é a certeza da nossa fé).

Presidente: *Corações ao alto.*

Assembleia: *O nosso coração está em Deus.* (Confiante, esperançoso, por amor).

Presidente: *Demos graças a Deus.*

Assembleia: É nosso dever e nossa salvação. (É nosso *dever* de criaturas, de filhos, de redimidos por Jesus Cristo, de discípulos comprometidos com ele, que oram e trabalham).

■ **Complementar a repercussão da Palavra dialogando:**

1. Já nos aconteceu de largar tudo dentro da vida e das atividades da Igreja? Pensemos bem: quem saiu perdendo? Chegamos cansados e quisemos logo "*sentar-nos à mesa*" (Lc 17,7)?
2. Qual é o espírito de evangelização que anima nosso grupo? O astral é alto? Há verdadeira confiança no companheirismo do Senhor?

V – É TEMPO DE DIALOGAR COM O AUTOR DA PALAVRA

Creio, Senhor, mas fortaleça a minha fé.

Creio, Senhor, mas dá-me o teu espírito para que a fé se transforme em obras, mesmo diante do mar de perigos e incertezas.

Creio, Senhor, e faça que eu assuma meu dever de servidor.

Creio, Senhor, que sou teu fiel servidor. Que eu o seja até o fim.

Creio, Senhor, que serei capaz de fazer tudo o que quiseres, não dispensando nunca a tua graça que sustenta toda a obra, assim como o alicerce sustenta toda a casa.

Creio, Senhor, que não passo de simples servo teu. Não te sirvo, ansioso por recompensas imediatas, mas para ser-te fiel, pois tua vontade a ser feita é infinitamente mais ampla e mais sábia do que a minha.

Creio, Senhor, que posso crescer muito mais, sendo-te mais obediente do que emancipado diante de ti. Emancipação pode levar a engano e engano não expande felicidade nem paz.

Sob a tua Palavra, me ponho a viver e a agir!

VI – É TEMPO DE SEMEAR A PALAVRA

Nosso agir pode partir da clareza do conhecimento de que ser Igreja é estar a serviço. Busquemos colocar em prática o que Jesus nos pede.

28º DOMINGO DO TEMPO COMUM

Tema do dia

→ Pediram-lhe compaixão e foram atendidos.

Objetivo

→ Reconhecer a necessidade de agradecer sempre o que nos é dado por Deus.

I - É TEMPO INICIAL DE ACLAMAR, INVOCAR, LOUVAR O SENHOR

■ Rezar com os participantes

Ó Pai, tu que enviaste o Espírito Santo para recordar-nos tudo o que teu Filho Jesus disse e ensinou, dá-nos a força para vivenciarmos e anunciarmos ao mundo a Boa-nova, confiantes na tua Palavra (cf. Jo 14,26).

II - É TEMPO DE ESCUTAR E ACOLHER A PALAVRA: Lc 17,11-19

■ Núcleo da Palavra

Jesus na fronteira entre Galileia e Samaria. Num povoado, dez leprosos foram ao encontro dele. Pediram-lhe compaixão. Deviam se mostrar aos sacerdotes. No caminho ficaram curados. Só um, por sinal estrangeiro, voltou e agradeceu. Jesus o elogia porque creu e deu glória a Deus.

■ 1ª leitura: 2Rs 5,14-17

Naamã era um militar sírio de alta patente. Chegara a general. Com suas idas e vindas ficou leproso. Ficou doente de hanseníase, diríamos hoje. Dispunha-se a fazer o possível para alcançar a cura. Seria possível que o profeta Eliseu o curasse? Não! Eliseu mandou que Naamã fosse lavar-se no rio Jordão. Aí ficaria claro que era Deus que o curava, valendo-se de uma força da natureza, isto é, as águas do Jordão. Naamã oferece presentes a Eliseu, que não os aceitou. A cura não foi por ação dele, e sim, de Deus. Naamã, pois, disse que não mais adoraria outro deus, a não ser o Deus de Israel.

■ 2ª leitura: 2Tm 2,8-13

Paulo está preso, acorrentado (2Tm 2,9), o que não o impede de pregar o Evangelho. Morremos com Jesus? Pois com ele viveremos. Sofremos com ele? Pois com Jesus reinaremos. Teremos a suma fraqueza de renegá-lo? Ele também nos renegará. Seremos infiéis? Não, ele não será infiel. Ele permanece fiel. Sempre!

III – É TEMPO DE DINAMIZAR A PALAVRA

■ Material necessário

Cópia do texto para todos os participantes.

Texto:

Leitor 1: *"Não se considere um sábio. Mantenha o máximo de respeito pelo Senhor seu Deus e evite o mal"* (Pr 3,7).

Todos: *"Isso trará saúde para a sua carne e alívio para seus ossos"* (Pr 3,8).

Leitor 2: *"Meu filho, esteja atento às minhas palavras e dê ouvidos aos meus conselhos"* (Pr 4,20).

Todos: *"Eles são vida para quem os encontre e saúde para o seu corpo. Acima de tudo, guarde o seu coração, porque dele brota a vida"* (Pr 4,22-23).

Leitor 3: *"O filho mais velho estava na roça. Ao voltar, já perto de casa, ouviu música e barulho de dança. Então chamou um dos criados e perguntou o que estava acontecendo"* (Lc 15,25-26).

Todos: "É seu irmão que voltou. E seu pai, porque o recuperou são e salvo, matou o novilho gordo" (Lc 15,27).

Leitor 4: *"Alguém de vocês está sofrendo?"* (Tg 5,13).

Todos: *Reze.*

Leitor 5: *"Está alegre?"* (Tg 5,13).

Todos: *Cante.*

Leitor 6: *"Alguém de vocês está doente?"* (Tg 5,14).

Todos: *"Mande chamar os presbíteros da Igreja para que rezem por ele, ungindo-o com óleo, em nome do Senhor"* (Tg 5,14).

■ Desenvolvimento

- Motivar para a leitura dialogada do texto.

Partilha

- Motivar os participantes para relacionar o texto com a necessidade de reconhecer que tudo nos é dado por Deus.

IV – É TEMPO DE REPERCUTIR A PALAVRA

Temos acompanhado Jesus em sua estrada existencial, rodeado do povo e dos discípulos por Ele escolhidos, na direção de Jerusalém, o grande centro político-religioso e decisório. O caminho de Jesus é todo ele "terra de missão" e é nesse sentido que Jesus o explora. A Palestina tinha ao norte a Galileia, na parte central a Samaria, e a parte meridional era formada pela Judeia.

Jesus se encontrava justamente na fronteira entre a Galileia e a Samaria. Em certo povoado, dez leprosos, que certamente haviam ouvido falar dele, foram ao seu encontro. Eram dez. Não chegaram muito próximos. A lei não permitia. Eles eram impuros. Portanto, pararam a certa distância. E, em coro, gritaram: "*Jesus, Mestre, tem compaixão de nós!*". Queriam, sim, esperavam, sim, que Jesus tivesse *compaixão* deles. Que Jesus, na medida do possível, se envolvesse com eles, com a doença deles, com o estado lastimável em que se encontravam. Invocaram Jesus como "*Mestre*", isto é, aquele que sabia, que ensinava. Mas a notícia que certamente correra pelos ares é que aquele *Mestre*, além de saber e ensinar, também praticava, fazia as coisas acontecer. Assim, Jesus mal os viu, já disse: "*Vão mostrar-se aos sacerdotes*", como a dizer, vão lá consultar os sacerdotes se eles autorizam a volta de vocês à sociedade, ao convívio com familiares e com a comunidade.

Segue-se uma parte muito linda e significativa da passagem do Evangelho: "*enquanto caminhavam ficaram curados*" (Lc 17,14). Isso aconteceu com eles. A cura deles levou um tempo. Não foi fruto de imediatismo. A cura foi um processo. Nossa vida não é assim? É assim. Contudo, não somos muito conformados. Gostaríamos que não fosse bem dessa forma. Queremos curas milagrosas já e agora. Resultados hoje. Dinheiro disponível no ato. Resultados profissionais a curto prazo. Filhos ganhando dinheiro, já!

Um dos leprosos, "*vendo-se curado, voltou, glorificando a Deus em alta voz*" (Lc 17,15).

- V*iu-se curado*: passou seus olhos e suas mãos no próprio corpo e viu a transformação operacionalizada por Jesus, que teve compaixão, não sentindo apenas, mas *agindo*;
- *voltou:* aquele curado não considerou Jesus como um *Deus-bombeiro*, que apaga o fogo e em seguida é dispensado;
- *glorificou a Deus:* reconheceu que a cura obtida estava fora do alcance do poder dos sacerdotes e de qualquer ser humano;
- *glorificou... em alta voz:* o que acontecera não podia ficar oculto, tinha de ser espalhado aos quatro ventos; no gesto do samaritano curado traduz-se uma coisa muito importante: que Deus se volta de modo generoso aos que estão no limiar entre a miséria e a morte;

— *e caiu com o rosto por terra aos pés de Jesus:* para prostrar-se desse jeito diante de Jesus, viu poderes extraordinários nele, sentiu que a *compaixão de Jesus o atingiu em cheio.* Era Mestre em saber, em ensinar e em *socorrer por compaixão eficaz;*

— *e agradeceu a Jesus:* diante de tamanho benefício, foi humilde, agradecido e reconhecido. Quem sabe, temos de recuperar esse gesto, pessoalmente, em nós e, quiçá, em outras pessoas: familiares, gente que frequenta a mesma comunidade etc. Até que ponto o curado tinha certeza de que estava diante do Filho de Deus, o Messias, Deus e homem, até que ponto ele tinha certeza, não sabemos. O que sabemos é que *acreditou* e o resultado de sua fé foi enorme, visível, total, includente na sociedade e na dignidade. E ele era um não judeu, um vizinho não benquisto nem bem visto, pois era samaritano, alvo de maus falares por ser de um povo que em parte adorava ao Deus verdadeiro e em parte aos ídolos. Pelo jeito, os outros nove, sim, eram do povo judeu, e não demonstraram alma agradecida para com o Deus que deles se compadeceu e curou. Depois Jesus acrescentou: *"Levante-se, siga seu caminho. Sua fé o salvou"* (Lc 17,19). A fé daquele homem o salvou, sim, e acopladas à fé estavam também as obras, pois ele e mais nove companheiros *tomaram a iniciativa* de ir ao encontro de Jesus e *foram até perto dele.* Especificamente, o samaritano ainda *percorreu um pedaço de caminho de volta, prostrou-se e agradeceu.*

Da posição de adorador, *"rosto em terra"*, o samaritano curado e agradecido, devia, em seguida, ficar em pé, pronto para agir, seguir o caminho, exatamente, onde caminho e fé se tornassem indissociáveis. Ele foi *curado* e *salvo.*

O *Catecismo da Igreja Católica* diz explicitamente: "O Senhor Jesus Cristo, médico de nossas almas e de nossos corpos, ele que remiu os pecados do paralítico e restituiu-lhe a saúde do corpo (cf. Mc 2,1-2), quis que sua Igreja continuasse, na força do Espírito Santo, sua obra de cura e salvação, também junto de seus próprios membros". E noutra passagem: "O *cuidado com a saúde* dos cidadãos requer a ajuda da sociedade para obter as condições de vida que permitam crescer e atingir a maturidade: alimento, roupa, moradia, cuidado da saúde, ensino básico, emprego, assistência social" (CIgC, 2288).

As empresas também têm sua parcela de responsabilidade em zelar pela saúde de seus funcionários. Lembra Anselm Grün: "A empresa deve dar a chance para que os doentes possam se curar. Isso vale sobretudo para doenças psíquicas. Muitas vezes, a doença psíquica é um recurso da alma que já não consegue suportar o peso físico e espiritual do trabalho. Também aqui é importante consultar profissionais da área" (GRUN, 2007, p. 119).

▪ Complementar a repercussão da Palavra dialogando

1. Como vai a nossa saúde?
2. Na nossa comunidade ou paróquia, na Associação ou no Movimento, no escritório ou na empresa, como é tratado o tema "saúde"?
3. A Pastoral da Saúde, pelo que conhecemos ou até participamos, envolve-se apenas com a saúde espiritual dos doentes, ou também com a saúde física, exigindo postos de saúde, hospitais, encaminhando doentes?

V – É TEMPO DE DIALOGAR COM O AUTOR DA PALAVRA

Oração do enfermo

Senhor, coloco-me diante de ti numa atitude de oração.
Sei que me ouves, tu me penetras, tu me vês.
Sei que estou em ti e que tua força está em mim.
Olha para este meu corpo marcado pela doença.
Tu sabes quanto me custa sofrer.
Sei que não te alegras com o sofrimento de teus filhos.
Dá-me, Senhor, força e coragem para vencer os momentos de desespero e de cansaço.
Torna-me paciente e compreensivo, simples e modesto.
Neste momento, eu te ofereço as minhas preocupações, angústias e sofrimentos, para que eu seja mais digno de ti. Aceita, Senhor, que eu una meus sofrimentos aos sofrimentos de teu Filho, Jesus, que por amor de todos os seres humanos, deu sua vida no alto da cruz. Amém. (PESSINI, 2005, p. 159)

VI – É TEMPO DE SEMEAR A PALAVRA

Que tal marcarmos uma reunião no bairro ou na paróquia para discutir o assunto "saúde"?

Tópicos: Saúde da família – Saúde dos que frequentam a paróquia – saúde no bairro – postos de saúde – recursos nos hospitais da cidade, região, bairro.

Como? Levantando necessidades, convidando pessoas ligadas ao poder público local, autoridades religiosas (pluralismo religioso), profissionais da saúde para palestras e esclarecimentos.

29º DOMINGO DO TEMPO COMUM

Tema do dia

└──▶ Os pobres clamam por justiça.

Objetivo

└──▶ Obter a justiça de todas as formas para que ela se estabeleça e se difunda sobre a face da terra.

I – É TEMPO INICIAL DE ACLAMAR, INVOCAR, LOUVAR O SENHOR

■ Rezar com os participantes

Ó Pai, tu que enviaste o Espírito Santo para recordar-nos tudo o que teu Filho Jesus disse e ensinou, dá-nos a força para vivenciarmos e anunciarmos ao mundo a Boa-nova, confiantes na tua Palavra (cf. Jo 14,26).

II – É TEMPO DE ESCUTAR E ACOLHER A PALAVRA: Lc 18,1-8

■ Núcleo da Palavra

Uma viúva reclamava por justiça a um juiz. Ela se mostrou insatisfeita com as coisas. Ele, importunado, deu-se por vencido pelo cansaço. Deus não se deixa vencer pelo cansaço, mas atende por compaixão. No último dia de cada um, no julgamento final, haverá fé sobre a terra?

■ 1ª leitura: Ex 17,8-13

Amalecitas, povo nômade, sempre inimigos dos israelitas, impedindo que estes construíssem uma sociedade justa. Mais uma batalha se anuncia. *"Enquanto Moisés ficava com as mãos levantadas, Israel vencia; quando ele abaixava as mãos, os amalecitas venciam".* "Levantar as mãos": Moisés se relacionava com Deus, nele confiava e dele esperava proteção. E a vitória veio.

■ 2ª leitura: 2Tm 3,14-4,2

A palavra de Paulo é que Timóteo leia as Escrituras, isto é, aquelas elaboradas pelos judeus, visto que o Novo Testamento ainda não existia em seu todo. O Filho de Deus, encarnado, *"foi anunciado aos pagãos, foi acreditado no mundo e exaltado na glória"* (2Tm 3,16). Paulo diz que há alguns que estão renegando a fé verdadeira. Há pessoas mentirosas, vendendo mentiras como verdades. Quem crê em Deus, que a Ele se apegue.

III – É TEMPO DE DINAMIZAR A PALAVRA

■ Material necessário

Papel e lápis/canetas para anotar.

■ Desenvolvimento

- Formar pequenos grupos.
- Cada grupo deverá manifestar sua insatisfação com relação a 5 (cinco) coisas próximas: no próprio grupo, na comunidade, no bairro, na cidade...
- Estamos insatisfeitos / insatisfeitas com: ...

Partilha

- Ouvir os grupos.
- Sugerir que nos próximos dias, cada grupo, tome pelo menos uma providência, por modesta que seja, relativa a uma das "insatisfações" levantadas.

IV – É TEMPO DE REPERCUTIR A PALAVRA

Lucas vai direto ao assunto: *"rezar sempre e nunca desanimar"* (Lc 18,1). A seguir, ilustra a afirmação contando uma parábola para acentuar qualidades da oração como, por exemplo, feita com *confiança* e *perseverança*.

O texto apresenta uma viúva que se soma a outras tantas pessoas necessitadas. A outra parte certamente era alguém que devia a ela. Para resolver a questão entre as partes havia um juiz. A viúva não tinha dinheiro para "molhar" a mão do juiz, mas amolou-o tanto, tanto que ele cedeu e fez justiça. Antes, ele nem se preocupava com as injustiças cometidas contra as viúvas. Com a viúva persistente em suas reivindicações ele se incomodou e a atendeu. O juiz,

> não por causa da coerência de seus princípios, nem pela consciência da responsabilidade de sua função, decide *fazer justiça* à viúva. E o fez por duas razões: estava cansado da amolação e procurou evitar o escândalo de um tapa na cara em pleno tribunal ou em praça pública. [...]. Se só por causa disso acabou fazendo justiça, quanto mais Deus, que se interessa pela causa do oprimido. (BORTOLINI, 2006, p. 698)

Que luta a da viúva! E com gente graúda. Com um adversário com dinheiro e com um juiz. Quanto tempo terá durado a querela? Por quanto tempo será que o juiz teve de aturar as reclamações daquela mulher?! Quem ganhou? A sabedoria dele? Os argumentos jurídicos dele? Não, mas a simplicidade e a perseverança dela. A insistência dela. Não é de admirar isso?

A pergunta final do texto, de certa forma é terrível: *"Mas quando vier o Filho do homem, encontrará a fé sobre a terra?"* Haverá quantos e quantas com fé, dedicando-se à oração, dando testemunho de sua fé, fazendo todo o possível para que a justiça se estabeleça? Por outro lado, quantos cairão no desânimo, na descrença?

Na oração perseverante, tanto do agradecer como do pedir, lembramos apenas duas coisas. Uma da Sagrada Escritura em Is 55,8: *"Os meus projetos – diz Deus – não são os projetos de vocês, e os caminhos de vocês não são os meus caminhos"*. Portanto, insistamos na oração, e entreguemo-nos às mãos de Deus que nos sabe guiar melhor.

A segunda coisa é aquela satisfação de termos sido atendidos. Naquelas ações entre amigos, encaminhando mensagens boas e interessantes via e-mail, há uma bem de acordo com o espírito do Evangelho e com o modo de agir de Deus. Diz assim: "Não recebi nada do que pedi, mas tudo de que precisava".

O papa Francisco faz alusão ao Evangelho de Lc 18,1-8 quando se dirige aos participantes vindos de 50 países, na conclusão do III Encontro Mundial dos Movimentos Populares. Disse ele:

Vocês sabem recuperar fábricas de falências, reciclar aquilo que outros jogam fora, criar postos de trabalho, cultivar a terra, construir moradias, integrar bairros segregados e reclamar sem se deter como a viúva do Evangelho, que pede justiça insistentemente (cf. Lc 18,1-8). Talvez com o exemplo de vocês e a sua insistência, alguns Estados e organizações internacionais abrirão os olhos e adotarão as medidas adequadas para acolher e integrar plenamente todos aqueles que, por um motivo ou outro, buscam refúgio longe de casa. (FRANCISCO, 2016)

■ Complementar a repercussão da Palavra dialogando

1. Hoje, a favor de que grandes temas na nossa realidade brasileira temos de lutar?
2. Estamos dispostos a engajar-nos? Ou já estamos engajados? Como?

V – É TEMPO DE DIALOGAR COM O AUTOR DA PALAVRA

Louvemos ao Senhor rezando o Sl 34. Supliquemos a Ele um mundo mais justo e repleto de paz.

VI – É TEMPO DE SEMEAR A PALAVRA

Vamos agir como os primeiros cristãos. Tais cristãos, vivendo num mundo inimigo, esperavam a parúsia (isto é, a nova vinda de Jesus) como o momento em que Deus faria justiça em favor dos pequenos e oprimidos. Seria o Dia do Senhor. Mas estava demorando!

Pergunte a si mesmo e a outros: a fé está enfraquecendo na comunidade, no mundo? O que fazemos diante disso?

30º DOMINGO DO TEMPO COMUM

Tema do dia

→ Um olhar sobre o outro e para dentro de si mesmo.

Objetivo

→ Reconhecer que não somos melhores do que os outros, mas temos os meios para tornar-nos melhores.

I – É TEMPO INICIAL DE ACLAMAR, INVOCAR, LOUVAR O SENHOR

■ Rezar com os participantes

Ó Pai, tu que enviaste o Espírito Santo para recordar-nos tudo o que teu Filho Jesus disse e ensinou, dá-nos a força para vivenciarmos e anunciarmos ao mundo a Boa-nova, confiantes na tua Palavra (cf. Jo 14,26).

II – É TEMPO DE ESCUTAR E ACOLHER A PALAVRA: Lc 18,9-14

■ Núcleo da Palavra

Jesus contou mais uma parábola. Alguns se julgavam justos e desprezavam os outros. O fariseu se apresentava e orava como justo. Fazia jejuns e pagava o dízimo. O cobrador de impostos mostrou-se humilde, reconheceu seus pecados. Ele, sim, foi para casa justificado, ou seja, considerado justo. O outro não.

■ 1ª leitura: Eclo 35,15b-17.20-22a

A súplica de quem serve ao Senhor, chega até ele. Já com os injustos, o Senhor não terá paciência. O mesmo sucederá com os orgulhosos. Mas a misericórdia do Senhor subsistirá.

■ 2ª leitura: 2Tm 4,6-8.16-18

Paulo prevê o seu martírio e a hora de sua partida. Se foi bom o seu combate, foi por causa do Senhor Jesus Cristo. A esperança dele e de todos os que viveram no amor, está ancorada em Jesus Cristo. Não há o que temer.

III – É TEMPO DE DINAMIZAR A PALAVRA

■ Desenvolvimento

- Formar pequenos grupos.
- Cada grupo ensaia uma apresentação em forma de oração "o fariseu e o cobrador de impostos". Tudo em linguagem bem atual.

Partilha

- Apresentação dos grupos.
- Motivar para a seguinte reflexão: O que Deus espera da nossa oração? Oração no palco da vida ou na vida do palco?

IV – É TEMPO DE REPERCUTIR A PALAVRA

Todos os nossos Encontros têm um pressuposto: somos pessoas de fé viva. E fé viva arrasta consigo o que fazemos em cada encontro:

— ouvimos a Palavra de Deus;

— refletimos sobre ela para que o nosso caminho, com a luz dela se aclare;

— fazemos oração, colocando a nossa alma para fora diante do que ouvimos e refletimos;

— damos testemunho da nossa fé no Cristo, assumindo desafios que aparecem na estrada da nossa vida.

Assim, querendo entender o texto do Evangelho que Jesus nos propõe mediante seu evangelista Lucas, nos perguntamos:

1. Por que uma religião hoje? Sem rodeios, porque não há cores nem imagens; não há palavras nem movimentos com efeitos especiais; não há técnicas nem ciências que satisfaçam o ser humano em tudo, o tempo todo;

- porque o ser humano, por natureza, é um ser insatisfeito e é bom que seja. E dentro desse realismo existencial, para os cristãos há um Deus que se antecipa e se revela para que o ser humano não se asfixie pela angústia da insatisfação. É o Deus que "faz a hora, não espera acontecer". Ele "acontece" primeiro. Não é por pouca coisa que nós cremos em uma "Pessoa" = Jesus Cristo e em um "Evento" = o acontecimento da Encarnação desse Deus;

- porque a religião é o devido espaço no qual se dá sentido ao que se encontra no bojo da realidade do dia a dia. Ela, a religião, tem voz própria para explicar a origem do próprio ser humano, do mundo, dá um sentido ao presente e tem toda uma palavra sobre o desfecho futuro do indivíduo, bem como de toda a humanidade. Ter uma religião é, sim, buscar sempre o sentido da vida ou preservá-lo. Um sentido profundo e verdadeiro. Não um sentido fugaz, de satisfação do "já", do "aqui e agora", do "só". O sentido que a religião dá à vida só pode ser um sentido bom, incluir também os outros. Deve ser também durável, que transcenda o tempo, a transitoriedade desta vida. Portanto, não pode dar qualquer sentido. "Qualquer sentido" na vida encontram também o ladrão, o desonesto, o corrupto, o traficante. A religião tem que dar um *sentido bom* e durável à vida;

- porque a religião dá sentido ao existir e ao esperar por algo maior, já que intrinsecamente estamos insatisfeitos pelo que somos e temos;

- porque ela pode ser a companheira e conselheira na encruzilhada do sofrimento e no desfecho desta vida com a chegada da morte. Porém, será grande erro pensar que a religião pode ser do tipo "*self service*", pois se assim for, é porque ela não tem raiz profunda, não tem teologia; apenas mimetismo religioso, uma caricatura, isto é, uma certa imitação de um comportamento religioso sem ir a fundo saber o seu porquê. Se a religião dá um sentido novo e nobre à vida, será com a alavancagem dela que se há de preencher de coisas boas a própria vida. Por isso é que na catequese para qualquer idade, "é preciso mostrar que a religião, especialmente o cristianismo, é fermento de libertação da pessoa e de transformação da sociedade" (DNC, 53c).

2. Religião de fachada não pega, não religa – O que transparece no Evangelho é isso. *"Dois homens subiram ao Templo para rezar"* (Lc 18,10). Não parece que estavam se dirigindo ao Templo para o culto, pois o primeiro *"rezava interiormente"*, não em voz alta, não coletivamente. Jesus diz apenas tratar-se de *um fariseu* e de *um cobrador de impostos*. Nem todos os fariseus, nem todos os cobradores de impostos rezariam como os dois da parábola.

O *fariseu dava graças por não ser como os demais homens* (cf. Lc 18,11). Era aquele fariseu, não todos os fariseus. Ele era diferente dos demais. Ele se destacava. Ele sobressaía. Ele, só ele tinha condições de olhar os outros de cima para baixo. Ele era ótimo observador da Lei e ponto final. Aliás, fariseu, na sua origem significa "separado", "diferente". Na verdade, aquele fariseu não faz oração. Ele faz um monólogo, quando oração, na verdade, é sempre diálogo. Esse do Evangelho pratica uma autorreferencialidade. Explicando, ele está no centro e num plano superior. Ele se autodenomina "o justo". Portanto, nada para "ajustar" diante de Deus.

Temos a impressão de que o farisaísmo voltou com força em nossos dias. Melhor, a "imunidade diante do pecado" no nosso tempo. Não tenho pecado. Assumo todas as minhas responsabilidades e cobro dos outros pelas responsabilidades que eles têm. Assim muitos pensam e agem.

O *Cobrador de impostos* pelo fato mesmo de ser cobrador de impostos era *detestado* pela sociedade. É o texto mesmo que diz isso (cf. Lc 18,10). *"Mantinha-se longe"* de querer aparecer. Como querer aparecer dentro do Templo se ele estava cheio de defeitos? Ele deve muito a Deus e quem sabe, a quanta gente também. Batia no peito, pedindo a Deus poder ser alvo da sua *compaixão*. O remédio para o pecado do cobrador de impostos é a *misericórdia*. É a *misericórdia!*

3. Dois resultados diferentes – O Evangelho mostra quais são (cf. Lc 18,14). O cobrador de impostos foi para casa perdoado. Não saiu carregando o peso de seus pecados. Reconheceu-os. Com o fariseu não aconteceu o mesmo. Na verdade, ao sair do Templo carregou toda a carga dos seus pecados e mais um, muito sério: isto é, o pecado da presunção: julgou ser o que não era. O cobrador de impostos foi ao Templo para mostrar-se aberto perante Deus, do jeito que era. Já o fariseu fez um jogo duplo: quis mostrar-se, escondendo-se. Mostrou seus feitos e escondeu seu ser. Não fez uma boa confissão!

Testemunho concreto: o papa argentino, nestes poucos anos de seu pontificado já visitou muitos presídios. Diz ele que quando tem contato com os presos ele se pergunta: por que eles e não eu? E deixa que Deus lhe responda com um amoroso silêncio!

■ **Complementar a repercussão da Palavra dialogando**

1. Reflitamos um pouco: presunção e preconceito facilmente podem andar juntos. Por que será?
2. Oração é momento de nos mostrar transparentes diante de Deus, não é? É assim mesmo que sucede conosco? Ou será que às vezes temos de pedir perdão por não ter pedido perdão?

V – É TEMPO DE DIALOGAR COM O AUTOR DA PALAVRA

"Confesso a Deus Pai todo-poderoso, e a vós irmãos e irmãs, que pequei muitas vezes por pensamentos e palavras, atos e omissões, por minha culpa, minha tão grande culpa. E peço à Virgem Maria, aos anjos e santos e a vós, irmãos e irmãs, que rogueis por mim a Deus, Nosso Senhor".

VI – É TEMPO DE SEMEAR A PALAVRA

Criar intimidade ao menos com um dos seguintes textos. Qualquer um deles se encaixa muito bem nos temas que abordamos: *presunção, humildade.*

■ Rm 1,28-32.
■ Ef 4,1-6.
■ Fl 2,1-5.
■ Cl 3,12-17.

31º DOMINGO DO TEMPO COMUM

Tema do dia

↳ Condições para um rico salvar-se.

Objetivo

↳ Conscientizar-se que é necessário converter-se e passar do acúmulo à partilha.

I – É TEMPO INICIAL DE ACLAMAR, INVOCAR, LOUVAR O SENHOR

■ **Rezar com os participantes**

Ó Pai, tu que enviaste o Espírito Santo para recordar-nos tudo o que teu Filho Jesus disse e ensinou, dá-nos a força para vivenciarmos e anunciarmos ao mundo a Boa-nova, confiantes na tua Palavra (cf. Jo 14,26).

II – É TEMPO DE ESCUTAR E ACOLHER A PALAVRA: Lc 19,1-10

■ **Núcleo da Palavra**

Jesus em Jericó, a pouca distância de Jerusalém. Atravessa a cidade. Zaqueu, um homem rico, queria ver quem era Jesus. A multidão era enorme e Zaqueu de pequena estatura. Subiu então num sicômoro, de onde um viu o outro. Jesus lhe pede para descer, pois quer ficar na casa desse rico Zaqueu. Todos murmuraram porque Jesus foi hospedar-se na casa de um pecador. Zaqueu promete que se até aquele momento sua vida foi uma, daquele instante em diante será outra. Aí Jesus diz que naquele dia a salvação entrou naquela casa. Afinal, Jesus não veio para procurar e salvar o que estava perdido?

■ **1ª leitura: Sb 11,22-12,2**

O que é o mundo todo diante de Deus? Tu odeias, ó Deus, alguma coisa? Não, não! Assim jamais a terias criado! Todas as coisas pertencem a ti. E nelas o teu espírito está. E castigas com brandura os que erram. E esperas que eles se arrependam. O "eles" significa o "nós" universal.

■ **2ª leitura: 2Ts 1,11-2,2**

O Senhor virá para ser glorificado (nova vinda). Que o Senhor torne vocês dignos e, assim ele será glorificado em vocês. Quanto à nova vinda do Senhor, não se perturbem *"como se o Dia do Senhor estivesse para chegar logo..."* (2Ts 2,2).

III – É TEMPO DE DINAMIZAR A PALAVRA

■ **Material necessário**

Caneta e papel para cada participante.

■ **Desenvolvimento**

■ Apresentar a seguinte motivação: Cada qual se vê na janela de um sobrado, com a consciência pesada por alguma coisa que fez. Nisso, Jesus passa na rua, olha para você e diz: *"desce depressa, porque hoje devo ficar na tua casa"*.

- Cada participante escreve uma resposta de uma ou no máximo duas frases, dizendo por que topa se encontrar com Jesus.
- Em duplas trocam as cartas e em seguida inicia-se a leitura das cartas.

Partilha

- Propor uma roda de conversa com as seguintes questões: Houve grande transformação em Zaqueu, não houve? Em que consistiu a transformação? Houve intenções de transformação na expressão das cartas enviadas a Jesus?

IV – É TEMPO DE REPERCUTIR A PALAVRA

Como foi a viagem de Jesus desde a Galileia até Jerusalém? Pelas leituras dos Evangelhos dominicais na grande viagem de libertação (Lc 9,51–19,27): Jesus chama seguidores; chama e envia outros discípulos; faz elogios e reconhece o bem praticado pelo samaritano; dá destaque à vocação específica de Marta e Maria; pede muita ação aos que o seguem e eles sentem a necessidade de a Ele pedir que os ensine a rezar e Ele o faz; o rico pensava que comprar riqueza era a conquista da paz...; Jesus conta a parábola do seguidor fiel e do outro que era infiel; Jesus bem que alerta dizendo que o fogo que ele traz requer mudança; cada qual tem de batalhar para entrar no Reino e que a porta é estreita; oferecer festa aos que nada têm para retribuir é coisa grandiosa para conquistar o reino; Ser cristão: dar preferência a Jesus e assumir a disponibilidade de carregar a cruz; a ovelha, a moeda e o filho caçula, perdidos e resgatados; ser merecedor de confiança nas coisas pequenas e grandes; os riscos do rico e a riqueza do pobre. Os apóstolos, em outro momento, quiseram aprender a rezar, agora pedem aumento da fé; Jesus faz uma cura coletiva de dez leprosos, porém, só um manifesta reconhecimento; mais uma vez entra em pauta o tema da oração e no trecho seguinte do Evangelho, dois modos distintos de rezar; o último tema da extensa viagem missionária de Jesus: Zaqueu, o pequeno-grande homem que agrada a Jesus. O encontro é em Jericó, cerca de 35 km de Jerusalém. Jesus atravessa a cidade, encontra-se com muita gente, mas o registro da Palavra Sagrada se resume ao episódio de Zaqueu. Ele era, de acordo com o Evangelho, *um dos chefes dos cobradores de impostos, e rico* (Lc 19,2). "*O chefe de cobradores* é quem tem um capital que lhe permite celebrar um contrato estatal com a administração romana, representada pelos governantes locais [...]. Assim, fica com absoluta liberdade para organizar a arrecadação conforme julgar conveniente buscando sempre, certamente, tirar o máximo de ganhos com o mínimo de recursos" (RETAMALES, 2005, p. 78).

Zaqueu, espontaneamente, queria ver Jesus, mas a multidão e um "defeito congênito", pois era de estatura bem baixa, o impediam. Os empecilhos, porém, não o fizeram parar de tentar. Sua solução foi pitoresca. Fez como, possivelmente, faria qualquer garoto dos nossos dias para não morrer de curiosidade. Adiantou-se ao caminhar de Jesus que conversava com populares "*subiu sobre um sicômoro* [espécie de figueira] *para ver Jesus*" (cf. Lc 19,4). *Ver Jesus:* certamente, porque ouvira falar dele, do que Ele fazia e também com quem Ele andava. Jesus não passava por ali simplesmente para matar a curiosidade de Zaqueu. Logo o olhar de Jesus cruzou com o de Zaqueu, na copa da árvore e lhe disse: "*Zaqueu, desce depressa, porque hoje devo ficar na sua casa*" (Lc 19,5). E foi assim que tudo aconteceu "*com alegria*" (Lc 19,6) por parte de Zaqueu. Mas Jesus provocou um escândalo aos agarrados demais à Lei, pois "*foi hospedar-se na casa de um pecador!*" (Lc 19,7). Tem-se certeza de que esse chefe de cobradores era desonesto, pecador. Mas não foi por causa dos pecadores que Jesus veio hospedar-se não só na casa de Zaqueu, como também na casa de toda a humanidade? (cf. Lc 5,32). A conversão de Zaqueu, pelo que ele diz, foi a passagem do acúmulo de riqueza para a partilha. Ele estava disposto para amar o seu próximo como a si mesmo. Do que tinha, ficaria com 50% e os outros 50% seriam dos pobres. E se roubou, iria restituir quatro vezes o valor daquilo que havia roubado, isto é, com juros sobre juros (cf. Lc 19,8).

Nessa história de Zaqueu está retratado o verdadeiro espírito cristão também para os nossos dias. Não adianta alguém se arrepender da desonestidade, do roubo praticado. É preciso devolver o fruto do roubo para ficar quite com quem foi lesado e também para com Deus.

No contato com Jesus opera-se a salvação porque antes a riqueza deixava a cabeça e o coração de Zaqueu abarrotados de preocupações; agora ele se torna muito livre, sem tais pesos. Zaqueu era alguém perdido, agora ele *acha* Jesus e Jesus também *o acha* e o declara *filho de Abraão* (Lc 19,9), isto é, pessoa de fé. O que o Gênesis 13 mostra é que Abraão e seu irmão Ló tinham tantos bens que lhes faltava espaço para estocá-los e administrá-los adequadamente. Abraão, porém, reconheceu: ele não era deus, mas sim, alguém que devia muito a Deus e a Ele erigiu um altar. No capítulo 18, Abraão socorre pessoas peregrinas e entende a lição de que Deus se dispõe a salvar a humanidade em razão de um só que se dispunha a praticar a justiça.

■ Complementar a repercussão da Palavra dialogando

1. Zaqueu: da riqueza material ao abraço da riqueza em Jesus. Nossa caminhada segue por aí?
2. A partilha não é mesmo mais compensadora do que o acúmulo de bens? Não satisfaz mais o coração humano?

V – É TEMPO DE DIALOGAR COM O AUTOR DA PALAVRA

Jesus, eu me vi andando junto com Zaqueu, e correr adiante daquela multidão que o acompanhava. Eu me vi cheio de coragem para ver-te de lugar mais alto. Eu também senti imensa alegria ao receber-te em minha casa. Foi aí que te conheci melhor, foi então que eu te quis perto de mim. Foi a partir de lá para cá que cri mais intensamente e mais disponivelmente eu quis partilhar vendo-te assim:

Jesus é totalmente um com Deus,
oferecido a Deus
recebendo tudo de Deus,
completamente submisso a Deus,
totalmente dotado de poder por Deus,
pleno de força e de percepção divina.
Os fariseus não conseguem suportar
a afirmação da unidade entre Jesus e o Pai:
"Sendo um homem ele se faz Deus" (Jo 10).
Esta é a definitiva blasfêmia
ou, em vez disso, a derradeira misericórdia e revelação:
O rosto de Deus revelado
no rosto delicado, compassivo, amoroso de Jesus,
convidando cada pessoa para a comunhão
e uma aliança de amor. (VANIER, 2004, p. 79)

VI – É TEMPO DE SEMEAR A PALAVRA

Quando dinamizamos a Palavra cada um pensou em algo que lhe "pesava" na consciência, vamos diante disso assumir o compromisso de tomar alguma atitude para tirar esse "peso" dela.

32º DOMINGO DO TEMPO COMUM

Tema do dia

⌐→ A vida da ressurreição é bem diferente da dimensão da vida presente.

Objetivo

⌐→ Conduzir a vida de tal modo, que possamos ser dignos de participar da vida futura.

I - TEMPO INICIAL DE ACLAMAR, INVOCAR, LOUVAR O SENHOR

■ **Rezar com os participantes**

Ó Pai, tu que enviaste o Espírito Santo para recordar-nos tudo o que teu Filho Jesus disse e ensinou, dá-nos a força para vivenciarmos e anunciarmos ao mundo a Boa-nova, confiantes na tua Palavra (cf. Jo 14,26).

II – É TEMPO DE ESCUTAR E ACOLHER A PALAVRA: Lc 20,27-38

■ Núcleo da Palavra

Um grupo de saduceus quer saber de quem será a viúva, na ressurreição, ela que foi casada com sete irmãos, que morreram sucessivamente sem deixarem filhos. Jesus diz que na ressurreição as pessoas não se casam mais. Nem vão morrer de novo. Se Deus é o Deus dos vivos, também Abraão, Isaac e Jacó estarão vivos entre os ressuscitados.

■ 1ª leitura: 2Mc 7,1-2.9-14

Imagine: o rei querendo obrigar os irmãos Macabeus a comer carne de porco... Pode até matar, mas o rei do mundo os fará ressuscitar. *"Vale a pena morrer pela mão dos homens, quando se espera que o próprio Deus nos ressuscite"* (2Mc 7,14).

■ 2ª leitura: 2Ts 2,16-3,5

Que se espere pela nova vinda do Senhor, trabalhando. Paulo pede oração por ele, a fim de que a palavra do Senhor seja bem recebida. Rezem para que Paulo e os seus não caiam nas mãos de gente má e perseguidora. Paulo mesmo apela à fidelidade de todos. Que haja o amor para com Deus e a perseverança em Cristo.

III – É TEMPO DE DINAMIZAR A PALAVRA

■ Desenvolvimento

- Formar três grupos para ler e refletir os textos sugeridos:
  - Grupo 1: Ler Lc 20,38.
  - Grupo 2: Ler Lc 20,35-36.
  - Grupo 3: Ler Ex 3,1-6: O que este texto tem a ver como Evangelho de hoje?

Partilha

- Trazer presente as conclusões do grupo.
- Concluir com o pensamento: Nós, cristãos, somos otimistas por opção, pois temos uma esperança que não é esperança vaga, apenas sentimental, desejo sonhador, mas esperança sustentada na promessa de Cristo, iluminada por Ele e pelo Espírito Santo. Vale a pena prosseguir!

IV – É TEMPO DE REPERCUTIR A PALAVRA

Chegou a seu término a longa viagem missionária de Jesus (Lc 9,51-19,27). Jesus se encontra em Jerusalém. Terminou aquela viagem em que Ele se vê rodeado por uma multidão ainda indefinida com relação a Ele mesmo e em companhia dos discípulos. Sim, aquela viagem chegou ao fim. Os conflitos não. Jesus estava no coração de

Jerusalém, centro político, econômico, intelectual e religioso da Judeia. Ali se defendiam princípios, sim, mas o que mais sobressaía eram regras de pessoas que elevam ao máximo as convicções autorreferenciais. Numa dessas, um grupo de saduceus se aproxima de Jesus. Quem era essa gente? Gente importante. Sua maior parte pertencia à classe sacerdotal. Em geral, os saduceus eram ricos e gostavam de viver no maior conforto. Muitos deles foram até explorar terras na Galileia e levam certo número de gente pobre para trabalhar a terra ou se ocupar com outros modestos ofícios. Os saduceus não acreditavam na ressurreição, não esperavam que ela pudesse acontecer algum dia. Muitos deles eram sacerdotes, mas viviam como "ateus práticos". Por isso, negavam a ressurreição. Pregavam uma coisa e viviam outra. Essa gente provoca Jesus a respeito do assunto da ressurreição. Tais pessoas querem saber de quem uma mulher vai ser esposa na ressurreição, considerando-se que foi casada com sete irmãos, que morreram sucessivamente, sem terem tido filhos com ela.

Nós, cristãos, nunca cremos em nenhum absurdo. Nossa fé ultrapassa a razão, contudo, é bem verdade que a própria razão lhe serve de suporte. Consideremos:

- Nos últimos séculos a.C. acentua-se entre os judeus a crença na ressurreição. Constate isso lendo 2Mc 7,9.
- Cremos na ressurreição de Jesus porque Ele a predisse: Mt 27,40; Mc 14,28; Jo 2,19; Jo 11,25;
- cremos na ressurreição de Jesus porque Ele disse categoricamente: *"eu sou a ressurreição e a vida"* (Jo 11,25);
- cremos na ressurreição de Jesus porque jamais, nem mesmo pelos seus adversários, ele foi acusado de incoerência em seu pensar, falar e agir;
- cremos na ressurreição de Jesus porque Ele era e é de natureza divino-humana: Jo 5,43; Jo 17,11;
- cremos na ressurreição de Jesus porque os apóstolos foram testemunhas de suas aparições (Mt 28,18; Mc 16,12; Lc 24,39; Jo 20,19.26), como também de sua subida para o Pai (Mc 16,19-20; Lc 24,50-53) a fim de preparar um lugar para os que entrarem no reino de Deus, definitivo (Jo 14,1-7; Jo 17,24);
- cremos na ressurreição de Jesus porque a sua Igreja continua sua seguidora, viva e atuante (Mt 16,18; Mt 28,20). Ela o reafirma continuamente.

Séculos antes da encarnação do Filho de Deus e muito mais séculos antes de nós, já o salmista exultava por ter herdado a vida e exaltava o Deus da vida ao cantar compenetradamente: *"Tenho Javé à minha frente sem cessar. Com ele à minha direita, jamais vacilarei. Por isso meu coração se alegra, minhas entranhas exultam, e meu corpo repousa em segurança; porque não me abandonarás no túmulo, nem deixarás o teu fiel ver a sepultura. Tu me ensinarás o caminho da vida, cheio de alegria em tua presença, e de delícias à tua direita, para sempre"* (Sl 16,8-11).

Em nossas propostas para uma catequese com adultos, abordamos o tema da *Ressurreição,* tendo como base tudo quanto dela dissemos neste Encontro e o que dela diz Paulo em 1Cor 15. Em um capítulo inteiro, Paulo trata da ressurreição e do sentido da nossa fé por causa da ressurreição, sendo que por ela "a morte foi engolida" (1Cor 15,54). O que propomos, com base em Paulo, é uma tomada de consciência de que o corpo de cada cristão é parte do corpo ressuscitado de Cristo (cf. 1Cor 6,19; 12,12-30).

Cremos, sim, na ressurreição de Cristo e também na nossa e, no entanto, nos questionamos repetidas vezes sobre o sentido desta vida como também sobre a morte. O questionamento não abala a fé, é apenas o lançamento da semente de nova vida. Não sabemos como será o fim desta nossa vida. Não sabemos como se dará a nossa morte. Mas acompanhamos e até podemos expressar a nossa esperança com as palavras do salmista, ainda há pouco aqui reproduzidas. Além da fé, temos também a esperança. Jesus Cristo veio nos salvar, encher-nos de esperança, a fim de nos plenificar de amor na sua glória. Isto está claro na sua oração ao Pai por nós: *"Pai, aqueles que me deste, eu quero que eles estejam comigo onde eu estiver, para que eles contemplem a minha glória que tu me deste, pois me amaste antes da criação do mundo"* (Jo 17,24). Esta passagem já ajuda a entender aquela do Evangelho de hoje em Lc 20,34-36, onde Jesus diz que os ressuscitados *"são iguais aos anjos"* (Lc 20,36). Os anjos não estão revestidos de matéria, de carne. Eles são puros espíritos. E São Paulo, na 1Cor 15,44, numa expressão bíblica nova, diz que teremos um *"corpo espiritual"*.

Cremos que teremos uma vida bem ativa na glória de Deus, assim como é a dos anjos que "cercam a Deus"; que são "servidores e mensageiros de Deus" (cf. CIgC, 326 e 329) e ainda: contempladores de Deus. Os ressuscitados já não se casam, pois cada um contemplará a todos e todos devotarão seu amor para com cada um. Não haverá mais morte. Ela "foi engolida".

"Se Abraão, Isaac e Jacó tivessem morrido "para sempre", na linha sustentada pelos saduceus, então Deus estaria negando a si mesmo enquanto Deus da vida, pois ele se apresentou a Moisés como o Deus desses patriarcas. E a conclusão de Jesus é clara: *"Deus não é o Deus dos mortos, mas dos vivos, pois todos vivem para ele"* (Lc 20,38) (BORTOLINI, 2006, p. 714).

■ Complementar a repercussão da Palavra dialogando

1. Nossa vida cristã realmente deslancha a partir da certeza da fé em Cristo ressuscitado?
2. Temos consciência de que o Reino dos Céus se constrói a partir de agora praticando a justiça, valorizando toda criatura humana? Por quê? Porque da injustiça para a justiça, do desprezo para a valorização, do extremo egoísmo para a solidariedade nasce uma nova vida, começa uma ressurreição, ainda pequena e provisória em vista da definitiva?

V – É TEMPO DE DIALOGAR COM O AUTOR DA PALAVRA

"Fiquemos alegres e contentes, e demos glória a Deus, porque chegou o tempo das núpcias do Cordeiro. Sua noiva já se preparou. Foi-lhe dado vestir-se com linho brilhante e puro... Felizes os convidados para as núpcias do Cordeiro" (Ap 19,7-9).

* A Aliança é simbolizada no casamento. Agora temos a promessa e no fim dos dias ela se realizará. Jesus é o noivo, o Cordeiro e a nova humanidade que praticar a justiça e o amor, é a noiva.

VI – É TEMPO DE SEMEAR A PALAVRA

Toda vez que fizermos a Profissão de Fé (Creio), ao dizer: "na ressurreição da carne", estamos conduzindo nossa vida de modo a merecer a vida futura? O Catecismo da Igreja Católica nos números 988-991 nos fala sobre a "ressurreição da carne"; pesquisemos mais sobre esse tema.

33º DOMINGO DO TEMPO COMUM

Tema do dia

→ É com perseverança no bem que salvaremos nossa vida.

Objetivo

→ Expandir o testemunho da palavra e da ação de Jesus, a fim de que cresça, sem cessar, o Reino de justiça e de amor.

I – É TEMPO INICIAL DE ACLAMAR, INVOCAR, LOUVAR O SENHOR

■ Rezar com os participantes

Ó Pai, tu que enviaste o Espírito Santo para recordar-nos tudo o que teu Filho Jesus disse e ensinou, dá-nos a força para vivenciarmos e anunciarmos ao mundo a Boa-nova, confiantes na tua Palavra (cf. Jo 14,26).

II – É TEMPO DE ESCUTAR E ACOLHER A PALAVRA: Lc 21,5-19

■ Núcleo da Palavra

Jesus prediz a destruição do Templo. Aparecerão falsos pregadores. Mas os crentes não devem ficar apavorados. No entanto, haverá guerras, perseguições, martírios e mortes por causa do nome de Jesus e para que os crentes deem testemunho. O certo é que o Senhor lhes dará palavras de sabedoria. É verdade que haverá desentendimentos familiares. Mas, sendo perseverantes, os crentes ganharão a vida.

■ 1ª leitura: Ml 3,19-20a

Será que a paciência de Deus não se esgotará diante das injustiças cometidas, questiona o profeta. Mas para quem tem o máximo respeito para com Deus brilhará o sol da justiça. E eles se regozijarão porque saberão o que é liberdade.

■ 2ª leitura: 2Ts 3,7-12

Os cristãos de Tessalônica saberão seguir o exemplo de Paulo, que não dependeu de ninguém: sempre trabalhou, para não ser peso para ninguém. Tudo fez com o propósito de dar o exemplo. Paulo lastima o que ouviu dizer: que alguns não fazem nada. E a norma de Paulo era clara: não querem trabalhar? Então, também não comam! Que todos comam o pão ganho com o próprio trabalho.

III – É TEMPO DE DINAMIZAR A PALAVRA

■ Material necessário

Cartões em branco, canetas ou lápis para anotação.

■ Desenvolvimento

- Formar duplas.
- Apresentar a seguinte motivação: Vamos à busca de quatro colunas de sustentação para perseverarmos como cristãos e salvar nossas vidas. Quais são tais colunas?
- Entregar o cartão para as respostas.

Partilha

- Trocar as respostas entre as duplas e em plenário, checar, o que venha a ser prioritário e imprescindível.

IV – É TEMPO DE REPERCUTIR A PALAVRA

O belo e majestoso Templo de Jerusalém era o orgulho do povo. Aliás, não só orgulho, mas principalmente segurança e grande proteção. Jesus, porém, previne: o Templo virará ruína. Mas não diz quando. Diz apenas para os que creem nele, que não se deixem enganar. Sinais do fim facilmente existirão em todas as épocas, sem determinar a proximidade do fim. Aliás, que fim? Fim de umas coisas e começo de outras. Os discípulos não devem se deixar impressionar nem enfraquecer psicologicamente, nem espiritualmente pelas perseguições e outros tipos de dificuldades que virão. O que acontecer "*servirá de ocasião para vocês darem testemunho*" (Lc 21,13). Foi o que Jesus disse. E mais: "*Eu mesmo lhes darei palavras de sabedoria, de tal modo que nenhum dos inimigos poderá resistir ou rebater vocês*" (Lc 21,15). Mais do que admirar a beleza e majestade do Templo, os discípulos são convidados a admirar a garantia que Jesus lhes dá: "*Eu mesmo lhes darei uma linguagem e uma sabedoria*". A linguagem, quem sabe, poderá ser a de não dizer palavra alguma. Poderá ser a da oração interior. Poderá ser ainda uma ação testemunhal que comprove que nada poderá separar os discípulos do Mestre. O apaixonado discípulo Paulo, bem que disse: "*Quem nos poderá separar do amor de Cristo? A tribulação, a angústia, a perseguição, a fome, a nudez, o perigo, a espada? Como diz a Escritura: "Por tua causa somos postos à morte o dia todo, somos considerados como ovelhas destinadas ao matadouro". Mas, em todas essas coisas somos mais do que vencedores por meio daquele que nos amou*" (Rm 8,35-37). A *sabedoria* que Jesus há de dar é a do discernimento para distinguir o convite divino dos atrativos humanos, o essencial do fugaz, o verdadeiro do falso, o Messias verdadeiro dos messiânicos, o que salva, daquele que ilude. É, de fato, essencial ser perseverante e firme tanto na fé como no amor a Jesus ao carregar a cruz do jeito que Ele o fez.

Quando Lucas escreveu seu Evangelho, já havia acontecido a destruição da cidade de Jerusalém e do seu majestoso Templo (no ano 70 da era cristã, sob o domínio dos imperadores romanos, Vespasiano e Tito). Lucas, ao descrever o fim dos tempos, usa uma linguagem dura. Como diz Bortolini é próprio dessa linguagem "tomar fatos passados e mostrá-los como ainda não acontecidos, com a finalidade de animar a resistência dos que são perseguidos diante de novos conflitos" (BORTOLINI, 2006, p. 717). Não haverá uma sucessão de facilidades e, sim, de dificuldades, exatamente de conflitos que servirão de ocasião para os discípulos darem testemunho de que vale a pena suportar e enfrentar tudo para defender a própria intimidade com o Cristo. Alguém poderá pensar que isso não acontece mais, hoje, no século XXI. Acontece, sim, de diversas formas aqui e em outras partes. Há pouco tempo, uma religiosa, que por anos trabalhou como missionária em país muçulmano da Ásia, contou que uma esposa envenenou seu próprio marido porque descobriu que ele se tornara cristão e, segundo essa religiosa, certo número de muçulmanos extremamente radicais, matar um cristão, é garantia para ganhar o céu.

Os seguidores de Jesus hão de ter resistência, primeiro porque estão unidos a Ele; segundo porque além de Jesus ser um modelo, Ele faz caminhar com coragem e firmeza para onde Ele está agora, isto é, na glória. É lá que ganharão a vida plena. E para se ganhar a vida plena se terá de ganhar o que a vida de agora pode oferecer de melhor, o que exige empenho, pois há duas alternativas: ou apenas nos lamentamos, e deixamos tudo como está perto de nós, no planeta todo, ou, de fato, mudamos de rumo, trabalhando muito, a fim de que a vida de fato seja preservada e valorizada em todas as suas formas e em todas as partes do planeta. Tomemos posição!

Vamos aprofundar um pouco mais o nosso entendimento sobre o céu de que já falamos. Seja-nos permitido transcrever palavras simples, porém, muito elucidativas a respeito:

Céu é a plenitude da vida e a eternidade da vida. É a obra de Deus levada à plenitude [...]. Não encontramos, na Bíblia, propriamente uma descrição do céu. Encontramos, isto sim, imagens da plenitude do reino: festa, comida e bebida em abundância, casamento, refeição compartilhada, amizade etc. Céu é, portanto, a expressão do Reino de Deus realizando-se já no presente e, de modo pleno, no futuro. A Deus nada é impossível e não lhe falta amor pela criação. Por isso podemos contar com o céu. Mas é bom lembrar que ele também depende de nossa participação na construção do Reino da vida. (KONZEN, 2000)

■ Complementar a repercussão da Palavra dialogando

1. Aproveitemos a companhia dos outros participantes para rever alguns conceitos que vieram à tona neste Encontro: *conflito, (diferença entre conflito e confronto), coerência, perseverança, firmeza na fé, testemunho, esperança, céu.*
2. Em poucas palavras: qual é a atitude religiosa que Deus espera de nós cristãos nos dias de hoje?

V – É TEMPO DE DIALOGAR COM O AUTOR DA PALAVRA

Senhor Jesus, percebo com que amor, com que zelo, com que preocupação Tu esclareces e orientas teus seguidores no Evangelho deste Encontro. Eu me vejo no meio deles, cercado de conflitos, mas também, e principalmente, por tua força, tua virtude, teu amor. A virtude que mais quero pedir hoje, como já fiz outras tantas vezes, é a da *perseverança*. Tenho tentações de desânimo, de desencorajamento, de delegar a outras pessoas aquilo que é da minha missão pessoal, intransferível. Quantos e quantas que me acompanham na mesma jornada, têm as mesmas tentações. Fortalece a mim e a eles com a tua graça. Que no meio de tantas vozes confusas saibamos seguir a tua de Pastor verdadeiro. Que no meio das tribulações tenhamos ainda mais coragem para sermos tuas testemunhas para de ti darmos testemunho. Que com a perseverança, que é demonstração de firmeza após firmeza, salvemos, de fato as nossas vidas.

VI – É TEMPO DE SEMEAR A PALAVRA

Se ainda sentimos muitos abalos na fé, se ainda vacilamos na perseverança de nossa vida cristã, analisemos as causas. Será falta de esclarecimentos? Falta de oração? Falta de testemunhar a fé com obras, participação, integração nos trabalhos da comunidade?

Vamos agir! Agir no sentido de fortalecer a fé, de revitalizar a prática da vida cristã.

34º DOMINGO DO TEMPO COMUM
FESTA DE CRISTO REI

Tema do dia

→ A crueldade que o ser humano é capaz de praticar: a inocência e o pecado recebem o mesmo tratamento!

Objetivo

→ Reconhecer que a misericórdia de Deus ela é inesgotável.

I – É TEMPO INICIAL DE ACLAMAR, INVOCAR, LOUVAR O SENHOR

■ Rezar com os participantes

Ó Pai, tu que enviaste o Espírito Santo para recordar-nos tudo o que teu Filho Jesus disse e ensinou, dá-nos a força para vivenciarmos e anunciarmos ao mundo a Boa-nova, confiantes na tua Palavra (cf. Jo 14,26).

II – É TEMPO DE ESCUTAR E ACOLHER A PALAVRA: Lc 23,35-43

■ Núcleo da Palavra

Jesus na cruz. O povo só olhava, sem dizer uma palavra. Os líderes e executores zombavam de Jesus. Que Ele se salvasse a si mesmo. Na parte superior da cruz um letreiro: "Este é o rei dos judeus". Um dos crucificados com Ele também o insultava. O outro pediu misericórdia e Jesus respondeu que a misericórdia seria feita.

■ 1ª leitura: 2Sm 5,1-3

Davi se torna o rei de Israel e de Judá. Todas as tribos foram ao Hebron (na região de Judá) e reconheceram a liderança de Davi. Deus reconheceu a realeza de Davi. Este fez um pacto com as tribos e assim aconteceu, Davi sendo ungido como rei de Israel.

■ 2ª leitura: Cl 1,12-20

A Carta aos Colossenses foi escrita em torno do ano 53 do século I, e o texto de hoje apresenta um hino. Mostrem-se sempre alegres diante de Deus, diz Paulo. Por Deus saímos das trevas e ele nos transferiu para o Reino de seu Filho, que nos concedeu a redenção e o perdão dos pecados. Cristo é o rosto visível do Deus invisível. Nele foram criadas todas as coisas. Ele também é a Cabeça da Igreja, o primeiro a ressuscitar. Deus que é a plenitude total, quis habitar nele e por meio dele reconciliou consigo todas as coisas. E assim estabeleceu a paz, que custou o derramamento do sangue de seu Filho na cruz.

III – É TEMPO DE DINAMIZAR A PALAVRA

■ Material necessário

Uma cruz.

■ Desenvolvimento

- Dividir em dois grupos.
- Motivar os grupos na seguinte reflexão:
  - ○ Grupo 1: Quais as ofensas da humanidade se repetem como insultos a Cristo?
  - ○ Grupo 2: Quais pedidos podemos fazer a Cristo como sinal de confiança ao Senhor, Rei do universo?
- Dar tempo para os grupos de prepararem para as respostas.
- Formar um círculo e no centro colocar uma cruz.
- Solicitar que os grupos, alternando-se na apresentação, digam o que responderam...

Partilha

- Motivar os participantes para falar sobre o que sentiram ao participar dessa dinâmica; O que Cristo com sua misericórdia e seu amor provoca em nós?
- Concluir com uma reflexão sobre o valor do arrependimento e da busca da misericórdia divina.

IV – É TEMPO DE REPERCUTIR A PALAVRA

1. O fracasso exposto entre o céu e a terra – Este Evangelho já fez parte da leitura da Paixão da Sexta-Feira Santa deste Ano Litúrgico. Jesus já está preso à cruz, exposto diante de todos como fracassado. Gente do povo estava ali não muito ou nada sensibilizada, pois estava acostumada a ver criminosos submetidos à morte de cruz. Estavam também presentes autoridades, isto é, lideranças dos campos político e religioso. Alguns controlavam ambos esses campos. Como não podia deixar de ser, havia também soldados, com uma satisfação toda especial de poder entrar em cena para ocupar intensamente alguns segundos de fama, de visibilidade, de ovação. E *"caçoavam dele"* (Lc 23,36). *"Ofereciam-lhe vinagre"* (Lc 23,37). Diziam: *"Salve-se a si mesmo!"* (Lc 23,37). Um chefe dos soldados, um oficial, porém, captou algo diferente e expressou-se assim: *"Esse homem era justo!"* (Lc 23,47).

Todas essas camadas da sociedade sentiram-se traídas. Esperavam um rei realizador de obras que transformassem o povo de Israel em grande nação, de visível projeção política e econômica. Na verdade, todos eles estavam enganando a si mesmos, pois se Jesus tivesse enveredado por esse caminho, ninguém lhe teria dado voto de confiança, pois todos os postos de destaque estavam ocupados e, além do mais, Ele era de longe, da Galileia, de onde não se podia esperar grande coisa, segundo eles, dado o seu atraso político-religioso-cultural.

De fato, confiança em Jesus não havia. Ora, como confiar se Ele mesmo não se salva? (cf. Lc 23,35-37). Um dos malfeitores também insultou Jesus e fez pouco caso dele. Que se salvasse a si mesmo e a eles, os criminosos. Para ele nada aconteceu. O outro, sim, reconheceu em Jesus um justo, um inocente. E confiou em Jesus e dele ouviu a promessa de logo, logo ir para o paraíso.

2. O Rei que distribui misericórdia e os que com ele entram no paraíso – O fim deste trecho do Evangelho mostra "em primeiro lugar, que a misericórdia de Deus jamais se esgota se as pessoas estão dispostas a aceitá-la. Em segundo lugar, afirma que justamente aí, na cruz, é que inicia a realeza autêntica: *"Jesus, lembra-te de mim, quando entrares no teu reino"* (Lc 23,42) [...]. "O paraíso recorda o jardim do Éden (cf. Gn 2,8), onde o ser humano experimentou o prazer de uma sociedade fraterna e igualitária. Expulso de lá, pode agora retornar, sem demora, quando entra pela porta que é Jesus, a expressão máxima da misericórdia do Pai" (BORTOLINI, 2006, p. 721).

■ **Complementar a repercussão da Palavra dialogando**

1. Podemos fazer um belo exercício de conscientização questionando e respondendo:
   a. Quais são os valores dominantes da sociedade atual?
   b. Quais são os valores dominantes do Reino de Jesus Cristo?
   c. O que estamos fazendo de concreto para ampliar o Reino de Jesus Cristo a partir de agora?

V – É TEMPO DE DIALOGAR COM O AUTOR DA PALAVRA

Ó Cristo Jesus! És o Rei soberano do universo. Tu dominas toda a humanidade, no sentido de servi-la sem cessar. És o Rei servidor. Reconheço-te como tal. Creio em ti como tal. Espero em ti como tal. Dedico o meu amor a ti como tal. Às vezes, eu e outros cristãos enxergamos um quadro sombrio neste mundo. Parece-nos até que as injustiças já "cantam vitória". Mas o Evangelho de hoje aponta para a esperança, para a superação do mal pelo bem. Tu, bem que venceste a morte e nos convidas e conclamas sempre a fazermos parte de teu reino de justiça e paz. Esse reino Tu bem mostras como torná-lo realidade. O reino construído pelos homens destaca a ganância, corre atrás do grande lucro, justifica o uso de quaisquer meios para alcançar quaisquer fins. Já o teu reino cava os valores que se encontram no mais íntimo do nosso ser. Se quisermos, podemos mantê-los em evidência sempre: a justiça e sua filha: a paz; bem como a fraternidade e o amor. Nós temos esperança de entrar no Paraíso. Acompanha-nos, a fim de que avancemos mais e mais, graças ao nosso trabalho de cristãos e, sobretudo, graças à tua graça e infinita misericórdia.

VI – É TEMPO DE SEMEAR A PALAVRA

Celebre com alegria essas duas festas especiais: Cristo Rei, como grande encerramento deste Ano Litúrgico e o Dia Nacional dos Leigos e Leigas, com momentos de reflexão, espiritualidade e gestos concretos envolvendo a comunidade.

Outras Festas do Senhor

FESTA DA SANTÍSSIMA TRINDADE
ANO LITÚRGICO C

Tema do dia

→ Jesus ainda tem muitas coisas para nos dizer.

Objetivo

→ Compreender que Deus revela-se por meio de seu Filho Jesus, que por meio do Espírito Santo guia a Igreja e os que buscam a verdade.

I - TEMPO INICIAL DE ACLAMAR, INVOCAR, LOUVAR O SENHOR

■ **Rezar com os participantes**

Ó Pai, tu que enviaste o Espírito Santo para recordar-nos tudo o que teu Filho Jesus disse e ensinou, dá-nos a força para vivenciarmos e anunciarmos ao mundo a Boa-nova, confiantes na tua Palavra (cf. Jo 14,26).

II - É TEMPO DE ESCUTAR E ACOLHER A PALAVRA: Jo 16,12-15

■ **Núcleo da Palavra**

Jesus tinha mais coisas para dizer para os discípulos. O Espírito conduzirá os discípulos à verdade e na verdade. Ele "anunciará as coisas futuras". Ele glorificará o Filho. O Espírito Santo é aquele que faz reviver os ensinamentos e os atos emanados de Jesus.

■ **1ª leitura: Pr 8,22-31**

O "Livro de Provérbios" surgiu da sabedoria popular. O Livro leva em conta a cultura do povo. Aqui no texto indicado na liturgia, quem fala é a Sabedoria. Ela foi estabelecida desde a eternidade. Em toda obra da criação, a Sabedoria estava junto com Deus como "mestre de obras". Se estava a Sabedoria presente nas coisas do trabalho, ela, ao mesmo tempo, "brincava" na presença de Deus e também se "deliciava com a humanidade".

■ **2ª leitura: Rm: 5,1-5**

Só Deus pode salvar e a salvação por Ele trazida não é apenas para judeus, mas para toda a humanidade, abalada pelo pecado. É pela fé em Jesus Cristo que o cristão encontra a garantia da salvação. E vêm os frutos dessa fé: paz com Deus; a esperança; a perseverança, superando as tribulações; o amor de Deus derramado em nossos corações pelo Espírito Santo.

III – É TEMPO DE DINAMIZAR A PALAVRA

■ **Material necessário**

Cartões com as seguintes formas geométricas:

■ **Desenvolvimento**

- Formar pequenos grupos.
- Entregar a cada grupo um cartão com as formas geométricas.
- Cada grupo terá que dizer por que o triângulo representa melhor a Santíssima Trindade e apresentar atributos das pessoas da Trindade-comunidade.

Partilha

- Retomar as palavras sobre cada pessoa da Trindade na "Profissão de fé", na oração do "Creio".

IV – É TEMPO DE REPERCUTIR A PALAVRA

Inicialmente, vamos voltar muitos séculos até encontrar-nos com São Gregório Nazianzeno, doutor da Igreja, no século IV. Vejamos como ele discorre sobre a revelação progressiva da Trindade. Diz ele assim: "A coisa se deu da seguinte maneira: O Antigo Testamento claramente proclama o Pai e obscuramente o Filho. O Novo Testamento revelou o Filho e insinuou a divindade do Espírito, onde ele se manifestou mais explicitamente [...]. Progressivamente, o próprio Jesus revelou o Espírito Santo como o entenderás se te familiarizas cuidadosamente com a sua palavra: *Rogarei a meu Pai, e ele lhes enviará outro Consolador, o Espírito da Verdade*. Depois acrescentou que o "enviará em seu nome" para mostrar sua própria autoridade. E finalmente "virá", onde indica o poder do Espírito. Desse modo poderás descobrir como as iluminações são paulatinas [...]. O que não se faz com sutileza, não é de Deus" (BONDAN, 2013, p. 764-765).

Desde então a esta parte, a doutrina sobre a Trindade tornou-se cada vez mais clara mediante a teologia e o Magistério da Igreja, sem que o mistério deixasse de ser mistério. Nem podia. A Bíblia, na verdade, não usa a palavra "Trindade" para indicar as três pessoas divinas. Contudo, no Segundo Testamento, as três pessoas divinas são mencionadas distintamente.

Também na Exortação Apostólica *Amoris Laetitia* encontramos uma palavra de São João Paulo II que assim se expressou:

> O nosso Deus, no seu mistério mais íntimo, não é solidão, mas uma família, dado que tem em Si mesmo paternidade, filiação e a essência da família, que é o amor. Este amor, na família divina, é o Espírito Santo. (AL, 11)

No contexto do Evangelho de João, encontramos facilmente a Trindade porque em Jo 15,15 Jesus deixa bem claro aos discípulos que lhes transmitiu tudo o que ouviu do Pai. De fato, Ele comunicou tudo, porém, nem tudo estava ao alcance da compreensão deles, principalmente, antes que se completasse a obra de salvação de Jesus pela sua morte e ressurreição. Vamos usar aqui uma palavra que não é muito feliz ao se referir ao Espírito Santo. Cremos, no entanto, que essa palavra tem o seu alcance, isto é, o Espírito Santo é o filtro. "O que Jesus diz no Reino do Pai é transmitido *agora* aos discípulos. Jesus, que outrora falou em pessoa, agora fala pelo Espírito... Nesse sentido, a partida terrena de Jesus é um ganho, pois permite que o Jesus glorificado esteja presente" (BERGANT & KARRIS, 1999, p. 738).

A Trindade é uma comunidade perfeita. Melhor ainda: a Trindade é *a* comunidade perfeita. Em Jo 16,13-15 deixam sobejamente claro qual o papel do Espírito.

> O Espírito, por sua vez, não age independentemente ou contra o clima de união, comunhão e partilha existentes entre o Pai e Jesus... Ele é essencialmente *escuta* e *disponibilidade*... características que são como que a carteira de identidade de quem assume o projeto de Deus para o hoje da nossa história. (BORTOLINI, 2006, p. 739)

▪ Complementar a repercussão da Palavra dialogando

1. O nosso papel é um papel profético diante do Projeto de Deus. Profético no sentido de trabalhar por Ele, de anunciá-lo e de denunciar os projetos econômicos e políticos que não se coadunam com o Projeto de Deus, que se estende a todos. Como estamos nós diante dessa realidade?
2. Raríssimas vezes vemos e lemos denúncias de comunidades ou grupos católicos na "coluna dos leitores" nos grandes jornais. Engolimos coisas demais sem protestar. Coisas que são contra o Evangelho, contra a justiça e contra a dignidade

da pessoa humana. Fiquemos atentos junto com nosso grupo para reverter essa situação, pois essa luta também faz parte da construção do Reino de Deus.

V – É TEMPO DE DIALOGAR COM O AUTOR DA PALAVRA

Senhor Deus, que pelos olhos da fé notemos a tua presença constante como uno e trino em nós, constituídos como teus templos humildes, inacabados, em formato de famílias da terra, a fim de que nelas se reproduza a mesma vida de amor, justiça e verdade, que provém de ti, como fonte. Ó Espírito de Deus, ilumina o nosso espírito humano para que saibamos distinguir bem os acontecimentos que contêm abundância de vida daqueles que são apenas como fogo fátuo que depois de breve clarão logo se extinguem.

VI – É TEMPO DE SEMEAR A PALAVRA

Não nos metamos na encrenca da injustiça. Ela é dolorida na consciência. Só destrói. Só diminui. Só menospreza. Só comete indignidades. Levemos conosco este pensamento de Martin Luther King (+ 1968): "A *injustiça* em qualquer lugar é ameaça para a *justiça* em todo lugar".

Vamos nos comprometer com o anúncio do Evangelho e semear o bem e a justiça.

FESTA DE CORPUS CHRISTI
ANO LITÚRGICO C

Tema do dia

→ A partilha só é considerada justa quando as necessidades de todos forem atendidas.

Objetivo

→ Confirmar a urgência de que temos de dar de comer a quem precisa.

I – É TEMPO INICIAL DE ACLAMAR, INVOCAR, LOUVAR O SENHOR

■ **Rezar com os participantes**

Ó Pai, tu que enviaste o Espírito Santo para recordar-nos tudo o que teu Filho Jesus disse e ensinou, dá-nos a força para vivenciarmos e anunciarmos ao mundo a Boa-nova, confiantes na tua Palavra (cf. Jo 14,26).

II – É TEMPO DE ESCUTAR E ACOLHER A PALAVRA: Lc 9,11-17

■ Núcleo da Palavra

Jesus acolhia as multidões falando-lhes do Reino e praticando a cura em quem a precisava. Era final de tarde. Os apóstolos sugeriram a Jesus: *"despede a multidão para que procure alojamento e comida"*. Jesus: *"vocês é que têm de lhes dar de comer"*. Responderam: *"temos só cinco pães e dois peixes"*. Jesus deu a ordem: *"mandem o povo sentar-se em grupos de cinquenta"*. Assim foi feito. Jesus recorreu ao Pai, pronunciou a bênção sobre pães e peixes, e os partiu e os entregou aos discípulos a fim de que os distribuíssem à multidão. Todos se saciaram e houve sobras.

■ 1ª leitura: Gn 14,18-20

Abraão alcançou vitória sobre adversários, Melquisedec, rei e sacerdote, levou pão e vinho e abençoou Abraão e também bendisse o Deus Altíssimo, que entregou os inimigos a Abraão.

■ 2ª leitura: 1Cor 11,23-26

O que Paulo recebeu de Jesus ele o transmite aos da comunidade de Corinto. Na noite em que Jesus foi entregue, tomou o pão, deu graça, o partiu e disse: *"Isto é o meu corpo que é para vocês; façam isto em memória de mim"*. Isto é, os discípulos devem reatualizar aquele gesto de entrega que Jesus fez de si mesmo. Essa entrega é o *novo cálice do sangue de Jesus*. Comendo desse pão e bebendo desse cálice vocês estão anunciando que assim Jesus se ofereceu até que aconteça a sua nova vinda.

III – É TEMPO DE DINAMIZAR A PALAVRA

■ Desenvolvimento

- ■ Motivar os participantes para um tempo de meditação à luz do Evangelho de hoje. Depois de alguns minutos (no máximo 8 minutos), dar um sinal para que formem grupos de três, formando um trio.
- ■ Propor que partilhem o que pensaram...

Partilha

- ■ Expor a sua reflexão pessoal contribuindo no entendimento do milagre do amor.

IV – É TEMPO DE REPERCUTIR A PALAVRA

A Palavra repercute de fato, faz dois mil anos. Repercute e transforma, pois a Palavra surgiu para transformar e tem sido eficaz. Se duvidamos, vamos experimentar. Se já experimentamos, experimentemos de novo. Saciemo-nos outra vez.

O olhar que se lança sobre este texto não é o mesmo para todos. O que era considerado "multiplicação dos pães", o que era olhado como "episódio milagroso eucarístico", na teologia atual é "partilha". Então, não vamos criar discussão teológica. Seja qual for o ângulo teológico sob o qual se encare o presente trecho do Evangelho, ele é, de fato, partilha. a) Se aquela família enorme se senta e se põe a rezar por iniciativa de Jesus e depois começa a comer sem que ninguém corra na frente obtendo para si um pedaço maior, há "partilha"; b) Se há alusão à Eucaristia em que Jesus se parte e reparte, recebendo-o cada qual por inteiro, há "partilha"; porque, além de pastor, Ele também é "pasto", isto é, alimento, que pode ser partido e repartido; sem que se desfaça a sua integridade; c) Se Jesus, diante da situação difícil de um fim de tarde, em lugar desértico, passa por cima da tarefa que acabara de delegar aos apóstolos e, por compaixão, multiplica os pães, também há partilha. Portanto, a partilha efetivamente existe nesse episódio do Evangelho. A partilha sempre envolve um conjunto, uma divisão que beneficie a vários ou muitos. O contrário de partilha é acúmulo. Sabe-se com plausível exatidão que o planeta terra, com as riquezas com que conta, não suportaria que cada um dos seres humanos que atualmente o habitam, desenfreadamente se decidisse a acumular riquezas. Por isso, o papa Francisco faz um apelo para uma "partilha internacional". Para tanto, no encerramento do III Encontro Mundial dos Movimentos Populares ele aponta para os pontos centrais de uma alternativa humana diante da globalização da indiferença:

1. Colocar a economia a serviços dos povos.
2. Construir (o pontífice disse *construir*) a paz e a justiça.
3. Defender a Mãe Terra.

O que o chefe da Igreja defende e reivindica é mais do que justo e expõe um espírito de fraternidade. A batalha, em favor, é dura e não pode ter solução de continuidade. Exige, como aponta o próprio trecho evangélico: *organização* (cf. Lc 9,14) *e trabalho efetivo em equipe.* Essa indicação é de Jesus: "*Vocês é que têm de lhes dar de comer*" (Lc 9,13).

Partilha nunca é teoria. É prática. É concretude. Em palavras, Jesus anunciou o Reino. Em ações ele compartilhou a sua saúde, curando os que sentiam falta dela.

■ Complementar a repercussão da Palavra dialogando

1. O agir de Jesus nos comove e também nos move?
2. Estamos organizados para reivindicar justiça, partilha igualitária?

V – É TEMPO DE DIALOGAR COM O AUTOR DA PALAVRA

Senhor, quanta coisa para aprender e vivenciar na prática daquilo que está dito em passagem tão pequena do teu Evangelho. Tu, sempre ativo, movimentando-te, trabalhando, seguido pelas multidões de ti próximas, por razões diversas. Na hora da acolhida e da cura não fizeste distinção. Os doze sentiram uma pontinha de dó, mas acharam melhor livrar-se da companhia da multidão. Ainda bem: pensaram em alojamento e comida, mas eles próprios não tinham com que ajudar. Repartir cinco pães e dois peixes entre milhares seria ridículo. É, não tinham com que ajudar, mas tu não "deixaste barato". "Encostaste-os na parede": "*Vocês é que têm de lhes dar de comer*"(Lc 9,13). Teus discípulos tremeram. Não sabiam como fazer. Tu, então, o Mestre, foste orientando, afinal, eles eram "discípulos". Primeira providência: deixar o povo sentado e dividido em grupos. Eram momentos para respirar fundo, com tranquilidade. Enfim, todos podiam comer. Mas, antes, entraste em sintonia com teu Pai, abençoaste pães e peixes e os partiste, levando em consideração o grande número de pessoas. Deste uma tarefa especial aos discípulos: distribuir o que havia para comer. Tarefa importante. Tarefa delegada por ti. Eram 5 mil. Todos se saciaram e ainda houve sobras para outra gente. Fizeste um milagre? Fizeste, sim. O da partilha. Milagre que também nós podemos realizar, sob a tua coordenação, seguindo algumas condições: com coração generoso, saber organizar-nos, trabalhar em equipe e confiar muito em ti, na tua mão que cura, que abençoa, mão que se estende até encontrar outra que possa distribuir o que beneficie a muitos. Que esta tua festa, que leva teu nome: "Corpus Christi" seja um milagre para nós, entre nós. Obrigado, Senhor, por este Evangelho. Que aprendamos cada vez melhor a prática de partilhar.

VI – É TEMPO DE SEMEAR A PALAVRA

Coloquemos em prática e façamos partilha destas palavras do papa Francisco:

> Alegramo-nos com os que estão alegres, choramos com os que choram e comprometemo-nos na construção de um mundo novo, lado a lado com os outros. Mas não por obrigação, nem como um peso que nos desgasta, mas como uma opção pessoal que nos enche de alegria e nos dá uma identidade. (EG, 269)

Com o que possa ser feito positivamente, avancemos "lado a lado com os outros".

FESTA DA TRANSFIGURAÇÃO DO SENHOR
ANO LITÚRGICO C

Tema do dia

→ A vitória de Jesus que ilumina o caminho da cruz.

Objetivo

→ Reconhecer o esforço para se conquistar a vitória da justiça sobre a injustiça.

I – É TEMPO INICIAL DE ACLAMAR, INVOCAR, LOUVAR O SENHOR

■ Rezar com os participantes

Ó Pai, tu que enviaste o Espírito Santo para recordar-nos tudo o que teu Filho Jesus disse e ensinou, dá-nos a força para vivenciarmos e anunciarmos ao mundo a Boa-nova, confiantes na tua Palavra (cf. Jo 14,26).

II – É TEMPO DE ESCUTAR E ACOLHER A PALAVRA: Lc 9,28b-36

■ Núcleo da Palavra

Jesus se transfigurou diante dos discípulos. Ele é o novo Moisés que nos traz libertação e o reino de justiça. Jesus pode dispensar Moisés e Elias, porque Ele mesmo vai cumprir a Lei e as profecias. Deus declara que Jesus é seu Filho amado. É preciso escutá-lo. Mas a obra se cumprirá plenamente apenas quando Jesus for proclamado o Senhor.

■ 1ª leitura: Dn 7,9-10.13-14

Em Lucas, a transfiguração de Jesus é a confirmação de que Ele é aliado de toda a humanidade. Ele vai libertar o povo da cruz. O seu êxodo é a sua paixão, morte e ressurreição. Ele é a voz do Pai, escutemos que nos diz!

■ 2ª leitura: 2Pd 1,16-19

O que Pedro e os demais apóstolos testemunham, não têm nenhuma ligação com fábulas. O seu testemunho se baseia no poder e na nova vinda de Jesus Cristo. Eles ouviram quando o Pai chamou Jesus de "Filho amado". O que os apóstolos testemunharam com seus próprios olhos e ouvidos nos deixa tranquilos de que estamos revestidos da verdade.

III – É TEMPO DE DINAMIZAR A PALAVRA

■ Material necessário

Uma figura de Jesus (cena da Transfiguração) e a gravação de uma música sobre Ele.

■ Desenvolvimento

- Formar um círculo.
- Solicitar que os participantes façam o exercício da contemplação dialogando com Jesus utilizando as duas mediações: a imagem e a música.
- Colocar a música.
- Passar, pausadamente, de mão em mão a figura de Jesus.

IV – É TEMPO DE REPERCUTIR A PALAVRA

Jesus não foi sozinho ao monte. Levou três discípulos como testemunhas de algo grandioso que iria acontecer. Primeiramente, subiu a montanha para rezar. Isto era algo muito natural no meio do seu povo. Até os pagãos rezavam aos seus deuses e, não atendidos, abandonavam suas divindades.

> A oração de Jesus possui traços inconfundíveis. É uma oração simples, feita "no oculto", sem grandes gestos nem palavras solenes [...]. É uma oração espontânea e natural; nasce-lhe sem esforço nem técnicas especiais; brota da profundidade de seu ser; não é algo acrescentado ou postiço, mas expressão humilde e sincera daquilo que ele vive. (PAGOLA, 2011, p. 379-380)

A oração deu a Jesus uma força extra para o rosto dele mudar de aparência. O impressionante é que até sua roupa ficou branca e brilhante. Isso, de verdade, é digno de nota porque as roupas, em geral, não apresentavam cores vivas e muito menos ainda podia-se dizer que eram brilhantes. Eram, em geral, túnicas feitas de pele, sem qualquer atrativo visual. Mas também se deve estar atento ao simbolismo da cor branca e brilhante, referindo-se a Jesus. Pode ser entendida como a própria vida existente nele e símbolo de santidade. Nisso três pessoas conversavam: Jesus, Moisés e Elias. A presença de Moisés representava a Lei e Elias representava os profetas. O assunto dos três? O "êxodo de Jesus" (Lc 9,31). Êxodo? Sim. O êxodo primeiro foi a consecução da libertação do povo de Deus da escravidão pela qual havia passado por longo tempo no Egito. O êxodo de Jesus é a consecução da libertação obtida pela sua morte, ressurreição e ascensão. Ele é o novo Moisés. Ele é o realizador do projeto do Pai.

Tratava-se de um grande evento. No entanto, Pedro e os outros dois não entenderam de que "êxodo" se tratava e dormiram. Mas quando acordaram, ainda viram a "glória de Jesus, e os dois homens que estavam com ele" (Lc 9,32). O fato é que Moisés e Elias se retiraram. Pedro, no entanto, sugeriu erguer três tendas. Foi quando desceu sobre eles uma nuvem. Nuvem que indicava a não corporeidade, porém, a presença de Deus, isto é, Deus presente em Jesus. Tanto assim que do meio dessa nuvem saiu uma voz que dizia: *Este é meu Filho, o Escolhido. Escutem o que ele diz!*" (Lc 9,35).

Há um lindo trecho a este respeito na Exortação Apostólica *Verbum Domini*. Diz assim: A especificidade do cristianismo manifesta-se no acontecimento que é Jesus Cristo, ápice da Revelação, cumprimento das promessas de Deus e mediador do encontro entre o homem e Deus. Ele, "que nos deu a conhecer Deus"(Jo 1,18), é a Palavra única e definitiva confiada à humanidade". São João da Cruz (1542-1591), disse de modo admirável: "Ao dar-nos, como nos deu, o seu Filho, que é a sua Palavra – e não tem outra – Deus disse-nos tudo ao mesmo tempo e de uma vez nesta Palavra única e já nada mais tem a dizer [...] porque o que antes disse parcialmente pelos profetas, revelou-o totalmente, dando-nos o Todo que é o seu Filho" (VD, 14). Com efeito, se Ele é o Todo, abrange a verdade em si e se é o Todo, se há de ter tranquilidade e serenidade em escutá-lo. Sim, é preciso escutá-lo porque é de máxima importância o que Jesus tem dito sobre sua missão e também sobre o discipulado. Escutar Jesus e agir, seguindo o exemplo dele.

■ **Complementar a repercussão da Palavra dialogando**

1. "Enquanto a voz (de Deus) ressoava, Jesus ficou sozinho" (Lc 9,36). Podemos, aqui, pensar na centralidade de Cristo. O que isto significa?
2. Como vencer a tentação de não escutar o que Jesus tem a nos dizer? Como vencer a correria alucinada desse mundo para escutar a voz do Mestre?

V – É TEMPO DE DIALOGAR COM O AUTOR DA PALAVRA

Senhor Jesus, diante de tua presença apresentamos nosso desejo de sentir o coração se transfigurando na experiência do encontro e da conversão para escutar tua voz. Reconhecemos que Tu és o nosso Mestre e por isso te pedimos a tua luz para o nosso caminhar, para a nossa vida e missão. Somos teus discípulos e queremos anunciar a tua palavra sem medo. Sem medo de percorrer o caminho até a cruz; sem medo de nos colocarmos a serviço; sem medo de ir ao encontro das pessoas e resgatar a ternura e compaixão para vivermos em comunhão contigo. Fica conosco Senhor! Leva-nos para o alto da montanha contigo, de onde poderemos contemplar o vosso reino de liberdade, verdade e paz.

VI – É TEMPO DE SEMEAR A PALAVRA

Nosso compromisso de defender a vida e a justiça na família, na comunidade e na sociedade proporciona o bem que contagia os corações. Que passos podemos dar para favorecer na vida de nossos irmãos e irmãs a experiência de conversão?

Aproximemo-nos daqueles que estão resistentes ao amor de nosso Deus e anunciemos a alegria de permanecer unidos a Jesus.

FESTA DA EXALTAÇÃO DA SANTA CRUZ
ANO LITÚRGICO C

Tema do dia

└─▶ Sacrifício na cruz, eis a forma concreta de Jesus realizar o Projeto de Deus.

Objetivo

└─▶ Apresentar a necessidade de constância e fidelidade na caminhada de adesão ao Salvador, Jesus Cristo.

I – É TEMPO INICIAL DE ACLAMAR, INVOCAR, LOUVAR O SENHOR

■ Rezar com os participantes

Ó Pai, tu que enviaste o Espírito Santo para recordar-nos tudo o que teu Filho Jesus disse e ensinou, dá-nos a força para vivenciarmos e anunciarmos ao mundo a Boa-nova, confiantes na tua Palavra (cf. Jo 14,26).

II – É TEMPO DE ESCUTAR E ACOLHER A PALAVRA: Jo 3,13-17

■ Núcleo da Palavra

O Filho do Homem, Jesus, é aquele que constrói ponte entre o céu e a terra: *pontifex*. Levantado na cruz, Ele dá prova de seu indizível amor de que quem nele crê, terá vida definitiva. Ele veio para salvar o mundo e para que "nenhum se perca".

■ 1ª leitura: Nm 21,4b-9

Houve povos da antiguidade entre os quais a serpente era adorada. O povo de Israel chegou a assimilar este culto (cf. 2Rs 18,4). Aqui, em Números, a serpente é símbolo de proteção. Primeiro, o povo reclamou de Moisés e de Deus. As coisas pioraram ainda mais porque Deus mandou serpentes venenosas e em seguida o povo se arrependeu. Aí a serpente se tornou protetora, simbolizando de modo prefigurado Jesus na cruz como sinal de salvação.

■ 2ª leitura: Fl 2,6-11

Paulo recorre a um hino conhecido na época. Jesus tinha a mesma condição de Deus, mas Ele se rebaixa assumindo a simples condição de ser humano, sem nenhum privilégio. Por nós, sujeitou-se à morte. Por nós, por um breve tempo, deixou-se dominar pela morte. Mas Deus o glorificou e Ele desde a gloriosa ressurreição é o Senhor do universo. É o que nos cabe reconhecer à luz e na luz da fé.

III – É TEMPO DE DINAMIZAR A PALAVRA

■ Material necessário

Uma Bíblia e uma vela.

■ Desenvolvimento

- Formar um círculo com os participantes.
- Fazer a seguinte motivação: Temos em nossas mãos a Palavra de Deus, luz para o nosso caminho; Deixemo-nos tocar pela presença do Senhor que em suas palavras nos convida para ficar junto dele.
- Colocar a vela acesa no centro do grupo.
- Fazer passar, de mão em mão, a Bíblia aberta no Evangelho de Jo 3,13-17.

- A última pessoa que receber a Bíblia em suas mãos pode colocá-la junto a vela no centro de grupo.
- Siga a Leitura Orante, que ocupa o espaço, tanto da dinamização da Palavra como da repercussão da Palavra.

IV – É TEMPO DE REPERCUTIR A PALAVRA

- Iniciemos individualmente com a Leitura Orante do texto: Jo 3,13-17.
- Em grupo, vamos seguir os passos já conhecidos por nós:
  1. O que o texto deste Evangelho diz em si?
  2. O que o texto diz para mim (para nós)?
  3. O que o texto me leva a dizer ao Senhor?
  4. O que podemos fazer?

1. *ESCUTA DA PALAVRA* – ***O que o texto deste Evangelho diz em si?*** – Subiu ao céu aquele que desceu dele: Jesus. Moisés levantou a serpente no deserto. Assim, é necessário que Jesus, o Filho do Homem, seja levantado, e quem nele crer, terá a vida eterna. Esse foi, esse é o jeito de Deus amar o mundo, entregando seu Filho único para que quem nele crer não morra, mas tenha a vida eterna. Deus mandou seu Filho, não para condenar o mundo, mas para salvá-lo por meio dele.

2. *MEDITAÇÃO DA PALAVRA* – ***O que o texto diz para mim (para nós)?*** – O Filho do Homem, Jesus, é quem desceu. Ele sobe para o céu de onde veio, com uma vitória definitiva sobre as vicissitudes humanas e sobre a própria morte. Céu, aqui, significa a morada invisível de Deus. Invisível, sim, porém não inatingível para o homem, convidado por Jesus, o Messias, para morar com ele onde está (cf. Jo 14,3). No Antigo Testamento, em Nm 21,6 houve uma praga de serpentes e com seu veneno muitos morreram. Por algo que se acreditava procedente de Deus, Moisés faz uma serpente de bronze e a deixa no alto de um poste. Alguém podia ser mordido por outra serpente, mas ao olhar para aquela serpente no alto do poste, ficava curado, isto é, salvava a vida. Assim sucederá com Jesus, ao "ser levantado no alto". Ele, incalculavelmente mais do que a serpente, atrairá muitos olhares, muitas mentes convertidas, muitos corações arrependidos e fará com que grandes coisas sejam feitas em seu nome; e todos esses serão "levantados", candidatos que serão à vida definitiva. Vida definitiva que será bem diferente daquela "cura" da serpente cujo efeito durará por algum tempo. Deus marca a sua ação na história com um dom de amor dado à humanidade. "Todo homem e toda mulher pode rejeitar o dom, preferir a vaidade, o seu orgulho e o seu pecado, mas o dom existe" (FRANCISCO, 2015). A nós, seres humanos, Deus confiou muito. Já na criação, ele nos fez *"muito bons"* (Gn 1,31). Disse inclusive: *"encham e submetam a terra"* (Gn 1,28). Deus nos proporcionou tudo do bom e do melhor. Ao longo da nossa administração falhamos, e falhamos muito com relação à nossa própria pessoa e em relação à nossa "casa comum" a "mãe terra". Maltratamos

essa nossa própria mãe. Agora choramos, mas o choro só não sanará os problemas. O desequilíbrio não começou hoje. Foi logo depois do princípio. Deus não deixou as suas criaturas andarem aos tropeços e para reequilibrá-los enviou o seu Filho ao mundo. Diz-nos e lembra-nos, com frequência, o papa: Deus não pode senão amar-nos, pois Ele é amor. Ele jamais aprova nossos desvios, nem nunca compactua com o nosso pecado. Por isso o seu propósito de amor é sempre de extensão universal. A missão do Filho é assim. Só pode ser assim. Condenar o mundo soaria como um absurdo. Como seria possível a Trindade condenar sua própria obra? Rejeitá-la? O mal, sim, o pecado, sim, são condenáveis, pois sempre é o ser humano a arquitetá-los. Por outro lado, a salvação, por sua vez, não é conquista própria do homem e da mulher, mas obra do Salvador (que bem por isso é Salvador), tanto assim que eles, com a graça de Deus vivem no provisório sobre a terra, atravessam o túnel do tempo e da morte, e seguindo os passos do Cristo, o primeiro ressuscitado, entram na vida definitiva. É assim. Será assim. Aqui, João, em seu Evangelho, dá a conhecer esta verdade: *"Se não fosse assim, eu lhes teria dito, porque vou preparar um lugar para vocês"* (Jo 14,2). Que bonito! Sem excluir nenhum povo nem nação, somos objeto permanente do amor salvífico de Deus. O Deus que desceu do alto fez esse gesto de amor para que nós subamos, a fim de vê-lo face a face e adorá-lo de um modo que jamais terá fim.

3. *ORAÇÃO INSPIRADA NA PALAVRA – **O que o texto me leva a dizer ao Senhor Ressuscitado?*** – Tu, Senhor, favoreces a mão dupla. És o Filho de Deus, aquele que desceu da morada divina invisível. Olha para mim e verás como sou pequeno para entender as tuas maravilhas, a tua grandeza, humilhando-te por nossa causa. Não temos mérito, mas Tu manifestas amor e misericórdia. Tu, Senhor Jesus, junto com o Pai e o Espírito Santo tens tudo. Porém, não quiseste tudo. *"Não te apegaste à tua igualdade com Deus. Esvaziaste-te a ti mesmo, assumindo a condição de servo e tornando-te semelhante aos homens. Humilhaste-te a ti mesmo, fazendo-te obediente ao Pai até a morte, e morte de cruz. Por isso o Pai exaltou-te, elevou-te e te deu o nome que está acima de qualquer outro nome"* (Fl 2,6ss.). Sou, de fato, muito pequeno para entender o alcance desse teu amor apaixonado. Que diante do teu amor divino eu viva pela fé e testemunhe pelo amor. O simbolismo da serpente eu não compreendi em toda a sua profundidade. O que entendi é que ela é apenas uma figura apagada que, por meio de povos pagãos também se fez notar em meio ao teu povo. Ela foi elevada, mas para mais alto quem foi elevado, foste Tu. "Tu, o crucificado que te havias tornado um escândalo para uns e loucura para outros, transformaste-te para os que em ti creem, em graça de salvação" (cf. 1Cor 1,23). Era preciso que assim sucedesse pela tua morte e ressurreição, abrindo-nos as portas do céu. A tua caminhada é uma; a nossa é outra, mas no teu seguimento. Exatamente porque Tu nos ofereces todas as condições para seguir-te pisando nas tuas pegadas para não nos desviarmos e nos afastarmos de ti. Como vamos agradecer a ti, Jesus, que de tal forma amaste mundo, desfazendo-te de tua eterna companhia com o Pai, entregando-te para que todo aquele que crer em ti, o rosto visível de Deus invisível, não morra, mas tenha a vida eterna, habitando na tua luz que não se extingue? (cf. Jo 1,5).

A vida inteira será breve demais para eu agradecer ao Pai pelo fato de ter-te Ele enviado, de forma alguma para decretar sentença contra o mundo, mundo saído de tuas mãos, mas para que o mundo por ti se salve. No contexto deste Evangelho disseste a Nicodemos que ele teria de "nascer do alto" para "ver" e depois "entrar" no Reino. O Pai entregou-te para que nós tenhamos vida. Que eu, que os demais homens e mulheres, todos, enfim, em teu nome, tomemos posições conscientes em favor da vida. Que façamos boas escolhas para isso, a fim de que, quando nos "elevares" possamos estar preparados para sermos admitidos no Reino e entoarmos hinos à tua glória. *"A loucura de Deus é mais sábia do que os homens e a fraqueza de Deus é mais forte do que os homens"* (1Cor 1,25).

4. CONTEMPLAÇÃO DA PALAVRA – *O que podemos fazer?*

Pai – Eu glorifico a ti, meu Filho amado, pois eu te dei poder sobre todos os homens, para que dês a vida eterna a todos a quem te entregaste"(cf. Jo 17,2).

Filho amado – Sabem todos, que "a vida eterna consiste nisto: que eles conheçam a ti, ó Pai, o único Deus verdadeiro, e a mim que me enviaste". "Eu te glorifiquei na terra, completei a obra que me deste para realizar" (cf. Jo 17,3-4).

Pai – "Eu te glorifico junto a mim, com a glória que tinhas junto a mim antes que o mundo existisse". "Amei o mundo de tal forma, que cheguei a entregar o meu Filho amado, para que todo o que nele crê, não morra, mas tenha a vida eterna" (cf. Jo 17,16). "De fato, enviei o meu Filho ao mundo, não para condenar o mundo, e sim para que o mundo seja salvo por meio dele" (cf. Jo 17,17).

Filho amado – "Eu vim para que tenham vida, e a tenham em abundância" (Jo 10,10). "Pai, aqueles que me deste, eu quero que eles estejam comigo onde eu estiver, para que contemplem a minha glória que tu me deste, pois me amaste antes da criação do mundo" (Jo 17,24).

Espírito Santo – Eu sou o Espírito Santo, "que o Pai envia em nome do Filho amado; eu ensinarei a vocês, homens e mulheres, todas as coisas e farei vocês lembrarem tudo o que o Filho amado lhes disse" (cf. Jo 14,26).

Ser humano – "Perante a gravidade do pecado, Deus responde com a plenitude do perdão e da misericórdia. A misericórdia será sempre maior do que qualquer pecado, e ninguém pode colocar um limite ao amor de Deus que perdoa" (MV, 3). Essa é a convicção que norteia o ser humano e o torna capaz de inclinar-se com humildade diante do Evangelho de hoje. Se não há entendimento claro sobre o mistério da Trindade, há, no entanto, confiança, naquilo que a Trindade realiza, agindo em meio à humanidade, como o Deus de Abraão, de Isaac e de Jacó.

V – É TEMPO DE DIALOGAR COM O AUTOR DA PALAVRA

- Ó Cruz de Cristo, símbolo do amor divino e da injustiça humana, ícone do sacrifício supremo por amor e do egoísmo extremo por insensatez, instrumento de morte e caminho da ressurreição, sinal de obediência e emblema da traição, patíbulo da perseguição e estandarte da vitória.

- Ó Cruz de Cristo, ainda hoje te vemos nos rostos exaustos e assustados das crianças, das mulheres e das pessoas que fogem das guerras e das violências e, muitas vezes, não encontram senão a morte e muitos Pilatos com as mãos lavadas.
- Ó Cruz de Cristo, ainda hoje te vemos nos ministros infiéis que, em vez de se despojarem das suas vãs ambições, despojam, na verdade, os inocentes da sua dignidade.
- Ó Cruz de Cristo, vemos-te ainda hoje nos fundamentalismos e no terrorismo dos seguidores de alguma religião que profanam o nome de Deus e o utilizam para justificar as suas inauditas violências.
- Ó Cruz de Cristo, vemos-te ainda hoje naqueles que querem tirar-te dos lugares públicos e excluir-te da vida pública, em nome de certo paganismo laicista ou mesmo em nome da igualdade que tu própria [ó Cruz] nos ensinaste.
- Ó Cruz de Cristo, vemos-te ainda hoje nos ladrões e corruptos que, em vez de salvaguardar o bem comum e a ética, vendem-se no miserável mercado da imoralidade.
- Ó Cruz de Cristo, vemos-te ainda hoje nos idosos abandonados pelos seus familiares, nas pessoas com deficiência e nas crianças desnutridas e descartadas pela nossa sociedade egoísta e hipócrita.
- Ó Cruz de Cristo, imagem do amor sem fim e caminho da Ressurreição, vemos-te ainda hoje nas pessoas boas e justas que fazem o bem sem procurar aplausos nem a admiração dos outros.
- Ó Cruz de Cristo, ensina-nos que a aparente vitória do mal se dissipa diante do túmulo vazio e perante a certeza da Ressurreição e do amor de Deus que nada pode derrotar, obscurecer ou enfraquecer. Amém! (FRANCISCO, 2016).

VI – É TEMPO DE SEMEAR A PALAVRA

Podemos semear a Palavra, fazendo ecoar as palavras do papa Francisco:

> é necessário "olhar sempre para a cruz de Jesus, mas não para aquelas cruzes artísticas, bem pintadas", mas sim, olhar "para a realidade, o que era a cruz naquele tempo". E "olhar para o seu percurso", recordando que "se aniquilou a si mesmo, se rebaixou para nos salvar". (FRANCISCO, 2015)

Referências

ANDRADE. Aíla Luzia Pinheiro de. "A Bíblia e o tráfico humano na atualidade". *Revista Vida Pastoral*, março-abril. São Paulo: Paulinas, 2009.

AUGÉ, Matias. *Liturgia*. 2. ed. São Paulo: Ave-Maria, 2004.

BAKER, Mark W. *Jesus, o maior psicólogo que já existiu*. Rio de Janeiro: Sextante, 2002.

BALANCIN, Euclides Martins. *Como ler o Evangelho de Marcos*. 8. ed. São Paulo: Paulinas, 2007.

BENTO XVI. *A infância de Jesus*. São Paulo: Planeta, 2012.

BERGANT, Dianne & KARRIS, Robert (org.). *Comentário bíblico*. Vol. III. 2. ed. São Paulo: Loyola, 1999.

BÍBLIA SAGRADA. Petrópolis: Vozes, 2005.

_____. 2. ed. 2002 [Tradução CNBB].

_____. Edição Pastoral. São Paulo: Paulus, 1990.

BOFF, Clodovis. *O cotidiano de Maria de Nazaré*. São Paulo: Salesiana, 2003.

BOFF, Leonardo. *O Senhor é meu Pastor*. Rio de Janeiro: Sextante, 2004.

BORTOLINI. *Quaresma, Páscoa e Pentecostes*. São Paulo: Paulus, 2006.

_____. *Roteiros homiléticos – Anos A, B, C*. 2. ed. São Paulo: Paulus, 2006.

_____. *Tire suas dúvidas sobre Bíblia*. 2. ed. São Paulo: Paulus, 1997.

BRASIL. Constituição (1988). *Constituição da República Federativa do Brasil*. Brasília, DF: Senado Federal: Centro Gráfico, 1988.

CALDWELL, Taylor. *Médico de homens e de almas* – A história de São Lucas. 42. ed. Rio de Janeiro: Editora Record, 2008.

CARTER, Warren. *O Evangelho de São Mateus*. São Paulo: Paulus, 2002.

CASTAÑO FONSECA, Adolfo M. *Discipulado e missão no Evangelho de Mateus*. São Paulo: Paulinas / Paulus, 2007.

CNBB. *Olhando para a frente, o projeto "Ser Igreja no Novo Milênio"*. Documento 66. 5. ed. São Paulo: Paulinas, 2001.

CNBB. *Iniciação à Vida Cristã* – Itinerário para formar discípulos missionários. Documento 107, Brasília: Edições CNBB, 2017.

_____. *Cristãos leigos e leigas na Igreja e na sociedade*. Documento 105. São Paulo: Paulinas, 2016.

CNBB. *Catequese, caminho do discipulado e a missão: 2009 Ano Catequético Nacional* – Texto-Base. Brasília: Edições CNBB. 2008.

COMPÊNDIO DO VATICANO II. *Constituições, decretos, declarações*. Petrópolis: Vozes, 1967.

DORON, Roland & PAROT, Françoise. *Dicionário de Psicologia*. Verbete *"afetividade"*. São Paulo: Editora Ática, 2006.

FERREIRA, Aurélio Buarque de Holanda. *Novo dicionário Aurélio da língua portuguesa*, Curitiba: Editora Positivo, 2004.

FORTE, Bruno. *A Palavra que faz viver*. São Paulo: Paulinas, 2007.

GIL, Pe. Paulo Cesar. *Metodologia catequética*. Petrópolis: Vozes, 2007.

GRÜN, Anselm. *Vida pessoal e profissional*. Petrópolis: Vozes, 2007.

HOSSEINI, Khaled. *O caçador de pipas*. Rio de Janeiro: Nova Fronteira, 2003.

KONINGS, Padre Johan. In: *Revista Vida Pastoral*, setembro-outubro. São Paulo: Paulinas, 2016.

KONZEN, Leo Zeno. "A esperança de um céu". *Jornal Mundo Jovem*. Agosto, 2000, Porto Alegre.

LECIONÁRIO PATRÍSTICO DOMINICAL. 2. ed. Petrópolis: Vozes, 2013 [Tradução e compilação de Fernando José Bondan]

LELOUP, Jean-Yves. *Caminhos da realização*. 12. ed. Petrópolis: Vozes, 2002.

LIVRO DA FAMÍLIA 2007. Porto Alegre: Editora e Livraria Pe. Reus, 2007.

LORASCHI, Celso. "Jesus: fé e seguimento – Roteiros homiléticos". *Revista Vida Pastoral*, maio-junho, São Paulo: Paulinas, 2013.

McKENZIE, John L. *Dicionário bíblico*. 6. ed. São Paulo: Paulus, 1984.

MARCONCINI, Benito. *Os evangelhos sinóticos*. São Paulo: Paulinas, 2001.

MARTINEZ, A. Hugo. *O discipulado no Evangelho de Marcos*. São Paulo: Paulinas / Paulus, 2005.

MATEOS, Juan & BARRETO, Juan. *O Evangelho de São João*. São Paulo: Paulus, 1999.

MYERS, Ched. *O Evangelho de São Marcos*. São Paulo: Paulinas, 1992.

MORAES COELHO, Débora de. "Conversando sobre inveja e intolerância". *Jornal Mundo Jovem*, novembro, Porto Alegre, 2006.

PAGLIARIN, Juanribe. *O Evangelho reunido*. São Paulo: Landscape Ltda., 2005.

PAGOLA, José Antonio. *Jesus*: Aproximação histórica. 3. ed. Petrópolis: Vozes, 2011.

_____. *O Caminho aberto por Jesus*. Petrópolis: Vozes, 2012.

PESSINI, Leo. *Ministério da Vida*. 24. ed. Aparecida: Editora Santuário, 2005.

RETAMALES, Santiago Silva. *Jesus e o discipulado segundo a obra de São Lucas*. São Paulo: Paulinas / Paulus, 2005.

STORNIOLO, Ivo. *Como ler o Evangelho de Lucas*. 6. ed. São Paulo: Paulus, 2006.

VANIER, Jean. *Jesus, o dom do amor*. São Paulo: Paulinas, 2004.

VIGIL, José Maria. "Espiritualidade do pluralismo religioso". *Revista Vida Pastoral*, julho-agosto, São Paulo: Paulinas, 2007.

▮ Sites:

ALETEIA. *Em tradições que seguem o calendário Juliano, diálogo e abraços fraternos em torno ao Menino Jesus/ Moscou, Rússia: cristãos ortodoxos*, 2016. Disponível em https://pt.aleteia.org/2016/01/09/cristaos-coptas-caldeus-catolicos-e-muculmanos-um-natal-em-janeiro-e-entre-amigos/. Acesso em: 03 de maio de 2018.

BOFF. *O Papa Francisco resgata o bom-senso de Jesus*. 2016. Disponível em HTTPS:// LEONARDOBOFF.WORDPRESS.COM/2016/02/28/O-PAPA-FRANCISCO-RESGATA-O-BOM-SENSO-DE-JESUS/ Acesso em 03 de maio de 2018.

CANTALAMESSA, Raniero. *Bem-aventurados os pacificadores, porque eles serão chamados filhos de Deus*. Disponível em https://pt.zenit.org/articles/texto-completo-da-segunda-pregacao-do-advento-do-pe-raniero-cantalamessa/ Acesso em 03 de maio e 2018.

FRANCISCO. *Os pobres pagam o preço da corrupção*, 2014. Disponível em http://w2.vatican.va/content/francesco/pt/cotidie/2014/documents/papafrancesco20140616_meditazioni-71.html. Acesso em 03 de maio de 2018.

FRANCISCO. *Angelus*. 2015. Disponível em http://w2.vatican.va/content/francesco/pt/angelus/2015/documents/papa-francesco_angelus_20150906.html. Acesso em 03 de maio de 2018.

FRANCISCO. *Audiência Geral*. 2016. Disponível em https://w2.vatican.va/content/francesco/pt/audiences/2016/documents/papa francesco_20160504_udienza-generale.html. Acesso em 03 de maio de 2018.

FRANCISCO. *Via-Sacra*: cruzes que atormentam o mundo na oração do Papa, 2016. Disponível em http://www.radiovaticana.va/proxy/portuguese/noticiario/2016_03_25.html#Art_1218062 Acesso em 03 de maio de 2018.

FRANCISCO. *Pelo caminho da humildade*, 2016. Disponível em https://w2.vatican.va/content/francesco/pt/cotidie/2015/documents/papa-francesco-cotidie_20150914_pelo-caminho-da-humildade.html. Acesso em 03 de maio de 2018.

MISTRAL, Gabriela. *O prazer de servir*. Tradução de Fernandes Soares. Disponínel em: https://www.recantodasletras.com.br/prosapoetica/5449575. Acesso em: 22 de abril de 2018.

SAYÃO, R. "Agir coletivamente" *Folha de S. Paulo*, 03 de maio 2007, São Paulo. Caderno Equilíbrio. Disponível em: www1.folha.uol.com.br/fsp/equilibrio/eq 0305200718 htm. Acesso: 16 de maio 2018.